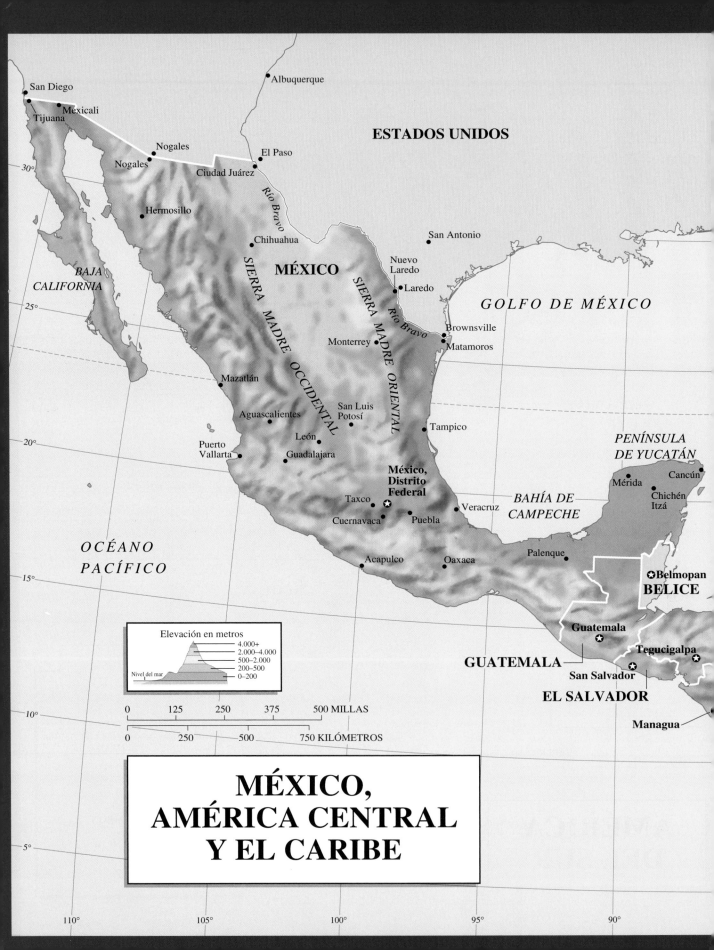

MÉXICO, AMÉRICA CENTRAL Y EL CARIBE

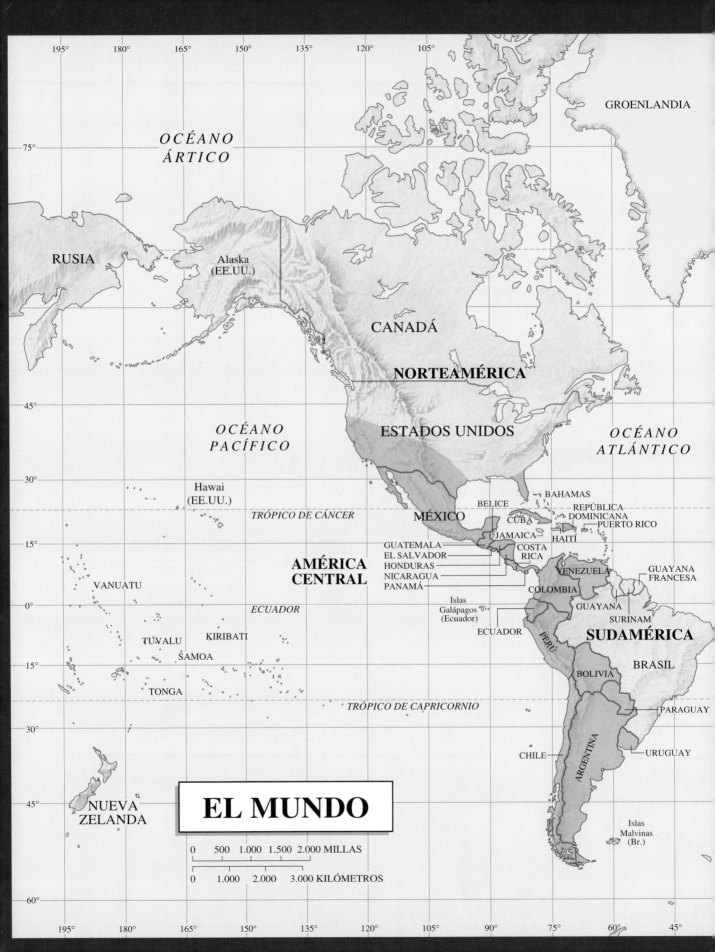

EL MUNDO

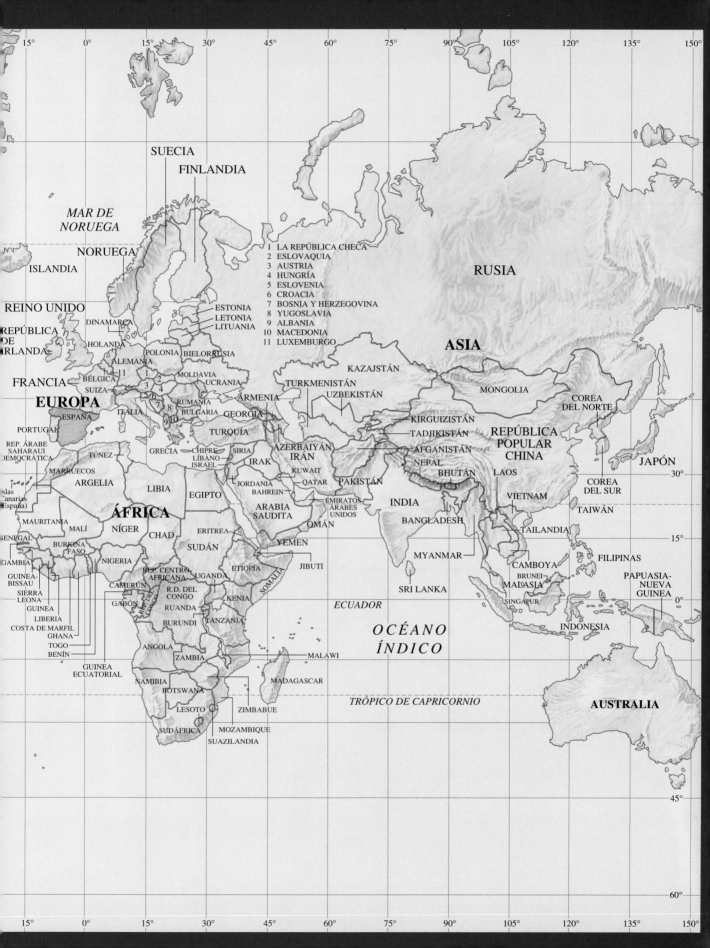

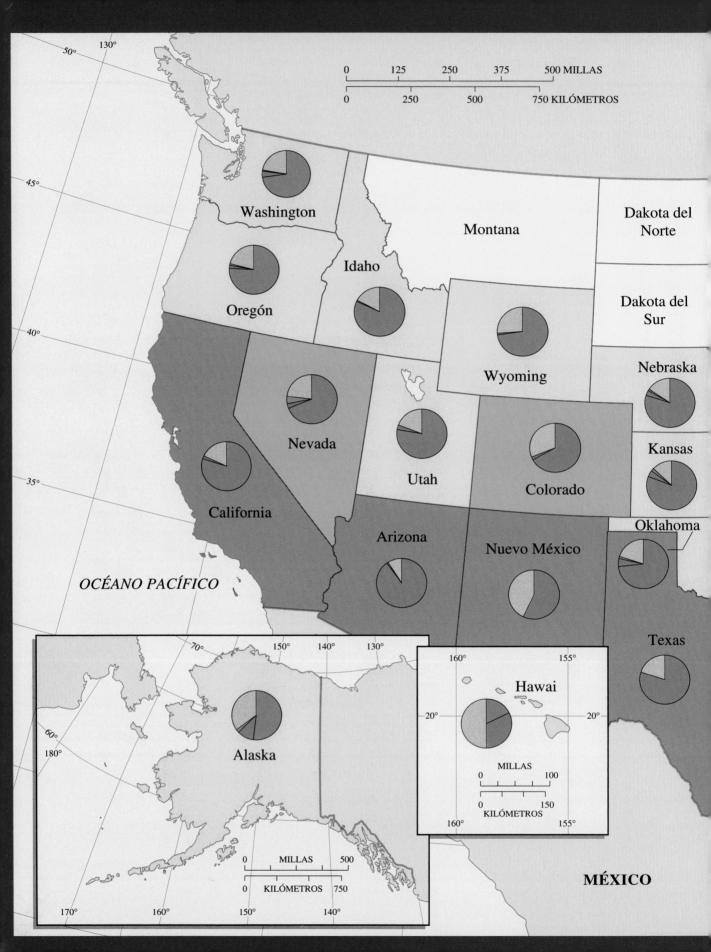

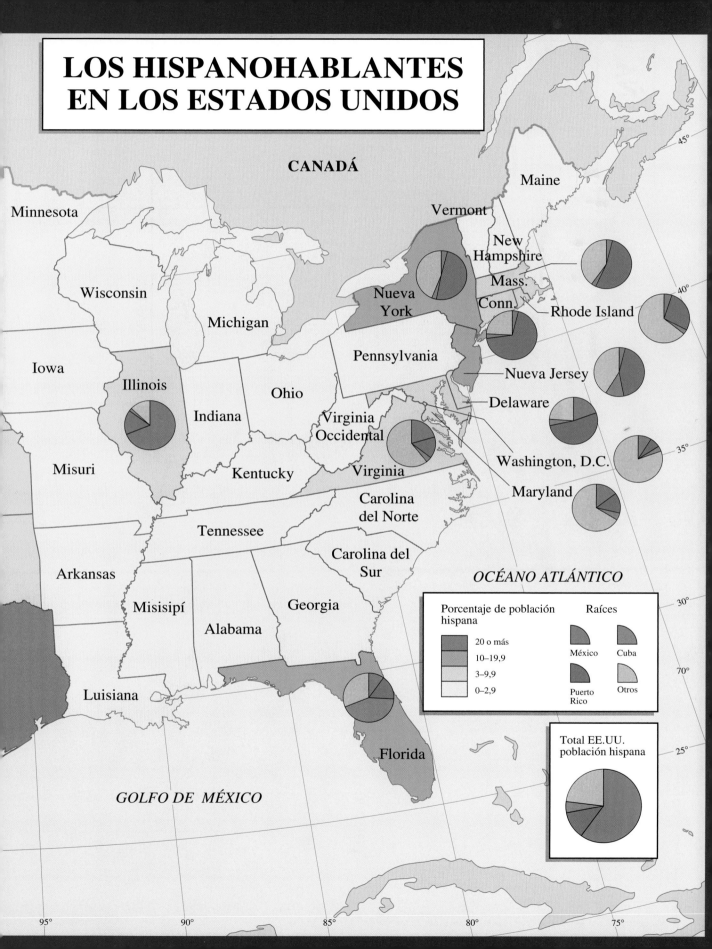

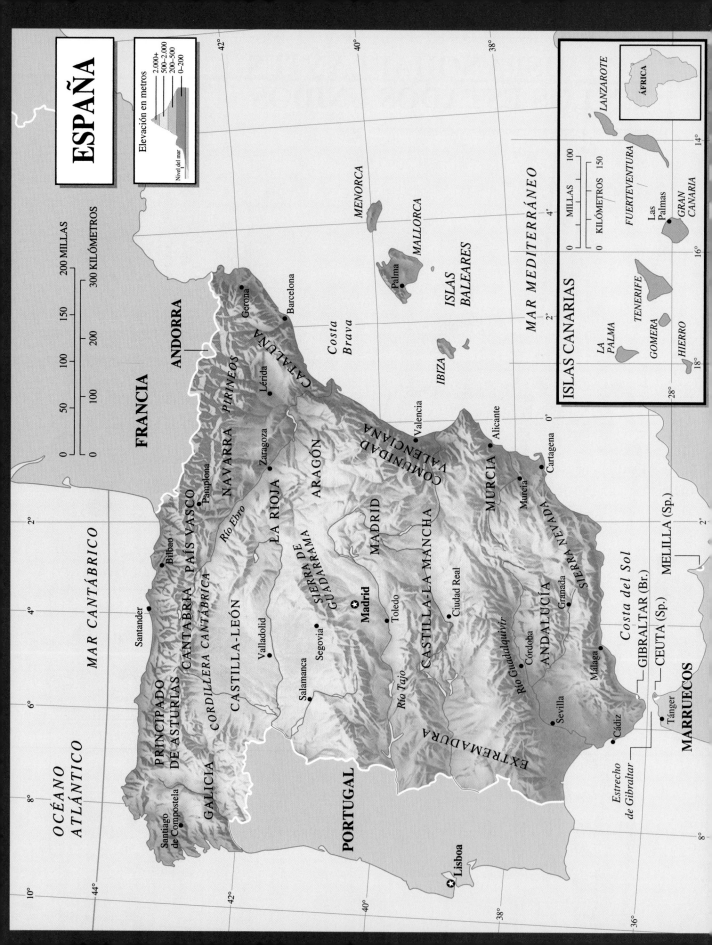

¡Dímelo tú!

A Complete Course

FIFTH EDITION

FRANCISCO RODRÍGUEZ NOGALES
Santa Barbara City College

FABIÁN A. SAMANIEGO
Emeritus, University of California—Davis

THOMAS J. BLOMMERS
California State University—Bakersfield

MAGALY LAGUNAS-SOLAR
California State University—Sacramento

VIVIANE RITZI-MAROUF
Cosumnes River College—Folsom Lake

THOMSON ™

HEINLE

Australia Canada Mexico Singapore Spain United Kingdom United States

¡Dímelo tú!, Fifth Edition

Rodríguez • Samaniego • Blommers • Lagunas-Solar • Ritzi-Marouf

Editor in Chief: PJ Boardman
Acquisitions Editor: Helen Alejandra Richardson
Senior Project Manager, Editorial Production:
  Esther Marshall
Senior Assistant Editor: Heather Bradley
Marketing Manager: Lindsey Richardson
Marketing Assistant: Rachel Bairstow
Advertising Project Manager: Stacey Purviance
Manufacturing Manager: Marcia Locke

Compositor: Pre-Press Company, Inc.
Project Management: Pre-Press Company, Inc.
Photo Manager: Sheri Blaney
Photo Researcher: Jill Engebretson
Text Designer: Joseph Sherman,
  Dutton & Sherman Design
Illustrator: Scott MacNeill
Cover Designer: Diane Levy
Cover Printer: Phoenix Color Corp
Printer: RR Donnelley/Willard

Thomson Higher Education
25 Thomson Place
Boston, MA 02210-1202
USA

For more information about our products, contact us at:
Thomson Learning Academic Resource Center
1-800-423-0563
For permission to use material from this text or product, submit a request online at http://www.thomsonrights.com. Any additional questions about permissions can be submitted by email to thomsonrights@thomson.com.

Library of Congress Control Number: 2004116033

Student Edition: ISBN 1-4130-3160-9
Reprinted with new ISBN

Credits appear on pages C-1–C-2, which constitute a continuation of the copyright page.

Contenido

Capítulo 2

¡Hay tanto que hacer... en Puerto Rico! 62

En preparación 2

Capítulo 3

La movida está en... ¡España! 102

Appendices

Communication	Grammar	Cultures

Para empezar: ¡Saludos!

Greeting and introducing people and saying good-bye	P.1 The Spanish alphabet and pronunciation P.2 *Tú* and *usted* and titles of address	**Estados Unidos** *¿Sabías que...?* • El dar la mano al saludar *Noticiero cultural:* • Uso apropiado de tú y usted *Lectura:* Why study a foreign language

Capítulo 1 ¡A la universidad... en las Américas!

Describing people and telling where they are from Describing classes, professors, friends, and pastimes and naming school supplies Describing activities and future plans	1.1 Subject pronouns and the verb ser *(s.)* 1.2 Gender and number: Articles and nouns 1.3 Adjectives *(s.)* 1.4 Infinitives 1.5 Subject pronouns and the verb ser *(pl.)* 1.6 Gender and number: Adjectives 1.7 Present tense of -ar verbs 1.8 The verb ir	**Las Américas** *¿Sabías que...?* • Las universidades más antiguas de las Américas • Los gentilicios latinoamericanos • La semana universitaria *Noticiero cultural:* • Centroamérica... ¡impresionante! • Lenguas indígenas de Sudamérica *Lectura:* Las Américas *Video:* Latinoamérica, ¡al ritmo del siglo veintiuno!

Capítulo 2 ¡Hay tanto que hacer... en Puerto Rico!

Naming and describing student jobs Asking questions Describing student living quarters and dorm/apartment activities Talking about vacation plans	2.1 Present tense of -er and -ir verbs 2.2 Interrogative words 2.3 Numbers 0-199 2.4 Possessive adjectives 2.5 Irregular verbs tener, salir, venir 2.6 Telling time 2.7 Days of the week, months, and seasons 2.8 Verbs of motion	**Puerto Rico** *¿Sabías que...?* • La industrialización en Puerto Rico • El viejo San Juan • Los puertorriqueños en Nueva York *Noticiero cultural:* • El Estado Libre Asociado de Puerto Rico • Viajemos a la Isla del encanto *Lectura:* Puerto Rico: El coquí, el flamboyán, la flor de maga y el cuatro *Video:* Puerto Rico, ¡destino de turistas!

Scope and Sequence

Connections

Lectura:
- Spanish as a global language
- Spanish in the United States

Smart Classroom
Internet como medio imprescindible de aproximación al mundo hispano hablante.

Viajemos por el ciberespacio a Centroamérica:
- Visitar los parques nacionales de los países centroamericanos
- Apreciar la biodiversidad centroamericana
- Estudiar las ruinas de Tikal y Copán apreciar la civilización maya

Smart Classroom
- Conectar con estudiantes universitarios en países hispanos
- Informarse acerca de los indígenas del mundo hispano
- Saborear la vida universitaria en países latinos

Viajemos por el ciberespacio a Puerto Rico:
- Aprender la historia de Puerto Rico
- Familiarizarte con el gran número de famosos actores, deportistas, cantantes y músicos en el *Puerto Rican Hall of Fame*
- Conocer detalles de la lucha de los puertorriqueños por definir su identidad con respecto a los Estados Unidos

Smart Classroom:
- Conocer a puertorriqueños famosos
- Viaje virtual a El Yunque, El Morro y el viejo San Juan

Comparisons

¡Las fotos hablan!:
- Distintos sitios y/o monumentos representativos de EE.UU. y el mundo hispanohablante

¿Sabías que...?
- Saludos formales e informales en EE.UU. y en el mundo hispanohablante
- Distintas maneras de dar la mano en EE.UU. y en el mundo hispanohablante

Noticiero cultural:
- Uso correcto e incorrecto de **tú** y **usted** al saludar

¿Sabías que...?
- Las universidades mas antiguas en EE.UU. y Latinoamérica
- La vida universitaria en EE.UU. y Latinoamérica

Noticiero cultural:
- Centroamérica y Sudamérica
- Lenguas indígenas de Sudamérica

¿Sabías que...?
- Antiguas ciudades en Puerto Rico y EE.UU.
- Empleo para graduados universitarios en Puerto Rico y EE.UU.
- Puertorriqueños en San Juan y en Nueva York

Noticiero cultural:
- Datos importantes de Puerto Rico y EE.UU.

Smart Classroom:
- Veneración y odio del coquí en Puerto Rico y Hawaii

Communities

- Spanish as a global language
- Spanish in the United States

El habla del pueblo:
- Anuncio: la Universidad Austral de Argentina
- Anuncio: la Universidad UNITEC de México

El habla del pueblo:
- Anuncios clasificados de empleo
- Anuncio clasificado de bienes raíces

Communication	Grammar	Cultures

Capítulo 3 La movida está en... ¡España!

Describing what is happening at a party and listing exceptional characteristics

Describing how people are feeling, telling where things are

Initiating a conversation and keeping it going

Describing how people have changed

Describing someone or something you really like

3.1 The verb estar
3.2 Present progressive tense
3.3 Superlatives
3.4 Ser and estar with adjectives
3.5 The verb gustar

España

¿Sabías que...?
• Fiestas españolas
• Tapas y la tortilla española
• El flamenco

Noticiero cultural:
• El origen del español
• España, siglo XXI

Lectura: La tradición oral: Trabalenguas
Video:
• Enrique Iglesias
• Andalucía, ¡región fascinante!

Capítulo 4 ¡De visita en... México, D. F.!

Describing the physical appearance and character traits of people

Expressing preferences

Discussing prices and making comparisons

Purchasing clothing in a department store, ordering a drink in a café

Making comparisons

Telling what you and others did

4.1 Demonstrative adjectives
4.2 Present tense of e > ie and o > ue stem-changing verbs
4.3 Numbers above 200
4.4 Comparisons of equality
4.5 Idioms with **tener**
4.6 Preterite of ir, ser, poder, and tener

México

¿Sabías que...?
• La Ciudad de México
• La Guelaguetza
• De México al mundo entero: frutas y vegetales

¿Eres buen observador?
• El calendario azteca y el gregoriano

¿Qué se dice...?
• Cuadros de Frida Kahlo y Diego Rivera

Noticiero cultural:
• El zócalo
• El muralismo mexicano

Lectura: Como agua para chocolate (fragmento) de Laura Esquivel
Video: México, ¡centro del mundo cultural!

Capítulo 5 ¡Caminito a... Argentina!

Describing family members

Inquiring about renting an apartment

Describing future plans and current living quarters

Describing physical and personality changes

5.1 Adverbs of time
5.2 Prepositions
5.3 Ser and estar: A second look
5.4 Comparisons of inequality
5.5 Por and para: A first look

Argentina

Las fotos hablan
• Barrios de Buenos Aires

¿Sabías que...?
• El voseo
• La producción de carne en Argentina
• Grandes cantantes argentinos

A propósito...
• Los apellidos hispanos
• El lunfardo, la jerga argentina

Noticiero cultural:
• Argentina inmensa
• Alfonsina Storni y Mercedes Sosa

Lectura: Poema «Voy a dormir» (fragmento) de Alfonsina Storni
Video: Buenos Aires, ¡al ritmo de un tango!

Scope and Sequence

Connections	Comparisons	Communities
Viajemos por el ciberespacio a España: • Informarse sobre las lenguas habladas en España • Discutir las diversiones de los jóvenes españoles *Smart Classroom* • Conocer más y mejor el flamenco • Escuchar flamenco en internet • Participar en la Tomatina, las Fallas, los San Fermines y más • Conocer el origen de las tapas	*¡Las fotos hablan!:* *¿Sabías que...?* • Fiestas en España y EE.UU. • Tapas en España y sus equivalentes en EE.UU. • Manifestaciones artísticas en España y EE.UU. *Noticiero cultural:* • El castellano y el española • Estilos de vida en España y EE.UU.	*El habla del pueblo:* • Anuncio: ¡España!... emocionante en todos los sentidos • Voces de la tradición oral: los trabalenguas
Viajemos por el ciberespacio a México: • Pasear por siglos de impresionante cultura y civilización en el Zócalo de la Ciudad de México • Conocer la vida y obra de Diego Rivera, Frida Kahlo y otros grandes artistas mexicanos *Smart classroom* • Visita virtual al Museo Nacional de Antropología y a otros museos mexicanos • El Zócalo en el ciberespacio • Un viaje a Oaxaca a la Guelaguetza	*¿Eres buen observador?* • El calendario azteca y el gregoriano *¿Sabías que...?* • Zonas urbanas congestionadas: la Ciudad de México, Nueva York, Tokio, etc. • Fiestas pre colombinas en México y EE.UU. • Influencia de frutas y verduras precolominas en Europa y EE.UU. *Noticiero cultural:* • La Ciudad de México y ciudades parecidas en EE.UU. • El arte mural y el arte de caballete	*El habla del pueblo* • El muralismo como forma didáctica de contar el pasado y las luchas del presente • El Calendario Azteca sigue comunicando con el mundo • Anuncio de ropa de Ella y de Él • Menú: Café de la Esquina
Viajemos por el ciberespacio a Argentina: • Visitar Buenos Aires, el «París» de las Américas • Visitar algunos de los más hermosos parques naturales del mundo • Leer poemas de Alfonsina Storni y escuchar las canciones de Mercedes Sosa *Smart Classroom* • Quino y el mundo de Mafalda • La pampa argentina • Música argentina en Internet	*¿Eres buen observador?* • Alquiler de departamentos en Buenos Aires y EE.UU. *¿Sabías que...?* • El voseo y el castellano *Noticiero cultural:* • Mercedes Sosa, Alfonsina Storni y cantantes favoritos de EE.UU.	*El habla del pueblo* • El voseo • Anuncio: Departamentos disponibles • Anuncios: Departamentos Sosa y Departamentos Sigüenza • La voz de Alfonsina Storni

Communication	Grammar	Cultures

Capítulo 6 Guatemala: nación maya en el siglo XXI

Communication	Grammar	Cultures
Talking about the past Discussing what you read in the newspaper Discussing favorite TV programs and writing classified ads	6.1 Preterite of regular verbs 6.2 Preterite of verbs with spelling changes 6.3 Preterite of estar, decir, and hacer 6.4 The pronoun se: Special use	**Guatemala** *¿Sabías que...?* • Las ruinas de Tikal • El *Popol Vuh* • El huipil *Ahora, ¡a hablar!* • Los números mayas *Noticiero cultural:* • Guatemala, el país más bello • Rigoberta Menchú Tum *Lectura: Me llamo Rigoberta Menchú y así me nació la conciencia* (selección) *Video:* Guatemala, ¡el corazón de la cultura maya!

Capítulo 7 Enamorados de... ¡Colombia!

Communication	Grammar	Cultures
Asking for a date and accepting or refusing a date Expressing preferences Expressing emotions	7.1 Direct-object nouns and pronouns 7.2 Irregular **-go** verbs 7.3 Present tense of **e > i** stem-changing verbs 7.4 Review of direct-object nouns and pronouns 7.5 The verbs saber and conocer	**Colombia** *¿Sabías que...?* • Bogotá, la ciudad capital • Platos colombianos • Contribución de Colombia al mundo musical international *Noticiero cultural:* • Colombia: La esmeralda de Sudamérica • Fernando Botero *Lectura:* «Un día de estos» (fragmento) de Gabriel García Márquez *Video:* • Colombia, ¡puerta a Sudamérica! • Fernando Botero, ¡reconocido internacionalmente!

Capítulo 8 Chile exporta... pasión

Communication	Grammar	Cultures
Requesting a table at a restaurant and discussing foods you like Ordering a meal in a restaurant and discussing food preferences Calling a waiter's attention and describing food	8.1 Indirect-object nouns and pronouns 8.2 Review of gustar 8.3 Double object pronouns 8.4 Review of ser and esta**r** 8.5 The verb dar	**Chile** *¿Sabías que...?* • Los nombres de las frutas y verduras en el Cono Sur • Pisco chileno • Los grandes escritores chilenos *Noticiero cultural:* • Chile: Un paraíso alto y largo • Isabel Allende *Lectura:* Poema «Oda al tomate» de Pablo Neruda *Video:* Isabel Allende: Contadora de cuentos

Scope and Sequence

Connections

Viajemos por el ciberespacio a Guatemala:
- Disfrutar de la belleza natural de Guatemala
- Recorrer virtualmente la Ruta Maya
- Conocer la historia de la lucha por la justicia y los derechos humanos en Guatemala

Smart Classroom
- Familiarizarse con la civilización maya: matemáticas, astronomía, etc.
- Leer el *Popol Vuh*
- Entender los símbolos de Guatemala; la ceiba, el quetzal, la monja blanca, etc.

Comparisons

¿Eres buen observador?
Periódico guatemalteco y periódicos de los EE.UU.

¿Sabías que...
- EE.UU. y el imperio maya
- El Popol Vuh y Chicago
- El vestir de los indígenas en Guatemala y en EE.UU.
- La madre naturalez en Guatemala y EE.UU.

Noticiero cultural:
- Rigoberta Menchú, Martin Luther King y César Chávez
- El imperio maya y la persistencia en el tiempo de las civilizaciones
- Los colores y los trajes como elementos que distinguen a las comunidades en Guatemala y en los Estados Unidos

Communities

El habla del pueblo
- Primera plana y secciones del periódico guatemalteco *Prensa Libre*
- Anuncio de la telenovela, *Los misterios de Tikal*
- La voz de Rigoberta Menchú

Viajemos por el ciberespacio a Colombia:
- Visitar la magnífica nueva Catedral de Sal en Zipaquirá
- Ver algunos de los más de treinta y tres mil objetos de oro en el Museo del Oro de Bogotá
- Apreciar el arte de Fernando Botero

Smart Classroom
- Preparar un viaje a Bogotá
- Concer las cuatro regiones geográficas de Colombia, el Museo de oro y las esmeraldas
- Visitar los mejores restaurantes de Bogotá

¿Sabías que...?
- Platos típicos de Colombia y de EE.UU.
- Grandes músicos colombianos y estadounidenses

El habla del pueblo:
- Anuncios: Taxi y Seis por ocho
- Anuncio: TV y Novelas
- La voz de Gabriel García Márquez

Viajemos por el ciberespacio a Chile:
- Descubrir lo que opinan los chilenos sobre Augusto Pinochet y Salvador Allende
- Conocer la obra de Pablo Neruda y la de Isabel Allende
- Visitar virtualmente los paraísos geográficos de Chile
- Saber cómo miran los chilenos su historia más reciente

Smart Classroom
- La producción vinícola chilena
- Preparar un pisco sour
- La relación entre Isabel Allende y la dictadura de Pinochet

¿Sabías que...?
- Variación en los nombres de frutas y verduras en español y en inglés
- La bebida nacional de Chile y la de EE.UU.

Noticiero cultural
- Geografía, población indígena, democracia, gobierno actual y exportacioned de Chile y de EE.UU.
- La bebida nacional de Chile la de EE.UU.

El habla del pueblo
- Menú: Restaurante Pacifico
- Anuncio: Casa de la Cena
- Cuenta: Restaurante Pacifico
- Voz de Pablo Neruda

Communication	Grammar	Cultures

Capítulo 9 ¡Qué buen día para... los hispanos en los Estados Unidos!

Describing the weather, how it affects you, and discussing what to wear in different seasons

Describing daily routines

Asking for and giving directions and advice

Describing a typical weekend

9.1 Weather expressions
9.2 Mucho and poco
9.3 Reflexive verbs
9.4 Affirmative tú commands

Estados Unidos

¿Sabías que...?
- Los distintos grupos de hispanos en EE.UU.
- Hispanos inmigrantes a EE.UU. e hispanos nativos de este país
- Santa Fe, Nuevo México

Noticiero cultural:
- Los EE.UU.: Los hispanos... ¿quiénes son?
- Gloria y Emilio Estefan, Sandra Cisneros, Ricky Martin

Lectura: Poema «Una pequeña gran victoria» de Francisco X. Alarcón

Video:
- San Diego, ¡intensamente artístico y cultural!
- Texas, ¡el segundo estado más grande!

Capítulo 10 Nicaragua: tierra de lagos, volcanes, terremotos, y poetas

Describing emergency situations and asking for help in an emergency

Discussing cars and describing car accidents

Telling how long ago something happened

Reporting a missing or lost object

10.1 Adverbs derived from adjectives
10.2 Irregular verbs in the preterite
10.3 Negative and indefinite expressions
10.4 Preterite of stem-changing -ir verbs
10.5 Hacer in time expressions

Nicaragua

¿Sabías que...?
- Alfabetización y liberación en Nicaragua
- El lago de Nicaragua
- La tierra de poetas

Noticiero cultural:
- Un paraíso recién hecho
- La turbulenta historia de Nicaragua

Lectura: Poema «¿Qué sos Nicaragua?» de Gioconda Belli

Video: Nicaragua, ¡en la búsqueda de un futuro mejor!

Capítulo 11 Costa Rica... naturalmente mágica

Describing what you and others used to do and discussing special moments

Talking about ecology

Narrating past experiences

Describing what people have or have not done

11.1 Imperfect of regular verbs
11.2 Uses of the imperfect
11.3 Imperfect of ser, ir, and ver
11.4 Preterite and imperfect: Completed and continuous actions
11.5 Preterite and imperfect: Beginning/end and habitual/customary actions
11.6 Present perfect

Costa Rica

¿Sabías que...?
- Sitio del 5% de las especies de flora y fauna mundial
- Alfabetismo en Costa Rica
- Franklin Chang-Díaz

Noticiero cultural:
- Un paraíso natural
- Un país que vive la democracia

Lectura: La leyenda de Iztarú
Video: Costa Rica, ¡tierra de bosques y selvas, paz y armonía!

Scope and Sequence

Connections

Viajemos por el ciberespacio a los EE.UU.:
- Visitar el Museo del Barrio en Nueva York, dedicado totalmente al arte puertorriqueño
- Conseguir información al día sobre artistas latinos como Gloria Estefan, Chita Rivera, Andy García, Edward James Olmos,...

Smart Classroom
- Aculturación de hispanos en EE.UU.
- Las estaciones en Sudamérica y EE.UU.
- Visita virtual al Museo del Barrio
- La ciudad de Santa Fe, «The City Different»

Comparisons

¿Sabías que...?
- Número de hispanos y no hispanos en EE.UU.
- Desigualdades en el tratameinto de distintos grupos de hispanos en EE.UU.
- Fusión de las culturas indígenas, española y anglosajona en EE.UU.

Noticiero cultural:
- Influencia hispana en EE.UU.
- Escritores, cantantes y actores hispanos en EE.UU.

Communities

El habla del pueblo
- El mural "Knowledge is Power" de Dzine
- Anuncio: Philishave
- Mapa: Santa Fe, Nuevo México
- La voz de Francisco Xavier Alarcón

Connections

Viajemos por el ciberespacio a Nicaragua:
- Disfrutar de la belleza del lago Nicaragua y del archipiélago de Solentiname
- Aprender que Nicaragua es sacudida frecuentemente por terremotos
- Conocer la reciente historia de Nicaragua

Smart Classroom
- Preparar un viaje a Nicaragua
- Disfrutar de la poesía de Ruben Darío, Ernesto Cardenal y Gioconda Belli
- Viaje virtual al Lago de Nicaragua y a la Isla de Onepete
- Informarte acerca de los desastres naturales in Nicaragua
- Los derechos humanos en Nicaragua y la Contra nicaragüense

Comparisons

¿Sabías que...?
- Alfabetismo en Nicaragua y EE.UU.
- Actitudes nicaragüenses y estadounidenses hacia los poetas

Noticiero cultural:
- Los atractivos e inconvenientes naturales de Nicaragua
- Eventos positivos y negativos en la historia de Nicaragua

Communities

El habla del pueblo
- Anuncio: Frutas Nicaragüenes, S.A.
- Señales de tránsito
- Anuncios: Policía de la semana y Teléfonos de emergencia
- La voz de Gioconda Belli

Connections

Viajemos por el ciberespacio a Costa Rica:
- Conocer la historia de Costa Rica
- Visitar los Parques Nacionales de Costa Rica
- Admirar las miles de variedades de plantas, los cientos de especies de mamíferos, pájaros, y amfibios y reptiles
- Reconocer los esfuerzos de Óscar Arias hacia la paz mundial

Smart Classroom
- Hacer un recorrido por los Parques Nacionales de Costa Rica para conocer su flora y fauna
- El efecto de la demilitarización de Costa Rica en la educación

Comparisons

¿Sabías que...?
- Flora y fauna en Costa Rica, México y Norte América
- Alfabetismo y longevidad en Costa Rica, EE.UU. y Europa

¿Eres buen observador?
- El volcán Irazú y el Presidente John F. Kennedy

Noticiero cultural:
- Flora y fauna en Costa Rica y EE.UU.
- Democracia, ejército y educación en Costa Rica y EE.UU.

Communities

El habla del pueblo
- Anuncio: Fuente de la juventud
- Anuncio: Tortuguero
- La voz de la leyenda "Iztarú"

Communication	Grammar	Cultures

Capítulo 12 Por los caminos del Inca... en Perú

Communication	Grammar	Cultures
Describing what you will do on vacation Describing what you will do in the future Giving advice, instructions, and orders Talking about what you would do if . . .	12.1 Future tense of regular verbs 12.2 Future tense of verbs with irregular stems 12.3 Conditional of regular and irregular verbs 12.4 Tú commands: A second look	**Perú** *¿Sabías que...?* • El soroche en Cuzco • La papa: la contribución más valiosa de los incas al mundo entero • Mario Vargas Llosa *Noticiero cultural:* • Perú, donde la altura y la profundidad se fusionan • Cuzco, ¡el corazón del imperio inca! *Lectura:* Machu Picchu: La ciudad escondida de los incas *Video:* Los Andes, ¡donde lo nuevo y lo antiguo se entrelazan!

Capítulo 13 ¡Puente entre las Américas... Panamá!

Communication	Grammar	Cultures
Giving advice Leading a group in aerobic exercise Telling someone what to do or not do Expressing fear, joy, sadness, pity, or surprise Referring to unknown entities	13.1 Present subjunctive: Theory and forms 13.4 Subjunctive with expressions of persuasion 13.3 Usted and ustedes commands 13.4 Ojalá and present subjunctive of irregular verbs 13.5 Subjunctive with expressions of emotion 13.6 Subjunctive with impersonal expressions	**Panamá** *¿Sabías que...?* • Panamá: Centro internacional de autonomía indígena y hermasas playas • Lenguas en contacto • El centro financiero de Latinoamérica *Noticiero cultural:* • Panamá, ¡puente del Atlántico al Pacífico! • Rubén Blades: Salsero, político y panameño «de corazón» *Lectura:* Panamá: Historia de un canal y una nación *Video:* Panamá, ¡moderno país que no olvida sus tradiciones!

Capítulo 14 ¡Lo mejor de Cuba: su gente, su música y... el béisbol!

Communication	Grammar	Cultures
Discussing sports and expressing fears, hopes, and opinions Reporting what others say Describing people Referring to known and unknown entities	14.1 Subjunctive with expressions of doubt, denial, and uncertainty 14.2 Subjunctive in adjective clauses 14.3 Subjunctive in adverb clauses	**Cuba** *¿Sabías que...?* • La perla de las Antillas y el dólar • El béisbol en el Caribe • La música cubana *Noticiero cultural:* • Cuba, nuestro más lejano vecino • ¡Lo mejor venido de Cuba! *Lectura:* La tradición oral: Los refranes *Video:* Miami, ¡donde la cultura cubana se ve, se oye y se siente!

Scope and Sequence

Connections

Viajemos por el ciberespacio a Perú:
- Conocer mejor la civilización incáica
- Familiarizarse con el presente de los indígenas peruanos
- Disfrutar de las bellezas naturales y arqueológicas de Perú
- Entender la importancia de Cuzco en la historia de Perú
- Hacer un paseo virtual por Machu Picchu

Smart Classroom
- Informarte acerca del agua, vacunas y soroche en Perú
- Planear una visita a Perú
- Informarte acerca de Fujimori y la población japonesa en Perú

Comparisons

¿Sabías que...?
- Ciudades en EE.UU. a la altura de Cuzco
- Contribuciones culinarias más valiosas de los incas y de los indígenas de EE.UU.

Noticiero cultural:
- Cultura indígena en los EE.UU. y Perú
- La capital de los EE.UU. y la del imperio inca

Communities

El habla del pueblo
- Anuncio: Aduanas en Internet
- Voces del pasado: Machu Picchu

Connections

Viajemos por el ciberespacio a Panamá:
- Estudiar la reciente historia de Panamá
- Visitar el Archipiélago de San Blas
- Disfrutar de la música de Rubén Blades

Smart Classroom
- Preparar una visita a Panamá
- Estudiar la historia del Canal de Panamá
- Informarte acerca del a historia comtemporánea de Panamá y su capital

Comparisons

¿Eres buen observador?
- Pasatiempos universales le los jóvenes

¿Sabías que...?
- Panamá y EE.UU.
- Lenguas en contacto: el español y el árabe
- La Ciudad de Panamá y ciudades parecidas en EE.UU.

Noticiero cultural:
- Carrera de un artista y polítco en EE.UU. y en Panamá

Communities

El habla del pueblo
- La portada de *Qué pasa*: Salud y estado físico
- Voces del Canal de Panamá

Connections

Viajemos por el ciberespacio a Cuba:
- Conocer a Fidel Castro a través de su biografía, imágenes de algunos momentos importantes de su vida y sus discursos
- Estudiar la historia reciente de Cuba
- Disfrutar de la música cubana y del Buena Vista Social Club

Comparisons

¡Las fotos hablan!:
- Actitudes hacia los deportes en EE.UU. y Latinoamérica

¿Eres buen observador?
- La popularidad del fútbol en EE.UU. y en Latinoamérica
- El boxeo en EE.UU. y en Latinoamérica

¿Sabías que...?
- Efecto del bloqueo comercial impuesto por EE.UU. a Cuba
- Béisbol en el Caribe y en EE.UU.
- Influencia de la música cubana en EE.UU.

Noticiero cultural:
- Países: Cuba y EE.UU.
- Influencia afrocubana en la música de Latinoamérica

Communities

El habla del pueblo:
- Anuncio para Cubadeportes S.A.
- Anuncio para la revista cubana *Récord*
- Anuncio para discos cubanos
- Voces de la tradición oral: los refranes

Scope and Sequence

Preface to the Student Edition

Developing Competency in Spanish

To develop competency in Spanish, you must learn to perform a wide variety of communicative language tasks (e.g., asking and answering questions, describing, narrating, making comparisons, expressing opinions, hypothesizing). You must learn to perform these tasks in a multiplicity of contexts that include, for example, at home, at school, in a department store, at a restaurant, at a travel agency, while traveling abroad, at a hotel, at a concert, at a lecture, in a movie theater, or at a night club. Finally, you must learn to perform these tasks within an appropriate range of accuracy. In *¡Dímelo tú!,* you will accomplish this by *interacting* in Spanish with your classmates and with your instructor on a daily basis.

Organization of *¡Dímelo tú!,* Fifth Edition

¡Dímelo tú!, Fifth Edition, consists of a model lesson called **Para empezar** and fourteen regular chapters.

Para empezar

In this short model lesson, you will learn how to greet people, make introductions, and say good-bye. You will also read about the global importance of the Spanish language and culture and learn to use the major components of the *¡Dímelo tú!,* Fifth Edition, lessons.

Chapters 1–14

The fourteen chapters of *¡Dímelo tú!,* Fifth Edition, are each divided into three **Pasos** with the following components:

¡Las fotos hablan!. This two-page photo spread opens every chapter of the text. The photos have been selected to introduce the chapter theme and the country of focus, while the questions that accompany the photos are designed to elicit what you already know about the theme and the country being studied.

Tarea. This green homework assignment box appears at the beginning of each **Paso.** You will be instructed to study the lesson's grammatical structures in En preparación and write out the answers to the corresponding exercises in **¡A practicar!** In addition, you are instructed to listen to the first part of the **Paso** dialogue or narrative and to answer specific questions before beginning the **Paso** in class.

¿Eres buen observador? This section introduces the theme of the **Paso** by having you look at a specific photo or drawing, or at a variety of advertisements from all over the Spanish-speaking world, and answer questions. These questions require you to make cross-cultural comparisons and to think critically about some aspect of the lesson's theme or of some cultural aspect of the country being studied.

¿Qué se dice...? Built into the illustrated narratives and dialogues in this section are the new lesson functions, vocabulary and structures. The narratives in every **Paso** are recorded on your Text Audio CDs. As mentioned before, you are expected to listen to it and answer the questions in the text at home, *before* beginning the **Paso** in class. Your instructor will use the drawings to help you understand as he or she narrates the remaining parts of the story or dialogue. You are not expected to understand every word, but you should be able to grasp the main points.

Ahora, ¡a hablar! In this section, you will be guided through your first productive efforts with the structures and vocabulary that you learned to understand in the previous section, **¿Qué se dice...?**

Y ahora, ¡a conversar! In this section, you will do a variety of pair and group cooperative activities designed to encourage creativity with the language and to develop fluency in speaking. Here, you are expected to fully participate in a variety of interactive activities, which can include such items as look-alike pictures, interview grids, or cooperative activities. In **Paso 3** of every chapter, this section always ends with **Un paso atrás, dos adelante,** a vocabulary/structure review activity that systematically recycles the grammar and vocabulary from the previous chapter.

¡Luces! ¡Cámara! ¡Acción! In this section, you will be asked to perform two role-plays, which will allow you to see for yourself if you have mastered the communicative language tasks of the lesson.

¿Comprendes lo que se dice? The first two **Pasos** in each chapter include this listening section. In **Paso 1,** you will listen to brief dialogues, short radio and television news reports, weather reports, and the like. In **Paso 2,** you will view a cultural video on the Spanish-speaking country presented in the chapter. These sections always introduce specific listening strategies that are practiced extensively in pre-listening/pre-viewing activities.

Noticiero cultural. The first two Pasos of each chapter include short cultural readings. The reading in **Paso 1** is a brief overview of the country being studied or of a specific location within that country. The reading in **Paso 2** focuses either on a noteworthy Hispanic figure from the country of focus or on a cultural topic related to the country.

Viajemos por el ciberespacio a... After every **Noticiero cultural** there is a section that encourages you to travel through cyberspace to every Spanish-speaking country featured in this book.

¡Escríbelo! This section, which occurs at the end of **Paso 2,** allows you to develop your writing skills in Spanish in much the same way that you would develop your writing skills in English. Each writing task begins with initial planning and brainstorming. Then you write a first draft, which is shared, reviewed, and edited by your peers. Ultimately, you prepare a final draft incorporating your peers' suggestions and corrections, which is turned in for grading.

El rincón de los lectores. This section, which occurs in **Paso 3,** contains a reading selection preceded by specific reading strategies and pre-reading activities in a section called **Estrategias para leer.** The reading selections are taken from Hispanic magazines and newspapers, as well as from literary works and cultural essays authored by contributing writers.

En preparación. All major grammatical explanations appear in this section, which is shaded in green, at the end of each chapter. For easy reference, grammatical points numerically correspond to each chapter of the text. In addition, the numerically coded exercises in the sections titled Ahora, **¡a hablar!** also coincide with these numbers. Finally, this same numbering system is used in the homework assignments that appear in the **Tarea** boxes that introduce each **Paso.** Before beginning each **Paso,** you need to study the corresponding grammatical sections at home and come to class prepared to ask questions about anything you did not understand.

¿Sabías que... ? These sections provide specific cultural information on many aspects of contemporary life in Latin America and Spain.

A propósito... These sections have several functions: They present grammatical structures, as needed, to perform specific communicative tasks; they preview major grammatical structures explained in later chapters; and they present vocabulary clusters related to the **Paso** topic.

Vocabulario This Spanish-English Vocabulary lists at the end of each chapter include all words and expressions actively used in each **Paso.** You can practice your pronunciation as each of them is read on your Text Audio CDs.

Reference section

Appendices. Appendix A. It contains information that a second student needs in order to complete the pair-work activities in the Y ahora, ¡a conversar! sections that require such materials as look-alike pictures or data for information-gap tasks. Appendix B includes information on accentuation; Appendices C–F provide extensive charts of regular, stem-changing, and irregular verbs; and Appendix G has brief explanations of supplemental grammar points not formally presented in *¡Dímelo tú!;* Appendix H is a Grammar Guide.

Vocabularies. Both the Spanish-English and English-Spanish end vocabularies include most of the words and expressions used in the text. Active vocabulary is followed by the number of the **Capítulo** and **Paso** where it is first introduced.

Index. This textbook contains two indexes, one for grammar and one for culture and functions.

Visual icons used throughout the text

The listening icon is used in the **¿Qué se dice... ?** sections to indicate that you must listen to the Student Audio CD before coming to class. This icon is also used in the **¿Comprendes lo que se dice?** section in **Paso 1** to indicate that you will be listening to an audio CD, DVD or cassette in class.

The video icon is used in the **¿Comprendes lo que se dice?** section in **Paso 2** to indicate that you will be viewing and listening to a videotape in class.

The writing icon is also used in the **¡Escríbelo!** section to indicate that this is the major writing section of the chapter.

The CD-ROM icon is used on the chapter opener to direct you to the activities for that chapter.

 The Web icon occurs in each **Paso** to direct you to the *¡Dímelo tú!* Website where you can do the **Viajemos por el ciberespacio a...** activities.

Student Activities Manual: *Cuaderno de actividades y Manual de laboratorio*

This is an integral part of the *¡Dímelo tú!,* Fifth Edition, program. It provides you with the additional reading, writing, and listening comprehension practice necessary to attain competency in Spanish. The workbook provides numerous vocabulary-building exercises, writing activities, and cultural readings, all focusing on the specific structures and vocabulary being presented in each chapter.

In the audio program, you will listen to radio broadcasts and advertisements, public address announcements, phone conversations, and the like, and participate actively by doing such things as checking off the correct responses, taking notes, or drawing the person or thing being described. These listening activities are specially designed to incorporate the structures and vocabulary presented in each chapter.

In the **Actividades de práctica con el video** section those of you looking for a greater challenge in understanding spoken Spanish, will get to know in the new video, five people from different Spanish-speaking countries that have come together to live and learn from each other in "La Hacienda Vista Alegre" outside San Juan, Puerto Rico. Before watching each segment you'll review strategies that will help you to better comprehend what you see and hear. Then, you'll do activities in which you will demonstrate your understanding of the information.

¡Dímelo tú! World Wide Website (http://dimelotu.heinle.com)

The *¡Dímelo tú!* Website has a student section where you can access activities and information correlated to specific **Pasos.** You can travel throughout the Spanish-speaking world via cyberspace. The activities at this site allow you to participate in Spanish-speaking chat rooms; check what movies are showing this week in Buenos Aires, Guatemala City, or Mexico City; read today's headlines in newspapers in Madrid, Havana, or Lima; or visit Lake Titicaca in Bolivia, the Museo del Oro in Bogota, or the rain forests of Costa Rica.

¡Dímelo tú! Interactive Multimedia CD-ROM

The dual platform (Macintosh® and Windows®) interactive CD-ROM component has a four-skills and culture-based approach. This multimedia-based component features video and audio activities, as well as games, all of which enable you to further develop your listening and speaking skills along with your cultural awareness.

Acknowledgments

A revision of this magnitude cannot be completed without the help and participation of many individuals. The authors wish to express their sincere appreciation to all who supported us in preparing the Fifth edition, in particular to the many users of the previous editions. Without their continued support and input, this Fifth edition would not be possible.

We wish to express a very special thank you to our development editor, Viki Kellar for guidance in helping us prepare this edition. We also appreciate the support throughout the project of our Acquisitions Editor Helen Richardson.

We extend a very special word of thanks and our gratitude to our project editor, Esther Marshall, for the support and hard work throughout the production of the book, and who so patiently made sure we met all our production deadlines. Our thanks also go to Peggy Hines, copyeditor and proofreader; Lourdes Morales, native reader; Nicole Fontau and Soledad Phelan, proofreaders; Sheri Blaney, photo manager; Jill Engebretson, photo researcher; Joseph Sherman, interior designer; Diane Levy, cover designer; Scott Macneill, illustrator; and to the great team at Pre-Press Co. for the composition and project management, and in particular to Katy Faria.

We also gratefully acknowledge the instructors who reviewed the Fifth edition manuscript. Their insightful comments and constructive criticism were indispensable in the development of this edition. In particular, we thank:

Reviewers

Diane Álvarez-Amell, *Seton Hall University*

Felipe Dobarganes, *Tarrant County Community College, South*

Linda Elliot-Nelson, *Arizona Western College*

Leah Fonder-Solano, *University of Southern Mississippi*

Cecilia C. Lee, *State University of West Georgia*

Jennifer Leeman, *George Mason University*

Joyce E. Lider, *North Idaho College*

Tom J. Lewis, *Louisiana Tech University*

Erin McCabe, *George Mason University*

Annie Mendoza, *University of Maine*

Bridget M. Morgan, *Indiana University South Bend*

Denise Overfield, *University of West Georgia*

Teresa Pérez-Gamboa, *University of Georgia*

Óscar D. Sarmiento, *SUNY Postdam*

Helga Winkler, *Moonpark College*

Andrew S. Wiseman, *Cedarville University*

Design Survey Reviewers

Gunnar Anderson, *SUNY Potsdam*

Carolyn Bell, *Kutztown University of Pennsylvania*

Rosa Bilbao, *Alamance Community College*

Tom Blair, *City College of San Francisco*

Patricia Cooper, *Georgetown College*

Fabio Correa, *Phoenix College*

Mark Del Mastro, *The Citadel*

Carolyn R. Durham, *North Carolina A&T State University*

Christina Fox-Balli, *Eastfield College*

Amy Ginck, *Messiah College*

Graciela Helguero, *Lynn University*

Mark D. Larsen, *Utah State University*

Dennis Miller, *Lamar University*

Jan Pulliam, *Piedmont College*

Marcie Rinka, *University of San Diego*

Juan Carlos Rodriguez, *Nicolet College*

Elizabeth Shumway, *Lakeland College*

Jonita Stepp-Greany, *Florida State University*

Yvonne Unnold, *University of Southern Mississippi*

Claire M. Ziamandanis, *The College of St. Rose*

Finally we wish to express heartfelt thanks to Janet, Bryan and Noah Rodríguez and Jorge Yviricu, who through their patience and encouragement have supported us throughout this project.

How Should I Study Spanish?

Learning Spanish, like learning to play the piano or tennis, requires daily practice. Your ability to understand and to communicate in Spanish will increase each day if you are willing to use the language. Take advantage of every minute you are in the classroom. Don't be afraid to make mistakes when speaking, as this is a normal part of the learning process.

Here is a list of recommendations for how to study Spanish.

1. **Practice every day.** In class, make every effort to use what you already know. Outside of class, practice what you are learning with classmates or find a student who speaks the language to practice with you. Repeated use of Spanish will help you internalize the language.

2. **Learn to make intelligent guesses.** This will be especially important when doing the Internet activities. Spanish has hundreds of cognates, words that look or sound the same as their English equivalents. Learn to recognize and use them. For example, what do the following words mean in English?

   clase
   conversación
   grupo
   información
   repite
   universidad

3. **Find what works for you!** Experiment to find your own learning style and use what works best for you! Some possibilities are: Make vocabulary cards with Spanish on one side and the English equivalent or a picture on the other; write the answers to all textbook exercises; say words aloud as you study them; use the audio CD that goes with the text at home; look at pictures in magazines or newspapers and try to describe them in Spanish.

4. **Organize your study time.** When planning your schedule, decide on a certain time each day to study Spanish and stick to it. If you miss a day, make it up! It's much easier to learn a foreign language in small segments each day, rather than trying to study an entire chapter in a few hours.

5. **Participate!** Create learning opportunities for yourself. Don't wait to be called on or for someone else in class to take the initiative. Be aggressive.

6. **Don't be afraid.** Don't panic because you don't know a particular word. Listen to what you do understand and guess at the unknown.

7. **Draw on your own life experience.** Listen to the context and try to anticipate what you will hear each day. For example, if talking about McDonald's, what would you expect the following to mean?

hamburguesa
lechuga
salsa de tomate
cebolla
mayonesa
tomate
mostaza
patatas fritas
tomate

8. **Listen to Spanish-language radio and TV programs.** Learn the lyrics to songs in Spanish you like, and be daring—get involved with one of the many soap operas, called telenovelas, currently being transmitted on TV in the United States.

9. **Take advantage of the many Websites in Spanish.** Try to read what they print. Use visual images and cognates to help you understand. If they have an audio component available, listen to it several times if necessary and try to get the gist of what is being said.

10. **When reading, don't expect to understand every word you see.** You will often be asked to work with authentic materials that clearly have some language that you understand and some that you are not expected to know. Always focus on what you *do know* and use that information to make intelligent guesses about the words and expressions you do not know. All other information probably is not within reach for you at this time. That is perfectly OK. In the questions about a reading, you might be asked to consider the information that is within reach and try to guess at the rest. The questions are likely to guide you towards correct answers.

Ahora, ¡manos a la obra! ¡Buena suerte! *(Now, let's get to work! Good luck!)*

¡Saludos!

¡Las fotos hablan!

A. A que ya sabes... Answer these questions in pairs first. Then compare your answers with the rest of the class.

1. What monuments or important sites are in your area? What makes them important?
2. If you were asked to select four or five monuments or important sites to represent the United States, which would you choose?
3. Look now at these pictures. How many of these sites can you recognize? Tell the class what and where they are.
4. All these sites are highly regarded for their historical, cultural, or artistic value or their natural beauty. Do you find these sites of interest? What would you say you like about them?
5. Which of these adjectives would you use to define these monuments or sites?

☐ a. espectacular   ☐ e. sofisticado   ☐ i. sensacional
☐ b. impresionante   ☐ f. monumental   ☐ j. fabuloso
☐ c. fantástico   ☐ g. exótico   ☐ k. artístico
☐ d. exuberante   ☐ h. mágico   ☐ l. elegante

B. Hablando español, yo... Say if, in your opinion, speaking Spanish will help you **mucho** (*much*) or **poco** (*little*) toward accomplishing the following goals.

1. Comunicating with more people than those who speak French, German, and Italian . . . combined (more than 320 million people).
2. Being able to visit and feel confident in more than 20 different Spanish-speaking countries.
3. Watching Spanish-speaking movies and TV channels, and listening to many radio stations in the USA and around the world.
4. Recognizing and better appreciating the diversity of cultures that are centuries old.
5. Seeing the world beyond the limitations of monolingualism and monoculturalism.

> In this chapter, you will learn how to . . .
>
> - greet people at different times of the day.
>
> - introduce yourself and others.
>
> - address people formally and informally.
>
> - say good-bye in formal and informal situations.

PARA EMPEZAR

¡Hola! ¡Mucho gusto! ¡Adiós!

TAREA

Before beginning this **Paso,** listen to the **Para empezar** vocabulary list on track 5 of your Text Audio CD #1, then study **En preparación.**

P.1 The Spanish alphabet and pronunciation (pages 18–20)

P.2: **Tú** and **usted** and titles of address (pp. 20–21).

Do the corresponding **¡A practicar!** exercises.

Listen to the **Para empezar: ¿Qué se dice… ?** section on track 2 of your Text Audio CD.

Un beso al saludarse en México, D.F.

Dos jóvenes se dan la mano en Cuzco, Perú.

Dos señores se abrazan en España.

Ahora, ¡a analizar!

1. How do people in the United States greet each other in formal and informal situations? How do the Spanish-speaking people in the photos greet each other? What similarities and differences do you observe?
2. Two young men are shaking hands in one photo. Why do you think that they do not extend their arms out as men in the United States do when shaking hands?
3. Why do you think that the men in the other photo are hugging? Is it customary for women to hug when greeting each other in the United States? For men and women? For men and men? Do you hug someone when you greet him/her?

When shaking hands, Hispanic men tend to bend their arms at the elbow, creating a more intimate distance between them. American men usually extend their arms way out, creating a greater distance between them. Also, when Hispanics kiss while greeting, it is usually on one cheek. In some places, like Spain, a kiss is usually given on both cheeks.

En tu opinión: What conclusions might you reach concerning physical distance between two persons in the Hispanic culture and in the U.S. culture? The men in the photo on page 4 in **Ahora, ¡a analizar!** are hugging. What can be concluded about cultures that favor physical contact as a way to express affection?

¿Qué se dice... ?

CD1-2

Al saludar/presentarse/despedirse de una persona

Students' names:
- ☐ Lucía
- ☐ Rosa
- ☐ Marta
- ☐ Ana

Their greeting is . . .
- ☐ ¡Buenas tardes!
- ☐ ¡Buenas noches!
- ☐ ¡Hola!

ELVIRA: Buenos días, Carlos. ¿Cómo estás?

CARLOS: Bastante bien, ¿y tú?

ELVIRA: ¡Excelente! Carlos, te presento a mi amigo Andrés.

CARLOS: Mucho gusto, Andrés.

ANDRÉS: El gusto es mío, Carlos.

GABRIEL: Profesor Gómez, le presento a mi amiga Teresa.

TERESA: Encantada, profesor.

PROFESOR: Igualmente, Teresa.

PROFESORA: Buenas tardes.

MATÍAS: Buenas tardes, profesora.

PROFESORA: ¿Cómo se llama usted?

MATÍAS: Matías Suárez. Y usted es la profesora Torres, ¿no?

PROFESORA: Sí, soy Angélica Torres. Mucho gusto, Matías.

MATÍAS: El gusto es mío, profesora Torres.

RAÚL: ¿Qué tal, Mario?

MARIO: Muy bien, gracias, ¿y tú?

RAÚL: No muy bien. No... ¡terrible!

SUSANA: Hasta luego, Pepe.

PEPE: Hasta pronto, Susana. Adiós, Lisa.

LISA: Adiós. Hasta mañana.

Ahora, ¡a hablar!

A. **Saludos, presentaciones o despedidas.** Con un(a) compañero(a), estudia los diálogos de **¿Qué se dice...?** y categoriza estas expresiones como **saludos**, **presentaciones** o **despedidas**.

EP P.1

¿Qué tal?	Adiós.	Buenas tardes.	Hasta pronto.
Éste es mi amigo...	Hasta luego.	Hasta mañana.	Te presento a mi amigo...
	Le presento	Mucho gusto.	
Hola.	a mi amiga...	Encantada.	Igualmente.

B. **Saludos y respuestas.** Con un(a) compañero(a), selecciona una respuesta apropiada para cada saludo. Para algunos saludos hay varias respuestas posibles.

EP P.1

MODELO   TÚ: **¡Hola!**
          TU AMIGO(A):   **Buenos días.**

Saludos	Respuestas
¿Qué tal?	Buenas noches.
¿Cómo te llamas?	Me llamo Antonia.
¿Cómo estás?	¡Terrible!
¡Hola!	Buenas tardes.
Buenas tardes.	Buenos días.
Buenos días.	Bastante bien.
Buenas noches.	No muy bien.
	Muy bien, gracias.
	Excelente.
	¡Hola!

C. **Crucigrama.** Para completar este crucigrama, tú tienes las pistas (*clues*) horizontales y tu compañero(a) tiene las verticales. Completa primero (*first*) las palabras que responden a tus pistas, y luego (*then*) completa el resto usando las pistas que tu compañero(a) te da. No se permite mirar (*look*) el crucigrama completo en el Apéndice A hasta terminar esta actividad.

EP P.1

MODELO   3 Horizontal: Saludo por la noche
          Escribes:

Horizontales

3. Saludo por la noche
7. Saludo de despedida por poco tiempo
8. Saludo formal de despedida
9. Saludo similar a «¿Cómo estás?»

D. **Un estudiante muy popular.** ¿Cómo saludas a estas personas en la universidad? *(Role-play greeting these people with a classmate.)*

MODELO   una amiga a las nueve (9:00) de la mañana
          Tú: **¡Buenos días, Irene! ¿Cómo estás?**
      AMIGA: **Bien, ¿y tú?**
          Tú: **Bastante bien, gracias.**

1. el profesor de español a las ocho (8:00) de la mañana
2. un amigo a las ocho (8:00) de la nôche
3. una amiga a la una (1:00) de la tarde
4. un amigo en la clase de español
5. una amiga en la cafetería a las nueve (9:00) de la mañana
6. una profesora a las tres (3:00) de la tarde

EP P.2

E. **Nuevos amigos.** Pregunta a tres (3) compañeros(as) cómo escriben sus nombres.

MODELO   Tú: **¿Cómo escribes tu nombre?**
      AMIGA: **K-I-M-B-E-R-L-Y S-C-H-R-I-E-R (ka, i, eme, be, e, erre, ele, i griega; ese, che, ere, i, e, ere)**

EP P.1

F. **Presentaciones.** Presenta a estas personas.

MODELOS profesora / Enrique
         Profesora, le presento a Enrique.

         mamá / Juan
         Mamá, te presento a Juan.

1. Profesor Durán / Carlos
2. Carmen / Mateo
3. Mamá / Rosita
4. Papá / señora Guzmán
5. Profesor Trujillo / José Antonio
6. Mamá / profesora Franco

Y ahora, ¡a conversar!

G. **¡Hola!** Identifica a cuatro (4) personas que no conoces *(you don't know)* en la clase y preséntate. Escribe los nombres de las cuatro personas.

> MODELO
>
> TÚ: **¡Hola! Soy...**[your name] **¿Cómo te llamas?**
>
> COMPAÑERA(O): **Me llamo Andrea Chávez.**
>
> TÚ: **¿Cómo escribes tu nombre?**
>
> COMPAÑERA(O): **A-N-D-R-E-A C-H-A-V-E-Z (a, ene, de, erre, e, a; che, a, ve, e, zeta)**

H. **¡Encantado(a)!** Presenta a dos personas de la clase.

> MODELO
>
> TÚ: **Carlos, te presento a mi amiga Susana.**
>
> CARLOS: **Mucho gusto, Susana.**
>
> SUSANA: **Encantada.**

I. **¡Hasta mañana!** Practica los saludos y las despedidas en español con tu profesor(a) y tus compañeros(as) de clase todos los días. Usa varios saludos y despedidas.

¡Luces! ¡Cámara! ¡Acción!

J. **Ésta es mi familia.** Un amigo mexicano te presenta a su familia. Con un(a) compañero(a), prepara una presentación dramática del diálogo que resulta.

K. **¡Mi profesor(a)!** Tú, tu papá y tu mamá están en la cafetería de la universidad. Tu profesor(a) de español también *(also)* está allí. Tú decides presentar a tu profesor a tus padres. Dramatiza la situación con tres (3) compañeros(as) de clase. Tomen *(Take)* turnos con los distintos papeles *(roles)*.

¿Comprendes lo que se dice?

Estrategias para escuchar

When listening to people speak, you don't need to understand every word spoken in order to comprehend the gist of what is being said. As you listen to these dialogues, don't worry if you do not understand every word. Simply try to understand enough to answer the following questions.

¿Formal o informal?

Escucha estos dos diálogos y luego selecciona la respuesta correcta a estas preguntas.

1. ¿Cuál de los diálogos es más *(more)* formal? ¿más informal?
   a. El diálogo 1 es más formal.
   b. El diálogo 1 es más informal.
   c. El diálogo 2 es más formal.
   d. El diálogo 2 es más informal.

2. ¿Cómo se llama la nueva amiga de Manuel?
   a. María
   b. Teresa
   c. Lidia

3. En el diálogo 1, ¿son las personas estudiantes o profesores? ¿Y en el diálogo 2?
   a. En el diálogo 1 son estudiantes.
   b. En el diálogo 1 son profesores.
   c. En el diálogo 2 son estudiantes.
   d. En el diálogo 2 son profesores.

Saludos formales e informales

Antes de empezar, dime...

1. ¿Qué saludos usas con tus amigos en inglés? ¿Con tus profesores?
2. ¿Son idénticos o diferentes los saludos?
3. Si son diferentes, explica la diferencia, en inglés, por supuesto.

Saludos

Julio Hurtado, un cubano-estadounidense, y Rick Henderson son estudiantes en la Universidad del Estado de Florida en Tallahassee. Rick está en la clase de Español 101 y practica español con su amigo Julio. Ellos conversan cuando el rector (presidente) de la universidad los saluda.

JULIO:	Buenas tardes, Rick. ¿Cómo estás?
RICK:	Muy bien, gracias. ¿Y tú?
JULIO:	Bastante bien. Ah, mira, el rector de la universidad.
RECTOR:	Buenas tardes, señores.
JULIO:	Buenas tardes, rector.
RICK:	Buenas tardes. Ahh,... ¿Cómo estás?
RECTOR:	¿Qué? ¡Hmmm! ¡Adiós!

Y ahora, dime...

¿Por qué reacciona el rector negativamente al saludo de Rick?

1. Porque el rector no tiene tiempo para hablar con Rick y Julio.
2. Porque Rick no habla español muy bien.
3. Porque el saludo de Rick es muy informal.

Lectura

Rose Maxwell, estudiante de Español 101. Santa Barbara City College

Verónica Díaz, estudiante de segundo año de español. New Mexico State University

Bryan Enthoven, estudiante de español. Continuing Studies, University of Wisconsin-Madison

Eliseo Marchi, estudiante de español. City University of New York

Why study Spanish?

We have asked some of our students for the reasons why they study Spanish, and these are their responses.

—Because I have friends who speak Spanish, and I want to speak with them in Spanish.

—My husband is Mexican, and I would like to understand his family when we visit Mexico.

—I would like to travel to Costa Rica this summer, and I want to be able to communicate in Spanish.

—Because my program requires two semesters of a foreign language.

—Because I live in California, and everybody speaks Spanish. I am sure I will use it!

—I need it for my work. We have a lot of Spanish-speaking patients.

—I think it is great to be able to learn about other people's culture and how they see life and enjoy it.

¿Y tú?

If your reason for studying Spanish is not one of these comments, add your own to the list. Your instructor will write them on the board.

Spanish as a Global Language

Spanish is the third most commonly spoken language on the planet, spoken by about 350 million persons, after Mandarin Chinese (1.12 billion) and English (480 million).[1]

The Spanish language developed primarily from the Latin spoken by the Roman military during the seven centuries of Roman presence in Hispania, known today as España (Spain). In the late fifteenth century, Spanish colonizers took the Spanish language to the Americas, the Philippines, and parts of Africa. Today, Spanish is one of the official languages of the African Union, the European Union, and the United Nations. Also, Spanish is an official language in 21 countries: Argentina, Bolivia, Chile, Colombia, Costa Rica, Cuba, Dominican Republic, Ecuador, El Salvador, Equatorial Guinea, Guatemala, Honduras, Mexico, Nicaragua, Panama, Paraguay, Peru, Puerto Rico, Spain, Uruguay, and Venezuela. Although Spanish is not the official language of the United States, the United States is currently the fifth largest Spanish-speaking country of the world.

The first Spanish settlers brought to the Americas the Spanish language as spoken in their region of origin, to come into contact with the languages of Native American speakers. As a result, today there are distinct pronunciations, accents, and some vocabulary in Spanish spoken throughout the Americas. This variety is never a barrier for communicating and understanding other Spanish speakers. It has been noted that there is actually less difference in the Spanish spoken throughout the Americas and the Spanish spoken in Spain, than there is between the English spoken in the United States and the English spoken in England. The access to TV programs in Spanish via cable and satellite continues to bring the global Spanish-speaking community closer and closer.

As you begin your amazing journey into the Spanish language share what you have learned about Spanish as a global language. In pairs, list three things you learned when reading about the Spanish language that you did not know before, and then share them with the class.

Spanish in the United States

Spanish is, after English, the most common language in the United States, spoken by about 30 million people. Only in Mexico, Spain, Argentina, and Colombia are there more Spanish speakers than in the United States.

The influence of the culture and language of the speakers of Spanish in the United States is most evident in the Southwest and Florida, because these regions were first settled by the Spanish. The first permanent European settlement in today's continental United States was founded in 1565 at St. Augustine, Florida, by Spanish colonists. (The Mayflower did not arrive at Plymouth Rock until 1620.) In Santa Fe, New Mexico, the Palace of the Governors, the oldest government building still in use in the continental United States, was built in 1610. In Texas, the first Spanish mission was established in 1690. By 1776, when the thirteen colonies declared their independence, Spain had established seven missions along the California coast. Most recently, the largest immigration of Hispanics into the United States was from Cuba and Puerto Rico in the early 1960s and Central America in the 1980s.

---

[1]These figures refer to the languages spoken by primary and secondary speaker populations. Counting native speakers only, Spanish is the second most widely spoken language after Chinese.

Until recently, when one spoke of "Spanish" culture, food, or traditions in the United States, what was usually meant was Mexican or Puerto Rican culture, food, or traditions, since they were by far the most prevalent cultures. However, with current immigration into this country, the "Spanish" culture we are exposed to may well be Mexican or Puerto Rican, but it may also be Cuban, Nicaraguan, Salvadoran, Argentineian, Venezuelan, and so on. The Spanish-speaking world is extremely varied, and it is no longer valid to speak of "Spanish" culture, unless, of course, one is referring to Spain in particular. Otherwise, it is best to speak of Mexican culture, Cuban culture, Nicaraguan culture, and so forth. There is no such thing as a "Spanish culture" that encompasses all Spanish-speaking countries. Each of the 21 Spanish-speaking countries has its own culture, and should be recognized as such. Today, one does not need to look far to see the influence of the Spanish language in the United States. Working in groups of four, see how much you know about this linguistic influence in the United States by responding to the following.

1. Name eight states that have Spanish names. Do you know what each name means?
2. How many major cities in the United States with Spanish names can you list?
3. The population of the United States is approximately 280 million. The number of Spanish speakers in the United States is approximately...
   a. 15 million.
   b. 35 million.
   c. 55 million.
   d. 75 million.
4. Which of the following words have been borrowed from the Spanish language?

bronco   canasta   conquistador

          canoe   canyon   corral

tomato

     hurricane   chaparral   lasso

patio

     potato   chili   chocolate

ranch   MACHETE   rodeo   TOBACCO

Enhancing your career opportunities

You are now at the beginning of the exciting process of acquiring the Spanish language. Studying Spanish can also enhance your opportunities for a more rewarding job.

According to an article in *Changing Times* magazine, "foreign language study is often looked upon as the best all-purpose cross-training." Your competency in Spanish will also indicate to prospective employers that your acquired cross-cultural awareness makes you a flexible person with great communication skills, who is open to change and embraces diversity. These are all highly valued human relations skills in any career.

Working with three other students, discuss how speaking Spanish can be instrumental in working in the fields below. Select a person from the group to report to the class on your discussion.

Business	Social Services	Law and Criminal Justice
Media (newspaper, radio, television)	Medical fields	Teaching
Translation-Interpretation	Sales and marketing	Art
	Government	

Antes de continuar

Working with *¡Dímelo tú!*

Now that you have completed the preliminary lesson, discover for yourself how *¡Dímelo tú!* is organized and what the purpose of each section of the text is. Working in groups of four, look for the section titles in the pages indicated for each set and match them with their descriptions. Be prepared to explain to the class, with examples, the purpose of each section.

Set 1: Pages 23–25

1. Las fotos hablan
2. Paso 1
3. Tarea
4. ¿Eres buen observador?
5. ¿Qué se dice... ?

a. Samples of authentic language. Visual introduction of new lesson vocabulary
b. Visual introduction to chapter themes
c. New lesson vocabulary and structures in context
d. The first of three lessons that make up each chapter
e. Specific homework assignments

Set 2: Pages 26–28

6. ¿Sabías que... ?
7. A propósito...
8. Ahora, ¡a hablar!
9. Y ahora, ¡a conversar!
10. ¡Luces! ¡Cámara! ¡Acción!

f. More creative, open-ended speaking activities
g. Controlled speaking activities for early production
h. Notes on minor grammatical points
i. Role plays
j. Cross-cultural information

Set 3: Pages 36–40

11. ¿Comprendes lo que se dice?
12. Noticiero cultural
13. Estrategias para escribir
14. ¡Escríbelo!
15. Viajemos por el ciberespacio a...

k. Cultural reading
l. Writing activities
m. Writing strategies
n. Listening activities
o. Internet activities

Useful Classroom Expressions

Here are three separate lists of useful classroom expressions that you should learn to recognize. The first list consists primarily of cognates, words that look very similar to their English counterparts and have the same meaning in both languages. Guess the meaning of these expressions.

1. Dramatiza esta situación.
2. En tu opinión, ¿quién... ?
3. No comprendo.
4. Prepara una lista por escrito.
5. Selecciona una respuesta apropiada.
6. En grupos pequeños...
7. Repite, por favor.

The meaning of this set of expressions is less obvious, although there are three cognates. What are they? What do they mean? In groups of three or four, match each expression with its translation.

1. Comparte la información.   a. *Read this advertisement.*
2. Contesta la(s) pregunta(s).   b. *Describe the drawing.*
3. Escucha la conversación.   c. *What do you do . . . ?*
4. Lee este anuncio.   d. *In pairs*
5. Describe el dibujo.   e. *Answer the question(s).*
6. ¿Qué haces... ?   f. *Listen to the conversation.*
7. En parejas   g. *Share the information.*
8. ¿Cómo se dice... ?   h. *What does . . . mean?*
9. ¿Qué quiere decir... ?   i. *How do you say. . . ?*

The following three expressions all have the same cognate, **compañero**. What do you think it means? Why do you suppose there is an **(a)** after this word? The verbs in these expressions mean *Interview, Ask,* and *Tell,* respectively. Can you guess what the complete expressions mean?

1. Entrevista a un(a) compañero(a)...
2. Pregúntale a un(a) compañero(a)...
3. Dile a un(a) compañero(a)...

Y ahora, ¡a empezar!

Yes, now you are ready to begin the first chapter of *¡Dímelo tú!* If you haven't noticed already, there are some excellent suggestions on how to study a foreign language in the front of your textbook. If you follow that advice, you should truly enjoy taking these first steps into the fascinating Spanish-speaking world. **¡Manos a la obra!**

Vocabulario

Saludos *(Greetings)*

Buenas noches.	*Good evening.*
	Good night.
Buenas tardes.	*Good afternoon.*
Buenos días.	*Good morning.*
¡Hola!	*Hello!*
¿Cómo estás? (tú)	*How are you?*
	(familiar)
¿Qué tal?	*How are you?*

Respuestas *(Answers/Responses)*

Bastante bien.	*Quite well.*
Bien, gracias. ¿Y tú?	*Fine, thank you.*
	And you?
	(familiar)
¡Excelente!	*Excellent!*
Muy bien, gracias.	*Very well, thank*
¿Y Ud.?	*you. And you?*
	(formal)
No muy bien.	*Not very well.*
¡Terrible!	*Terrible!*

Presentaciones *(Introductions)*

¿Cómo se llama usted?	*What's your name? (formal)*
¿Cómo te llamas (tú)?	*What's your name? (familiar)*

Ésta es...	*This is . . . (f.)*
Éste es...	*This is . . . (m.)*
Le presento a...	*I'd like you to meet . . . (formal)*
Te presento a...	*I'd like you to meet . . . (familiar)*

Respuestas a presentaciones

El gusto es mío.	*The pleasure is mine.*
Encantado(a).	*Delighted.*
Igualmente.	*Likewise.*
Me llamo…	*My name is . . .*
Mucho gusto.	*Pleased to meet you.*
Yo soy...	*I am . . .*

Despedidas *(Farewells)* y respuestas

Adiós.	*Good-bye.*
Hasta la vista.	*Good-bye. See you.*
Hasta luego.	*See you later.*
Hasta mañana.	*See you tomorrow.*
Hasta pronto.	*See you soon.*

Personas

amigo(a)	*friend*
clase *(f.)*	*class*
estudiante *(m., f.)*	*student*

mamá *(f.)*	*mom*
papá *(m.)*	*dad*
profesor(a)	*professor*
rector(a)	*president of a university*
señor *(m.)*	Mr.
señora *(f.)*	Mrs.

Palabras y expresiones útiles

conversación *(f.)*	*conversation*
¡De nada!	*You're welcome!*
¡Gracias!	*Thank you!*
mi	*my*
no	*no*
presentar	*to introduce someone or something*
respuesta *(f.)*	*answer*
sí	*yes*
tú	*you (familiar)*
universidad *(f.)*	*university*
usted	*you (formal)*

En preparación

Para empezar

P.1 The Spanish alphabet and pronunciation

Spelling and forming vowel sounds

 The Spanish alphabet

CD1-4

a	a	j	jota	r	erre
b	be, be larga	k	ka	s	ese
c	ce	l	ele	t	te
ch	che	ll	elle	u	u
d	de	m	eme	v	ve, ve corta, uve
e	e	n	ene	w	doble ve, uve doble
f	efe	ñ	eñe	x	equis
g	ge	o	o	y	i griega, ye
h	hache	p	p	z	zeta
i	i	q	cu		

The Spanish alphabet includes three letters that are not part of the English alphabet: **ñ, ch,** and **ll.** A ruling by the *Real Academia* in 1994 established that the **ch** and **ll** are not to be considered separate letters when alphabetizing. This decision was made primarily to facilitate alphabetizing on the Web. The letters **k** and **w** appear only in words borrowed from other languages. There are no double consonants except **rr, cc,** and **nn.** The sound represented by *ph* in English is always written as **f** in Spanish. Vowels can be marked with an accent to indicate that they are to be stressed (**á, é, í, ó, ú**). For a complete reference to the Spanish accentuation, go to Appendix B. Learn the Spanish alphabet so that you can spell and read words in Spanish.

¡A practicar!

A. **¡Ahora el examen de la vista!** You are getting your driver's license renewed. Take the eye test for your license. What do you say?

E

c n d

z m o p h

m r l y x v u w

a l j g s a ñ h rr f z b i

B. Su nombre completo, por favor. You are on the phone with your local bank and want to know the current balance in your checking account. The bank teller asks you to spell out your name, as it appears on your account, and your mother's maiden name. First, write them out. Then spell them in Spanish.

MODELO YOU WRITE: J-O-E S-M-I-T-H J-O-N-E-S
YOU SAY: **jota, o, e; ese, eme, i, te, hache; jota, o, ene, e, ese**

Pronunciation: Vowels

The Spanish vowels—**a, e, i, o, u**—are pronounced in a short, clear, and tense manner. Unlike English vowels, their sound is hardly influenced by their position in a word or sentence, nor by the stress they receive. English speakers must avoid the tendency to lengthen and change the sound of Spanish vowels. Note the difference in length and sound as you recite the vowels in English first and then repeat them in Spanish after your instructor.

Very few sounds are identical in Spanish and English. Therefore, the comparisons given here between English and Spanish vowels are to be used merely as a point of reference. To develop "native" pronunciation, you should listen carefully and imitate your instructor's pronunciation and that of the native speakers on the recordings.

¡A practicar!

A. Las vocales. Repeat the following sounds after your instructor, being careful to keep the vowels short and tense.

a = hop	**e = hep**	**i = heap**	**o = hope**	**u = hoop**
ma	me	mi	mo	mu
na	ne	ni	no	nu
sa	se	si	so	su
fa	fe	fi	fo	fu

B. Vocales en palabras. Escucha y repite. *(Listen and repeat.)*

Ana	él	ir	otro	uno
llama	mente	infinito	como	gusto
mañana	excelente	dividir	ojo	Uruguay

C. Vocales en oraciones. Lee en voz alta. *(Read aloud.)*

1. Ana llama a la mamá de Carmen mañana.
2. Elena es de Venezuela.
3. Gullón es otro crítico literario famoso.
4. La profesora Uribe es uruguaya.

Pronunciation: Diphthongs

A diphthong is the union of two vowel sounds pronounced as one in a single syllable. In Spanish, diphthongs occur in syllables containing two weak vowels (**i, u**) or a combination of a strong vowel (**a, e, o**) with a weak vowel.

¡A practicar!

A. Diptongos. In diphthongs consisting of a strong vowel and a weak vowel, the strong vowels are more fully enunciated.

Escucha y repite.

ai	ei	oi	ia	ie
baile	ley	soy	gracias	bien
airoso	afeitar	oigo	especial	viejo
gaita	veinte	Goytisolo	Colombia	miedoso

io	ua	ue	au	eu
Mario	Paraguay	buenas	auto	Eugenia
diosa	Ecuador	cuentista	Paula	Europa
miope	lengua	abuelo	pausar	deuda

B. Dos vocales débiles. When two weak vowels occur together in a word, the second vowel is more fully enunciated.

Escucha y repite.

ui	iu
ruido	veintiuno
Luisa	viuda
cuidar	ciudad

C. Diptongos en oraciones. Lee en voz alta.

1. Luisa baila muy bien.
2. Eugenio y Mario viajan a la ciudad.
3. Mi abuelo siempre viene a las cuatro.
4. Hay nueve estudiantes nuevos.

D. Dos vocales fuertes. When two strong vowels occur together, or when there is a written accent over the weak vowel in a syllable containing both a strong and a weak vowel, the vowels are pronounced as two separate syllables. Escucha y repite.

caos	idea	día	baúl
leal	crear	lío	paraíso
cacao	Rafael	comían	continúa

E. Separación de vocales. Lee en voz alta.

1. La idea de Rafaela es puro caos.
2. Mi perra es fea pero leal.
3. Mi tía salía de día.
4. Raúl no conocía a tu tío.

P.2 *Tú* and *usted* and titles of address

Tú and *usted*

Spanish has two ways of expressing *you*: **tú** and **usted**. **Tú** is a familiar form generally used among peers, acquaintances, or friends. **Usted** is a more polite, formal form used to show respect and to address anyone with a title such as *Mr., Mrs., Ms.,* or *Miss, Dr., Prof.,* or *Rev.* It is also used to address individuals you do not know well. Students generally use **tú** when speaking to each other and **usted** when addressing their teachers. Note that in the **¿Qué se dice… ?** section, **te llamas** and **estás** are in the familiar **tú** form and **se llama** and **está** are in the more formal **usted** form.

Formal and informal language

Besides the use of **tú** and **usted,** Spanish, like English, can be used formally, as often occurs in textbooks or professional journals, or informally, as is the case when people are talking casually. In *¡Dímelo tú!* both formal and informal Spanish are used throughout. More often than not, the formal Spanish will be used in the reading selection in the **Noticiero cultural** and **El rincón de los lectores.** A more informal Spanish is used in the **¿Qué se dice...?** dialogues and many of the **¿Comprendes lo que se dice?** dialogues. The direction lines for the activities address the student informally, whereas the activities themselves may elicit formal or informal language depending on the situation being addressed.

Titles of address

The most frequently used titles in Spanish are the following:

señor	*Mr.*	Titles, in Spanish, are not capitalized. Only abbreviations of the titles are capitalized:
señora	*Mrs.*	**señor / Sr.**
señorita	*Miss*	**señora / Sra.**
profesor(a)	*professor*	**señorita / Srta.**
doctor(a)	*doctor*	

The definite article, **el** or **la,** must precede a title when talking about someone.

Es **la** doctora Sánchez. *She is Dr. Sánchez.*
El profesor Díaz es bueno. *Professor Díaz is good.*

¡A practicar!

A. *¿Tú o usted?* Indicate whether you should use **tú** or **usted** to address the following people.

1. your professor
2. your brother or sister
3. a stranger
4. your dog
5. a member of the clergy
6. your roommate
7. your doctor
8. your girlfriend/boyfriend
9. a bank clerk
10. a waitress

B. *¿El o la?* Complete the following introductions by indicating if a definite article (**el, la, los, las**) should be used with each person's name as you introduce these people to your mother.

MODELO Mamá, señor Pérez y mi amigo José.
  Mamá, el señor Pérez y mi amigo José.

1. Mamá, mi amiga, _____ Rosa María.
2. Mamá, _____ profesor González.
3. Mamá, _____ señorita Perea, la directora del laboratorio.
4. Mamá, _____ mi mejor *(best)* amigo(a).
5. Mamá, _____ señor Padilla.
6. Mamá, _____ José Aguilar.

La biblioteca de la Universidad
Autónoma de México (UNAM)

¡Qué rico está el mate!

CAPÍTULO 1 | ¡A la universidad... en las Américas!

Estudiantes universitarios guatemaltecos

¡Las fotos hablan!

A. A que ya sabes... En tu opinión, y basándote en los estudiantes en estas fotos, los estudiantes[1] latinoamericanos son...

☐ interesantes ☐ elegantes ☐ estudiosos
☐ pacientes ☐ atléticos ☐ serios
☐ románticos ☐ tímidos ☐ activos
☐ impacientes ☐ inteligentes

B. Los estudiantes latinoamericanos... Indica si, en tu opinión, los estudiantes en Latinoamérica...

sí	no	1. estudian mucho.
sí	no	2. usan teléfonos celulares.
sí	no	3. usan lectores de CD en las clases.
sí	no	4. envían correos electrónicos.
sí	no	5. estudian inglés[2] u otras lenguas.

In this chapter you will learn how to . . .

- describe yourself, your friends, and your professors.
- tell where people are from.
- name your favorite classes and activities.
- describe your classes.
- talk about your activities during the first week of the semester.
- describe future plans.

---

[1]Notice that, in Spanish, we talk about mixed groups of people in the masculine plural: **los estudiantes, los amigos**, etc. These groups may contain masculine and feminine individuals.

[2]In Spanish, the conjunction **o** *(or)* changes to **u** when followed by a word that starts with *o*, such as in **inglés u otras lenguas**.

Mis compañeros... centroamericanos y caribeños

TAREA

Before beginning this **Paso**, study the vocabulary list on p. 48 and practice it as you listen to the vocabulary on track 10 of your Text Audio CD #1. Then study **En preparación:**

1.1 Subject pronouns and the verb **ser**: Singular forms, pages 50–52

1.2 Gender and number: Articles and nouns, pages 52–54

1.3 Adjectives: Singular forms, pages 54–55

Do the corresponding **¡A practicar!** exercises.

Listen to the **Capítulo 1, Paso 1: ¿Qué se dice...?**, track 6 on your Text Audio CD, and provide the information requested on page 25.

¿Eres buen observador?

NOMBRE: Mónica Fernández
PAÍS DE ORIGEN: Nicaragua
DEPORTES FAVORITOS: Baloncesto, voleibol, fútbol, tenis, béisbol
PERSONALIDAD: inteligente, paciente, sincera, sociable, seria
CIUDAD NATAL: Managua

NOMBRE: Carlos Enrique Rodríguez
PAÍS DE ORIGEN: El Salvador
DEPORTES FAVORITOS: Béisbol, tenis
PERSONALIDAD: serio, tímido, introvertido
CIUDAD NATAL: San Salvador

NOMBRE: Yolanda Ramírez
PAÍS DE ORIGEN: Costa Rica
DEPORTES FAVORITOS: Béisbol, ciclismo de montaña
PERSONALIDAD: simpática, atlética, extrovertida, inteligente, sociable
CIUDAD NATAL: San José

Ahora, ¡a analizar!

A. **Yolanda, Mónica y Carlos Enrique.** Completa estas oraciones.

1. Estos tres (3) estudiantes centroamericanos son de (ciudad y país).
2. Estos tres estudiantes son (de la costa / del interior del país).
3. En Centroamérica practican estos deportes:
4. El deporte que los tres estudiantes practican es el...

B. **Mis opiniones.** Completa estas oraciones.

1. De los deportes que practican en Centroamérica, mis favoritos son...
2. En mi opinión, la persona con la personalidad más interesante es... porque...
3. Mi personalidad es similar a la de (Yolanda / Mónica / Carlos Enrique) porque yo soy...
4. En mi opinión, la personalidad de *(choose a celebrity)* es similar a la de (Yolanda / Mónica / Carlos Enrique) porque él/ella es...

¿Qué se dice...?

Al describir a nuevos amigos

Julio es de...
☐ Antigua, Guatemala.　　☐ Tegucigalpa, Honduras.　　☐ Managua, Nicaragua.

Julio es...
☐ estudioso.　　　　　☐ un poco tonto.　　　　☐ introvertido.
☐ activo.　　　　　　　☐ profesor.　　　　　　☐ estudiante.

Matón es...
☐ inteligente.　　　　☐ un poco tonto.

Éste es mi amigo Paco. Es de Nicaragua, de Managua. Es estudiante de la Universidad Centroamericana de Managua. Es interesante y muy simpático... y algo liberal. También es atlético.

Te quiero presentar a Elena. (¡Hola!) Elena es una amiga de la ciudad de Panamá, en Panamá. Es estudiosa, seria y muy paciente. Es también muy liberal. (¡Oye... Gracias!)

Y tú, ¿cómo te llamas?
¿De dónde eres? ¿Eres de Estados Unidos?
¿Eres estudiante? ¿De qué universidad?
¿Eres inteligente y estudioso(a)?
¿Eres liberal o conservador(a)?
¿Eres paciente o impaciente?
¿Eres muy popular?

¿Sabías que... ?

The oldest universities in the Americas are in Latin America. The oldest, **la Universidad de Santo Domingo,** was established in **la República Dominicana** in 1538, not even 50 years after Columbus's arrival. Shortly thereafter in 1551, **la Universidad Mayor de San Marcos** was established in **Lima, Perú,** and two years later, **la Universidad Nacional Autónoma de México** was founded in Mexico City. The oldest Spanish-speaking university still operating is **la Universidad de Salamanca** in Spain. It was founded in 1215. The oldest English-speaking university still in use is the University of Oxford, founded in 1249.

En tu opinión: Harvard (1636) is the oldest English-speaking university still in use in the Americas, founded just 16 years after the arrival of the first pilgrims (1620). Why do you think it was founded so soon after their arrival? Why do you think the Spanish colonists also founded universities so soon after arriving in the New World?

Ahora, ¡a hablar!

A. **¿De dónde es?** ¿De dónde son estas personas? (Algunas se encuentran en **¿Eres buen obervador?**)

MODELO   Yolanda Ramírez
         Yolanda Ramírez es de San José, Costa Rica.

1. Mónica Fernández
2. Carlos Enrique Rodríguez
3. tu compañero(a)
4. tu profesor(a)
5. otra persona

B. **¿Quién es?** Identifica a personas famosas (políticos, actores, artistas, deportistas, cómicos, etc.) con las características indicadas.

MODELO   **Shakira es inteligente y atractiva.**

1. activo
2. inteligente y atractivo
3. tímido
4. muy serio
5. muy atlético
6. activa
7. inteligente y atractiva
8. tímida
9. muy seria
10. muy atlética

C. **¡Qué popular!** Pablo Ramírez es muy popular y tiene muchas amigas. ¿Cómo son sus amigas? Selecciona las palabras que las describen.

1. Ramona es (estudiosa, tímido, serio).
2. María es (romántico, simpática, serio).
3. Gloria es (tímido, pacientes, atlética).
4. Ángela es (elegante, estupendo, conservador).
5. Carmen es (inteligente, atlético, serio).
6. Cecilia es (simpática, interesantes, trabajador).

D. **Mi mejor amigo(a).** Describe a tu mejor amigo(a).

Mi mejor amigo(a) se llama [nombre]. Es (inteligente / atlético[a]). También es (liberal / conservador[a]). Es (paciente / impaciente) y muy (popular / tímido[a]). Ah, también es un poco (serio[a] / divertido[a]).

Y ahora, ¡a conversar!

unos libros

unos lápices

unos cuadernos

unos bolígrafos

papel

unas mochilas

A propósito...

Hay, means *there is* and *there are*. When used in a question, **¿Hay...?** means *Is there...?* or *Are there...?* To negate in Spanish, we always use the word **no** before the verb, never after.

E. **¿Muchos?** Pregúntale a tu compañero(a) qué objetos hay normalmente en...

1. su escritorio.
2. su mochila.
3. el escritorio del (de la) profesor(a).
4. el escritorio de un(a) amigo(a).

MODELO   TÚ: **¿Qué objetos hay normalmente en tu escritorio? ¿Hay un lápiz?**

       COMPAÑERO(A):   **Sí, hay un lápiz.** o
                           No, no hay un lápiz. Hay un bolígrafo.

F. **¿Son los mismos?** Alicia, Carmen, José y Daniel son estudiantes de la clase de español de tu compañero(a) de cuarto. Tú también tienes unos amigos que se llaman Alicia, Carmen, José y Daniel. La descripción de tus amigos aparece *(appears)* aquí. La descripción de los amigos de tu compañero(a) aparece en el Apéndice A. ¿Son la misma persona? *(To decide if they are the same, ask your partner questions. Do not look at each other's descriptions.)*

MODELO   **¿Es Alicia de El Salvador?**

ALICIA: Es una amiga de El Salvador. Es introvertida, muy activa y muy seria. También es muy paciente.

CARMEN: Es muy seria. No es extrovertida. Es inteligente y muy estudiosa. Es de Costa Rica, de la capital. Es algo conservadora.

JOSÉ: Es de Honduras. Es muy activo y muy simpático. Es sociable y chistoso.

DANIEL: Es de Nicaragua, de la capital. Es muy extrovertido y un poco perezoso.

G. **¿Vamos juntos?** Tienes la oportunidad de hacer un intercambio *(student exchange)* en un país centroamericano con otro(a) estudiante de la clase. Habla con tu compañero(a) de tu perfil y el perfil del país y la familia con la que prefieres vivir. Habla también de tus actividades favoritas.

- País/ciudad de preferencia
- Algunas de tus características
- Algunas características que prefieres en la familia
- Actividades/deportes que prefieres practicar

Vocabulario útil

Mi ciudad/país preferido(a) es...
Yo soy...

Mi familia preferida es...
Mis actividades/deportes preferidos(as) son...

H. **Incompatibles.** Tú y tu compañero(a) deciden que sus personalidades no son compatibles. Preparen una lista de cosas en las que no son compatibles. Tomen turnos explicando al resto de la clase en qué consiste su incompatibilidad. Usen los adjetivos y sus contrarios.

¡Luces! ¡Cámara! ¡Acción!

I. **¿Cómo es?** Hay un estudiante latinoamericano en la clase de historia de tu compañero(a) de cuarto. Tú quieres saber más sobre el estudiante. Prepara varias preguntas por escrito para tu compañero(a). *(Then ask your partner the questions you prepared.)* Específicamente, quieres saber...

- el nombre del estudiante.
- varias características del estudiante.
- el país y la ciudad de origen del estudiante.
- qué opina tu compañero(a) del estudiante.

Vocabulario útil

¿Cómo... ?   ¿De dónde... ?   ¿Es... ?   ¿Qué... ?

J. **Mejor amigo(a).** ¿Cómo es el (la) mejor amigo(a) de tu compañero(a)? Pregúntale el nombre, el origen, la universidad y las características de su mejor amigo(a). Puedes usar el vocabulario útil de la actividad I.

A propósito...

To ask questions, you will be using words and expressions such as these: **¿De dónde...?** *(Where from . . . ?)* **¿Cómo?** *(How?)*, **¿Qué?** *(What?)*, **¿Cuál . . . ?** *(Which...?)*. Note that, when asking questions, the order of the words does not generally change in Spanish as it does in English. Instead, you must add question marks at the beginning and end of the questions.

CD1-7

¿Comprendes lo que se dice?

Estrategias para escuchar: extraer la idea principal

A frequent first reaction when listening to spoken Spanish is to assume it is spoken "too fast" and that you "don't understand anything." In fact, it is probably being spoken at a normal rate of speech and you can understand much more than you think. Nevertheless, you won't understand every word you hear, and you are not expected to do so. Simply listen for the words that you do understand and don't worry about the others. In this section, you should understand enough to get the gist of what is being said.

Ahora, ¡a escuchar!

Now listen as your instructor plays a dialogue in which Carlos Enrique and Elena talk about Alberto Lozano, a new student in their chemistry class. Then answer the questions that follow.

¿Cómo es Alberto Lozano según *(according to)* Carlos Enrique? ¿según Elena?

Según Carlos Enrique		Según Elena	
1.	3.	1.	3.
2.	4.	2.	4.

Centroamérica y el Caribe

Antes de empezar, dime...

1. ¿Cuáles de estos países están en Centroamérica o en el Caribe?

   ☐ Honduras
   ☐ Nicaragua
   ☐ Argentina
   ☐ Chile
   ☐ Ecuador

   ☐ Uruguay
   ☐ Costa Rica
   ☐ República Dominicana
   ☐ Guatemala

2. ¿Qué palabras identificas con Centroamérica?

   ☐ la biodiversidad
   ☐ el clima tropical
   ☐ los volcanes
   ☐ las playas
   ☐ el español
   ☐ la salsa

   ☐ las cataratas de Iguazú
   ☐ la civilización Maya
   ☐ el canal
   ☐ la Alhambra de Granada
   ☐ el béisbol
   ☐ la tradición cultural

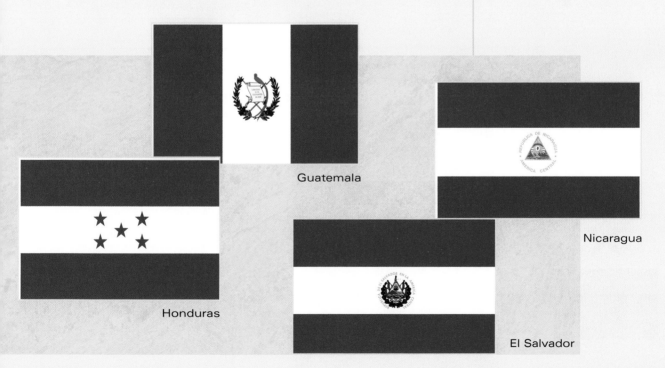

Guatemala

Nicaragua

Honduras

El Salvador

Centroamérica...
¡impresionante!

Centroamérica es una parte del mundo situada entre la frontera sur de México, en Norteamérica y la frontera norte de Colombia, en Sudamérica. Centroamérica consta de siete (7) países: Belice, Costa Rica, El Salvador, Guatemala, Honduras, Nicaragua y Panamá. En todos el español es el idioma oficial, excepto en Belice, donde el inglés es el idioma oficial. En Centroamérica se hablan también varias lenguas indígenas.

En comparación con Norteamérica y Sudamérica, Centroamérica es muy pequeña. Representa menos del cero coma cinco por ciento (0,5%)[3] de las tierras del planeta. No obstante, hay una gran variedad de plantas, insectos, aves y animales en Centroamérica. Más del siete por ciento (7%) de la diversidad biológica del planeta se encuentra en Centroamérica. Es impresionante, ¿no? Para conservar esta riqueza natural, hay ciento veinticuatro (124) parques nacionales en total, entre los diferentes países.

---

[3]Note that a comma, instead of a period, is used with decimals. Numbers will be explained starting in **Capítulo 2.**

Y ahora, dime...

1. ¿Dónde está situada Centroamérica?
2. ¿Cuáles son los idiomas oficiales de Centroamérica? ¿Se hablan otros idiomas?
3. ¿Cómo se compara Centroamérica con las otras Américas?
4. ¿Qué distingue a los ecosistemas de Centroamérica?

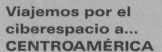

Viajemos por el ciberespacio a... CENTROAMÉRICA

If you are a cyberspace surfer, try entering one of the following key words to get to any of these engaging destinations:

Parques nacionales de Costa Rica, El Salvador, Honduras, Guatemala, Panamá, Belice y Nicaragua

Biodiversidad de Centroamérica

Civilización Maya

Or, better yet, simply go to the *¡Dímelo tú!* website using the following address: http://dimelotu.heinle.com

There, with a simple click, you can

- travel to many national parks in Central America.
- study the famous archeological ruins of Tikal and Copán, and learn about the Mayans.
- learn about many Central American celebrities.

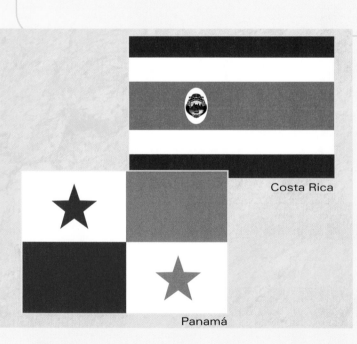

Costa Rica

Panamá

¿Eres buen observador?

UNIVERSIDAD AUSTRAL

CARRERAS DE GRADO

Home
Autoridades
Sedes
Admisiones - Carreras de grado
IAE - Escuela de Dirección y negocios
CAS - Centro Académico de Salud
Facultades
Instituto de Ciencias para la familia
Departamentos
Escuelas y laboratorios
Carreras de grado
Carreras de postgrado
Investigación
Biblioteca

FACULTAD DE INGENIERÍA

- Ingeniería en Informática
- Ingeniería Industrial

FACULTAD DE DERECHO

- Abogacía

FACULTAD DE CIENCIAS BIOMÉDICAS

- Medicina
- Enfermería

FACULTAD DE COMUNICACIÓN

- Licenciatura en Comunicación Social

FACULTAD DE CIENCIAS EMPRESARIALES (Rosario)

- Licenciatura en Ciencias Empresariales
- Contador Público

Avda. Juan de Garay 125 - (1063) Capital Federal - Argentina
Tel: (54 11) 4307 4822 - 4307 0806/7 - 4307 4443 - 4307 7697
Fax: (54 11) 4361 1329 - E-mail: informes@rec.austral.edu.ar

TAREA

Before beginning this **Paso,** study the vocabulary list on p. 48 and practice it as you listen to the vocabulary on track 11 of your Text Audio CD #1. Then study **En preparación:**

1.4 Infinitives, page 55

1.5 Subject pronouns and the verb **ser:** Plural forms, page 56

1.6 Gender and number: Adjectives, pages 57–58

Do the corresponding **¡A practicar!** exercises.

Listen to the **Capítulo 1, Paso 2: ¿Qué se dice...?** section on track 8 of your Text Audio CD and provide the information requested on page 32.

Ahora, ¡a analizar!

A. **La Universidad Austral (UA).** En mi opinión, en la UA...

1. la facultad más (+) difícil es _____ y la menos (–) difícil es _____.
2. la facultad más interesante es _____.
3. los profesores probablemente son (pacientes / impacientes).
4. los estudiantes son probablemente (estupendos / buenos / no muy buenos).
5. las clases son seguramente (interesantes / no muy interesantes / aburridas).

B. **Preferencias personales.** Selecciona de esta lista y de la lista de programas en la UA cinco (5) cursos o programas que, en tu opinión, son los más interesantes.

☐ arte   ☐ economía   ☐ historia
☐ inglés   ☐ matemáticas   ☐ biología
☐ educación física   ☐ informática   ☐ derecho
☐ química   ☐ ciencias políticas   ☐ física
☐ ingeniería   ☐ literatura   ☐ teatro

CD1-8

Al hablar de las clases y los profesores

El profesor González es muy...
- ☐ interesante.
- ☐ serio.
- ☐ popular.
- ☐ inteligente.

¿Cuáles son tus pasatiempos favoritos?

_____ _____ _____

_____ _____ _____

La clase de física no es fácil; es muy difícil.

A propósito...

Note that in Spanish, when one noun is used to modify another noun, as in "physics class" or "political science class," the definite article is used before the first noun and **de** before the second: **la clase de física** or **la clase de ciencias políticas**.

Los estudiantes de la clase de ciencias políticas son trabajadores y muy estudiosos. No son perezosos.

¿Sabías que...?

As in all languages, there are adjectives in Spanish used to indicate the country of origin of a person. Unlike English, these adjectives of nationality are not capitalized in Spanish.

Norteamérica	Centroamérica y el Caribe	Sudamérica
estadounidense	costarricense	argentino(a)
canadiense	cubano(a)	boliviano(a)
mexicano(a)	dominicano(a)	brasileño(a)
	guatemalteco(a)	chileno(a)
	hondureño(a)	colombiano(a)
	nicaragüense	ecuatoriano(a)
	panameño(a)	paraguayo(a)
	puertorriqueño(a)	peruano(a)
	salvadoreño(a)	uruguayo(a)
		venezolano(a)

🔍 **En tu opinión:** What endings are used most often in forming these adjectives of nationality? What patterns do you see being established, if any? Why do you think that these adjectives vary so much? Why do you think they are not capitalized in Spanish?

Ahora, ¡a hablar!

A. **¡Somos muy activos!** ¿Cuál es el pasatiempo favorito de tus amigos, mamá, papá, profesor(a),... ?

EP 1.4

Modelo **El pasatiempo favorito de Silvia y Roberto es bailar.**

1. 2. 3. 4.

5. 6. 7. 8.

B. **¿Cómo son?** Describe tus clases, profesores y amigos.

> MODELO   mis clases (divertido / aburrido)
> **Mis clases son divertidas.**

1. mis clases (difícil / fácil)
2. los estudiantes (interesante / aburrido)
3. los profesores (paciente / impaciente)
4. unas profesoras (divertido / aburrido)
5. mis amigos y yo (trabajador / perezoso)
6. mis amigos (inteligente / tonto)

C. **No hay acuerdo.** Describiendo a sus amigos, tu compañero(a) y tú no están de acuerdo *(don't agree)*. Tomen turnos describiendo a distintas personas y expresando opiniones opuestas.

> MODELO   Tú: Julie es muy divertida...
>   TU COMPAÑERO(A):   **No, Julie es muy seria...**

Vocabulario útil

bueno / malo	inteligente / tonto	paciente / impaciente
chistoso / aburrido	introvertido / extrovertido	popular / tímido
divertido / serio	liberal / conservador	simpático / antipático
alto / bajo	organizado / desorganizado	trabajador / perezoso

1. El (La) presidente(a) de los Estados Unidos...
2. Un actor (actriz) famoso(a)...
3. El (La) profesor(a)...
4. Un(a) cantante famoso(a)...
5. Los compañeros de la clase de español...
6. Tu jefe(a) *(boss)*...

Y ahora, ¡a conversar!

D. **¡Son estupendos!** Describe con tres o cuatro características...

1. tu clase de español
2. tu compañero(a) de cuarto
3. tus amigos
4. tu jefe(a)
5. tus profesores
6. tu trabajo

E. **Pasatiempos favoritos.** ¿Cuáles son los pasatiempos favoritos de tu compañero(a)? Pregúntale y contesta sus preguntas.

> MODELO   Tú: **¿Cuáles son tus pasatiempos favoritos?**
>   COMPAÑERO(A):   **Mis pasatiempos favoritos son...**

Vocabulario útil

bailar	escuchar música	leer
comer	estudiar	mirar la tele
escribir cartas	hablar por teléfono	nadar

A propósito...

Mi, mis and **tu, tus** are possessive pronouns and they translate as *my* and *your*.

F. **Mis clases y yo.** ¿Cómo eres? Menciona dos adjetivos que describen tu personalidad. ¿Cuáles son tus clases favoritas? Escribe tus respuestas. *(Write your answers down.)*

G. **Nuevos amigos.** Tú y un(a) amigo(a) estudian en una universidad en Santiago de Chile. Hoy hablan después de la primera semana. Escriban el diálogo, y luego lee el diálogo con tu compañero(a) frente a la clase. Usa la guía que aparece a continuación.

- Saludos
- Clases que toman
- Cómo son las clases
- Hablan sobre los pasatiempos favoritos que practican en Chile
- Despedidas

H. **Mi universidad.** Tú y un(a) amigo(a) hablan en la cafetería y describen sus respectivas clases: profesores, amigos y actividades. Dramatiza esta situación.

En la cafetería de la universidad

Estrategias para ver y escuchar: reconocer palabras afines o «cognados»

In the previous **Paso** you learned that, when listening to spoken Spanish, students often assume it is being spoken "too fast" and claim they "don't understand anything," when, in fact, they understand much more than they think. The same reactions occur with video. Frequently, students just stop listening as soon as they hear the first word they don't understand. It is very important for you not to develop that bad habit; you should continue to listen for the words that you do understand and not worry about the others. There are many words that you may have never heard in Spanish before but that you will understand because they are cognates, that is, they look and sound very much like their English equivalents.

Comprensión oral a base de palabras afines

Practice recognizing cognates. Listen to your instructor read a list of words taken from this video and attempt to write their English equivalent.

Read each word twice before going on to the next one. Then read all of them one more time.

biodiversidad	elevación	número
civilización	europeo	situado
cultura	música	tradición
diversidad	naturaleza	zona

Al ver el video: ¿Comprendes lo que se dice?

Latinoamérica, ¡al ritmo del siglo veintiuno!

As you watch the video for the first time, mark any of the following cognates that you hear in Spanish. Compare the ones you checked with the lists of other students. How many did all of you mark?

☐ the Andes   ☐ religion   ☐ the United States

☐ telephones   ☐ latino   ☐ continent

☐ African   ☐ automobiles   ☐ music

☐ indigenous   ☐ contributions   ☐ vibrant

Después de ver el video

Selecciona ahora la palabra o frase que mejor completa cada oración.

1. La mayoría de países latinoamericanos están situados en...
   a. zonas tropicales
   b. impresionantes elevaciones

2. Una característica muy importante de Latinoamérica es...
   a. la biodiversidad
   b. la desertización

3. El encuentro de europeos, africanos e indígenas en Latinoamérica crea...
   a. nuevas culturas
   b. la patata

4. Mucho de las civilizaciones de los mayas, aztecas e incas se preserva en...
   a. el Machu Picchu
   b. muchos países latinoamericanos

Un paso atrás, dos adelante: Para empezar

Repasemos. En **Para empezar** aprendiste *(you learned)* a saludar *(greet)* a otros. Repasa *(review)* lo que sabes, completando este texto con las palabras *(words)* necesarias.

DIÁLOGO 1

TÚ: ¡ _____ _____ ! *[formal greeting in the morning]*.

LA PROFESORA: ¡ _____ ! *[informal greeting]*

DIÁLOGO 2

TÚ: Buenas tardes, profesora, _____ _____ *[formally introducing your friend to your teacher]* a mi amigo Rafael.

LA PROFESORA: ¡ _____ _____ , Rafael! *[reponding to the intro-duction]*

RAFAEL: ¡ _____ , profesora! *[reponding to the introduction]*

DIÁLOGO 3

LISA: ¡ _____ _____ ! *[Taking leave: See you tomorrow!]*.

TÚ: ¡ _____ ! *[Taking leave: Good-bye!]*.

Lenguas indígenas de Sudamérica

Antes de empezar, dime...

1. ¿Cuántas lenguas indígenas se hablan en los Estados Unidos?
2. En tu opinión, ¿hay muchas personas que hablan estas lenguas?
3. ¿Hay mucha influencia de las culturas indígenas en la cultura estadounidense de hoy? Explica tu respuesta.

Las lenguas de Sudamérica

El español y el portugués, las lenguas de los exploradores europeos, son las lenguas más habladas de Sudamérica. No obstante, el español y el portugués no son las únicas lenguas de Sudamérica. Las lenguas indígenas anteriores a Cristóbal Colón continúan siendo un medio de comunicación importantísimo.

El quechua, la lengua de los incas, continúa hablándose en Ecuador, Bolivia y Perú. En la región del lago Titicaca, entre Perú y Bolivia, también se habla el aymará.

En la zona amazónica, desde Venezuela a Colombia, Ecuador, Perú, Bolivia y Brasil, se habla un gran número de lenguas indígenas.

Pero en toda Sudamérica, el único país completamente bilingüe es Paraguay. En Paraguay, el guaraní y el español son las dos (2) lenguas oficiales. El español se usa principalmente en situaciones formales y en el gobierno. El guaraní se habla en situaciones más informales como en familia, en el mercado, etc.

Y ahora, dime...

1. ¿Hay muchas personas bilingües en Sudamérica? ¿Qué lenguas hablan?
2. ¿Qué lenguas indígenas hablan en Perú? ¿En la región amazónica? ¿En la región del lago Titicaca? ¿En Paraguay?
3. En tu opinión, ¿son importantes las lenguas indígenas en los EE.UU.? ¿Por qué son tan importantes las lenguas indígenas en Sudamérica?

Viajemos por el ciberespacio a... SUDAMÉRICA

If you are a cyberspace surfer, try entering one of the following key words to get to any of these engaging destinations:

Mapa étnico de Ecuador

Indígenas de Paraguay

Ser indígena

Or, better yet, simply go to the *¡Dímelo tú!* website using the following address: http://dimelotu.heinle.com

There, with a simple click, you can

- learn about the many different indigenous groups of Ecuador.
- travel through Paraguay, **el corazón de América.**
- study the cultures of Chile through video and indigenous music.

¡Escríbelo!

Estrategias para escribir: usar listas para organizarte

When asked to write in Spanish, stay with the vocabulary, structures, and cultural concepts that you have already acquired. Thinking of what you would like to write about in English and then translating it into Spanish is counterproductive. Inevitably, you will have to look up many words and structures that you probably have not already studied. This results not only in a lot of frustration but also in poor writing.

The proper way to begin a writing assignment is to make a list of the words and structures you already know and expect to use. Practice this principle as you begin the writing task that follows.

Prepárate para escribir. El tema de esta composición es «El estudiante perfecto». ¿Eres tú un(a) estudiante perfecto(a)? Piensa en todas las características de un estudiante perfecto y las de un estudiante imperfecto.

Ahora, ¡a escribir!

A. **El primer borrador.** Prepara una lista de todas las características del estudiante perfecto. Indica con una marca (✓) todas las características que ya tienes *(you already have)*. Indica con un signo interrogativo (?) las características que no tienes *(you don't have)*. Indica con un asterisco (*) todas las características que deseas desarrollar *(to develop)*.

B. **Ahora, a compartir.** Compara tu lista con las listas de dos o tres compañeros. *(Make any changes you wish to make based on what you saw on your classmates' lists. Also, correct any spelling errors you may have noticed.)*

C. **Ahora, a revisar.** Reescribe tu lista en tres columnas: el estudiante que soy, el estudiante que no soy, el estudiante que deseo ser.

D. **La versión final.** Prepara una versión final de tu lista en tres columnas y entrégala *(turn it in)*.

E. **Publicación.** En grupos de cinco, comparen sus listas y decidan cuáles son las características más importantes de un(a) estudiante perfecto(a). ¿Aparecen esas características en las cinco listas? Informen a la clase sobre su decisión.

¡Vida estudiantil en... las Américas!

¿Eres buen observador?

TAREA

Antes de empezar este Paso, estudia la lista de vocabulario, en la página 49, y practícalo al escuchar el surco 12 de tu Text Audio CD #1. Luego estudia **En preparación.**

1.7 Present tense of **-ar** verbs, páginas 58–59

1.8 The verb **ir,** páginas 60–61

Haz por escrito los ejercicios de *¡A practicar!*

Escucha la sección *¿Qué se dice... ?* del Capítulo 1, Paso 3, en el surco 9 del Text Audio CD y haz la actividad correspondiente en la página 42.

Ahora, ¡a analizar!

UNITEC. Contesta con un(a) compañero(a) de clase.

1. ¿Qué es UNITEC?
2. En tu opinión, ¿cómo son los estudiantes de UNITEC? Descríbelos.
3. En tu opinión, ¿cuáles son las actividades favoritas de los estudiantes de UNITEC —hablar por teléfono, mirar la tele, tomar un refresco, leer, bailar, preparar hamburguesas, escuchar música en la radio, estudiar?
4. ¿Cuáles son tus actividades favoritas?

¿Qué se dice...?

Al describir actividades

Andrés y Miguel están en...

☐ su casa. ☐ su apartamento.

Miguel habla por teléfono con...

☐ sus padres. ☐ una amiga.

Andrés necesita llamar a...

☐ su papá. ☐ una amiga.

Andrés es...

☐ paciente. ☐ impaciente.

A propósito...

Note that upside-down question and exclamation marks (¿ ¡) must be placed at the beginning of a question or exclamation. This allows a reader to apply the proper intonation at the beginning of the sentence.

Ricardo y Hugo miran su programa favorito en la tele. Hugo toma un refresco. Ricardo prepara la cena: unos tacos deliciosos. ¡Mmm!

Maricarmen escucha unos discos nuevos mientras Cristina y Bárbara bailan al son de la música.

¡No hay nadie aquí! ¿Qué pasa con Ana y Teresa? ¡Ahhh! Ana y Teresa siempre estudian en la biblioteca.

Alfonso escucha la radio y baila mientras Daniel estudia para un examen.

¿Sabías que...?

Por lo general, los estudiantes en Latinoamérica no viven en residencias universitarias. Viven en apartamentos o en casas particulares. Muchas universidades latinoamericanas celebran la semana universitaria la última semana del primer mes de clases. Durante esta semana hay distintas actividades para los estudiantes todos los días. Un día se dedica a practicar deportes, otro a asistir al teatro o a un concierto, otro día se dedica a hacer actividades de beneficencia, como visitar a personas en hospitales y asilos de ancianos *(rest homes)*, otro a participar en actividades juveniles y el último día hay un baile en honor a la estudiante nombrada reina *(queen)* de la semana universitaria. El propósito (la razón) de todas estas actividades es recibir a los estudiantes nuevos e iniciarlos en la vida universitaria.

En tu opinión: ¿Por qué no viven los estudiantes latinoamericanos en residencias? ¿Hay en tu universidad una semana de actividades similares a la semana universitaria en Latinoamérica? Explica tu respuesta.

Ahora, ¡a hablar!

A. **¿Quiénes hacen esto?** Indica quiénes hacen estas actividades en *¿Qué se dice... ?*   EP 1.7

Miguel y Andrés
Ricardo y Hugo
Maricarmen, Cristina y Bárbara
Ana y Teresa
Alfonso y Daniel

1. Estudian en la biblioteca.
2. Miran la tele.
3. Habla por teléfono.
4. Bailan.
5. Prepara unos tacos.
6. Escucha la radio.
7. Estudia para un examen.
8. Escucha unos discos nuevos.

B. **¡Qué ocupado estoy!** Indica si haces esto la semana antes de clases (**SA**), la primera semana de clases (**PS**) o más tarde en el semestre (**MT**). Puedes seleccionar más de una opción.   EP 1.7

SA: semana antes *(week before)*

PS: primera semana *(first week)*

MT: más tarde *(later)*

SA	PS	MT	1. Selecciono mis clases.
SA	PS	MT	2. Participo activamente en las clases.
SA	PS	MT	3. Compro los materiales.
SA	PS	MT	4. Estudio para mis exámenes.
SA	PS	MT	5. Pago la matrícula.
SA	PS	MT	6. Preparo mis clases.
SA	PS	MT	7. Hablo de temas interesantes en mis clases.

C. **¡Tanto que hacer!** Al final del primer día de clases, ¿qué hacen tú y tus nuevos amigos?

> MODELO   mis amigos(as) y yo / hablar
> **Mis amigos y yo hablamos.**

1. yo / llamar a mis padres
2. nosotros / escuchar la radio
3. un(a) compañero(a) de cuarto / mirar la tele
4. un(a) amigo(a) / estudiar
5. mis compañeros(as) de cuarto / preparar la cena
6. ellos(as) / tomar refrescos

D. **¿Adónde vas?** Pregúntale a tu compañero(a) adónde va si necesita hacer estas cosas.

> MODELO   comprar cuadernos
>   TÚ: **¿Adónde vas si necesitas comprar cuadernos?**
>   COMPAÑERO(A):   **Si necesito comprar cuadernos, voy a la librería.**

A propósito...

As you know, **sí** means *yes*. Without an accent, **si** means *if*.

Vocabulario útil

biblioteca	librería
cafetería	restaurante
laboratorio de computadoras	teatro

1. tomar un refresco
2. estudiar
3. disfrutar de una obra de teatro
4. comer
5. comprar lápices
6. escribir correos electrónicos a tu profesor

Y ahora, ¡a conversar!

E. **¡Fin de semana!** Mañana empieza *(begins)* el fin de semana y tú y un(a) amigo(a) hablan de sus planes. ¿Qué dicen?

> MODELO   **Por la mañana... yo voy a tomar café con mis amigos. Luego** *(Later)*
> **voy a la librería para comprar...**

Vocabulario útil

bailar	hablar por teléfono
escribir una carta	mirar la tele
escuchar música	tomar café
estudiar	tomar un refresco
hablar con amigos(as)	

1. El viernes *(Friday)* por la noche...
2. El sábado *(Saturday)* por la mañana...
3. El sábado por la noche...
4. El domingo *(Sunday)* por la tarde...

F. **¿Cierto o falso?** Prepara diez oraciones, unas ciertas y otras falsas, sobre estos dos dibujos. Luego pregúntale a tu compañero(a) si son ciertas o falsas. Si son falsas, debe corregirlas (correct them).

MODELO

TÚ:	**Un estudiante toma un refresco.**
COMPAÑERO(A):	**Cierto.**
TÚ:	**Un estudiante habla por teléfono y baila.**
COMPAÑERO(A):	**Falso. Habla por teléfono, pero no baila.**

G. **¿Son diferentes?** El dibujo a continuación y el dibujo del Apéndice A, son similares pero tienen seis diferencias. Descríbele este dibujo a tu compañero(a) y él/ella va a describirte el otro dibujo hasta encontrar las diferencias. No debes ver el dibujo de tu compañero(a) hasta terminar esta actividad.

Vocabulario útil

bailar
escribir una carta
escuchar música
estudiar
hablar con amigos(as)
hablar por teléfono
mirar la tele
tomar café
tomar un refresco

A propósito...

In Spanish, the floors of an apartment building are not numbered as done in English. The first floor in English is the ground floor (**planta baja**) in Spanish; The second floor in English is the first floor (**primer piso**) in Spanish; the third floor is the second floor (**segundo piso**), the fourth floor is the third floor (**tercer piso**) in Spanish, and so on.

H. Rin, rin. Estás en un programa de trabajo en Buenos Aires con un(a) amigo(a) que trabaja en otra compañía. Ahora hablan por teléfono. Te pregunta sobre tu rutina en Buenos Aires. Con un(a) compañero(a), escriban la conversación que tienen. Luego, lean su conversación frente a la clase. Usen esta guía si la necesitan.

- Saludos
- Informas sobre cómo estás
- Preguntas sobre un día típico
- Describes un día típico
- Despedidas

I. Rin, rin, rin. Ahora hablas por teléfono con un(a) amigo(a) de tu escuela secundaria. Él (Ella) te pregunta sobre tus compañeros(as) de cuarto. Dramatiza la situación con un(a) compañero(a) de clase. Mencionen:

- sus nombres
- sus personalidades
- sus pasatiempos favoritos
- sus actividades cuando no hay clases

El rincón de los lectores

Estrategias para leer: palabras afines *(cognates)*

Palabras afines. Cognates are words that look alike in both languages and have the same meaning. The ability to recognize cognates can help expand your reading vocabulary and comprehension very rapidly.

1. Scan the following reading and mark the cognates you recognize. Write them down with their English equivalents.
2. Now share your list with a partner. Did you both come up with the same list?
3. Now do the reading and answer the questions that follow.

Lectura: Las Américas

Los continentes de América se dividen en Norteamérica, Centroamérica y Sudamérica. Los continentes ofrecen muchos contrastes naturales como, por ejemplo...

hermosas costas y playas, como en Cancún,...

una gran variedad de aves, por ejemplo el quetzal...

e impresionantes lagos y volcanes.

También hay ruinas del glorioso pasado indígena, como...

las ruinas mayas en el sur de México y Centroamérica y...

las ruinas de los incas en Perú, como las de Machu Picchu.

Observamos muchos contrastes en la gente de las Américas, como...

los indígenas: aztecas, toltecas, mayas, taínos, quechuas, araucanos y muchos más;

los de ascendencia europea: los españoles, italianos, alemanes, portugueses;

los africanos;

y la nueva raza, los mestizos: la combinación de indígena y europeo.

A ver si comprendiste

1. Con España y Guinea Ecuatorial, hay 21 países donde el español es la lengua oficial del país. Nómbralos.
2. Hay muchos contrastes en las Américas. ¿Cuáles son los más impresionantes, en tu opinión?
3. Hay varias Américas —Norteamérica, Centroamérica y el Caribe y Sudamérica. Para estudiar y apreciar las Américas, es importante conocer su geografía. Estudia los mapas de las Américas al principio del libro y memoriza los nombres de todos los países y sus capitales.

Vocabulario

CD1-10–1-12

PASO 1

Descripción de la personalidad

activo(a)	active
atlético(a)	athletic
atractivo(a)	attractive
chistoso(a)	funny
conservador(a)	conservative
elegante	elegant
estudioso(a)	studious
estupendo(a)	great, fantastic
extrovertido(a)	extrovert
impaciente	impatient
inteligente	intelligent
introvertido(a)	introverted
liberal	liberal
paciente	patient
perezoso(a)	lazy
popular	popular
romántico(a)	romantic
serio(a)	serious
simpático(a)	pleasant, likable
sincero(a)	sincere
sociable	outgoing, friendly
tímido(a)	timid, shy
tonto(a)	foolish, dumb
trabajador(a)	hard-working

En la mochila o en el escritorio

cuaderno	notebook
escritorio	desk
del maestro(a)	teacher's desk
del estudiante	student's desk
lápiz (m.)	pencil
libro	book
mochila	backpack
papel (m.)	paper
bolígrafo	pen

Lugares / Sitios

ciudad (f.)	city
los Estados Unidos	United States
librería	bookstore
montaña	mountain
país (m.)	country

Pasatiempos y actividades

baloncesto	basketball
béisbol (m.)	baseball
ciclismo	bike riding
deporte (m.)	sport
fútbol	soccer
leer	to read
mirar	to look at, watch
mirar la tele	to watch TV
pasatiempo	hobby
tenis	tennis
voleibol (m.)	volleyball

Palabras y expresiones útiles

correo electrónico	e-mail
centroamericano(a)	Central American
favorito(a)	favorite
inglés (m.)	English
lector de CD	CD player
lengua	language
mucho(a)	much, a lot
nombre	name
otro(a)	another, other
perro	dog
personalidad	personality
radio (f., m.)	radio
teléfono	telephone

Verbos

enviar	to send
estudiar	to study
hay	there is, there are
ser	to be
usar	to use

Preguntas

¿Cuál?	Which?
¿Cómo?	How?
¿De dónde?	From where?
¿Dónde?	Where?
¿Qué?	What?

PASO 2

Clases y estudios

abogacía	law
arte (m.)	art
biología	biology
ciencias biomédicas (f. pl.)	biomedical science
ciencias empresariales (f. pl.)	business management
ciencias políticas	political science
comunicación	communication
contador(a) público(a)	public accountant
derecho	law
economía	economics
educación	education
educación física	physical education
enfermería	nursing
facultad	department
física	physics
historia	history
informática	computer science
ingeniería	engineering
licenciatura	B.A. degree
literatura	literature
matemáticas	mathematics
medicina	medical school
química	chemistry
teatro	theater

Descripción de personalidad

aburrido(a)	boring
antipático(a)	unpleasant
bueno(a)	good
desorganizado(a)	disorganized
difícil	difficult
divertido(a)	fun
malo(a)	bad
organizado(a)	organized

Actividades y pasatiempos

bailar	to dance
comer	to eat
escribir cartas	to write letters
escuchar música	to listen to music
hablar por teléfono	to talk on the phone
llamar a tus padres	to call your parents
nadar	to swim

Palabras útiles

fácil	easy
grande	big
pequeño(a)	little, small
probablemente	probably
público	public

PASO 3

Lugares/Sitios

biblioteca	*library*
cafetería	*cafeteria*
casa	*home, house*

Personas

compañero(a) **de cuarto**	*roommate*
nadie	*no one, nobody*
padres	*parents*

Palabras y expresiones útiles

aquí	*here*
cena	*dinner*
computadora	*computer*
delicioso(a)	*delicious*
disco	*disk*
español(a)	*Spanish*
examen *(m.)*	*exam*
nuevo(a)	*new*
pero	*but*
programa *(m.)*	*program*
refresco	*soft drink*
siempre	*always*

Actividades

buscar	*to look for*
comprar	*to buy*
ir	*to go*
pagar	*to pay for*
participar	*to participate*
preparar la cena	*to prepare dinner*
seleccionar	*to select*
tomar	*to drink; to take*
trabajar	*to work*

Infinitivos

disfrutar de	*to enjoy*
escribir	*to write*

En preparación 1

Paso 1

1.1 Subject pronouns and the verb *ser:* Singular forms
Clarifying, emphasizing, contrasting, and stating origin

Subject pronouns	
Singular	
I	**yo**
you (familiar)	**tú**
you (formal)	**usted**
he	**él**
she	**ella**

A. Subject pronouns are usually omitted in Spanish because the verb endings indicate the person doing the action. Subject pronouns are used for clarity, emphasis, or contrast.

clarity:	—**Usted** es de México, ¿verdad?
emphasis:	—No, **yo** soy de Panamá.
contrast:	—Ah, entonces **tú** eres panameña y **ella** es mexicana.
BUT:	—Sí, soy panameña.

B. The subject pronoun *it* in English is *never* expressed in Spanish.

Es muy importante.	*It is very important.*
No es hoy, es mañana.	*It is not today, **it's** tomorrow.*

C. In **Para empezar,** you learned that **tú** is a familiar form generally used when speaking to a friend, and **usted** is a more polite, formal form used to show respect or to address an individual you do not know well or one whom you address with a title. Note that in Spanish, as in English, titles are frequently abbreviated in writing when used with a last name.

señor	Sr.	*Mr.*
señora	Sra.	*Mrs.*
señorita	Srta.	*Miss*
señores	Sres.	*Mr. and Mrs.*
doctor(a)	Dr./Dra.	*Dr.*

The verb *ser*

ser	
Singular	
I am	yo **soy**
you are	tú **eres**
you are	usted **es**
he is	él **es**
she is	ella **es**

A. In Spanish, there are two verbs that mean *to be*: **ser** and **estar.** These two verbs differ greatly in usage. In this chapter, you will learn various uses of **ser.**

B. **Ser** is used to define or identify. It tells who or what the subject of the sentence is. It acts as an equal sign (=) between the subject and the noun that follows. In this context, it is used to express nationality or profession or to give a description.

Soy estadounidense.	Yo = estadounidense
Ella **es** estudiante.	Ella = estudiante
Tú **eres** inteligente.	Tú = inteligente

C. Just as **ser** is used to express nationality, a form of **ser** + **de** is used to express origin.

García Márquez **es de** Colombia.	*García Márquez is from Colombia. He is*
Es colombiano.	*Colombian.*
El Sr. Acuña **es de** México.	*Mr. Acuña is from Mexico. He is Mexican.*
Es mexicano.	

Remember that it is not necessary to use subject pronouns unless clarity, emphasis, or contrast is desired.

¡A practicar!

A. **¿Quién es?** Indicate which subject pronoun(s) in the column on the right can be either added to each sentence or used in place of the existing subject.

MODELO   Es el profesor de español.   **él**

1. Es estadounidense.   yo
2. Me llamo Matías.   tú
3. La profesora se llama Elena. usted
4. Perdón, señor, ¿cómo se llama? él
5. ¿Cómo te llamas?   ella

B. **¿Tú? ¿Usted?** What subject pronouns would the Spanish department receptionist use when speaking directly to the following people?

1. el Sr. Ríos Menéndez, the department chairperson
2. el Sr. Gaitán Rojas, a professor
3. Pedro, a good friend
4. Ana, a roommate
5. la Sra. López Ríos, your advisor

What subject pronouns would the receptionist use when speaking *about* the following people?

6. el Sr. Ríos Menéndez
7. el Sr. Gaitán Rojas
8. herself
9. Ana
10. Pedro
11. la Sra. López Ríos

C. **Venimos de todas partes.** Students come to your campus from North America (**Norteamérica**), Central America (**Centroamérica**), the Caribbean (**el Caribe**), and South America (**Sudamérica**). Tell from what region these students come, and their nationality.

For adjectives of nationality, consult page 33.

MODELO   Mario / Uruguay
               Mario es uruguayo. Es de Sudamérica.

1. José / El Salvador
2. Teresa / Ecuador
3. el profesor Meza / México
4. tu compañero(a) de cuarto / la República Dominicana
5. yo / Nuevo México
6. ¿Y tú?

1.2 Gender and number: Articles and nouns
Indicating specific and nonspecific people and things

A. There are two kinds of articles: definite and indefinite. Both the definite article (*the* in English) and the indefinite articles (*a, an* [singular] and *some* [plural] in English) have four forms in Spanish.

Singular			Plural		
	Masculine	**Feminine**		**Masculine**	**Feminine**
the	**el**	**la**	*the*	**los**	**las**
a, an	**un**	**una**	*some*	**unos**	**unas**

1. Definite and indefinite articles must agree in number (singular/plural) and gender (masculine/feminine) with the nouns they accompany.

Necesito **un** bolígrafo y **una** calculadora.
    I need a ballpoint pen and a calculator.

Los cuadernos y **las** mochilas están en el escritorio.
    The notebooks and the backpacks are on the desk.

2. The definite article is frequently used before the name of certain countries and not with others. Following is a list of countries that usually use the definite article. However, the Spanish language, like all spoken languages, is alive and constantly changing. In spoken Spanish, the trend is to not use the definite article with the names of countries.

la Argentina	la China	la India	el Perú
el Brasil	el Ecuador	el Japón	la República Dominicana
el Canadá	los Estados Unidos	el Paraguay	el Uruguay

B. A noun is the name of a person, place, or thing. In Spanish, all nouns are either masculine or feminine, even when they refer to inanimate objects. The following rules will help you predict the gender of many nouns; however, the gender of nouns is not always predictable. You should always learn the gender with every new noun.

1. Nouns that refer to males are masculine, and nouns that refer to females are feminine. Many nouns referring to people and animals have identical forms except for the masculine -**o** or feminine -**a** endings.

el herman**o**	*the brother*	la herman**a**	*the sister*
el gat**o**	*the male cat*	la gat**a**	*the female cat*

A few nouns that refer to people and animals have completely different masculine and feminine forms.

el hombre	*the man*	la mujer	*the woman*
el padre	*the father*	la madre	*the mother*

2. Generally, nouns that end in **-o** are masculine and those that end in **-a, -dad, -tad**, and **-ción,** or **-sión** are feminine.

el libr**o**	la activi**dad**	la liber**tad**
el bolígraf**o**	la universi**dad**	la amis**tad**
la mochil**a**	la educa**ción**	la televi**sión**
la sill**a**	la emo**ción**	la explo**sión**

Some important exceptions to this rule are the following:

la mano *(the hand)*	el drama	el problema	el sistema
el día	el poema	el programa	el tema

3. Sometimes the same noun is used for both genders as in words that end in **-ista.** In these cases, gender is indicated by the article that precedes the noun.

el/la artista	el/la periodista *(the newspaper reporter)*
el/la dentista	el/la turista

4. Many nouns, especially those ending in **-e** or a consonant, do not have predictable genders and must be memorized.

el café	*the coffee*	la clase	*the class*
el arte	*the art*	la tarde	*the afternoon*

C. All plural nouns end in **-s** or **-es.** The plural forms of nouns are derived in the following manner.

1. Singular nouns that end in a vowel form their plural by adding **-s.**

el diccionario	*the dictionary*	los diccionarios	*the dictionaries*
una silla	*a chair*	unas sillas	*some chairs*

2. Singular nouns that end in a consonant form their plural by adding **-es.**

el papel	*the paper*	los papeles	*the papers*
una universidad	*a university*	unas universidades	*some universities*

3. A final **-z** always changes to **-c** before adding **-es.**

el lápi**z**	*the pencil*	los lápi**c**es	*the pencils*
una ve**z**	*one time*	unas ve**c**es	*a few times*

¡A practicar!

A. ¿Qué busca Micaela? Indicate what Micaela is looking for in the bookstore by changing the definite articles to indefinite articles.

1. la mochila
2. los cuadernos
3. el bolígrafo
4. el lápiz
5. los libros
6. la calculadora

B. **Es de...** Now tell to whom the following items belong.

MODELO   papel / de Carlos
          El papel es de Carlos.

1. tiza / de la profesora
2. calculadora / de Julia
3. diccionario / de Andrés
4. bolígrafo / de Raúl
5. silla / de la profesora
6. lápiz / de Carla

1.3 Adjectives: Singular forms

Describing people, places, and things

Adjectives are words that tell something of the nature of the noun they describe (color, size, nationality, affiliations, condition, and so on). Spanish adjectives usually follow the noun they describe and always agree in gender and number.

A. Adjectives may be masculine or feminine. Masculine singular adjectives that end in **-o** have a feminine equivalent that ends in **-a**.

Singular	
Masculine	**Feminine**
alt**o**	alt**a**
simpátic**o**	simpátic**a**

B. Adjectives that end in **-e**, and most adjectives that end in a consonant (except those denoting nationality or that end in **-dor**) do not have separate masculine/feminine forms.

el coche **grande**   el vestido **azul**
la casa **grande**   la camisa **azul**

BUT:

un hombre **trabajador**   un libro **español**
una mujer **trabajadora**   una novela **española**

¡A practicar!

A. **Solamente chicas.** María is studying at a private girls' school in Buenos Aires. How does she describe her new friends? (Notice that the adjective in parentheses appears in the masculine, singular form just as you would find it in most dictionaries.)

1. Mi amiga Rosa es _____. (atlético)
2. Mi amiga Josefina es _____. (divertido)
3. Mi compañera de cuarto es _____. (inteligente)
4. Carmen es _____. (conservador)
5. La profesora de español es _____. (bueno)
6. La directora es _____. (trabajador)

B. **¡Qué guapos somos!** Six-year-old Cristina is showing pictures during her first show-and-tell report at school. Substitute the word in parentheses for the underlined word to see what she is saying.

MODELO Ella es mi <u>hermana</u>. Es activa y atlética. (hermano)
Él es mi hermano. Es activo y atlético.

1. Él es mi <u>papá</u>. Es serio y trabajador. (mamá)
2. Él es mi <u>hermano</u>. Es divertido y simpático. (hermana)
3. Ella es mi <u>amiga</u>. Es estudiosa y tímida. (amigo)
4. Ella es mi <u>mamá</u>. Es elegante y especial. (papá)
5. Él es mi <u>vecino</u> *(neighbor)*. Es impaciente y perezoso. (vecina)
6. Es mi <u>perro</u>. Es bueno y divertido. (perra)

Paso 2

1.4 Infinitives

Naming activities

Spanish verbs fall into three categories: **-ar, -er,** and **-ir.** The verb form that ends in **-ar, -er,** or **-ir** is called an infinitive. **Necesitar** *(to need),* **ser** *(to be),* and **vivir** *(to live)* are three examples of Spanish infinitives. Notice that English infinitives are formed by *to + verb.*

Some frequently used **-ar, -er,** and **-ir** verbs from **Capítulo 1** are as follows:

bailar	*to dance*	nadar	*to swim*
buscar	*to look for*	necesitar	*to need*
comprar	*to buy*	pagar	*to pay*
escribir	*to write*	preparar	*to prepare*
escuchar	*to listen to*	tomar	*to drink; to take*
estudiar	*to study*	comer	*to eat*
hablar	*to talk, to speak*	leer	*to read*
llamar	*to call*	ir	*to go*
mirar	*to look at, to watch*	trabajar	*to work*

¡A practicar!

A. **¿Ahora o antes?** Indicate by checking the appropriate column **Ahora** *(now)* or **Antes** *(before),* if these activities are more typical of your life now or before as a high school student.

	Ahora	Antes
1. tomar leche *(milk)*	_____	_____
2. hablar por teléfono	_____	_____
3. ir a conciertos	_____	_____
4. estudiar mucho	_____	_____
5. mirar la televisión	_____	_____
6. leer libros	_____	_____
7. preparar la cena	_____	_____
8. llamar a tus padres	_____	_____
9. comer en restaurantes	_____	_____
10. escuchar la radio	_____	_____

1.5 Subject pronouns and the verb *ser:* Plural forms

Stating origin of several people

Subject pronouns	
Plural	
we	**nosotros, nosotras**
you (familiar)	**vosotros, vosotras**
you (formal)	**ustedes**
they	**ellos, ellas**

In **Para empezar,** you learned that **tú** is a familiar form generally used when speaking to a friend, and **usted** is a more polite, formal form used to show respect or to address an individual you do not know well. **Vosotros(as)** (the plural of **tú**) and **ustedes** (the plural of **usted**) are used in the same way when speaking directly to more than one person. However, in the Americas, **ustedes** is used in place of **vosotros(as).**

The verb *ser*			
Singular		**Plural**	
yo	**soy**	nosotros(as)	**somos**
tú	**eres**	vosotros(as)	**sois**
usted	**es**	ustedes	**son**
él, ella	**es**	ellos, ellas	**son**

¡A practicar!

A. ¿De todas partes? Classes begin next week and foreign students are starting to arrive on campus. Tell what countries they are from.

MODELO   Roberto Rojas y José Antonio Méndez / Colombia
Roberto Rojas y José Antonio Méndez son de Colombia. Son colombianos.

1. Isabel y Julia Martínez / Venezuela
2. José Trujillo y Marta Cabezas / Cuba
3. Cecilia y Pilar Correa / Paraguay
4. Carlos Barros y tú / Costa Rica
5. Sonia Urrutia y Tomás Arias / Perú
6. tú y yo / México

B. Presentaciones. What does Pepe say about his friends when he introduces them to his roommate?

MODELO   Víctor y Daniel _____ de Nuevo México.
Víctor y Daniel son de Nuevo México.

1. Rafael y Lalo _____ de Guadalajara.
2. Teresa _____ una estudiante de biología.
3. Ángela y Manuel _____ estudiantes de literatura latinoamericana.
4. Jaime y yo _____ de Montevideo.
5. Todos nosotros _____ muy buenos amigos.

1.6 Gender and number: Adjectives

Describing people

You have learned that adjectives are words that describe a person, place, or thing. Unlike English, Spanish adjectives usually follow the noun they describe.

A. Masculine singular adjectives that end in **-o** have four forms.

Singular		Plural	
Masculine	**Feminine**	**Masculine**	**Feminine**
alt**o**	alt**a**	alt**os**	alt**as**
simpátic**o**	simpátic**a**	simpátic**os**	simpátic**as**

B. Adjectives that end in **-e** and most adjectives that end in a consonant have only two forms: a singular form and a plural form. The plural is formed by adding **-s** to adjectives ending in **-e** and by adding **-es** to adjectives ending in a consonant. As noted in **1.3B**, exceptions to this rule are adjectives of nationality and those ending in **-dor.**

Singular	Plural
grande	grande**s**
azul	azul**es**
BUT:	
español	español**es**
española	español**as**
trabajador	trabajador**es**
trabajadora	trabajador**as**

C. Adjectives of nationality that end in a consonant add -**a** to form the feminine singular, -**es** the masculine plural, and -**as** the feminine plural.

Singular		Plural	
Masculine	**Feminine**	**Masculine**	**Feminine**
alemán	aleman**a**	alemanes	aleman**as**
inglés	ingles**a**	ingleses	ingles**as**
español	español**a**	españoles	español**as**

D. When one adjective describes two or more nouns, one of which is masculine, the masculine plural form of the adjective is used.

Ana y José son muy serios.	*Ana and José are very serious.*
Gloria, Isabel y Pepe son muy desorganizados.	*Gloria, Isabel, and Pepe are very disorganized.*

E. Nouns that refer to a group of people, collective nouns, are always singular: **la gente, la clase, todo el mundo, la familia, la policía, la mayoría,** etc. Adjectives modifying these nouns match them in gender and number.

Esta gente es muy trabajadora.   *These people are very hard workers.*
Todo el mundo está aburrido.   *Everybody is bored.*

¡A practicar!

A. Mis amigos. How does Romelia describe these famous people? Select the appropriate adjective.

1. Sammy Sosa es muy (atlético / atlética).
2. La autora mexicana Elena Poniatowska es (estudioso / estudiosa) y (serio / seria).
3. Isabel Allende es (simpático / simpática) y popular.
4. El cubano-estadounidense Andy García es (activo / activa), (divertido / divertida) y (estupendo / estupenda).
5. ¿Y yo? Yo soy (trabajador / trabajadora) y muy especial.

B. ¿Cómo son? People usually select friends who are similar to themselves. How would you describe the following pairs?

1. Julio es divertido. (Julio y José)
2. Paco es impaciente. (Paco y yo)
3. Lupita es liberal. (Lupita y tú)
4. Eduardo es muy atlético. (Eduardo y Carmen)
5. El perro Canela es simpático. (Canela y Matón)
6. La perra Muñeca es inteligente. (Muñeca y Matón)
7. Tú eres... (Tú y yo)

Paso 3

1.7 Present tense of *-ar* verbs

Stating what people do

A. Spanish verbs are conjugated by substituting personal endings for the **-ar, -er,** or **-ir** endings of the infinitive. In this chapter, you will learn the **-ar** personal verb endings. Notice that the **-ar** endings always reflect the subject of the sentence, or the person or thing doing the action of the verb.

Verb endings: *-ar* verbs and sample verb *necesitar*			
Singular		**Plural**	
yo	necesit-**o**	nosotros(as)	necesit-**amos**
tú	necesit-**as**	vosotros(as)	necesit-**áis**
usted	necesit-**a**	ustedes	necesit-**an**
él, ella	necesit-**a**	ellos, ellas	necesit-**an**

B. The present indicative of any Spanish verb has three possible equivalents in English statements and questions.

Compro ropa nueva.
- *I buy new clothes.*
- *I am buying new clothes.*
- *I do buy new clothes.*

¿Compras ropa nueva?
- *Do you buy new clothes?*
- *Are you buying new clothes?*
- *You buy new clothes?*

Note in the examples above that **ser** is never used in combination with another present-tense verb to express that someone is doing something. Also the English auxiliary verb forms *do* and *does* do not exist in Spanish. When asking questions, the conjugated verb by itself communicates the idea of *do* or *does*. Also, if the subject pronoun is stated in a question, it can follow or precede the verb.

¿Compra usted ropa nueva?	*Do you buy new clothes?*
¿Usted **compra** ropa nueva?	*Are you buying new clothes?*

C. As in English, a Spanish present-tense verb may have a future meaning.

Mañana pago las cuentas.	*Tomorrow I will pay (I'm paying) the bills.*
¿Cuándo lavamos el coche?	*When will we (do we) wash the car?*

D. Some frequently used **-ar** verbs are the following:

bailar	*to dance*	llevar	*to carry; to take; to wear*
buscar	*to look for*	mirar	*to look at, to watch*
comprar	*to buy*	nadar	*to swim*
escuchar	*to listen to*	necesitar	*to need*
hablar	*to speak*	pagar	*to pay*
lavar	*to wash*	preguntar	*to ask (a question)*
limpiar	*to clean*	preparar	*to prepare*
llamar	*to call*	tomar	*to drink; to take*

¡A practicar!

A. El fin de semana. Complete each of the following sentences with the appropriate form of the verb in parentheses to see what Francisco and his friends do on a typical Saturday.

1. Tomás _____ (preparar) unos sándwiches.
2. Yo _____ (mirar) la televisión.
3. Ángela y Olga _____ (escuchar) la radio.
4. Pablo y yo _____ (tomar) Coca-Cola.
5. Carlos _____ (hablar) por teléfono.
6. Carlos, Olga y Tomás _____ (comprar) mucho.

B. ¡Los domingos siempre son especiales! Why are Sundays so special for Enrique? To find out, complete the following paragraph with the correct form of the verbs in parentheses.

Por la mañana, _____ (yo / llamar) a mi amiga Cecilia. Nosotros _____ (hablar) casi una hora. Yo _____ (invitar) a Cecilia a almorzar *(to have lunch)* en mi apartamento. Ella siempre _____ (aceptar). Por eso, yo _____ (limpiar) el apartamento rápidamente y _____ (preparar) mi especialidad, ¡hamburguesas!

1.8 The verb *ir*

Stating destination and what you are going to do

ir (to go)			
yo	voy	nosotros(as)	vamos
tú	vas	vosotros(as)	vais
usted	va	ustedes	van
él, ella	va	ellos, ellas	van

When a destination is mentioned, **ir a** is always used.

Yo **voy a** la librería.	*I'm going to the bookstore.*
Ella **va a** un banco.	*She is going to a bank.*

Ir a + infinitive

The combination **ir a** + *infinitive* is used to express future actions.

Vamos a estudiar esta noche en la biblioteca.	*We're going to study tonight in the library.*
Van a llamar mañana.	*They're going to call tomorrow.*

Contractions in Spanish: al, del

Whenever **a** or **de** is followed by the definite article **el,** it contracts and becomes **al** or **del.** These are the only contractions in the Spanish language. In this lesson you will practice with **al.** Practice with **del** will come in a later chapter.

Vamos **al** teatro.	*We're going to the theater.*
La profesora va **al** laboratorio.	*The professor is going to the laboratory.*
Es Pepe. Llama **del** banco.	*It's Pepe. He's calling from the bank.*

¡A practicar!

A. **Un día típico.** Today is like every other school day. Everyone is rushing around. Where does Alicia say everyone is going?

Gloria y Teresa _____ a la cafetería. Julio _____ a la biblioteca a estudiar para un examen. Beatriz y Humberto _____ al cine. Yo _____ al cuarto de Virginia. Ella y yo _____ al Café Roma a tomar un refresco. Y tú, ¿adónde _____?

B. **Perdón, voy a...** Where is everyone really going? How do you correct yourself when you realize you've given the wrong destination?

MODELO   Yo voy al teatro. (la biblioteca)
        Yo no voy al teatro, voy a la biblioteca.

1. Marta va a la cafetería. (el restaurante)
2. Ángela va a la discoteca. (el teatro)
3. Carlos y José van al laboratorio. (la biblioteca)
4. El profesor va a la librería. (el banco)
5. Olga y yo vamos al restaurante. (la fiesta)
6. Julio y Ana van a Santiago. (Buenos Aires)

C. **¿Qué van a hacer?** These people are making plans for tomorrow, and everyone is going to do something different. What are they going to do?

MODELO   Ernesto / estudiar / biblioteca
        Ernesto va a estudiar en la biblioteca.

1. Gabriela / comer / restaurante
2. profesor / preparar / lección de biología
3. Paco y Mateo / llamar / a Marta
4. Adela y Tomás / comprar libros / librería
5. Mariana y yo / limpiar / cuarto
6. Julio y Julia / escribir / carta a sus padres

Trabajo en un restaurante en
San Juan, Puerto Rico

En nuestro apartamento preparamos el almuerzo

| CAPÍTULO 2 | ¡Hay tanto que hacer … en Puerto Rico! |

Cultural Topics

¿SABÍAS QUE…?
La industrialización en Puerto Rico
El Viejo San Juan, El Morro y
    El Yunque
Los puertorriqueños en Nueva York

NOTICIERO CULTURAL
El Estado Libre Asociado de Puerto
    Rico
Viajemos a la Isla del encanto

LECTURA: Símbolos de Puerto Rico

 VIDEO: *Puerto Rico, ¡destino de turistas!*

 **VIAJEMOS POR EL
CIBERESPACIO A…**
Puerto Rico

Listening Strategies

Anticipating what you will hear

Writing Strategies

Using the title and visual images to
    predict content

Reading Strategies

Brainstorming

Review

Un paso atrás, dos adelante:
    Capítulo 1

En preparación

PASO 1
2.1 Present tense of **-er** and **-ir** verbs
2.2 Interrogative words

PASO 2
2.3 Numbers 0–199
2.4 Possessive adjectives
2.5 Three irregular verbs: **tener,
    salir, venir**

PASO 3
2.6 Telling time
2.7 Days of the week, months, and
    seasons
    2.8 Verbs of motion

 CD-ROM:
Capítulo 2 actividades

Vamos de vacaciones a Puerto Rico

¡Las fotos hablan!

A. **A que ya sabes...** Según las fotos, los jóvenes universitarios puertorriqueños...

1. miran la tele.
2. escuchan música.
3. viven en apartamentos.
4. escriben cartas.
5. trabajan en restaurantes.
6. preparan la comida.
7. toman refrescos.
8. pasan las vacaciones en la playa.

B. **En Puerto Rico yo...** Indica si, en tu opinión, es posible hacer esto en Puerto Rico.

sí	no	1. Escuchar a Ricky Martin... ¡en persona!
sí	no	2. Conseguir excelentes precios en textiles y artículos electrónicos.
sí	no	3. Visitar una ciudad fundada en 1508.
sí	no	4. Caminar por una selva tropical.
sí	no	5. Encontrar a más *(more)* puertorriqueños en las calles de San Juan que en las calles de Nueva York.

In this chapter you will learn how to . . .

- name and describe some jobs.

- describe your house, apartment, or dorm.

- talk about roommates.

- describe vacation plans.

- talk about spring/summer/fall/winter break.

¿Eres buen observador?

TÉCNICOS

para reparar computadoras

 teclados   parlantes

 pantallas   impresoras

**Enviar Resumé a
Quantum S.A. de San Juan
FAX: (787) 721-6768**

Firma de Abogados de Ponce tiene dos plazas disponibles de:

SECRETARIA(O) LEGAL

Con experiencia en Litigios Civiles y Preparación de Contratos, Bilingüe (español e inglés); Amplio conocimiento de Windows, Unix y Linux.

**Enviar Resumé al FAX:
(787) 721-6768**

Se solicita

MAESTRO O MAESTRA BILINGÜE DE EDUCACIÓN ESPECIAL

Trabajar con niños 4–9 años
Experiencia previa no necesaria
Sra. Soto (787) 721-8098
Se reciben llamadas sólo de 12:00–1:00 P.M.

Solicitamos

DEPENDIENTE(A)

Bilingüe, dinámico(a)

para Boutique en el Condado
Tiempo parcial

**Favor de llamar al
(787) 844-7226**

Ahora, ¡a analizar!

A. **¿Cómo se dice?** Completa estas oraciones con la información correcta, según la información de los clasificados: **dependiente(a), secretario(a) legal, técnicos, maestro(a) bilingüe.**

1. Necesitan un(a)... para trabajar con niños.
2. Necesitan... para reparar computadoras y componentes.
3. Necesitan un(a)... para vender ropa en una boutique.
4. Buscan un(a)... para preparar contratos.

B. **Combinaciones.** Indica el verbo de la columna B que mejor combina con cada palabra de la columna A.

A	B
teclado	escuchar
ropa	mirar
pantalla	reparar
parlante	escribir
contratos	vender
técnico	preparar

Al hablar del trabajo

CD1-13

Estela y Mónica

Ocupación
☐ secretarias   ☐ maestras bilingües   ☐ dependientas

¿Dónde trabajan?
☐ Quantum, S.A.   ☐ tienda de ropa   ☐ boutique en el Condado

¿Qué venden? Ropa para...
☐ bebés   ☐ niños   ☐ niñas   ☐ jóvenes
☐ hombres   ☐ mujeres

Julio Pesquero es técnico especialista en reparaciones de computadoras. Su especialidad es los periféricos (teclados, ratones, parlantes, pantallas, impresoras...). En este momento instala memoria en una computadora.

Alicia Guzmán busca trabajo en una empresa petroquímica. Pero, ¿quiénes son los dos señores y qué hacen? «Somos administradores. Entrevistamos a los nuevos empleados y decidimos qué hacen.»

Soy Gilberto. Soy cocinero en el Café Tomás, aquí en Mayagüez. Preparo la comida y trabajo mucho. ¡Y no descanso!

Javier y Carmen son periodistas de *El Nuevo Día,* un periódico de San Juan. Escriben excelentes artículos todos los días. Por la mañana, al llegar a la oficina, siempre leen sus artículos en el periódico del día.

¿Sabías que...?

Desde 1980, la economía de Puerto Rico se basa principalmente en el sector industrial. La industria biotecnológica, la farmacéutica, la petroquímica y la electrónica generan el cuarenta por ciento (40%) de la producción anual. Muchos de los graduados universitarios puertorriqueños trabajan en estas industrias.

En tu opinión: ¿Por qué crees que estas industrias se establecen en Puerto Rico? ¿En qué industrias trabaja la mayoría de graduados en los Estados Unidos continentales?

Ahora, ¡a hablar!

A. **¿Qué hacen?** Selecciona de la columna B la descripción que mejor combina con los empleos de la columna A.

A	B
cocinero(a)	escribe artículos
mesero(a)	decide qué hacen los empleados
periodista	prepara comida
estudiante	trabaja en el restaurante
secretario(a)	estudia una carrera
dependiente(a)	escribe en la computadora
administrador(a)	vende en una tienda

B. **¿Qué es?** Lee estas descripciones para que tu compañero(a) identifique qué profesión se describe: profesor(a), secretario(a), cocinero(a), dependiente(a), periodista, administrador(a), mesero(a).

EP 2.1

1. Trabaja en la oficina de *El Nuevo Día*. Escribe mucho y lee mucho.
2. También trabaja en una oficina. No lee mucho, pero sí escribe mucho. Generalmente escribe en la computadora.
3. Trabaja en una oficina, o en un restaurante o un café. Es una persona muy importante. Esta persona decide qué hacen los otros empleados.
4. No trabaja ni en una oficina, ni en un restaurante, ni en un café. Trabaja en la Universidad Interamericana de Puerto Rico. Prepara muchas clases y es muy inteligente.
5. Trabaja en Miss Georgette, una tienda de ropa en el Viejo San Juan. Vende ropa. Generalmente es una persona muy simpática.
6. Trabaja en el restaurante Los Chavales en San Juan. Generalmente abre el restaurante por la mañana y prepara comida para mucha gente.
7. Trabaja en el restaurante Borinquen de Ponce. No prepara la comida, sólo la sirve a los clientes.

C. **Es muy interesante.** Hay un(a) nuevo(a) empleado(a) muy interesante donde tú trabajas. ¿Qué le preguntas? ¿Qué te responde?

EP 2.2

MODELO   Hola, ¿_____ te llamas?
          TÚ: **Hola, ¿cómo te llamas?**
COMPAÑERO(A): **Hola, soy [nombre].** o
          Me llamo [nombre].

1. ¿_____ estás hoy?
2. ¿_____ eres?
3. ¿_____ vives ahora?
4. ¿_____ tipo de trabajo haces aquí?
5. ¿_____ horas trabajas?
6. ¿_____ es tu jefe(a)?
7. ¿_____ tomas un descanso?
8. ¿_____ no tomamos un café? Yo invito.

> **A propósito...**
>
> All interrogative words have written accents: **por qué** means *why* and **porque** can be translated as *because*. **Cómo** means *how* and **como** means *like* or *as*.

D. **Ocupaciones.** En tu opinión, ¿qué hacen estas personas en el trabajo? Contesta formando oraciones con palabras de cada columna.

EP 2.1

MODELO   **Los administradores entrevistan a los nuevos empleados.**

		los estudiantes
administradores	entrevistar a	al autobús
periodista	vender	ropa en la tienda
estudiante	preparar	los artículos
cocinero(a)	escribir	el café
dependiente(a)	leer	los nuevos empleados
profesor(a)	correr	la comida
secretario(a)	comer	en la computadora
técnico(a)	reparar	los exámenes
		impresoras

EP 2.1 ☞ EP 2.2 ☞

E. **Crucigrama.** Este crucigrama ya tiene las respuestas verticales. El crucigrama en el Apéndice A tiene las respuestas horizontales. Con un(a) compañero(a) terminen los dos crucigramas dándose pistas *(clues)*, ¡no las respuestas! No se permite mirar el crucigrama de tu compañero(a) hasta terminar esta actividad.

MODELO   TÚ: ¿Cuál es la pista para el número once horizontal?
     TU COMPAÑERO(A):   De donde sale la música en la computadora.
          TÚ ESCRIBES: P A R L A N T E

¹	²C								³P	
	O								E	
	C								R	
⁴B	I		⁵I		⁶D				I	
I	N		M		E				O	
B	E		P	⁷P	P				D	⁸P
⁹L	R		R	A	E				I	E
I	A		E	N	N				S	R
O			S	T	D				T	I
T			O	A	I				A	Ó
E			R	L	E					D
C			¹⁰A	L	N					I
A				A	T					C
					¹¹E					O

Y ahora, ¡a conversar!

F. **¿A quién describe?** Selecciona tres de estos puestos y, sin decir cuáles, descríbelos para ver si tu compañero(a) adivina *(guesses)* cuáles describes.

administrador(a)   dependiente(a)   periodista
cocinero(a)   gerente   secretario(a)

G. **¿Nosotros?** ¿Qué tipo de trabajo hay para estudiantes universitarios en tu universidad y en tu ciudad? Con un(a) compañero(a) prepara una lista de dónde trabajan los estudiantes universitarios y lo que hacen en su trabajo.

MODELO   **Trabajamos en una boutique. Vendemos ropa.**

H. **Profesión ideal.** En una hoja de papel, escribe el nombre de tu profesión preferida. Luego escribe las dos características más representativas de tu personalidad. En grupos de tres o cuatro, diles a tus compañeros cómo eres y cuál es tu profesión favorita. *(They are going to tell you what the ideal profession is for you based on your characteristics and favorite job.)*

¡Luces! ¡Cámara! ¡Acción!

I. **¡Encuesta!** Para una clase de sociología necesitas saber cómo vive un estudiante universitario típico. Prepara una lista de preguntas para tus compañeros de clase. Luego hazle las preguntas a tu compañero(a). Informa a la clase del resultado.

Información que necesitas

- dónde vive la persona
- con quién vive
- si trabaja
- dónde trabaja
- qué hace en el trabajo

MODELO   TÚ: **¿Dónde vives?**

        TU COMPAÑERO(A): **Yo vivo en...**

J. **Oficina de empleo.** Tú necesitas trabajar y vas a la oficina de empleo de tu ciudad. Necesitas saber qué tipo de puestos hay. El (La) entrevistador(a) te pregunta sobre tu experiencia. Dramatiza esta situación con un(a) compañero(a).

Un paso atrás, dos adelante: Capítulo 1

Repasemos. En el Capítulo 1 aprendiste [*you learned*] a hablar de ti y de los otros. Aprendiste a hablar de tus clases y de tus actividades, así como de tus planes en un futuro inmediato. Repasa lo que sabes, completando el siguiente texto con las palabras necesarias. Puedes inventar la información.

¡Hola! Me llamo _____ [tu nombre), y soy de _____ [el nombre de tu ciudad]. Yo _____ [estudiar/trabajar] en _____ y también _____ [estudiar/trabajar] en _____. Mis amigos opinan que yo soy _____ [tu personalidad] y _____ [tu personalidad] pero/y yo opino que (sí) soy _____ [tu personalidad] y _____ [tu personalidad].

Mis actividades favoritas son _____ [un deporte], _____ [una actividad doméstica] y _____ [otra actividad]. Mi clase favorita es _____ [nombre de la clase].

Este año, para las vacaciones, voy a ir a _____ [país en Latinoamérica] porque _____ [el mismo país en Latinoamérica] es muy _____ [característica del país].

_____ [despedida]

¿Comprendes lo que se dice?

Estrategias para escuchar: anticipar

Knowing what people are talking about or anticipating what they are going to say makes it much easier to understand a foreign language. When listening to spoken Spanish, it always helps to anticipate what the conversation will be about before you listen. In the **¿Qué se dice...?** section of this **Paso** you met Estela and Julio, two working students. Now you are going to listen to Julio and Estela complain about their jobs. Write down three things that you think they might say, and then, after you listen to the recording, check to see if you anticipated correctly.

1. _____
2. _____
3. _____

Ahora, ¡a escuchar!

Now listen as your instructor plays the dialogue between Julio and Estela and, working in pairs, answer the questions that follow.

1. ¿Qué hacen Julio y Estela? Indica si Estela (**E**), Julio (**J**), o los dos (**E y J**) hacen las siguientes actividades.
   - _____ a. Tiene muchos clientes impacientes.
   - _____ b. Busca un nuevo empleo en el periódico.
   - _____ c. No descansa.
   - _____ d. Escribe en la computadora.
   - _____ e. Vende ropa.
   - _____ f. Es dependienta.
   - _____ g. Dice que su trabajo es aburrido.
   - _____ h. Trabaja en una clínica.

2. ¿Cómo son los trabajos de Julio y Estela? (Marca sólo uno.)
   - ☐ divertidos
   - ☐ aburridos
   - ☐ fáciles
   - ☐ muy técnicos

Puerto Rico

Capital: San Juan
Área: 8.959 (ocho mil novecientos cincuenta y nueve) kilómetros cuadrados
Población: cerca de 4.000.000 (cuatro millones), otros 3.000.000 (tres millones) en los Estados Unidos continentales
Unidad monetaria: dólar estadounidense
Clima: Tropical marino, moderado, con poca variación estacional: 82°F de promedio anual

Antes de empezar, dime...

En tu opinión, ¿son ciertos (**C**) o falsos (**F**) estos comentarios? *(After completing the reading, check to see if your perceptions were correct.)*

C   F   1. La isla de Puerto Rico fue descubierta por los Estados Unidos en 1898.

C   F   2. Todos los puertorriqueños son ciudadanos de los Estados Unidos.

C   F   3. Los puertorriqueños no pagan impuestos *(taxes)* a los Estados Unidos.

El Estado Libre Asociado de Puerto Rico

La hermosa isla de Puerto Rico (la llamada «Isla del encanto») está situada en el mar Caribe, como lo están Cuba, Haití, la República Dominicana y Jamaica, entre otras. Con una extensión de aproximadamente nueve mil kilómetros cuadrados (9.000 kms^2), es la más pequeña de las cinco.

La relación entre Estados Unidos y Puerto Rico está marcada por la cuestión de la independencia y la estadidad. Los puertorriqueños debaten desde hace muchos años si deben convertirse en el estado número cincuenta y uno (51), o bien convertirse en un país independiente. Hasta ahora ninguna de las dos opciones ha triunfado, y Puerto Rico es, desde 1952, un Estado Libre Asociado, donde los puertorriqueños son ciudadanos de Estados Unidos desde mil novecientos diecisiete (1917). Como ciudadanos, los puertorriqueños pueden servir en el ejército estadounidense.

Puerto Rico posee un solo representante en el Congreso de Estados Unidos con voto en comités del Congreso pero no en el plenario. La ciudadanía norteamericana no permite a los puertorriqueños que viven en la isla votar en las elecciones presidenciales. Los puertorriqueños que viven en el continente pueden votar en todas las elecciones.

Desde abril de 1991 el español es la lengua oficial de Puerto Rico, junto con el inglés. Los embajadores artísticos puertorriqueños siguen impactando en el campo del cine, del teatro, del arte, de la literatura, de la música y de los deportes en los Estados Unidos. ¿Y quién no conoce a los multitalentosos escritores, pintores, actores, cantantes, músicos y deportistas puertorriqueños como Eugenio María de Hostos, Luis Palés Matos, Julia de Burgos, René Márquez, Francisco Oller, Raúl Juliá, Rita Moreno, Bobby Capó, Tito Puente, Yomo Toro, Rosie Pérez, los Alomar, Jennifer López, Ricky Martin, Jimmy Smits y muchos más?

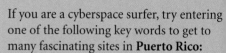

Viajemos por el ciberespacio a... PUERTO RICO

If you are a cyberspace surfer, try entering one of the following key words to get to many fascinating sites in **Puerto Rico:**

Estadidad

Vieques

Puerto Rican Hall of Fame

Or, better yet, simply go to the *¡Dímelo tú!* website using the following address: http://dimelotu.heinle.com

There, with a simple click, you can

- learn interesting facts about Puerto Rican history.
- learn how Puerto Ricans struggle to define their own national identity in contrast to or as part of the United States.
- discover and learn about many famous Puerto Ricans.

Y ahora, dime...

Contesta estas preguntas con un(a) compañero(a) de clase.

1. Explica el título de esta lectura: **El Estado Libre Asociado de Puerto Rico.**
2. Prepara un esquema como el siguiente y complétalo con la información de la lectura.

La historia reciente de Puerto Rico

Fechas importantes		Hechos importantes	
1.	4.	1.	4.
2.	5.	2.	5.
3.	6.	3.	6.

Mi casa... en San Juan

¿Eres buen observador?

Ubicación:	**Playa Guayanes**
Edificio:	**Casa de Playa**
Vistas:	**Yabucoa**
Venta:	**$150,000.00**
Cuartos:	**3**
Baños:	**2**
Estacionamientos:	**1**

Descripción de la propiedad

Hermosa casa de playa a la orilla del mar con hermosas vistas a la bahía de Yabucoa. Espacioso solar de 638 metros cuadrados. La casa consta de dos niveles de construcción combinada de hormigón* y madera. Cuenta con 3 cuartos, 2 baños, sala, comedor, cocina, balcón y terraza. El precio incluye 3 acondicionadores de aire, juego de sala y comedor, estufa, nevera, 3 sofá-cama, 1 cama queen, y 1 cama litera,* entre otros. Fue tasada por $152,000.00. Información Carlos Santiago (787) 702-1886 lic. # 8145.

TAREA

Antes de empezar este Paso, estudia la lista de vocabulario, en la página 88 y practícalo al escuchar el surco 19 de tu Text Audio CD #1. Luego estudia *En preparación.*

2.3 Numbers 0–199, páginas 93–94

2.4 Possessive adjectives, páginas 94–96

2.5 Three irregular verbs: **tener, salir, venir,** páginas 96–97

Haz por escrito los ejercicios de *¡A practicar!*

Escucha la sección *¿Qué se dice... ?* del Capítulo 2, Paso 2 en el surco 15 del Text Audio CD y haz la actividad correspondiente en la página 74.

Ahora, ¡a analizar!

A. **En venta.** Lee este anuncio de propiedad inmobiliaria de Puerto Rico, y completa las siguientes oraciones.

 1. El anuncio es para vender...
 2. La casa está en...
 3. Es una casa grande porque tiene...
 4. Si necesitas más información, llamas al número...
 5. Comparada con otras casas similares en los Estados Unidos, esta casa es... cara *(expensive)* / barata *(inexpensive).*

B. **Vendo casa.** Ahora escribe un anuncio clasificado para vender tu casa, apartamento o condominio. Escribe una descripción de cómo es, cuántas habitaciones y cuántos baños tiene. Puedes inventar los datos.

*concrete *bunkbed

¿Qué se dice...?

Al hablar de dónde y cómo viven los estudiantes[1]

Todos somos puertorriqueños. Todos menos Gustavo, que es español. Estudiamos en la Universidad de San Juan. María y yo estudiamos matemáticas. Gustavo estudia educación física, y Carlos es el químico de la casa. Nuestra casa está muy bien, y la renta no es cara: pagamos $198 cada uno por el alquiler. No está mal, ¿no?

¿Quiénes hacen estos quehaceres: Carlos, Sara, Gustavo o María?

cocinar	lavar los platos	estudiar mucho	sacar fotos

El número del teléfono de la casa es:

7 89 38 15	7 88 49 14	7 88 39 15	7 89 30 16

¿Sabías que...?

El Viejo San Juan es la ciudad original fundada en 1508. De la misma época se puede visitar la fortaleza San Felipe del Morro («El Morro»). A unas veinte millas de San Juan está El Yunque, una selva tropical *(rain forest)*. El Yunque tiene una gran variedad de flora y fauna, con hermosas orquídeas y el coquí, la ranita *(little frog)* que ha llegado a ser un símbolo de Puerto Rico.

En tu opinión: ¿Hay ciudades en Estados Unidos que son tan antiguas como San Juan? ¿En qué estado o región están? ¿Están tan bien preservadas como el Viejo San Juan en Puerto Rico? ¿Por qué sí o por qué no?

---

[1]En la mayoría de los países hispanos, los estudiantes universitarios no viven en residencias. Por lo general, viven en casa de sus padres si no está muy lejos de la universidad, o en apartamentos o casas privadas.

Ahora, ¡a hablar!

A. **Esos datos.** Con tu compañero(a), miren el dibujo y la información del ¿*Qué se dice... ?* y conecten las siguientes personas y cosas con los números.

1. neveras
2. personas en la casa
3. días de la semana en que trabajan en casa
4. los cocineros
5. personas que están en la foto
6. el alquiler
7. días de la semana en que lavan la ropa

a. tres
b. seis
c. una
d. ciento noventa y ocho dólares
e. cuatro
f. dos
g. uno

B. **¡Hay muchos!** ¿Hay muchos objetos en las mochilas de los estudiantes de la clase de español? ¿Cuántos objetos hay?

EP 2.3

1. computadoras portátiles (24)
2. libros (73)
3. lápices (114)
4. radios (15)
5. diccionarios (10)
6. sándwiches (51)
7. bolígrafos (69)
8. hojas de papel (174)
9. teléfonos celulares (19)
10. discos compactos (113)

EP 2.4

C. **Quehaceres.** ¿Quién hace esto en tu casa/apartamento/residencia?

MODELO   yo / lavar la ropa / de nosotros
Yo lavo nuestra ropa.

1. Gregorio / pagar / el alquiler / de él y de Toñi
2. María y yo / limpiar / el cuarto / de ella
3. Ana / preparar / la comida / de ella
4. tú / disfrutar / las vacaciones / de ti
5. José / reparar / la computadora / de mí

EP 2.5

D. **Carlos y sus compañeros.** Estudia el dibujo de la sección ¿*Qué se dice... ?* en la página 74 y completa con tu compañero(a) estas oraciones.

1. Uno de los cuatro estudiantes _____ al teatro.
2. El sábado es el día en que Carlos y sus compañeros _____ más trabajo en la casa.
3. El domingo no comen en casa y _____ a comer fuera.
4. El sábado, Gustavo _____ que lavar la ropa.
5. Los lunes, ni María ni Carlos _____ trabajo.

A propósito...

In **Capítulo** 1 you learned that to negate in Spanish you always say **no** before the verb. Note also that, in Spanish, you say **no... ni...** or **ni... ni...** if you have two negations together. How do you say the following in Spanish? "I have neither time nor money."

E. **Una semana típica.** Habla con tu compañero(a) para preguntarle cómo es su semana típica. Puedes usar éstas u otras preguntas.

¿Qué clases tienes este semestre?
¿Estudias mucho?
¿Trabajas?
¿Tienes más clases por la mañana, por la tarde o por la noche?
¿Para qué clases estudias más?
¿Trabajas los fines de semana?
¿Sales por las noches?

Y ahora, ¡a conversar!

F. **¡Aló!** Escribe un número de teléfono en un papelito y en tu cuaderno para recordarlo. Tu instructor(a) va a recoger los números y redistribuirlos. Ahora lee el número que tienes en el papelito. La persona que reconoce el número que escribió debe decir ¡Aló!

G. **¡Bingo!** Prepara tu propia tarjeta de BINGO. Escribe uno de estos números en cada cuadrado: **B** 1–19, **I** 20–39, **N** 40–59, **G** 60–79, **O** 80–99. Escribe los números arábicos y deletréalos *(spell them out)* porque vas a tener que decirlos en voz alta si ganas. Luego toda la clase va a jugar.

B (1–19)	**I** (20–39)	**N** (40–59)	**G** (60–79)	**O** (80–99)
Número ___ ___	Número ___ ___	Número ___ ___	Número ___ ___	Número ___ ___
Número ___ ___	Número ___ ___	Número ___ ___	Número ___ ___	Número ___ ___
Número ___ ___	Número ___ ___	Número ___ ___	Número ___ ___	Número ___ ___
Número ___ ___	Número ___ ___	Número ___ ___	Número ___ ___	Número ___ ___
Número ___ ___	Número ___ ___	Número ___ ___	Número ___ ___	Número ___ ___

H. **¿Quién lo hace?** Pregúntales a tus compañeros de clase si hacen las actividades de estos cuadrados *(grid)*. Cada vez que uno diga que sí, pídele que firme (escriba su nombre) en el cuadrado *(square)* apropiado. La idea es tener una firma en cada cuadrado. **¡Ojo!** No se permite que una persona firme más de un cuadrado.

Correr todos los días	Lavar la ropa	Caminar a la universidad	Comer en la cafetería
Firma	*Firma*	*Firma*	*Firma*
Vivir en un apartamento	Leer el periódico todos los días	Estudiar en la biblioteca	Escribir cartas a sus padres
Firma	*Firma*	*Firma*	*Firma*
Hablar por teléfono a larga distancia	Preparar la comida	Escuchar la radio con frecuencia	Mirar videos con la familia
Firma	*Firma*	*Firma*	*Firma*
Escribir en la computadora	Limpiar su cuarto todos los días	Escuchar música clásica	Salir con su familia
Firma	*Firma*	*Firma*	*Firma*

¡Luces! ¡Cámara! ¡Acción!

I. **¡Aló! ¿Cómo es la casa?** Llamas por teléfono a una persona que tiene un cuarto para alquilar cerca de la universidad. Con un(a) compañero(a), escribe el diálogo que tienen. Usen esta guía. Luego lean el diálogo frente a la clase.

- Saludos
- Preguntas sobre la casa en general (cuartos, baños, etc.)
- Preguntas sobre el precio, el depósito, las utilidades
- Preguntas sobre las personas que viven en la casa
- Otras cosas de tu interés

J. **¡Organización!** Encuentras una casa que es perfecta para ti, y ahora tienes una entrevista con las personas que viven en la casa. Tienes la ocasión de hacer preguntas sobre cómo viven, los quehaceres de la casa y otras cosas de tu interés. Intenta ser creativo(a). Dramatiza la situación con dos compañeros.

¿Comprendes lo que se dice?

Estrategias para ver y escuchar: anticipar

In the previous **Paso** you learned that anticipating what is going to be heard makes it much easier to understand a foreign language. This certainly is true when viewing and listening to a video in Spanish. In this case, for example, you are going to be viewing a video about Puerto Rico. Based on what you already know about this country, which of the following topics would you expect to be included in a brief travelogue about the island? Put an X by the topics you feel quite certain will be included.

_____ a. el Viejo San Juan
_____ b. otras ciudades puertorriqueñas
_____ c. El Morro
_____ d. la industria puertorriqueña
_____ e. El Yunque
_____ f. el coquí
_____ g. la música puertorriqueña
_____ h. la comida puertorriqueña
_____ i. el gobierno puertorriqueño

Al ver el video: ¿Comprendes lo que se dice?

Puerto Rico, ¡destino de turistas!

As you watch the video for the first time, mark the items that are actually mentioned. Compare the items you marked with the ones you anticipated above. How many did you anticipate correctly? Then check with the ones two other students marked to see how many all of you identified.

_____ a. el Viejo San Juan
_____ b. otras ciudades puertorriqueñas
_____ c. El Morro
_____ d. la industria puertorriqueña
_____ e. El Yunque
_____ f. el coquí
_____ g. la música puertorriqueña
_____ h. la comida puertorriqueña
_____ i. el gobierno puertorriqueño

Después de ver el video

Indica ahora si la información aparece en el video.

Sí   No   a. San Juan es la capital de Puerto Rico.
Sí   No   b. El castillo del Morro está en Florida.
Sí   No   c. El Yunque es un bosque espectacular.
Sí   No   d. Ponce es la ciudad más grande de Puerto Rico.
Sí   No   e. Puerto Rico es la «isla del encanto».

Viajemos a la Isla del encanto

Antes de empezar, dime...

Lee **Datos importantes sobre Puerto Rico** y decide si estos comentarios son ciertos o falsos.

C   F   1. La moneda de Puerto Rico es el dólar. No existe otra.
C   F   2. Puerto Rico tiene dos idiomas oficiales: español y taíno.
C   F   3. Es necesario tener pasaporte para viajar a Puerto Rico.
C   F   4. Puerto Rico es una isla grande con muchos habitantes.
C   F   5. La gasolina en Puerto Rico se vende por galones y la distancia se mide en millas, como en los EE.UU.

Datos importantes sobre Puerto Rico

PASAPORTE   Puerto Rico es un Estado Libre Asociado de los EE.UU. Si eres ciudadano(a) estadounidense, no necesitas pasaporte para viajar a Puerto Rico ni pasar por la aduana al entrar a Puerto Rico ni al regresar a los EE.UU.

EL CONSUMO DE ALCOHOL   La edad legal para consumir o comprar bebidas alcohólicas es 18 años.

Tiendas en el Viejo San Juan

EL CLIMA	La temperatura media anual es de 82°F (28°C). La temporada de lluvias es de agosto a octubre. El clima tropical de Puerto Rico hace que llueva ligeramente en cualquier época del año.
IDIOMAS OFICIALES	Puerto Rico tiene dos idiomas oficiales, el español y el inglés.
LA HORA	La hora en Puerto Rico es igual a la hora oficial del este de Estados Unidos (EST), desde el primer domingo de abril hasta el último domingo de octubre. El resto del año hay una hora de diferencia con la hora oficial del este (EST).
LOS IMPUESTOS	No hay impuestos sobre las compras en Puerto Rico.
ELECCIONES	Los puertorriqueños que viven en los Estados Unidos continentales votan en todas las elecciones.
LA MONEDA	El dólar estadounidense es la única moneda oficial en Puerto Rico.
LLAMADAS POR TELÉFONO	Se utiliza el mismo sistema de teléfonos que en Estados Unidos. El código de área de la isla es el 787. Las tarjetas telefónicas que se usan en los EE.UU. funcionan también en Puerto Rico.
EXTENSIÓN Y POBLACIÓN	Puerto Rico tiene una extensión de 100 por 35 millas (160 por 56 kilómetros). En la isla viven cerca de cuatro millones de habitantes.
LOS AUTOMÓVILES	La gasolina en Puerto Rico se vende por litros, la distancia se mide en kilómetros y la velocidad se mide en millas por hora. La edad legal para manejar es 16 años.

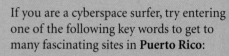

Viajemos por el ciberespacio a... PUERTO RICO

If you are a cyberspace surfer, try entering one of the following key words to get to many fascinating sites in **Puerto Rico**:

Datos importantes de Puerto Rico

El Yunque

El Viejo San Juan

El Morro

Or, better yet, simply go to the *¡Dímelo tú!* website using the following address: http://dimelotu.heinle.com

There, with a simple click, you can

- enjoy a virtual tour of El Viejo San Juan and visit its gorgeous buildings and plazas.
- appreciate the natural beauty of El Yunque through hundreds of pictures of El Yunque's flora and fauna.
- acquire valuable information that will help you fully enjoy your next visit to Puerto Rico, la Isla del encanto.

Y ahora, dime...

Usa este diagrama Venn para comparar y contrastar los datos que son comunes a Puerto Rico y los Estados Unidos, y lo que es exclusivo a cada uno de ellos.

Puerto Rico
1.
2.
3.
4.
5.
6.

los EE.UU. y Puerto Rico
1.
2.
3.
4.
5.
6.

los EE.UU.
1.
2.
3.
4.
5.
6.

¡Escríbelo!

Estrategias para escribir: concebir ideas

When getting ready to write, it is a good idea to brainstorm, that is, to list as many thoughts as possible about what you are going to write. To brainstorm, you must think and write as many ideas as you can think of on a given topic. As always, try to think in Spanish and to write only the ideas and concepts that you have already acquired. Avoid thinking in English and then translating into Spanish, as this will require you to use structures that you may not have acquired yet.

Take a moment to brainstorm a detailed description of your house, as you will be asked to describe it later. You can use these initial ideas or reject them as a way to start your description.

Vocabulary:
House: bedroom; furniture; kitchen; living room

Grammar: Verbs: present; possessive adjective: **mi(s), tu(s); nuestro**

Phrases: Describing places; writing a letter (informal)

Ahora, ¡a escribir!

A. **En preparación.** Prepárate para describir tu apartamento o casa en una carta a tu mejor amigo(a) usando las ideas que escribiste durante tu *brainstorming*.

B. **El primer borrador.** Usa la lista que preparaste en **A** para escribir un primer borrador *(first draft)*.

C. **Ahora a compartir.** *(Share your first draft with two classmates.)* Haz comentarios sobre el contenido y el estilo de tus compañeros(as) y escucha los comentarios de ellos(as) sobre tu carta. Si hay errores de ortografía *(spelling)* o de gramática, corrígelos.

D. **Ahora a revisar.** Decide si es necesario hacer cambios en tu carta. *(Keep in mind your classmates' comments as you decide.)*

E. **La versión final.** Prepara una versión final de tu carta y entrégala.

F. **Ahora a publicar.** En grupos de tres, lean sus cartas y decidan cuál es la mejor.

(Have the person with the best letter in your group read it to the entire class.)

Puerto Rico ¡no tiene estaciones!

TAREA

Antes de empezar este Paso, estudia la lista de vocabulario, en la página 89 y practícalo al escuchar el surco 20 de tu Text Audio CD #1. Luego estudia *En preparación.*

2.6 Telling time, páginas 97–98

2.7 Days of the week, months, and seasons, páginas 99–100

2.8 Verbs of motion, páginas 100–101

Haz por escrito los ejercicios de *¡A practicar!*

Escucha la sección *¿Qué se dice...?* del Capítulo 2, Paso 3 en el surco 16 del Text Audio CD y haz la actividad correspondiente en la página 83.

¿Eres buen observador?

Puerto Rico tiene sólo una estación: ¡verano!

Estados Unidos		Puerto Rico	

invierno

primavera

invierno

primavera

verano

otoño

verano

otoño

Ahora, ¡a analizar!

A. **Adivinanzas: semanas, meses y estaciones.** Completa estas oraciones.

1. Hay cuatro _____ en un _____.
2. En Puerto Rico hay sólo una _____: el _____.
3. Hay doce _____ en un _____.
4. Hay tres _____ en una _____, más o menos.
5. Vamos a esquiar en el _____.
6. Las vacaciones más populares son en el _____.
7. Hay muchas flores en la _____.
8. Los meses del otoño son _____, _____ y _____.

B. **Asociaciones.** ¿Con qué estación o mes asocias estas actividades?

1. las vacaciones
2. la playa
3. los exámenes finales
4. el fútbol americano
5. el béisbol
6. el principio del año escolar
7. el final del año escolar
8. el amor

¿Qué se dice... ?

Al hablar de las próximas vacaciones

Un grupo de estudiantes en la cafetería del Colegio Eugenio María de Hostos, en el Bronx, habla de los planes para sus próximas vacaciones.

TERESA: Margarita, Silvia y yo vamos de vacaciones a San Juan en el (verano / invierno). Nosotras (salimos / regresamos) un lunes y (salimos / regresamos) un domingo.

ROSA: Pues en diciembre José y yo vamos a pasar las vacaciones con unos amigos de la Universidad de Puerto Rico, en Mayagüez. Salimos inmediatamente después del último día de clases y no regresamos hasta el día antes de empezar las clases.

> **A propósito...**
>
> Note that when referring to collective nouns **(grupo, familia...)** verbs must remain singular, as in: **Un grupo de estudiantes... habla**; and below: **Casi una tercera parte de todos los puertorriqueños vive**...

PEDRO: ¡Estoy muy feliz! A las 8:15 de la mañana, el 20 de julio, salgo para Ponce y regreso a las 9:40 de la noche, el 30 de agosto, a Nueva York. ¡Qué vacaciones!

JOSÉ: Sí, y como yo soy un fanático del ejercicio, de día voy a caminar y correr por la playa. Y por las noches, salgo con Rosa a beber, comer y bailar.

> **A propósito...**
>
> In Spanish, the word **vacaciones** is always used in the plural. The singular **vacación** is rarely used. Remember also that the combination **ir a** + *infinitive* is used to express future actions. Therefore, what does **vamos a pasar las vacaciones en Puerto Rico** mean? What does **voy a caminar y correr por la playa** mean?

¿Sabías que... ?

Casi una tercera parte de todos los puertorriqueños vive en Nueva York. En efecto, hay más puertorriqueños en Nueva York que en San Juan, la capital de la isla. Cada año a principios de junio, se celebra la Semana Puertorriqueña de Nueva York, la cual termina con el Desfile Puertorriqueño, el más grande de todos los desfiles de la ciudad.

🔍 **En tu opinión:** ¿Por qué hay más puertorriqueños en Nueva York que en San Juan? Considerando el clima, ¿cuál es la atracción de Nueva York para ellos? ¿Por qué participa tanta gente en el Desfile Puertorriqueño?

Ahora, ¡a hablar!

A. **Planes.** Según el *¿Qué se dice... ?* de la página 83, ¿qué planes tienen estas personas?

	Sale el 20 de julio para Ponce.
José	Va de vacaciones a Mayagüez.
Teresa, Margarita y Silvia	De noche sale con su amiga Rosa.
Pedro	Regresa de las vacaciones el 30 de agosto.
Rosa	Van a comer, caminar, comprar y dormir.
	Regresan de San Juan un domingo.

EP 2.6 ⬤⬤ EP 2.7

B. **Vacaciones.** Estudia el dibujo del *¿Qué se dice... ?* de la página 83 y completa estas oraciones.

1. Teresa y sus amigas _____ un lunes y _____ un domingo.
2. Pedro está feliz porque sale el día _____ _____ _____ y no regresa hasta el día _____ _____ _____.
3. Rosa y José salen el _____ _____ _____ y regresan el _____ ___ _____.
4. En la playa, José va a _____ y _____.
5. Pedro sale a las _____ ___ _____ de la mañana y regresa a las _____ ___ _____ de la noche.

EP 2.6 ⬤⬤ EP 2.8

C. **¿A qué hora?** Habla con tu compañero(a) para hacerse preguntas y responder en las siguientes situaciones.

Situación: Hoy es el primer día de vacaciones y tú tienes que ir al aeropuerto, pero no tienes auto. Tu amigo(a) te pregunta y tú le dices a qué hora sale tu vuelo.

MODELO   TÚ: **¿A qué hora sales para el aeropuerto?**
        TU AMIGO(A): **Salgo a las diez menos cuarto de la mañana.**

1. Tienes muchísimos libros para llevar a la biblioteca y le preguntas a tu compañero(a) a qué hora sale para la universidad.
2. Tienes unas entradas para un concierto de tu cantante favorito pero tienes que limpiar la casa. Le preguntas a tu compañero(a) a qué hora sale de su clase hoy, para ayudarte con la limpieza.
3. Tu amigo(a) habla frecuentemente y por mucho tiempo por teléfono. Tú tienes que hacer una llamada importante hoy y le preguntas a tu compañero(a) a qué hora no va a usar el teléfono para hacer la llamada.

EP 2.7 ⬤⬤

D. **¿En qué mes y en qué fecha... ?** Estudia el dibujo del *¿Qué se dice... ?* de la página 83 y contesta estas preguntas.

1. ¿En qué mes son las vacaciones de Teresa y sus amigas?
2. ¿Cuándo son las vacaciones de Rosa y José?
3. ¿Cuántas semanas de vacaciones van a tomar Rosa y José?
4. ¿Quién va a tomar las vacaciones más largas? ¿Cuántos días en total?
5. ¿De qué fecha a qué fecha son las vacaciones de Pedro?

EP 2.6 ⬤⬤ EP 2.7

E. **¿Y tu compañero?** Pregúntale a tu compañero(a) qué planes tiene para las vacaciones de primavera. Utiliza el siguiente vocabulario e[2] inventa tus propias preguntas.

---

[2]In **Capítulo 1** you learned that **o** *(or)* changes to **u** when it is followed by a word that begins with **o**. Note also that **y** *(and)* changes to **e** when it is followed by a word that starts with **i**.

Vocabulario útil

beber	cocinar	comer	comer fuera	hacer
pagar	regresar	salir	salir	venir

F. **La línea ecuatorial**. Las estaciones del año son totalmente opuestas al norte y al sur de la línea ecuatorial. Por eso, con excepción de Venezuela y Colombia, las estaciones en toda Sudamérica son exactamente opuestas a las de Norteamérica y Centroamérica. ¿Qué estación corresponde al mes indicado en estos países?

EP 2.7 ⊞

MODELO   julio en Uruguay
> **En julio es invierno en Uruguay.**

1. abril en Chile
2. enero en Costa Rica
3. octubre en Argentina
4. mayo en Venezuela
5. noviembre en Puerto Rico
6. agosto en Perú

Y ahora, ¡a conversar!

G. **Vacaciones de primavera.** Tu tío Bruce, el millonario, te ofrece unas vacaciones de primavera a ti y a tres amigos(as) al país que ustedes prefieren. Habla con tus amigos(as) ahora y decidan adónde van, cuándo salen y cuándo llegan, qué van a hacer allí y cuándo regresan. Informen a la clase de la decisión del grupo.

H. **Actividades.** Prepara una lista de tus tres actividades favoritas para cada estación. Luego en grupos pequeños, pregúntales a tus compañeros(as) cuáles son sus actividades favoritas y diles las tuyas.

I. **Las próximas vacaciones.** Pregúntale a tu compañero(a) adónde va y qué va a hacer durante las próximas vacaciones. Pregúntale si va solo o con alguien, cuándo sale(n), cuándo llega(n) y cuándo regresa(n). Dile a tu compañero(a) tus planes también.

¡Luces! ¡Cámara! ¡Acción!

J. **¡El estrés es terrible!** Tú y dos amigos(as) deciden ir a Puerto Rico por cuatro días para escapar del estrés de la vida diaria. Ahora, tú hablas con tus amigos(as) y les explicas tus planes para cada uno de los días de vacaciones. Ellos tienen muchas preguntas acerca del viaje. Con dos compañeros(as), escriban la conversación que tienes con tu padre o madre. Luego lean su conversación delante de la clase.

K. **¿Qué planes tienen?** Tú y unos amigos toman un refresco y hablan de sus planes para el verano. Dramatiza esta situación con dos o tres compañeros(as).

Estrategias para leer: anticipar mirando el título y las imágenes visuales

Before reading any text, it helps to have some idea about the context. There are various clues that can help you in anticipating information about a selection. The title of the reading and the visual images that accompany it, for example, can help convey a preliminary idea.

A. **Antes de leer.** Lee el título de esta lectura y mira las imágenes visuales. Luego contesta estas preguntas.

1. ¿Cuál es el símbolo de los EE.UU.?
2. ¿Tiene los EE.UU. un árbol nacional? ¿Una flor nacional? ¿Un instrumento nacional? Si así es, ¿cuáles son? Si no,...
3. Tengan un concurso en la clase y voten por el animal nacional, el árbol nacional, la flor nacional y el instrumento nacional de los EE.UU. Éstos son los candidatos.

animales:	pavo *turkey*	águila *eagle*	coyote *coyote*
	oso *bear*	ciervo *deer*	búho *owl*
árboles:	arce *maple*	olmo *elm*	picea *spruce*
	pino *pine*	roble *oak*	secoya *redwood*
flores:	caléndula *marigold*	clavel *carnation*	margarita *daisy*
	petunia *petunia*	rosa *rose*	tulipán *tulip*
instrumentos:	flauta *flute*	flautín *piccolo*	trompeta *trumpet*
	piano *piano*	tambor *drum*	violín *violin*

B. **Para anticipar.** Lee el título de esta lectura y mira las imágenes visuales. Luego contesta estas preguntas.

1. ¿Qué es un coquí? ¿Un flamboyán? ¿Una maga? ¿Un cuatro?
2. Basado en las preguntas anteriores, ¿cuál crees que es la importancia del coquí, el flamboyán, la flor de maga y el cuatro en Puerto Rico?
3. ¿Cuáles son dos cosas que crees que esta lectura va a mencionar?

Lectura: Símbolos de Puerto Rico

Puerto Rico tiene una rica tradición cultural que manifiesta un profundo amor a la naturaleza y al arte.

El coquí

Así como el águila es el símbolo nacional de los EE.UU., el coquí es el símbolo de Puerto Rico. Hay once especies nativas de la ranita arbórea, o coquí, en Puerto Rico. Hay coquíes de diferentes colores: marrón, verde, rojo, amarillo. La mayoría vive en El Yunque. Su nombre viene del sonido que producen toda la noche: «co-quí», «co-quí», «co-quí».

El flamboyán

Si el coquí es la ranita de Puerto Rico, el flamboyán *(Delonix regia)* es el árbol puertorriqueño por excelencia. Procedente de Madagascar, África, el flamboyán, del francés *flamboyant*, tiene flores de un rojo naranja o amarillo muy intenso. Aunque hay flamboyanes en otros lugares del Caribe y Centroamérica, el flamboyán se considera el árbol nacional de Puerto Rico.

La flor de maga

La flor de maga es la flor nacional de Puerto Rico. La maga es un hibisco gigante que crece sólo en los húmedos bosques de Puerto Rico. Alcanza entre nueve y quince metros de altura. Es un árbol de tronco grande con hojas en forma de corazón. Produce flores y frutos todo el año. Su madera se usa para hacer muebles e instrumentos musicales. Se encuentra en casi todos los bosques públicos de Puerto Rico.

El cuatro

El cuatro es el instrumento nacional de Puerto Rico. La música de los cuatristas se escucha normalmente en la época navideña, aunque existen muchas canciones que se escuchan todo el año.

Originalmente, el cuatro es un instrumento con sólo cuatro cuerdas, pero para fines del siglo XIX se fabrica con dos pares de cinco cuerdas, como se conoce hoy día. Aunque el cuatro tiene un total de diez cuerdas, en realidad son cinco, agrupadas por pares.

A ver si comprendiste

1. ¿Cuál es el origen del nombre del coquí? ¿del flamboyán?
2. ¿Para qué se usa la madera del árbol de la flor de maga?
3. ¿Cuántas cuerdas tiene el cuatro?
4. En una hoja aparte, indica las razones por las cuales el coquí, el flamboyán, la flor de maga y el cuatro fueron seleccionados como representantes de Puerto Rico.

El coquí	El flamboyán	La flor de maga	El cuatro
_____	_____	_____	_____
_____	_____	_____	_____
_____	_____	_____	_____

Vocabulario

CD1-18–1-20

PASO 1

Trabajo y profesiones

administrador(a)	manager
cocinero(a)	cook
dependiente(a)	salesclerk, salesperson
empleado(a)	employee
empleo	employment
maestro(a)	teacher
mesero(a)	waiter/waitress
periodista (m./f.)	journalist, newspaper reporter
puesto	job, position
secretario(a)	secretary
técnico(a)	technician
trabajo	work
vacaciones (f. pl.)	vacation
vendedor(a)	salesperson, salesclerk

Verbos

abrir	to open
correr	to run
descansar	to rest
entrevistar	to interview
llegar	to arrive
reparar	to repair, to fix
vender	to sell
vivir	to live

Lugares

boutique (f.)	boutique
café (m.)	café
clínica	clinic
empresa	enterprise, firm
oficina	office
restaurante (m.)	restaurant
tienda	store

Personalidad

dinámico(a)	dinamic

Palabras útiles

artículo	article
autobús (m.)	bus
bilingüe	bilingual
comida (f.)	food
conocimiento	knowledge
contrato	contract
llamada (f.)	telephone call
necesario(a)	necessary
niño(a)	boy, girl
periódico	newspaper
porque	because
ropa	clothing

La computadora

componente	component
impresora	printer
ordenador	computer
pantalla (f.)	screen
parlantes (m. pl.)	speakers
teclado (m.)	keyboard

PASO 2

La casa

alquiler (m.)	rent
apartamento	apartment
baño	bathroom
casa de playa	beach house
cocina	kitchen
condominio	condominium
cuarto	room
edificio	building
habitación (f.)	bedroom
lavaplatos (m./s.)	dishwasher
nevera	refrigerator
platos	dishes
polvo	dust
renta (alquiler [m.] in Puerto Rico)	monthly rent
sala	living room
ventanas	windows

Períodos de tiempo

de día	during the day
de noche	at night

día (m.)	day
día de la semana	weekday
fin de semana (m.)	weekend
horario	schedule
mañana	tomorrow
noche	night
tarde	late
todo el día	all day
todos los días	every day

Números 0–199 (see p. 93.)

Comunicación

larga distancia	long distance
número de teléfono	phone number
teléfono celular	cell phone
radio (m.)	radio receiver

Identidad

foto (f.)	photo
fotógrafo(a)	photographer
licencia de manejar	driver's license
tarjeta de identidad	I.D. card

Palabras útiles

bien	well, OK, fine
cada	every, each
con frecuencia	frequently
más	more

Actividades

alquilar	to rent
ayudar	to help
caminar	to walk
cocinar	to cook
comer fuera	to eat out
compartir	to share
detestar	to hate, to detest
hablar	to speak, to talk
lavar los platos	to wash dishes
limpiar	to clean
llenar	to fill
pagar	to pay
sacar fotos	to take pictures
salir	to leave, go out
tener	to have
venir	to come

PASO 3

Vacaciones

aeropuerto	*airport*
dinero	*money*
fecha	*date*
playa	*beach*
viaje *(m.)*	*trip*
vuelo	*flight*

Deportes

béisbol	*baseball*
ejercicio	*exercise*
fútbol americano	*football*

Año escolar

primer día de clases	*first day of class*
último día de clases	*last day of class*

Meses del año

enero	*January*
febrero	*February*
marzo	*March*
abril	*April*
mayo	*May*
junio	*June*
julio	*July*
agosto	*August*
septiembre	*September*
octubre	*October*
noviembre	*November*
diciembre	*December*

Estaciones

otoño	*fall*
verano	*summer*
invierno	*winter*
primavera	*spring*

Días de la semana

lunes *(m.)*	*Monday*
martes *(m.)*	*Tuesday*
miércoles *(m.)*	*Wednesday*
jueves *(m.)*	*Thursday*
viernes *(m.)*	*Friday*
sábado *(m.)*	*Saturday*
domingo *(m.)*	*Sunday*

Actividades

beber	*to drink*
correr	*to run*
decidir	*to decide*
dividir	*to divide*
dormir	*to sleep*
esquiar	*to ski*
hacer	*to make; to do*
pasar	*to pass or spend time*
regresar	*to return*
viajar	*to travel*

Palabras útiles

¿A qué hora?	*At what time?*
¡Ah, yo también!	*Oh, me too!*
amor *(m.)*	*love*
antes	*before*
feliz	*happy*
largo(a)	*long*

En preparación 2

Paso 1

2.1 Present tense of *-er* and *-ir* verbs

Stating what people do

The personal endings of **-er** and **-ir** verbs are identical, except for the **nosotros** and **vosotros** forms. As with **-ar** verbs, the personal endings of **-er** and **-ir** verbs always reflect the subject of the sentence.

Verb endings: *-er, -ir* verbs			
Subject pronouns	**Singular endings**	**Subject pronouns**	**Plural endings**
	-er/-ir		*-er, -ir*
yo	**-o**	nosotros(as)	**-emos, -imos**
tú	**-es**	vosotros(as)	**-éis, -ís**
usted	**-e**	ustedes	**-en**
él, ella	**-e**	ellos, ellas	**-en**

Sample *-er* verb: *comer*	
yo com**o**	nosotros(as) com**emos**
tú com**es**	vosotros(as) com**éis**
usted com**e**	ustedes com**en**
él, ella com**e**	ellos, ellas com**en**

Sample *-ir* verb: *escribir*			
yo	escrib**o**	nosotros(as)	escrib**imos**
tú	escrib**es**	vosotros(as)	escrib**ís**
usted	escrib**e**	ustedes	escrib**en**
él, ella	escrib**e**	ellos, ellas	escrib**en**

Remember that the present indicative in Spanish has three possible equivalents in English.

Los niños **comen** chocolate.
$\left\{\begin{array}{l} \textit{The children } \textbf{\textit{eat}} \textit{ chocolate.} \\ \textit{The children } \textbf{\textit{do}} \textit{ eat chocolate.} \\ \textit{The children } \textbf{\textit{are eating}} \textit{ chocolate.} \end{array}\right.$

Some frequently used **-er** and **-ir** verbs are:

beber	*to drink*	escribir	*to write*
comer	*to eat*	recibir	*to receive*
correr	*to run*	vivir	*to live*
leer	*to read*		

¡A practicar!

A. ¡Cuánta actividad! It is only 8:00 A.M. and everyone is out doing something in Old San Juan. What is everyone doing?

1. Matías _____ (beber) un café en el Hotel El Convento.
2. Tú _____ (escribir) una carta en el patio del hotel.
3. Pedro y Pablo _____ (comer) en el restaurante La Zaragozana.
4. María Isabel _____ (abrir) la tienda Nuestra Casa.
5. Nosotros _____ (correr) en el Parque Central de San Juan.
6. Yo _____ (leer) mi libro favorito de Esmeralda Santiago, *Cuando era puertorriqueña.*

B. ¡Qué día! It is now 8:00 P.M. in San Juan. What is everyone doing?

1. Matías / estudiar / Casa del Libro
2. tú / comer / pizza / restaurante Molino Italiano
3. Pedro y Pablo / leer / libro de teatro de Teresa Marichal
4. María Isabel / comer / patio del Hotel Caribe Internacional
5. nosotros / beber / refresco / café Los Frailes
6. yo / correr / por la Universidad Politécnica / Puerto Rico

2.2 Interrogative words

Asking questions

In previous chapters you have seen, heard, and used several interrogative words. The following chart summarizes all of them.

¿Cómo?	*How? What?*	¿Cuánto(a)?	*How much?*
¿Cuál(es)?	*Which one(s)? What?*	¿Cuántos(as)?	*How many?*
¿Cuándo?	*When?*	¿Qué?	*What? Which?*
¿Dónde?	*Where?*	¿Quién(es)?	*Who?*
¿Por qué?	*Why?*	¿Adónde?	*Where to?*

A. All interrogative words require a written accent, even when used in a statement rather than a question.

No sabemos **dónde** vive.	*We don't know where she lives.*
Ella va a decirnos **qué** es.	*She is going to tell us what it is.*

B. When these words do not have a written accent, they lose their interrogative meaning.

Siempre escucho música **cuando** estudio.	*I always listen to music when I study.*
Yo creo **que** vive en Toledo.	*I believe that he lives in Toledo.*
Donde yo vivo hay más gente joven.	*Where I live there are more young people.*

C. **¿Cuál(es)?** meaning *what?* (as in *which one?*) is used instead of **qué** before the verb **ser** when the verb is followed by a noun, except when a definition of a word is being requested.

¿Cuál es tu dirección?	*What's your address?*
¿Cuál es tu especialización?	*What's your major?*
¿Qué es la filosofía?	*What's philosophy?*

D. In English, when asking someone to repeat a question, one frequently says "*What?*" In Spanish, one would never say **¿Qué?** but rather **¿Cómo?** when making a one-word response. **¿Qué?** is used only in a complete-sentence response.

¿Cómo? No te oigo.	*What? I can't hear you.*
¿Qué dices?	*What are you saying?*
¿Qué me preguntas?	*What are you asking me?*

¡A practicar!

A. **Preguntas.** Diego has just met a new classmate. Match the words in column **A** with those in column **B** in order to know what he asks her.

A	**B**
	tal?
¿Con quién	te llamas?
¿Qué	estudias?
¿Cómo	clases tomas?
¿Dónde	son tus profesores?
¿Cuál	vives?
	es tu número de teléfono?

B. **Acepto tu invitación.** Antonio has just accepted Victoria's invitation to a party, but he needs to know the specifics. What does he ask her?

Antonio	**Victoria**
1. ¿_____ es la fiesta?	Es el sábado.
2. ¿_____ es?	A las 11:30.
3. ¿_____ es?	En mi casa.
4. ¿_____ es tu dirección?	La calle Don Alonso, número 10.
5. ¿_____ personas van?	Veinte, más o menos.
6. ¿_____ son tus amigos?	Son de Galicia.
7. ¿_____ van a la fiesta?	Enriqueta, Víctor Mario, Luz María, Enrique y muchos más.

Paso 2

2.3 Numbers 0–199

 Counting, solving math problems, and expressing cost

CD1-17

0	cero	16	dieciséis	40	cuarenta
1	uno	17	diecisiete	42	cuarenta y dos
2	dos	18	dieciocho	50	cincuenta
3	tres	19	diecinueve	53	cincuenta y tres
4	cuatro	20	veinte	60	sesenta
5	cinco	21	veintiuno	64	sesenta y cuatro
6	seis	22	veintidós	70	setenta
7	siete	23	veintitrés	75	setenta y cinco
8	ocho	24	veinticuatro	80	ochenta
9	nueve	25	veinticinco	86	ochenta y seis
10	diez	26	veintiséis	90	noventa
11	once	27	veintisiete	97	noventa y siete
12	doce	28	veintiocho	100	cien
13	trece	29	veintinueve	101	ciento uno
14	catorce	30	treinta	178	ciento setenta y ocho
15	quince	31	treinta y uno	199	ciento noventa y nueve

A. The number **uno (veintiuno, treinta y uno...)** changes to **un** before masculine nouns and **una** before feminine nouns.

Tengo sólo **un** dólar.   *I just have one dollar.*
Hay cincuenta y **una** camas dobles en el hotel.   *There are fifty-one double beds in the hotel.*
La reservación es para **una** persona.   *The reservation is for one person.*

B. The numbers 16 to 29 are usually written as one word: **dieciséis, dieciocho, veintidós, veintinueve.** They may, however, be written as three words: **diez y seis, diez y ocho, veinte y dos, veinte y tres, veinte y nueve,** etc.

C. Numbers from 31 to 99 must be written as three words.

D. **Cien** is an even hundred. Any number between 101 and 199 is expressed as **ciento** and the remaining number. Note that **y** never occurs directly after the number **ciento**.

101   ciento uno   149   ciento cuarenta y nueve
110   ciento diez   199   ciento noventa y nueve

E. Use the following expressions for solving math problems.

y *or* más (+)   menos (−)   es / son (=)
por (x)   dividido entre (÷)

¡A practicar!

A. Matemáticas. Solve these math problems. Then write out the problems and solutions in Spanish.

1. $4 + 9 =$
2. $90 + 10 =$
3. $28 - 12 =$
4. $17 + 50 =$
5. $42 \div 6 =$
6. $11 + 152 =$
7. $175 - 30 =$

B. ¿Cuánto cuesta? Guess how much the following items cost in Puerto Rico. The price is very similar to what they cost in the continental United States.

MODELO   una hamburguesa
            Cuesta tres dólares, noventa y nueve centavos.

1. el libro *¡Dímelo tú!*
2. una mochila
3. un bolígrafo
4. un sándwich y un refresco en el café Los Frailes
5. una pizza para ocho personas en el restaurante Molino Italiano
6. un libro de ciencias en la librería Las Américas

2.4 Possessive adjectives

Indicating ownership

A. Unlike English, possessive adjectives in Spanish must agree in number with the person, place, or thing possessed. **Nuestro** and **vuestro** must also agree in gender.

Possessive adjectives					
Singular possessor	1 Thing possessed	2+ Things possessed	Plural possessor	1 Thing possessed	2+ Things possessed
yo	**mi**	**mis**	nosotros(as)	**nuestro(a)**	**nuestros(as)**
tú	**tu**	**tus**	vosotros(as)	**vuestro(a)**	**vuestros(as)**
usted	**su**	**sus**	ustedes	**su**	**sus**
él, ella	**su**	**sus**	ellos, ellas	**su**	**sus**

Tu apartamento es estupendo y **tus** amigos son muy simpáticos.	*Your apartment is fantastic and your friends are very nice.*
Nuestra casa es nueva.	*Our house is new.*
Nuestras habitaciones son muy grandes.	*Our rooms are very big.*

Note that these possessive adjectives are always placed *before* the noun they modify.

B. Usually the context will clarify any ambiguity that may result with **su/sus** (*your, his, her, their, its*). However, when ambiguity does occur, one of the following combinations of **de** + *pronoun* is used in place of **su/sus.**

su libro = el libro
- de usted — *your*
- de él — *his*
- de ella — *her*
- de ustedes — *your*
- de ellos — *their*
- de ellas — *their*

sus libros = los libros
- de usted — *your*
- de él — *his*
- de ella — *her*
- de ustedes — *your*
- de ellos — *their*
- de ellas — *their*

—¿Es más grande el apartamento **de ustedes?**   —*Is your apartment bigger?*
—Sí, pero la casa **de ellos** es más elegante.   —*Yes, but their house is more elegant.*

¡A practicar!

A. ¡Carísimo! ¿Cómo son los apartamentos o casas de estos estudiantes de la Universidad de Puerto Rico en Mayagüez?

MODELO   Alicia: cuarto / grande
   Su cuarto es grande.

1. Andrés: apartamento / elegante
2. tú y Carlos: casa / grande
3. Teresa y Cecilia: residencia / nuevo
4. yo: cuarto / especial
5. Francisco y yo: amigas / simpático
6. Marta y yo: cuarto / estupendo

B. Nuestra clase. ¿De quién son estas cosas en la clase de literatura caribeña en el Colegio Cristóbal Colón?

MODELO   la computadora: de ella
   Es su computadora.

1. la tiza: de ella
2. el lápiz: de él
3. los bolígrafos: de ella
4. la sala de clase: de nosotros
5. la pizarra: de nosotros
6. los exámenes: de ustedes
7. la mochila: de ella
8. el cuaderno: de ellos

C. **Compañeros puertorriqueños.** Completa este párrafo con la forma apropiada del adjetivo posesivo para saber qué le escribe Julio a una nueva amiga.

Querida amiga:

_____ compañeros de cuarto, Carlos y Toni, son muy simpáticos. Carlos es puertorriqueño. _____ familia vive en Ponce. Toni también es puertorriqueño. _____ padres viven en el Viejo San Juan con _____ abuelos (*grandparents*). ¿Y yo? _____ papás son de San Antonio, Texas. ¿Y tú? ¿Dónde viven _____ padres?

2.5 Three irregular verbs: *tener, salir, venir*

Expressing obligations, departures, and arrivals

tener			salir		venir	
to have			*to leave*		*to come*	
yo	tengo	nosotros(as) tenemos	salgo	salimos	vengo	venimos
tú	tienes	vosotros(as) tenéis	sales	salís	vienes	venís
usted	tiene	ustedes tienen	sale	salen	viene	vienen
él, ella	tiene	ellos, ellas tienen	sale	salen	viene	vienen

A. When followed by an infinitive (the **-ar, -er,** or **-ir** form of a verb), **tener** becomes **tener que** and implies obligation.

Tengo que organizar mi apartamento.   *I have to organize my apartment.*
Tenemos que comprar muchas cosas.   *We have to (must) buy many things.*

B. When followed by an infinitive, **salir** and **venir** become **salir a** and **venir a.**

Salgo a correr a las 10:00.   *I go running at 10:00.*
Yo **vengo a** estudiar, y Eva **viene a** ayudarme.   *I come to study, and Eva comes to help me.*

¡A practicar!

A. **Muy ocupados.** Life at the Eugenio María de Hostos Community College in the Bronx is not easy. Everyone's busy all the time. Select the correct form of each verb to tell what these students do.

1. Patricia (tengo / tiene) que lavar el auto.
2. Clara y Eva (salen / salimos) a las 8:00 para el colegio.
3. Felipe y yo (venimos / vienen) a estudiar con ustedes.
4. ¿Y tú? ¡Ah! Tú (vengo / vienes) a trabajar con la computadora.
5. Sí, todos los estudiantes (tiene / tienen) que trabajar mucho.
6. Yo siempre (vengo / vienes) tarde a esta clase.

B. **¿Dónde están?** Tell your roommate where everyone is this morning.

1. Juan y Mateo / tener clases
2. Patricio siempre / salir a / caminar
3. Óscar / tener que / trabajar hoy
4. Héctor / venir / más tarde
5. yo / salir a / correr
6. Nicolás / venir / con Yolanda

C. **¡Tanto que hacer!** Tomorrow is the first day of class at the Eugenio María de Hostos Community College. Teresa and her friends, Anita and Olga, still have a lot of things to do. What problems are they having? Form at least five sentences, using one element from each column.

		el horario de las clases
Teresa		lavar la ropa
Olga	(no) tener	todos los libros necesarios
Anita	tener que	problemas con la computadora
Olga y Anita		comprar la comida para la semana
nosotras		llamar a sus padres

Paso 3

2.6 Telling time

Stating at what time things occur

A. The word for *time* (referring to clock time) in Spanish is **hora**, which is always feminine. To tell the hour, **es la** is used only with **una;** otherwise **son las** followed by the hour is used.

¿Qué hora es?	*What time is it?*
Es la una.	*It's one o'clock.*
Son las doce en punto.	*It's twelve sharp.*

B. Minutes from the hour to the half hour are added to the hour and connected with **y.** Between the half hour and the next hour, minutes are subtracted from the next hour and connected with **menos.**

1:24	Es la una **y** veinticuatro.
6:10	Son las seis **y** diez.
1:40	Son las dos **menos** veinte.
12:42	Es la una **menos** dieciocho.

Digital clocks have changed this more traditional way of stating time. Now, one also hears **Son las doce y cuarenta y dos** instead of **Es la una menos dieciocho.**

C. In addition to **quince** and **treinta,** you can use **cuarto,** which means *quarter hour* and **media** which means *half past the hour.*

Vienen a la una y **cuarto** (quince).	*They are coming at a quarter past one.*
Mañana salen a las siete y **media** (treinta).	*Tomorrow they leave at 7:30.*

D. **Mediodía** and **medianoche** are used to express **noon** and **midnight.**

Tengo una cita al **mediodía.**   *I have an appointment at noon.*
El autobús sale a (la) **medianoche.**   *The bus leaves at midnight.*

E. To state that something happens at a particular time, Spanish uses **a las...** This should not be confused with **son las...,** which means *It is* a specific clock time.

¡Apúrese! **Son las** siete menos cuarto   *Hurry up! It's a quarter to seven and he*
y él llega **a las** siete en punto.   *arrives at seven sharp.*
El concierto es **a las** nueve.   *The concert is at nine.*

Note that **a las...** means *at* only when speaking about specific clock time. In most other instances *at* is translated by **en** (**el concierto es en el teatro**).

F. The phrase **de la mañana / tarde / noche** is used only when a *specific* time in the morning / afternoon / evening is being stated.

El avión llega a **las dos de la mañana.**   *The plane arrives at 2:00 A.M.*
Salgo a **la una y diez de la tarde.**   *I leave at 1:10 in the afternoon.*
Son **las once de la noche.**   *It's 11:00 P.M.*

The phrases **en** or **por la mañana / tarde / noche** are used to express a general time (not specific clock time).

En la mañana tengo que cancelar mi   *In the morning I have to cancel my*
reservación.   *reservation.*
Llegamos **por la tarde.**   *We arrive in the afternoon.*

¡A practicar!

A. **¿Qué hora es?** Write out the following times.

1. 6:00 A.M.
2. 11:15 A.M.
3. 12:00 noon
4. 1:22 P.M.
5. 2:45 P.M.
6. 1:05 P.M.
7. 9:40 P.M.
8. 12:50 A.M.

B. **Mis clases.** Contesta las preguntas.

1. ¿A qué hora sales para la universidad por la mañana?
2. ¿A qué hora comienza tu clase de español? ¿A qué hora termina *(does it end)?*
3. ¿Tienes más clases por la mañana, por la tarde o por la noche? ¿A qué hora es tu primera clase? ¿y tu última *(last)* clase del día?
4. ¿Tomas el almuerzo *(lunch)* al mediodía?
5. ¿A qué hora te acuestas *(go to bed)* normalmente?

2.7 Days of the week, months, and seasons

Giving dates and stating when events take place

A. The days of the week are *not* capitalized in Spanish, and they are all masculine.

Los días de la semana

lunes	*Monday*
martes	*Tuesday*
miércoles	*Wednesday*
jueves	*Thursday*
viernes	*Friday*
sábado	*Saturday*
domingo	*Sunday*

B. The months of the year also are *not* capitalized in Spanish and are also masculine.

Los meses del año

enero	mayo	septiembre
febrero	junio	octubre
marzo	julio	noviembre
abril	agosto	diciembre

C. As in English, the four seasons also are *not* capitalized.

Las estaciones

el otoño	*fall*	la primavera	*spring*
el invierno	*winter*	el verano	*summer*

D. To indicate that something happens on a particular day, Spanish always uses the definite article, never the preposition **en.**

Hay una fiesta **el** lunes.	*There's a party on Monday.*
No hay clases **los** sábados ni **los** domingos.	*There are no classes on Saturdays or Sundays.*

E. The preposition **en** is used to indicate that something happens in a particular month or season.

No hay vuelos **en** enero.	*There are no flights in January.*
En verano hay dos excursiones.	*In the summer there are two excursions.*

F. Dates (**las fechas**) in Spanish are given using the formula **el** + (**número**) + **de** + (**mes**) + **de** + (**año**).

El concierto es **el 7 de julio de 2006.**	*The concert is on July 7th, 2006.*

¡A practicar!

A. Fechas. Escribe en español estas (*these*) fechas.

1. la fecha de Navidad (*Christmas*)
2. la fecha de la independencia de los Estados Unidos
3. la fecha de tu cumpleaños (*birthday*)
4. la fecha del cumpleaños de tu madre y de tu padre
5. las fechas del primer (*first*) día de primavera, verano, otoño, invierno

B. Días, meses y estaciones. Contesta las preguntas.

1. ¿Cuántos meses hay en un año? ¿Cuántos días hay?
2. ¿En qué meses hay nieve (*snow*)?
3. ¿Qué días hay clases de español? ¿Qué días no hay clases?
4. ¿En qué estaciones hay clases? ¿En qué estaciones no hay clases?

2.8 Verbs of motion

Telling where people are going

Any verb that indicates movement, such as *to walk, to leave, to run, to arrive*, is a verb of motion. Some common verbs of motion are:

andar	*to walk*
caminar	*to walk*
correr	*to run*
ir	*to go*
llegar	*to arrive*
regresar	*to return*
salir	*to leave*

In Spanish, these verbs always use the preposition **a** to indicate movement *to* or arrival *at* a place, and **de** to indicate movement *from* a particular place.

El autobús **sale de** Ponce a las nueve y **llega a** Mayagüez a las once y veinte.

The bus leaves Ponce at 9:00 and arrives at Mayagüez at 11:20.

El lunes **regresamos de** El Yunque **a** San Juan.

On Monday we return from El Yunque to San Juan.

¡A practicar!

A. ¿Qué pasa? What is happening at the bus station in San Juan? To find out, form sentences, using the following words.

1. un niño / correr / la cafetería para comer
2. una chica / ir / baño
3. un autobús / llegar / Ponce
4. una persona / regresar / tienda / para comprar un recuerdo
5. una familia / viajar / Mayagüez
6. un señor / ir / cafetería para tomar café

B. Necesito un cambio. Isabel needs your advice. Complete the following paragraph with the appropriate form of each verb so that you may understand her problem.

Mi vida es terrible. Todas las mañanas yo _____ (correr) por veinte minutos. Luego _____ (ir) a la universidad. Allí _____ (estudiar), _____ (trabajar) y _____ (comer). Generalmente yo _____ (regresar) a casa a las 9:00 de la noche. A veces yo _____ (salir) y _____ (caminar) con el perro media hora. Pero mi problema es que nunca _____ (tener) energía. ¿Qué me recomiendan?

Jóvenes universitarios bailan la sardana, baile popular catalán

La tuna le está cantando a la novia

CAPÍTULO 3

La movida está en... ¡España!

Jóvenes bailando en una discoteca en Madrid

¡Las fotos hablan!

A. A que ya sabes... Según las fotos, estos jóvenes universitarios españoles...

☐ están furiosos.　　☐ celebran juntos.
☐ están muy aburridos.　☐ bailan en las calles.
☐ están muy solos.　　☐ celebran con música.
☐ cantan canciones.　　☐ bailan en la discoteca.

B. En España celebramos... Indica si, en tu opinión, es
posible hacer esto en España.

sí　　no　　1. escuchar a la gente hablar castellano,
　　　　　　　catalán, gallego y vasco
sí　　no　　2. tomarnos una deliciosa sangría
sí　　no　　3. subir a la torre Eiffel
sí　　no　　4. bailar flamenco
sí　　no　　5. comer unas tortillas exquisitas

> **In this chapter, you will learn
> how to . . .**
>
> • describe what is happening at a party.
>
> • strike up a conversation.
>
> • maintain a conversation.
>
> • describe someone or something you
> really like.

¡De fiesta... en Madrid!

¿Eres buen observador?

TAREA

Antes de empezar este Paso, estudia la lista de vocabulario, en la página 129, y pratícalo al escuchar el surco 25 de tu Text Audio CD #1. Luego estudia *En preparación.*

3.1 The verb **estar,** páginas 130–131

Haz por escrito los ejercicios de *¡A practicar!*

Escucha la sección *¿Qué se dice...?* del Capítulo 3, Paso 1 en el surco 21 del Text Audio CD y haz la actividad correspondiente en la página 105.

¡ESPAÑA... emocionante en todos los sentidos!

furioso

entusiasmada

ocupado

nervioso

contento

preocupada

enferma

frustrado

triste

Ahora, ¡a analizar!

1. ¿Cuáles de estas emociones crees que son más típicas de los españoles?
2. ¿Cuáles crees que son más típicas de los estadounidenses?
3. En tu opinión, ¿hay emociones que no son típicamente masculinas? ¿Cuáles son?
4. ¿Con cuáles de estas emociones te identificas más? ¿Por qué?

¿Qué se dice... ?

Al describir una fiesta

Hay una fiesta esta noche en casa de Natalia Alarcón.

¿Cómo están Diego (D), Natalia (N), la señora Alarcón (SA), todos (T) o ninguno (Ø) *(none)*?

_____ furioso(a)   _____ entusiasmado(a)
_____ contento(a)   _____ nervioso(a)
_____ preocupado(a)   _____ frustrado(a)
_____ ocupado(a)

Ya están todos los invitados en la fiesta de Natalia. Toda la gente está muy contenta, excepto la señora Alarcón, que está en la sala con sus hijos. Está muy preocupada y muy nerviosa. Tiene mil preguntas para sus hijos. ¿Todavía está la comida en la cocina? ¿Están las tapas ya en el patio? ¿Están todos contentos? ¿Por qué está triste Nicolás? Diego invita a su mamá a bailar para distraerla.

> **A propósito...**
>
> Note that the adverbs **ya** and **todavía** have various meanings: **ya** *already, yet,* **ya no** *no longer, not anymore;* **todavía** *still,* **todavía no** *not yet.*

Ahora, ¡a hablar!

A. **¿Dónde están?** Según el *¿Qué se dice... ?* de este Paso, ¿dónde están estas cosas o personas?

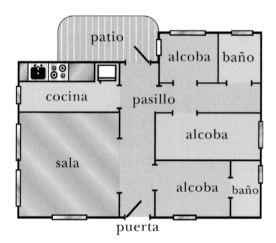

MODELO   los primeros invitados

TÚ: **¿Dónde están los primeros invitados?**

TU COMPAÑERO(A):   **Están en la puerta.**

1. la comida
2. la Sra. Alarcón y sus hijos
3. las tapas
4. los refrescos

EP 3.1

B. **¿Cómo están?** Según el *¿Qué se dice... ?* de este Paso, indica cómo están las personas de la primera columna.

		enferma
la Sra. Alarcón		triste
Natalia y Diego		contentos
Nicolás	**(no) estar**	furioso
los invitados		frustrados
		preocupada
		nervioso

C. **¿Dónde están?** Tu amiga acaba de llegar a la fiesta. ¿Qué pregunta? EP 3.1

MODELO   Alicia / cocina
      TU AMIGA: **¿Dónde está Alicia?**
           TÚ: **Está en la cocina.**

1. Enriqueta / sala
2. la comida / cocina
3. los invitados / patio
4. los refrescos / sala
5. el perro / alcoba
6. Eduardo y Arturo / patio

D. **¿Preocupados?** Dile a tu compañero(a) cómo estás tú y cómo están estas EP 3.1
personas en las situaciones indicadas. Usa estas palabras u otras del vocabulario
de la página 105.

aburrido	contento	enfermo	triste	interesado
cansado	nervioso	preocupado		

MODELOS   Javier está en el examen final de química y no está bien
        preparado. Está...
      Está nervioso y muy preocupado.

        Mónica está en el examen final de química y está bien
        preparada. Está...
      Está tranquila y no está preocupada.

1. La esposa de un amigo está en el hospital, para tener un bebé. Está...

2. María está en una fiesta en Sevilla con todas sus amigas, el sábado por la
   noche. Está...

3. Tus amigos están en la clase de español y hoy es especialmente interesante.
   La profesora es muy inteligente. Están...

4. Tenemos un examen muy difícil esta tarde y no estamos preparados.
   Estamos...

5. Voy al doctor porque no estoy bien. Estoy...

6. Trabajas todo el día sin descansar. Estás...

E. **¿Dónde es?** Este mapa indica el nombre de algunas ciudades de España donde hay grandes festivales. El mapa en el Apéndice A indica el nombre y la fecha de esos festivales. Hazle preguntas a tu compañero(a) sobre dónde son estas fiestas y cuáles son las fechas y contesta las preguntas que tu compañero va a hacer. Escribe el nombre de cada fiesta y cada fecha en el mapa. Al final, compara con el mapa de tu compañero(a) para ver si todas las ciudades y fiestas se corresponden. No se permite comparar mapas hasta terminar esta actividad.

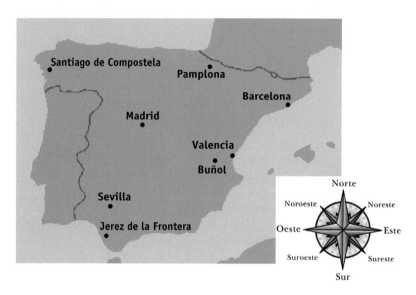

MODELO	TÚ:	¿Hay alguna fiesta en Barcelona?
	TU COMPAÑERO(A):	¿Dónde está Barcelona?
	TÚ:	Está en el noreste de España.
	TU COMPAÑERO(A):	Sí, es la fiesta de Sant Jordi.
	TÚ:	¿Y cuándo es?
	TU COMPAÑERO(A):	Es el 23 de abril.

Tú escribes junto a Barcelona: **Sant Jordi, 23 de abril**

Tu compañero(a) escribe junto a Sant Jordi, 23 de abril: **Barcelona**

Y ahora, ¡a conversar!

F. **Gente interesante.** En la clase hay mucha gente interesante. Conversa con tres personas hasta saber sus nombres, su origen, sus pasatiempos favoritos y los no favoritos y los nombres de sus lugares favoritos para visitar.

G. **¡Mímica!** En grupos pequeños, dramaticen —sin decir una sola palabra— la situación que su profesor(a) les va a dar. Sus compañeros tienen que adivinar *(guess)* la situación.

MODELO	TÚ:	*(Act worried, but don't say anything. Open and close your Spanish book pretending to be studying/memorizing certain vocabulary and grammar, and so on.)*
	TUS COMPAÑEROS:	**Estás muy preocupado(a). Hay un examen en la clase de español mañana.**

H. **¿Quién lo hace?** Pregúntales a tus compañeros de clase si hacen estas actividades en una fiesta. Cada vez que uno diga que sí, pídele que firme (escriba su nombre) en el cuadrado *(square)* apropiado. La idea es tener una firma en cada cuadrado. **¡Ojo!** No se permite que una persona firme más de un cuadrado.

Bailar flamenco	Bailar con mucha gente	Conversar con todo el mundo	Estar interesado(a) en una persona
Firma	*Firma*	*Firma*	*Firma*
Mirar videos	Cantar	Ir a casa pronto	Tomar sólo refrescos
Firma	*Firma*	*Firma*	*Firma*
Ir a fiestas con frecuencia	Estar solo(a)	Estar aburrido(a)	No tomar bebidas alcohólicas
Firma	*Firma*	*Firma*	*Firma*
Preparar tapas	Preparar la sangría	Ser muy tímido(a)	Tocar la guitarra
Firma	*Firma*	*Firma*	*Firma*

¡Luces! ¡Cámara! ¡Acción!

I. **¡Es un gran éxito!** Tú estás en una fiesta fantástica cuando ves a dos personas muy interesantes que deseas conocer. Escribe la conversación con dos compañeros(as). Luego dramaticen la situación delante de la clase.

- saludos
- presentaciones (de ti y los estudiantes)
- el país y la ciudad de origen (de ti y los estudiantes)
- pregunta sobre sus clases y habla de tus clases
- ¿Están preocupados? ¿Contentos? ¿Nerviosos? Tú preguntas por qué y ellos lo explican.

J. **¡Es estupendo!** Estás en una fiesta y ves que un(a) estudiante nuevo(a) que tú quieres conocer está hablando con tu amigo(a). Cuando terminen de hablar, tú vas a pedirle información a tu amigo(a) sobre la nueva persona. Pregunta su nombre, origen, residencia, horario de clases, clase y profesor(a) favoritos, etc. Dramatiza esta situación con un(a) compañero(a).

Repasemos. En el capítulo 2 aprendiste a hablar de los empleos, de los lugares donde vivimos, de la gente que vive con nosotros y de las vacaciones de primavera, verano, otoño e invierno. También aprendiste a hacer preguntas, a trabajar con números (0–199), a hablar de las cosas que te pertenecen a ti y a otros, a decir la hora y a hablar de los días de la semana, del mes y de las estaciones. Repasa lo que sabes, completando el siguiente texto con las palabras necesarias. Puedes inventar la información.

En una entrevista para trabajar en un restaurante

GERENTE: ¿_____ [palabra interrogativa] se llama usted?

TÚ: Me llamo _____ [tu nombre].

GERENTE: ¿De _____ [palabra interrogativa] es y _____ [palabra interrogativa] vive?

TÚ: Soy de _____ [el nombre de tu ciudad de origen] y/pero vivo en _____ [la ciudad donde vives].

GERENTE: ¿Cuál es _____ [adjetivo posesivo] experiencia de trabajo en restaurantes?

TÚ: La verdad es que no _____ [verbo tener] mucha experiencia. Bueno sí, _____ [adjetivo posesivo] amigos y yo _____ [verbo salir] a comer todos los _____ de _____ [sábados y domingos].

GERENTE: Está bien. _____ [adjetivo posesivo] trabajo _____ [verbo ir a] consistir en trabajar en la cocina los _____ y _____ [fines de semana]. El salario es de _____ [75] dólares por día. ¿_____ [verbo tener] usted alguna pregunta?

TÚ: No, está todo claro. Gracias.

¿Comprendes lo que se dice?

CD1-22

Estrategias para escuchar: reconocer y deducir información específica

Knowing what to look for when listening, aids comprehension considerably. In these recorded sections and on the listening comprehension questions of your exams, you can always get a good idea of what to listen for if you read the questions before you listen to the recording. You should also try to anticipate the content of the dialogue by following the clues given to you in the questions and answers. Read the following questions and the answer choices carefully, and try to extract some clues from them. Then, write down three things that you know you need to listen for in order to answer them correctly.

Now listen as your instructor plays the dialogue between two guests at Natalia Alarcón's party.

Siempre llega tarde. Estamos en la fiesta de Natalia. Escucha la conversación que tienen Cristina y Victoria sobre Jorge, el novio de Cristina. Luego contesta las preguntas que siguen.

1. ¿Cómo está Cristina?
   a. Está contenta.
   b. Está preocupada.
   c. Está enferma.

2. ¿Qué hora es?
   a. Son las seis de la mañana.
   b. Son las doce del mediodía.
   c. Son las once de la noche.

3. ¿Está Jorge?
   a. No, no está todavía en la fiesta.
   b. Está en otra fiesta.
   c. Está en su coche.

4. ¿Cómo es el tráfico los sábados por la noche en Madrid?
   a. Hay mucho tráfico.
   b. Hay poco tráfico.
   c. No permiten tráfico en el centro de la ciudad.

5. ¿Qué hacen Victoria y Cristina?
   a. Salen a buscar a Jorge.
   b. Van a bailar y tomar sangría.
   c. Van a llamar a la policía.

El origen del español

Capital: Madrid
Área: 499.542 kms^2 (cuatrocientos noventa y nueve mil quinientos cuarenta y dos kilómetros cuadrados)
Población: 40.077.100 (cuarenta millones setenta y siete mil cien) (julio de 2002)
Unidad monetaria: Euro
Clima: Clima mediterráneo en las costas y continental en el interior

Antes de empezar, dime...

¿Cuánto sabes de la lengua española? Indica si en tu opinión estos comentarios son ciertos o falsos.

cierto   falso   1. En España se hablan varias lenguas.

cierto   falso   2. El español que se habla en las Américas es muy diferente al que se habla en España, y hay muchos problemas para comprenderse.

cierto   falso   3. El castellano es la única lengua oficial de España.

cierto   falso   4. El castellano es más elegante que el español de las Américas.

El español, el castellano y las otras lenguas de España

El español es una lengua con una larga historia. Los romanos, que invaden Iberia, la región que actualmente conocemos por España, más de doscientos años antes de Cristo, imponen el latín en toda la región. Los pueblos ibéricos aceptan el latín, pero no el latín formal, sino el latín popular que hablan los soldados romanos. La invasión y presencia árabe por casi ochocientos años (711–1492) fragmenta la evolución del latín, y en España se desarrollan tres lenguas que hoy día son oficiales: el castellano, el gallego y el catalán, todas derivadas del latín. El vasco, la cuarta lengua oficial de España, es probablemente más antigua que el latín.

Estas lenguas tienen sus dialectos, y un dialecto del castellano es el español de Andalucía y Extremadura, en el sur y suroeste de España. Con los conquistadores y colonizadores españoles, el español de Andalucía y Extremadura se convierte en la lengua de las Américas.

No existe, pues, un modelo o estándar de español, puesto que el español es la lengua que se habla en todo el mundo hispanohablante. En España se llama castellano al español para diferenciarlo de las otras lenguas de España: el vasco, el catalán y el gallego. En América Latina, castellano y español son sinónimos, y el uso de uno u otro nombre depende de preferencias personales.

Aparte de algunas diferencias en el vocabulario y la pronunciación, todos los pueblos que hablan español, a un lado u otro del Atlántico, se comprenden sin dificultad.

Y ahora dime...

El español. Hagan estas actividades en parejas. Luego compartan sus dibujos y explicación con la clase.

1. Con un(a) compañero(a), dibuja un árbol *(tree)* lingüístico para mostrar el origen de todas las lenguas oficiales de España.
2. Explica el uso de las palabras **español y castellano** en España y en América Latina.

Viajemos por el ciberespacio a... ESPAÑA

If you are a cyberspace surfer, try entering one of the following key words to get to many fascinating sites in **España**:

Regiones de España

Lenguas de España

La lengua española

Or, better yet, simply go to the *¡Dímelo tú!* website using the following address: http://dimelotu.heinle.com

There, with a simple click, you can

- learn about the various regions of Spain.
- find out additional details about the languages spoken in Spain.
- learn about the evolution of the Spanish language and its variations throughout the Spanish-speaking world.

¡Guitarra, sangría, tapas y…!

¿Eres buen observador?

TAREA

Antes de empezar este Paso, estudia la lista de vocabulario, en la página 129 y practícalo al escuchar el surco 26 de tu Text Audio CD #1. Luego estudia *En preparación.*

3.2 Present progressive tense, páginas 131–132

3.3 Superlatives, páginas 132–134

Haz por escrito los ejercicios de *¡A practicar!*

Escucha la sección *¿Qué se dice…?* del Capítulo 3, Paso 2 en el surco 23 del Text Audio CD y haz la actividad correspondiente en la página 115.

Ahora, ¡a analizar!

¿Qué están haciendo estas personas?

- ☐ Están bailando.
- ☐ Están estudiando.
- ☐ Están comiendo.
- ☐ Están mirando la tele.
- ☐ Están tocando la guitarra.
- ☐ Están conversando.
- ☐ Están tomando sangría.
- ☐ Están cantando.
- ☐ Están tocando discos.

¿Qué se dice…?

CD1-23

Al describir lo que está pasando

¿Cómo está Alicia? (fenomenal / muy bien / terrible / malísima)
¿Cuál de estas cosas sí están haciendo Patricia y Alicia?

- ☐ bailando con Natalia
- ☐ bailando en el patio
- ☐ preparando una tortilla
- ☐ tocando la guitarra
- ☐ hablando por teléfono
- ☐ cantando flamenco

ALICIA: ¡Y ... ¿qué están haciendo?
PATRICIA: Todos están bailando en el patio.
ALICIA: Y tú, ¿qué estás haciendo?
PATRICIA: Estoy preparando una tortilla buenísima. Ahora están tocando mi disco favorito de Alejandro Sanz. Y en el patio José Luis está tocando la guitarra y cantando flamenco. ¡Canta tan bien!

ALICIA: Y Nicolás, ¿qué está haciendo Nicolás?
PATRICIA: Nicolás está bailando con Natalia. Está hermosísima esta noche. Y él está guapísimo también.
ALICIA: ¡Ay, y yo tan enferma! ¿Por qué hoy ... cuando hay fiesta?

A propósito...

Note that **tan** + (*adjective or adverb*) is usually translated as *so* + (*adjective or adverb*), for example: **canta tan bien** means *He sings so well.* What do **baila tan bien** and **habla tan rápido** mean?

¿Sabías que...?

Las **tapas,** los platitos de todo tipo de comida española, representan un estilo de vida en España. Hay de todo: chorizo, jamón serrano, queso manchego, patatas, gambas (camarones)... Son una tradición en los bares españoles, donde se comen con una copita de vino o una cerveza antes del almuerzo (entre la una y las dos de la tarde) y antes de la cena (entre las siete y las nueve de la noche). La **tortilla española** es la tapa favorita de todos. No es como la tortilla mexicana, sino como un *omelette* con patatas. Y como ocurre con todas las tapas, ¡hay una gran variedad de tortillas españolas!

🔍 **En tu opinión:** ¿Crees que en los bares españoles es necesario pagar por las tapas o son gratis? ¿Por qué crees eso? ¿Existe un equivalente a las tapas en los EE.UU.? ¿Qué comen en los bares norteamericanos? ¿Es gratis esa comida?

A. **¿Qué están haciendo?** Según el *¿Qué se dice... ?* de este Paso, ¿qué están haciendo estas personas?

MODELO **Alicia está hablando por teléfono con Patricia.**

1. Patricia
2. Alicia
3. José Luis
4. Dolores y Lupita
5. Nicolás y Natalia
6. Alicia y Patricia

EP 3.2

B. **Todos están trabajando.** Teresa y sus amigos están haciendo los últimos preparativos para una fiesta de cumpleaños. ¿Qué están haciendo?

MODELO **Paula está decorando las tapas.**

Paula		preparar / tortilla
yo		hacer / sangría
Tomás	estar	decorar / tapas
Alicia		comprar / refrescos
Francisco y María		mirar / televisión
Rafael		hablar / Paula

EP 3.3

C. **¿Cómo están?** Según el *¿Qué se dice... ?* de este Paso, ¿cómo están estas personas?

MODELO **Paula está cansadísima.**

Patricia	ocupadísima
Alicia	guapísimo
José Luis	contentísimas
Dolores y Lupita	malísima
Nicolás	hermosísima

EP 3.3

D. **¡Está divertidísima!** Todo el mundo está contentísimo en la fiesta de Natalia. ¿Por qué?

MODELO música / buena
       La música está buenísima.

1. Nicolás / guapo
2. Teresa / hermosa
3. pastel / rico
4. comida / buena
5. invitados / contentos
6. refrescos / buenos

EP 3.3

E. **¡Qué orgullosos!** Manuel y Jazmín están muy orgullosos *(proud)* de sus hijos Susana y Ricardo. ¿Cómo los describen?

MODELO Ricardo / alto / clase
       Ricardo es el estudiante más alto de la clase.

1. Susana y Ricardo / inteligente / la universidad
2. Susana / interesante / la familia
3. Ricardo / popular / las fiestas
4. Ricardo y Susana / responsable / la clase
5. Susana / guapa / la ciudad

F. **¡Qué modesto!** En tu opinión, ¿cuál es tu cualidad más significativa? Habla con varios compañeros de clase y diles cómo eres y escucha cómo son ellos.

> MODELO   YOU CHOOSE: inteligente
> YOU SAY: **Soy el (la) estudiante más inteligente de la clase** o
> **Soy inteligentísimo(a).**

G. **Excusas.** ¿Qué excusas inventas para no aceptar cuando alguien te invita a hacer algo que tú no quieres o no puedes *(don't want or can't)* hacer? Prepara una lista de todas las situaciones y las excusas que se pueden usar.

> MODELO   **Mi amigo llama para hablar por teléfono, y estoy cansado(a).**
> TU EXCUSA: **Lo siento, pero estoy comiendo.**

H. **¿Qué están haciendo?** ¿Cuántas diferencias hay entre este dibujo y el de tu compañero(a) en el Apéndice A? Háganse preguntas para determinar cuáles son las diferencias. Recuerda que no se permite mirar el dibujo de tu compañero(a) hasta terminar esta actividad.

> MODELO   ¿Cuántas personas están bailando?

I. **¡Qué fiesta!** Estás en una fiesta buenísima y decides llamar a un(a) amigo(a) que está enfermo(a). Con un(a) compañero(a), escribe la conversación que tienen. Luego lean su conversación delante de la clase.

- Saludas a tu amigo(a) y le preguntas cómo está.
- Tu amigo(a) responde y te pregunta por la fiesta y por su amigo(a) especial.
- Das muchos detalles y finalmente te despides. Explicas por qué tienes que irte.
- Se despiden.

J. **¡Estoy furioso(a)!** Tú estás en una fiesta. Estás muy frustrado(a) porque la persona que te gusta y que quieres conocer está hablando con todo el mundo y no te presta atención. Tu amigo(a) quiere saber *(to know)* por qué estás tan frustrado(a). Dramatiza la situación con un(a) compañero(a).

¿Comprendes lo que se dice?

Estrategias para ver y escuchar: reconocer información específica

In **Paso 1,** you learned that knowing what to listen for or listening for specific information aids listening comprehension considerably. This holds true when listening to and viewing a video. As in the recorded sections and on the tests, you can always get a good idea of what you can expect to see and hear on the video if you read the questions at the end of the viewing section before you view the video.

Para reconocer información específica. Lee las preguntas que siguen y tenlas *(have them)* presentes al ver la selección sobre Enrique Iglesias.

1. ¿Dónde nació Enrique Iglesias? ¿Cuándo es su cumpleaños? ¿Dónde vive ahora? ¿De dónde es su pasaporte?
2. ¿Escribió sus primeras canciones en español o en inglés?
3. ¿Qué opina Enrique Iglesias del bilingüismo?
4. ¿Qué opina Enrique Iglesias del español?

Enrique Iglesias

Al ver el video: ¿Comprendes lo que se dice?

Mientras (While) ves el video por primera vez, presta atención y marca la información que se menciona en el video. Compara tus respuestas con las de otro(a) compañero(a).

☐ Enrique Iglesias nace en España.
☐ Enrique Iglesias vive en Francia.
☐ La madre de Enrique Iglesias es filipina.
☐ Su padre es español.
☐ Desde joven, Enrique Iglesias escribe mucho en inglés.
☐ Ser bilingüe no es importante para Enrique Iglesias.
☐ El español es el idioma universal.

Contesta ahora estas preguntas. Compara tus respuestas con las de tu compañero(a).

1. ¿Dónde nació Enrique Iglesias? ¿Cuándo es su cumpleaños? ¿Dónde vive ahora? ¿De dónde es su pasaporte?
2. ¿Escribió sus primeras canciones en español o en inglés?
3. ¿Qué opina Enrique Iglesias del bilingüismo?
4. ¿Qué opina Enrique Iglesias del español?

Andalucía, ¡región fascinante!

Repite ahora la estrategia al ver la parte 2 del video dedicado a Andalucía.

Para reconocer información específica. Lee las preguntas que siguen y tenlas *(have them)* presentes al ver la selección sobre Andalucía.

Marca las expresiones que mejor completan cada oración.

1. La región de Andalucía fue habitada por los griegos, los romanos y los...
   - ☐ franceses
   - ☐ africanos
   - ☐ árabes

2. El espíritu de Andalucía viene de...
   - ☐ las Américas
   - ☐ los árabes
   - ☐ los romanos

3. La mezquita *(mosque)* más grande del occidente está en...
   - ☐ Córdoba
   - ☐ Granada
   - ☐ Sevilla

4. La Costa del Sol se conoce por sus excelentes...
   - ☐ caballos
   - ☐ mezquitas
   - ☐ playas

5. Andalucía es una de las regiones más atractivas de España gracias a su sol, historia y...
   - ☐ templos
   - ☐ folclore
   - ☐ playas

España

Antes de empezar, dime...

En grupos de cuatro o cinco, expresen sus impresiones de la España de hoy con respecto a:

1. ¿Cómo es la gente?
2. ¿A qué hora comen y a qué hora cenan?
3. ¿Qué hacen por la noche?
4. ¿Qué deportes son los más populares?
5. ¿Cómo visten, formal o informalmente?

El acueducto de Segovia (Siglo I de nuestra era): Otro ejemplo de la influencia romana en España.

Jóvenes, después de *la movida,* camino de su casa en Madrid.

España, siglo XXI

Con cuarenta millones de habitantes (40.000.000), España es un país de personas trabajadoras donde la gente vive, por lo general, en la calle: en el bar, la terraza, la plaza, el patio, el café, el mercado...

Hay mucho contraste entre la vida en España y la de los Estados Unidos.

- El desayuno español es muy ligero (café y una tostada) y la gente almuerza generalmente entre la 1 y las 3 de la tarde, y cena entre las 9 y las 11 de la noche. Mucha gente regresa a casa para comer al mediodía y las oficinas y tiendas cierran normalmente de 2 a 4 de la tarde para descansar.
- «La movida», es decir la vida nocturna, especialmente en verano, empieza después de medianoche y es común ver a los niños en las calles con sus padres o abuelos hasta las dos o las tres de la mañana.
- Los deportes más populares de España son el fútbol *(soccer)* y el baloncesto. Hoy día existe una generación de tenistas muy importantes y hay muchos españoles que se destacan en atletismo, ciclismo, motociclismo, fórmula 1, deportes del mar, etc. El béisbol y el fútbol americano se practican muy poco.
- La corrida de toros es la llamada «fiesta nacional», una tradición muy antigua con la que no todos los españoles están de acuerdo.
- Los españoles visten elegantemente, en especial para salir por las noches, para las fiestas o para las celebraciones.
- La relación entre las generaciones (niños, adultos, ancianos) es, en general, muy buena, y es común ver a familias enteras que pasean o disfrutan en un restaurante o en la plaza.
- En España el desempleo (el paro, como se dice en España) afecta mucho a los jóvenes, por lo que prefieren no casarse y viven en casa de sus padres muchos años.

La España del siglo XXI es muy diferente a la España de hace cuarenta o cincuenta años. Es un país plenamente integrado en la Comunidad Europea, moderno, con mucho turismo, trenes de alta velocidad y grandes autopistas. Pero hay cosas que no cambian: España sigue siendo un país hospitalario, simpático y muy festivo.

Viajemos por el ciberespacio a... ESPAÑA

If you are a cyberspace surfer, try entering one of the following key words to get to many fascinating sites in **España:**

costumbres de España

vida nocturna en España

la movida en España

Or, better yet, simply go to the *¡Dímelo tú!* website using the following address: http://dimelotu.heinle.com

There, with a simple click, you can

- expand on your awareness of the many aspects of the Spanish culture.
- identify what Spanish people of your age do to celebrate and enjoy life.
- learn some of the trends of the Spanish teenagers, both positive and negative.

Y ahora, dime...

Contrastes. Usa este diagrama de Venn para hacer los siguientes contrastes y comparaciones del estilo de vida que son comunes en España y los Estados Unidos y lo que es exclusivo a cada uno de ellos.

1. gente
2. horas de comer
3. vida nocturna
4. deportes
5. vestir

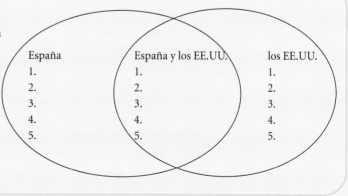

España	España y los EE.UU.	los EE.UU.
1.	1.	1.
2.	2.	2.
3.	3.	3.
4.	4.	4.
5.	5.	5.

¡Escríbelo!

Vocabulary:
School: university; studies; leisure

Grammar: Verbs: **ser** & **estar**; **gustar**

Phrases: Describing people; describing places; writing a letter (informal)

Estrategias para escribir: agrupar ideas

A. In **Capítulo 2** you learned the importance of brainstorming to gather ideas for writing on a specific topic. Taking those ideas one step forward, it is helpful to organize your ideas into various groups called clusters. Brainstorming clusters are listings of closely related ideas.

Since in this exercise you will be asked to write about your life at the university, you will probably want to organize your cluster similarly to the one that follows.

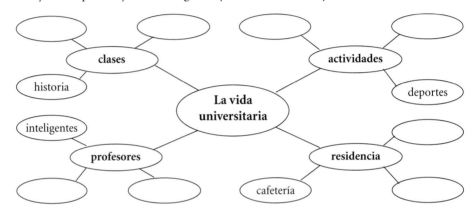

Take a moment to think about how you would fill in the blank bubbles and add other bubbles to the cluster so that you have all the elements that you consider necessary to write about your life at the university.

Ahora, ¡a escribir!

A. **Preparar una lista de ideas.** Prepara una lista de ideas para escribir una carta a tus amigos sobre tu vida universitaria o de trabajo este semestre. Incluye ideas para escribir sobre tus clases, tu trabajo y actividades, entre otras cosas.

Agrupar ideas. Organiza tu lista de ideas en grupos de ideas similares, por ejemplo, todas las ideas relacionadas con clases en un grupo, las relacionadas con trabajos en otro grupo, etc.

B. **El primer borrador.** Usa tu *cluster* para escribir el primer borrador *(first draft)* de tu carta. Escribe toda la información que tienes de un grupo en un párrafo. Tu carta probablemente va a ser de tres o cuatro párrafos.

C. **Ahora, a compartir.** Comparte tu primer borrador con dos o tres compañeros(as). Haz comentarios sobre el contenido y el estilo de la carta de tus compañeros y escucha los comentarios de ellos(as) sobre tu carta. Indiquen los errores de ortografía o gramática que detecten.

D. **Ahora, a revisar.** Si necesitas hacer cambios basados en los comentarios de tus compañeros(as), hazlos ahora.

E. **La versión final.** Prepara una versión final de tu carta en la computadora y entrégala.

F. **Publicación.** En grupos de cinco, lean las cartas que su profesor(a) les da y seleccionen la mejor para leérsela a toda la clase.

En una fiesta española

¿Eres buen observador?

TAREA

Antes de empezar este Paso, estudia la lista de vocabulario, en la página 129 y practícalo al escuchar el surco 27 de tu Text Audio CD #1. Luego estudia *En preparación.*

3.4 **Ser** and **estar** with adjectives, páginas 135–136

3.5 The verb **gustar,** páginas 136–137

Haz por escrito los ejercicios de *¡A practicar!*

Escucha la sección *¿Qué se dice...?* del Capítulo 3, Paso 3 en el surco 24 del Text Audio CD y haz la actividad correspondiente en la página 124.

Ahora, ¡a analizar!

A. **Fiestas españolas.** Indica qué les gusta hacer a los españoles en las fiestas: **Les gusta...**

☐ bailar

☐ mirar la tele

☐ tomar refrescos o cerveza

☐ correr

☐ estudiar

☐ comer tapas

☐ beber vino

☐ escuchar música

☐ conversar

B. **¿...y en los EE.UU.?** ¿Qué les gusta hacer a ustedes en sus fiestas?
Nos gusta...

¿Qué se dice...?

Al iniciar una conversación

¿Qué le gusta a Luisa y qué no le gusta a Andrés? Indica con una **L** lo que le gusta a Luisa, y con una **A** lo que no le gusta a Andrés.

la fiesta   la cerveza   el vino
la música   la sangría   la comida
bailar el pasodoble

JUAN: ¿Estudias aquí? ¿Cuál es tu especialización?

MARIO: Estudio ingeniería mecánica. Me gusta mucho. Y tú, ¿estudias aquí también?

JUAN: Sí. Estudio inglés. ¿Qué clases tienes este semestre?

ELISA: ¡Hola! ¿Qué tal? Me llamo Elisa.

PABLO: Mucho gusto, me llamo Pablo.

ELISA: Encantada. ¿Qué tal la fiesta?

PABLO: Me gusta mucho.

ELISA: ¿Te gusta bailar?

PABLO: Por supuesto.

ELISA: ¿Bailamos?

PABLO: ¡Vale!

FRANCISCO: ¿Qué más hay para tomar?

GABRIEL: Sangría. Pero también hay refrescos en la cocina. ¿Qué prefieres?

FRANCISCO: No me gusta la sangría. Prefiero otra cosa. Pero... ¿por qué no invitas a Carmen a bailar? Está muy bonita esta noche.

GABRIEL: Ya sabes que yo soy un poco tímido.

A propósito...

There are many expressions in Spanish to indicate total approval and agreement: **¡Por supuesto! ¡De acuerdo! ¡Claro! ¡Claro que sí! ¡Muy bien! ¡Vale!** (**¡Vale!** is used mainly in Spain, and works exactly like *okay* in English).

¿Sabías que...?

El baile y el canto son importantes manifestaciones artísticas de la cultura española. El flamenco es, hoy día, uno de los tipos de música más característicos y fácilmente identificables de España. La palabra flamenco proviene de las palabras árabes *felag* (campesino) y *mengu* (fugitivo) y se identifica con el cante de los gitanos *(gypsies)* de Andalucía, en el sur de España. Hay diferentes variedades (palos) de flamenco. Los palos más populares son las soleares, tonás, siguiriyas, tangos y fandangos. Los temas son diversos: religión, amor, humor, etc. El cante y baile flamencos pueden ir acompañados de guitarristas; entre los más populares se destacan Paco de Lucía, Ramón Montoya y Manolo Sanlúcar.

🔍 **En tu opinión:** ¿Cómo es posible tener temas tan variados como la religión, el amor y el humor en el flamenco? ¿Hay algunas manifestaciones artísticas importantes que han existido desde el siglo XIX en los EE.UU.? Explica tu respuesta.

Ahora, ¡a hablar!

A. **¿Cómo son las cosas?** Según el *¿Qué se dice... ?* de este Paso, ¿cómo son o están estas cosas?

La sangría		tímido
La fiesta		deliciosa
Andrés	es / está	muy bonita
Luisa		hermosa
La música		fabulosa

B. **¡No te reconozco!** Con frecuencia, cuando asistimos a una fiesta, nuestra personalidad cambia. ¿Cómo son estas personas generalmente y cómo cambian cuando están en una fiesta?   EP 3.4 ⬤⬤

MODELO   Andrés: perezoso / activo
Andrés generalmente es perezoso, pero hoy está muy activo.

1. Carmen: activa / tranquila
2. Javier: tranquilo / nervioso
3. Alejandro: simpático / serio
4. Teresa y Olga: alegres / tristes
5. tú y Juan: arrogantes / simpáticos
6. yo: ¿...?

C. **¿Les gusta?** Según el *¿Qué se dice... ?* de este Paso, ¿qué les gusta o no les gusta a estas personas?   EP 3.5 ⬤⬤

MODELO   Luisa / las fiestas
A Luisa le gustan mucho las fiestas.   o
A Luisa no le gustan mucho las fiestas.

1. Francisco / los refrescos
2. Elisa / la fiesta
3. Pablo / bailar
4. Mario / ingeniería mecánica
5. Luisa / los pasodobles
6. Andrés / música

D. **¿Qué tenemos en común?** Estás en una fiesta, hablando con una persona muy interesante. ¿Qué le preguntas?   EP 3.5 ⬤⬤

MODELO   bailar flamenco
TÚ: **Me gusta bailar flamenco. ¿Y a ti?**
AMIGO(A):   **También me gusta bailar flamenco.**   o
No me gusta bailar flamenco.

1. mirar la televisión
2. la química
3. la política
4. la música española
5. ir a fiestas

E. ¡Qué popular! Tu amigo Juan Salazar es muy popular porque siempre organiza fiestas muy buenas. ¿Por qué les gustan a estas personas las fiestas de Juan?

MODELO   a Carmen / la música
A Carmen le gusta la música en las fiestas de Juan.

1. a mí / las tapas
2. a mi mejor amigo / la música latina
3. a mis amigos / la sangría

4. a mis amigas / la tortilla española
5. a todos nosotros / bailar
6. a Carlos / los refrescos

Y ahora, ¡a conversar!

F. ¡Qué cambiados están! Éstos son Daniel y Gloria antes de estudiar un año en la Universidad de Salamanca. En el Apéndice A, tu compañero(a) tiene un dibujo de Daniel y Gloria después de regresar de España. Describan a las personas que aparecen en sus dibujos para saber cómo son los cambios. No se permite mirar el dibujo de tu compañero(a) hasta terminar esta actividad.

G. ¡Encuesta! Usa este cuadro para entrevistar a tres compañeros(as) de clase. Escribe sus respuestas en los cuadrados apropiados.

MODELO   TÚ: **¿Tocas el piano?**
AMIGO 1:   **No, no toco el piano.**
YOU WRITE: **[Nombre] no toca el piano.**

	Amigo(a) 1	Amigo(a) 2	Amigo(a) 3
No le gusta bailar.			
Le encantan las tapas.			
Conoce a una persona famosa.			
Baila muy bien.			
Le gusta cocinar.			
Le gusta la música latina.			
Habla cuatro idiomas.			

¡Luces! ¡Cámara! ¡Acción!

H. ¡Está guapísima! Imagínense que están en una fiesta en casa de su profesor(a) de español y que están hablando de los invitados. Trabajando en grupos de tres o cuatro, preparen su diálogo por escrito. Luego léanlo delante de la clase.

MODELOS   —**Nuestro(a) profesor(a) está muy elegante esta noche.**
—**Sí, pero, ¿quién es la persona que está bailando con...?**
—**Creo que es su novio(a). Es guapísimo(a), ¿no?...**

I. No conozco a nadie. Estás en una fiesta y no conoces a nadie. Decides presentarte a un grupo de tres personas que parecen ser interesantes. Ellos te aceptan cortésmente y mantienen una buena conversación contigo. Dramatiza esta situación con tres compañeros de clase.

El rincón de los lectores

Estrategias para leer: usar imágenes visuales para interpretar el contenido

In the previous chapter you learned to use visual images to anticipate the content of a reading selection. Because visual images are often provided to illustrate what is being said, they frequently help you understand words that you may not know. In all of the following tongue-twisters there are several words that you do not know. Use the drawings that accompany each one to help you get at the meaning of new words.

Antes de leer

¡Los dibujos también hablan! Estudia el dibujo que empieza **Erre con erre, en la página 128, cigarro,...** y lee el trabalenguas que lo acompaña. Luego contesta estas preguntas.

1. ¿Qué significa la palabra **cigarro**? ¿Cómo llegaste *(did you arrive)* a esa conclusión?
2. ¿Qué significa la palabra **barril**? ¿Cómo llegaste a esa conclusión?
3. ¿Qué significa la palabra **azúcar**? ¿Cómo llegaste a esa conclusión?
4. ¿Qué significa la palabra **ferrocarril**? ¿Cómo llegaste a esa conclusión?

Ahora usa esta estrategia con los otros dibujos y trabalenguas.

La tradición oral: los trabalenguas

La tradición oral, la práctica de pasar información —ya sea en forma de cuentos, poemas, leyendas, proverbios, dichos— de boca en boca, es una parte muy importante de la cultura española. El origen de esta información usualmente es desconocido, anónimo. Con frecuencia es información que intenta explicar un fenómeno natural, dar consejos o enseñar una lección.

Los trabalenguas son una forma muy española de la tradición oral. Estos versos o poemas infantiles son un pasatiempo favorito para jóvenes de todo el mundo hispanohablante. Los trabalenguas son poemas breves, que en general no tienen mucho sentido, pero siempre son difíciles de pronunciar. Esa dificultad es la atracción de estos versos. La idea es aprender a decirlos con facilidad a pesar de las dificultades de la pronunciación fonética. Son ideales para estudiantes de español, ya que proveen buena práctica de la pronunciación.

A ver si comprendiste

Trabalenguas. A continuación aparecen seis trabalenguas populares. Trata de aprender dos de memoria. Practícalos en voz alta hasta que puedas decirlos rápidamente sin cometer un solo error. Luego la clase puede tener un concurso para ver quiénes pueden decirlos con más rapidez y fluidez.... y ¡sin errores!

Erre con erre, cigarro;
erre con erre, barril:
¡rápido corren los carros
llevando el azúcar
en el ferrocarril!

Hijos e hijas tiene mi hijo,
mi hija hijas e hijos tiene;
pero los hijos e hijas de mi hija
no son hijas e hijos de mi hijo.

Chiqui chiqui chi,
chiqui chiqui chu,
chiqui chiquitita,
chiquitita eres tú.

Juan juega jugando,
Juanito jugando juega,
con juegos juega Juan,
juega con juegos Juanito;
juntos juegan con juegos,
Juan y Juanito jugando.

Tres tristes tigres
entraron en un trigal;
los tres tigres tristes
salieron tan tristes del trigal
como tristes entraron los tres tigres.

Constantino fue a Constantinopla.
¿Quién lo desconstantinoplará?
El desconstantinoplador
que lo desconstantinople
buen desconstantinoplador será.

Vocabulario

PASO 1

La casa

alcoba	bedroom
patio	patio
puerta	door

Estados de ánimo

cansado(a)	tired
contento(a)	happy
emocionante	touching, moving
enfermo(a)	sick
entusiasmado(a)	enthused
frustrado(a)	frustrated
furioso(a)	furious
interesado(a)	interested
nervioso(a)	nervous
ocupado(a)	busy
preocupado(a)	preoccupied, worried
triste	sad

Puntos cardinales

este	east
noreste	northeast
noroeste	northwest
norte	north
oeste	west
sur	south
sureste	southeast
suroeste	southwest

Fiestas

celebrar	to celebrate
fiesta	party
invitado(a)	guest
sangría	a fruity Spanish wine drink
tapas	hors d'oeuvres, appetizers

Actividades

tocar	to play (an instrument)

Palabras útiles

bastante	enough
calma	relax
chico(a)	boy / girl
hijo(a)	son / daughter
juntos(as)	together
novio(a)	boyfriend / girlfriend
pregunta	question
primero(a)	first
todavía	still
todo el mundo	everyone, everybody
ya	already

PASO 2

Fiestas

cantar	to sing
disco	record
flamenco	Spanish dance
guitarra	guitar
tortilla	Spanish potato omelette

Actividades

conversar	to converse, to chat
decorar	to decorate
estar	to be
inventar excusas	to make excuses

Descripción

fenomenal	phenomenal, great
guapo(a)	good-looking
malo(a)	sick
responsable	responsible
rico(a)	rich, delicious
terrible	terrible

Palabras y expresiones útiles

con	with
Lo siento.	I'm sorry.
mensaje	message
¿Qué estás haciendo?	What are you doing?
tan	so

PASO 3

CD1-25–1-27

Descripción de personas

aburrido(a)	bored, boring
alegre	happy
alto(a)	tall
arrogante (m./f.)	arrogant
bajo(a)	short
bonito(a)	pretty
delgado(a)	thin
fabuloso(a)	fabulous
hermoso(a)	beautiful
modesto(a)	modest
moreno(a)	dark-complexioned
rubio(a)	blond
tranquilo(a)	tranquil, peaceful

Fiestas

cerveza	beer
música	music
pasodoble (m.)	Spanish dance
sabroso(a)	tasty
vino	wine

Universidad

especialización	major
ingeniería mecánica	mechanical engineering
semestre	semester

Verbos

encantar	to really like
gustar	to like
invitar	to invite
opinar	to express an opinion

Palabras y expresiones útiles

¿Bailas?	Shall we dance?
¡Me encanta!	I love it!
ni… ni	neither . . . nor
otra cosa	something else
política	politics
¡Por supuesto!	Of course!
trabalenguas	riddle, tongue-twister
¡Vale!	OK!

En preparación 3

3.1 The verb *estar*
Giving location and indicating change

estar *(to be)*	
Singular	
yo estoy	nosotros(as) estamos
tú estás	vosotros(as) estáis
usted está	ustedes están
él, ella está	ellos, ellas están

The verb **estar** is used to tell where someone or something is located and to describe how one is feeling or one's condition. It is also used with the present participle to form the present progressive tense. (See **En preparación 3.2.**)

A. Location

La sangría **está** en el comedor.	*The sangria is in the dining room.*
¿Dónde **están** las tapas?	*Where are the tapas?*
Están en la cocina.	*They are in the kitchen.*
¿No **está** tu papá?	*Isn't your father here?*
No. **Está** en Barcelona.	*No. He's in Barcelona.*

B. Conditions and feelings

La fiesta **está** muy aburrida.	*The party is very boring.*
Roberto **está** enfermo otra vez.	*Roberto is sick again.*
Está borracho.	*He's drunk.*
Natalia **está** muy preocupada (triste, nerviosa, contenta).	*Natalia is very worried (sad, nervous, happy).*

¡A practicar!

A. ¿Dónde están? Give the location of the following people and things.

MODELO   discos / sala
            Los discos están en la sala.

1. refrescos / cocina
2. Natalia / su casa
3. nosotros / fiesta
4. Patricia / patio

5. comida / cocina
6. Natalia y los invitados / sala
7. tú / sala
8. yo / mi alcoba

B. **¿Cómo está...?** Describe Natalia's party.

Modelo **La música está fantástica.**

		fenomenal
la señora Alarcón		muy contento y activo
Natalia y yo		excelente
Nicolás	**estar**	fantástico
las tapas y los refrescos		muy nervioso
la música		muy tranquilo
		aburrido

C. **¡Fiesta!** In order to find out what is happening at Roberto's house tonight, complete the following paragraph with the correct form of the verb **estar.**

Hay una fiesta en mi casa esta noche porque mis padres _____ en Segovia. Yo _____ muy contento porque todos mis amigos _____ aquí. También _____ muy ocupado con los invitados. Mi amigo Gonzalo _____ muy nervioso porque su ex novia _____ en la fiesta también. Mi amiga Amalia _____ furiosa porque Juan Carlos, su novio, no baila con ella. Los otros invitados _____ contentos porque hay mucha comida y la música _____ buena.

Paso 2

3.2 Present progressive tense

Describing what is happening now

A. In English, the present progressive is formed with the verb *to be* and an *-ing* verb form: *I am eating; he is driving.* In Spanish, the present progressive is formed with **estar** and a present participle.

¿Qué **están haciendo**?	*What are they doing?*
Todos **están bailando.**	*Everyone is dancing.*
Estamos comiendo paella.	*We're eating paella (a chicken, rice, and seafood dish).*

B. In English, the present participle is the verb + *-ing: talking, walking, buying.* In Spanish, the present participle is formed by dropping the infinitive ending and adding **-ando** to **-ar** verbs, and **-iendo** to **-er** and **-ir** verbs.

Present participles					
-ar verbs: -ando			**-er, -ir verbs: -iendo**		
trabajar:	trabaj**ando**	*working*	poner:	pon**iendo**	*putting*
bailar:	bail**ando**	*dancing*	escribir:	escrib**iendo**	*writing*

Note: Present participles of stem-changing verbs are presented in Appendix D.

C. Some present participles are irregular. For example, the **-iendo** ending becomes **-yendo** whenever the stem of the infinitive ends in a vowel.

| leer: | le**yendo** | *reading* |
| traer: | tra**yendo** | *bringing* |

D. In Spanish, the present progressive tense is used *only* to describe or emphasize an action that is taking place *right at the moment.*

Estoy escribiendo una carta.   *I'm writing a letter.*
Pablo y Ana **están leyendo** el periódico.   *Pablo and Ana are reading the newspaper.*

BUT: Llegan mañana a las diez.   *They are arriving tomorrow at ten.*

¡A practicar!

A. ¿Qué están haciendo? What is everyone doing just before the guests arrive?

MODELO   Yo (preparar) las tapas.
             Yo estoy preparando las tapas.

1. Francisco (organizar) la música.
2. Ricardo y yo (abrir) los refrescos.
3. Tú y Teresa (descansar) un poco.
4. Elisa y su novio (hablar) por teléfono.
5. Ahora yo (esperar) a mis amigos.
6. Natalia (hablar) con su mamá.

B. ¿Y ahora? Everybody is having fun at Natalia's party. Form sentences using the following words to find out what they are doing now.

1. Gonzalo y Ramón / beber / refrescos
2. nosotros / comer / tapas
3. yo / poner / música / favorita
4. Nicolás / hablar / Natalia
5. Andrea / escribir / mi número de teléfono
6. Tomás / comprar / más refrescos

3.3 Superlatives

Stating exceptional qualities

A. In English, the superlative is formed by adding *-est* to adjectives of one or two syllables or by using *the most* or *the least* with longer adjectives. To form the superlative in Spanish, place the definite article **el, la, los,** or **las** plus **más** or **menos** before the adjective.

Superlatives		
	Singular	**Plural**
Masculine:	el más + *(adjective)*	los más + *(adjective)*
Feminine:	la más + *(adjective)*	las más + *(adjective)*

Sin duda, *Don Quijote* es **el más** interesante.	*Without a doubt* Don Quijote *is the most interesting.*
Esta casa es **la más** grande.	*This house is the biggest.*
Teresa e Isabel son **las más** populares.	*Teresa and Isabel are the most popular.*
Pascual y Felipe son **los menos** activos.	*Pascual and Felipe are the least active.*

1. Whenever the person, place, or thing being emphasized is stated, it always precedes **más** and **menos.**

Es la clase más difícil.	*It is the most difficult class.*
El apartamento más grande es el primero.	*The biggest apartment is the first one.*
Estudio la información menos importante.	*I study the least important information.*

2. To express a superlative quality as a part of the total, the preposition **de** must be added after the adjective.

Roberto es la persona más simpática **de** la clase.	*Roberto is the nicest person in the class.*
Este apartamento es el más caro **de** la ciudad.	*This apartment is the most expensive in town.*

B. There are four irregular superlative forms: **mayor, menor, mejor,** and **peor.**

Ernesto es **el mayor** y Yolanda es **la menor.**	*Ernesto is the oldest and Yolanda is the youngest.*
El mejor libro para aprender español es *¡Dímelo tú!*	*The best book for learning Spanish is ¡Dímelo tú!*
Ésta es **la peor** fiesta del año.	*This is the worst party of the year.*

C. The absolute superlative is used to express a high degree of a quality or exceptional qualities. It is formed by adding **-ísimo(a, os, as)** to the singular form of an adjective. Final vowels are always dropped before adding the **-ísimo** endings. The English equivalents are *extremely, exceptionally,* or *very, very.*

Las tapas están **buenísimas.**	*The tapas are exceptionally good.*
Estoy **nerviosísimo.**	*I'm extremely (very, very) nervous.*

¡Ojo! Whenever the singular form of the adjective ends in **-co** or **-go,** a spelling change occurs in the absolute superlative form.

c	>	**qu**		g	>	**gu**
rico	>	ri**qu**ísimo		largo	>	lar**gu**ísimo

¡A practicar!

A. **¡Son los más populares!** Mónica, a student at the University of Salamanca, is pointing out the most popular students at her school. Why does she say they are so popular?

MODELO Natalia / divertido / clase
Natalia es la más divertida de la clase.

1. Jorge y Antonio / sociable / Universidad de Salamanca
2. Tina / romántico / todas las muchachas
3. nosotros / inteligente / Universidad de Salamanca
4. ustedes / sincero / todos mis amigos
5. tú / divertido / clase

6. Marta y Cristina / hermoso / Universidad de Salamanca
7. Andrés / atlético / Universidad de Salamanca
8. yo / normal / todos(as) mis amigos(as)

B. ¡Son excepcionales! Name exceptional people who fit the following descriptions.

MODELO   guapo(a)
            Antonio Banderas es el hombre más guapo del mundo.

1. inteligente
2. alto(a)
3. divertido(a)
4. generoso(a)
5. atlético(a)
6. difícil
7. interesante
8. impresionante

C. ¡Mi universidad es la mejor! Mónica is talking on the phone with her ex-boyfriend, Roberto. He is attending the **Universidad Complutense** in Madrid and is determined to impress her. Fill in the blanks to see how far he goes to create a good impression.

MODELO   Esta universidad es _____ (grande) de todas.
            Esta universidad es la más grande de todas.

ROBERTO: ¡Aló! ¿Mónica?
MÓNICA: Sí, soy yo, Roberto. ¿Cómo estás? ¿Y cómo son las clases allá?
ROBERTO: Estoy feliz. Las clases son _____ (difícil) de todas.
MÓNICA: ¿Cómo son los estudiantes?
ROBERTO: Los estudiantes son _____ (sociable) de todo el mundo.
MÓNICA: ¿Cómo son tus compañeros de cuarto?
ROBERTO: ¿Mis compañeros de habitación? ¡Oh! Son ideales. Miguel y José son _____ (estudioso) de todos mis amigos. También son _____ (divertido) y son muy simpáticos.
MÓNICA: ¿Y tus profesores?
ROBERTO: Mis profesores son _____ (exigente) de la universidad. Todo es perfecto. Y lo más importante: ¡Esta universidad no es _____ (caro) de todas!

D. ¡Qué exagerado eres! Your friend always uses superlatives when talking about others. What does he say about the following people?

1. David es (guapo).
2. Amalia y María son (simpáticas).
3. Marcos es (rico).
4. Estela es (hermosa).
5. Pedro y Virginia son (listos).
6. Teresa es (interesante).

3.4 *Ser* and *estar* with adjectives

Describing attributes and indicating changes

A. **Ser** is used with adjectives to describe attributes such as the following:

1. physical characteristics, essential traits, and qualities

Nicolás **es** guapísimo.	*Nicolás is very handsome.*
Cecilia **es** delgada.	*Cecilia is thin.*
Las tortillas españolas **son** deliciosas.	*Spanish omelettes are delicious.*

2. personality

Eva **es** simpatiquísima.	*Eva is very nice.*
Teresa **es** inteligente.	*Teresa is intelligent.*
Héctor **es** perezoso.	*Héctor is lazy.*

3. inherent characteristics

La nieve **es** blanca.	*Snow is white.*
El cielo **es** azul.	*The sky is blue.*
El edificio **es** muy alto.	*The building is very tall.*

B. **Estar** is used with adjectives to indicate a more subjective, temporal evaluation of any of the following:

1. appearance, taste, and physical state of being

Esta paella **está** deliciosa.	*This paella is (tastes) delicious.*
Carlos **está** delgado.	*Carlos is (looks) thin.*
Teresa, ¡**estás** hermosa!	*Teresa, you are (look) lovely (today)!*

2. behavior that varies from what is normally expected

Estás muy antipático hoy.	*You are (being) very disagreeable today.*
Estela, **estás** perezosa.	*Estela, you are (being) lazy.*

3. conditions

Víctor **está** cansado.	*Victor is tired.*
Todos **están** contentos.	*Everyone is happy.*
La nieve **está** sucia.	*The snow is dirty.*

¡A practicar!

A. **¡Son excelentes!** Pilar is describing her classmates to a new student. What does she say?

MODELO tú / honesta y muy guapa
Tú eres honesta y muy guapa.

1. Elisa / romántica y muy estudiosa
2. Sara e Isabel / divertidas y muy simpáticas
3. Carlos / un poco perezoso
4. Marta y Javier / muy sociables
5. todos nosotros / muy sinceros

B. **¡Están diferentes!** Pilar, a student from the University of Salamanca, has just returned home after spending time as an exchange student in the United States. She finds that everybody has changed considerably. What does she say about the following people?

1. ¡Mamá, tú _____ muy diferente!
2. Víctor _____ más grande.
3. Patricia y Lucía _____ más trabajadoras.
4. Eduardo y yo _____ muy activos.
5. Papá _____ más paciente.
6. Todos ustedes _____ muy bien.

C. **En una boda.** Carlos and Pepe are talking about the guests at Carlos's sister's wedding. Complete the following dialogue with the appropriate form of **ser** or **estar** to find out what they are saying.

CARLOS: La señora Durán _____ hermosa hoy.
PEPE: Sí, y el señor Durán _____ muy delgado, ¿verdad?
CARLOS: Tienes razón. Creo que _____ enfermo.
PEPE: Pobre. Y en tu opinión, ¿cómo _____ el novio de tu hermana?
CARLOS: _____ muy simpático. También _____ muy inteligente y, ¡ _____ rico!
PEPE: Sí, pero ahora _____ nervioso y _____ muy cansado.

D. **¡Rin-rin!** Marta is having a wonderful time at her own birthday party when the phone rings. Complete the following paragraph with the appropriate form of **ser** or **estar** to see what she has to say about the party.

¿Bueno? ¡Hola, Elisa! ¿Dónde _____? Todo el mundo _____ aquí. Todos _____ bailando. En este momento, Carlos y yo _____ preparando más sangría. Sí, _____ una bebida alcohólica. _____ de vino tinto, gaseosa y frutas y _____ deliciosa. ¿Conoces a Jaime? Él _____ el amigo de Roberto. Él _____ muy guapo y muy rico... y no tiene novia. ¿Por qué no vienes? Todos nosotros te _____ esperando aquí.

3.5 The verb *gustar*

Talking about something you like or dislike

The verb **gustar** means *to be pleasing to* and is the Spanish equivalent of *to like*. When talking about one thing or an activity people like or dislike, **gusta,** the singular form of **gustar,** is used. When talking about more than one thing people like or dislike, **gustan,** the plural form of **gustar,** is used. This verb is *always preceded* by an indirect-object pronoun: **me, te, le, nos, os,** or **les.**[*]

gusta *(liking one thing)*

me gusta	nos gusta	
te gusta	os gusta	la casa
le gusta	les gusta	bailar
le gusta	les gusta	

gustan *(liking more than one thing)*

me gustan	nos gustan	
te gustan	os gustan	las tapas
le gustan	les gustan	las playas mediterráneas
le gustan	les gustan	

[*]You will learn more about these pronouns in **Capítulo 8.**

Me gusta bailar salsa.   *I like to dance salsa. (Dancing salsa is pleasing to me.)*

■ Note that with the verb **gustar,** the subject of the sentence is always *what* or *who* is liked.
■ The verbs **encantar** *(to love, to enchant)* and **fascinar** *(to fascinate)* are used just like **gustar.**

Les encanta la sangría.   *They love sangria.*
¡Me encantan las tortillas españolas!   *I love Spanish omelettes!*
Me fascina bailar.   *I love to dance. (Dancing fascinates me).*

The object pronouns **le** and **les** may refer to a varied number of people:

Singular	Plural
le = { a él (a Ricardo) a ella (a Alicia) a usted	**les** = { a ellos (a Tomás, Jaime,...) a ellas (a Marta, Lupe,...) a ustedes

To avoid confusion, the phrase **a** + *(noun or pronoun)* is often used with **le** and **les** to clarify who is doing the liking.

A Yolanda le gusta servir tapas.   *Yolanda likes to serve tapas. (Serving tapas is pleasing to Yolanda.)*

A ellas no les gusta cocinar.   *They do not like to cook.*

The phrase **a** + *(noun or pronoun)* can also be used for emphasis or to establish a distinction. This phrase does not translate literally into English.

—Me gusta el café.   —*I like coffee.*
—Pues **a mí** me gusta el té.   —*Well, I like tea.*

¡A practicar!

A. **¡Qué interesante!** A todos les gusta la universidad. ¿Cuáles son las clases favoritas de estas personas?

MODELO   a nosotros / español
          A nosotros nos gusta la clase de español.

1. a Maribel / inglés
2. a Tere y a Mario / literatura
3. a Mateo / matemáticas
4. a Uds. / educación física
5. a Nati y a mí / biología y química
6. ¿Y a ti?... a ti / las obras de teatro

B. **Gustos.** ¿Conoces los gustos de tus familiares y amigos? ¿Qué les gusta y qué no les gusta hacer?

MODELO   abuela: leer sí / mirar la tele no
          A mi abuela le gusta leer. No le gusta mirar la tele.

1. a mi papá: invitar a sus amigos sí / limpiar la casa no
2. a mi mamá: preparar la cena sí / lavar los platos no
3. a mi hermana: hablar por teléfono sí / escribir cartas no
4. a mis hermanos: nadar sí / correr no
5. a mi mejor amigo(a): tocar la guitarra sí / cantar no
6. ¿Y a mí?... a mí: salir de vacaciones sí / regresar a clases no

Una tienda de modas en la Zona Rosa, México, D.F.

| CAPÍTULO 4 | ¡De visita en... México, D.F.! |

Cultural Topics

¿SABÍAS QUE... ?
La Ciudad de México
La Guelaguetza
De México al mundo entero:
  frutas y vegetales

NOTICIERO CULTURAL
México
El muralismo mexicano

LECTURA: *Como agua para chocolate* de Laura Esquivel

 VIDEO: *México, ¡centro del mundo cultural!*

 VIAJEMOS POR EL CIBERESPACIO A...
México

Listening Strategies

Identifying cognates

Writing Strategies

Identifying keywords and phrases

Reading Strategies

Paying attention to punctuation signs

Review

Un paso atrás, dos adelante:
  Capítulo 3

En preparación

PASO 1
4.1 Demonstrative adjectives
4.2 Present tense of **e** → **ie** and **o** → **ue** stem-changing verbs

PASO 2
4.3 Numbers above 200
4.4 Comparisons of equality

PASO 3
4.5 Idioms with **tener**
4.6 Preterite of **ir, ser, poder,** and **tener**

 CD-ROM:
Capítulo 4 actividades

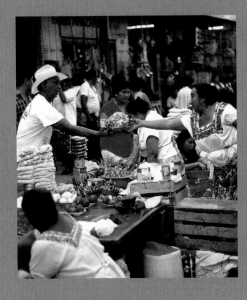

- describe art works and express preferences.

- describe the physical appearance and character traits of people.

- discuss prices.

- make comparisons.

- shop in the clothing section of a department store.

- order a drink in a café.

- tell what you and others did.

¡Las fotos hablan!

A. A que ya sabes... En tu opinión, y basándote en estas fotos y en tu conocimiento de México y de la cultura mexicana,

México es...

- ☐ un país extenso y variado.
- ☐ un país rico en historia.
- ☐ una fusión de culturas pre-hispánicas, europeas, americanas y africanas.
- ☐ un paraíso arqueológico.

México tiene...

- ☐ un pasado impresionante.
- ☐ muchas y ricas tradiciones.
- ☐ gran diversidad cultural.
- ☐ un relevante futuro en la comunidad internacional.

México ofrece...

- ☐ abundantes recursos naturales.
- ☐ arte y artesanía.
- ☐ hospitalidad.
- ☐ buena comida.
- ☐ buenas compras.
- ☐ un paisaje mágico.

B. ¿Qué prefieres hacer? Contesta estas preguntas con un(a) compañero(a).

1. ¿Qué quieres hacer en tu visita a México?
   Quiero...

   - ☐ subir las pirámides.
   - ☐ ir al Museo Nacional de Antropología.
   - ☐ ir de compras a la Zona Rosa.
   - ☐ ir de compras a un mercado al aire libre.
   - ☐ visitar el Zócalo.
   - ☐ ver el calendario azteca.

2. ¿Adónde prefieres ir a comprar estas cosas, a la Zona Rosa o a un mercado al aire libre?
   Para comprar... prefiero ir a.....

   - ☐ una blusa
   - ☐ jeans
   - ☐ libros usados
   - ☐ una limonada
   - ☐ botas
   - ☐ una corbata
   - ☐ un suéter
   - ☐ un sombrero
   - ☐ un café expreso

La magia de… México, D.F.

TAREA

Antes de empezar este Paso, estudia la lista de vocabulario en la página 164 y practícalo al escuchar el surco 33 de tu Text Audio CD #1. Luego estudia *En preparación.*

4. 1 Demonstrative adjectives, páginas 166–167

4. 2 Present tense of **e → ie** and **o → ue** stem-changing verbs, páginas 168–169

Haz por escrito los ejercicios de *¡A practicar!*

Escucha la sección *¿Qué se dice…?* del Capítulo 4, Paso 1 en el surco 28 del Text Audio CD y haz la actividad correspondiente en la página 141.

¿Eres buen observador?

La roca: monolito volcánico
Diámetro: 3.60 metros (12 pies)
Espesor: 75 cms (aproximadamente 3 pies)
Peso: 25 toneladas
Fecha de creación: 1479
Redescubierto en: 1790

Sede actual: Museo Nacional de Antropología, México, D.F.
Aportación científica: Resultado de siglos de observación astrológica por parte de las civilizaciones mesoamericanas. Representa un complejo sistema de medición circular del tiempo.

Ahora, ¡a analizar!

La Piedra del sol

1. Esta réplica de la Piedra del sol muestra los colores auténticos del calendario azteca. ¿Cuáles de estos colores aparecen en el calendario?

■ azul	■ verde	☐ blanco	■ anaranjado	■ gris
■ rojo	■ rosado	■ negro	■ amarillo	■ crema

2. El calendario azteca tiene dieciocho meses de veinte días cada uno, más cinco días religiosos al final de cada año. ¿Cuántos días hay en el año azteca?
3. Los veinte días de un mes aparecen en el calendario en un círculo con veinte símbolos distintos. Encuéntralos. ¿Cuántas reconoces?
4. Identifica a las dos personas que salen de la boca de dos serpientes. Se llaman los Cuates *(twins)* y representan el día y la noche.
5. ¿Dónde crees que está el símbolo del sol que representa el centro del universo azteca, y al que llaman Tonatiuh?

¿Qué se dice...?

Al describir obras de arte y expresar preferencias

El/La artista que pintó el cuadro es...
☐ Frida Kahlo.   ☐ Diego Rivera.

Frida lleva...
☐ un vestido.   ☐ un pantalón.   ☐ un traje.   ☐ un rebozo.

Diego lleva...
☐ un rebozo.   ☐ una camisa.   ☐ un sombrero.   ☐ un traje.

En este cuadro de Frida Kahlo, titulado *Las dos Fridas,* el cielo oscuro y gris contrasta bien con la blusa blanca de una Frida y la blusa azul y amarilla de la otra Frida. La falda blanca y roja también contrasta con el marrón claro de la otra falda. No obstante, lo más llamativo son los corazones, rojos, rosados y palpitantes, que conectan a las dos Fridas.

Este cuadro de Diego Rivera se titula *Dos mujeres y un niño*. Las figuras de esas dos mujeres representan a dos mujeres indígenas. Una lleva un vestido rosado, la otra una blusa blanca y una falda azul claro. La figura de las dos mujeres es tan impresionante que el niño casi desaparece en el cuadro.

> **A propósito...**
>
> En español, al crear una palabra compuesta de dos o más palabras, tenemos que cambiar el deletreo para que se ajuste a las reglas de ortografía: auto + retrato = autorretrato; para + rayos = pararra—yos; Puerto + Rico = puertorriqueño. ¿Cuál de estas dos ciudades es de México y cuál de California: Monterey o Monterrey? ¿Qué pasa cuando combinamos dos palabras en español, y la segunda empieza con "r"?

¿Sabías que...?

La Ciudad de México es la ciudad capital más antigua de las Américas. Originalmente fue fundada en el año 1325 como Tenochtitlán, ciudad capital de los aztecas. En las ruinas de esa gran ciudad, los españoles empezaron la construcción de la ciudad moderna en 1521. Ahora, la población del Distrito Federal es de más de dieciocho millones, treinta millones si se incluyen los alrededores, haciéndola la ciudad capital más grande del mundo.

🔍 **En tu opinión:** ¿Por qué crees que los españoles construyeron la moderna Ciudad de México en las ruinas de Tenochtitlán? ¿A qué se debe la discrepancia sobre el censo, según el cual la población de la Ciudad de México es de dieciocho millones mientras otros dicen que es de treinta millones? ¿Qué motiva a tanta gente a vivir en zonas urbanas tan congestionadas como la Ciudad de México, Nueva York, Tokio, etc.?

Ahora, ¡a hablar!

A. **De colores.** Según el *¿Qué se dice... ?*, ¿de qué color es la camisa de Diego Rivera? ¿El traje? ¿El rebozo de Frida? ¿El vestido?

La camisa es...
☐ azul.   ☐ verde.   ☐ crema.

El traje es...
☐ blanco.   ☐ amarillo.   ☐ gris.

El rebozo es...
☐ negro.   ☐ rojo.   ☐ rosado.

El vestido es...
☐ blanco.   ☐ amarillo.   ☐ verde.

EP 4.1 ▣▣

B. **Retratos.** Indica a qué cuadro, *Dos mujeres* (**DM**) o el *Autorretrato entre la frontera* (**A**), corresponden estas oraciones, según el *¿Qué se dice... ?*

DM	A	
☐	☐	1. La falda de esa mujer es de un azul claro.
☐	☐	2. Esos corazones son rojos y palpitantes.
☐	☐	3. Este cuadro no es un autorretrato.
☐	☐	4. El niño no es el centro de este cuadro.
☐	☐	5. Esta blusa es azul y amarilla.

EP 4.1, EP 4.2 ▣▣

C. **¿Quién es?** Identifica a las personas de la clase que tu profesor(a) va a describir.

MODELO   PROFESOR(A): Esta persona lleva una blusa amarilla.
                  TÚ: **Es Elizabeth.**

D. **De paseo en México, D.F.** Tú y dos amigas están de visita en México, D.F. Ahora están tratando de decidir cómo van a pasar el día.

EP 4.2

> MODELO ¿Adónde prefieres ir, a la Catedral Metropolitana o al Castillo de
> Chapultepec?
> **Prefiero ir al castillo.**   o
> **Quiero ir a la catedral.**

1. ¿Adónde prefieres ir, al Museo Casa de Diego Rivera o al Castillo de Chapultepec?
2. ¿Qué quieren hacer ustedes, visitar el Museo Nacional de Antropología o ir al Mercado de San Juan?
3. ¿Adónde quieres ir, a la Ciudad Universitaria o al Templo Mayor?
4. ¿Qué quieres hacer, ir a otro museo o ir de compras a la Zona Rosa?
5. ¿Adónde prefieren ir, a las pirámides o al cine?
6. ¿Qué quieren hacer, descansar en el hotel todo el día o ir al Museo de Rufino Tamayo?

EP 4.2

E. **Primero quiero ver...** En el Museo Nacional de Antropología en la Ciudad de México, muchas personas tienen sus propias preferencias. ¿Qué quieren hacer estas personas?

> MODELO yo / querer ver / Calendario Azteca
> **Yo quiero ver el Calendario Azteca.**

1. nosotros / querer ver / tocado (*headdress*) de Moctezuma
2. yo / querer ver / piedra (*stone*) de los sacrificios
3. él / querer encontrar / a Tláloc, el dios de la lluvia (*rain god*)
4. mi familia / pensar ir / salones de cultura tolteca
5. mi esposa y yo / preferir ir / salones de cultura maya
6. mi padre / querer pasar / todo el día / el salón de códices (*writings*) precolombinos

Y ahora, ¡a conversar!

F. **Los colores hablan.** Sí, es verdad. Pregúntale a cualquier diseñador. Todos dicen que los colores hablan pero, lo importante es saber ¿qué dicen? ¿Qué significado tienen el rojo, amarillo, azul, verde y gris para ti? Indica cuál de estos colores representa cada una de las siguientes características.

la alegría	estimula la mente	el descanso
el sensacionalismo	calma las emociones	el exterior
el entusiasmo	sugiere dignidad	la reflexión
lo conservador		

G. **¿Lleva un suéter?** Selecciona en secreto a una persona de la clase y escribe brevemente los datos de su descripción para recordarla sin tener que mirarla (*to remember without looking at him/her*). Tu compañero(a) de clase te va a a hacer preguntas hasta descubrir (*discover*) quién es la persona seleccionada. Tú sólo puedes responder «sí» o «no». Tomen varios turnos seleccionando y haciendo preguntas hasta descubrir a diferentes personas. Pueden usar el verbo **llevar** y el vocabulario del Paso 1 de la página 164.

H. **Encuesta.** Pregúntales a tus compañeros de clase si hacen las cosas indicadas en este cuadro. Si contestan afirmativamente, pídeles que firmen el cuadrado apropiado. Recuerda que no se permite que la misma persona firme más de un cuadrado.

MODELO   ¿Tú entiendes dos idiomas?

entender dos idiomas *Firma:* _____	querer visitar Latinoamérica *Firma:* _____	querer ir a otra universidad *Firma:* _____	encontrar el español fácil *Firma:* _____
preferir llevar ropa elegante *Firma:* _____	pensar ir a México este verano *Firma:* _____	poder hablar tres idiomas *Firma:* _____	querer visitar el Museo de Antropología *Firma:* _____
volver a casa tres veces al día *Firma:* _____	dormir en una clase *Firma:* _____	entender español muy bien *Firma:* _____	empezar las clases a las ocho de la mañana *Firma:* _____
encontrar el español difícil *Firma:* _____	tener cuatro clases en un día *Firma:* _____	almorzar a las 11:30 todos los días *Firma* _____	querer ir a bailar esta noche *Firma:* _____

¡Luces! ¡Cámara! ¡Acción!

I. **¡Una ciudad fascinante!** Estás estudiando en México, y para poder sobrevivir trabajas de recepcionista en un hotel. Un(a) turista quiere información sobre museos, excursiones, lugares interesantes y buenos restaurantes en México. Con un(a) compañero(a), escribe el diálogo que tienen. Luego, lean su diálogo delante de la clase.

J. **¡Esos zapatos son horribles!** Tú y tu compañero(a) están en el aeropuerto de México, de vuelta a los EE.UU. Están observando a la gente y haciendo comentarios sobre la ropa que llevan. Dramatiza esta situación con un(a) compañero(a) de clase.

Repasemos. En el Capítulo 3 aprendiste a describir lo que ocurre en una fiesta, a hablar con desconocidos, a mantener una conversación y a describir a alguien que te gusta de verdad. Con tu compañero(a) repasan lo que saben, completando el siguiente texto.

Hablando en una fiesta

TÚ: Hola, yo me llamo _____ [tu nombre]. ¿Y _____ [pronombre personal]?

SARA: Me llamo Sara. Encantada.

TÚ: Encantado(a), Sara. Es una fiesta _____ [superlativo de «aburrido»] ¿no?

SARA: A mí _____ _____ [gustar] la música _____ [superlativo de «mucho»].

TÚ: La música sí _____ [estar] bien. Pero la gente está _____ [superlativo de «triste»].

SARA: No, hay algunos que están _____ [bailar] salsa en el patio. Otros están _____ [hablar] de cosas _____ [superlativo de «interesantes»] en la sala.

TÚ: Y a ti, ¿ _____ _____ [gustar] bailar?

SARA: Sí, pero _____ _____ [presente progresivo de «esperar»] el merengue. La salsa no _____ _____ [gustar] mucho.

¿Comprendes lo que se dice?

CD1-29

Estrategias para escuchar: identificar «cognados»

In a previous chapter you learned that identifying cognates when reading helps you to understand better what you read. Recognizing cognates can also help you understand when listening. However, even cognates that are spelled similarly in Spanish and English are frequently not pronounced the same. This is often because accentuation (the emphasis or stress) in Spanish is different from that of English. For example, the word "total" in English is stressed on the first syllable (*TO-tal*) while in Spanish it is stressed on the last syllable (**to-TAL**).

Now listen as your instructor reads the list of cognates below. Note how they are pronounced in Spanish, and draw a circle around the stressed syllable. Then go back and write the English equivalent and underline the syllable that is stressed in the English word. Note how the pronunciation varies.

Spanish	English	Spanish	English
na-cio-nal	_____	ar-qui-tec-to	_____
co-lec-cion	_____	cir-cu-la-cion	_____
an-tro-po-lo-gi-a	_____	con-tem-po-ra-ne-o	_____

Museo Nacional de Antropología. Listen now to a guide in a tour bus talking about the Museo Nacional de Antropología as the bus arrives at the museum. As you listen, check all the facts and places that you hear being mentioned by the guide.

- ☐ año de construcción
- ☐ nombre del arquitecto
- ☐ libros de guía
- ☐ salida del museo
- ☐ patio central
- ☐ restaurante del museo
- ☐ arte sudamericano
- ☐ edificio contemporáneo
- ☐ Parque de Chapultepec
- ☐ enorme colección
- ☐ fuente

México

Capital: México, D.F.
Área: un millón, novecientos veintitrés mil, cuarenta kilómetros cuadrados (1.923.040)
Población: ciento cuatro millones (104.000.000)
Unidad monetaria: peso mexicano
Clima: variado, de tropical a desértico

Antes de empezar, dime...

Contesta estas preguntas para reflexionar un poco sobre las ciudades.

1. ¿Eres de una ciudad grande, mediana o un pueblo pequeño?
2. ¿Tiene tu ciudad o pueblo algún interés histórico, industrial, político, artístico o de otro tipo? Explica tu respuesta.
3. ¿Cuáles son las ventajas o desventajas de vivir en ese tipo de ciudad o pueblo?
4. ¿Qué cosas hay en tu ciudad o pueblo que no hay en otras más grandes o más pequeñas?
5. ¿Tiene tu ciudad otra ciudad o pueblo que se considera su «rival»? ¿En qué compiten?

El Zócalo, México, D.F., en el siglo XX

El Zócalo de los aztecas, en el siglo XV

El Zócalo

La Ciudad de México, con su población de treinta millones de habitantes, es ahora la ciudad más grande del mundo. Como los otros grandes centros urbanos (Tokio, Londres, Buenos Aires, Nueva York, Moscú y Shanghai), la Ciudad de México ofrece de todo: hoteles elegantes, excelentes museos, cines y teatros innovadores, una tremenda variedad de restaurantes, centros de estudio, establecimientos industriales, tráfico y contaminación.

En el centro de la ciudad está el Zócalo, que es una plaza cuadrada. Todos los edificios de esta plaza representan la rica historia mexicana: los templos sagrados del Tenochtitlán de los aztecas, recientemente desenterrados *(dug up)* por los arqueólogos, como también la catedral y los edificios de gobierno de los tiempos coloniales en la Nueva España.

Antes de llegar los españoles en el siglo XV (quince), Tenochtitlán ya era una gran ciudad muy poblada, y el Zócalo era su centro ceremonial rodeado de pirámides, templos y palacios. Los españoles destruyeron las construcciones aztecas y en el mismo sitio construyeron su catedral y edificios de gobierno. Después de varias transformaciones, el Zócalo es ahora una plaza abierta que permite una vista directa de la catedral, del palacio presidencial y de varios edificios coloniales. Es también el sitio de festivales, reuniones políticas y manifestaciones.

Viajemos por el ciberespacio a... MÉXICO

If you are a cyberspace surfer, try entering one of the following key words to get to many fascinating sites in **México:**

Ciudades coloniales de México

México, D.F.

El Zócalo

Or, better yet, simply go to the *¡Dímelo tú!* website using the following address: http://dimelotu.heinle

There, with a simple click, you can

- learn about the government of the largest city in the world, **la Ciudad de México.**
- stroll through centuries of amazing culture and civilization in Mexico City's **Zócalo.**
- experience the magical beauty of the colonial cities **Mérida, Taxco,** and **Guanajuato** among others.

Y ahora, dime...

Contrastes. Compara la Ciudad de México con tu ciudad. Escribe también las cosas que tienen en común.

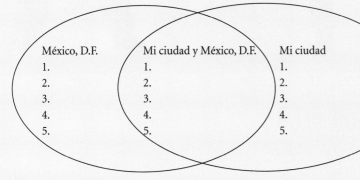

México, D.F.
1.
2.
3.
4.
5.

Mi ciudad y México, D.F.
1.
2.
3.
4.
5.

Mi ciudad
1.
2.
3.
4.
5.

¡De compras en el... D.F.!

TAREA

Antes de empezar este Paso, estudia la lista de vocabulario en la página 164 y practícalo al escuchar el surco 34 de tu Text Audio CD #1. Luego estudia *En preparación.*

4.3 Numbers above 200, páginas 169–171

4.4 Comparisons of equality, páginas 171–172

Haz por escrito los ejercicios de *¡A practicar!*

Escucha la sección *¿Qué se dice...?* del Capítulo 4, Paso 2 en el surco 30 del Text Audio CD haz la actividad correspondiente en la página 149.

¿Eres buen observador?

Ella

* Chaqueta de algodón a cuadros.
100% algodón. $999

* Pantalón de mezclilla.
100% algodón. $699

* Zapatos modelo sandalia.
Piel. $350

Él

* Camisa de mangas cortas.
100% rayón satinado. $599

* Pantalón de mezclilla.
100% algodón. $799

* Cinturón de cuero.
Piel. $399

* Zapatos bajos.
Piel. $499

Ahora, ¡a analizar!

1. ¿Qué lleva él? ¿Qué lleva ella?

Camisa de mangas cortas	chaqueta de algodón	zapatos modelo sandalia
pantalón de mezclilla	zapatos bajos	cinturón de cuero

2. ¿Cuánto cuesta la chaqueta? ¿el cinturón? ¿los pantalones de él?

$999* (novecientos noventa y nueve pesos)

$699 (seiscientos noventa y nueve pesos)

$279 (doscientos setenta y nueve pesos)

$399 (trescientos noventa y nueve pesos)

---

*At the time this ad came out, one dollar was equal to ten Mexican pesos. Therefore to get the dollar value of $299 pesos, divide by 10 and get $29.90.

¿Qué se dice... ?

Al hablar de precios y hacer comparaciones

Ropa en oferta:

☐ faldas   ☐ vestidos de lana   ☐ suéteres   ☐ vestidos de algodón

☐ blusas de seda   ☐ zapatos   ☐ impermeables   ☐ blusas de algodón

> **A propósito...**
>
> Percentages are expressed in Spanish as **...por ciento.** In a store, to be given a percent off is expressed in Spanish as **tener un... por ciento de rebaja o de descuento** or **estar rebajado un... por ciento.** How do you say in Spanish *These pants are 50% off?*

DEPENDIENTA:	¿Qué se le ofrece, señorita?
MARTINA:	Busco suéteres de lana. También necesito un impermeable, pero... ¡qué caros son!
DEPENDIENTA:	Los impermeables van a estar en oferta en septiembre. Aquí están los suéteres. Son lindos, ¿no?
MARTINA:	Sí, es verdad. Pero, ¿puede decirme por qué cuestan los suéteres de algodón tanto como los de lana? Los de lana siempre son más caros, ¿no?
DEPENDIENTA:	Es que los suéteres de lana están en rebaja esta semana; tienen un 25% de descuento.
MARTINA:	Ah, ¡con razón!

La Guelaguetza es una de las fiestas más conocidas de México. Se celebra en Oaxaca las últimas dos semanas de julio.

La Guelaguetza es una versión moderna de la costumbre prehispánica de hacer ofrendas a los dioses, especialmente a la diosa del maíz (Centeotl), para solicitar una cosecha *(harvest)* abundante. Hoy día, cada pueblo o región del estado de Oaxaca manda una delegación para hacer una petición pública del gobernador del estado. Pero antes de hacer su petición (que puede ser pedir la construcción de un puente, una carretera, o un parque,...) los líderes del pueblo le ofrecen al gobernador una «guelaguetza» («regalo» en zapoteca) que siempre consiste en los mejores productos de la región. Luego algunos jóvenes presentan los bailes tradicionales de la región. Los bailadores siempre llevan los hermosos trajes tradicionales de las distintas regiones de Oaxaca. Miles de turistas, no sólo de México sino de todo el mundo, asisten para disfrutar del colorido, la música y esta rica tradición mexicana de gran sabor indígena.

En tu opinión: ¿Por qué crees que en México existen ésta y otras muchas tradiciones claramente prehispánicas? ¿Existen estos tipos de fiestas en tu ciudad o región? ¿Por qué crees que sí o no los hay?

Ahora, ¡a hablar!

A. **La sección de «Ellos».** En el Palacio de Hierro, las rebajas están en efecto ahora. ¿Cuánto pagarías *(would pay)* tú por los siguientes artículos en la sección de «Ellos»?

MODELO un suéter de lana
Pagaría cuatrocientos treinta y nueve pesos.

1. un par de zapatos
2. tres corbatas
3. dos pantalones

4. dos camisas
5. un traje completo
6. un pijama

B. **La sección de «Ellas».** Alicia decide llevar de compras a Carmen, su amiga esta- EP 4.3
dounidense. Van al Palacio de Hierro porque hay rebajas hoy en la sección de
«Ellas». ¿Cuánto cuesta la ropa que encuentran?

MODELO   un suéter de lana
El suéter de lana cuesta cuatrocientos treinta y nueve pesos.

1. una falda de lana
2. una blusa de seda
3. un impermeable
4. un par de botas
5. un traje

C. **Comparaciones.** Tú estás comparando los precios en el Palacio de Hierro con los EP 4.4
de una tienda de ropa de mujer muy popular, Liverpool. ¿Cómo son los precios?

MODELO   botas
          Liverpool   Palacio de Hierro
          $965 $965
          Las botas en Liverpool son tan caras como en el Palacio de Hierro.   o
          Las botas en Liverpool cuestan tanto como las del Palacio de Hierro.

	Liverpool	**Palacio de Hierro**
1. impermeable	$1.099	$1.099
2. suéteres	$445	$445
3. pantalones	$475	$475
4. faldas	$289	$289
5. blusas	$435	$435
6. traje de noche	$1.569	$1.569

Y ahora, ¡a conversar!

D. **¿Tú? ¿Tan bueno(a) como...?** Compárate con compañeros(as) de clase o con personas famosas. En una hoja de papel, escribe las comparaciones en estas categorías.
Puedes exagerar todo lo que quieras.

MODELO   **Soy tan guapa como Salma Hayek.**

1. alto
2. bueno
3. simpático
4. guapo

5. listo
6. elegante
7. rico
8. ¿...?

E. **¡Fanáticos en el vestir!** ¿Eres un(a) fanático(a) en el vestir? Para contestar, primero prepara por escrito una lista de toda la ropa que hay en tu ropero *(closet)*. Se permite exagerar, si deseas. Incluye la cantidad de cada prenda *(number of each item)*. Luego en grupos pequeños, pregúntales a tus compañeros(as) cuántas prendas tienen en su ropero y compara sus respuestas con lo que tú tienes.

> MODELO TÚ: **¿Cuántos pares de zapatos tienes?**
> COMPAÑERO(A): **Tengo cuatro pares de zapatos.**
> TÚ: **Ah, tienes tantos zapatos como yo.** o
> **Yo no tengo tantos zapatos como tú.**

F. **En el escaparate.** Tú estás de compras en la Ciudad de México y quieres comprar todas las prendas de esta lista. Por desgracia, muchas prendas no tienen etiqueta *(price tag)*. Pregúntale a tu compañero(a) los precios que quieres saber y dale los precios que él o ella necesita, basándote en el dibujo en el Apéndice A. El escaparate de tu compañero(a) está en el Apéndice A. No se permite mirar el escaparate de tu compañero(a) hasta terminar esta actividad.

Tú quieres comprar:

1. una blusa para tu mamá
2. una corbata para tu papá
3. zapatos para ti
4. una camisa para tu hermano
5. un sombrero para tu hermana

¡Luces! ¡Cámara! ¡Acción!

G. **Día de las Madres.** El Día de las Madres es dentro de una semana y tú tienes que comprar un regalo para tu madre. Vas al almacén y hablas con el (la) dependiente(a) de la sección de ropa de señoras. El (La) dependiente(a) te recomienda varias prendas de ropa de diferentes colores y precios. Tú decides, antes de comprar, cuáles te gustan y cuáles no. Con un(a) compañero(a), escribe el diálogo que tienen. Luego, léanlo delante de la clase.

H. **¡Es guapísimo(a)!** Este fin de semana vas a salir a bailar con una persona muy especial. Decides comprar ropa nueva para esta ocasión, pero tienes un presupuesto *(budget)* limitado. El (La) dependiente(a) del almacén es muy simpático(a) y te ayuda *(helps you)* a comparar varias prendas y calcular los precios. Dramatiza la situación con un(a) compañero(a).

¿Comprendes lo que se dice?

Estrategias para ver y escuchar: reconocer cognados

In the first **Paso** of this **Capítulo 4** you learned to recognize cognates by listening for changes in accentuation. But not all cognates are different. It is important to determine how cognates are pronounced in Spanish and compare them with the way they are pronounced in English. This helps memorizing known cognates or recognizing new ones.

Para reconocer cognados. Mira las siguientes palabras asímilas o cognados que se usan en la narración, y nota cómo la sílaba en negrita *(boldface)* en cada palabra se pronuncia con más énfasis. Nota también que algunas palabras tienen el énfasis sobre la misma sílaba que su equivalente en inglés, mientras otras lo tienen sobre una sílaba diferente.

En la misma sílaba	En una sílaba diferente
público	cult**ur**al
e**jem**plo	restau**ran**tes
te**a**tros	socie**dad**
din**á**mica	equiva**len**te

Al ver el video: ¿Comprendes lo que se dice?

México, ¡centro del mundo cultural!

Ahora mira el video. Escucha con cuidado la narración. Mientras escuchas escribe en español los «cognados» que reconoces y subraya la sílaba enfatizada. Fíjate *(pay attention to)* si hay variación entre el inglés y el español o no.

Español	Inglés	Español	Inglés
_____	<u>va</u>lley	_____	<u>cul</u>tures
_____	<u>cen</u>ter	_____	in<u>clud</u>-
ing			
_____	ex<u>is</u>ted	_____	<u>fu</u>ture

Después de ver el video

Marca ahora todos los sitios que se mencionan.

- ☐ el valle de México
- ☐ la ciudad más hermosa del mundo
- ☐ las casas indígenas
- ☐ una ciudad cosmopolita
- ☐ el valle del sol
- ☐ la ciudad más grande del mundo
- ☐ una ciudad interesantísima
- ☐ las ruinas de Tenochtitlán
- ☐ museos, mercados, teatros y restaurantes
- ☐ las ruinas de Teotihuacán
- ☐ los edificios modernos

Noticiero cultural

México

Antes de empezar, dime...

Contesta estas preguntas para ver cuánto sabes del arte mural.

1. Si un «muro» es una pared *(a wall)*, ¿qué es el «arte mural»?

2. ¿Hay ejemplos de arte mural en la ciudad donde vives? ¿Dónde están? ¿Qué tipo de «información» contienen?

3. ¿Cómo representa Diego Rivera a los Conquistadores españoles en este mural? ¿Positivamente o negativamente? Y a los indígenas? Justifica tu respuesta.

Detalle del mural de Diego Rivera en el Palacio Nacional de México, D.F.

El muralismo mexicano

El muralismo mexicano fue promovido por José Vasconcelos, Ministro de Educación Pública, durante la presidencia de Álvaro Obregón. Vasconcelos ofreció el espacio mural de los edificios públicos a los artistas como parte de una estrategia de educación popular y propaganda de la revolución de 1910.

Diego Rivera, José Clemente Orozco y David Alfaro Siqueiros son los muralistas más importantes de la época. Estos tres muralistas representan también el activismo político que el gobierno quiere hacer llegar a toda la gente, y no sólo a una élite, como es normalmente el caso de las pinturas en lienzo y caballete *(canvas and easel)*. El aspecto monumental de los murales (se encuentran siempre en edificios y lugares públicos) los hace más accesibles al público, mientras que la pintura de caballete termina normalmente en manos de coleccionistas privados o en museos.

Pero los que financiaron el muralismo no siempre aceptaron los trabajos de los muralistas, y sus obras fueron muchas veces censuradas. Un ejemplo de esta censura es el caso del mural contratado por Nelson Rockefeller a Diego Rivera para el Rockefeller Center de Nueva York. El tema del mural era «La inteligencia humana en control de las fuerzas de la naturaleza» (63 x 17 pies). El 22 de mayo de 1933, cuando todavía trabajaba en el mural, Rivera fue despedido *(was fired)* por colocar una imagen de Lenin, el líder comunista soviético, en el centro del mural. El mural fue cubierto en menos de 30 minutos y más tarde destruido.

Viajemos por el ciberespacio a... MÉXICO

If you are a cyberspace surfer, try entering one of the following key words to get to many fascinating sites in **México:**

Diego Rivera

José Clemente Orozco

David Alfaro Siqueiros

muralismo mexicano

Or, better yet, simply go to the *¡Dímelo tú!* website using the following address: http://dimelotu.heinle.com

There, with a simple click, you can

- learn more about the life and work of Diego Rivera and Frida Kahlo.
- visit Mexico's most prestigious art museums.
- Learn more about the art of mural painting.

Y ahora, dime...

Las artes. Compara la pintura mural con la pintura de caballete. Escribe las cosas que tienen en común y las cosas que las diferencian.

Pintura mural	Mural y de caballete	Pintura de caballete
1.	1.	1.
2.	2.	2.
3.	3.	3.
4.	4.	4.
5.	5.	5.

¡Escríbelo!

CD2-12

Vocabulary: Colors; people; geography; traveling

Grammar: Demonstrative adjective: **este, ese;** verbs: **tener; ser;** comparisons: equality

Phrases: Describing places; planning a vacation

Estrategias para escribir: palabras y frases claves

When writing advertisements, it is necessary to have a list of key words and phrases (**palabras y frases claves**) that must be worked into the advertisement. These key words or phrases usually contain the essence of the message to be conveyed.

Imagina que trabajas en una oficina mexicana de turismo y que necesitas preparar un anuncio sobre México para atraer a turistas.

Ahora, ¡a escribir!

A. **Agrupar ideas.** Con dos o tres compañeros(as) hojea *(scan through)* este capítulo sobre México para buscar datos, palabras y frases claves que representen los aspectos más atractivos de México.

B. **El primer borrador.** Usando tu lista de datos, palabras y frases claves, diseña un primer borrador de tu anuncio sobre las atracciones de México.

C. **Ahora, a compartir.** Comparte tu primer borrador con dos o tres compañeros(as). Si hay errores de ortografía o gramática, menciónalos.

D. **Ahora, a revisar.** Si necesitas hacer cambios basados en los comentarios de tus compañeros(as), hazlos ahora.

E. **La versión final.** Prepara una versión final de tu anuncio y entrégala. Si quieres, puedes usar colores, fotos y dibujos para hacer tu anuncio más atractivo.

F. **Publicación.** Tu profesor(a) va a poner todos los anuncios en la pared. Léelos y con dos o tres compañeros(as) de clase, decidan cuál va a atraer a más turistas. Informen a la clase sobre su decisión.

¡En el Café de la Esquina... en el D.F. !

¿Eres buen observador?

TAREA

Antes de empezar este Paso, estudia la lista de vocabulario en las páginas 164–165 y practícalo al escuchar el surco 35 de tu Text Audio CD #1. Luego estudia *En preparación*.

4.5 Idioms with **tener**, páginas 173–174

4.6 Preterite of **ir, ser, poder,** and **tener**, páginas 174–175

Haz por escrito los ejercicios de *¡A practicar!*

Escucha la sección *¿Qué se dice...?* del Capítulo 4, Paso 3, en el surco 31 del Text Audio CD y haz la actividad correspondiente en la página 158.

Café de la Esquina

¡Barriga llena, corazón contento!

Bebidas

café	$15
chocolate	$15
leche	$10
limonada	$10
té (caliente)	$10
cerveza	$25
vino	$35

Refrescos

de limón	$10
de naranja	$12
de cola	$15
de tamarindo	$10
de manzana	$15

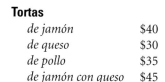

Tortas

de jamón	$40
de queso	$30
de pollo	$35
de jamón con queso	$45

Ahora, ¡a analizar!

1. ¿Cuáles son tus bebidas preferidas por la mañana? ¿Por la tarde? ¿Por la noche?
2. ¿Cuál es el equivalente a «torta» en inglés? ¿Cuál es tu torta favorita?
3. ¿Qué bebidas no te gustan?
4. ¿Cuándo y dónde bebes vino o cerveza? ¿Crees que es apropiado que los jóvenes universitarios tengan acceso a bebidas alcohólicas? ¿Por qué sí o por qué no?

CD1-31

Al pedir algo en el Café de la Esquina

¿Qué ofrecen de beber y de comer en el vuelo de Oaxaca?

☐ café ☐ chocolate ☐ limonada ☐ té ☐ refrescos
☐ cerveza ☐ vino ☐ tortas ☐ hamburguesas ☐ leche

¿Adónde van a comer Ramón y su padre? _____

A propósito...

Los nombres de la comida varían mucho de un país de habla hispana a otro. Las «tortas», que son los **sándwiches** en México, se llaman **bocadillos** en España. Las «tapas» de España se llaman **botanas** en México y **boquitas** en Honduras. Las «papas» de las Américas se llaman **patatas** en casi toda España. En tu opinión, ¿tienen los hispanos grandes problemas para entender el menú de otros países hispanohablantes?

MESERA: ¿Qué desean tomar?
RAMÓN: Yo no tengo hambre. Sólo quiero algo para beber.
¿Qué me recomienda?
MESERA: Tenemos café, chocolate y té caliente. O si prefiere algo frío, también tenemos limonada, cerveza, vino, leche y, naturalmente, refrescos.
RAMÓN: Un café para mí; tengo un poco de sueño.
MESERA: ¿Y para usted, señor?
PADRE: Pues yo sí tengo mucha hambre. ¿Qué me recomienda para comer?
MESERA: Bueno, las hamburguesas son buenísimas aquí.
PADRE: No me gustan las hamburguesas. Prefiero una torta de pollo y una cerveza, por favor.

Cuando los españoles llegan a las Américas, una de las cosas que descubren, probablemente de más valor que todo el oro que sacan de la región, es la gran variedad de frutas y vegetales desconocidos en Europa. En México encuentran el maíz, los frijoles, el aguacate, el tomate, las calabazas, el chayote y muchos más. Imagínate a los exploradores españoles comiendo por primera vez deliciosas frutas como las chirimoyas, mameyes, guanábanas, tunas, guayabas y jícamas. La cocina europea sin duda cambia totalmente con esta fantástica contribución.

🔍 **En tu opinión:** ¿Por qué dicen que la cocina europea cambia totalmente? ¿Puedes pensar en algunos ejemplos? ¿Qué efecto tienen estas frutas y vegetales en la cocina estadounidense?

Ahora, ¡a hablar!

A. **¿Qué desean?** Contesta estas preguntas según el *¿Qué se dice… ?* de este Paso. EP 4.5 ⊙⊙

1. ¿Qué ofrece la mesera para beber? ¿Para comer?
2. ¿Qué pide Ramón?
3. ¿Qué pide el padre de Ramón para beber?
4. ¿Qué no le gusta al padre de Ramón?
5. ¿Qué pide el padre de Ramón para comer?
6. Imagínate que estás en el Café de la Esquina, ¿qué pides tú para beber y para comer?

B. **Tengo sed. Quiero un…** Tú y unos amigos están en un café en el aeropuerto de la Ciudad de México. ¿Qué quieren tomar? EP 4.5 ⊙⊙

MODELO   mi amigo / tener prisa / limonada
Mi amigo tiene mucha prisa y sólo quiere una limonada.

		agua sin gas
tú	tener sueño	café negro
mi amigo(a)	tener sed	agua mineral
ellas	tener prisa	café con leche
yo	tener calor	tomar un refresco
nosotros	tener que…	limonada

C. **¿Cuándo?** ¿Cuándo tomas estas bebidas o comes estas comidas en un café o restaurante?

MODELO   **Tomo agua cuando tengo sed.**

1. refresco bien frío	a. tener sed
2. café	b. tener hambre
3. té caliente	c. tener calor
4. leche	d. tener frío
5. torta	e. tener prisa
6. agua mineral	f. tener que tomar una aspirina
7. chocolate	g. tener sueño

D. **Turistas.** Son las nueve de la noche. Javier y sus amigos, que están de visita en la Ciudad de México, están en un café de la Zona Rosa hablando de sus actividades durante el día. ¿Qué dicen?

MODELO nosotros / tener / día / interesante
Nosotros tuvimos un día muy interesante.

1. yo / ir / Museo de Antropología
2. allí / poder ver / tocado de Moctezuma
3. Javier / ir / Palacio Nacional
4. Ángela y Lupe / ir / Mercado de San Ángel
5. todos nosotros / tener / día muy ocupado

E. **¿Cómo fue tu día?** Hazle preguntas a tu compañero(a) para saber cómo fue el día de ayer *(yesterday)*.

MODELO ir a la biblioteca

TÚ: **¿Fuiste a la biblioteca?**
COMPAÑERO(A): **Sí, fui a la biblioteca.** o
No, no fui a la biblioteca, fui al cine.

1. ir a un restaurante
2. tener un examen
3. poder hablar con tus padres
4. ir a todas tus clases
5. poder hacer toda la tarea
6. ir al cine
7. tener que trabajar mucho
8. poder estudiar mucho

Y ahora, ¡a conversar!

F. **¡Tantas cosas que hacer!** Prepara dos listas: una de responsabilidades y obligaciones que tienes para el fin de semana y otra de lo que te gustaría *(you would like)* hacer con tu tiempo libre. En grupos pequeños, comparen sus listas.

MODELO **Tengo que estudiar para un examen de inglés el domingo.**
Tengo ganas de ir a la playa el domingo.

G. **En un café.** En grupos pequeños, escriban una descripción de esta escena. Mencionen lo que todo el mundo está pensando. Digan también cómo se siente cada persona y lo que probablemente va a decirle al mesero.

H. Un fin de semana muy productivo. ¿Cómo fue el fin de semana de tus compañeros de clase? Hazles preguntas para saberlo. Cada vez que respondan afirmativamente, pídeles que firmen en el cuadrado apropiado. Recuerda que no se permite que una persona firme más de un cuadrado.

> MODELO   ir al cine
> TÚ: **¿Fuiste al cine durante el fin de semana?**
> COMPAÑERO(A): **No, no fui al cine.** (No firma.)   o
>   **Sí, fui al cine el sábado por la noche.** (Firma.)

Ir al cine	Tener que estudiar mucho	Tener que trabajar mucho	Tener mucho sueño todo el fin de semana
_____ Firma	_____ Firma	_____ Firma	_____ Firma
Tener una fiesta en casa	Ir de compras para toda la semana	Ir a comprar ropa	Tener que limpiar su cuarto
_____ Firma	_____ Firma	_____ Firma	_____ Firma
Tener un fin de semana divertido	Tener un fin de semana productivo	Poder descansar mucho	Tener alguna experiencia interesante
_____ Firma	_____ Firma	_____ Firma	_____ Firma
Ser afortunado(a)	Tener un momento difícil	Ser paciente en su trabajo	Ir a un concierto o a un recital
_____ Firma	_____ Firma	_____ Firma	_____ Firma

¡Luces! ¡Cámara! ¡Acción!

I. ¡Estoy muerto(a)! Tú y dos amigos(as) andan de compras en la Zona Rosa del D.F. Deciden entrar a un café porque tienen sed, calor y mucha hambre. Hablan un poco de su día y cuando el mesero viene, cada uno pide algo de beber y de comer. En grupos de cuatro, escriban primero la conversación que tienen ustedes tres, y luego con el mesero. Después, lean su diálogo delante de la clase. Pídanle a un(a) cuarto(a) compañero(a) que haga el papel de mesero(a).

J. ¿Un refresco? Es viernes por la tarde. Tú y dos amigos(as) van a un café cerca de la Universidad Autónoma de México. Primero piden algo para tomar y luego hablan un poco de lo que hicieron *(what you did)* durante el día. Dramatiza esta situación con dos compañeros(as) de clase.

Estrategias para leer: ojo a la puntuación

In a previous **A propósito*** you learned that Spanish requires upside-down question and exclamation marks in order to make the reader aware when a question or exclamation begins. Think of these marks as a courtesy of the writer to the reader. In addition, commas, colons, semicolons, parentheses and periods help us read smoothly and obtain maximum comprehension of the reading. They act as traffic signs that warn us of curves and obstacles, of the need to speed up, slow down, or stop, or simply to not change lanes, so that our reading produces a safe and fruitful journey.

The following list describes the role of some of the main punctuation marks in Spanish:

Signos de puntuación

Colon (:) (**dos puntos**)	Used to introduce. It can introduce just about anything: a word, a sentence, a phrase, a quotation, or a list. You should always pause after a colon when reading.
Comma (,) (**coma**)	Used primarily to indicate a short pause or to itemize.
Semicolon (;) (**punto y coma**)	Used to connect two ideas or sentences that are relatively close in content. It signals a pause, longer than a comma but shorter than a period.
Period (.) (**punto**)	Used as a stop sign to signal a much longer pause before starting with a new idea.

Prepárate para leer. The novel *Como agua para chocolate* is based on an old Mexican tradition that required the youngest daughter to remain single until her mother's death, while taking care of her. This is the fate of Tita, the protagonist of the novel. Before you read the text, state your opinion on the following.

1. En tu opinión, ¿es probable que todavía hoy exista esta tradición en México? Explica.

2. Si Tita cuida *(takes care of)* a su mamá, ¿quién cuida a Tita cuando finalmente es independiente?

3. Con dos compañeros(as) de clase, preparen una lectura dramática de este fragmento. Uno(a) lee la parte de Tita, otro(a) la parte de Mamá Elena y el (la) tercero(a) la parte del narrador. Presten mucha atención a los signos de puntuación para saber cómo y cuándo pausar. Presenten su lectura a la clase.

---

*Capítulo 1, Paso 3, página 42.

Lectura

Como agua para chocolate, una novela de la escritora mexicana Laura Esquivel, fue llevada a la pantalla *(movie screen)* por el director mexicano Alfonso Arau. Es la historia de Tita, una joven que es forzada por su madre a abandonar a su novio *(boyfriend)* y aceptar que él se case *(marry)* con la hermana mayor de Tita. Esquivel toma el título de su novela de una típica expresión mexicana: «estar como agua para chocolate» que significa «estar furioso(a)».

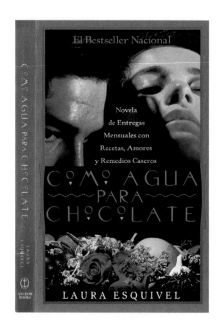

In the fragment on this page, Tita has just told her mother that her boyfriend wants to come talk to her. Her mother responds that if he is coming to ask for Tita's hand in marriage, he is wasting his time.

Como agua para chocolate (fragmento)
por Laura Esquivel

—¿Y de qué me tiene que venir a hablar ese señor?
Dijo Mamá Elena luego de un silencio interminable que encogió el alma de Tita. Con voz apenas perceptible respondió:
—Yo no sé.
Mamá Elena le lanzó una mirada que para Tita encerraba todos los años de represión que habían flotado sobre la familia y dijo:
—Pues más vale que le informes que si es para pedir tu mano, no lo haga. Perdería su tiempo y me haría perder el mío. Sabes muy bien que por ser la más chica de las mujeres a ti te corresponde cuidarme hasta el día de mi muerte.

A ver si comprendiste

Conteste estas preguntas sobre el fragmento.

1. ¿Quién viene a hablar con Mamá Elena?
2. ¿De qué quiere hablar con ella?
3. ¿Por qué dice Mamá Elena que si viene perdería su tiempo?
4. En tu opinión, ¿existen en Estados Unidos tradiciones similares? ¿Qué opciones tiene una persona cuando se le impone una tradición de este tipo?

CD1-33–1-35

PASO 1

Colores

amarillo(a)	yellow
anaranjado(a)	orange
azul	blue
blanco(a)	white
claro(a)	light
crema	light brown, beige
gris	gray
negro(a)	black
oscuro(a)	dark
rojo(a)	red
rosado(a)	pink
verde	green

Ropa

blusa	blouse
botas	boots
camisa	shirt
corbata	necktie
falda	skirt
jeans	jeans
pantalones (m.)	pants, trousers
pijama (m.)	pajamas
rebozo	Mexican shawl
sombrero	hat
suéter (m.)	sweater
traje (m.)	suit
vestido	dress
zapatos	shoes

Personas

esposo(a)	husband (wife)
figura	figure
gente	people
indígena (m./f.)	indigenous
mujer (f.)	woman

Cultura

artista (m./f.)	artist
autorretrato	self-portrait
bandera	flag
contrastar	to contrast
cuadro	painting
emoción	emotion
ir de compras	to go shopping
mercado	market

mercado al aire libre	open-air market
museo	museum
pirámide	pyramid
reflexión	reflection
representar	to represent
retrato	portrait
tradición	tradition

Verbos

almorzar (ue)	to eat lunch
desaparecer	to disappear
empezar (ie)	to begin
encontrar (ue)	to find
entender (ie)	to understand
llevar	to wear
pensar (ie)	to think
poder (ue)	to be able, can
preferir (ie)	to prefer
querer (ie)	to want
sacar	to take out
subir	to climb, go up
sugerir (ie)	to suggest
ver	to see
visitar	to visit
volver (ue)	to return

Palabras útiles

casi	almost
cielo	sky
impresionante	impressive
mente (f.)	mind
sol (m.)	sun
usado(a)	used
vez (f.)	time, instance

PASO 2

Tienda

caro(a)	expensive
descuento	discount
en oferta	on sale
en rebaja	at a reduced price
escaparate	display window
gastar	to spend
un par	two, one pair

Materiales

algodón (m.)	cotton
cuero	leather
lana	wool
mezclilla	denim
rayón	rayon
seda	silk

Ropa

botones	buttons
chaleco	vest
chaleco de mezclilla	denim vest
impermeable (m.)	raincoat
jeans de mezclilla	jeans
traje de noche	evening gown

Numbers above 200

See page 169.

Palabras y expresiones útiles

¡Con razón!	No wonder!
¿Qué se le ofrece?	How may I help you?
lindo(a)	pretty
listo(a)	smart

PASO 3

Bebidas

agua mineral	mineral water
agua sin gas	uncarbonated water
bebidas	drinks
café con leche	coffee with milk, caffe latte
caliente (m./f.)	hot
copa (copita) de vino	glass of wine
frío(a)	cold
leche	milk
limonada	lemonade
té (m.)	tea

Demostrativos y comparaciones

ese(a)	*that*
eso (neuter)	*that*
esos(as)	*those*
este(a)	*this*
esto (neuter)	*this*
estos(as)	*these*
tan... como	*as . . . as*
tanto como	*as much as*
tantos(as)... como	*as many as*

Comidas

botana	*hors d'oeuvre*
hamburguesa	*hamburger*
jamón	*ham, prosciutto*
limón	*lemon*
manzana	*apple*
naranja	*orange*
pollo	*chicken*
queso	*cheese*
tamarindo	*tamarind*
torta	*sandwich*

Modismos

tener calor	*to be hot*
tener éxito	*to succeed*
tener frío	*to be cold*
tener ganas de	*to feel like*
tener hambre	*to be hungry*
tener miedo de	*to be afraid of*
tener prisa	*to be in a hurry*
tener que	*to have to*
tener razón	*to be right*
tener sed	*to be thirsty*
tener sueño	*to be sleepy*
tener suerte	*to be lucky*
tener... años	*to be . . . years old*

Verbos

ofrecer	*to offer*
pedir (i)	*to ask for*
recomendar (ie)	*to recommend*

Palabras y expresiones útiles

¡Buena idea!	*Good idea!*
¿Qué desean?	*What would you like?*
¿Qué te parece?	*What do you think?*
aspirina	*aspirin*
preferido(a)	*preferred*

En preparación 4

4.1 Demonstrative adjectives*

Pointing out specific people, places, events, or things

Masculine		Feminine
este	*this*	esta
estos	*these*	estas
ese	*that*	esa
esos	*those*	esas
aquel	*that (over there)*	aquella
aquellos	*those (over there)*	aquellas

A. Demonstrative adjectives in English and Spanish are used to point out the relative distance of the speaker from a specific person, place, or thing.

1. When the person, place, event, or thing being pointed out is perceived to be at a physically close distance from the speaker, a form of **este** is used.

Este niño es muy inteligente.	*This child is very intelligent.*
Estas señoras son guías del museo.	*These ladies are guides in the museum.*

2. When perceived to be a little farther away from the speaker, a form of **ese** is used.

Esa mujer es mi esposa.	*That woman is my wife.*
Esos chicos son muy buenos.	*Those youngsters are very good.*

3. Finally, when perceived to be a far distance away from the speaker and the listener, a form of **aquel** is used.

Aquel hombre es mi profesor de español.	*That man (over there) is my Spanish professor.*
Aquellas computadoras son muy buenas.	*Those computers (over there) are very good.*

B. In Spanish, demonstrative adjectives must agree in *number* and *gender* with the nouns they modify.

Esas niñas son altas y delgadas.	*Those girls are tall and slim.*
Este señor es mi papá.	*This man is my father.*
Aquella joven baja y hermosa es mi hermana.	*That short and beautiful young woman is my sister.*

---

*Demonstrative pronouns are explained in Appendix G.

C. When referring to an abstract concept, an idea, a previous statement, or a situation—none of which has gender—or to an unknown object, the neuter forms—**esto, eso,** and **aquello**—are used.

Eso es muy interesante.   *That is very interesting. (That idea or what you just said.)*

Esto es para ti.   *This is for you. (The object is intentionally being kept unknown.)*

¡A practicar!

A. ¡Nunca satisfecho! You are traveling in Mexico with a friend who is a constant complainer. What does your friend say when you go into a restaurant to eat?

MODELO   **Estos niños son terribles.**

	refrescos son muy caros
Este	sillas no son cómodas
Esta	restaurante es muy caro
Estos	comida está muy fría
Estas	mesero es antipático
	señoras hablan constantemente

B. ¡Mira! You are enrolled in a special summer course at the University of Guadalajara. Now you are giving your parents a guided tour of the campus. What do you say as you point to various people and buildings?

MODELO   _____ edificio es la biblioteca.
                Ese edificio es la biblioteca.

1. _____ señor es el profesor de arte maya.
2. _____ estudiantes son mis compañeras de cuarto.
3. _____ casa es la Casa Internacional.
4. _____ personas trabajan en el Club Social.
5. _____ lugar es la administración.
6. Y _____ autobús va a mi casa.

C. ¡Qué guapos somos! Ten-year-old Anita is talking about her pictures during her first show-and-tell report at school. Replace the underlined word with the word in parentheses and make all other necessary changes.

1. Aquel señor es mi papá. Él es alto y simpático. (mamá)
2. Esa chica es mi amiga. Es baja y delgada. (chicos)
3. Aquellas muchachas tan guapas son mis hermanas. (amiga)
4. Esos edificios son muy modernos y originales. (casa)
5. Esta mujer es mi amiga. (hombres)
6. Ese auto rojo es de mi profesora de español. (bicicleta)

4.2 Present tense of *e* → *ie* and *o* → *ue* stem-changing verbs
Describing activities

Certain Spanish verbs undergo an **e** → **ie** or **o** → **ue** vowel change in all persons, except the **nosotros** and **vosotros** forms, whenever the stem vowel is stressed.

e → ie : cerrar *(to close)*		o → ue: poder *(to be able; can)*	
yo **cie**rro	nosotros(as) cerramos	yo **pue**do	nosotros(as) podemos
tú **cie**rras	vosotros(as) cerráis	tú **pue**des	vosotros(as) podéis
usted **cie**rra	ustedes **cie**rran	usted **pue**de	ustedes **pue**den
él, ella **cie**rra	ellos, ellas **cie**rran	él, ella **pue**de	ellos, ellas **pue**den

Other frequently used stem-changing verbs are the following:

empezar (ie)	*to begin*	almorzar (ue)	*to have lunch*
entender (ie)	*to understand*	contar (ue)	*to count*
pensar (ie)	*to think; to plan*	dormir (ue)*	*to sleep*
perder (ie)	*to lose*	encontrar (ue)	*to find*
preferir (ie)*	*to prefer*	volar (ue)	*to fly*
querer (ie)	*to want*	volver (ue)	*to return*

Note that in this text, stem changes will always appear in parentheses after the verb when listed in the vocabulary section and in the appendix. If two stem changes are indicated in parentheses, the first refers to the stem change in the present tense and the second to the stem change in the preterite tense.

¡A practicar!

A. ¡Qué diferente! How has your life changed since you began your studies at the **Universidad de Guadalajara?**

MODELO Mis clases (empezar) a las ocho de la mañana.
Mis clases empiezan a las ocho de la mañana.

1. Mis profesores (pensar) que soy un buen estudiante.
2. Yo (dormir) tres o cuatro horas al día.
3. Yo (almorzar) sólo un taco o un burrito.
4. En la mañana yo no (encontrar) estacionamiento *(parking)*. Es muy difícil.
5. Por eso, yo (preferir) ir en autobús.
6. Yo (pensar) que mi vida en casa es más fácil.

---

*All **-ir** stem-changing verbs also undergo a one-vowel change **e** → **i** or **o** → **u** in the present participle form of the verb: **prefiriendo, durmiendo.**

B. De vacaciones en México. Mr. and Mrs. Acuña are on vacation in Mexico City. Find out what they have planned for the day by completing the paragraph with the correct form of the verbs in parentheses.

Hoy nosotros _____ (pensar) ir al Museo Nacional de Antropología. Yo _____ (querer) aprender algo de la cultura azteca. Mi esposo _____ (preferir) estudiar la cultura de Oaxaca. Él _____ (pensar) que si nosotros _____ (empezar) muy temprano _____ (poder) ver todo lo que deseamos. Él no _____ (entender) que es imposible ver todo en un día. Pero no importa, mañana él _____ (volver) a pasar todo el día aquí en el museo y yo _____ (poder) ir de compras.

C. Somos guías. Get to know Felipe and David, museum guides in Mexico City, by completing the paragraph with the correct form of the verbs in parentheses.

Me llamo Felipe y mi amigo es David; somos guías aquí en el museo. David y yo hablamos inglés, francés y, por supuesto, español. Muchas personas no _____ (entender) español y _____ (preferir) una excursión en otro idioma. Nosotros _____ (empezar) a trabajar a las diez de la mañana. Las visitas _____ (empezar) a las diez y media de la mañana. A las dos de la tarde yo _____ (almorzar) en la cafetería del museo. David no _____ (almorzar) hasta las tres. Nosotros _____ (volver) al trabajo una hora y media después de almorzar. El museo _____ (cerrar) a las seis y media.

Paso 2

4.3 Numbers above 200

 Counting and writing checks

CD1-32

200	doscientos
225	doscientos veinticinco
300	trescientos
400	cuatrocientos
500	quinientos
600	seiscientos
700	setecientos
800	ochocientos
900	novecientos
1.000	mil
1.005	mil cinco
2.000	dos mil
7.000	siete mil
12.045	doce mil cuarenta y cinco
99.999	noventa y nueve mil novecientos noventa y nueve
154.503	ciento cincuenta y cuatro mil quinientos tres
1.000.000	un millón
25.100.900	veinticinco millones cien mil novecientos

A. When the numbers between 200 and 900 precede a feminine noun, they must end in **-as**.

300 camisas	trescient**as** camisas
450 blusas	cuatrocient**as** cincuenta blusas

Remember that the numbers between 30 and 90 always end in **-a**.

ciento treint**a** hombres	cuatrocientos cincuent**a** libros

B. **Mil** means *one thousand* or *thousand*. It is *never* preceded by **un**. Its plural, **miles,** meaning *thousands*, is never used when counting.

1.994	mil novecientos noventa y cuatro
100.000	cien mil

C. An even million is expressed as **un millón.** Two or more million are expressed with the plural form **millones.** When a number in the millions precedes a noun, it is always followed by **de.**

1.000.000	un millón
2.000.000	dos millones
4.000.000 habitantes	cuatro millones **de** habitantes

D. In most Spanish-speaking countries, written numerals use a period where English uses a comma, and vice versa.

1.500 estudiantes	*1,500 students*
79,5 por ciento	*79.5 percent*

As in English, the year in a date is generally written without punctuation. However, where the numbers in a date in English are often expressed in pairs, Spanish uses every number.

1632	*sixteen thirty-two*
1632	**mil seiscientos treinta y dos**

¡A practicar!

A. **¡A pagar cuentas!** Imagine that you are spending your junior year abroad at the **Universidad de las Américas** in Puebla, Mexico. Today you are writing checks to pay your bills. Write out the following amounts.

1. alquiler: 630
2. comida con la Sra. Rocha: 269
3. matrícula *(registration)*: 4.579
4. libros: 315
5. televisión por cable/acceso a Internet: 519
6. préstamo *(loan)* del Banco Nacional: 7.753

B. **¡Presupuesto!** How much do you (or your parents) spend on your education? Work out a budget for an academic school year by indicating how much you spend in each of the following categories. Then write out each number as if you were writing a check to cover that amount. (**¡En español, por supuesto!**)

1. habitación
2. comida
3. auto
4. libros
5. ropa
6. matrícula
7. diversiones

C. **Las fechas.** Write the following dates in numerals.

1. mil quinientos treinta y cinco
2. mil novecientos sesenta y uno
3. dos mil tres
4. mil seiscientos treinta y cuatro
5. mil ochocientos catorce
6. dos mil cincuenta

D. **Años.** Write out the following dates in words.

1. 2004
2. 1939
3. 1961
4. 1927
5. 512
6. 711

4.4 Comparisons of equality

Stating equivalence

Comparisons of equality fall into three categories: comparisons of nouns, comparisons of adverbs or adjectives, and comparisons of verbs.

A. **Tanto(a, os, as)... como** *(as much/many . . . as)* is used to compare nouns. In these expressions, **tanto** is an adjective and always agrees with the noun being compared. The noun itself may be expressed or implied.

Pago **tantas** cuentas **como** tú.	*I pay as many bills as you do.*
Pero no pagas **tantas** (cuentas) **como** tu hermano.	*But you don't pay as many (bills) as your brother does.*

B. **Tan... como** *(as . . . as)* is used to compare adjectives or adverbs. **Tan** precedes the adjective or adverb, and **como** follows it.

Esta falda es **tan cara como** la de seda.	*This skirt is as expensive as the silk one.*
Pero en ésta no te ves **tan bien como** en la de seda.	*But in this one you don't look as good as in the silk one.*

C. **Tanto como...** is used to compare actions.

Los pilotos viajan **tanto como** los aviones.	*Pilots travel as much as the airplanes.*

¡A practicar!

A. ¡Somos iguales! You have found friends at the **Universidad de Guadalajara** who are very much like you. Tell what you have in common with the following people.

MODELO yo / activo / Juan
Yo soy tan activo como Juan.

1. María / atlético / yo
2. tus amigos / popular / yo
3. yo / divertido / tus amigos
4. papá / rico / el papá de Isabel
5. mamá / guapo / la mamá de Juana
6. yo / conservador / Antonio

B. ¡Tanto como tú! María, a new friend of yours at the **Universidad de Guadalajara,** always wants to keep up with her friends. What does she do to be exactly like her friends?

MODELO María / comprar / zapatos / Carmen
María compra tantos zapatos como Carmen.

1. María / comprar / ropa / Beatriz
2. María / leer / Isabel
3. María / tener / amigos / José
4. María / trabajar / Miguel
5. María / ganar / dinero / Samuel
6. María / organizar / fiestas / Paco

C. Son gemelas. The family you are staying with in Guadalajara has identical teenage twins, Tere and Pepa. Compare the two of them.

MODELO ropa
Tere tiene tanta ropa como Pepa.
simpático
Tere es tan simpática como Pepa.

1. zapatos
2. inteligente
3. rubio
4. alto
5. blusas y faldas
6. libros

Paso 3

4.5 Idioms with *tener*

Expressing feelings, obligations, and age

An idiom is a group of words with a clear meaning in one language that, when translated word for word, doesn't make any sense or sounds strange in another language. For example, in English the expression *to be tied up at the office* means "to be busy" and not "to be tied up with ropes." Many ideas, both in English and in Spanish, are expressed with idioms and simply must be learned. Literal translation does not work with idioms.

Following is a list of idioms with the verb **tener** that are frequently expressed with the verb *to be* in English.

tener calor	*to be hot*
tener éxito	*to succeed, to be successful*
tener frío	*to be cold*
tener hambre	*to be hungry*
tener miedo de	*to be afraid of*
tener prisa	*to be in a hurry*
tener razón	*to be right*
no tener razón	*to be wrong*
tener sed	*to be thirsty*
tener sueño	*to be sleepy*
tener suerte	*to be lucky*
tener... años	*to be . . . years old*

Tengo mucha prisa ahora.   *I'm in a big hurry right now.*
Tenemos mucho calor y los niños   *We're very hot, and the children are*
    tienen mucha sed.   *very thirsty.*

Other frequently used idioms with **tener** are the following:

tener que + *infinitive*	*to have to (do something)*
tener ganas de + *infinitive*	*to feel like (doing something)*

Tengo que estudiar ahora.   *I have to study now.*
No tengo ganas de comer.   *I don't feel like eating.*

¡A practicar!

A. Asociaciones. Write the **tener** idioms you associate with a friend and each of the following.

MODELO   1 + 4 = 7
          No tiene razón.

1. Frankenstein
2. Alaska
3. hamburguesa
4. Puerto Vallarta: 90°F
5. 5 − 5 = 0
6. Las Vegas o Atlantic City
7. dos y media de la mañana

B. **¿Qué les pasa?** Select the response that best explains each description.

1. La señora Rivera dice que necesita su suéter inmediatamente.
   a. Tiene frío.
   b. Tiene miedo.
   c. Tiene suerte.

2. El señor González necesita agua bien fría, ¡pronto!
   a. Tiene hambre.
   b. Tiene razón.
   c. Tiene sed.

3. Hace tres días que los niños no comen nada.
   a. Tienen prisa.
   b. Tienen hambre.
   c. Tienen éxito.

4. ¡Mi autobús sale en un minuto!
   a. Tengo que dormir.
   b. Tengo que leer.
   c. Tengo prisa.

5. Mi profesora insiste en que América se descubrió en 1492.
   a. Tiene prisa.
   b. Tiene razón.
   c. Tiene miedo.

6. ¡El señor Peña regresa de Las Vegas con cinco mil dólares!
   a. Tiene sueño.
   b. Tiene suerte.
   c. No tiene ganas.

4.6 Preterite of *ir, ser, poder,* and *tener*

Narrating in past time

The preterite is a past tense in Spanish. It is used to talk about what has already happened.

ir/ser				poder				tener			
yo	fui	nosotros(as)	fuimos	yo	pude	nosotros(as)	pudimos	yo	tuve	nosotros(as)	tuvimos
tú	fuiste	vosotros(as)	fuisteis	tú	pudiste	vosotros(as)	pudisteis	tú	tuviste	vosotros(as)	tuvisteis
usted	fue	ustedes	fueron	usted	pudo	ustedes	pudieron	usted	tuvo	ustedes	tuvieron
él, ella	fue	ellos, ellas	fueron	él, ella	pudo	ellos, ellas	pudieron	él, ella	tuvo	ellos, ellas	tuvieron

Nosotros **fuimos** ayer.	*We went yesterday.*
¿Cuándo **fue** la fiesta?	*When was the party?*
No **pude** ir.	*I wasn't able to go.*
Ellos no **tuvieron** tiempo.	*They didn't have time.*

A. The preterite of **poder, tener,** and most irregular verbs is formed by adding **-e, -iste, -o, -imos, -isteis, -ieron** to their irregular stems: **poder: pud-,** and **tener: tuv-.**

B. The preterite forms of **ser** and **ir** are identical. Context will clarify the meaning.

Anoche Joaquín **fue** a ver la película
   Lo que el viento se llevó.

*Last night Joaquín went
   to see the movie* Gone with the Wind.

Vivien Leigh **fue** la actriz principal.

Vivien Leigh was the leading actress.

¡A practicar!

A. **¡Qué rutina!** You had a busy schedule yesterday. How busy was it?

MODELO   Yo (tener) tres clases por la mañana.
       Yo tuve tres clases por la mañana.

1. A las ocho _____ (tener / yo) un examen.
2. El examen _____ (ser) largo y muy difícil.
3. Yo no _____ (poder) terminarlo.
4. Por la tarde, yo _____ (ir) a mi trabajo.
5. Mi compañero no _____ (poder) ir a trabajar.
6. Entonces Miguel y yo _____ (tener) que trabajar hasta la noche.
7. ¡ _____ (ser) un día terrible!

B. **Y ahora... de vacaciones.** You just returned from spending two weeks traveling in Mexico with a friend. Now you are sharing your experience with your parents.

Nuestras vacaciones en México _____ (ser) excelentes. _____ (Poder / nosotros) visitar muchos lugares. Cerca de la Ciudad de México, _____ (ir / nosotros) a las ruinas de Teotihuacán. Allí Tomás _____ (poder) sacar fotografías extraordinarias, especialmente de las Pirámides del Sol y de la Luna. Cuando yo _____ (ir) al Museo Nacional de Antropología, _____ (poder / yo) comprar muchos recuerdos (*souvenirs*). El arte de México es fenomenal.

El barrio «La Recoleta» en Buenos Aires

Un barrio popular de Buenos Aires

CAPÍTULO 5

¡Caminito a... Argentina!

El barrio «La Boca» en Buenos Aires

¡Las fotos hablan!

A. A que ya sabes... En tu opinión, y basándote en estas fotos...

1. ¿En qué barrio crees que vive la mayoría de los estudiantes porteños (de Buenos Aires)?
   ☐ La Recoleta ☐ La Boca ☐ un barrio popular

2. ¿Cuál es el barrio más caro para vivir de estos tres?
   ☐ La Recoleta ☐ La Boca ☐ un barrio popular

3. Si vas a estudiar un semestre a la Argentina, ¿a qué barrio prefieres ir a vivir?
   ☐ La Recoleta ☐ La Boca ☐ un barrio popular

4. Si quieres salir de noche en Buenos Aires, ¿en qué barrio prefieres estar?
   ☐ La Recoleta ☐ La Boca ☐ un barrio popular

B. La vivienda ¿Dónde crees que los estudiantes universitarios de Buenos Aires pueden encontrar lo siguiente, en La Recoleta (**R**), La Boca (**B**) o en un barrio popular (**BP**)?

_____ departamentos sin muebles   _____ pensiones   _____ residencias estudiantiles

_____ departamentos amueblados   _____ casas privadas   _____ alquiler bajo

_____ edificios de departamentos   _____ habitación en casa privada   _____ alquiler caro

In this chapter, you will learn how to . . .

- describe your family.

- inquire about renting an apartment.

- describe an apartment and its furnishings.

- describe how you and people you know have changed.

- compare and contrast personal characteristics.

Mi Buenos Aires querido

TAREA

Antes de empezar este Paso,
estudia la lista de vocabulario
en la página 202 y practícalo al
escuchar el surco 6 de tu Text
Audio CD #2. Luego estudia
En preparación.

5.1 Adverbs of time,
     página 204

5.2 Prepositions,
     página 205

Haz por escrito los ejercicios de
¡A practicar!

Escucha la sección *¿Qué se
dice...?* del Capítulo 5, Paso 1, en
el surco 2 del Text Audio CD y haz
la actividad correspondiente en
la página 179.

A propósito...

En Argentina se dice
departamento en lugar
de **apartamento**, **pileta**
en lugar de **piscina**, **living**
en lugar de **sala de estar**,
heladera en lugar **de nevera**, **estacionamiento** en
lugar de **garaje**, **colectivo**
en lugar de **autobús** y
subte en lugar de **subte-
rráneo** o **metro**. En este
capítulo damos preferen-
cia a este vocabulario
que, además, es com-
prensible para la mayoría
de los hispanohablantes.

¿Eres buen observador?

DEPARTAMENTOS DISPONIBLES

Departamentos: de uno, dos o tres dormitorios, con sala, comedor
y cocina; amueblados: sofás, sillones, heladera, mesas,
sillas, camas, escritorios, lámparas, cochera
Alquiler: Variable de $800–$2400
Disponibilidad: Inmediata
Condiciones especiales: No se permiten animales domésticos

Ahora, ¡a analizar!

1. Este anuncio es para alquilar / vender / comprar / construir departamentos.
2. Los departamentos más grandes tienen _____ habitaciones.
3. Si yo alquilo uno de estos departamentos puedo poner en el living (**L**) y en los
   dormitorios (**D**) ...

_____ el sofá   _____ la heladera   _____ la silla   _____ el escritorio   _____ la mesita
                                                                                    de noche

_____ el sillón   _____ la mesa   _____ la cama   _____ la lámpara   _____ el equipo
                                                                                    de sonido

4. Si el dólar estadounidense vale cuatro pesos argentinos, ¿cómo se compara el
   alquiler en Buenos Aires al de tu ciudad?

Al buscar un departamento en Buenos Aires

CD2-2

- El departamento está / no está disponible.
- El departamento está cerca / lejos de la universidad.
- La parada del colectivo / entrada al subte está cerca de casa.
- Indica en el mapa el lugar donde está el departamento.

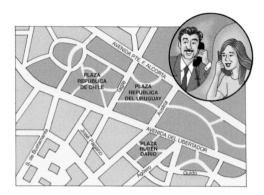

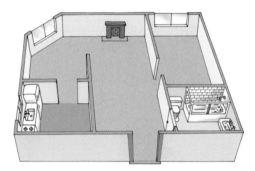

DOLORES:	¿Cuántas habitaciones tiene?
SEÑOR P.:	Cuatro: un dormitorio, la sala, el comedor y la cocina... y un baño, por supuesto.
DOLORES:	¿Está amueblado?
SEÑOR P.:	No, no incluye muebles.
DOLORES:	¿Cuánto es el alquiler?
SEÑOR P.:	Es barato, sólo 900 pesos al mes, estacionamiento incluído.
DOLORES:	¿Está desocupado y disponible ahora?
SEÑOR P.:	Sí, puede mudarse a fines de este mes.
DOLORES:	¡Ah! Una pregunta más. ¿Permite animales domésticos? Tengo una linda gatita.
SEÑOR P.:	Lo siento, señorita, pero no permito ni gatos ni perros.
DOLORES:	¿No? Entonces, no me interesa. Gracias por la información, ¡adiós!

Ahora Dolores está con sus amigas Claudia y Beatriz, la hermanastra de Claudia. Dolores está contándoles los problemas que tiene para encontrar un departamento.

DOLORES:	¡Es terrible! Busco y busco y no encuentro nada. Nadie permite tener animales domésticos... y yo no puedo vivir sin mi gatita.
CLAUDIA:	Cálmate, che. No te preocupes. Vas a encontrar algo.
BEATRIZ:	Claudia, ¿y el edificio de departamentos de papá?
CLAUDIA:	¡Tenés razón, Beatriz! Escúchame, che. Mi padrastro siempre tiene departamentos disponibles, y él sí acepta animales domésticos.
DOLORES:	¡Bárbaro! ¡Vamos a llamar enseguida!

¿Sabías que...?

En Argentina y Uruguay, así como en grandes partes de Paraguay, Guatemala, El Salvador, Costa Rica y en ciertas regiones de Nicaragua, Colombia, Chile, Bolivia y Ecuador, se usa el voseo, es decir, el **tú** y sus formas verbales se substituyen con el pronombre **vos** y sus formas verbales. En estas áreas se dice **vos sos** en lugar de **tú eres, vos tenés** por **tú tienes, vos venís** por **tú vienes,** y **vos hablás** por **tú hablas,...** En Argentina también se usan expresiones como **che**, que viene del guaraní y significa **hombre** o **mujer**, y **chau**, que viene del italiano y se usa como saludo informal para decir **hasta luego** o **adiós.**

En tu opinión: ¿Cuál será el origen del voseo? ¿Por qué crees que el voseo se usa solamente en ciertas regiones de Latinoamérica y no en otras? ¿Por qué será que los argentinos y uruguayos usan expresiones que vienen del guaraní y del italiano?

Ahora, ¡a hablar!

A. **¿Dónde lo pongo?** Tú y un(a) amigo(a) acaban de alquilar un departamento idéntico al de la página 179. Ahora tienen que decidir dónde poner los muebles. Pregúntense dónde deben poner estos muebles.

MODELO   TÚ: **¿Dónde pongo el sofá?**
           COMPAÑERO(A):   **En el living, por favor.**

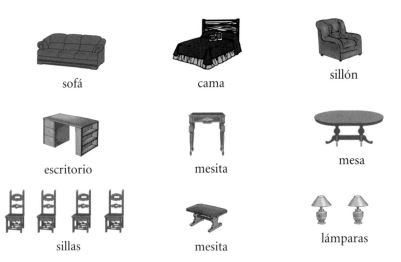

sofá   cama   sillón

escritorio   mesita   mesa

sillas   mesita   lámparas

EP 5.1

B. **¿Con qué frecuencia?** Pregúntale a un(a) compañero(a) con qué frecuencia hace estas cosas.

MODELO   ir al banco

                TÚ: **¿Con qué frecuencia vas al banco?**
         COMPAÑERO(A):   **Voy al banco una vez a la semana.**

siempre   todos los días   a veces   nunca

1. organizar fiestas en su casa
2. ir a clase
3. hacer la tarea
4. dormir en la clase
5. estudiar
6. ir a la biblioteca

C. **¿Dónde está la gatita?** Perla, la gatita de los Cortázar Donetti, es muy activa. ¿Puedes decir dónde está ahora?°

EP 5.2

Vocabulario útil

a la izquierda / a la derecha   cerca de / lejos de   encima de / debajo de
delante de / detrás de   enfrente de   entre / sobre

A propósito...

En los países hispanos es común usar dos apellidos (last names), por ejemplo, Castillo Torres. El primer apellido siempre es el apellido del padre; el segundo, es el apellido de la madre.

Debido a la inmigración europea, un gran porcentaje de la población argentina no tiene apellidos hispanos sino italianos, alemanes e ingleses.

MODELO   **La gatita está encima de la nevera.**

1.   2.    3.    4.

5.    6.    7.    8.

D. **¿Quién es quién?** En la familia de Dolores, ¿cómo están relacionadas las siguientes personas? (La relación indicada entre paréntesis es la de cada persona con Dolores.)

MODELO   Andrés, Mónica y Víctor Hugo
           Andrés y Mónica son hermanos. Andrés es primo de Víctor Hugo.

1. Carlos Javier y Andrés
2. Marcela y Coya
3. Beatriz e Irene

4. Zunilda y Mónica
5. Víctor Hugo y Amelia

EP 5.2

E. **¿Mi habitación?** Te interesa mucho alquilar un departamento en el edificio donde vive tu compañero(a) de clase. Hazle preguntas para conseguir toda la información que necesitas sobre el departamento.

1. ¿Dónde está el departamento? ¿Cuál es la dirección exacta?
2. ¿Está lejos o cerca de la universidad? ¿y del centro?
3. ¿Está cerca de la parada del colectivo?
4. ¿Cuántos dormitorios tiene?
5. ¿Está amueblado? ¿Qué muebles tiene?
6. ¿Son nuevos o viejos los muebles?
7. ¿Es caro? ¿Cuánto es el alquiler?
8. ¿Está desocupado ahora?
9. ¿Permiten animales domésticos?

Y ahora, ¡a conversar!

F. **¿Mi familia?** Usando el vocabulario de las páginas 202 y 203, dibuja el árbol genealógico de tu familia. Sigue el modelo del ejercicio D de la sección anterior. Luego, sin permitir que nadie lo vea, descríbele tu árbol a un(a) compañero(a) mientras él (ella) lo dibuja. Cuando termines de describirlo, compara tu dibujo con el dibujo de tu compañero(a) para ver si lo explicaste bien. Finalmente, repite el proceso pero esta vez tú debes dibujar mientras tu compañero(a) describe su árbol genealógico.

G. **Dímelo tú dónde está.** Usando tu *¡Dímelo tú!* como referencia, coloca tu lápiz, bolígrafo o teléfono celular (desconectado, ¡por supuesto!) en distintos lugares alrededor *(around)* del libro y pregúntale a tu compañero(a) dónde está cada objeto. Luego alterna con él/ella.

MODELO   TÚ: **¿Dónde está el teléfono?**
COMPAÑERO(A): **El teléfono está detrás del libro.**

Vocabulario útil

a la izquierda / a la derecha
delante de / detrás de
cerca de / lejos de
junto a / al lado de
a la izquierda de / a la derecha de
entre / sobre
enfrente de

H. **Mi habitación.** Dibuja tu habitación. Incluye todos los muebles, ventanas, ropero/armario, televisor, etc. Luego, en una segunda hoja de papel dibuja un esquema *(outline)* de tu habitación e indica el sitio de la cama, nada más. Dale el esquema a tu compañero(a) y mientras tú describes tu habitación, mencionando el sitio de cada objeto, tu compañero(a) va a dibujar todos los muebles en su lugar. Al terminar, compara tu dibujo original con el de tu compañero(a) para ver si explicaste bien. Repitan el proceso, pero esta vez tu compañero(a) describe su habitación y tú dibujas.

¡Luces! ¡Cámara! ¡Acción!

I. **¡Es demasiado caro!** Tú y un(a) amigo(a) van a ser estudiantes de la Universidad de Buenos Aires y necesitan un departamento para el próximo semestre. Van a hablar con el dueño de unos departamentos. Hacen muchas preguntas sobre el lugar, el tamaño, los muebles, el precio y la disponibilidad del departamento. En grupos de tres, escriban la conversación que tienen. Luego léanla delante de la clase.

J. **Un perrito encantador.** Un matrimonio *(married couple)* joven en Buenos Aires necesita un departamento para tres: ellos dos y Chuchi, su perrito. En grupos de tres, dramaticen esta situación entre el matrimonio y el (la) dueño(a).

Un paso atrás, dos adelante: Capítulo 4

Repasemos. En el **Capítulo 4** aprendiste a describir la apariencia y la personalidad de la gente; aprendiste a expresar preferencias, a discutir precios, a hacer comparaciones, a comprar ropa, a pedir una bebida en un café y a hablar de lo que tú y otros hicieron. Repasa ahora lo que sabes, completando el siguiente texto con las palabras necesarias. Puedes inventar la información.

En el Palacio de Hierro, en México.

LA DEPENDIENTA: _____ [saludo formal]. ¿En qué _____ [presente del verbo **poder**] ayudarle?

TÚ: _____ [saludo informal]. Sí, _____ [presente progresivo del verbo **buscar**] una blusa.

LA DEPENDIENTA: Usted _____ [expresión idiomática con **tener**] ver éstas que tenemos aquí. Aquí, por favor. Mire, éstas _____ [presente del verbo **tener**] el 30% de descuento, y _____ [son/están] de moda.

TÚ: ¿Y _____ [adverbio interrogativo] cuestan?

LA DEPENDIENTA: El precio original es de _____ [699] pesos, pero con el descuento quedan en menos de _____ [500]. ¡Una ganga! Son _____ _____ _____ [comparación de igualdad: **baratos**] âquellas que, honestamente, están pasados de moda.

TÚ: Sí, yo _____ [pretérito del verbo **tener**] unas así el año pasado.

¿Comprendes lo que se dice?

Estrategias para escuchar: reconocer sufijos

In **Capítulo 4** you learned to listen for stress variations (accents) in English and Spanish cognates. You will recognize more cognates if you learn to listen for corresponding suffixes and common word endings.

Following is a list of three corresponding suffixes or word endings in Spanish and English. Recognizing them makes cognates much easier to understand.

Español	**Inglés**	**Español**		**Inglés**
perfecta**mente**	*perfectly*	**-mente**	=	*-ly*
generosi**dad**	*generosity*	**-dad**	=	*-ty*
urg**ente**	*urgent*	**-ente**	=	*-ent*

Reconocer sufijos. Escucha la conversación de Guillermo, un estudiante universitario, con su amiga Dolores. *(With a partner, see how many* **-mente, -dad***, and* **-ente** *cognates you can recognize. Write them down and share your list with the rest of the class.)*

¿Está disponible? Vuelve a escuchar la conversación de Guillermo con su amiga Dolores. Luego compara el lugar donde tú vives ahora con el nuevo departamento de Guillermo. Describe tu alojamiento en la columna de la izquierda, el de Guillermo en la columna de la derecha y lo que tienen en común en la columna del medio.

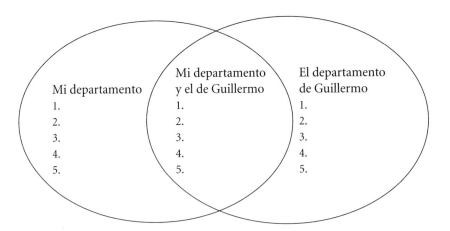

Mi departamento
1.
2.
3.
4.
5.

Mi departamento y el de Guillermo
1.
2.
3.
4.
5.

El departamento de Guillermo
1.
2.
3.
4.
5.

Argentina

Capital: Buenos Aires
Área: 2.736.690 kms^2
Población: 37.812.817 (julio 2002)
Unidad monetaria: el peso argentino
Clima: templado en general, árido en el sureste y sub-antártico en el suroeste

Antes de empezar, dime...

Contesta estas preguntas para reflexionar un poco sobre los Estados Unidos.

1. ¿Cuál es la población de los Estados Unidos? ¿Qué porcentaje (%) de sus habitantes es de origen europeo? ¿de origen indígena?
2. ¿Ha tenido los Estados Unidos un dictador en control del gobierno alguna vez en su historia? Explica tu respuesta.
3. ¿Qué papel *(role)* o control tienen los militares en los Estados Unidos? ¿Imponen su voluntad o fuerza en el gobierno estadounidense? Explica tu respuesta.

Las madres de la Plaza de Mayo, Buenos Aires

Argentina inmensa

Argentina es un país inmenso, con una superficie de 2.808.602 kms^2 (dos millones, ochocientos ocho mil, seiscientos dos kilómetros cuadrados), cuatro veces más grande que el estado de Texas, y es el país hispanohablante más grande del mundo. Su geografía es muy variada: En el norte están las grandes y ricas llanuras llamadas «las pampas». En el sur se encuentra una enorme meseta llamada Patagonia. En la frontera oeste se encuentran los impresionantes Andes. Argentina tiene una larga costa localizada estratégicamente entre los océanos Atlántico y Pacífico. La distancia entre el norte y el sur es de 3.460 kilómetros, una distancia casi tan grande como la que existe entre Nueva York y Los Ángeles. El país cuenta con 32 áreas protegidas que ocupan alrededor de tres millones y medio de hectáreas, lo que equivale al 1,25% del territorio nacional. Estas áreas representan la mayor parte de la biodiversidad del país. Destacan entre ellos el Parque Nacional Los Glaciares y el de Iguazú, declarados «patrimonio mundial» por la UNESCO en 1981 y en 1984 respectivamente.

La población de Argentina supera los 38.000.000 de habitantes, muchos de ellos descendientes de inmigrantes europeos, que comenzaron a llegar a partir de mediados del siglo XIX. Entre 1880 y 1905 llegaron a Buenos Aires, y a otras ciudades del interior, tres millones de europeos. Más tarde, la inestabilidad europea, tras las dos guerras mundiales y la gran depresión económica de comienzos del siglo XX, motivaron la llegada de otros siete millones de inmigrantes entre 1905 y 1950. La mayoría de estos inmigrantes vinieron de España e Italia. Pero muchos también llegaron de Alemania, Francia, Inglaterra, Polonia, Rusia y Ucrania.

Argentina, políticamente, como la mayoría de los países del continente, sufrió durante su historia postcolonial las consecuencias del enfrentamiento entre liberales y conservadores, y últimamente, una dictadura militar de 1976 hasta 1983. La «guerra sucia» de los militares argentinos contra los opositores fue terrible, con miles de muertos y de desaparecidos. En octubre de 1987 volvió la democracia a Argentina, con la elección de Raúl Alfonsín como presidente.

Viajemos por el ciberespacio a... ARGENTINA

If you are a cyberspace surfer, try entering one of the following key words to get to many fascinating sites in **Argentina:**

Inmigración en Argentina

Buenos Aires

Parques Nacionales de Argentina

Or, better yet, simply go to the *¡Dímelo tú!* website using the following address: http://dimelotu.heinle.com

There, with a simple click, you can

- learn about Italian immigration to Argentina in the 19th and 20th centuries.
- stroll through some of the most beautiful **barrios** of Buenos Aires.
- visit some of the most magnificent natural parks in the world.

Y ahora, dime...

Con un(a) compañero(a) de clase, preparen un esquema como el siguiente y complétenlo con información de la lectura.

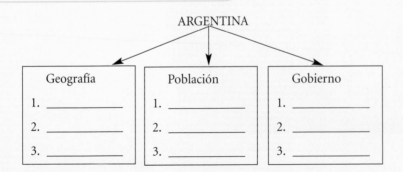

ARGENTINA

Geografía	Población	Gobierno
1. _____	1. _____	1. _____
2. _____	2. _____	2. _____
3. _____	3. _____	3. _____

¡Vos tenés que ver ese departamento, che!

¿Eres buen observador?

¡Mirá, che, nuestros departamentos lucen mejor... !

Departamentos Sosa

- Amplias habitaciones
- Muebles nuevos
- Dormitorios decorados al gusto
- Cocinas modernas
- livings comodísimos

Departamentos Sigüenza

- Habitaciones pequeñas
- Muebles en malas condiciones
- Dormitorios oscuros
- Cocinas sucias
- Salas mal cuidadas

TAREA

Antes de empezar este Paso, estudia la lista de vocabulario en las páginas 202–203 y practícalo al eschuchar el surco 7 de tu Text Audio CD #2. Luego estudia *En preparación.*

5.3 **Ser** and **estar**: A second look, páginas 206–207

Haz por escrito los ejercicios de *¡A practicar!*

Escucha la sección *¿Qué se dice...?* del Capítulo 5, Paso 2, en el surco 4 del Text Audio CD y haz la actividad correspondiente en la página 188.

Ahora, ¡a analizar!

Y vos, che, ¿qué pensás? Sí, ¿qué pensás de los Departamentos Sosa y de los Departamentos Sigüenza?

Bueno, en los Departamentos Sosa...

los muebles son nuevos

las salas están mal cuidadas

los dormitorios son oscuros

las cocinas están sucias

las habitaciones son amplias

los livings son comodísimos

Bueno, en los Departamentos Sigüenza...

las habitaciones son pequeñas

los dormitorios están decorados al gusto

los muebles están en malas condiciones

¿Qué se dice... ?

CD2-4

Al describir la habitación

Indica con una **M** si la madre dice lo siguiente y con una **H** si la hija lo dice.

1. _____ ¡Es un desastre!
2. _____ Está sucio.
3. _____ Son de bonitos colores.
4. _____ Son muy cómodos.
5. _____ Están en malas condiciones.
6. _____ ¡Son de plástico!

> **A propósito...**
>
> **No tienes ni...** se traduce al inglés como *You don't have any . . .* o *You don't even have . . .*

MADRE: Por Dios, Dolores, este dormitorio es tan pequeño y tan oscuro. ¡No tenés ni una ventana!

DOLORES: Así duermo mejor, mamá.

MADRE: ¡Ay, hija! El baño está muy sucio.

DOLORES: ¡Pero qué difícil estás hoy, mamá! No está sucio. Simplemente es tan viejo que es imposible limpiarlo.

MADRE: Es que no comprendo cómo podés vivir aquí, hija.

DOLORES: Estoy muy cómoda aquí. El departamento está en el centro, cerca de la calle Florida, del subte, cerca de todo. Y mamá, con el dinero que tengo, es imposible alquilar uno mejor.

¿Sabías que...?

La riqueza tradicional de Argentina viene de la exportación de carne *(meat)*. Un 52% (por ciento) del país se dedica a la ganadería *(cattle raising)*. Argentina es el líder mundial en producción de carne. Los argentinos consumen mucha carne y no hay fiesta sin una buena parrillada *(Argentine barbecue)*.

Un subproducto de la carne argentina es el cuero *(leather)*, y el lugar donde se puede comprar la última moda en cuero —zapatos, chaquetas, bolsos— es en la calle Florida, en el centro de la ciudad.

🔍 **En tu opinión:** ¿Por qué hay tanto ganado *(cattle)* en Argentina? ¿En qué crees que consiste la parrillada argentina? ¿Crees que son caros los objetos de cuero argentinos?

Ahora, ¡a hablar!

A. **¡Por Dios, Dolores!** Indica si es la madre (**M**) o Dolores (**D**) quien dice lo siguiente de la habitación de Dolores en el *¿Qué se dice?*

_____ 1. El baño está sucio.
_____ 2. Qué difícil estás.
_____ 3. El dormitorio es oscuro.
_____ 4. Es mejor para dormir.
_____ 5. Simplemente es viejo.
_____ 6. El dormitorio es tan pequeño.
_____ 7. Es imposible limpiarlo.
_____ 8. Estoy cómoda aquí.
_____ 9. El departamento está en el centro.

B. **¡No soporto ni un día más aquí!** Zunilda, una estudiante de la Universidad de Palermo, acaba de alquilar *(just rented)* otro departamento, pero después de una semana, quiere dejarlo porque encuentra muchos inconvenientes. ¿Cuáles son algunos de los problemas? ¿Qué dice el dueño?

EP 5.3 ⊖⊖

MODELOS   cocina / sucia
La cocina está muy sucia.

alquiler / demasiado caro
El alquiler es demasiado caro.

Zunilda dice:

1. cocina / muy pequeña
2. los cuartos / muy oscuros
3. alfombras / muy feas
4. alquiler / demasiado caro
5. dormitorios / pequeñísimos

El dueño dice:

6. departamento / cerca / supermercado
7. muebles / buenísimas condiciones
8. edificio / cerca / parada del colectivo
9. departamento / cerca de todo
10. todo / muy limpio

¡Caminito a... Argentina!   ◆   ciento ochenta y nueve   **189**

C. **¿Y tu departamento/casa?** Entrevista a un(a) compañero(a); luego que él/ella te entreviste a ti.

Pregúntale...

1. cómo es su departamento/residencia/casa
2. en qué condiciones está hoy
3. qué muebles hay en su residencia
4. en qué condiciones están los muebles
5. dónde está el departamento/dormitorio/casa
6. qué no le gusta

Y ahora, ¡a conversar!

D. **Un nuevo departamento.** Tu mejor amigo(a) asiste a otra universidad y tiene su propio departamento. Ahora tú estás hablando por teléfono con él (ella) y tienes muchas preguntas sobre su nuevo departamento. Prepara una lista de las preguntas que le vas a hacer. Compara tu lista con la de dos compañeros(as) y luego combinen sus listas en una y léansela a la clase.

E. **¡Una casa ideal!** Trabajas para una agencia de bienes raíces *(real estate)*. Tu compañero(a) está buscando una casa para comprar. Tú quieres encontrar la casa ideal para tu cliente. Para eso, vas a tener que conocer a tu cliente muy bien. Pregúntale sobre su profesión, sus pasatiempos, su personalidad y el tipo de casa que prefiere.

F. **Encuesta.** Usa el siguiente formulario para entrevistar a cinco compañeros acerca de sus habitaciones. Anota toda la información que te den. Al completar el formulario, formen grupos de cuatro o cinco y comparen sus resultados. Traten de decidir el promedio *(average)* de su grupo en cada categoría e informen a la clase.

MODELO   **¿Dónde vives —en un departamento, en una casa o en la residencia?**

Nombre	Habitación	Número de dormitorios	Número de baños	Condición general	Alquiler por mes	Ventajas y desventajas
1.						
2.						
3.						
4.						
5.						

G. **¡Ay, mis padres!** Tus padres, que vienen a visitarte por primera vez en la universidad, dan su opinión sobre tu departamento. También quieren saber algo de tus actividades y de tus nuevos amigos. Finalmente te preguntan sobre tus planes para el próximo verano. Con dos compañeros(as), escriban la conversación que tienen. Luego, léanla delante de la clase.

H. **El nuevo departamento.** Suena el teléfono. Tú contestas. Es tu mejor amigo(a) que ahora asiste a otra universidad. Él/Ella quiere saber qué estás haciendo ahora, cómo es tu departamento y cómo son tus nuevos amigos. Tú respondes a todo. Dramatiza la conversación con un(a) compañero(a).

¿Comprendes lo que se dice?

Estrategias para ver y escuchar: reconocer cognados por sus sufijos

In the previous **Paso** you learned that the Spanish equivalent of the English suffixes *-ly*, *-ty* and *-ent* is **-mente, -ad,** and **-ente.** There are many other suffixes in English words that have Spanish equivalents, and learning to recognize them will greatly expand your vocabulary and aid your listening comprehension.

For example, note the relationship between the following Spanish and English suffixes:

elev**ado**	elevat**ed**	nac**ión**	nat**ion**
cambi**ado**	chang**ed**	combina**ción**	combina**tion**

Reconocer cognados por sus sufijos. Trata de hacer asociaciones entre los sufijos de estas palabras en español e inglés. Piensa primero en el equivalente en inglés de cada palabra en español. Luego busca una palabra en la segunda columna con el mismo sufijo.

1. situada   a. temple
2. ejemplo   b. elevated
3. inspiración   c. petroleum
4. fama   d. revolution
5. museo   e. flame

Al ver el video: ¿Comprendes lo que se dice?

Buenos Aires, ¡al ritmo de un tango!

Mira ahora el video. Escucha con cuidado la narración. Mientras escuchas, escribe en español los cognados que se relacionan con las palabras de la primera columna en inglés. Luego escribe las palabras en español que se relacionan con las palabras de la segunda columna.

_____ history   _____ misery

_____ monuments   _____ instruments

_____ inspiration   _____ realization

_____ artists   _____ realists

Después de ver el video

Ahora mira el video y marca las expresiones que completen mejor cada oración.

1. Buenos Aires combina... al ritmo de un tango.
   ☐ música y baile
   ☐ presente y futuro
   ☐ barrios y monumentos

2. Los habitantes de Buenos Aires son conocidos como...
   ☐ emigrantes.
   ☐ cosmopolitas.
   ☐ porteños.

3. Por toda la ciudad de Buenos Aires hay...
   ☐ monumentos.
   ☐ caminitos.
   ☐ barrios italianos.

4. La Boca es un barrio de tradición italiana con...
   ☐ mucha historia.
   ☐ casas coloridas.
   ☐ artistas franceses.

5. Buenos Aires es conocida por muchos como...
   ☐ el París de Sudamérica.
   ☐ el Pueblo de Río de la Plata.
   ☐ La Boca.

Mujeres argentinas

Antes de empezar, dime...

1. ¿Tienes un(a) cantante que consideras tu favorito(a)?

2. ¿Es muy popular? ¿Qué tipo de música canta?

3. ¿Crees que es frecuente en los Estados Unidos que los artistas protesten por la pobreza y otros problemas sociales? ¿Por qué sí o no?

4. ¿Crees que es responsabilidad de los artistas el defender a los más débiles de la sociedad? ¿Por qué sí o no?

Monumento dedicado a Alfonsina Storni

Mercedes Sosa

Alfonsina Storni y Mercedes Sosa

Argentina es notable por ser un país latinoamericano en el cual las mujeres se han destacado en el campo de las letras, las artes y la política. Podemos mencionar a mujeres liberadas como la poeta Alfonsina Storni; luchadoras por la gente del pueblo como la cantante Mercedes Sosa; cineastas como María Luisa Bemberg, que fue nominada para un Óscar por su obra *Camila;* cuentistas como la atrevida Luisa Valenzuela, quien se enfrenta con políticos tiranos en sus obras; vocalistas y guitarristas como Gabriela Anders; novelistas como Beatriz Guido y Marta Lynch y la lista continúa.

La vida de **Alfonsina Storni** (1892–1938) es un reflejo de los problemas que confrontan las mujeres a principios del siglo XX en una sociedad totalmente dominada por el hombre. Hija de inmigrantes europeos en Argentina, empieza a trabajar desde muy joven como maestra debido a los serios problemas económicos de su familia. Ya en 1912 Alfonsina desafía a la sociedad al ser madre soltera de su único hijo. Publica su primer libro en 1926, *La inquietud del rosal*, que resulta en críticas y escándalo por sus referencias al amor y a la política.

Durante su vida y a través de su obra, Storni habla por las mujeres, diciendo que la relación entre el hombre y la mujer tiene que ser más intelectual y más equilibrada. Lucha constantemente por los derechos de la mujer, incluyendo el derecho al voto, escribiendo muchos artículos al respecto. Storni toca éstos y otros temas sociales muchos años antes del comienzo del Movimiento de Liberación Femenina.

La cantante argentina **Mercedes Sosa** (1935–) nació en Tucumán y vive en Buenos Aires. «La negra» como se le conoce cariñosamente en Argentina, es una de las cantantes latinoamericanas más conocidas y admiradas en todo el mundo. Da la casualidad de que Mercedes Sosa hizo universalmente famosa la canción «Alfonsina y el mar», que habla de la muerte de Alfonsina Storni de un modo conmovedor. Mercedes Sosa también le canta al sol, al altiplano, a las manos de su madre, a la resistencia contra los dictadores, a América...

Su música, comprometida con la causa de los pobres y los más débiles, le costó la prisión al ser arrestada por la policía argentina durante un concierto, en el que también fueron detenidos sus 350 espectadores. Tras esto, Mercedes Sosa decidió exiliarse en Francia y luego en España. Mercedes Sosa, de nuevo en su Argentina democrática pero sufrida de hoy, continúa siendo un modelo para todas las generaciones de argentinos, y una brisa de aire fresco para todo el mundo.

@ Viajemos por el ciberespacio a... ARGENTINA

If you are a cyberspace surfer, try entering one of the following key words to get to many fascinating sites in **Argentina:**

Alfonsina Storni

Mercedes Sosa

Escritoras argentinas

Cantantes argentinas

Or, better yet, simply go to the *¡Dímelo tú!* website using the following address: http://dimelotu.heinle.com

There, with a simple click, you can

- learn more about Argentine women and their struggle for a better tomorrow.
- read some of the best poems of Alfonsina Storni.
- enjoy Mercedes Sosa's music, and learn where her next concert will take place in the United States.

Y ahora, dime...

Contrastes. Usa este diagrama Venn para comparar a tu cantante favorito(a) con Mercedes Sosa y Alfonsina Storni. Si hay algo en común entre tu cantante favorito(a), Alfonsina Storni, y Mercedes Sosa, escríbelo en el círculo del centro.

Mi cantante favorito(a)	Alfonsina Storni, Mercedes Sosa, y mi cantante favorito(a)	Mercedes Sosa y Alfonsina Storni
1.	1.	1.
2.	2.	2.
3.	3.	3.
4.	4.	4.
5.	5.	5.

¡Escríbelo!

Estrategias para escribir: precisar

In the previous chapter you learned that when writing advertisements, it is necessary to have a list of key words and phrases that must be worked into the advertisement. These key words or phrases usually contain the essence of the message to be conveyed. When writing advertisements, especially when writing classified ads, it is very important to be precise. Since space is limited and very costly in newspapers, classified ads must be expressed in very few words.

Estudia estos modelos y luego contesta las preguntas que siguen.

Vocabulary: City; house: furniture

Grammar: Verbs: **ser** & **estar**; adjective position

Phrases: Expressing location; describing places; asking the price

---

Núñez y Saavedra

ALQUILER NUÑEZ, DPTO 2 ambientes (jardines de libertador) acv. Del libertador 8800. Excelente al fte c/bcon. Dto de excelente categoría c/pileta olímpica, sauna, gimnasio, restaurante, confitería, salón. Amplio (120m²) e impecable. $700, $80 gastos expensas. Comunicarse de lun a vier de 10 a 18 hs al 6881-9939 sr. Eduardo o Karina.

Zona Norte

DPTO ZONA NORTE tipo casa/ alquilo/ gran Buenos Aires/ Villa Martelli, Vte López, Dpto tipo casa entrada individual, 4 ambientes, patio amplio, uso comercial o familiar, sin gastos ni impuestos, sup. 90m² (cubiertos) $ 650. T.e. 15 4800-3804 sólo sáb y dom.

---

1. ¿Cuál de los dos tiene piscina?
2. ¿Cuál es más pequeño?
3. ¿Cuál tiene un horario más amplio para llamar?
4. ¿Cuál de los dos tiene incluidos los gastos de la casa?
5. ¿Cuál de los dos prefieres? ¿Por qué?

Ahora, ¡a escribir!

A. **Para precisar.** Prepara una lista de toda la información esencial que debes incluir en un anuncio clasificado para alquilar el cuarto o departamento donde vives ahora. Prepara una segunda lista de toda la información esencial que puedes incluir en un anuncio para alquilar tu casa o departamento.

B. **El primer borrador.** Ahora prepara un primer borrador de dos anuncios clasificados: uno para alquilar tu cuarto o departamento, y otro para alquilar la casa o departamento de tus padres. Compara tus anuncios con las listas originales para asegurarte que incluiste toda la información esencial. Para precisar, usa abreviaturas como en los dos modelos.

C. **Ahora, ¡a compartir!** Comparte tu primer borrador con dos o tres compañeros(as). Comenta sobre el contenido y el estilo de los anuncios de tus compañeros(as) y escucha los comentarios de ellos sobre tus anuncios. Si hay errores de ortografía o gramática, menciónalos.

D. **Ahora, ¡a revisar!** Si necesitas hacer unos cambios basados en los comentarios de tus compañeros(as), hazlos ahora.

E. **La versión final.** Prepara la versión final de tus anuncios en limpio y entrégala. Escribe la versión final en la computadora con un estilo periodístico, usando columnas de tres pulgadas *(inches)*.

F. **Publicación.** Cuando ya estén listos, pon tus anuncios en la página de anuncios clasificados que tu profesor(a) va a proveer.

Cambia, ¡todo cambia!*

TAREA

Antes de empezar este Paso, estudia la lista de vocabulario en la página 203, y practicalo al escuchar el surco 8 de tu Text Audio CD #2. Luego estudia *En preparación.*

5.4 Comparisons of inequality, páginas 207–208

5.5 **Por** and **para:** páginas 208–209

Haz por escrito los ejercicios de *¡A practicar!*

Escucha la sección *¿Qué se dice...?* del Capítulo 5, Paso 3 en el surco 5 del Text Audio CD y haz la actividad correspondiente en la página 197.

¿Eres buen observador?

Fito Páez y Cecilia Roth son Buenos Aires... y viceversa

Fito Páez es el cantante argentino que grabó «El amor después del amor» (1992), el disco más vendido en la historia del rock argentino. Cecilia Roth, es la actriz argentina más internacional del momento.

Ahora, ¡a analizar!

Fito Páez es / está más... que Cecilia Roth.

alto(a) / bajo(a)   famoso(a)
atractivo(a)   paciente / impaciente

Cecilia Roth es / está más... que Fito Páez.

delgado(a)/gordo(a)   elegante
viejo(a) / joven

---

*Lyrics from a song by Mercedes Sosa. It continues: *Cambia lo superficial, cambia también lo profundo. Cambia el modo de pensar, cambia todo en este mundo...*

Al hablar de cambios físicos o de personalidad

CD 2-5

Marca la información que sí aparece en el diálogo.

1. _____ Dolores está más delgada ahora.
2. _____ La comida de la universidad es mejor que la de su mamá.
3. _____ Dolores está ya más alta que su hermana Irene.
4. _____ Irene es más gorda que su hermana Dolores.
5. _____ Irene está en el aeropuerto.
6. _____ Irene se fue a la playa.

MADRE: Como tiene novio, siempre está con él. Y cuando no están juntos, se pasan la vida hablando lunfardo por teléfono. ¡Yo no les entiendo nada!

DOLORES: ¿Así que tiene novio ahora? ¿Quién es?

MADRE: Es el sobrino de mi amiga Lucía, un buen chico.

DOLORES: ¡Javier! ¿El pibe que trabaja para la compañía de papá? No lo puedo creer. ¡Javier! Si es más feo que un sapo, ¡qué horror!

MADRE: ¡Qué exagerada sos! Para mí, el chico es bastante bien parecido. ¿Y vos? ¿Ya tenés novio?

DOLORES: No, ¿para qué? Tengo muchos amigos.

A propósito...

El lunfardo es una jerga *(slang)* muy popular entre muchos de los jóvenes argentinos y uruguayos. Algunas palabras del lunfardo, como **mina**—mujer, **guita**—dinero, **pibe**—chico, **morfar**—comer y **pucho**—cigarro, ya han penetrado el habla cotidiana de los porteños.

¿Sabías que... ?

De Argentina son algunos de los músicos y cantantes más prestigiosos del mundo hispanohablante. **Carlos Gardel** (1890–1935) y **Enrique Santos Discépolo** (1901–1951), por ejemplo, son poetas, compositores y cantantes de tango. Gardel es una leyenda venerada por millones de argentinos.

Astor Piazzolla (1921–1990) es otro genio musical que revolucionó el mundo del tango. De origen modesto, consiguió un nivel de preparación musical elevadísimo y combina los elementos más expresivos de la música culta y del jazz. **Atahualpa Yupanqui** (1908–1992) es el gran representante de la música folklórica argentina. Conoce profundamente el interior de la Argentina y trata temas simples de la dura vida rural. **Rodolfo «Fito» Páez** (1963–), es el cantante de rock argentino más popular de todos tiempos.

Mercedes Sosa (1935–), es una de las voces más importantes de Argentina y América Latina, y cantó a la vida y la esperanza mientras la dictadura militar impuso la persecución y la muerte.

 En tu opinión: ¿Qué piensas que quiere decir esto que canta Mercedes Sosa?

> «Qué ha de ser de la vida si el que canta
> no levanta su voz en las tribunas
> por el que sufre, por el que no hay ninguna razón
> que lo condene a andar sin manta.»

Ahora, ¡a hablar!

A. **¿Quién?** Según el *¿Qué se dice?,* ¿a quién se refiere esto, a la madre (**M**), a Dolores (**D**), a su hermana Irene (**I**) o al novio de Irene, Javier (**J**)?

_____ 1. Habla lunfardo con su novio.

_____ 2. No tiene novio.

_____ 3. Es exagerada.

_____ 4. Es el pibe que trabaja para papá.

_____ 5. Cree que el chico es bastante bien parecido.

_____ 6. Según Dolores, es más feo que un sapo.

_____ 7. Se pasan la vida hablando por teléfono.

B. **Datos personales.** Usa estos datos personales para comparar a Dolores con su amiga Marisa.

EP 5.4 ▦▦

MODELO   Carácter: (Dolores) introvertida   (Marisa) extrovertida
más / menos tímida
Dolores es más tímida que Marisa.

Datos Personales	Dolores	Marisa
Fecha de nacimiento:	10.11.77	29.8.75
Estatura:	1 metro 65	1 metro 60
Peso:	54 kilos	57 kilos
Pelo:	castaño	rubio
Ojos:	verdes	negros
Pasatiempos:	tenis	leer
	fútbol	escuchar música
	béisbol	pasear
Carácter:	Le gustan las películas de aventuras	Le gustan las películas de amor

1. joven / mayor
2. alta / baja
3. pesa más / menos
4. claro / oscuro

5. claros / oscuros
6. más / menos activa
7. más / menos romántica

C. **Vamos de compras.** Dolores y su amiga Marisa están hablando de sus planes para el fin de semana. Para saber qué dicen, selecciona **por** o **para**.

EP 5.5 ▦▦

DOLORES: ¿Por qué no vamos de compras esta tarde?

MARISA: ¡Qué buena idea, che! Si querés, paso (por / para) tu casa a la una y media. ¿Adónde vamos?

DOLORES: Al Patio Bullrich, es mi centro comercial favorito. Sabés cómo llegar, ¿no?

MARISA: Bueno, siempre voy allí (por / para) subte (por / para) evitar el tráfico. Pero, a ver,... (por / para) llegar al Patio Bullrich, primero tenés que pasar (por / para) la Plaza San Martín. Luego si seguís (por /para) la Avenida del Libertador una buena distancia, llegás, ¿no?

DOLORES: No me preguntes a mí. Como no manejo, (por / para) mí, es siempre un misterio cómo llegar allí.

MARISA: Mirá, Dolores, ¿por qué no vamos (por / para) subte? Es más fácil.

D. **A comprar regalos.** Para las próximas fiestas (Navidad, Hanukkah, Kwanza,...) tú y tu compañero(a) tienen que comprar los regalos para todos los miembros de su familia. Escriban una lista con los nombres, su relación y el regalo que piensan comprar.

EP 5.5 ▦▦

MODELO   Mi hermana María
Para mi hermana María, unos discos compactos.

E. **Vamos a la playa.** Con tu compañero(a), planeen cuándo van a hacer las siguientes actividades.

EP 5.5 ▦▦

MODELO   cenar / la noche
Cenamos por la noche.

esquiar / el invierno
nadar / la mañana
visitar a los tíos / las vacaciones

hablar con los amigos / la tarde
ir a una fiesta / la noche
llamar / su cumpleaños

F. **¡Cuánto tiempo!** Con tu compañero(a), determinen por cuánto tiempo hacen esto durante el fin de semana. Digan también por cuánto compraron estos productos.

> Modelo   estudiar
> **Estudiamos por dos horas.**
> gas
> **Por el gas pagamos 50 dólares.**

mirar la televisión	mensualidad de cable / satélite
hacer deporte	mensualidad de acceso a Internet
hablar por teléfono	alquiler y utilidades

Y ahora, ¡a conversar!

G. **¿Qué cambios!** ¿Has cambiado mucho desde hace diez años? Piensa un poco y explica cómo has cambiado.

> Modelo   **Ahora estoy más delgado(a). También estoy más alto(a) y menos…**

H. **¡Más que yo!** Usa este formulario para compararte en detalle con dos compañeros(as) de la clase. Primero completa la primera columna y luego entrevista a dos compañeros(as) para completar las otras dos columnas. Informa a la clase sobre los resultados.

	Yo	Amigo(a) 1	Amigo(a) 2
edad			
estatura			
personalidad			
pasatiempos			
clases			
trabajo			

¡Luces! ¡Cámara! ¡Acción!

I. **¡Qué cambiado(a) estás!** Tú estás en una reunión familiar hablando con dos primos. Ustedes reaccionan frente a cambios físicos y de personalidad que notan tanto en varios de los parientes, como en ustedes mismos. Con dos compañeros(as), escriban la conversación que tienen. Luego, léanla delante de la clase.

J. **Vacaciones de verano.** Tú estás hablando con dos amigos que no ves desde hace más de un año. Primero, ellos comentan cómo has cambiado en un año y tú comentas los cambios físicos que notas en ellos. Luego tú invitas a tus dos amigos a cenar en un restaurante nuevo. Ellos no saben dónde está y tienes que darles instrucciones para llegar allí.

Estrategias para leer: proceso de enlace

When reading poetry in Spanish aloud, it is extremely important to maintain the rhythm the poet intended. This is clearly defined by the widely accepted rules for linking certain words and not others. There are three basic rules:

1. Always link a final consonant with an initial vowel:
   levanta los_ojos_al...

2. Always link a final vowel with an initial vowel:
   con su_amable...

3. Always link identical final and initial consonants:
   Los sueños_sueños_son...

The only exception to these rules is when there is punctuation that requires a pause, such as a comma, a colon or semicolon, and the like.

Now try reading Alfonsina Storni's poem paying close attention to the required linking. You may even want to mark the words that have to be linked.

Lectura

Alfonsina Storni se suicidó en el Mar del Plata en octubre de 1938, después de sufrir de cáncer por un largo período, y de ver morir del mismo tipo de cáncer a una amiga, tras mucho dolor y agonía. Alfonsina Storni termina con su vida caminando hasta el fondo del mar y ahogándose. El camino hacia el mar también lo recorrió poéticamente, como se demuestra en este poema, que mandó al periódico la noche antes de morir y se publicó la mañana de su muerte.

Voy a dormir (fragmento)

Voy a dormir, nodriza mía,
acuéstame
Ponme una lámpara a la
cabecera;
una constelación; la que te
guste;
todas son buenas; bájala un poquito.

A ver si comprendiste

Contesta estas preguntas basándote en el poema de Alfonsina Storni.

1. ¿Cuándo escribe Alfonsina Storni este poema? ¿Qué pasa al día siguiente?
2. ¿Qué significa «Voy a dormir»?
3. ¿Qué tipo de mujer crees que fue Alfonsina Storni? ¿tradicional? ¿austera? ¿religiosa? ¿liberal? Explica.

PASO 1

Apartamento/Departamento

amueblado(a)	furnished
armario	closet
cama	bed
cochera (m.)	garage
comedor (m.)	dining room
condición	condition
cuarto de baño	bathroom
desocupado(a)	unoccupied
dirección	address
disponible	available
dormitorio	bedroom
dueño(a)	landlord/lady
entrada	entrance
equipo de sonido	stereo system
espejo	mirror
heladera	refrigerator
lámpara	lamp
living (m.)	living room
mesa	table
mesita de noche	bedside table
mueble (m.)	(piece of) furniture
pensión (f.)	boarding house
pileta	swimming pool
ropero	closet
silla (f.)	chair
sillón	armchair
sofá (m.)	sofa
televisor (m.)	TV set

La familia

abuela	grandmother
abuelo	grandfather
abuelos	grandparents
cuñada	sister-in-law
cuñado	brother-in-law
hermana	sister
hermanastra	stepsister
hermanastro	stepbrother
hermano	brother
hermanos	siblings
hijos	children
madre (f.)	mother
marido	husband
nuera	daughter-in-law
padre (m.)	father
nieto(a)	grandson (daughter)

madrastra	stepmother
padrastro	stepfather
pariente (m.)	relative
primo(a)	cousin
tía	aunt
tío	uncle
yerno	son-in-law

Preposiciones

a la derecha (de)	to the right (of)
a la izquierda (de)	to the left (of)
al lado de	beside
cerca de	near
debajo de	under
delante de	in front of
después de	after
detrás de	behind
en	on, in
encima de	on top of
enfrente de	facing, opposite
entre	between
junto a	next to, by
lejos de	far from
para	for, (in order) to
por	for, by, through
sin	without
sobre	over, on top of, about

Ciudad

avenida	avenue
barrio	neighborhood
centro	downtown
cuadra	city block
estacionamiento	garage
parada del colectivo	bus stop
parque (m.)	park
zona	area, zone

Verbos

anunciar	to advertise
construir	to construct, build
incluir	to include
interesar	to interest
permitir	to permit
recordar (ue)	to remember

Palabras y expresiones útiles

animal doméstico (m.)	pet
¡Ay!	Oh!
¡Bárbaro!	Great!
cosa	thing
gato(a)	cat
mayoría	majority

PASO 2

Apartamento/Departamento

alfombra	carpet
amplio(a)	spacious
barato(a)	inexpensive

La ciudad

calle (f.)	street
centro comercial	shopping center
subte (m.)	underground, metro

Cualidades

cómodo(a)	comfortable
bien/mal cuidado(a)	well/poorly taken care of
decorado(a)	decorated
demasiado(a)	too much
mejor	better
moderno(a)	modern
plástico	plastic
sucio(a)	dirty
tradicional	traditional
último(a)	last, ultimate
viejo(a)	old

Ganado

carne (f.)	meat
ganado	cattle
parrillada	barbeque

Dinero

bolso	*purse*
riqueza	*wealth*

Expresiones útiles

al gusto	*custom made*
desventaja	*disadvantage*
líder *(m./f.)*	*leader*
moda	*fashion*
¡Por Dios!	*Goodness!*
producción	*production*
¡Qué desastre!	*What a mess!*
sólo	*only*
solamente	*only*
ventaja	*advantage*

Verbos

comprender	*to understand*
dedicar	*to dedicate*
poner	*to put*

PASO 3

Aspecto

atractivo(a)	*atractive*
bien parecido(a)	*good-looking*
castaño(a)	*brown*
delgado(a)	*thin*
exagerado(a)	*exaggerated*
famoso(a)	*famous*
feo(a)	*ugly*
gordo(a)	*fat*
personalidad	*personality*

Datos personales

edad	*age*
estatura	*height*
fecha de nacimiento	*birthdate*
joven	*young*
mayor	*older*
menor	*younger*
ojos	*eyes*
pelo	*hair*
peso	*weight*

Verbos

hacer deporte	*to play sports*
pasarse la vida	*to spend one's life*
perder (ie)	*to lose*
perder peso	*to lose weight*
pesar	*to weigh*

Palabras y expresiones útiles

allá	*over there*
bienvenido(a)	*welcome*
compañía	*firm*
lunfardo	*Argentinean slang*
nada	*nothing*
pibe	*boy in Lunfardo*
película	*movie, film*
peor	*worse*
¡Qué horror!	*It's horrible!*
sapo	*toad*

En preparación 5

Paso 1

5.1 Adverbs of time

Expressing time and frequency

Adverbs are words that qualify or modify an adjective, a verb, or another adverb. There are many types of adverbs. Some common adverbs of time and frequency are the following:

ahora	siempre
anoche/de noche	tarde
a veces	temprano
nunca	todos los días

Necesito ver la casa **ahora**.
Siempre pedimos el alquiler con un mes de adelanto.

I need to see the house now.
We always ask for the rent one month in advance.

¡A practicar!

A. ¿Cuándo? Answer the following questions telling with what frequency you do these things.

nunca	tarde	a veces
ahora	siempre	temprano

1. ¿Vas al cine?
2. ¿Estudias en la biblioteca?
3. ¿Almuerzas en la universidad?
4. ¿Preparas tu comida?
5. ¿Llamas a tus padres?
6. ¿Preparas tu lección de español?
7. ¿Cuándo regresas a casa después de una fiesta?

B. ¿Cuándo puedo verlo? You will be spending your junior year abroad at the **Universidad de Córdoba** in Argentina. You are there now and have found several apartment possibilities. When can you see them?

1. today at 10:30 A.M.
2. Saturday, early in the morning
3. tonight at 8:30 P.M.
4. tomorrow morning, early
5. tomorrow night

5.2 Prepositions

Describing the position of things

Prepositions express relationships with respect to time, place, material, and possession, among others. The relationships may be between things or between nouns or pronouns and the adjectives or verbs that refer to them. Following are some of the most commonly used prepositions. Note that compound prepositions are always two or more words, while simple prepositions always consist of one word.

Compound prepositions		Simple prepositions	
a la izquierda (derecha) de	to the left (right) of	a	to, at (with time)
al lado de	next to, beside	con	with
antes de	before	de	of, from
cerca de	near	en	in, at
debajo de	under	entre	between
delante de	in front of	para	for, in order to
después de	after	por	for, by
detrás de	behind	sin	without
encima de	on top of	sobre	on, above
enfrente de	facing, opposite		
lejos de	far from		

El departamento está **detrás del** supermercado. También está **cerca de la** universidad.

The apartment is behind the supermarket. It's also near the university.

¡A practicar!

A. A estudiar. Julia, a new friend of yours at the **Universidad de Córdoba**, is walking out of her apartment. To find out what she plans to do, complete this paragraph with appropriate prepositions.

Ahora voy _____ la biblioteca. Voy_____ estudiar _____ Inés. Necesito el libro _____ física que está _____ mi mochila. Por la tarde tengo una hora libre *(free)* _____ la clase de química y la de física. La cafetería está _____ *(far from)* gimnasio pero _____ laboratorio de química. Pero, ¿dónde está la clase de español? ¡Ah! Está _____ el laboratorio de lenguas.

B. ¿Dónde está? You still have not found an apartment in Córdoba. Right now you are calling three apartment owners to find out where their buildings are located. What do they tell you?

1. El edificio está... (*at Corrientes # 162, behind the library and to the right of the supermarket*).
2. El departamento está... (*in front of the tall building at San Isidro # 145, not far from downtown*).
3. La residencia está... (*at Rivadavia # 66, to the left of the new supermarket*).
4. La oficina está... (*to the right, near the park*).
5. El hospital está... (*next to the office*).

5.3 *Ser* and *estar:* A second look

Describing people and things and telling time

A. **Ser** is used

- with adjectives to describe physical traits, personality, and inherent characteristics.
  Tu habitación **es** grande.
  Mamá **es** muy particular.
  Los muebles viejos **son** más cómodos.

- to identify people or things.
  Yo **soy** estudiante de química y éstos **son** mis libros de texto.

- to express origin and nationality.
  Somos de Bariloche; **somos** argentinos.

- to tell of what material things are made.
  ¡Los muebles **son** de plástico!

- to tell time.
  ¡Ya **son** las nueve!

- with impersonal expressions.
  ¿**Es** necesario vivir aquí?

- To tell where an event takes place.
  La fiesta **es** en la casa de Amalia.

B. **Estar** is used

- with adjectives to describe temporal evaluation of states of being, behavior, and conditions.
  Hijo, **estás** imposible hoy. *(behavior)*
  El baño **está** sucio. *(condition)*

- to indicate location.
  El departamento **está** cerca del centro.

- to form the progressive tense.
  Carlos **está limpiando** el departamento.

¡A practicar!

A. **¡Pobre Eva!** Complete the following paragraph with the appropriate form of **ser** or **estar** to see why Eva is so miserable today.

Eva y Ramón _____ en la cafetería. _____ hablando de su vida en Buenos Aires. Ellos _____ de Rosario, pero ahora _____ en la capital. Ellos _____ estudiantes de la universidad. Eva _____ inteligente y generalmente ella _____ muy simpática pero hoy _____ antipática. Eva _____ furiosa porque Ramón _____ muy ocupado y no puede salir con ella esta noche. Ramón tiene un examen importante mañana y él _____ muy nervioso. ¡Pobre Eva!

B. ¡Qué desastre! Connect the items on the left with the verbs and the items on the right to see who Mario is and what is he doing now.

Mario		muy sucia
Él	**es**	limpiando la casa
Mario hoy	**está**	muy ocupados
Ahora	**están**	muy nervioso
Mario y sus compañeros	**son**	las diez de la mañana
Todos		de Mendoza
La casa		un estudiante de filosofía

Paso 3

5.4 Comparisons of inequality

Comparing and contrasting

A. With the exception of four irregular forms, comparisons are made with **más** and **menos** in Spanish. **Más** is the comparative of superiority, and **menos** is the comparative of inferiority.

más / menos + (adjective / noun / adverb) + **que**

Mi hermana es **más alta que** yo.	*My sister is taller than I.*
Tú pagas **menos alquiler que** nosotros.	*You pay less rent than we do.*
Sí, pero tu departamento está **más cerca que** el de nosotros.	*Yes, but your apartment is closer than ours.*

Note that **más** and **menos** always precede the adjective, noun, or adverb being used to compare.

B. There are four adjectives with irregular comparatives.

mayor *older*	menor *younger*
mejor *better*	peor *worse*

¿Conoces a mi hermano **menor**?	*Do you know my younger brother?*
Este departamento es **peor** que el otro.	*This apartment is worse than the other one.*
¿Quién es **mayor**, tú o yo?	*Who's older, you or I?*

¡A practicar!

A. Sudamérica. Complete the following comparisons of South American countries. You may want to refer to the map in the front of your textbook.

1. Venezuela es _____ grande _____ Ecuador.
2. Bolivia está _____ al norte _____ Paraguay.
3. En Colombia hay _____ plantaciones de café _____ en Perú.
4. La población de Uruguay es _____ numerosa _____ la población de Argentina.
5. El número de indígenas en Perú es _____ grande _____ el número de indígenas en Argentina.
6. En Chile hay _____ islas _____ en Perú.

B. Mi departamento. Compare the apartment or house where you live now to your parent's apartment or house.

MODELO ¿Cuál es más pequeño?
        Mi departamento (casa) es más pequeño(a) que la casa de mis padres.

1. ¿Cuál es más grande?
2. ¿Cuál está menos desordenado?
3. ¿Cuál es más cómodo?
4. ¿Cuál es más moderno?
5. ¿Cuál está más limpio?

5.5 *Por* and *para*

Expressing direction and means

The prepositions **por** and **para** have many English equivalents, including *for*. **Por** and **para** are not interchangeable, however. Study the following English equivalents of **por** and **para.**

Por

- *By, by means of*
  ¿Mando la carta **por** avión?   *Should I send the letter by air?*

- *Through, along*
  ¿Pasa el tren **por** aquí?   *Does the train pass through here?*

- *Because of*
  Estuvieron tristes **por** su amiga.   *They were sad because of their friend.*

- *During, in*
  Fueron allí **por** el verano.   *They went there for the summer.*

- *For: in place of, in exchange for*
  ¿Quién fue **por** ella?   *Who went in her place?*

- *For: for a period of time*
  Siempre jugamos **por** tres horas.   *We always play for three hours.*

Para

- *In order to*
  Para ganar, hay que practicar.   *In order to win, it is necessary to practice.*

- *For: compared with, in relation to others*
  Para ser futbolista, no es muy agresivo.   *For a soccer player, he is not very aggressive.*

- *For: intended for, to be given to*
  Compré las entradas **para** tus padres.   *I bought the tickets for your parents.*

- *For: in the direction of, toward*
  De aquí se fueron **para** Lima.   *From here they left for Lima.*

- *For: by a specified time*
  Vamos a tener los resultados **para** mañana.   *We'll have the results by tomorrow.*

- *For: in one's opinion*
  Para nosotros, Maradona es el mejor.   *For us, Maradona is the best.*

¡A practicar!

A. Los planes de Amalia. Amalia estudia en Asunción y el próximo fin de semana va a visitar a sus padres que viven en Mendoza. ¿Qué planes hace? Para saberlo, llena los espacios con **por** o **para**.

1. El sábado voy _____ la casa de mis padres.
2. _____ la mañana voy a salir temprano de casa.
3. ¿Por qué? Porque primero debo comprar un regalo _____ mi madre. Es su cumpleaños.
4. También voy a pasar _____ la pastelería.
5. Sí, por supuesto, _____ comprar una rica torta.
6. Pero ¡qué pena! El domingo _____ la tarde, ya debo regresar a mi casa _____ prepararme _____ los exámenes finales.

B. En diciembre, ¡vacaciones! María Teresa es de Tucumán, pero estudia en Buenos Aires. Veamos lo que hace antes de sus vacaciones de verano, completando este párrafo con **por** o **para**.

Hoy debo estudiar _____ dos exámenes y el fin de semana voy a escribir mi composición _____ la clase de filosofía, y después de eso... ¡vacaciones! Salgo _____ mi casa el lunes _____ la mañana, y esta vez voy _____ avión. Ahora voy a estar con mi familia _____ todo el verano. ¡Qué suerte!

C. ¡Viajes! Fernando has family all over Argentina. How does he keep in touch with everyone? To find out, complete his ideas with **por** or **para**.

1. _____ ir a visitar a mis primos en Mendoza, _____ mí, es mejor ir _____ tren.
2. Tengo primas que viven cerca de la Universidad de Buenos Aires. El camino _____ ir a su casa es más corto si no paso _____ la Plaza de Mayo.
3. Tengo que comunicarme _____ teléfono con mis padres. Ellos viven en Córdoba.
4. _____ mis padres es más fácil viajar _____ avión (airplane) cuando vienen a visitarme.
5. _____ mis tíos, el viaje es más fácil. Ellos sólo necesitan tomar el subte _____ llegar a mi departamento.

D. Paso por ahí. How does Mónica get to the **Catedral Metropolitana?** Answer the question by completing this paragraph with **por** or **para**.

_____ llegar a la catedral tomo el autobús que pasa _____ la Avenida Santa Fe. Siempre viajo _____ autobús porque es más barato que manejar (driving). Después de bajarme del autobús tengo que pasar _____ la Plaza San Martín. Tomo el autobús en la Avenida del Libertador y continúo caminando _____ la calle Rivadavia hasta llegar a la catedral.

Ofrenda maya frente a la iglesia de Santo Tomás
en Chichicastenango

Antigua, Guatemala

CAPÍTULO 6

Guatemala: nación maya en el siglo XXI

Indígena maya quiché teje un huipil

¡Las fotos hablan!

A. A que ya sabes... Selecciona lo que crees que es cierto.

- ☐ 1. En la iglesia de Santo Tomás de Chichicaste-nango, los indígenas mayas hacen ofrendas a los dioses mayas y al Dios cristiano.
- ☐ 2. La ciudad de Antigua fue la antigua capital de Guatemala.
- ☐ 3. Los indígenas mayas modernos mantienen las tradiciones de sus antepasados.
- ☐ 4. El huipil (blusa maya) y la falda de las indígenas mayas representan la categoría y el estado social de la persona.
- ☐ 5. En Guatemala, el español es la lengua oficial, pero el gobierno reconoce más de veinte lenguas, como el kerchi, el cakchiquel, el tzotzil, el yucateco y el tabasco entre otras.

B. Guatemala, país de la eterna primavera... Indica si, en tu opinión, es posible hacer esto en Guatemala.

Sí	No	1. escuchar a la gente hablar en más de quinientas lenguas
Sí	No	2. comprar un maravilloso huipil
Sí	No	3. subir al cráter de un volcán
Sí	No	4. conocer a Rigoberta Menchú, una guatemalteca maya-quiché universal
Sí	No	5. participar en fiestas religiosas cristianas llenas de color y de sabor indígena.

> **In this chapter, you will learn how to . . .**
>
> - talk about activities performed in the past.
> - talk about the news and discuss what you read in the newspaper.
> - tell what happened in your favorite TV program.
> - prepare want ads.

¡Por fin en Guatemala!

¿Eres buen observador?

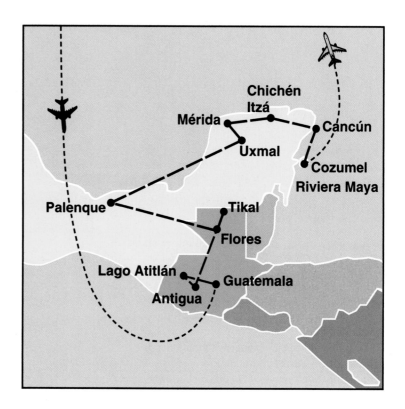

Ahora, ¡a analizar!

1. ¿Qué ruta crees que cubre este viaje?
   a. la ruta azteca
   b. la ruta maya
   c. la ruta incaica

2. Qué países están incluidos en esta ruta?
   a. los EE.UU. y México
   b. México y Guatemala
   c. Guatemala y El Salvador

3. En tu opinión, ¿cuáles de estos sitios son los más interesantes del viaje? Explica tu respuesta.

4. ¿Crees que se viaja por avión a todos los sitios de esta ruta? Si no, ¿a cuales no?

Antigua	Tikal	Chichén Itzá
Lago Atitlán	Palenque	Mérida
Cancún	Cozumel	

Al hablar de los días pasados en Guatemala

Escucha el mensaje que Kimberly les envió por Internet a sus padres en Los Ángeles. Luego marca la respuesta correcta.

- Kimberly llegó un martes / viernes / sábado.

- Su nueva familia tiene dos / tres / cuatro miembros, además de ella.

- Kimberly visitó el Mercado Central sola / acompañada.

- Compró uno / dos / tres huipiles.

Ayer visité el Lago Atitlán, uno de los lagos más hermosos del mundo. Me acompañaron Rosa y Rafael. Comimos en un restaurante cerca del lago, que, por cierto, está rodeado de volcanes y de doce pueblos que llevan el nombre de los doce apóstoles. Disfruté de hermosas vistas y de un fascinante paseo por el lago.

Por la tarde fuimos a Antigua, una ciudad colonial maravillosa. En el camino vimos tres volcanes: el volcán Agua, que también se ve desde la capital, el volcán Fuego y el volcán Acatenango. De regreso a Guate, visitamos el mercado de Chichicastenango donde las indígenas mayas siempre van vestidas de huipiles y faldas con los colores tradicionales de sus pueblos. Por la noche, después de la cena, regresamos a Guate.

> **A propósito...**
>
> Nota que un cambio de acento puede cambiar no sólo la persona que habla sino el tiempo de presente a pasado, y viceversa: **hablo** *(I speak)*, **habló** *(he/she/you spoke)*. Para estudiar con detalle las reglas de acentuación en español, consulta el Apéndice B.

¿Sabías que... ?

Tikal, las ruinas arqueológicas de los mayas en la parte norte de Guatemala, es uno de los sitios más impresionantes de las Américas. Hay más de 3.000 templos, casas y otras construcciones allí, entre ellas, cinco hermosas pirámides de más de veinte pisos que destacan entre la selva guatemalteca. Este centro maya tuvo *(had)* su comienzo 600 años antes de Cristo y llegó a su apogeo 900 años después de Cristo.

En tu opinión: ¿Cómo fue posible para los mayas el construir sin máquinas de construcción modernas y sin la rueda? ¿Cuánto tiempo duró el imperio maya? ¿Cuánto tiempo ha existido los EE.UU. como país? ¿Crees que va a durar tanto como el imperio maya? ¿Por qué sí o por qué no?

Ahora, ¡a hablar!

A. **El viaje.** Indica si estas oraciones son ciertas (**C**) o falsas (**F**), según el mensaje que Kimberly les envió a sus padres por Internet en el *¿Qué se dice... ?* Si son falsas, corrígelas.

C F 1. Kimberly no conoció a su nueva familia.
C F 2. El primer día en Guatemala, Kimberly compró regalos para ella, su mamá y su papá.
C F 3. Kimberly visitó Antigua.
C F 4. En el lago Atitlán encontraron un restaurante para comer.
C F 5. En Chichicastenango observó a muchas personas vestidas con ropa tradicional.

EP 6.1

B. **Yo también fui.** Tú también visitaste Guatemala y ahora le cuentas a tu compañero(a) lo que hiciste. ¿Qué dices?

MODELO ayer tarde / yo / visitar / las ruinas de Tikal
Ayer tarde visité las ruinas de Tikal.

1. mi vuelo / llegar / a Guate / por la noche
2. el lunes / mi mamá y yo / comprar / ropa / en Chichicastenango
3. esta mañana / yo / escuchar / música / por las calles de Guate
4. el sábado / yo / fotografiar / unos edificios coloniales impresionantes en Antigua
5. mis amigos y yo / leer / mucho sobre *La ruta maya*
6. Rafael / manejar / hasta el Lago Atitlán

EP 6.1

C. **Hechos importantes.** La historia de Guatemala cuenta con eventos importantes. ¿Cuáles identificas?

MODELO **Los mayas edificaron Tikal.**

	escribir	Tikal
los mayas	usar	Tikal patrimonio de la
la UNESCO	ser	humanidad en 1979
la civilización maya	declarar	la Antigua Guatemala
Rigoberta Menchú	recibir	el cero antes que otras civilizaciones
	edificar	el premio Nobel de la paz
		grandes astrónomos y matemáticos
		su biografía

D. **Cálculos mayas.** En tu viaje a Guatemala aprendiste a contar usando los números mayas, y ahora tienes la oportunidad de demostrarlo. Con tu compañero(a), digan estas oraciones (en el pretérito) con sus números correspondientes. Usen como referencia esta tabla que representa los números del 1 al 20.

EP 6.1

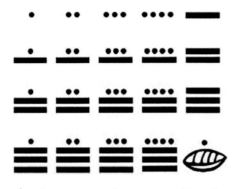

1. El vuelo de Los Ángeles a Guatemala _____ (durar) ▬ horas.
2. El viaje _____ (ser) más largo de lo que pensamos; llegamos a las •••• de la tarde.
3. Yo _____ (cumplir) 🟰 años en Guatemala.
4. Nosotros ••• _____(ir) a Atitlán.
5. Ellas _____ (tener) que cambiar 👁 dólares por 160 quetzales.

Y ahora, ¡a conversar!

E. **¿Y tú?** Imagina que estás estudiando en Guatemala. Habla con tu compañero(a), que también está allí, de tus actividades durante el fin de semana pasado.

1. ¿Dónde pasaste el fin de semana? ¿Con quién lo pasaste?
2. ¿Visitaste algún lugar famoso?
3. ¿Alguien te visitó? ¿Te llamó?
4. ¿Visitaste a algunas personas? ¿Llamaste a alguien?
5. ¿Saliste el viernes o el sábado por la noche? ¿Con quién?
6. ¿A qué hora regresaste a tu casa el sábado por la noche?
7. ¿...?

F. **Amigos desde Guatemala.** Tú y tu compañero(a) regresaron de su viaje de estudios a Guatemala y ahora tienen que escribir un comentario para el periódico de su universidad en Estados Unidos. Colaboren para escribir su comentario. Pueden usar toda la información sobre Guatemala que se encuentra en este capítulo. Incluyan los siguientes datos:

- su experiencia general
- los lugares que visitaron y sus atractivos
- ¿Qué aprendieron de la cultura de Guatemala?
- ¿Recomiendan este viaje a otros estudiantes? ¿Por qué?

G. **Diferencias.** Tú y tu compañero(a) vivieron experiencias muy diversas en Guatemala. Habla con él/ella y describan su experiencia a base de opuestos. Sean creativos(as) e inventen muchas diferencias.

MODELO   TÚ: **Yo viví con una familia.**
    TU COMPAÑERO(A):   **Pues yo viví con otros estudiantes.**

> **A propósito...**
>
> The word **pues** has many uses. In this case, it is used to reinforce the contrast between the two speakers.

H. **Entrevista.** Tú trabajas para el periódico de la universidad y ahora tienes que entrevistar a un(a) compañero(a) que acaba de regresar *(just returned)* de su viaje de estudios en Guatemala. Con tu compañero(a) haz esta entrevista con muchas preguntas y respuestas interesantes.

I. **¿Cómo pasaste el día?** Son las ocho de la noche y regresas a tu casa en Antigua. Tu nueva familia (papá, mamá, hermano o hermana) quiere saber cómo pasaste el día y tú quieres saber cómo pasaron ellos el día. Dramatiza la conversación con tres compañeros(as) de clase.

Un paso atrás, dos adelante: Capítulo 5

Repasemos. En el Capítulo 5 aprendiste a hablar de tu familia y de cómo la gente cambia, así como a comparar las cualidades y las características de las personas. Aprendiste también a informarte sobre el alquiler de un apartamento y a describir el apartamento y sus muebles. Repasa lo que sabes, completando el siguiente texto con las palabras necesarias. Puedes inventar la información.

El dueño del apartamento

El apartamento _____ [presente del verbo **ser/estar**] en excelentes condiciones. Está situado _____ [preposición: a poca distancia] del centro de la ciudad. _____
[presente del verbo **tener**] _____ [número total de habitaciones] habitaciones. El alquiler es _____ [cantidad] dólares. Mucho _____ _____ _____ [comparación: barato] otros en esta misma zona.

Tú

Yo _____ [presente del verbo **querer**] vivir allí con mi _____ [miembro de mi familia], que tiene una gatita. ¿Acepta usted _____ [gatos, perros, etc.]?

El dueño del apartamento

No _____ [presente del verbo **haber**] problema. ¿_____ [presente del verbo **poder**] ustedes venir a verlo mañana _____ [pronto por la mañana], antes de las _____ [9]?

¿Comprendes lo que se dice?

Estrategias para escuchar: identificar pausas lógicas

When speaking, especially when providing extensive information as in news reports, the speaker must decide where to stop to take a breath. The words that are said before the speaker pauses to take a breath are called "breath groups." Learning to form logical breath groups is central to speech in all languages.

Identificar pausas lógicas. As you hear the following news, listen to the breath groups the speakers form as they stop, sometimes at the end of sentences, or at other times in the middle of sentences. Do you note any logic as to where the speakers stop to take a breath as they report the news?

Noticiero especial. Escucha este noticiero especial de Radio Nacional con noticias sobre movimientos sociales en Guatemala. Luego selecciona la frase que mejor complete cada oración.

1. Sonia Zúñiga y Paco Lomelí son...
   a. miembros de un movimiento ambientalista.
   b. miembros de un comité de derechos humanos.
   c. locutores de Radio Nacional.

2. Según el noticiero, miembros de la UTQ...
   a. protestaron por el aumento de salario de los diputados.
   b. protestaron por el aumento de medicinas en los hospitales.
   c. protestaron por el excesivo número de médicos en los hospitales.

3. El foro de Guatemala **no** presentó propuestas sobre...
   a. desarrollo rural.
   b. cuestiones ambientales y ecológicas.
   c. mujeres.

4. _____ integrantes del movimiento ambientalista *Madre Selva* protestaron contra la concesión petrolera del área cerca del Río Sarstún, en Izabal.
   a. Más de cien
   b. Menos de cien
   c. Cien mil

Guatemala

Capital: Guatemala
Área: 108.890 km^2
Población: 12.974.361 (July 2001)
Unidad monetaria: quetzal
Clima: tropical, cálido y húmedo en las zonas bajas; fresco en zonas elevadas

Antes de empezar, dime...

1. ¿Adónde en los Estados Unidos se puede viajar para conocer el pasado indígena del país? ¿el pasado colonial?

2. ¿Hay una población indígena en los Estados Unidos actualmente? ¿Son los indígenas un porcentaje muy alto de la población de los Estados Unidos?

3. ¿Hay inmigrantes recién llegados de otros países en el estado donde vives? ¿De qué países son?

4. ¿Cómo clasificas el nivel de vida de los inmigrantes recién llegados en tu estado? Explica tu clasificación.
   - ☐ lujoso
   - ☐ muy cómodo
   - ☐ cómodo
   - ☐ difícil
   - ☐ muy difícil
   - ☐ pésimo

Indígenas maya-quiché de Guatemala

Tikal, Guatemala

El país más bello

Guatemala reúne tres elementos que lo hacen uno de los países más hermosos de las Américas: su patrimonio arqueológico, su riqueza natural y su cultura viva.

La República Democrática de Guatemala es una tierra riquísima en contrastes y colorido. Su superficie, de 108. 890 km^2, incluye montañas que se elevan hasta los 12.000 pies de altura, volcanes activos, selvas vírgenes, ricas planicies, ríos y lagos.

El clima de Guatemala varía con la altitud. En general, sólo tiene dos estaciones: seis meses de lluvia y seis meses en los que no llueve.

Guatemala limita al norte con México y Belice, al sur con El Salvador y Honduras; al sureste con el océano Pacífico y al oeste con el Atlántico.

Casi el 70% de los habitantes de Guatemala son descendientes de los mayas, y mantienen vivas las tradiciones y costumbres de sus antepasados. Esto se ve en todas sus comunidades, pueblos y ciudades.

Cada pueblo tiene su propio diseño y colores con los trajes de los hombres y mujeres y la mayoría se dedica a la agricultura o a la artesanía, como hacían sus antepasados (*ancestors*). Esto, tanto como las impresionantes ruinas precolombinas de la cultura maya, sigue fascinando a arqueólogos y a turistas.

Entre los guatemaltecos más ilustres destacan Miguel Ángel Asturias (1899–1974), escritor que recibió el Premio Nobel de Literatura en 1967, y Rigoberta Menchú Tum, que recibió el Premio Nobel de la Paz en 1992. Los dos, cada uno desde su campo de acción y con sus medios, hicieron de la lucha por el reconocimiento de las raíces indígenas de Guatemala, la tarea más importante de su vida. Y los dos lo consiguieron, aunque la lucha debe continuar, porque todavía la situación de los indígenas de Guatemala es muy precaria.

Desgraciadamente, al igual que en otras muchas comunidades indígenas, las condiciones de vida en el campo son muy duras, por lo que muchos emigran a la ciudad e incluso a otros países, como México y los EE.UU. En la ciudad, ya sea en su propio país o en otros países, los indígenas con frecuencia encuentran una vida aún más difícil debido al choque cultural, a las barreras lingüísticas y al racismo.

Y ahora, dime...

Con un(a) compañero(a) de clase, completen los cuadros para agrupar los maravillosos atractivos de Guatemala. Usen la información de esta lectura y del resto del Capítulo 6, dedicado a Guatemala.

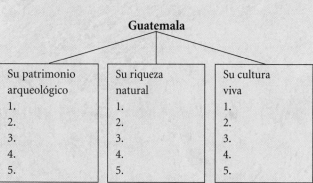

Guatemala

Su patrimonio arqueológico	Su riqueza natural	Su cultura viva
1.	1.	1.
2.	2.	2.
3.	3.	3.
4.	4.	4.
5.	5.	5.

En Guatemala leemos
Prensa Libre

¿Eres buen observador?

Ahora, ¡a analizar!

1. ¿Cómo se llama este periódico?
2. ¿Cuántas secciones principales tiene? ¿Cuáles son?
3. ¿Cuál es la diferencia entre las noticias de la primera plana y las de la sección internacional?
4. ¿En qué sección podrías encontrar información sobre lo siguiente?
   eventos en otros países
   el partido de fútbol de anoche
   casas en venta
   la cotización del dólar estadounidense frente al quetzal
5. ¿Te sorprenden las noticias principales en alguna de las secciones? ¿Por qué?

Al leer el periódico del día

Indica lo que estas personas afirmaron o preguntaron.

Kimberly: ¿_____ que ocurrió un accidente de avión ayer?

Rafael: Hoy _____ unas gangas fantásticas.

Miguel Ángel: La venta para los boletos para el recital de Ricardo Arjona _____ la semana pasada.

Rosa: Tres alpinistas _____ la cima del vocán Tolimán.

Rosa tiene mucho interés en saber quién marcó los tres goles en el partido de fútbol anoche. Pero a Kimberly le interesa más saber si el presidente de Guatemala llegó a los Estados Unidos a tiempo para la reunión de Jefes de Estado, y si lo recibieron bien. Mientras tanto Miguel Ángel buscó y buscó hasta que encontró el cine donde dan su película favorita, *Los machos no lloran*. En cambio, Rafael no oyó nada porque no puede pensar en nada más que en las buenas gangas de las tiendas. A él le gusta comprar, comprar y comprar.

¿Sabías que... ?

El *Popol Vuh* es el libro más importante de la literatura maya. Es un libro mágico y poético que describe la mitología quiché con respecto a la formación del mundo, los dioses, los héroes y el hombre del pueblo quiché. El nombre **quiché** viene del nombre del lugar donde vivían: el bosque. El sacerdote español fray Francisco Ximénez copió el *Popol Vuh* en el idioma original del quiché. Luego, en columnas paralelas, también lo tradujo a una versión en español. El original de fray Francisco se conserva actualmente en la Biblioteca Newberry de Chicago.

En tu opinión: ¿Por qué crees que el original está en una biblioteca de Chicago y no en un museo de Guatemala? ¿Qué opinas de la costumbre de sacar tesoros históricos como el *Popol Vuh* de su país de origen? ¿Cómo reaccionarías si un museo en Guatemala tuviera *La Declaración de Independencia* de los Estados Unidos?

Ahora, ¡a hablar!

A. *Prensa libre.* Indica qué hicieron estas personas en el *¿Qué se dice... ?* Luego di si tú hiciste algo parecido.

MODELO dos alpinistas / yo
Dos alpinistas guatemaltecos llegaron a la cima del volcán Tolimán. Yo llegué a la cima de una montaña en Colorado, pero en coche.

1. los reporteros / yo
2. un futbolista guatemalteco / yo
3. el presidente de Guatemala / yo
4. una estudiante guatemalteca / yo

B. **Secciones.** Indica a qué sección crees que pertenece cada una de estas noticias.

Deportes   Nacional   Internacional   Buena Vida   Económicas   Entretenimiento

1. El equipo local ganó por tres goles a cero.
2. Disminuyeron los casos de cáncer en Aguadulce.
3. El presidente de Guatemala participó en la cumbre de la OEA.
4. *Los machos no lloran* se presenta en el cine Tikal Futura 6.
5. Grandes rebajas en las tiendas Ermenegildo Zegna.

EP 6.2

C. **Una historia interesante.** ¿Cuáles fueron algunas de las cosas que ocurrieron a lo largo de la historia de Guatemala? Identifícalas.

MODELO 1524 / Pedro de Alvarado / iniciar / la conquista de Guatemala
En 1524 Pedro de Alvarado inició la conquista de Guatemala.

1. 1523 se / fundar / la primera capital del Reino de Guatemala que se / extender / desde Yucatán hasta Panamá
2. 1821 / Guatemala / lograr / su independencia de España
3. 1899 / los hermanos Hurtado / dar / un concierto de marimba con el vals «Xelajú» en su repertorio

4. 11 de febrero de 1934 / el General Jorge Ubico / instituir / la Monja Blanca como la flor nacional de Guatemala

5. 1944 / los guatemaltecos / derrocar / al dictador derechista Jorge Ubico

6. 1944 / los guatemaltecos / tener / sus primeras elecciones en la historia y / elegir / al Dr. Juan José Arévalo Bermejo

7. 1955 / el presidente / declarar / la ceiba el árbol nacional de Guatemala

8. 1992 / recibir / Premio Nobel de la Paz / guatemalteca Rigoberta Menchú

9. 2003 / el presidente Alfonso Portillo / entregar / a la Academia de Lenguas Mayas de Guatemala el canal 5 de televisión

D. **¡Qué día más terrible!** Ayer Kimberly pasó un día extraño. Completa este párrafo por escrito para saber por qué.

EP 6.2

Ayer _____ (ser) terrible. Todo _____ (comenzar) mal. Yo _____ (empezar) a leer el periódico, pero sólo _____ (leer) noticias malas. Dejé de leer y _____ (buscar) algo de comer, pero no _____ (encontrar) nada. Tampoco _____ (almorzar) en la universidad porque no _____ (poder) encontrar mi cartera. Luego _____ (tener) que estudiar para un examen de español. Aunque _____ (estudiar) mucho, _____ (sacar) una mala nota. Yo _____ (tratar) de preguntarle al profesor si él _____ (leer) todas mis respuestas con cuidado, pero no _____ (querer) hablar conmigo en ese momento. Por fin yo _____ (llegar) a casa, de mal humor y con mucha hambre.

Y ahora, ¡a conversar!

E. **De la niñez.** En Guatemala conociste a un(a) estudiante que quiere saber algo de tu origen y de tu vida en general. Entrevista a un(a) compañero(a) sobre su niñez y adolescencia. Anota todas sus respuestas. Responde con oraciones completas.

1. ¿Dónde naciste? ¿En qué año naciste?
2. ¿En qué año empezaste la escuela primaria? ¿Dónde?
3. ¿Dónde viviste los diez primeros años de tu vida?
4. ¿Dónde buscaste trabajo la primera vez?
5. ¿En qué año empezaste a manejar? ¿Cuál fue el primer coche que compraste?
6. ¿En qué año comenzaste tus estudios universitarios?

F. **El tiempo pasa.** Un(a) amigo(a) curioso(a) quiere saber un poco de Guatemala y de su historia. Tú quieres ayudarlo(la). Usa el material de este capítulo para explicarle cómo es Guatemala, cómo se gobierna, cómo es la civilización maya, etc. El/La compañero(a) te pregunta y tú le respondes.

G. **¡Noticias sensacionalistas!** Tú y dos amigos(as) están haciendo prácticas para un periódico guatemalteco que se dedica a reportar noticias sensacionalistas (tipo *Enquirer*). Preparen los títulos de primera plana para la próxima edición.

> **A propósito...**
>
> Para decir *with me* o *with you*, en español se dice **conmigo** o **contigo**. Para decir **con otras personas**, simplemente se dice **con él, con ella, con ustedes...**

H. **¿Leíste las noticias de hoy?** Tú y dos amigos(as) hablan de las noticias en el periódico de hoy. Escojan un artículo que les parezca interesante y escriban un resumen breve. Luego, léanle su resumen a la clase.

I. **¿Yo, reportero(a)?** Tú trabajas para la revista *Hola*. Hoy vas a entrevistar al cantante guatemalteco, Ricardo Arjona. Quieres saber muchas cosas de su pasado. En parejas dramaticen esta situación.

¿Comprendes lo que dice?

Estrategias para ver y escuchar: anticipar a base del título

In Chapter 3, you learned that you can always get a good idea of what to expect to hear and see on a video by reading the questions at the end of the viewing section before you view the video. Another good way to anticipate what you will hear and see is by reading the title of the video and carefully looking at any photos or drawings that accompany it.

Guatemala, ¡el corazón de la cultura maya!

Anticipar en base al título. Lee el título de este video y escribe dos cosas que estás seguro(a) que se van a mencionar en el video y dos cosas que estás seguro(a) que vas a ver en el video. Luego estudia la foto de esta sección y, a base de lo que ves, escribe dos cosas más que crees que vas a ver en el video y dos cosas que crees que vas a escuchar. Vuelve a estas listas después de ver el video para confirmar si anticipaste correctamente o no.

Lo que vas a escuchar	Lo que vas a ver
1.	1.
2.	2.
3.	3.
4.	4.

Después de ver el video

Ahora di en tus propias palabras qué evidencia visual u oral hay en el video para confirmar estos comentarios.

1. Guatemala es un país de bellos contrastes.
2. Guatemala es el corazón de la cultura maya.
3. Algunas fiestas religiosas combinan las tradiciones cristianas con las costumbres indígenas.

Rigoberta Menchú Tum

Antes de empezar, dime...

Contesta estas preguntas sobre personas marginadas en tu país.

1. ¿Qué grupos o instituciones conoces que ayudan a las personas marginadas?
2. ¿Conoces a personajes históricos marginados que lucharon con éxito por alguna causa? Nómbralos y explica.
3. ¿Conoces a alguna persona en la actualidad que se dedique a ayudar a personas marginadas? Explica.
4. ¿Participas tú en algún tipo de causa o trabajo voluntario? Explica.

Rigoberta Menchú Tum

Rigoberta Menchú Tum

Rigoberta Menchú Tum, indígena maya-quiché, nació el 9 de enero de 1959, en un pueblo llamado Chinel, al norte de Guatemala.

Al igual que todos los campesinos pobres, desde muy niña empezó a trabajar con sus padres en las cosechas de algodón y café, ganando un salario bajísimo. Más tarde, siguiendo la tradición de muchas mujeres de las zonas rurales, se trasladó a la capital para trabajar en el servicio doméstico.

Pero muy pronto la vida de Rigoberta cambió radicalmente. La muerte violenta de sus padres y un hermano, crímenes atribuidos a las fuerzas militares del gobierno guatemalteco, la hicieron reaccionar y continuar la tarea social comenzada por su familia. Rigoberta se dedicó entonces a defender a su gente, los indígenas y los de las clases menos favorecidas.

Por esta intensa labor, Rigoberta recibió el Premio Nobel de la Paz en 1992, premio que le permitió crear una fundación que apoya su causa en Guatemala.

Como todas las personas famosas, Rigoberta Menchú Tum no ha escapado a la controversia. Pero sea como sea, su persona sirvió para darle voz a un sector de la población marginada por mucho tiempo.

Viajemos por el ciberespacio a... GUATEMALA

@

If you are a cyberspace surfer, try entering one of the following key words to get to many fascinating sites in **Guatemala**:

Fundación Rigoberta Menchú

Rigoberta Menchú

Indígenas Quiché

Or, better yet, simply go to the *¡Dímelo tú!* website using the following address: http://dimelotu.heinle.com

There, with a simple click, you can

- experience the diverse cultures of Guatemala.
- inform yourself about what is taking place in Guatemala in its struggle for social justice.
- learn about the many aspects of Guatemalan history on human rights.

Y ahora, dime...

Usa un diagrama de Venn como éste para hacer un paralelo entre la vida de Rigoberta Menchú y la de un personaje histórico de los Estados Unidos, como Martin Luther King, Jr. o César Chávez, que dedicó su vida a defender los derechos de la gente marginada.

Rigoberta Menchú Tum	Ambas personas	(Nombre)
1.	1.	1.
2.	2.	2.
3.	3.	3.
4.	4.	4.
5.	5.	5.

¡Escríbelo!

Estrategias para escribir: establecer el orden cronológico

Una manera de organizar una autobiografía es narrarla en orden cronológico, es decir, escribiendo los eventos de la niñez primero, luego los de la juventud, y por último los de la vida como adulto. Nota que la breve biografía de Rigoberta Menchú Tum está narrada en orden cronológico. Prepárate ahora para escribir tu autobiografía en orden cronológico.

Ahora, ¡a escribir!

A. **En preparación.** Decide cuáles fueron los eventos más importantes de tu vida. Escribe sobre todos los eventos que podrías incluir, por ejemplo, datos de nacimiento, dónde vivió tu familia durante los primeros años, escuela primaria, etc. Prepara una lista de todos los eventos principales de tu vida desde tu nacimiento hasta el presente.

B. **El primer borrador.** Ahora organiza la información de la lista que preparaste en la actividad A en orden cronológico y prepara un primer borrador de tu autobiografía. Incluye toda la información de tu lista que consideres relevante.

C. **Ahora, a compartir.** Comparte el primer borrador con dos o tres compañeros(as). Comenta sobre el contenido y el estilo de las composiciones de tus compañeros(as) y escucha los comentarios de ellos sobre tu autobiografía.

D. **Ahora, a revisar.** Si necesitas hacer cambios basados en los comentarios de tus compañeros, hazlos ahora. Antes de preparar la versión final de tu autobiografía, comparte el borrador con dos compañeros(as) de clase para que te digan si hay errores de ortografía, gramática o puntuación. Presta atención particular al uso del pretérito.

E. **La versión final.** Prepara la versión final de tu autobiografía y entrégala. Escribe la versión final en la computadora siguiendo las instrucciones de tu instructor(a).

F. **Publicación.** En grupos de cinco o seis, junten sus autobiografías en un volumen. Elijan *(choose)* un título creativo para su volumen, por ejemplo: «Autobiografías de seis estudiantes extraordinarios» o «Cómo llegar a la universidad: seis versiones».

Vocabulary: People; time: expressions; sports

Grammar: Verbs: preterite; preterite (irregular)

Phrases: Expressing time relationships; talking about past events; writing an introduction

Canal Tres presenta...
Los misterios de Tikal

TAREA

Antes de empezar este Paso, estudia la lista de vocabulario en la página 235 y practícalo al escuchar el surco 15 de tu Text Audio CD #2. Luego estudia *En preparación.*

6.3 Preterite of **estar, decir,** and **hacer,** páginas 238–239

6.4 The pronoun *se:* Special use, página 239

Haz por escrito los ejercicios de *¡A practicar!*

Escucha la sección *¿Qué se dice...?* del Capítulo 6, Paso 3, en el surco 12 del Text Audio CD y haz la actividad correspondiente en la página 229.

¿Eres buen observador?

A mí ya me conocen. Soy Susana, la mala.

A ella la llaman Susana, la buena.

¿Y saben qué tenemos en común?
Las dos los entretenemos
cinco días a la semana de 7:30 a 8:30 P.M.
en la telenovela más exitosa y divertida de la temporada...
Los misterios de Tikal
Canal 3, el Super Canal

Ahora, ¡a analizar!

Los clichés. Las telenovelas, aunque pueden ser muy interesantes y entretenidas, están llenas de clichés. ¿Cuáles de estos clichés creen que aparecen en *Los misterios de Tikal?* Decídelo con dos compañeros(as) y luego añadan (*add*) algunos más.

☐ 1. Una es buena, la otra es mala.
☐ 2. Una es fea, la otra hermosa.
☐ 3. Una es rica, la otra pobre.
☐ 4. Una mató a un hombre, la otra fue injustamente acusada.
☐ 5. Una estudió una carrera, la otra no pudo estudiar porque trabajó toda su vida.
☐ 6. El protagonista ama a una, la otra quiere destruir ese amor.
☐ 7. Una tuvo un hijo ilegítimo, la otra sabe todo lo que ocurrió y quiere sobornarla.

Al hablar de tu telenovela favorita

Indica lo que sí aparece en el diálogo:

1. Rafael descubrió una oferta de libros.
2. Rosa no pudo ver la telenovela el día anterior.
3. Kimberly no pudo ver la telenovela tampoco.
4. Miguel Ángel no está interesado en las rebajas de libros ahora.
5. Susana, la fea, mató a Susana la hermosa.

> **A propósito...**
>
> El verbo **deber** se puede usar para indicar deuda (*debt*) y también obligación. En este último sentido significa *to be obligated.* Cuando es seguido por un infinitivo, con frecuencia se traduce como *must, should* o *ought to*: **Debes solicitar trabajo** (*You should apply for a job*). **Debo hacerlo ahora** (*I must do it now*).

ROSA:	¿Pero cómo? ¿Qué hizo la pobre Susana?
KIMBERLY:	Ella fue la que asesinó a don Roberto en el rancho, según lo que su hermana, Susana la fea, le dijo a la policía.
ROSA:	¡No es posible! Estoy segura de que es inocente.
RAFAEL:	Se busca carpintero a media jornada, hijo. Debes solicitar este trabajo. Siempre dices que necesitas más dinero.
MIGUEL ÁNGEL:	Papá, ¡ahora no! ¡No ves que estamos mirando la tele!

ROSA: Susana, la hermosa, no lo mató. Ella ni estuvo en el rancho el día del asesinato.

KIMBERLY: Sí, el problema es que, como Susana la hermosa sólo habla quiché, la policía no comprendió lo que dijo. La llevaron directamente a la cárcel. ¡Qué pena!

RAFAEL: Mmm, hay una buena oferta de ropa en...

MIGUEL ÁNGEL: ¡Ay! ¿Otra vez? ¡Por Dios, papá!

¿Sabías que...?

Guatemala está profundamente orgullosa de sus tradiciones y de su entorno natural. Este orgullo se refleja en la designación de sus símbolos nacionales: la marimba es el instrumento nacional; la ceiba, el árbol nacional; el quetzal, el ave nacional; la monja blanca, la flor nacional.

El huipil, aunque no se designó todavía como el vestido típico nacional, representa muy bien a Guatemala. Es bellísimo, con unos colores y patrones *(patterns)* que reflejan el estilo del artista que lo tejió, así como el lugar de donde proviene la persona que lo lleva. No hay dos huipiles iguales, sin embargo, cada pueblo tiene una serie limitada de patrones entre los que los artistas eligen su diseño. Un huipil bien hecho y de buena calidad puede durar de 20 a 30 años.

En tu opinión: ¿Por qué es importante para los indígenas guatemaltecos el que los patrones de sus huipiles los identifiquen con sus lugares de procedencia? ¿Hay en los Estados Unidos algunas comunidades que se pueden distinguir por sus ropas?

Ahora, ¡a hablar!

A. **En tus propias palabras.** Di, en tus propias palabras, algo que estas personas dijeron en el ¿*Qué se dice...* ?

MODELO Susana la hermosa
Pero, señor policía, yo soy inocente.

1. la madre
2. el hijo
3. Susana la fea
4. Kimberly
5. el padre
6. Susana la hermosa

EP 6.3

B. **Testigo.** En el siguiente episodio de *Los misterios de Tikal*, el inspector Humanes interroga a dos testigos sobre el asesinato del que acusaron a Susana, la hermosa. ¿Qué dicen los dos testigos?

MODELO TESTIGO 1: yo / ver / todo lo que / pasar
Yo vi todo lo que pasó.

1. un coche / parar / enfrente de / la casa
2. una mujer hermosa / entrar / en la casa
3. nosotros / escuchar / un disparo
4. la mujer hermosa / salir / de la casa
5. unas mujeres / comenzar / a gritar en la casa

MODELO   TESTIGO 2:   no / ser / así
No, no fue así.

6. dos coches / parar / enfrente de / la casa
7. dos hombres / entrar / en la casa
8. nosotros / escuchar / dos disparos
9. los dos hombres / salir / de la casa
10. una mujer / comenzar / a gritar en la casa

C. **El sábado.** El inspector interroga ahora a Susana la fea, que explica su coartada *(alibi)* del día del asesinato.   EP 6.3

MODELO   **En la mañana dormí hasta tarde, hice ejercicio, fui al supermercado, limpié la casa, estudié y...**

1. En la mañana:
salir a correr / tomar café / escribir cartas / ir al centro / mandar cartas / limpiar la casa / no hacer ejercicio / descansar / llamar a mis padres / ...
2. En la tarde:
ir de compras / caminar a.../ hacer la tarea / mirar deportes en la televisión / escuchar la radio / dormir un poco / practicar deportes / ir a la biblioteca /...
3. En la noche:
ir a una fiesta / salir con amigos / mirar televisión / leer una novela / comer en un restaurante / ir a un concierto / alquilar un video / invitar a unos amigos a casa / ir al cine /...

D. **Buena impresión.** Susana la hermosa tiene que someterse a un juicio por el caso del asesinato. ¿Sabes qué se debe o no se debe hacer para dar una buena impresión ante el tribunal?   EP 6.4

MODELO   llevar blue jeans
No se lleva blue jeans.

1. hablar mal de la víctima
2. contradecir otros testimonios
3. interrumpir al juez
4. hablar claramente   EP 6.4
5. decir mentiras
6. hablar mientras hablan los testigos

E. **¡Necesitamos dinero urgentemente!** Necesitamos recolectar dinero para la defensa de la injustamente acusada. ¿Qué puedes hacer? Una solución es vender algunas cosas que no necesitamos. Prepara unos anuncios de cosas que quieres vender.

F. **¿Quién es?** En grupos de tres o cuatro, escojan una persona famosa del mundo de la política o del mundo del espectáculo que hizo algo por lo que fue acusado(a) y juzgado(a). El resto de la clase tiene que adivinar quién es. Se permite hacer preguntas para saber más detalles.

G. **¿Y tú?** Ahora tu propia vida va a servir de guión *(screenplay)* para una telenovela. En grupos de tres o cuatro, escriban el guión sobre un día dramático que tuviste.

¡Luces! ¡Cámara! ¡Acción!

H. **¡Se vende!** Ustedes trabajan en el departamento de la publicidad de la estación de televisión XELO. En grupos de cuatro o cinco, preparen un proyecto de publicidad para su producto favorito.

I. **Palacio de Justicia...** Ustedes se encuentran en un juicio donde uno de ustedes es el (la) acusado(a), otro un(a) testigo, otro el (la) abogado(a) defensor(a), y otro el (la) fiscal *(prosecutor)*. Dramaticen esta situación hasta alcanzar un veredicto.

El rincón de los lectores

Estrategias para leer: reconocer las pistas del contexto

A good reader uses a variety of problem-solving techniques. Using context clues when you don't know the meaning of a specific word is one such strategy. The context referred to here is the sentence in which the unknown word occurs. Although there is no easy formula to help you always guess the correct meaning of unknown words, the following suggestions can be very helpful:

1. Use the meaning of the rest of the sentence to reduce the number of meanings the unknown word may have.

2. Be satisfied with getting at the general meaning of unfamiliar words. More often than not, the exact meaning is not necessary in order to get the gist of what you are reading.

3. Look for help in punctuation and grammar. Knowing the relationship between various parts of a sentence can help you understand the sentence.

4. Don't feel you have to know the meaning of every unfamiliar word. Learn to recognize key words needed to understand the sentence, and don't worry about other unfamiliar words.

Pistas del contexto. Busca las palabras de la columna A en la lectura (todas aparecen en negrita) y estudia el contexto de las oraciones donde las encuentres. Luego selecciona según el contexto la palabra o palabras de la columna B que mejor definan las de la columna A. No olvides que la gramática y la puntuación también ayudan a entender el contexto de la oración.

A	B
1. ladino	a. siempre pensamos
2. politeístas	b. que inspira profunda veneración
3. sagrado	c. parientes que anteceden
4. no hay que desperdiciar	d. persona que ha adoptado el habla y las costumbres europeas
5. antepasados	e. objetos procesados con máquinas
6. nunca se le quita de pensar	f. que no se debe mal usar, malgastar
7. cosas compuestas	g. personas que creen en varios dioses

Me llamo Rigoberta Menchú y así me nació la conciencia (Selección)

Desde niños recibimos una educación diferente de la que tienen los blancos, los **ladinos.** Nosotros, los indígenas, tenemos más contacto con la naturaleza. Por eso nos dicen politeístas. Pero, sin embargo, no somos **politeístas**... o, si lo somos, sería bueno, porque es nuestra cultura, nuestras costumbres. De que nosotros adoramos, no es que adoremos, sino que respetamos una serie de cosas de la naturaleza, las cosas más importantes para nosotros, por ejemplo, el agua es algo **sagrado**... la explicación que nos dan nuestros padres desde niños es que **no hay que desperdiciar** el agua... El agua es algo puro, es algo limpio y es algo que da vida al hombre. Sin el agua no se puede vivir, tampoco hubieran podido vivir nuestros **antepasados.** Entonces, el agua la tenemos como algo sagrado y eso está en la mente desde niños y **nunca se le quita a uno de pensar** que el agua es algo puro... tenemos la tierra. Nuestros padres nos dicen «Hijos, la tierra es la madre del hombre porque es la que da de comer al hombre». Y más nosotros, que nos basamos en el cultivo. Nosotros los indígenas comemos maíz, frijol y yerba del campo y no sabemos comer, por ejemplo, jamón o queso, **cosas compuestas** con aparatos, con máquinas. Entonces se considera que la tierra es la madre del hombre. Y de hecho nuestros padres nos enseñan a respetar esa tierra.

A ver si comprendiste

Contesta estas preguntas a base de la selección que leíste.

1. ¿Cuál es la diferencia entre la educación de los indígenas y la de los demás?
2. ¿Qué significa el agua para los indígenas?
3. ¿Por qué dicen los padres indígenas que no hay que desperdiciar el agua?
4. Usa este diagrama de Venn para comparar tus actitudes y acciones con respecto a la madre naturaleza con las de los indígenas guatemaltecos.

Mis actitudes
y acciones

1.

2.

3.

Lo que tenemos
en común

1.

2.

3.

Las actitudes
y acciones de
los indígenas

1.

2.

3.

Vocabulario

CD2-13–2-15

PASO 1

Momentos del día

anoche	last night
ayer	yesterday
durante	during
esta mañana/tarde/ noche	this morning/after- noon/evening

Lugares

lago	lake
volcán (m.)	volcano

Viajar

avión (m.)	airplane
esperar	to wait (for)
manejar	to drive
ruta	route

Palabras útiles

arrasar	to destroy
entrevista	interview
experiencia	experience
gobierno	government
maravilloso(a)	wonderful
recibir	to receive
regalo	gift
siglo	century
vida	life

PASO 2

Acciones

alcanzar	to reach
comenzar (ie)	to begin
dar	to give
dejar	to leave behind

---

derrocar	to overthrow
describir	to describe
elegir (i, i)	to elect
entregar	to deliver; to hand over
fundar	to found; to establish
lograr	to get; to achieve
nacer	to be born
ocurrir	to occur
reaccionar	to react

Deportes

alpinista (m./f.)	mountain climber
equipo	team
ganar	to win
marcar	to score
partido	game

Periódicos

local	local
nacional	national
noticias (pl.)	news
primera plana	front page
revista	magazine

Palabras útiles

coche (m.)	car
escuela primaria	elementary school
fantástico(a)	fantastic
interés (m.)	interest

PASO 3

Acciones

deber	to be obliged, must, should

---

decir	to say; to tell
entrar	to enter
gritar	to cry out; to shout
mandar	to send
parar	to stop
solicitar	to apply (for a job)

Expresiones

mitad de precio	half price
¡Qué pena!	What a pity!

El derecho

abogado(a)	lawyer
acusar	to accuse
asesinar	to murder
disparar	to fire (a gun)
juez (m.)	judge
juicio	trial
testigo (m./f.)	witness
testimonio	testimony
veredicto	verdict
víctima (f.)	victim

Personas

hombre (m.)	man

Palabras útiles

anuncio	advertisement, classified ad
carrera	career
espectacular	spectacular
espectáculo	show
pobre	poor
mentira	lie

En preparación 6

6.1 Preterite of regular verbs

Providing and requesting information about past events

Spanish has two simple past tenses: the preterite and the imperfect. In this chapter you will study various uses of the preterite. Following are the preterite verb endings for regular verbs.

Preterite: *-ar* verb endings				Preterite: *-er, -ir* verb endings			
hablar				**comer**			
yo	habl-**é**	nosotros(as)	habl-**amos**	yo	com-**í**	nosotros(as)	com-**imos**
tú	habl-**aste**	vosotros(as)	habl-**asteis**	tú	com-**iste**	vosotros(as)	com-**isteis**
Ud.	habl-**ó**	Uds.	habl-**aron**	Ud.	com-**ió**	Uds.	com-**ieron**
él, ella	habl-**ó**	ellos, ellas	habl-**aron**	él, ella	com-**ió**	ellos, ellas	com-**ieron**

encontrar		vender		recibir	
encontré	encontr**amos**	vendí	vend**imos**	recibí	recib**imos**
encontr**aste**	encontr**asteis**	vend**iste**	vend**isteis**	recib**iste**	recib**isteis**
encontr**ó**	encontr**aron**	vend**ió**	vend**ieron**	recib**ió**	recib**ieron**
encontr**ó**	encontr**aron**	vend**ió**	vend**ieron**	recib**ió**	recib**ieron**

A. The preterite is used to describe an act that has already occurred; it focuses on the beginning, the end, or the completed aspect of an act. The preterite is translated in English as the simple past or as *did* + verb.

Encontré los boletos.	*I found the tickets. / I did find the tickets.*
¿**Vendiste** el coche?	*You sold the car? / Did you sell the car?*

B. Note that the first- and third-person singular endings of regular verbs *always* require a written accent in the last vowel in the preterite.

Regresé a eso de las once.	*I returned at about 11:00.*
La policía lo **arrestó** anoche.	*The police arrested him last night.*

C. Note also that the first-person plural endings, the **nosotros(as)** forms, of **-ar** (and **-ir**) verbs are identical to the present indicative endings. Context determines whether the verb is in the past, the present, or the future.

Mañana **jugamos** en Ocós.	*Tomorrow we play in Ocós.*
Ayer **jugamos** en Antigua.	*Yesterday we played in Antigua.*

D. All stem-changing **-ar** and **-er** verbs in the present tense are *regular* in the preterite. Stem-changing **-ir** verbs in the preterite will be discussed in **Capítulo 10.**

Encontraron el avión en Petén.	*They found the plane in Petén.*
¿**Entendiste** las noticias?	*Did you understand the news?*
Perdieron el campeonato, ¿verdad?	*They lost the championship, right?*

¡A practicar!

A. Noticias. Paula está leyéndole las noticias a su esposo mientras él prepara el desayuno. ¿Qué le dice ella? Al contestar, completa estas oraciones con el pretérito.

1. La policía _____ (arrestar) al ladrón.
2. El presidente y su esposa _____ (recibir) al presidente de Guatemala.
3. Unos niños _____ (encontrar) un millón de dólares.
4. Una actriz _____ (vender) sus diamantes.
5. El equipo de Antigua _____ (perder) anoche.

B. Me interesan los detalles. El marido de Paula está muy interesado en lo que ella dice y pide más información. ¿Qué le pregunta a Paula?

1. ¿Dónde _____ (encontrar) la policía al ladrón?
2. ¿Cuándo _____ (llegar) los representantes de Guatemala?
3. ¿Dónde _____ (descubrir) los niños tanto dinero?
4. ¿Es la misma actriz que _____ (dejar) a su esposo el mes pasado?
5. ¿Contra quién _____ (jugar) el equipo de Antigua?

Paso 2
6.2 Preterite of verbs with spelling changes

Describing in past time

A. To maintain the consonant sound of the infinitive, verbs that end in **-car, -gar,** and **-zar** undergo a spelling change in the preterite in the first person singular. (These rules apply not only to verbs in the preterite but to verbs in any tense whenever the following circumstances occur.)

1. Ending in -car: **c** changes to **qu** in front of **e**
   sacar: sa**qué,** sacaste, sacó...
   buscar: bus**qué,** buscaste, buscó...

2. Ending in -zar: **z** changes to **c** in front of **e**
   empezar: empe**cé,** empezaste, empezó...
   comenzar: comen**cé,** comenzaste, comenzó...

3. Ending in -gar: **g** changes to **gu** in front of **e**
   llegar: lle**gué,** llegaste, llegó...
   jugar: ju**gué,** jugaste, jugó...

B. Whenever an unstressed **i** occurs between two vowels, it changes to **y.** Note that these verbs require a written accent in all persons except the third-person plural (**ellos, ellas**) and the second person plural (**ustedes**).

leer		creer		oír	
leí	leímos	creí	creímos	oí	oímos
leíste	leísteis	creíste	creísteis	oíste	oísteis
leyó	leyeron	creyó	creyeron	oyó	oyeron
leyó	leyeron	creyó	creyeron	oyó	oyeron

¡A practicar!

A. ¡Qué día! Ayer Angélica tuvo un día terrible. ¿Qué pasó?

Ayer yo _____ (empezar) el día con el pie izquierdo (*left foot—wrong side of the bed*).
Cuando _____ (comenzar) a preparar un café, _____ (oír) sonar el teléfono.
Era mi mamá. Ella _____ (hablar) más de una hora. Luego _____ (buscar)
las llaves (*keys*) de mi auto pero no las _____ (encontrar). Las _____
(buscar) en todas partes pero sin suerte (*luck*). Finalmente yo _____ (decidir) tomar
el autobús, pero _____ (llegar) muy tarde a la parada. Yo _____ (regresar) a
casa y no _____ (salir) el resto del día.

B. Norberto. Por lo general, Norberto lleva una vida muy aburrida. ¿Qué pasó ayer en su vida?

Ayer Norberto _____ (llegar) tarde a clase. Después de clase _____
(practicar) fútbol por dos horas. Cuando _____ (volver) a casa, _____
(preparar) la cena y _____ (leer) el periódico. Por la noche no _____
(empezar) a hacer su tarea hasta que _____ (llegar) su amigo Ricardo. Norberto y
Ricardo _____ (estudiar) dos o tres horas. De repente (*Suddenly*), Ricardo
_____ (oír) un ruido (*noise*). Norberto _____ (buscar) por todas partes
pero no _____ (encontrar) a nadie. ¡Parece que Ricardo tiene una imaginación
muy activa!

Paso 3

6.3 Preterite of *estar, decir,* and *hacer*

Narrating in the past

Estar		decir		hacer	
estuve	estuvimos	dije	dijimos	hice	hicimos
estuviste	estuvisteis	dijiste	dijisteis	hiciste	hicisteis
estuvo	estuvieron	dijo	dijeron	hizo	hicieron
estuvo	estuvieron	dijo	dijeron	hizo	hicieron

Note that these irregular verbs do not have written accents in the preterite.

¿Quién **hizo** eso?
Te **dije** que yo lo **hice** ayer
    cuando **estuve** aquí.

Who did that?
I told you I did it yesterday when
    I was here.

¡A practicar!

A. En busca de empleo. Completa el párrafo que sigue para saber qué pasó cuando Martín
visitó Guatemala.

El verano pasado _____ (estar) dos meses en Guatemala. Yo les _____
(decir) a mis padres: «Voy a vender mi carro, necesito dinero porque quiero conocer
Centroamérica». _____ (hacer) mis planes y el itinerario con un agente de viajes
para pasar un mes en Centroamérica. Pero finalmente _____ (estar) allí por
mucho más tiempo.

Mi amigo Hernán me _____ (decir): «No puedes visitar Guatemala sin (*without*)
conocer Antigua. ¡Es impresionante!» La verdad es que tiene razón. _____ (Estar/yo)
en Antigua casi un mes completo. ¡La vegetación, la naturaleza, las ruinas de Tikal y la gente

son excelentes! Ellos me _____ (hacer) muchas comidas locales, y todas exquisitas. El próximo verano, definitivamente, tengo que volver, pero, ¿qué carro voy a vender ahora?

B. **Cumpleaños.** Según Alicia, ¿cómo celebraron el cumpleaños de Jaime?

Ayer _____ (ser) el cumpleaños de Jaime. Jorge, su compañero de cuarto, _____ (organizar) una fiesta para él. Marta y yo _____ (ir) a la tienda para comprar champán. Carmen _____ (hacer) un pastel delicioso. Isabel y Juana _____ (hacer) unos sándwiches. Todos nosotros _____ (ir) a la casa de Jorge y esperamos a Jaime. Cuando Jaime _____ (llegar) todos le _____ (decir): «¡Felicitaciones!» La fiesta _____ (ser) estupenda. Jaime _____ (decir): «Fue la mejor fiesta de cumpleaños de mi vida».

6. 4 The pronoun *se*: Special use
Making announcements

When writing notices such as classified ads, placards, recipes, and signs on windows or walls, the pronoun *se* is used in Spanish.

Se alquilan bicicletas.	*Bicycles for rent.*
Se necesita secretaria.	*Secretary wanted.*
Se habla inglés.	*English spoken here.*
Se prohíbe estacionar.	*No parking.*

Note that the verb form following **se** is in the third-person singular when followed by a singular noun or an infinitive (**secretaria, estacionar**) and in the third-person plural when it is followed by a plural noun (**bicicletas**).

¡A practicar!

A. **Anuncios.** Imagínate que trabajas en el departamento de anuncios clasificados en las oficinas de un periódico de tu ciudad. Prepara algunos anuncios.

MODELO   vender / bicicleta nueva
      Se vende bicicleta nueva.

1. vender / televisor en buen estado
2. buscar / apartamento en el centro
3. vender / casa grande
4. necesitar / dos mecánicos
5. buscar / camarero competente

B. **Ventas.** Martín está leyendo los anuncios clasificados en *Prensa Libre*. ¿Qué dicen los anuncios?

1. vender / casa en lago Atitlán
2. necesitar / alquilar casa cerca de Tolimán
3. comprar / todo tipo de artesanía maya-quiché
4. buscar / habitación para dos estudiantes en Antigua
5. reparar / coches

Mona Lisa de Fernando Botero

¡Cinco grammys para Juanes!

CAPÍTULO 7

Enamorados de... ¡Colombia!

Joyas de la naturaleza colombiana

In this chapter, you will learn how to . . .
- ask for a date.
- accept or refuse a date.
- express preferences.
- express emotions.

¡Las fotos hablan!

A. A que ya sabes...

1. ¿Cuál de los siguientes escultores es colombiano?
   a. Michelangelo Buonarroti   b. Auguste Rodin   c. Fernando Botero

2. ¿Cuál de los siguientes escultores representa siempre en sus esculturas a personajes gordos?
   a. Michelangelo Buonarroti   b. Fernando Botero   c. Auguste Rodin

3. ¿Cuáles de los siguientes cantantes son colombianos?
   a. Juanes   b. Ricky Martin   c. Shakira

4. ¿Cuál de ellos recibió siete nominaciones para los premios «Grammy» con su álbum *Fíjate bien*?
   a. Madonna   b. Sting   c. Juanes

5. ¿Qué tipo de flor es la de la foto, la cual se cultiva en Colombia en grandes cantidades?
   a. la rosa   b. la orquídea   c. la flor de banano

B. Indica si viajando a Colombia puedes hacer lo siguiente:

Sí No 1. Saborear un exquisito café, cultivado y tostado en Colombia.

Sí No 2. Disfrutar del Caribe, de la costa pacífica, de la selva amazónica y de los Andes, sin salir de Colombia.

Sí No 3. Admirar las voluminosas esculturas de Fernando Botero y el realismo mágico de Gabriel García Márquez.

Sí No 4. Gozar del clima fresco de Bogotá, a más de 2.600 metros sobre el nivel del mar.

Sí No 5. Esquiar todo el año en Bogotá.

¡Bogotá de noche!

¿Eres buen observador?

TAREA

Antes de empezar este Paso, estudia la lista de vocabulario en la página 267 y practícalo al escuchar el surco 20 de tu Text Audio CD #2. Luego estudia *En preparación.*

7.1 Direct-object nouns and pronouns, páginas 268–269

7.2 Irregular -*go* verbs, páginas 269–270

Haz por escrito los ejercicios de *¡A practicar!*

Escucha la sección *¿Qué se dice... ?* del Capítulo 7, Paso 1, en el surco 16 del Text Audio CD y haz la actividad correspondiente en la página 243.

Ahora, ¡a analizar!

Esta noche piensas salir por primera vez con una persona que te gusta mucho y a quien quieres impresionar. ¿Adónde van y qué van a hacer?

Para los jóvenes

1. ¿A quién vas a invitar?
2. ¿La vas a llevar a ver *Taxi* o a escuchar *Seis por ocho?* ¿Por qué?
3. ¿La vas a recoger o te va a recoger ella?
   ¿A qué hora?
4. ¿Vas a llevarla a cenar antes o después de la función?

Para las jóvenes

1. ¿A quién vas a invitar?
2. ¿Lo vas a invitar a ver *Taxi* o a escuchar *Seis por ocho?* ¿Por qué?
3. ¿Lo vas a recoger o te va a recoger él?
   ¿A qué hora?
4. ¿Vas a llevarlo a cenar antes o después de la función?

Al invitar a una persona a salir

CD2-16

Horacio quiere invitar a a un partido de fútbol / a un concierto.
Javier quiere invitarla a un partido de fútbol / a un concierto.
En tu opinión, ¿qué invitación va a aceptar Angélica? ¿Por qué?

JAVIER: Oye, guapa. Me vas a acompañar al estadio el sábado para ver el partido del equipo de Medellín, ¿verdad? Mira, aquí traigo dos boletos de entrada. ¿Qué me dices? ¿Vienes conmigo?

ANGÉLICA: Muchas gracias, pero no puedo. Tengo otros planes. Además, este sábado no voy a estar en Bogotá. Salgo para Cali para visitar a mis primos.

JAVIER: No importa, preciosa. En ese caso puedes acompañarme al Teatro Nacional el viernes para ver *Taxi*. ¿Qué te parece?

ANGÉLICA: No, gracias.

HORACIO: Hola, Angélica. ¿Puedo ayudarte con los libros?

ANGÉLICA: Gracias, Horacio.

HORACIO: Angélica, si estás libre el viernes quiero invitarte al concierto *Seis por ocho* en la Biblioteca Luis Ángel Arango. Y después, podemos ir a cenar a Casa Vieja, en la avenida Jiménez.

ANGÉLICA: ¡Cómo no! Me encantaría acompañarte. ¿A qué hora me pasas a buscar?

HORACIO: Después te digo. ¿Te puedo llamar esta noche, como a las nueve?

ANGÉLICA: Claro que sí. Puedes llamarme a eso de las nueve. Te espero.

> **A propósito...**
>
> **Ir** and **venir** are used according to the location of the speaker in relation to the place or event of reference. You say **Janet viene a casa** if you are home or **Janet va a (la) casa** if you are not at the house mentioned. Where are you when you say: **¿Vienes a la fiesta esta noche? ¿No vas al cine esta noche?**

¿Sabías que...?

Bogotá, la capital de Colombia, ofrece una vida cultural totalmente diversa. Cuenta con impresionantes rascacielos (*skyscrapers*) futurísticos, varias universidades, hermosas iglesias coloniales y una gran variedad de museos. Hay más de cincuenta museos en la ciudad. Entre los principales está el Museo del Oro, con una colección de más de 30.000 objetos de oro que representan las principales culturas precolombinas de Colombia. El Museo Arqueológico también tiene una gran variedad de artefactos precolombinos. El Museo Nacional ocupa una cárcel del siglo XIX y cuenta con todo tipo de arte, desde el precolombino hasta el contemporáneo. En Bogotá hay, además, museos de arte moderno, arte colonial, arte religioso, artes y tradiciones populares, de desarrollo urbano, de trajes regionales y muchos más.

En tu opinión: ¿Por qué crees que el Museo del Oro usa objetos de oro para representar las culturas precolombinas? ¿Por qué tiene tantos museos Bogotá?

Ahora, ¡a hablar!

A. **El guapo y el intelectual.** Indica si es cierto o falso según lo que escuchaste en el *¿Qué se dice...?*

C F   1. Uno quiere invitar a al concierto *Seis por ocho*.
C F   2. Otro quiere invitarla a una corrida de toros.
C F   3. Uno de ellos quiere invitarla a un partido de fútbol.
C F   4. Ella acepta la invitación de los dos.
C F   5. Los dos se ofrecen para ayudarla con los libros.

EP 7.1

B. **¿Y tú?** Habla con tu compañero(a) para saber si hicieron lo siguiente la última vez que salieron en una cita. Tomen turnos para preguntar y responder.

MODELO   TÚ: ¿Invitaste a tu amigo(a) personalmente o por teléfono?
          COMPAÑERO(A): **Lo (La) invité personalmente.**

1. ¿Fuiste a buscar a tu amigo(a) a su casa?
2. ¿Llevaste a tu amigo(a) al cine?
3. ¿Invitaste a tu amigo(a) a cenar?
4. ¿Sacaste a tu amigo(a) a bailar?
5. ¿Acompañaste a tu amigo(a) a su casa?

EP 7.1

C. **¡Quieres salir!** Alguien te invita a salir por primera vez y te propone algunas actividades. ¿Qué le contestas tú?

MODELO   AMIGO(A): ¿Quieres ver la nueva película?
          TÚ: **Sí, la quiero ver.** o
                  No, no quiero verla.

1. ¿Puedo llamarte esta noche?
2. ¿Puedo pasar a buscarte a las 8:00, el viernes?
3. ¿Quieres visitar mi restaurante favorito?
4. ¿Quieres ver mi película favorita?
5. ¿Quieres conocer a mis padres?

D. **Buenos modales.** Los colombianos, como la mayoría de los hispanos, siempre son muy educados y saben impresionar a todo el mundo. ¿Eres tú como los colombianos? ¿Qué haces para impresionar a otras personas?

EP 7.2

MODELO   Los jóvenes colombianos hacen muchas cosas para impresionar a sus novias.
Yo también hago muchas cosas para impresionar a mi novia(o). [o]
Pues yo no hago nada para impresionar a mi novia(o).

1. Los colombianos siempre llevan bebidas o comida a las fiestas.
2. Ellos siempre dicen la verdad.
3. Los jóvenes colombianos hacen todo con sus amigos.
4. Ellos nunca ponen los pies *(feet)* en la mesita.
5. Ellos son muy puntuales. Nunca llegan tarde.
6. Los jóvenes colombianos son muy corteses.

E. **Costumbres.** Habla con tu compañero(a) para saber cómo se comportan en las citas. Tomen turnos para preguntar y responder.

EP 7.2

MODELO   ¿Sales durante la semana, o sólo los fines de semana?
Salgo sólo los fines de semana.

1. ¿Dices siempre todo lo que piensas?
2. ¿Traes a otros amigos a tus citas?
3. Si van a casa, ¿oyen música o miran la televisión?
4. ¿Pones flores y velas en tu casa?
5. ¿Haces café u otra bebida especial para él/ella?

Y ahora, ¡a conversar!

F. **¡Paso a paso!** Tú y tu compañero(a) están hablando por primera vez. Conversen un poco para llegar a conocerse. Toman turnos para preguntar y responder.

1. ¿Cuáles son sus deportes favoritos? ¿Con qué frecuencia los practican?
2. ¿Cómo pasan el tiempo libre? ¿Qué hacen?
3. Si ven la tele con frecuencia, ¿cuáles son sus programas favoritos? ¿Con qué frecuencia los ven?
4. ¿Qué tipo de música escuchan? ¿Quiénes son sus artistas favoritos?
5. ¿Visitan a sus familiares con frecuencia? ¿Los visitan cada fin de semana? ¿Una vez al mes?

G. **Actividades.** ¿Qué hacen tus compañeros(as) de clase cuando salen con su novio(a)? Para saberlo, entrevístalos usando el cuadro que sigue. Encuentra a compañeros(as) que puedan contestar afirmativamente cada pregunta y pídeles que firmen en el cuadrado apropiado. No olvides que una persona no debe firmar más de un cuadrado.

A propósito…

Cuando estás de acuerdo con algo afirmativo que dice otra persona, tú dices: «yo también»; cuando estás de acuerdo con algo negativo que dice el otro, dices: «yo tampoco»; cuando el otro dice algo negativo y tú no estás de acuerdo, dices: «pues yo sí…»; cuando el otro dice algo afirmativo y tú no estás de acuerdo, dices: «pues yo no…». ¿Cómo respondes a la siguientes frases? «Yo salgo todos los domingos.» «A mí no me gusta el humo del cigarro.» «Yo no puedo dormir la siesta.»

Antes de salir	Durante la cita	Antes de despedirse
Invita a la otra persona sin pensarlo mucho. —————— *Firma*	Lo paga todo. —————— *Firma*	Invita a su amiga(o) a tomar un café en casa. —————— *Firma*
Siempre acepta invitaciones para salir. —————— *Firma*	Controla la conversación. —————— *Firma*	Siempre está contento(a) de terminar la cita. —————— *Firma*
Es tímido(a). Necesita mucho para tomar la iniciativa. —————— *Firma*	Nunca habla de cosas personales. —————— *Firma*	Siempre promete llamar al día siguiente. —————— *Firma*
Decide qué actividades hacer. —————— *Firma*	Toma bebidas alcohólicas. —————— *Firma*	Siempre se despide *(says good-bye)* con un beso. —————— *Firma*

H. **Y tú, ¿qué dices?** ¿Quiénes son los estudiantes más corteses *(polite)* de la clase? Para saberlo, haz dos listas: una de lo que dicen para impresionar a su novio(a) y una de lo que dices para impresionar a la familia de su novio(a).

I. **¿Cuáles son las diferencias?** Tú debes usar este dibujo y tu compañero(a) el dibujo en el Apéndice A. Ambos son similares, pero no son idénticos. Describan sus dibujos para descubrir las diferencias. No mires el dibujo de tu compañero(a) hasta descubrir todas las diferencias.

J. **En mi lugar favorito.** Estás en un café u otro lugar favorito. Ves a una persona que deseas conocer. Con un(a) compañero(a) que hace el papel de la otra persona, escribe el diálogo que tienen y léanselo a la clase.

K. **¿Qué les digo?** Tú, tu novio(a) y dos amigos están imaginándose la primera visita de tu novio(a) a la casa de tus padres. Dramatiza esta situación con tres compañeros(as). Tus compañeros(as) de clase deben decirle a tu novio(a) qué puede hacer para impresionar a tus padres. También deben hablar de temas de conversación apropiados y no apropiados para tu novio(a) y tus padres.

Un paso atrás, dos adelante: Capítulo 6

Repasemos. En el Capítulo 6 aprendiste a hablar y a discutir sobre las noticias de prensa, de lo que pasó en tu programa de televisión favorito, y a preparar y a leer anuncios clasificados. Repasa lo que sabes, completando el siguiente texto con las palabras necesarias. Puedes inventar la información.

Como en las películas

EL POLICÍA: ¿Qué _____ [pretérito del verbo **pasar**] aquí?

PROTAGONISTA: _____ [saludo formal], señor agente. Yo _____ [pretérito del verbo **llamar**] porque _____ [pretérito del verbo **oír**] unos ruidos terribles en el dormitorio de la criada y cuando _____ [pretérito del verbo **llegar**], _____ [pretérito del verbo **encontrar**] a la víctima en la cama, _____ [adjetivo: sin vida].

EL POLICÍA: ¿ _____ [presente del verbo **haber**] alguien más en la casa ahora?

PROTAGONISTA: No. _____ [pretérito del verbo **estar**] yo sola toda la tarde.

EL POLICÍA: Y después de ver la situación, ¿qué _____ [pretérito del verbo **hacer**] usted?

PROTAGONISTA: _____ [pretérito del verbo **ir**] a avisar a los vecinos. _____ [pretérito del verbo **gritar**], pero nadie me _____ [pretérito del verbo **oír**].

¿Comprendes lo que se dice?

CD2-17

Estrategias para escuchar: distinguir patrones de entonación

In previous chapters you learned to listen for stress variations in English and Spanish cognates. Listening to intonation, that is, the rise and fall of a speaker's voice, can be very helpful when distinguishing between questions and statements in Spanish. Questions in Spanish usually have one of the following two intonation patterns.

1. In questions requiring yes/no answers, the voice rises on the last word of the question.

   ¿Quieres venir conmigo?

   ¿Viven cerca de aquí?

2. In questions that begin with an interrogative word and request information, the speaker's voice usually drops on the last word of the question.

   ¿Qué vas a hacer el sábado?

   ¿A qué hora vienes por mí?

Being aware of these intonation patterns for questions will help you better understand a conversation.

Para distinguir patrones de entonación. Escucha la conversación entre Manolo, un joven muy tímido, y Carmen, una chica muy atractiva. *(As you listen the first time, indicate how many yes/no questions you hear and how many information questions are asked.)*

_____ Sí/No

_____ Que piden información

Después de escuchar

Vuelve a escuchar la conversación de Manolo y Carmen e indica con un círculo las palabras que mejor completen cada frase.

El sábado por la noche
1. Carmen piensa...   estudiar.   ver televisión.   visitar a una amiga.
2. Manolo piensa...   estudiar.   ver televisión.   ir al cine.
3. Manolo...   la invita.   la acepta.   no la acepta.
4. Carmen...   lo invita.   lo acepta.   no lo acepta.
5. Manolo va por Carmen...   a las seis.   a las siete.   a las siete y diez.

Colombia

Antes de empezar, dime...

Contesta estas preguntas para reflexionar un poco sobre algunas de las característi-cas más sobresalientes *(outstanding)* de tu país.

1. ¿A cuántos océanos tiene salida los EE.UU.? ¿Cuáles son?
2. ¿Cuántas cadenas montañosas que cruzan los EE.UU. puedes nombrar?
3. En tu opinión, ¿cuáles son los productos más importantes de los Estados Unidos? ¿Por qué? Explica tu respuesta.
4. ¿Cuáles son algunas de las atracciones más grandes de la capital de los Estados Unidos?
5. ¿Por qué crees que tantos turistas visitan los Estados Unidos cada año? ¿Qué los atrae?

Colombia: La esmeralda de Sudamérica

Colombia es el único país del continente que tiene salida al océano Pacífico y al Atlántico (Caribe). Además, tres cadenas montañosas, una de ellas la cordillera de los Andes, cruzan el país de norte a sur.

Colombia tiene cuatro zonas climáticas: la costa del océano Pacífico, el altiplano de los Andes, los llanos y la costa del mar Caribe. Gracias a su clima subtropical, los principales productos del país son su sabrosísimo café, una gran variedad de flores —entre ellas, las hermosas orquídeas—, bananos y caña de azúcar. De fama mundial son también las esmeraldas que se producen en el país —de allí el nombre de «Colombia, la esmeralda de Sudamérica».

La capital, Bogotá, tiene todo lo que se espera de una ciudad moderna: rascacielos, hoteles lujosos, oficinas elegantísimas, tiendas fascinantes, excelentes restaurantes y una gran diversidad de actividades culturales. Allí y en los alrededores puedes visitar, entre otras maravillas, la Catedral de Sal y el famoso Museo del Oro, que es un verdadero tesoro de colecciones del oro prehispánico.

He aquí otros datos interesantes sobre Colombia:

- Si estás interesado(a) en las esmeraldas, las puedes conseguir a muy buen precio en las joyerías, pero se pueden comprar más baratas a los mineros de los departamentos de Boyacá y Cundinamarca (cercanos a Bogotá).
- En Colombia se encuentran diferentes ciudades cuyo clima varía muy poco, con una eterna primavera en muchísimas ciudades o el clima fresco de Bogotá o Manizales.
- Los ritmos más populares de Colombia son la cumbia y el vallenato, pero también son muy populares la salsa y el merengue.
- El llamado Eje Cafetero, formado por los departamentos de Risaralda, Caldas y Quindio principalmente, es excelente para el turismo rural. Allí se pueden alquilar casas y haciendas cafetaleras a buenos precios, desde donde se puede disfrutar del hermoso paisaje formado por los cafetales.

En tu próxima visita a Sudamérica... ¡Colombia te espera!

Viajemos por el ciberespacio a... COLOMBIA

If you are a cyberspace surfer, try enterin one of the following key words to get to many fascinating sites in **Colombia:**

Geografía de Colombia

Catedral de Sal

Museos de Colombia

Or, better yet, simply go to the *¡Dímelo tú!* website using the following address: http://dimelotu.heinle.com

There, with a simple click, you can

- discover the four principal geographic areas of Colombia: **la costa del océano Pacífico, el altiplano de los Andes, los llanos** and **la costa del mar Caribe.**
- see some of the 33,000 gold objects of the **Museo del Oro** currently on displa in Bogotá and other Colombian cities.
- Listen to Colombian **cumbias, vallenatos, salsa,** and **merengue.**

Y ahora, dime...

Contesta estas preguntas con un(a) compañero(a) de clase.

1. Explica el título de esta lectura.
2. Prepara un esquema como el siguiente y complétalo con información de la lectura.

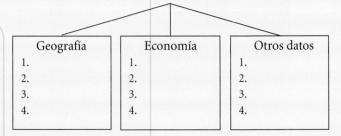

COLOMBIA

Geografía	Economía	Otros datos
1.	1.	1.
2.	2.	2.
3.	3.	3.
4.	4.	4.

Una cita... ¡en Bogotá!

¿Eres buen observador?

¿te conviene el @mor por internet?

Ahora que todo es virtual...¿un ligue a través de la Red también tiene que serlo? ¿Y qué hay detrás?

DESVENTAJAS DEL AMOR EN LA RED ¡AGUAS!

• No sabes con quién estás tratando. Es decir, ni siquiera sabes si es hombre o mujer, vaya. ¿La foto? Se puede truquear, ¿no?
• No puedes conocer nada de su vida, más que lo que él o ella te cuenta. A lo mejor no es quien dice ser, o está casado (a), o no tiene la edad que dice, o es un delincuente o un maniático (o maniática) sexual.
• Como no hay lenguaje corporal y no puedes verle, tampoco puedes saber si te está diciendo la verdad.
• Hay gente que usa esta vía para buscar posibles victimas de secuestro, así que aguas con contarle demasiado de cómo vives.
• Aun si te rajas y no quieres que te encuentre, hay forma de averiguar tu dirección a través de tu dirección electrónica.
• Tú puedes clavarte, y él o ella estar sólo jugando.
• A lo mejor no está siendo sincero (a) contigo, y sólo te está dando el avión para que te claves, mostrándose falsamente de acuerdo con tus ideas e ideales, buscando que te identifiques con él o con ella.

TAREA

Antes de empezar este Paso, estudia la lista de vocabulario en la página 267 y practícalo el escuchar el surco 21 de tu Text Audio CD #2. Luego estudia *En preparación.*

7.3 Present tense of *e → i* stem-changing verbs, páginas 270–271

Haz por escrito los ejercicios de *¡A practicar!*

Escucha la sección *¿Qué se dice... ?* del Capítulo 7, Paso 2, en el surco 18 del Text Audio CD y haz la actividad correspondiente en la página 252.

Ahora, ¡a analizar!

1. Según este anuncio, conviene o no conviene el amor por la Red? ¿Por qué dices eso?
2. ¿Con cuáles de las desventajas estás de acuerdo? ¿Con cuáles no? ¿Por qué?
3. Este artículo sólo menciona las desventajas. ¿Cuáles son algunas de las ventajas que tú crees que tiene buscar el amor en Internet? Prepara una lista de las ventajas con un(a) compañero(a).
4. ¿Tuviste tú, o alguien que conoces, algún romance por Internet? ¿Cómo acabó, bien o mal?
5. Este artículo usa varias expresiones típicas de los jóvenes. ¿Cuál es su significado? Empareja las frases con su traducción.

_____ ¡Aguas!
_____ si te rajas
_____ puedes clavarte
_____ te está dando el avión

a. *if you chicken out*
b. *you can fall in love*
c. *he's just leading you on*
d. *Darn it!*

Al salir con tu novio(a)

Horacio sugiere...
- ☐ ver televisión.
- ☐ conseguir boletos para Taxi.
- ☐ ir a un partido de fútbol.

Angélica sugiere...
- ☐ comer en un restaurante elegante.
- ☐ comer en un restaurante informal.

HORACIO:	Aquí viene el mesero. ¿Qué deseas pedir, mi amor?
ANGÉLICA:	¿Sirven buenos mariscos aquí?
HORACIO:	Sí, cómo no, todo es bueno aquí.
ANGÉLICA:	Entonces prefiero un cóctel de camarones, para empezar.
HORACIO:	¿No pides una copita de vino?
ANGÉLICA:	No. Prefiero una gaseosa. ¿Y tú? ¿Qué vas a pedir?
HORACIO:	¿Yo? Lo mismo, el cóctel de camarones. Y para beber, pues un tinto, ¡claro!
ANGÉLICA:	¿Cóctel de camarones con tinto? Ay, ay, ay...

A propósito...

Lo no siempre es un pronombre de objeto directo, como estudiaste en el paso anterior. Cuando se usa con adjetivos, es un pronombre personal neutro y se traduce en inglés como «the + adjective + thing». ¿Cómo traduces al inglés «lo mismo», «lo importante», «lo tradicional», «lo más interesante»?

¿Sabías que...?

Colombia tiene muchas comidas deliciosas. Un plato típico colombiano es el **ajiaco** —un estofado de pollo *(chicken stew)*, crema, maíz y vegetales. La **bandeja paisa** es otro plato típico, con varias carnes *(meats)*. Otro plato bastante conocido es la **carne esmechada,** que lleva carne, tomates y pimientos verdes y rojos. Por último, una bebida muy popular es el **tinto,** café colombiano muy fuerte y con mucho azúcar.

🔍 **En tu opinión:** ¿Crees que un restaurante elegante como Los Sauces sirve platos típicos colombianos como **ajiaco, bandeja paisa, carne esmechada?** ¿Por qué sí o por qué no? ¿Cuáles son tres platos típicos de comida estadounidense? ¿Dónde los sirven?

Ahora, ¡a hablar!

A. **Una cita... en Bogotá.** Si, finalmente, Horacio y Angélica consiguen cumplir sus planes del *¿Qué se dice... ?*, ¿qué hacen?

- ☐ 1. Van a cenar al restaurante La Marina.
- ☐ 2. Horacio consigue los boletos para *Taxi.*
- ☐ 3. Van al teatro.
- ☐ 4. Visten informalmente.
- ☐ 5. Disfrutan de la comida que sirven en Los Sauces.

B. **¿Qué dicen?** Ester y Elías, y Carmen y Paco, son dos parejas que están haciendo planes para salir juntos esta tarde ¿Qué dice cada pareja que prefiere hacer?   EP 7.3 ⊞

MODELO   Elías: cenar en un restaurante
Elías prefiere cenar en un restaurante.

1. Carmen y Paco: ir al parque
2. Ester y Elías: ir al cine
3. Carmen y Paco: nadar en la playa de noche
4. Ester y Elías: ver una obra de teatro
5. Tú: bailar en una terraza
6. Ester y Elías: visitar un museo

C. **¡Aquí sirven bebidas riquísimas!** Tú, tu compañero(a) y Ester y Elías celebran tu cumpleaños en el restaurante favorito de Ester y Elías, La Embajada Antioqueña. ¿Qué hacen todos? Tomen turnos mientras describen lo que hacen.   EP 7.3 ⊞

MODELO   **Elías pide las bebidas.**

Vocabulario útil

conseguir	pedir	querer	traer
decir	preferir	servir	

1. Yo...
2. Ester...
3. Tú...
4. Ester y Elías...
5. Tú y yo...

D. **Somos diferentes.** Tu compañero(a) y tú se comparan con Ester y Elías, para saber si hacen las mismas cosas o si hacen cosas diferentes.

MODELO   Ester y Elías siempre consiguen boletos para el teatro.
Nosotros conseguimos boletos para un concierto de rock. o
Nosotros también conseguimos boletos para el teatro.

1. Ester y Elías salen muchas veces con otras parejas.
2. Ester y Elías siempre se visten elegantemente.
3. Ester y Elías consiguen salir casi todas las noches.
4. Ester y Elías piden pizza por teléfono los sábados por la noche.
5. Ester y Elías siguen hablando dos horas en el restaurante después de cenar.
6. Ellos repiten la misma actividad todos los domingos.

Y ahora, ¡a conversar!

E. **Entrevístense.** Entrevista a un(a) compañero(a) y luego que él/ella te entreviste a ti.

1. ¿Con qué frecuencia sales con tu pareja? ¿Salieron el fin de semana pasado? ¿Adónde fueron?
2. ¿A qué hora salen generalmente? ¿A qué hora salieron la última vez?
3. ¿Qué días prefieres salir normalmente?
4. ¿Prefieres salir solamente con tu pareja, o con otras parejas y amigos(as)?
5. ¿Qué prefieres hacer cuando salen? Nombra tres actividades favoritas. Luego nombra tres actividades que hicieron la última vez.
6. Por lo general, ¿quién paga? ¿Pagaste tú la última vez?

F. **¿Eres buen(a) amigo(a)?** ¿Cómo actúas con tus amigos? ¿Eres egoísta? ¿Generoso(a)? ¿Demasiado bueno(a)? Toma este examen primero. Luego tu profesor(a) te va a decir cómo sumar *(add up)* los puntos para que puedas determinar qué tipo de amigo(a) eres.

1. Cuando un(a) amigo(a) tiene problemas con su tarea, tú...
   a. la haces por él/ella.
   b. explicas cómo llegar a la solución.
   c. no le dices nada. No es tu problema.

2. Cuando dos de tus amigos se pelean *(fight)*, tú...
   a. tratas de reconciliarlos.
   b. ayudas al más débil *(weak)*.
   c. no haces nada. No es tu problema.

3. Cuando alguien te acusa de algo que tú no hiciste *(did)* pero que uno de tus amigos hizo *(did)*, tú...
   a. lo aceptas sin protestar.
   b. hablas con la persona responsable y la obligas a decir la verdad.
   c. dices que no eres la persona responsable y delatas a tu amigo(a).

4. Cuando un(a) amigo(a) te dice un secreto, tú...
   a. no lo revelas.
   b. lo revelas solamente a tu mejor amigo(a).
   c. lo revelas a todo el mundo.

5. Cuando tu amigo(a) quiere comprar un libro pero no tiene suficiente dinero, tú...
   a. lo (la) ayudas y no esperas que te pague.
   b. lo (la) ayudas, pero esperas que te pague.
   c. no lo (la) ayudas en absoluto.

6. Cuando un(a) amigo(a) te cuenta sus problemas, tú...
   a. lo (la) ayudas.
   b. lo (la) escuchas.
   c. prefieres hablar de tus problemas.

10 o más puntos: Eres un(a) amigo(a) excelente. Siempre ayudas a tus amigos. **¡Ojo!** Alguien puede abusar de tu gentileza.

5–9 puntos: Normalmente piensas primero en ti, después en los otros; a veces ayudas a tus amigos.

0–4 puntos: Das la impresión de que los amigos no son importantes para ti. **¡Ojo!** Puedes perderlos.

G. **Quejas.** Todos tenemos cosas que no soportamos *(we can't stand)* o nos molestan mucho. Habla con tu compañero(a) sobre las cosas que no le gustan o no soporta de su pareja, o de la persona con la que sale. Traten de determinar si no soportan las mismas cosas.

MODELO   No soporto cuando fuma.
         Yo tampoco lo soporto. o **Yo sí lo soporto.**

¡Luces! ¡Cámara! ¡Acción!

H. **La primera vez.** Tú y un(a) compañero(a) de clase van a salir por primera vez con una persona. Escriban el diálogo que tienen para decidir cuándo van a salir, adónde van a ir, qué van a hacer, cómo van a ir, quién va a buscar a quién, cuánto dinero van a necesitar y a qué hora piensan regresar. Luego lean su conversación delante de la clase.

I. **¡Esta noche!** Vas a salir esta noche con una persona muy especial. Ahora estás hablando con tus dos compañeros(as) de cuarto. Ellos(as) quieren saber con quién vas a salir y qué planes tienes. Contesta sus preguntas con muchos detalles.

¿Comprendes lo que se dice?

Estrategias para ver y escuchar: usar imágenes visuales para interpretar el contenido

In **Capítulo 2** you learned to use visual images to anticipate the content of a reading selection. Because video always consists of rich visual images to illustrate what is being said they frequently also help you understand words that you may not know. As you watch the video, pay close attention to the images, especially when you hear narrative that you do not understand. More often than not, the images being shown will aid your comprehension considerably. Apply this strategy as you view the segment on Colombia. Then use this and other listening strategies you have learned to help you understand the segment on Fernando Botero.

Interpretar el contenido aprovechando las imágenes visuales

Mira el video que tu profesor(a) va a poner sin volumen *(mute)*, para que puedas prestar atención a las imágenes. Al verlo, escribe cinco cosas que crees que el video trata. Luego confirma con otro(a) compañero(a) las cosas en las que ambos coinciden.

El video trata de…

1. _____
2. _____
3. _____
4. _____
5. _____

Al ver el video: ¿Comprendes lo que se dice?

Colombia, ¡puerta a Sudamérica!

As you watch the video with sound now, select the topics that are covered in the video using both visual and verbal cues. Compare these items to the ones you anticipated above.

Sí   No   1. La naturaleza en Colombia
Sí   No   2. La situación geográfica de Colombia
Sí   No   3. Las montañas de Colombia
Sí   No   4. Los productos colombianos
Sí   No   5. Las ciudades colombianas
Sí   No   6. El problema del narcotráfico en Colombia

Después de ver el video

Ahora mira la segunda selección sobre **Fernando Botero.** Luego, selecciona la frase que mejor responde a la información del video.

1. Los personajes de Botero representan…
   a. a la gente corriente de Colombia.
   b. a la élite colombiana.
   c. a los extranjeros que viven en Colombia.

2. En pintura, Botero usa el óleo, la acuarela y…
   a. el mármol.
   b. el granito.
   c. el acrílico.

3. Botero, además de pintar, hace…
   a. edificios.
   b. libros.
   c. esculturas.

4. La calidad pintoresca y el estilo temático hacen de Botero uno de los artistas…
   a. más elitistas del planeta.
   b. más difíciles de comprender.
   c. más reconocidos del mundo.

Noticiero cultural

Fernando Botero

Antes de empezar, dime...

Contesta estas preguntas sobre tus gustos artísticos.

1. ¿Conoces mucho sobre arte?
2. ¿Qué tipo de arte te gusta?
3. ¿Tienes un(a) artista favorito(a)?
4. ¿Cuál es la obra más famosa de tu artista favorito(a)?

Fernando Botero frente a uno de sus cuadros

Retrato oficial de la junta militar, 1971

Fernando Botero: «Arte es siempre una versión diferente de lo mismo.»

Al hablar de arte contemporáneo es imposible no mencionar al talentoso artista colombiano Fernando Botero. Nació en Medellín, el 19 de abril de 1932. Botero recuerda sus años de juventud como duros, porque con la muerte de su padre, su familia quedó en una situación económica bastante complicada. Fue un período triste y difícil, pero a la vez bueno y positivo porque la frugalidad y dificultades le enseñaron a apreciar todo con más intensidad.

Botero demostró desde niño su habilidad para el arte, contando siempre con el apoyo y motivación de su madre. En 1952, con el dinero que recibió al ganar el segundo lugar en una exposición en el salón Nacional de Artistas, en Bogotá, decidió viajar a Europa. Estudió durante un año en la Academia de Bellas Artes de San Fernando, en Madrid, donde cuenta que vio sólo una vez a su maestro. Más tarde decidió trasladarse a Italia donde estudió en la Academia San Marco, en Florencia.

Según Botero, al principio él quería unirlo todo: el color de Matisse, la estructura de Picasso, las pinceladas de Van Gogh. Pero, como él mismo dice, el tiempo le enseñó que uno puede obtener más usando menos elementos.

Después de vivir por un tiempo en México, donde recibió la influencia de los grandes muralistas, tomó su gran decisión: hacer de Latinoamérica su tema. Según él, América Latina es importante, admirable y digna de ser observada. En ella, dice, todo es importante. Fernando Botero cree que un artista es honesto y válido cuando muestra sus propias raíces en su trabajo.

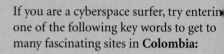

Viajemos por el ciberespacio a... COLOMBIA

If you are a cyberspace surfer, try entering one of the following key words to get to many fascinating sites in **Colombia:**

Pintura de Fernando Botero

Arquitectura de Fernando Botero

Arte colombiano

Or, better yet, simply go to the *¡Dímelo tú!* website using the following address: http://dimelotu.heinle.com

There, with a simple click, you can

- learn about Fernando Botero's life and art.
- appreciate Fernando Botero's painting and sculptures.
- visit the **Biblioteca Luis Ángel Arango**, considered the first in Colombia and one of the first in the New World.

Y ahora, dime...

1. ¿Qué opinas de cuadros de Botero en las paginas 240 y 257? ¿Cómo reflejan estos cuadros lo que acabas de leer de Botero?
2. ¿Crees que estos cuadros llevan algún mensaje o fue la intención de Botero simplemente divertir *(amuse)* a su público? Explica la respuesta.
3. Sigue este modelo al resumir los datos *(facts)* más importantes de la vida de Fernando Botero.

DATOS IMPORTANTES

Datos personales	Datos profesionales
1.	1.
2.	2.
3.	3.

¡Escríbelo!

Estrategias para escribir: dar consejos por escrito

Cartas con consejos. Cuando escribimos cartas que dan sugerencias o consejos *(advice)*, hay que usar ciertas estructuras. La más sencilla es usar ciertos verbos que ya conoces en el infinitivo, tanto afirmativa como negativamente.

necesitar + infinitivo   **Necesitas ser** más activa.

(no) deber *(should)* **+** infinitivo   **(No) Debes hablar** con tu novia.

(no) tener que + infinitivo   **(No) Tienes que decidir** en este momento.

Ahora piensa en un(a) amigo(a) que tiene problemas sentimentales y prepara una lista de sus problemas. Incluye lo que dice tu amigo(a) y lo que dice su pareja. Si no tienes un(a) amigo(a) con problemas, invéntalo(la).

> **Vocabulary:**
> Personality; emotions: negative; positive
>
> **Grammar:** Personal pronoun indirect/direct; verbs: infinitive
>
> **Phrases:** Asking & giving advice; expressing a need

Ahora, ¡a escribir!

A. **Ahora, a organizar.** Prepárate para escribirle una carta a tu amigo(a) con problemas sentimentales. Empieza por crear un grupo de ideas para sugerir y aconsejar *(advise)*. Escribe todas tus ideas usando ciertos verbos más otros en el infinitivo. Agrupa tus ideas para que puedan organizarse en párrafos.

B. **El primer borrador.** Ahora prepara un primer borrador de tu carta de consejo. Incluye la información de la lista de ideas que preparaste en la sección previa.

C. **Ahora a compartir.** Comparte tu primer borrador con dos o tres compañeros(as). Haz comentarios sobre el contenido y el estilo de las cartas de consejo de tus compañeros(as) y escucha los comentarios de ellos(as) sobre tu carta. ¿Están claros los consejos? ¿Hay bastantes consejos o necesitan más? ¿Es lógica la organización de la carta?

D. **El segundo borrador.** Haz los cambios necesarios, basándote en los comentarios de tus compañeros(as) de clase. Luego prepara un segundo borrador.

E. **A compartir, una vez más.** Comparte tu segundo borrador con dos o tres compañeros(as). Esta vez haz comentarios sobre los errores de estructura, ortografía o puntuación. Concéntrate específicamente en cómo dan los consejos. ¿Dan sugerencias y consejos usando **necesitar, deber** y **tener que** correctamente? Indica todos los errores de las cartas de tus compañeros(as), y luego decide si necesitas hacer cambios en tu carta basándote en los errores que ellos(as) te indiquen a ti.

F. **La versión final.** Prepara la versión final de tu carta y entrégala. Escribe la versión final en la computadora, siguiendo las instrucciones recomendadas por tu instructor(a).

G. **Publicación.** En grupos de cuatro o cinco, lean sus cartas y decidan cuál da los mejores consejos. Léanle esa carta a la clase.

Novelas colombianas

¿Eres buen observador?

TAREA

Antes de empezar este Paso, estudia la lista de vocabulario en la página 267 y practícalo al escuchar el surco 22 de tu Text Audio CD #2. Luego estudia *En preparación*.

7.4 Review of direct-object nouns and pronouns, páginas 271–272

7.5 The verbs **saber** and **conocer**, páginas 272–273

Haz por escrito los ejercicios de *¡A practicar!*

Escucha la sección *¿Qué se dice... ?* del Capítulo 7, Paso 3, en el surco 19 del Text Audio CD y haz la actividad correspondiente en la página 261.

Ahora, ¡a analizar!

1. ¿A cuántas de estas personas conoces? ¿Quiénes son?
2. ¿Sabes de dónde es Celia Cruz y si todavía vive?
3. ¿Qué sabes de J.Lo y de Shakira? ¿Quiénes son? ¿De dónde son? ¿Por qué son famosas?
4. ¿Sabes quiénes son Itatí y Camil? ¿Qué hicieron en Brasil?
5. ¿Conoces a Lucía Méndez? ¿Sabes si es cantante, artista o actriz? ¿Cómo lo sabes?

Al expresar emociones

CD2-19

Angélica...	Horacio...
☐ lo ama.	☐ la adora.
☐ lo odia.	☐ está loco por ella.
☐ lo quiere.	☐ la invita a tomar café.
☐ lo invita a tomar café.	☐ la detesta.

ANGÉLICA: ¿Conoces a mi amiga Margarita?

HORACIO: ¿La de Medellín? No la conozco muy bien, pero sé que es hermosísima.

ANGÉLICA: ¡A veces te odio, Horacio!

HORACIO: Digo que la conozco y la admiro; no digo que la amo. ¡Tú sabes que sólo te amo a ti! ¿Quién es ese muchacho que está contigo en la foto?

ANGÉLICA: ¿Cuál? Ah, ése. Es tu amigo Javier Maleza.

HORACIO: ¿Cómo? ¿Javier Maleza? ¡No es amigo mío!

ANGÉLICA: Ay, Horacio, ¿por qué eres tan celoso? Tú sabes que te amo.

HORACIO: Sí, sí,... y yo te adoro.

A propósito...

Los adjetivos posesivos **mío, -a, -os, -as; tuyo, -a, -os, -as; suyo, -a, -os, –as; nuestro, -a, -os, -as; vuestro, -a, -os, -as** y **suyo, -a, -os, -as** pueden funcionar como pronombres: **Esa casa es *mía*.** Si acompañan al nombre, van siempre después de él, como en este caso: **No es amigo *mío*.**

¿Sabías que... ?

Colombia, además de haber dado al mundo grandes escritores y artistas, ha tenido un gran impacto en el mundo musical internacional. Año tras año, los premios *Grammy* siguen yendo a grandes músicos colombianos como Shakira, los Aterciopelados, Carlos Vives, Charlie Zaa, Los Trío y Juanes. Es fácil entender por qué Colombia continúa teniendo un gran prestigio internacional: las influencias de los ritmos caribeños y del Pacífico, mezclados con los ritmos europeos e indígenas, hacen de Colombia un país de enorme creatividad musical.

En tu opinión: ¿Por qué crees que tantos músicos excelentes vienen de Colombia? ¿Sabes de dónde vienen grandes músicos latinos en los Estados Unidos como Ricky Martin, Gloria Estefan, Jon Secada,... ? ¿Qué tienen en común los países de origen de estos grandes músicos?

Ahora, ¡a hablar!

A. **¿Horacio o Angélica?** Según el *¿Qué se dice...?*, ¿qué dicen Horacio y Angélica?

1. Horacio dice que...
   a. conoce a Margarita.
   b. no la conoce muy bien.

2. Horacio sabe que....
   a. Margarita es hermosa.
   b. la ama.

3. Angélica...
   a. odia a veces a Horacio.
   b. lo odia siempre.

4. Angélica...
   a. ama también a Horacio.
   b. no lo conoce en absoluto.

5. Horacio...
   a. detesta a Angélica.
   b. adora a Angélica.

EP 7.4

B. **Sentimientos.** ¿Qué sientes tú hacia estas personas y cosas?

MODELO   mamá
          Yo la amo.

Vocabulario útil

admirar	amar	ignorar	resolver
adorar	detestar	odiar	respetar

1. mejor amigo(a)
2. compañeros(as) de cuarto
3. novio(a)
4. universidad
5. tarea

6. políticos
7. policía
8. profesores
9. los problemas

C. **¡Soy tu ideal!** Tienes un(a) novio(a) que te gusta mucho. Tú quieres convencerlo(la) de que eres la persona ideal para él (ella). ¿Qué le dices?

EP 7.5

MODELO   escribir poemas de amor
           Yo sé escribir poemas de amor en español.

yo sé/conozco	muchos lugares interesantes de Colombia
	expresar mis sentimientos en español
	bailar la cumbia muy bien
	a muchos colombianos famosos
	cocinar unos deliciosos platos colombianos

D. **Noticias.** Su amiga Natalia acaba de escribirles esta carta describiendo a su familia. Con tu compañero(a), decidan cuál es el verbo correcto en cada caso.

EP 7.5

Queridos amigos: No **sé/conozco** si **saben/conocen** que vivo en Colombia desde hace dos meses. Decidí venir aquí porque **sé/conozco** a varias personas que me recomendaron este país. Como **saben/conocen,** hay bastantes problemas de violencia, pero yo estoy muy contenta. Tengo muchos amigos que **saben/conocen** muy bien la ciudad, y siempre salimos juntos. No **sé/conozco** exactamente cuándo regreso a los Estados Unidos. Y ustedes, ¿**saben/conocen** si finalmente vienen a visitarme a Colombia?

Y ahora, ¡a conversar!

E. **Datos personales.** Entrevista a un(a) compañero(a) para obtener algunos datos personales.

1. ¿Es fácil o difícil para ti expresar tus sentimientos? ¿Por qué?
2. ¿Quién es la persona que más admiras? ¿Que más amas? ¿Por qué?
3. ¿Odias a alguna persona? ¿Por qué?
4. ¿Quién es la persona que más te ama?
5. ¿Eres una persona básicamente sociable o no? ¿Por qué?
6. ¿Qué se necesita para tener una relación ideal?

F. **Compañeros(as) de cuarto.** Tú y tu compañero(a) de cuarto están hablando de sus novias(os). Tu compañero(a) dice que tiene un problema: no sabe si su pareja lo (la) ama realmente o no. ¿Qué preguntas puedes hacerle para ayudarlo(la) a solucionar su problema?

MODELO   **¿Te invita a su apartamento?**
           ¿Acepta tus invitaciones?

G. **¿Tienes una buena personalidad?** Para saberlo, contesta estas preguntas y sigue el orden de las flechas hasta llegar al final.

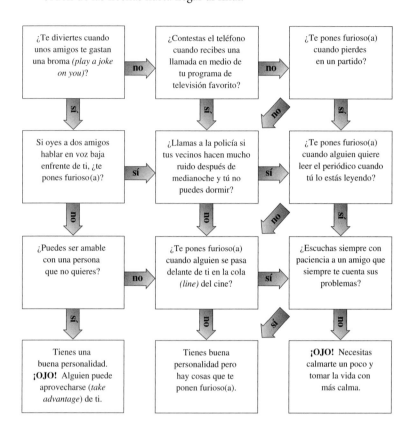

¿Te diviertes cuando unos amigos te gastan una broma *(play a joke on you)*?	→ **no** → ¿Contestas el teléfono cuando recibes una llamada en medio de tu programa de televisión favorito?	→ **no** → ¿Te pones furioso(a) cuando pierdes en un partido?

Si oyes a dos amigos hablar en voz baja enfrente de ti, ¿te pones furioso(a)?

¿Llamas a la policía si tus vecinos hacen mucho ruido después de medianoche y tú no puedes dormir?

¿Te pones furioso(a) cuando alguien quiere leer el periódico cuando tú lo estás leyendo?

¿Puedes ser amable con una persona que no quieres?

¿Te pones furioso(a) cuando alguien se pasa delante de ti en la cola *(line)* del cine?

¿Escuchas siempre con paciencia a un amigo que siempre te cuenta sus problemas?

Tienes una buena personalidad. **¡OJO!** Alguien puede aprovecharse *(take advantage)* de ti.

Tienes buena personalidad pero hay cosas que te ponen furioso(a).

¡OJO! Necesitas calmarte un poco y tomar la vida con más calma.

¡Luces! ¡Cámara! ¡Acción!

H. **¡Ay, amor!** Tú estás completamente enamorado(a) de tu pareja pero no sabes si él/ella todavía te ama a ti. Acabas de saber que salió con otra persona. Decides pedirle consejos a tu mejor amigo(a). Tu amigo(a) te hace algunas preguntas sobre tu novio(a) y también sobre tus propios sentimientos. Con un(a) compañero(a) que hace el papel de tu mejor amigo(a), escribe el diálogo que tienen y luego léanselo a la clase.

I. **Telenovela.** En grupos de tres o cuatro, dramaticen una escena de su telenovela favorita. Puede ser un triángulo amoroso o dos parejas que tienen una relación que vacila entre el amor y el odio.

El rincón de los lectores

Estrategias para leer: pistas del contexto

In the previous chapter you learned several techniques for recognizing context clues including

1. using the meaning of the rest of the sentence.
2. being satisfied with the generalized meaning.
3. looking for help in punctuation and grammar.
4. learning to recognize key words and ignoring others.

Prepárate para leer. Practica usando las técnicas que ya sabes para reconocer las pistas de contexto en esta selección. Busca las palabras de la columna A en la lectura y estudia el contexto de las oraciones donde las encuentres. Luego selecciona según el contexto las palabras de la columna B que tienen el mismo significado de cada palabra de la columna A.

A	B
1. alcalde	a. poniendo brillante
2. muela	b. usa una pistola o revólver
3. puliendo	c. expresarse en voz alta
4. salita de espera	d. tranquilamente
5. gritar	e. un diente de la parte de atrás de la boca
6. pega un tiro	f. silla grande
7. sin apresurarse	g. oficial principal del pueblo o de la ciudad
8. sillón	h. cuarto donde esperan los pacientes

Lectura

Gabriel García Márquez nació en Colombia en el año 1928. En 1961 se fue a vivir a México donde tuvo la idea para una de sus novelas más famosas, *Cien años de soledad*. Publicó esta novela en el año 1967. La mayoría de los críticos consideran esta novela la más importante de la literatura española de la época por su temática y técnica creativa. Además de novelas, Gabriel García Márquez ha escrito excelentes colecciones de cuentos y guiones para películas. En 1982 recibió el Premio Nobel de Literatura.

En «Un día de éstos», Gabriel García Márquez expresa su oposición a los militares de Colombia. Es el cuento de un militar que va al dentista del pueblo porque tiene un absceso. El dentista odia a los militares y no quiere atenderlo, pero el militar amenaza con matarlo si no le saca la muela. Al final, el dentista le saca la muela al militar, pero no usa anestesia.

Un día de éstos (Fragmento)

—Papá.

—Qué.

—Dice el alcalde que si le sacas una muela.

—Dile que no estoy aquí.

Lo retiró... *He held it at an arm's distance*

Estaba puliendo un diente de oro. Lo retiró a la distancia del brazo° y lo examinó con los ojos a medio cerrar. En la salita de espera volvió a gritar su hijo.

—Dice que sí estás porque te está oyendo.

El dentista siguió examinando el diente. Sólo cuando lo puso en la mesa con los trabajos terminados, dijo:

—Mejor.

fresa... *dentist's drill /* **cajita de...** *cardboard box /* **puente...** *dental bridge*

Volvió a operar la fresa.° De una cajita de cartón° donde guardaba las cosas por hacer, sacó un puente° de varias piezas y empezó a pulir el oro.

—Papá.

—Qué.

Aún no había cambiado de expresión.

—Dice que si no le sacas la muela te pega un tiro.

gaveta... *drawer /* **dile...** *Tell him to come and shoot me*

Sin apresurarse, con un movimiento extremadamente tranquilo, dejó de pedalear en la fresa, la retiró del sillón y abrió por completo la gaveta° inferior de la mesa. Allí estaba el revólver. —Bueno —dijo—. Dile que venga a pegármelo.°

A ver si comprendiste

Contesta basándote en la selección de «Un día de estos» que leíste.

1. Haz comentarios sobre el diálogo en este fragmento. ¿Cómo indica el autor que una persona deja de hablar y otra empieza? En tu opinión, ¿por qué no hay signos de interrogación cada vez que el dentista dice «Qué»?
2. Esta escena es muy dramática. Hay mucha tensión. ¿Qué crees que está pensando cada personaje mientras ocurre este diálogo? Escribe los pensamientos del hijo, del dentista y del militar.

Pensamientos del hijo:

Pensamientos del dentista:

Pensamientos del militar:

Vocabulario

CD2-20–2-22

PASO 1

Acciones

atraer	*to attract*
conocer	*to know; to be acquainted*
gozar	*to enjoy*
saborear	*to savor*
traer	*to bring*

En las citas

a eso de...	*at about*
cita	*date*
función *(f.)*	*function*
impresionar	*to impress*
prometer	*to promise*
puntual	*punctual*
recoger	*to pick up*

Descripciones y personas

cortés	*courteous*
escultor(a)	*sculptor*
familiares *(m./pl.)*	*family members*
precioso(a)	*precious*

Palabras útiles

corrida de toros	*bullfight*
oro	*gold*
turno	*turn*
vela	*candle*
verdad *(f.)*	*truth*

PASO 2

Acciones

convenir	*to suit one's interest*
delatar	*to denounce*
fumar	*to smoke*
molestar	*to bother*
obligar	*to oblige; to compel; to force*
protestar	*to protest*
repetir (i, i)	*to repeat*
revelar	*to reveal*
soportar	*to support; to tolerate*
tratar de	*to try to*

En el restaurante

camarón *(m.)*	*shrimp*
cóctel *(m.)*	*cocktail*
copita	*small glass*
gaseosa	*carbonated drink*
servir (i, i)	*to serve*

Saliendo al teatro

boleto	*ticket*
reseña	*review*
vestir (i, i)	*to dress*

Palabras útiles

alguien	*someone; anyone*
¡Chévere!	*Cool!*
débil	*weak*

PASO 3

El amor

admirar	*to admire*
adorar	*to adore*
amar	*to love*
corazón *(m.)*	*heart; darling*
enamorado(a) de	*in love with*
respetar	*to respect*
sentimientos *(m. pl.)*	*feelings*

El odio

celoso(a)	*jealous*
odiar	*to hate*
odio	*hate*

Palabras útiles

conmigo	*with me*
contigo	*with you*
ignorar(ue)	*to ignore*
resolver	*to resolve*
saber	*to know (facts)*

En preparación 7

7.1 Direct-object nouns and pronouns
Agreeing and disagreeing, accepting and refusing

A. Direct-object nouns and pronouns answer the questions *Whom?* or *What?* in relation to the verb of the sentence.

I'll see her tonight.	*(Whom will I see? Her.)*
They have my tickets.	*(What do they have? My tickets.)*

Identify the subjects and direct objects in the following sentences and check your answers.*

1. She doesn't know my address.
2. Can you hear them now?
3. Shall I put flowers on this table?
4. Bring it tomorrow.

B. In Spanish, whenever the direct object is a specific person or persons, an **a** is *always* placed before it. This personal **a** is never translated into English.

No conozco **a** tus padres.	*I don't know your parents.*
Pero sí conozco Bogotá.	*But I do know Bogotá.*
Siempre traen **a** Gloria.	*They always bring Gloria.*

C. Direct-object pronouns replace direct-object nouns. The direct-object pronouns in Spanish are shown below.

Singular		Plural	
me	me	**nos**	us
te	you *(fam.)*	**os**	you *(fam.)*
lo/la	you *(formal, m./f.)*	**los/las**	you *(formal, m./f.)*
lo	him, it *(m.)*	**los**	them *(m.)*
la	her, it *(f.)*	**las**	them *(f.)*

D. Direct-object pronouns must be placed *directly* in front of a conjugated verb.

Te amo.	*I love you.*
¿Sabes cuánto **me** quiere?	*Do you know how much she loves me?*
Yo ni **la** conozco.	*I don't even know her.*

E. The direct-object pronoun may follow and be attached to an infinitive or a present participle.

Voy a traer**los** mañana.	}	*I'm going to bring them tomorrow.*
Los voy a traer mañana.		
Me está esperando ahora.	}	*He's waiting for me now.*
Está esperándo**me** ahora.		

Note that when a direct-object pronoun is attached to a present participle, a written accent is required to maintain the original stress: **esperando → esperándome.**

---

*Answers: 1. *subject:* She / *direct object:* address 2. *subject:* you / *direct object:* them 3. *subject:* I / *direct object:* flowers 4. *subject:* (you) / *direct object:* it

¡A practicar!

A. Examen. Juanita is taking the placement exam at the **Universidad Nacional de Colombia.** How does she answer the examiner's questions?

PROFESOR: ¿Me ves bien de allí?

JUANITA: Sí, profesor. _____ veo bien.

PROFESOR: ¿Tienes un lápiz Núm. 2?

JUANITA: Sí, _____ tengo.

PROFESOR: ¿Escuchas bien la cinta *(tape)*?

JUANITA: Sí, _____ escucho muy bien.

PROFESOR: ¿Me escuchas bien a mí y a la profesora Salas?

JUANITA: Sí, _____ escucho muy bien a los dos.

PROFESOR: ¿Entiendes bien las instrucciones?

JUANITA: Sí, sí, _____ entiendo.

PROFESOR: Bien, entonces empecemos.

B. ¡Qué casualidad! Two people have just met at a party and realize that they both come from the same city in Colombia, Cartagena. What do they ask each other? How do they respond?

MODELO   Gloria Gutiérrez
—**¿Conoces a Gloria Gutiérrez?**
—**Sí, la conozco muy bien. o No, no la conozco.**

1. Lucas Trujillo
2. Josefa y Elodia Ledesma
3. el padre Francisco
4. los señores Villegas
5. mi hermana Delia Cortés
6. los Díaz

C. ¿Qué hacen ustedes? You and your date are classmates at the **Universidad Nacional de Colombia.** Do you do any of the following things together? Answer using direct-object pronouns.

MODELO   ¿Ven videos? ¿Dónde?
Sí, los vemos en mi... [apartamento]. o
No, no los vemos.

1. ¿Ven la televisión? ¿Dónde?
2. ¿Escuchan discos? ¿Dónde?
3. ¿Leen novelas o periódicos? ¿Dónde?
4. ¿Preparan comidas? ¿Dónde?
5. ¿Hacen las tareas? ¿Dónde?
6. ¿Lavan el auto? ¿Dónde?

7.2 Irregular *-go* verbs

Telling what people do, say, or hear

In **Capítulo 2,** you learned the irregular verbs **tener, salir,** and **venir.** Following are several other Spanish verbs that have the same irregular ending in the **yo** form in the present tense: **-go.** Note that some of these verbs also have stem changes.

hacer	traer	poner	decir	oír
to do, make	*to bring*	*to put*	*to say, tell*	*to hear*
hago	traigo	pongo	digo	oigo
haces	traes	pones	dices	oyes
hace	trae	pone	dice	oye
hacemos	traemos	ponemos	decimos	oímos
hacéis	traéis	ponéis	decís	oís
hacen	traen	ponen	dicen	oyen

¡A practicar!

A. ¡No hay como un buen tinto colombiano! In Colombia, **un tinto** refers to small cup of black coffee. What does this person do when he is feeling a little depressed? To find out, complete the following paragraph with the appropriate form of the verb in parentheses.

Cuando yo estoy deprimido, siempre _____ (tener) mucho sueño y por eso generalmente me _____ (hacer) un buen tinto. Todo el mundo _____ (decir) que el café no es bueno para la salud *(health)*, pero nosotros, los colombianos, _____ (decir) que el tinto es ideal para la depresión. Yo nunca _____ (poner) demasiado azúcar *(sugar)* en mis tintos. Cuando yo _____ (invitar) a café a mis amigos, siempre _____ (oír) lo que dicen todos: —¡Mmm! ¡Está delicioso!

B. Buena impresión. Raúl is from Medellín, the city of eternal spring, where flowers are abundant year round. María is dating Raúl. To find out what a typical date is like from her point of view, complete the following statements with the appropriate form of the verb in parentheses.

1. Cuando Raúl _____ (venir) a nuestra casa, siempre _____ (traer) unas orquídeas para mi mamá.
2. Mamá siempre _____ (decir) que las orquídeas son lindísimas.
3. Yo siempre las _____ (poner) en un florero y luego _____ (poner) el florero en la mesa.
4. Mi mamá y mi abuelo _____ (hacer) su refresco preferido, ponche.
5. Mi papá _____ (decir) que es obvio que nosotros queremos impresionarlo.

C. ¡Qué caballero! Now complete the following paragraph with the appropriate form of the verb in parentheses to see Raúl's point of view.

Cuando yo _____ (venir) a tu casa siempre _____ (hacer) todo lo posible para impresionar a tu familia. Generalmente _____ (traer) orquídeas a tu mamá. A veces hasta le _____ (traer) algo a tu papá. Yo creo que ellos lo agradecen *(appreciate)* porque _____ (oír) sus comentarios. Yo siempre _____ (decir) que la cortesía es muy importante.

Paso 2

7.3 Present tense of *e* → *i* stem-changing verbs

Stating what people do

In **Capítulo 4,** you learned that some Spanish verbs have an **e** → **ie** or an **o** → **ue** vowel change whenever the stem vowel is stressed. A number of **-ir** verbs have an **e** → **i** vowel change.

pedir		seguir	
to ask for		*to follow*	
pido	pedimos	sigo	seguimos
pides	pedís	sigues	seguís
pide	piden	sigue	siguen

Other frequently used **e** → **i** stem-changing verbs are **decir** *(to say, tell)*, **repetir** *(to repeat)*, **vestir** *(to dress)*, and **servir** *(to serve)*. Note that derivatives of these verbs will also be stem-changing: **conseguir** *(to get, obtain)* and **despedir** *(to fire, dismiss)*. Remember that all **-ir** stem-changing verbs undergo a one-vowel change in the present participle:

$e \rightarrow ie$	$o \rightarrow ue$	$e \rightarrow i$
divirtiendo	durmiendo	pidiendo
prefiriendo	muriendo	siguiendo
sintiendo		diciendo

¡A practicar!

A. Dietas. What do these people think about dieting?

1. Yo siempre _____ (pedir) fruta, nunca _____ (pedir) postres.
2. Yo _____ (seguir) una dieta que me permite comer de todo.
3. Mi médico _____ (repetir) constantemente: «No es necesario estar a dieta, pero sí es necesario hacer ejercicio».
4. Pues yo sólo voy a restaurantes donde _____ (servir) comida vegetariana.
5. Yo no _____ (seguir) los consejos de nadie. ¡Yo como lo que quiero, cuando quiero!

B. En un café de Cali. Justin, who has been spending his junior year studying in Cali, Colombia, has invited several of his friends for a farewell reunion as the school year comes to an end. Complete the following paragraph with the appropriate form of the verb in parentheses to find out what they do when they get to their favorite café.

Nosotros _____ (seguir) a Justin a una mesa grande. Él _____ (conseguir) sillas para todos y _____ (pedir) cervezas para Pedro y María. Él, Carmen y yo _____ (decir) que preferimos un refresco. Cuando la mesera _____ (servir) las bebidas, todos nosotros _____ (decir): —¡Salud!

C. Una noche con Miguel. Virginia Salazar always enjoys going out with Miguel, a Colombian friend. Complete the following paragraph with the appropriate form of the verb in parentheses to find out why.

Cuando Miguel y yo _____ (salir), siempre es divertido. Él siempre se _____ (vestir) elegantemente. Nosotros nunca _____ (repetir) las mismas actividades; siempre _____ (hacer) algo diferente. Por ejemplo, a veces vamos a un restaurante colombiano que _____ (servir) comida exquisita. Él _____ (pedir) unos platos colombianos deliciosos. Todos los meseros conocen a Miguel y _____ (servir) la comida inmediatamente.

Paso 3

7.4 Review of direct-object nouns and pronouns

Referring to people and things indirectly

A. Direct-object nouns answer the question *Whom?* or *What?* in relation to the verb. Identify the subjects and direct objects in the following sentences.*

1. Te adoro, Rodolfo. Y tú, ¿me amas?
2. Yo no lo puedo creer. Dice que ya no me quiere.

B. Direct-object pronouns are always placed directly in front of a conjugated verb, but may be attached to the end of an infinitive or a present participle. They are always attached to an affirmative command. Identify the direct-object pronouns in the following sentences.†

---

*Answers: 1. *subjects:* Yo / tú; *direct objects:* Te / me; 2. *subjects:* yo / Él (or Ella); *direct objects:* lo / me

†Answers: 1. Las 2. me 3. nos / los / Lo

1. ¿Bebidas alcohólicas? ¡Las detesto!
2. Mis abuelos me quieren mucho pero no me permiten salir de noche.
3. —Llámanos al llegar, por favor.
   —Sí, los llamo. Lo prometo.

Note that, as with the case of present participles, when a direct-object pronoun is attached to an affirmative command of two or more syllables, a written accent is required to maintain the original stress: **Llama → Llámanos.**

¡A practicar!

A. ¿Quién va a traerlos? Your Spanish teacher is throwing a party this weekend for everyone in your class. Of course, all of you volunteered to help out! Answer these questions by telling who in your class is doing these things.

MODELO   ¿Quién va a traer los discos? (Francisco)
Francisco va a traerlos. [o]
Francisco los va a traer.

1. ¿Quién va a traer la bandeja paisa?
2. ¿Quién va a hacer el ajiaco?
3. ¿Quiénes van a preparar el tinto?
4. ¿Quién va a tocar la guitarra?
5. ¿Quiénes van a comprar los refrescos?
6. ¿Quiénes van a limpiar la casa después de la fiesta?

B. ¿Qué piensan de ti? How do the following people feel about you?

Vocabulario útil

admirar	no querer
adorar	odiar
amar	querer
detestar	respetar

1. tus padres
2. tus hermanos(as)
3. tu perro(as) o gato(as)
4. tu profesor(a) de español
5. tu novio(a)
6. tu abuelo(a)

7.5 The verbs *saber* and *conocer*

Stating what you know and who or what you are acquainted with

saber		conocer	
to know (how)		*to know, to be acquainted with*	
sé	sabemos	conozco	conocemos
sabes	sabéis	conoces	conocéis
sabe	saben	conoce	conocen

A. Saber is used when speaking of knowing specific, factual information. When followed by an infinitive, **saber** means *to know how to do something.*

No **sé** cómo se llama pero **sé** que **sabe** bailar cumbia muy bien.

I don't know her name but I know that she knows how to dance the cumbia very well.

B. **Conocer** is used when talking about knowing a person or being familiar with a place or a thing. When speaking of knowing people, **conocer** is always followed by the personal **a.**

Conozco varias obras de García Márquez pero no lo **conozco a** él.

I know several of García Márquez's works but I don't know him.

¡A practicar!

A. ¿Quién es? Justin is trying to find out as much as he can about the new Colombian girl in his history class. Complete the following sentences with the appropriate form of **saber** or **conocer** to find out what his friends say.

NATALIA: Yo no la ＿＿＿＿＿＿ pero ＿＿＿＿＿＿ que vive en la residencia.

VÍCTOR: Mi novia ＿＿＿＿＿＿ a su hermana.

ROSA: Julio y Roberto ＿＿＿＿＿＿ su número de teléfono.

GLORIA: Mis padres ＿＿＿＿＿＿ a sus padres.

ROBERTO: Yo no ＿＿＿＿＿＿ quién es pero ella ＿＿＿＿＿＿ bailar cumbia muy bien.

ANTONIO: Si la quieres ＿＿＿＿＿＿, te puedo presentar.

B. ¡No conozco a nadie! Justin has been in Cali a month now, but he still doesn't know a lot of people. What does he say if he doesn't know who the following people are?

MODELO Pablo y Antonio
¿Quiénes son esos chicos? No los conozco.

1. Jacobo
2. Ángela y Matilde
3. tú
4. Esteban y Luisa
5. Víctor, Mario y tú
6. Luz María

C. ¡Lo siento, pero...! What do these people say when asked for specific information?

MODELO **Sí, yo conozco a su hermana, pero no sé su nombre.**

1. Yo la ＿＿＿＿＿＿ muy bien, pero no ＿＿＿＿＿＿ su número de teléfono.
2. Yo ＿＿＿＿＿＿ la casa de Andrés, pero desafortunadamente, no ＿＿＿＿＿＿ su dirección.
3. Lo siento, yo ＿＿＿＿＿＿ francés, pero no ＿＿＿＿＿＿ Francia.
4. Nosotros no ＿＿＿＿＿＿ Medellín muy bien, pero ＿＿＿＿＿＿ dónde está ese restaurante.
5. Mamá no ＿＿＿＿＿＿ cómo se llama el último libro de Gabriel García Márquez.
6. Ustedes ＿＿＿＿＿＿ Cartagena, ¿verdad? ¿ ＿＿＿＿＿＿ cuáles son las mejores playas?

De la uva al vino en Chile

La industria pesquera es sumamente importante en Chile.

CAPÍTULO 8

Chile exporta... pasión

Un mercado tradicional chileno

¡Las fotos hablan!

A. A que ya sabes. Indica si las siguientes oraciones describen a Chile (**Ch**) o California (**Ca**). Puedes seleccionarlos a los dos, si crees que los describe a los dos.

Ch Ca 1. Produce una gran variedad de vino.
Ch Ca 2. Produce y exporta una gran variedad de fruta.
Ch Ca 3. Produce y exporta una gran cantidad de verduras.
Ch Ca 4. Tiene una gran industria de pescado y marisco.
Ch Ca 5. Tiene un clima ideal para la agricultura.

B. Indica si, en tu opinión, es posible hacer esto en Chile.

Sí No 1. Elegir entre más de 5000 islas e islotes para visitar, entre ellos la legendaria Isla de Pascua *(Easter Island)*.
Sí No 2. Disfrutar de distintas zonas climáticas que van desde el clima desértico al clima polar.
Sí No 3. Comer un magnífico pescado y mariscos, con unas frutas deliciosas como postre.
Sí No 4. Admirar más de 2000 volcanes en actividad.
Sí No 5. Disfrutar de una de las ciudades de América Latina con más vida cultural y artística.

In this chapter, you will learn how to . . .

- request a table at a restaurant.
- order a meal.
- describe your favorite foods.
- get a waiter's attention.

TAREA

Antes de empezar este Paso, estudia la lista de vocabulario en la página 302 y practícalo al escuchar el surco 27 de tu Text Audio CD #2. Luego estudia *En preparación.*

8.1 Indirect-object nouns and pronouns, páginas 304–305

8.2 Review of *gustar,* página 306

Haz por escrito los ejercicios de *¡A practicar!*

Escucha la sección *¿Qué se dice…?* del Capítulo 8, Paso 1, en el surco 23 del Text Audio CD y haz la actividad correspondiente en la página 277.

A propósito…

Mozo/moza is the word used in Chile for *waiter/ waitress.* In Mexico and most of Latin America they say **mesero/mesera,** and in Spain, **camarero/ camarera.**

¿Eres buen observador?

Restaurante Pacífico
Menú

Entradas

Cebiche de camarones
Calamares fritos
Cóctel de camarones
Ensalada de mariscos
Mariscos al pil pil
Quesos caseros

Segundo plato

Bife a lo pobre
Cazuela de pollo con champiñones
Cordero de la Patagonia al palo
Corvina frita con salsa verde
Pastel de choclo
Salmón con gotitas de vodka y salsa de naranja
Trucha rellena con champiñones silvestres

Postres

Flan con salsa de manjar
Helados caseros
Humitas
Leche asada
Panqueque de manzana quemado al ron
Torta mil hojas

Propietario: Patricio Álvarez
Chef: Álvaro Chacón
Dirección: Av. Chile España 821
Martes a sábado: Cena
Domingo: Almuerzo

Ahora, ¡a analizar!

En grupos de tres o cuatro, decidan qué va a pedir cada uno de entrada, segundo plato y postre. Si necesitan ayuda, vean el vocabulario al final del capítulo en la pagina 303. Su profesor(a) va a hacer el papel de mozo(a).

Al llegar a un restaurante

¿Para cuántos tienen reservación?

☐ para tres ☐ para cuatro ☐ no tienen reservación

¿A quién deciden no esperar?

☐ a la hija ☐ al tío ☐ al hijo

¿Qué piden para beber?

☐ vino tinto y limón ☐ pisco sour y un refresco ☐ café y pisco sour

DUEÑO: ¿Dónde prefieren sentarse?

SR. ROJAS: Si es posible, en la mesa del rincón, por favor.

LOLA: Es que la última vez que estuvimos aquí, nos sentamos en la mesa del rincón, cerca de la ventana.

DUEÑO: Sí, los recuerdo. Les puedo preparar la mesa del rincón enseguida. Si son tan amables de esperarme un momento, por favor.

> **A propósito...**
>
> **«Es que...»** aquí, equivale, más o menos, a *The reason is.*

¿Sabías que... ?

Hay mucha variedad en los nombres de las comidas en distintas regiones de las Américas, por ejemplo, entre México y Centroamérica y entre los países del Cono Sur: Chile, Argentina, Uruguay y Paraguay. A continuación aparecen algunos ejemplos.

Frutas y verduras	México y Centroamérica	El Cono Sur
avocado	aguacate	palta
beans	frijoles	porotos
string beans	ejotes	porotos verdes
chili pepper	chile	ají
corn	maíz	choclo
peach	durazno	durazno/melocotón
peanut	cacahuate	maní
peas	chícharos	arvejas
pineapple	piña	ananá
potato	papa	papa/patata

🔍 **En tu opinión:** ¿Por qué crees que varían tanto los nombres de frutas y verduras en el mundo hispano? ¿Ocurre algo similar en inglés? ¿Puedes dar algunos ejemplos?

Ahora, ¡a hablar!

A. **Sinopsis.** Esta sinopsis de lo que se cuenta en el *¿Qué se dice...?* contiene varios errores o imprecisiones. Corrígelos y prepárate para leerla en voz alta, sin errores.

El señor Rojas, su esposa y sus dos hijos llegan al Restaurante Atlántico a eso de las ocho de la noche para cenar. Nadie los atiende. Como no tienen reservación, se sientan en el bar para esperar una mesa. Los mayores piden un pisco sour, los menores un refresco de naranja. Cuando deciden sentarse, piden una mesa en el centro del restaurante, lejos de la ventana. Afortunadamente, el dueño los puede sentar inmediatamente.

B. **¿Frutas y verduras chilenas?** En invierno, la mayoría de las frutas y verduras de los supermercados de los Estados Unidos viene de Chile. Usando el vocabulario, pregúntale a tu compañero(a) si comió alguna vez estos productos de Chile.

MODELO	manzana
TÚ:	**¿Comiste alguna vez manzanas chilenas?**
COMPAÑERO(A):	**Sí, las comí ayer.** o
	No, nunca las comí.

Frutas	Verduras
fresa	apio
manzana	col
durazno	lechuga
melón	papa
piña	rábano
plátano	tomate
naranja	zanahoria

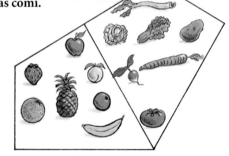

A propósito...

«Como + verbo conjugado...» es otro modo de introducir una explicación en español. Equivale al inglés *Since . . . Given that . . .*

C. **Cumpleaños.** ¿Recuerdas la última vez que hiciste algo especial para el cumpleaños EP 8.1 de un(a) amigo(a)? ¿Qué hiciste para esa persona?

MODELO   preparar una fiesta
Le preparé una fiesta.

1. preparar una cena especial
2. hacer un pastel
3. regalar un libro de información turística sobre Chile
4. desear «Feliz cumpleaños»
5. comprar un CD de Víctor Jara
6. sacar muchas fotos
7. regalar un libro de poemas de Pablo Neruda
8. servir el pastel

D. **Preferencias.** A todos nos gustan las mismas comidas. En grupos de cuatro, deci- EP 8.1, EP 8.2 dan a quiénes les gustan o no les gustan estas comidas e informen a la clase sobre los gustos del grupo.

MODELO   **A todos nos gustan los calamares menos a (nombre).** [o]
A nadie le gustan los calamares.

Productos lácteos	**Pescados y mariscos**	**Carnes y fiambres**
leche	cangrejo	carne de puerco
helado	langosta	pollo
mantequilla	camarón	jamón
queso	calamar	salchicha
huevos	salmón	pavo

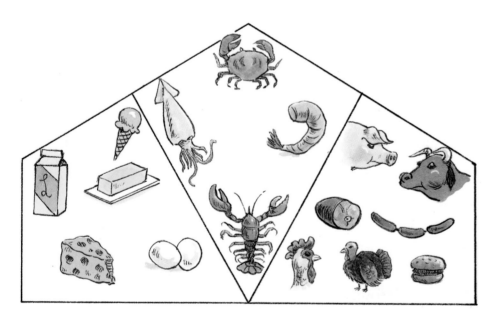

E. **Promesas.** Carmen y Francisco, dos estudiantes de la Universidad de Chile, son novios y piensan casarse pronto. ¿Qué le pregunta Carmen a su futuro esposo? ¿Qué le pregunta él a ella? ¿Qué contesta cada uno?

MODELO   preparar el desayuno

         CARMEN: **¿Vas a prepararme el desayuno todas las mañanas?**

         ROBERTO: **Sí, te voy a preparar el desayuno.** [o]

                       No, no te voy a preparar el desayuno.

Carmen a Francisco

1. traer flores de vez en cuando *(from time to time)*
2. comprar el pan por las mañanas
3. hacer un postre especial los fines de semana
4. ¿...?

Francisco a Carmen

5. decir siempre cosas románticas
6. hacer tortillas de maíz una vez a la semana
7. preparar platos especiales
8. ¿...?

Y ahora, ¡a conversar!

F. **¿Comes bien?** Tú eres estudiante de la Universidad de Chile y tienes un(a) compañero(a) de cuarto que sigue una dieta especial por razones de salud. Pregúntale por su dieta.

1. ¿Sigues una dieta específica? ¿Comes mucha proteína? ¿Limitas los hidratos de carbono?
2. ¿Tomas leche? ¿Comes huevos? ¿Cuántas veces por semana?
3. ¿Tomas agua? ¿Cuántos vasos por día?
4. ¿Comes muchos productos con fibra? ¿Cuáles?
5. ¿Cuánto pescado comes durante la semana? ¿Comes marisco? ¿Cuánto pan comes generalmente?
6. ¿Cuánta fruta comes durante la semana? ¿Desayunas, almuerzas y cenas todos los días?

G. **¿Qué recomiendas?** Santiago, tu compañero de cuarto, sabe mucho sobre alimentación. ¿Qué tipo de alimentación les recomienda a las siguientes personas?

MODELO   Elena es vegetariana.

            Santiago le recomienda a Elena comer alimentos ricos en proteínas.

1. Pablo sufre de hipertensión.
2. Enrique es diabético.
3. Victoria y yo tenemos hambre todo el día.
4. Tú eres alérgica a la lactosa.
5. Elías hace mucho ejercicio y quema *(he burns up)* muchas calorías.

H. **Hábitos culinarios.** Completa el cuadro que sigue, con información sobre lo que comiste ayer. Luego, en grupos de tres, comparen sus formularios.

	¿Qué comiste?	¿Dónde comiste?	¿Con quién comiste?	¿De qué hora a qué hora?
desayuno				
almuerzo				
cena				
entre comidas				

1. ¿Cuál es la comida más común para el desayuno? ¿el almuerzo? ¿la cena? ¿entre comidas (*snacks between meals*)?
2. ¿Dónde y con quién comen con más frecuencia?
3. ¿Cuánto tiempo toman para desayunar? ¿almorzar? ¿cenar?
4. ¿Cuál es la hora más popular para comer entre comidas?

¡Luces! ¡Cámara! ¡Acción!

I. **Buenas noches, señores.** Están en un restaurante muy elegante de Santiago. Preparen el diálogo que tienen con el (la) mozo(a) para explicarle que tienen reservación y decirle dónde prefieren sentarse. Luego léanle el diálogo a la clase.

J. **Bienvenidos.** Tú y un(a) amigo(a) llegan a un restaurante. Tienen una reservación pero llegan media hora atrasados(as), y el (la) mozo(a) dice que ya no hay mesas. Dramaticen la situación en grupos de tres.

Un paso atrás, dos adelante: Capítulo 7

Repasemos. En el Capítulo 7 aprendiste a proponer y a decir que no a una cita. También aprendiste a expresar tus preferencias y tus emociones. Repasa lo que sabes, completando el siguiente texto con las palabras necesarias. Puedes inventar la información.

Una cita en la biblioteca

TU AMIGO(A): ¿El libro, ya no _____ [pron. objeto directo] necesitas más?

TÚ: No, ya no lo _____ [necesitar]. Aquí está.

TU AMIGO(A): Gracias. Oye, _____ [pron. objeto directo] molesta si te _____ [decir] una cosa?

TÚ: No, no _____ [pron. objeto directo] molesta.

TU AMIGO(A): _____ [tener] dos entradas para el recital de Shakira del sábado y quiero _____ [invitar + pron. objeto directo].

TÚ: El sábado sí. Normalmente _____ [hacer] mi tarea los sábados. Pero _____ [preferir] ir a ver a Shakira.

TU AMIGO(A): Yo no _____ [saber/conocer] dónde queda la Biblioteca Luis Ángel Arango. ¿Tú _____ [pron. objeto directo] _____ [saber/conocer]?

TÚ: Yo sí _____ [pron. objeto directo] _____ (saber/conocer). Creo que _____ [ser/estar] en la calle 11.

¿Comprendes lo que se dice?

Estrategias para escuchar: enlace de sonidos

Linking is the combining of the final sound of one word with the beginning sound of the word that follows. Linking is common to all languages. In English, for example, "What did you eat?" becomes something similar to "Whadjeet?" when final and initial word sounds are linked. This perfectly normal phenomenon can make listening comprehension difficult for the beginning student. In Spanish, linking occurs most frequently under the following conditions.

1. Linking always occurs when a word ends with a vowel or consonant sound identical to the vowel or consonant sound that begins the following word.

   La‿hamburguesa estuvo deliciosa.
   No me gustan las‿zanahorias.

2. Linking also occurs when a word ends with a vowel sound and the following word begins with a vowel sound.

   No teng**o‿h**ambre.
   Vuelv**o‿e**nseguida con sus bebidas.
   ¿Desean algún aperitivo, un vino blanc**o‿o‿u**na cerveza?

3. It is also natural to link the "n" at the end of a word with the first vowel of the following word.

   Para mí, agua mineral co**n‿hi**elo.
   ¿Desea**n‿**algú**n‿a**peritivo, un vino blanco o una cerveza?

Understanding linking can help you distinguish individual words within a breath group. Now pay particular attention to linking as you listen to Claudio Téllez and Elena Contreras, who have just arrived at their favorite restaurant in Santiago.

¿Un aperitivo? Claudio Téllez y Elena Contreras, dos estudiantes de la Universidad de Santiago, están celebrando su primer aniversario de novios en Delicias del Mar, un restaurante en Viña del Mar. Escucha su conversación, y luego indica qué hace cada una de estas personas: el mozo (**M**), Elena (**E**) o Claudio (**C**).

1. Los lleva a una mesa.
2. Pregunta si prefieren una mesa cerca de la ventana.
3. Ofrece un aperitivo.
4. Pide un vaso de agua.
5. Pide un vino tinto.
6. Sugiere una ensalada de zanahorias.
7. Dice que no le gustan las zanahorias.
8. Imagina que la sopa es buena.

Chile

Antes de empezar, dime...

Con tu compañero(a), mirando el mapa de Chile en las primeras páginas de *¡Dímelo tú!*, traten de calcular la extensión de Chile, tanto a lo largo como a lo ancho. Comparen con el mapa de Estados Unidos como referencia.

1. ¿Cuánto mide de largo? Expliquen su respuesta.
   ☐ 12.000 kms. ☐ 4.000 kms. ☐ 600 kms.

2. ¿Cuál es el promedio de ancho? Expliquen su respuesta.
   ☐ 12.000 kms. ☐ 2.000 kms. ☐ 140 kms.

3. Mirando el mapa, ¿cuántas islas e islotes creen que tiene Chile, aproximadamente?
   ☐ 58 ☐ 580 ☐ 5.800

4. ¿Qué creen que significa el nombre de Chile? Expliquen su respuesta.
   ☐ picante para la salsa ☐ confines (límites) de la tierra ☐ cobre y mineral

5. ¿Qué productos, entre otros, creen que importamos de Chile? Expliquen su respuesta.
   ☐ el café ☐ las aves tropicales ☐ muchos productos agrícolas

Un paraíso alto y largo

Chile se encuentra en el extremo suroeste de Sudamérica. Su nombre viene de la palabra aymará «chilli» que significa «confines de la tierra», porque está prácticamente aislado del resto de Sudamérica por la cordillera de los Andes. Chile ocupa una larga y angosta franja de tierra de más de 4.000 kms. de largo entre Arica, en el norte, y Puerto Williams, la ciudad más al sur del país y del mundo. El promedio de anchura del país es de sólo 140 kms. Su geografía es accidentada y montañosa con sólo un 20% de territorio llano.

Chile tiene más de 5.800 islas e islotes, incluyendo la enigmática Isla de Pascua que se encuentra a casi 4.000 kms. de distancia de Valparaíso, en la costa chilena.

Por estar situado en una zona de gran inestabilidad geológica, Chile sufre frecuentes terremotos y tiene una gran actividad volcánica, cuenta con más de 2.000 volcanes, unos 50 de ellos en actividad.

El volcán Osorno

Chile tiene más de 15 millones de habitantes, de los cuales un 6% son indígenas aymarás y atacameños, en el norte, mapuches (también llamados araucanos durante la época colonial) en el sur, rapa nui en la Isla de Pascua, y alacalufes y yaganes en las islas del extremo sur. Sus tierras, así como su cultura, se encuentran protegidas por la Ley Indígena chilena.

El resto de la población es mestiza o proveniente de la inmigración española y europea en general, aunque ésta nunca alcanzó las dimensiones de la de Brasil o Argentina.

Debido a su extensa zona costera junto al océano Pacífico, Chile produce una gran variedad de pescados y mariscos. Actualmente este país se encuentra entre los mayores exportadores de salmón, ocupando el segundo lugar en el mundo. También exporta grandes cantidades de corvina *(sea bass)* y harina *(flour)* de pescado para procesamiento de otros alimentos derivados del pescado.

Hasta la década de los setenta, la economía de Chile dependió principalmente de la exportación del cobre y nitratos. Gracias a una exitosa estrategia económica durante la década de los ochenta, el país pasó a depender de las exportaciones de una variedad de productos agrícolas: frutas, verduras y vino, entre otros. Gracias a las diferencias de estaciones climáticas, el mercado de estos productos chilenos se extiende ahora a los Estados Unidos y Europa, entre otras muchas regiones del mundo.

Chile destaca también en Latinoamérica por tener gobiernos constitucionales democráticos y civiles a lo largo de su historia moderna, excepto en dos ocasiones. La más reciente en 1973, cuando el General Augusto Pinochet, apoyado por la CIA, derrocó al presidente electo Salvador Allende, quien murió durante el ataque de las fuerzas armadas de Pinochet al palacio presidencial. En 1988 Pinochet perdió un referéndum y en 1990 asumió el poder un presidente elegido democráticamente, Patricio Aylwin. A principios de este siglo asumió la presidencia el socialista Ricardo Lagos.

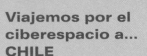

Viajemos por el ciberespacio a... CHILE

If you are a cyberspace surfer, try entering one of the following key words to get to many fascinating sites in **Chile:**

Salvador Allende y Augusto Pinochet

Los volcanes y lagos de Chile

La isla de Pascua

Or, better yet, simply go to the *¡Dímelo tú!* website using the following address: http://dimelotu.heinle.com

There, with a simple click, you can

- learn about Chile's many geographical paradises.
- visit the Chilean-Polynesian Easter Island, an open-air museum with amazing landscapes, beautiful beaches, and puzzling archaeological sites.
- find out how Chileans feel about their recent troubled history and their promising future.

Y ahora, dime...

Con un(a) compañero(a) de clase haz la siguiente comparación.

	Chile	Los Estados Unidos
1. Geografía		
2. Población indígena		
3. Historia democrática		
4. Sistema de gobierno actual		
5. Productos de exportación		

¿Qué se les ofrece... en Viña del Mar?

¿Eres buen observador?

Casa de la Cena

Se la prepara a su gusto...

Ensalada	Camarones	Pollo	Bistec
verde	un cóctel	frito	a la parrilla
mixta	fritos	a la cazuela	con champiñones
de mariscos	a la plancha	asado	con cebolla salteada en vino tinto
de frutas	al ajillo	en una salsa de vino blanco	

y se la sirve con elegancia...

servilletas de lino fino [*fine linen napkins*]
cucharas, cuchillos y tenedores de plata
copas y vasos de cristal

TAREA

Antes de empezar este Paso, estudia la lista de vocabulario en la página 302 y practícalo al escuchar el surco 28 de tu Text Audio CD #2. Luego estudia *En preparación*.

8.3 Double object pronouns, páginas 307–308

Haz por escrito los ejercicios de *¡A practicar!*

Escucha la sección *¿Qué se dice...?* del Capítulo 8, Paso 2, en el surco 25 del Text Audio CD y haz la actividad correspondiente en la página 286.

Ahora, ¡a analizar!

Imagina que tú y tres amigos están en la Casa de la Cena. ¿Qué contestan cuando el mozo les hace las siguientes preguntas?

1. Una ensalada... ¿y cómo se la preparamos?
2. Camarones... ¿y cómo se los preparamos?
3. El pollo... ¿y cómo se lo preparamos?
4. Un bistec... ¿y cómo se lo preparamos?

Ahora describan la mesa. ¿Cuántas servilletas hay? ¿De qué constan los cubiertos? ¿De cuántas cucharas, cuchillos, tenedores? ¿Cuántas copas para vino, para agua?

CD2-25

Al pedir la comida

Indica con un círculo lo que el mozo recomienda:

bistec con champiñones	cazuela de pollo	ensalada de mariscos
bistec a la parrilla	camarones fritos	pollo frito

La señora Rojas decide pedir:

bistec a la parrilla	cazuela de pollo	vino tinto
agua mineral con gas	vino blanco	agua mineral sin gas

Mozo:	¿Y usted, señorita?
Lola:	Algo ligero, por favor. Tal vez un cóctel de camarones... o, mejor, la ensalada de mariscos.
Mozo:	Y a ustedes, señores, ¿qué les puedo servir?
Sr. Rojas:	Para mí, el pollo asado, por favor.
Pepe:	Y yo quiero probar los camarones al ajillo.
Sr. Rojas:	Y para beber, una botella de vino blanco de Maipo para nosotros dos, y agua mineral sin gas para todos, si me hace el favor.
Mozo:	A sus órdenes.

SR. ROJAS: *(A la hija)* La sal y la pimienta, hija. ¿Me las pasas, por favor? Y, mozo, necesito un tenedor limpio, por favor.

SRA. ROJAS: Y un cuchillo para la mantequilla, por favor. Y una cuchara para el café.

LOLA: ¡Ay! Me puede traer una servilleta limpia, por favor.

MOZO: ¡Cómo no, señorita! Se la traigo con mucho gusto.

¿Sabías que...?

Aunque no de manera oficial, el pisco *sour* es, sin duda alguna, la bebida nacional de los adultos en Chile. Aunque el pisco tiene su origen en Perú, los chilenos desarrollaron su propia versión, hecha de la uva moscatel. Los chilenos están muy orgullosos de las varias marcas de pisco que producen y exportan a todas partes del mundo. Para preparar esta exquisita bebida, hay que combinar tres partes de pisco bien frío con una parte de jugo de limón, media cucharadita de azúcar en polvo y la clara de un huevo. Se mezclan bien en una coctelera con unos cubitos de hielo y... ¡salud!

🔍 **En tu opinión:** ¿Hay alguna bebida similar al pisco sour en los Estados Unidos? ¿Cuál es? ¿Cuál es la bebida nacional de los Estados Unidos? ¿Por qué crees eso?

Ahora, ¡a hablar!

A. **¿Qué les puedo servir?** Toda la familia está en Coco Loco, un restaurante muy de moda en Santiago. Tú pides para todos. ¿Qué dices?

MODELO   a mi hermana / pollo frito
A mi hermana le trae el pollo frito, por favor.

1. a mi padre / camarones al ajillo
2. a mi madre / bistec bien hecho
3. al bebé / un vaso de leche tibia
4. a mí / carne asada
5. a mis primos / sopa de camarones
6. a todos / agua mineral sin gas

B. **¡Le falta sabor!** Trabajando en parejas, pregúntale a tu compañero(a) qué le pone a estas comidas cuando les falta sabor *(they lack flavor)*.

MODELO   papas fritas   sal y salsa de tomate
            TÚ: **¿Qué les pones a las papas fritas?**
     COMPAÑERO(A): **Les pongo sal y salsa de tomate.**

1. huevos   mayonesa o mostaza
2. papas fritas   sal y pimienta
3. hamburguesa   azúcar o leche
4. té   mantequilla o margarina
5. pescado frito   salsa picante
6. pan francés   limón
7. tacos de cerdo o res   salsa de tomate

EP 8.3

C. **¡Por favor!** Tú y tus amigos están comiendo, pero tú necesitas que tus amigos te pasen varias cosas. ¿Qué les dices?

MODELO   una amiga / la sal
           Cristina, la sal... ¿me la pasas, por favor?

1. un amigo / el pan
2. una amiga / la cuchara
3. una amiga / las papas
4. un amigo / la servilleta
5. un amigo / los huevos
6. una amiga / la pimienta

EP 8.3

D. **Gustos particulares.** El padre de Margarita, una amiga chilena que conociste en la Universidad de Chile, es muy particular y siempre insiste en que le preparen la comida de cierta manera. ¿Cómo se la preparan?

MODELO   el pescado / a la parrilla
           Siempre se lo preparan a la parrilla.

1. los huevos / revueltos
2. los camarones / al ajillo
3. el bistec / a la parrilla
4. la carne / asada
5. el pollo / frito
6. la pasta / «al dente»

Y ahora, ¡a conversar!

E. **Entrevista.** ¿Cuáles son algunos de los hábitos que tiene tu compañero(a) al comer? Pregúntale a tu compañero(a)...

1. a qué hora desayuna, almuerza y cena.
2. si le gusta comer entre comidas. ¿Qué come?
3. cuándo tiene más hambre.
4. cuándo come más.
5. si come cuando estudia, en el trabajo o viendo televisión.
6. si come alimentos congelados *(frozen food)*. ¿Con qué frecuencia?

F. **Lo que más te gusta.** Indica lo que más te gusta en cada categoría. Luego en grupos pequeños, prepárense para decirle a la clase si tienen algunos gustos en común.

1. Entremeses:
   a. cóctel de mariscos   b. jamón   c. queso   d. otro:

2. Ensalada:
   a. de papas   b. verde   c. mixta   d. otra:

3. Sopa de:
   a. pollo   b. verduras   c. pescado   d. otra:

4. Segundo plato:
   a. bistec   b. pollo   c. pescado   d. otro:

5. Bebidas:
   a. café   b. vino   c. leche   d. otra:

6. Postre:
   a. helado   b. fruta   c. pastel   d. otro:

G. **¡Cuatro estrellas!** Clasifica cinco restaurantes de la ciudad donde está tu universidad usando esta escala de cuatro estrellas. Compara los resultados con los del resto de la clase. Empieza por dar el nombre del restaurante.

Restaurante	Tipo de comida	Especialidad	Calidad	Servicio
_____	americana	_____	_____	_____
_____	mexicana	_____	_____	_____
_____	china	_____	_____	_____
_____	francesa	_____	_____	_____
_____	italiana	_____	_____	_____
_____	otra	_____	_____	_____

****Excelente   ***Muy bueno   **Bueno   *Aceptable

¡Luces! ¡Cámara! ¡Acción!

H. **¡Mozo!** Tú y dos amigos(as) están en su restaurante favorito, estudiando el menú y tratando de decidir qué van a pedir. Por escrito, preparen el diálogo que tienen mientras deciden qué pedir. Incluyan lo que le dicen al mozo. Luego, léanle el diálogo a la clase.

I. **¡A comer!** Tú y dos amigos(as) están comiendo en un restaurante pero cada uno necesita que los otros le pasen algunas cosas (la sal, un tenedor, por ejemplo). También tienen que pedirle al (a la) mozo(a) que les traiga varias cosas. Dramaticen la situación.

¿Comprendes lo que se dice?

Estrategias para ver y escuchar: anticipar información específica

Anticipar información específica. Lee las preguntas en **Al ver el video** y **Después de ver el video.** Luego, usa esa información para indicar si crees que se van a mencionar en el video estas categorías. Vuelve a estas preguntas después de ver el video para confirmar si anticipaste correctamente o no.

Sí No 1. Lugar de origen   Sí No 4. Economía

Sí No 2. Su familia   Sí No 5. Historia reciente de Chile

Sí No 3. Política

Al ver el video: ¿Comprendes lo que se dice?

Isabel Allende: Contadora de cuentos

As you watch the video for the first time, mark any of the following sentences that you hear. Compare the ones you checked with the lists of other students. How many did all of you mark?

Sí No 1. Soy básicamente chilena, aunque no nací en Chile.

Sí No 2. Los chilenos somos todos muy orgullosos.

Sí No 3. La razón por la que salí de Chile es porque me gusta más vivir en Los Estados Unidos.

Sí No 4. Salvador Allende era mi padre.

Sí No 5. La teoría oficial es que Salvador Allende se suicidó, pero la gente no lo cree.

Sí No 6. El vicio de contar cuentos empezó muy tarde en mi vida, a los 40 años.

Sí No 7. Yo me pasé la vida leyendo, leyendo cuentos infantiles y también literatura de adultos.

Sí No 8. Si tuviera que escoger uno de mis libros... sería *La casa de los espíritus*.

Después de ver el video

Ahora marca lo que aprendiste viendo el video

1. Isabel Allende salió de Chile la primera vez para evitar *(avoid)*...
   a. conocer otros países.
   b. vivir bajo el terror de una dictadura.
   c. escribir libros.

2. Salvador Allende, elegido democráticamente...
   a. murió en 1973.
   b. escribió un libro en 1973.
   c. provocó un golpe de estado en 1973.

3. Isabel Allende...
   a. leyó mucho en su infancia.
   b. escribió muchos libros en su infancia.
   c. nació en Chile.

Isabel Allende

Antes de empezar, dime...

Imagina por un momento que tienes problemas políticos o de otro tipo en los Estados Unidos y que tienes que irte exiliado(a). Considera las siguientes hipótesis, y responde a las preguntas.

1. Algo ocurrió en los Estados Unidos que te hizo decidir abandonar el país. ¿Qué ocurrió?
2. Al abandonar los Estados Unidos, te vas a vivir a otro país. ¿A qué país? ¿Qué haces allí para ganarte la vida?
3. ¿Qué haces para no olvidar tu país natal y para no pensar demasiado en él?

Isabel Allende

Isabel Allende

Nació en 1942 en Lima, Perú, por casualidad *(by chance),* como ella misma dice. Esta escritora chilena empezó su vida profesional como periodista a los diecisiete años. Trabajó en televisión, escribió crónicas sobre diversos temas y por muchos años tuvo un artículo humorístico, «Civilice a su troglodita», en la revista femenina *Paula.*

Isabel Allende abandonó Chile junto con su familia, después del derrocamiento y fallecimiento de su tío, el presidente Salvador Allende, a consecuencia de un golpe militar en 1973. Vivió por muchos años en Venezuela, donde según dice, creó su segunda patria.

Cuando emigró de Chile, dice que tomó un puñado de tierra de su país que más tarde usó para plantar un nomeolvides *(forget-me-not),* planta que creció como creció su nostalgia. Como producto de esa nostalgia escribió una carta, que se transformó más tarde en su primera gran novela, *La casa de los espíritus* (1982). Esta obra, muy representativa de un movimiento literario latinoamericano llamado el realismo mágico, fue llevada a la pantalla en los EE.UU. con el título *House of Spirits.*

Actualmente reside en los EE.UU., y es una de las novelistas más leídas de Latinoamérica. Sus obras, muchas traducidas a diferentes lenguas, incluyen *De amor y de sombra* (1984), *Eva Luna* (1987), *El plan infinito* (1991), *Paula* (1995), *Afrodita* (1997), *Hija de la fortuna* (1999), *Retrato en sepia* (2000) y el polémico *Mi País Inventado: Un Paseo Nostálgico por Chile* (2003).

«En mis libros», dice Isabel Allende, «he querido contar la tragedia de este torturado continente y la esperanza de los hombres y mujeres que, como Salvador Allende y muchos otros, desean un mundo mejor.»

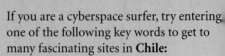

Viajemos por el ciberespacio a... CHILE

If you are a cyberspace surfer, try entering one of the following key words to get to many fascinating sites in **Chile:**

Literatura chilena

Los desaparecidos y exiliados chilenos

Isabel Allende

Or, better yet, simply go to the *¡Dímelo tú!* website using the following address: http://dimelotu.heinle.com

There, with a simple click, you can

- learn about Isabel Allende's latest novel.
- enjoy reading fragments of Isabel Allende's work, and the work of other prestigious Chilean writers.
- get to know the turbulent recent history of Chile, and the promising democratic future.

Y ahora, dime...

Contesta esta pregunta y haz las actividades basándote en lo que leíste de Isabel Allende.

1. ¿Por qué tuvieron que abandonar Chile Isabel Allende y su familia?
2. Usa un diagrama de Venn, como éste, para comparar la vida de Isabel Allende en Chile con su vida en el exilio. Luego, en grupos de tres o cuatro, compara tu diagrama con el de tus compañeros.

Vida en Chile	Lo que tienen en común	Vida en el exilio
1.	1.	1.
2.	2.	2.
3.	3.	3.
4.	4.	4.
5.	5.	5.
6.	6.	6.

¡Escríbelo!

Estrategias para escribir: descripción de un evento

Orden cronológico. Las descripciones normalmente incluyen muchos detalles y se hacen siguiendo el orden cronológico del evento. Este tipo de descripción es importante particularmente en algunas profesiones como las de los policías, los abogados y los periodistas.

La lista que sigue incluye todos los detalles de un incidente que ocurrió en Coco Loco, un restaurante chileno muy elegante. Ocurrió cuando el reportero de la serie «Los mejores restaurantes de Santiago» fue a cenar allí. El problema es que la lista no está en orden cronológico. Reorganízala, numerando las oraciones de 1 a 8, para que esté en el orden apropiado. La primera oración ya está numerada.

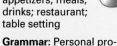

Vocabulary: Food: appetizers; meals; drinks; restaurant; table setting

Grammar: Personal pronoun direct, indirect; verbs: **gustar**; preterite

Phrases: Appreciating food; asking the price; expressing an opinion

  _1_ a. Anoche tuve ganas de cenar en mi restaurante favorito.

  ___ b. Decidí irme.

  ___ c. Le pregunté por Ernesto, la persona que normalmente sirve en el restaurante, al mozo.

  ___ d. «Ernesto está enfermo», me dijo.

  ___ e. En ese momento recordé mi cumpleaños y regresé para celebrar con mis amigos del Coco Loco.

  ___ f. Llegué al restaurante a las 8 de la noche.

  ___ g. Antes de salir, escuché la música del piano, y vi a Ernesto con un gran sombrero mexicano cantando «¡Cumpleaños feliz!».

  ___ h. Entonces le pedí la carta, pero me dijo «Hoy cerramos en cinco minutos».

Ahora, ¡a escribir!

A. **Ahora, a precisar.** El periódico estudiantil de tu universidad va a publicar una serie sobre los mejores restaurantes de la ciudad. Vas a contribuir con la narración de tu visita al que consideras el mejor restaurante de la ciudad. Escribe sobre el tipo de comida que te sirvieron, cómo estuvo el servicio, cuánto pagaste, y todo lo que consideras de interés para tus lectores. Empieza por hacer una lista de ideas sobre todo lo que puedes decir de tu restaurante favorito, teniendo en cuenta el orden en que ocurrieron las cosas.

B. **El primer borrador.** Ahora prepara un primer borrador de tu artículo. Incluye la información en la lista de ideas que preparaste en la sección previa.

C. **Ahora, a compartir.** Comparte tu primer borrador con dos o tres compañeros(as). Haz comentarios sobre el contenido y el estilo de la descripción de tus compañeros(as) y escucha los comentarios de ellos(as) sobre tu descripción. ¿Comunican bien sus ideas? ¿Hay bastantes detalles o necesitan más? ¿Es lógica la organización del artículo?

D. **El segundo borrador.** Haz los cambios necesarios basándote en los comentarios de tus compañeros(as) de clase. Luego prepara un segundo borrador.

E. **A compartir, una vez más.** Comparte tu segundo borrador con dos o tres compañeros(as). Esta vez haz comentarios sobre errores de estructura, ortografía o puntuación. Concéntrate específicamente en el uso de los complementos directos e indirectos. ¿Los usan cuando deben usarlos? ¿Los ponen frente al verbo o los conectan con infinitivos, mandatos o participios de presente? Indica todos los errores de los artículos de tus compañeros(as) y luego decide si necesitas hacer cambios en tu artículo basándote en los errores que ellos te indicaron.

F. **La versión final.** Prepara la versión final de tu artículo y entrégalo. Escribe la versión final en la computadora siguiendo las instrucciones recomendadas por tu instructor(a).

G. **Publicación.** En grupos de seis, preparen una página titular que diga «Los mejores restaurantes de (su ciudad)» y guarden todas las descripciones allí. Decidan entre ustedes cuál de las descripciones va a convencer más al público y léansela a la clase.

¿Eres buen observador?

Restaurante Pacífico			

Mariscos   Aves   Carnes

San Martín 323   Tel. 970 433

Viña del Mar

Nº Mesa _____   Fecha _____

CDAD.	CONCEPTO	IMPORTE PESOS	CTS.
1	ensalada de mariscos	3,975	
1	camarones al ajillo	6,125	
1	cazuela de pollo	5,365	
1	bistec a la parrilla	8,450	
1	humitas	8,250	
1	vino Maipo	5,225	
4	agua s.g.	3,72	
2	café	3,72	

Sistema de Control. S. A. V 813592

Sub total   _____

IVA* 18%   _____

Propina   _____

TOTAL   _____

TAREA

Antes de empezar este Paso, estudia la lista de vocabulario en las páginas 302-303 y practícalo al escuchar el surco 29 de tu Text Audio CD #2. Luego estudia *En preparación*.

8.4 Review of **ser** and **estar**, páginas 309–310

8.5 The verb **dar**, páginas 310–311

Haz por escrito los ejercicios de *¡A practicar!*

Escucha la sección *¿Qué se dice... ?* del Capítulo 8, Paso 3, en el surco 26 del Text Audio CD y haz la actividad correspondiente en la página 296.

A propósito...

El IVA, o Impuesto al Valor Agregado, es un impuesto similar al *sales tax* de los Estados Unidos. Es normalmente del 16% al 18%. Existe en muchos países latinoamericanos y en España.

Ahora, ¡a analizar!

1. Si un dólar estadounidense equivale a 500 pesos chilenos, ¿cuánto costó la ensalada de mariscos? ¿Cuánto costaron los camarones al ajillo y las humitas? ¿La cazuela de pollo? ¿El bistec? ¿El vino? ¿El agua mineral? ¿El café?
2. ¿Cuánto crees que deben dejar de propina?
3. ¿Cuál fue el costo total de la cena para cuatro personas? ¿Cómo se compara este precio al de una comida similar en los Estados Unidos?

¿Qué se dice...?

Al hablar de la comida

¿Quién hizo estos comentarios: la madre (**M**) o la hija (**H**)?

___ 1. Soy alérgica a los mariscos.
___ 2. Las humitas están riquísimas.
___ 3. No puedo comer postres; estoy a dieta.
___ 4. ¡Ay, no! Si tomo café, no puedo dormir.

El señor Rojas hace una señal y llama al mozo diciendo «¡Señor! La cuenta, por favor». Luego la señora Rojas le pregunta a su esposo «¿Cuánto le diste de propina?» Él dice que no le dio nada porque, en el restaurante Pacífico, la propina siempre va incluida en la cuenta.

Al salir del restaurante los Rojas se encuentran con sus amigos, los Ordaz. La señora Ordaz le pregunta a la señora Rojas qué opina de la comida del restaurante. La señora Rojas le dice que la comida es pésima, la ensalada no es fresca y la cazuela de pollo no tiene sabor. Pero Lola le cuenta a su amiga que las ensaladas son fresquísimas. También le recomienda el cóctel de camarones, las humitas (*sweet corn cakes*) y el vino blanco de Maipo. «En efecto —dice—, hasta los mozos, uno en particular, están exquisitos.»

¿Sabías que...?

Chile es uno de los países con más escritores de gran prestigio de América Latina. Escritores como Alberto Blest Gana (1830–1920), novelista considerado el creador de la novela chilena; Eduardo Barrios (1884–1963), que leyó perfectamente dentro del alma humana; María Luisa Bombal (1910–1980), artista de las emociones y el fluir de la conciencia; José Donoso (1924–1996), escritor prolífico y gran narrador; Vicente Huidobro (1893–1948) que consideró su tarea poética un acto de creación similar al de Dios: «Hacer un poema como la naturaleza hace un árbol»; Gabriela Mistral (1889–1957), poetisa y Premio Nobel de Literatura, la única mujer hispana que ha recibido este premio hasta ahora; Pablo Neruda (1904–1973), Premio Nobel de Literatura, poeta cósmico enamorado de la vida y del mundo; Jorge Edwards (1931–), galardonado novelista, cuentista, ensayista y diplomático; Isabel Allende (1942–), una de las novelistas latinoamericanas más leídas del mundo.

En tu opinión: ¿Por qué cuenta Chile con tantos escritores de tanto prestigio? ¿Has leído alguna vez a alguno de estos escritores? ¿Cuáles? ¿Te gustaron? ¿Por qué sí o por qué no?

Ahora, ¡a hablar!

A. **¿Cierto o falso?** Indica si, según el *¿Qué se dice... ?*, los siguientes comentarios son ciertos o falsos. Si son falsos, corrígelos.

C F 1. La señora Rojas es alérgica al pollo.
C F 2. La señora Rojas está a dieta.
C F 3. El café no deja dormir al señor Rojas.
C F 4. Lola dice que el mozo está ¡para chuparse los dedos!
C F 5. El Sr. Rojas hace una señal y dice «¡psst, psst!» para llamar la atención del mozo.
C F 6. La señora Rojas le pide la cuenta al mozo.
C F 7. El señor Rojas decide no dejar propina.
C F 8. Lola y la señora Rojas dicen que el Pacífico es un excelente restaurante.

B. **¿Y para ti?** Para ti, ¿cómo son los siguientes platos? EP 8.4

MODELO   el cangrejo
Me gusta mucho. Es sabroso.

Vocabulario útil

pésimo   bueno   sabroso   exquisito
no muy bueno buenísimo   delicioso   riquísimo

1. la sopa de pollo
2. la carne de cerdo
3. el pollo
4. el pescado
5. el café
6. los calamares
7. el arroz
8. el apio

EP 8.4

C. **¡Está riquísimo!** Estás en el restaurante Los Adobes de Argomedo, en Santiago, con Lola, una nueva amiga de Valparaíso. ¿Qué le dice Lola al mozo cuando le pregunta cómo está la comida?

MODELO vino / rico
El vino está riquísimo.

1. sopa / rica
2. pescado / sabroso
3. postre / exquisito

4. calamares / sabrosos
5. langosta / fresca
6. arroz / bueno

EP 8.4

D. **¡Hoy es una excepción!** Hoy, tú y Lola están cenando en Bote Salvavidas, el restaurante favorito de Lola en Valparaíso. ¿Qué opina Lola cuando le preguntas sobre lo que le sirven?

MODELO el jugo de naranja
TÚ : **¿Qué te parece el jugo de naranja de este restaurante?**
COMPAÑERO(A): **Generalmente es riquísimo, pero hoy está pésimo.**

1. los camarones
2. el vino de la casa
3. los huevos revueltos

4. las salchichas
5. el postre
6. el salmón ahumado

A propósito...

«Qué te parece» se traduce al inglés como *What do you think of . . . ?* ¿Cómo traduces al inglés lo siguiente? «¿Qué te parece el pan?» «¿Qué te parecen los mozos?» «¿Qué te parezco yo?»

EP 8.5

E. **Propinas.** ¿Quién les da propina a estas personas?

MODELO mi padre / el peluquero *(hairdresser)*
Mi padre le da propina a su peluquero.

1. yo / taxistas
2. mi abuela / chófer de autobús
3. mi hermano / maletero (en el aeropuerto o en un hotel)
4. nosotros / dependientes
5. ustedes / mozos(as)
6. mi padre / niños que distribuyen el periódico
7. mi abuelo / barbero
8. mi madre / cartero
9. tú / el personal de limpieza de un hotel

Y ahora, ¡a conversar!

F. **Entrevístense.** Entrevista a un(a) compañero(a) y luego que él/ella te entreviste a ti.

1. ¿Eres alérgico(a) a algún tipo de comida? ¿A cuál?
2. ¿Sabes cocinar? ¿bien? ¿mal?
3. ¿Para quién te gusta cocinar?
4. ¿Qué platos prefieres preparar?
5. ¿Cuál es tu especialidad?
6. ¿Te gusta comer en restaurantes o prefieres comer en tu casa? ¿en la casa de tus padres?
7. ¿Te gusta comer en restaurantes de «comida rápida» *(fast food)*? ¿Por qué sí o por qué no?

G. **Adivinanzas.** ¿Puedes identificar estas bebidas y comidas? Hazlo con dos o tres compañeros(as). Cuando terminen, díganselo a su profesor(a).

1. un líquido que se toma caliente con cuchara y puede ser de verdura, de pescado, de carne, de pollo...
2. un líquido transparente que no tiene sabor ni olor
3. un líquido que se toma caliente y a muchos no los deja dormir
4. una fruta tropical, amarilla, larga y dulce
5. una bebida caliente que los ingleses toman frecuentemente y a la misma hora
6. un marisco grande, rojo y bastante caro
7. un plato de lechuga, tomate y cebolla

H. **La Buena Gente.** Tú y tu compañero(a) son dueños(as) del restaurante La Buena Gente. Su restaurante es muy popular porque ofrece un menú nuevo todas las semanas. Ahora tienen que preparar el menú para la semana próxima. Incluyan cuatro opciones en cada categoría.

```
┌─────────────────────────────────────────────────────────────┐
│                     La Buena Gente                          │
│  Entremeses                                                 │
│  _____    _____               │
│  _____    _____               │
│                                                             │
│  Platos principales                                         │
│  _____    _____               │
│  _____    _____               │
│                                                             │
│  Bebidas                                                    │
│  _____    _____               │
│  _____    _____               │
│                                                             │
│  Postres                                                    │
│  _____    _____               │
│  _____    _____               │
└─────────────────────────────────────────────────────────────┘
```

I. **¿Son generosos?** ¿Son generosos tus amigos? Pregúntale a tu compañero(a) a quién le da estas cosas y en qué circunstancias.

MODELO   flores
          Tú: **¿A quién le das flores y cuándo se las das?**
    COMPAÑERO(A):   **Se las doy a mi mamá el Día de las Madres.**

1. dinero
2. propina
3. consejos
4. regalos
5. tu palabra de honor
6. la hora

J. **¡Exquisito(a)!** Tú y un(a) amigo(a) chileno(a) están cenando en Santiago, en el Restaurante Torres. Hacen comentarios sobre la comida y el servicio, y tratan de decidir cuánta propina van a dejar. Con un(a) compañero(a), escriban el diálogo que tienen y luego léanselo a la clase.

K. **¡A cenar!** Tus padres vienen a visitarte a la universidad. Tú y tu mejor amigo(a) los llevan a cenar a un restaurante elegante. Dramatiza la situación con cuatro compañeros(as). Decidan quién va a hacer el papel de mamá, papá, hijo(a), mejor amigo(a) y mozo(a). Cada persona debe pedir una comida completa y el (la) mozo(a) debe contestar sus preguntas sobre los diferentes platos.

El rincón de los lectores

Estrategias para leer: uso de la puntuación para interpretar la poesía

En el Capítulo 5 aprendiste a interpretar la puntuación en la poesía. En este poema, el poeta chileno Pablo Neruda usa comas, dos puntos, signos de exclamación y puntos. Observa esa puntuación ahora para ayudarte a entender este poema.

Prepárate para leer. Contesta estas preguntas basándote en el poema de Pablo Neruda, «Oda al tomate».

1. ¿Cuántas oraciones *(sentences)* completas tiene el poema? ¿Cómo lo sabes?
2. ¿Cuál es el tema de cada oración?
3. ¿Hay un mensaje específico en cada oración? Si así es, ¿cuál es?

Lectura

Pablo Neruda, poeta y diplomático chileno (Premio Nobel de Literatura, 1971) nació en Parral el 12 de julio de 1904. Su madre murió cuando él tenía un mes de edad. A los diez años escribió sus primeros poemas. En 1924 publicó *Veinte poemas de amor y una canción desesperada,* una de sus obras más leídas.

Paralelamente a su labor de poeta, se desempeñó como diplomático. En 1927 empezó su carrera como cónsul en Asia y posteriormente en Europa. Entre 1935 y 1936 trabajó como diplomático en España, donde se hizo gran amigo de otros famosos poetas. Neruda, con ideas opuestas a Franco, tuvo que renunciar a su trabajo en España. Pablo Neruda murió el 23 de septiembre de 1973, pocos días después del golpe militar en Chile que resultó en la muerte de su buen amigo, el presidente Salvador Allende.

Oda al tomate

La calle
se llenó de tomates,
mediodía,
verano,
la luz
se parte
en dos
mitades
de tomate,
corre
por las calles
el jugo.
En diciembre
se desata°   *is turned loose*
el tomate,
invade
las cocinas,
entra por los almuerzos,
se sienta
reposado°   *relaxed*
en los aparadores,°   *cupboards*
entre los vasos,
las mantequilleras,
los saleros azules.
Tiene
luz propia,
majestad benigna.
Debemos, por desgracia,°   *por... unfortunately*
asesinarlo:
se hunde°   *sinks*
el cuchillo
en su pulpa viviente,°   *pulpa... living pulp*
es una roja
víscera,
un sol
fresco,
profundo,
inagotable,°   *inexhaustible*
llena las ensaladas
de Chile,
se casa alegremente
con la clara cebolla,

y para celebrarlo
se deja
caer
aceite,
hijo
esencial del olivo,
sobre sus hemisferios entreabiertos,°   *half-open*
agrega°   *adds*
la pimienta
su fragancia,
la sal su magnetismo:
son las bodas°   *weddings*
del día,
el perejil°   *parsley*
levanta
banderines,°   *little flags*
las papas
hierven° vigorosamente,   *boil*
el asado
golpea
con su aroma
en la puerta,
es hora
¡vamos!
sobre
la mesa, en la cintura°   *waist*
del verano
el tomate,
astro° de tierra,   *star*
estrella repetida y fecunda,
nos muestra
sus circunvoluciones,
sus canales,
la insigne plenitud°   *insigne... remarkable fullness*
y la abundancia
sin hueso,°   *bone*
sin coraza,°   *shell*
sin escamas ni espinas,°   *escamas... scales nor fishbone*
nos entrega
el regalo
de su color fogoso°   *spirited*
y la totalidad de su frescura.

A ver si comprendiste

Contesta según el poema «Oda al tomate» del poeta chileno Pablo Neruda.

1. ¿En qué mes del año hay más tomates en Chile, según el poeta?
2. ¿Por qué el poeta dice que «Debemos, por desgracia, asesinarlo»?
3. ¿Qué se prepara con el tomate y la cebolla: una sopa, una ensalada o una salsa?
4. ¿A qué se refiere el poeta cuando habla de «la cintura del verano»?
5. ¿Con qué elementos de la naturaleza (*nature*) compara el poeta al tomate?
6. ¿Con qué parte del cuerpo (*body*) humano compara el poeta al tomate?

Vocabulario

CD2-27–2-29

PASO 1

Bebidas

pisco sour	alcoholic drink made from muscatel grapes, lime juice, sugar, and egg whites
vino blanco	white wine
vino tinto	red wine

Carnes y aves

carne (f.)	meat
carne de cerdo	pork
carne de res (f.)	beef
pavo	turkey
salchicha	sausage

Frutas

durazno	peach
fresa	strawberry
fruta	fruit
melón (m.)	melon
piña	pineapple
plátano	banana

Pescados y mariscos

calamar (m.)	squid
langosta	lobster
marisco	shellfish
pescado	fish
pulpo	octopus
salmón (m.)	salmon

Verduras

apio	celery
col (f.)	cabbage
lechuga	lettuce
papa	potato
rábano	radish
tomate (m.)	tomato
zanahoria	carrot

Palabras relacionadas con comida

alimento	food
alimentar	to nourish
cenar	to dine; to eat dinner

desayunar	to eat breakfast
desayuno	breakfast
espagueti (m.)	spaghetti
fibra	fiber
helado	ice cream
hidrato de carbono	carbohydrate
huevo	egg
lactosa	lactose
mantequilla	butter
pan (m.)	bread
pastel (m.)	cake
plato	plate
postre (m.)	dessert
proteína	protein
vaso	glass

Palabras y expresiones útiles

amable	kind
cantidad (f.)	quantity
enseguida	at once, immediately
de vez en cuando	from time to time
isla	island
islote (m.)	small island, islet
por favor	please
reservación (f.)	reservation
rincón (m.)	corner
vanidad (f.)	vanity

Verbos

exportar	to export
quemar	to burn
sentarse (ie)	to sit down

PASO 2

Comida y condimentos

azúcar (m.)	sugar
bistec (m.)	steak
cebolla	onion
corvina	sea bass
ensalada	salad
entremés (m.)	appetizer
huevos revueltos	scrambled eggs
margarina	margarine
mayonesa	mayonnaise
mostaza	mustard
pimienta	pepper
pollo	chicken

sal (f.)	salt
salsa	sauce
sopa	soup

Preparación de comidas

a la cazuela	casserole style
a la parrilla	grilled
a la plancha	grilled
al ajillo	sautéed in garlic
asado(a)	roasted
bien hecho(a)	well-done
frito(a)	fried
mixto(a)	mixed
picante	spicy, hot, piquant
tibio(a)	warm

Objetos y cubiertos

botella	bottle
copa	glass
cristal (m.)	crystal
cuchara	spoon
cuchillo	knife
servilleta	napkin
tenedor (m.)	fork

Palabras y expresiones útiles

A sus órdenes.	At your service.
calidad (f.)	quality
faltar	to lack
fino(a)	fine
fuerte	strong
ligero(a)	light
limpio(a)	clean
lino	linen
mozo(a)	waiter, waitress
plata	silver
recordar	to remember
sabor (m.)	flavor

PASO 3

Comida y bebida

arroz (m.)	rice
cangrejo	crab
humita	sweet corn cake
jugo	juice

En el restaurante

cuenta	*bill*
estar satisfecho(a)	*to be satisfied; full*
exquisito(a)	*exquisite*
fresco(a)	*fresh*
para chuparse los dedos	*finger-licking good*
pésimo(a)	*very bad*
propina	*tip*

Personas

barbero	*barber*
cartero(a)	*mail carrier*
chófer *(m.)*	*chauffeur*
dueño(a)	*proprietor; owner*
maletero	*porter*
peluquero(a)	*hairstylist*
taxista *(m./f.)*	*taxi driver*

Palabras útiles

alergia	*allergy*
alérgico(a)	*allergic*
consejo	*advice*
generoso(a)	*generous*
incluir	*to include*
limpieza	*cleaning*
rechazar	*to reject*

8.1 Indirect-object nouns and pronouns

Stating to whom and for whom people do things

A. You learned in **Capítulo 7** that direct objects answer the question *Whom?* or *What?* in relation to the verb of the sentence. Indirect objects answer the questions *To whom/what?* or *For whom/what?* in relation to the verb.

Identify the direct and indirect objects in the following sentences. Note that in English the words *to* and *for* are often omitted. Check your answers below.*

1. She doesn't want to tell me the price.
2. No, I will not buy any more bones for your dog!
3. We'll write you a letter.
4. Give us the keys and we'll leave the door open for you.

Now identify the indirect objects in the following Spanish sentences. Check your answers below.†

5. Bueno, ¿van a traernos el menú, o no?
6. Me puedes traer un café.
7. ¿Te sirvo algo más?
8. Voy a pedirte un aperitivo, ¿está bien?

B. Study this chart of indirect-object pronouns in Spanish.

Indirect-object pronouns			
me	*to me, for me*	**nos**	*to us, for us*
te	*to you, for you* (familiar)	**os**	*to you, for you* (familiar)
le	*to you, for you* (formal) *to her, for her* *to him, for him*	**les**	*to you, for you* (formal) *to them, for them*

In Spanish, both the indirect-object pronoun and the indirect-object noun may be included in a sentence for *emphasis* or for *clarity* when using **le** or **les.** The preposition **a** always precedes the indirect-object noun.

¿**Le** pido más café **al mozo**?   *Shall I ask the waiter for more coffee?*
A ustedes les voy a servir un postre   *I'm going to serve you a very*
    muy especial.   *special dessert.*

---

*ANSWERS: 1. D.O.: price / I.O.: me; 2. D.O.: bones / I.O.: dog; 3. D.O.: letter / I.O.: you; 4. D.O.: keys, door / I.O.: us, you

†ANSWERS: 5. nos; 6. Me; 7. Te; 8. te

C. Like direct-object pronouns, indirect-object pronouns in Spanish are placed in front of conjugated verbs. They may also be attached to the end of infinitives and present participles. Note the placement of the object pronouns in the following sentences and indicate if a change in word order is possible. Check your answers below.*

1. ¿Qué puedo servirle, señorita?
2. Les recomiendo la sopa de mariscos. ¡Está exquisita!
3. Están preparándonos algo muy especial.
4. ¿Nos puede traer una botella de vino tinto, por favor?

When object pronouns are used with affirmative commands, they also follow and are attached to the verb, which usually requires a written accent to keep the original stress of the verb.

Pregúntele si quiere café o té.   *Ask him/her if he/she wants coffee or tea.*
Dígame si quiere más.   *Tell me if you want more.*

¡A practicar!

A. En Viña del Mar. La familia Carrillo está en Armandita, su restaurante preferido en Viña del Mar. ¿Qué les sirve la camarera?

MODELO   a nosotros / empanadas
          Nos sirve empanadas.

1. a mí / camarones al ajillo
2. a mi papá / sopa de mariscos
3. a mis hermanos / pescado frito
4. a todos / café helado
5. a mi mamá / calamares fritos
6. a mis hermanas / ensalada de camarones

B. En el viaje al norte. Ramón acaba de regresar de un viaje al Valle de Elqui, en el norte de Chile, y trae regalos para todos sus familiares y amigos. ¿Qué les trae?

MODELO   a Paloma / pulsera de plata *(silver bracelet)*
          A Paloma le trae una pulsera de plata.

1. a mamá / cerámicas
2. a ustedes / discos compactos
3. a ti / charango *(small Andean guitar)*
4. a mí / libro de la historia de Chile
5. a su papá / botella de pisco «Control»
6. a Pepe y a Paco / discos compactos

*ANSWERS: 1. **¿Qué le puedo servir...?** 2. No change 3. **Nos están preparando...** 4. **¿Puede traernos...?**

C. ¿Y en el viaje al sur? ¿Qué les compró Ramón a todos en su viaje a la Región de Lagos, en el sur de Chile?

MODELO   a Paloma / chaqueta de lana
A Paloma le compró una chaqueta de lana.

1. a mamá / ramo de copihues *(Chilean national flower)*
2. a ustedes / ponchos
3. a ti / suéter de lana
4. a mí / libro de la Patagonia
5. a su papá / otra botella de pisco
6. a Pepe y a Paco / camisetas de Puerto Montt

8.2 Review of *gustar*

Talking about likes and dislikes

Remember that the verb **gustar** means *to be pleasing to* and is the Spanish equivalent of *to like*. The forms of **gustar** are *always preceded* by an indirect-object pronoun.

Me gusta la sopa, pero no **me gustan** las hamburguesas.

I like soup but I don't like hamburgers.
(Soup is pleasing to me, but hamburgers are not.)

If what is liked is an action (**cantar, leer, trabajar,** etc.) or a series of actions, the singular form of **gustar** is generally used.

Me **gusta** hacer ejercicio.
Nos **gusta** correr y caminar rápido.

I like to exercise.
We like to run and walk fast.

¡A practicar!

A. ¡Qué rico! ¿A todos les gusta la comida que les sirven en el restaurante del Hotel Pérez Rosales en Puerto Montt?

MODELO   a nosotros / mariscos
Nos gustan mucho los mariscos. o **No nos gustan los mariscos.**

1. a mí / carne de cerdo
2. a nosotros / salchicha
3. a mi mejor amigo(a) / calamares
4. a mis compañeros(as) de cuarto / ensalada de zanahorias
5. a mi mamá / pescado frito
6. a mis hermanos / ensalada

B. Gustos. ¿Conoces los gustos de tus familiares y amigos? ¿Y qué no les gusta?

MODELO   abuela: postre sí, verduras no
A mi abuela le gusta el postre. No le gustan las verduras.

1. hermano: jugar al fútbol sí, estudiar no
2. hermana: el verano sí, el invierno no
3. papá: el tomate sí, la lechuga no
4. mamá: las flores sí, el vino no
5. mejor amigo(a): lavar platos sí, cocinar no
6. ¿y a mí?: los postres sí, el pescado no

Paso 2

8.3 Double object pronouns

Referring indirectly to people and things

A. When both a direct- and an indirect-object pronoun are present in a sentence, a specific word order must be maintained. The two pronouns must always be together, with the indirect-object pronoun preceding the direct-object pronoun. *Nothing may separate them.* As with single object pronouns, the double object pronouns are placed directly in front of conjugated verbs, or may be attached to infinitives, present participles, and affirmative commands.

Te lo recomiendo.	*I recommend it to you.*
Ella va a traér**noslo.**	*She is going to bring it to us.*

Remember that the first pronoun in the sentence is not always the subject of the verb. As subject pronouns are often not stated in Spanish, the first pronoun in a sentence may well be the object of the verb.

Translate the following sentences. Check your answers below.*

1. Prefiero la sopa del día, pero me la sirve caliente.
2. Y la cuenta, ¿cuándo nos la van a traer?
3. ¿Es posible? ¿Todavía están preparándotelo?
4. ¿Puedes pasármelos, por favor?

Notice in examples 3 and 4 that whenever two object pronouns are attached to a present participle or an infinitive, the original stress of the verb form is maintained by a written accent, which is always necessary.

Indicate where written accents need to be placed on the italicized verb forms of the following sentences. Check your answers below.†

1. ¿Piensas *devolvernoslo* esta tarde?
2. ¿Están *preparandomelo* ahora mismo?
3. Estoy *pensandomelo* bien.

B. In Spanish, whenever two object pronouns beginning with the letter **l** occur together in a sentence, the indirect-object pronoun (**le, les**) changes to **se.**

$$
\mathbf{se}\left\{\begin{array}{l} \text{lo} \\ \text{la} \\ \text{los} \\ \text{las} \end{array}\right. \qquad \mathbf{se}\left\{\begin{array}{l} \text{lo} \\ \text{la} \\ \text{los} \\ \text{las} \end{array}\right.
$$

—El vino «Casillero del diablo» es exquisito.
—L̶e̶s̶ lo recomiendo. → **Se** lo recomiendo.
—¿Vas a comprar dos botellas?
—Sí, voy a regalár̶l̶e̶las a papá. → Sí, voy a regalár**se**las a papá.

---

* ANSWERS: 1. I prefer the soup of the day, but serve it to me hot. 2. And the bill, when are they going to bring it to us? 3. Is it possible? They are still preparing it for you? 4. Can you pass them to me, please?

† ANSWERS: 1. devolvérnoslo; 2. preparándomelo; 3. pensándomelo

Since **se** may refer to **le** or **les,** it is often necessary to use the preposition **a** plus a noun or prepositional pronoun to clarify its meaning.

Voy a regalár**se**las **a papá.**   *I'm going to give them to Dad.*
Se lo recomiendo **a ustedes.**   *I recommend it to you.*

¡A practicar!

A. **Tenemos hambre.** Tú y tus amigos están en el café Bravísimo de Viña del Mar. ¿Qué hace el mozo?

MODELO   servir arroz a Mariano
              El mozo le sirve arroz a Mariano.
              El mozo se lo sirve a Mariano.

1. traer el menú a nosotros
2. traer los entremeses a Mariano y a Juanita
3. traer jamón a mí
4. servir vino blanco a nosotros
5. servir ensalada a Juanita
6. servir sopa de verduras a Mariano y a mí

B. **¡Ay, qué sabroso!** El mozo del restaurante Los Adobes de Argomedo, en Santiago, conoce bien los gustos de cada miembro de la familia Gamboa. ¿A quiénes les recomienda estos platos?

MODELO   el pescado frito / al señor Gamboa
              Se lo recomienda al señor Gamboa.

1. la cazuela de pollo / a papá y a mí
2. los calamares / a mi hermana mayor
3. los huevos fritos / a mi hermanito
4. el arroz blanco / a toda la familia
5. las empanadas de queso / a mí
6. el helado / a mi hermana menor

C. **¿Tantos regalos?** Paquito, el hermanito menor de Ramón, quiere saber para quién son todos los regalos. ¿Qué le dice Ramón?

MODELO   ¿Para quién son los discos compactos? ¿Para Paloma?
              Sí, se los traigo a Paloma.

1. ¿Para quién son los capihues? ¿Para mamá?
2. ¿Para quién son las camisetas? ¿Para mí?
3. ¿Para quién son las dos botellas de pisco? ¿Para papá?
4. ¿Para quién es el libro? ¿Para Miguel?
5. ¿Para quiénes son los ponchos? ¿Para nosotros?
6. ¿Para quién es el suéter? ¿Para él?

Paso 3

8.4 Review of *ser* and *estar*

Describing, identifying, expressing origin, giving location, and indicating change

A. **Ser** is used

- with adjectives to describe physical attributes, personality, and inherent characteristics.
- to identify people or things.
- with impersonal expressions.
- to tell time.
- to express nationality.
- to tell where an event takes place.

With **de**

- to express origin.
- to tell what material things are made of.

B. **Estar** is used

- with adjectives to describe temporal evaluation of states of being, behavior, and conditions.
- to indicate location.
- to form the progressive tense.

¡A practicar!

A. **Nuevos amigos.** Rebeca es de Antofagasta, en el norte de Chile. Ahora está estudiando en la Universidad de Chile en Valparaíso. Completa esta carta con la forma correcta de **ser** o **estar** para saber qué les escribe a sus padres.

Queridos papás:

¿Cómo _____ ustedes? Recibí su carta y yo _____ muy contenta porque vienen a visitarme este domingo. Hace tres semanas que vivo en el nuevo apartamento y mis compañeras _____ simpatiquísimas. Rosa _____ alta y morena como yo; siempre nos preguntan si _____ hermanas. Marina siempre _____ ocupada porque _____ una estudiante muy diligente. Toni, el hermano de Marina, y Rosa _____ novios. Él _____ muy tímido y cuando nos visita siempre _____ muy nervioso.

Me despido ahora porque Marina y Rosa me _____ diciendo: «Rebeca, tú _____ muy perezosa hoy. ¿Cuándo vas a preparar la comida?»

Hasta pronto,
Rebeca

B. **¡En Santiago!** Ahora Rebeca está en Santiago durante las vacaciones de primavera. Completa la carta que le escribe a su prima Lorena con la forma correcta de **ser** o **estar.**

Querida prima:

¿Cómo _____ tú? Yo _____ muy bien y _____ contentísima aquí en Santiago. La gente en general _____ muy simpática. Casi todos _____ amistosos y siempre dicen que _____ impresionados conmigo porque yo estudio y también trabajo en una tienda. Bueno, tú sabes, el dinero... no me gusta pedirles tanto a mis padres. Y ahora, unos amigos y yo _____ estudiando inglés y el curso es caro. Todos _____ estudiantes de un instituto privado. ¡Ah! ¿Te gusta Ricky Martin? Él _____ aquí en Santiago ahora. Ayer lo vi. ¡Él _____ guapísimo! No _____ mi cantante favorito, pero canta muy bien y baila... ¡uuuh!

Bueno, ya casi _____ las dos de la mañana y yo_____ muy cansada. Buenas noches y hasta pronto.
Rebeca

8.5 The verb *dar*

Telling what people give

The verb **dar** is irregular in both the present tense and in the preterite.

Present tense		Preterite tense	
dar *(to give)*		**dar** *(to give)*	
doy	damos	di	dimos
das	dais	diste	disteis
da	dan	dio	dieron
da	dan	dio	dieron

¡A practicar!

A. **La propina.** Tú y unos amigos salieron a cenar juntos al restaurante del Hotel Ohiggins en Viña del Mar. Ahora están decidiendo cuánto deben dejarle de propina al mozo. ¿Cuánto le da cada uno?

MODELO Antonio / $1,25
Antonio le da un dólar y veinticinco centavos.

1. Pablo / $1,00
2. María y Juan / $1,50
3. Yo / $1,50
4. Ana / $1,75
5. Carmen y Pedro / $1,25
6. En total, / ¿...?

B. Navidad. Es el 25 de diciembre y Rebeca está pasando las vacaciones de verano en Antofagasta, en casa de sus padres. ¿Qué regalos se dieron todos en la Nochebuena (24 de diciembre), para las Navidades?

MODELO   tú / papá
   Yo le di una botella de pisco a papá. Él me dio una blusa.

Vocabulario útil

una camisa	un perfume	un teléfono
una corbata	un perro	un televisor
unas flores	una pipa	unas vacaciones
un pastel	un suéter	un vestido

1. mamá / papá
2. tú / hermano(a)
3. tú y tus hermanos / abuelos
4. tú / mamá
5. tu mejor amigo(a) / tú

¡Las fotos hablan!

A. A que ya sabes. Completa estas oraciones y explica por qué seleccionaste cada respuesta.

1. La primera foto probablemente se sacó en una ciudad de...
   - a. los EE.UU.
   - b. México.
   - c. Sudamérica.

2. La segunda foto probablemente es de un...
   - a. cuadro de Botero.
   - b. póster cubano.
   - c. mural puertorriqueño.

3. La tercera foto es de...
   - a. una manifestación hispana en Los Ángeles.
   - b. una celebración cubana en Miami.
   - c. un desfile puertorriqueño en Nueva York.

B. Ahora, a ver si sabes. Trata de completar estas oraciones. Si no estás seguro(a), adivina.

1. Según el censo del año 2000, los hispanos en los EE.UU. representan un _____ de la población.
   - a. 5,5%
   - b. 12,5%
   - c. 24,5%

2. El mismo censo indica que 76,3% de los hispanos en los EE.UU. residen en el _____ del país.
   - a. oeste
   - b. sur
   - c. sur y oeste

3. En el estado de Nuevo México, el _____ de la población es hispana.
   - a. 21%
   - b. 42%
   - c. 61%

4. En Los Ángeles, California, viven más de _____ de hispanos.
   - a. 4 millones
   - b. 14 millones
   - c. 24 millones

In this chapter, you will learn how to . . .

- discuss the weather and how it affects you.
- describe your daily routine.
- ask for and give directions.
- describe a typical weekend.

¡Hace calor por todo el suroeste de los EE.UU.!

TAREA

Antes de empezar este Paso, estudia la lista de vocabulario en la página 339 y practícalo al escuchar el surco 34 de tu Text Audio CD #2. Luego estudia *En preparación.*

9.1 Weather expressions, página 340

9.2 **Mucho** and **poco**, página 341

Haz por escrito los ejercicios de *¡A practicar!*

Escucha la sección *¿Qué se dice...?* del Capítulo 9, Paso 1, en el surco 30 del Text Audio CD y haz la actividad correspondiente en la página 315.

¿Eres buen observador?

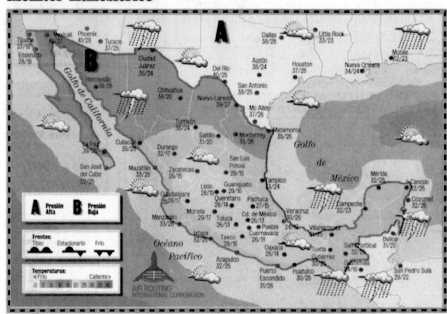

Ahora, ¡a analizar!

1. Hace sol con un poco de nubes en Del Río, Texas. Nombra otras ciudades donde hay sol con un poco de nubes.
2. Llueve en Ciudad Juárez. ¿En qué ciudad de los EE.UU. llueve? ¿Llueve en la Ciudad de México?
3. ¿En qué ciudades de Norteamérica hace frío de noche? ¿En qué ciudades de Latinoamérica hace frío de día y de noche?
4. ¿En qué ciudad de Europa y de Asia hace más calor de día? ¿Más frío de noche?

¿Qué se dice...?

Al hablar del clima

____ 1. Phoenix
____ 2. Los Ángeles
____ 3. Las montañas
____ 4. San Francisco

a. Está nevando.
b. Hace frío y hay neblina.
c. Está nublado con llovizna.
d. Hace calor y está despejado.

Hoy en Cuba, hace sol, pero en el este vemos que hace mucho viento y se acerca una tormenta impresionante. En la Florida ya está lloviendo fuertemente.

A propósito...

¡Ojo! Al hablar del tiempo, no olvides que **nieve** y **lluvia** son sustantivos. Los verbos son **nieva** y **llueve** en el presente y **nevó** y **llovió** en el pretérito. Recuerda también que para hacer pronósticos del tiempo, puedes usar el verbo **ir** + infinitivo, por ejemplo: **va a nevar** o **va a llover**.

¿Sabías que...?

Según el censo del año 2000, los EE.UU. tienen una población de 281,4 millones de los cuales 35,3 millones (un 12,5%) son hispanos. Este número representa un crecimiento del 57,9%, sobre los 22,4 millones de habitantes hispanos en 1990. El mismo censo indica que el 43,5% de los hispanos en los EE.UU. reside en el oeste del país y el 32,8% en el sur. También revela que el 42,1% de la población total del estado de Nuevo México es de origen hispano y que en Los Ángeles, California, viven más de 4 millones de hispanos.

En tu opinión: ¿Por qué crees que aumentó tanto el número de hispanos en los EE.UU. entre 1990 y 2000? ¿Por qué escoge la mayoría de hispanos el oeste y el sur de los EE.UU. para vivir? ¿Qué porcentaje (%) de hispanos residen en tu estado? ¿Por qué crees que hay tantos o no hay más?

Ahora, ¡a hablar!

A. **KXYZ Los Ángeles.** Según el pronóstico del *¿Qué se dice... ?*, ¿qué tiempo hace en los siguientes lugares.

MODELO San Francisco
En San Francisco hace frío y hay neblina.

1. Phoenix
2. el lago Tahoe
3. Los Ángeles
4. Cuba
5. la Florida
6. la República Dominicana

EP 9.1

B. **¿Qué tiempo hace?** ¿Qué tiempo hace generalmente donde vives en los siguientes días de fiesta?

MODELO Navidad *(Christmas)*
En Navidad hace frío.

1. Pascua Florida *(Easter)*
2. Día de Acción de Gracias
3. Navidad
4. Día de San Valentín
5. el 4 de julio
6. Día de las Madres
7. el día de tu cumpleaños

C. **Actividades.** ¿Qué te gusta hacer... ?

Modelo   cuando está nevando
          Cuando está nevando me gusta esquiar.

Vocabulario útil:

☐ esquiar

☐ pasear por el parque

☐ permanecer en casa

☐ pasear por el campo

☐ volar mi papalote *(kite)*

☐ montar en bicicleta

☐ ir de compras

☐ ir a la playa

☐ estar cerca de la chimenea

1. cuando está lloviendo
2. cuando hace sol
3. cuando hay neblina
4. cuando hace mucho viento

5. cuando hace buen tiempo
6. si hace mucho frío
7. después de haber nevado mucho
8. si hace muchísimo calor

D. **¿Cómo se siente?** Di dónde están estas personas y qué tiempo hace.

Modelo   **El señor está en el desierto y hace mucho calor.**

1.

2.

3.

4.

5.

6.

Y ahora, ¡a conversar!

E. **Preferencias.** Entrevista a un(a) compañero(a) para saber algo sobre sus preferencias.

1. ¿Qué tiempo prefieres?
2. ¿Cuál es tu estación favorita? ¿Por qué?
3. ¿Qué mes te gusta más?
4. ¿En qué estación es tu cumpleaños? ¿Qué tiempo hace generalmente ese día?
5. ¿Cuáles son tus deportes favoritos para cada estación?

F. **Bien vestidos.** ¿Cómo van vestidos los personajes de los dibujos de la página 317? Usa este vocabulario útil y el vocabulario que aprendiste en el capítulo 4, en la página 164, para describirlos.

MODELO   **Este señor lleva pantalones de mezclilla y camisa.**

Vocabulario útil

el abrigo   la bufanda   el impermeable

el paraguas   las botas

el gorro   los guantes

G. **¡Abrígate bien!** ¿Qué ropa llevas cuando... ?

MODELO   está nevando
          Llevo un abrigo, una bufanda, guantes y botas.

1. está lloviendo
2. hace mucho calor y hay sol
3. hace calor, pero el cielo está nublado y parece *(it seems)* que va a llover
4. hace mucho viento y la temperatura está a 45 grados Fahrenheit
5. es un día estupendo porque no hace ni frío ni calor

H. **Pronóstico.** Con el clima que hace en este momento como referencia, escribe el pronóstico del tiempo para mañana, el día siguiente y el fin de semana.

¡Luces! ¡Cámara! ¡Acción!

I. **El pronóstico del oeste.** Tú y dos compañeros(as) trabajan para la estación de radio de la universidad. Son meteorólogos(as). Cada uno(a) de ustedes va a informar al público sobre una de estas regiones de EE.UU. Escriban el pronóstico del día para su región para presentarlo a la clase. No olviden incluir las presentaciones y saludos típicos de los meteorólogos.

La costa del oeste   El noroeste   El suroeste

J. **El pronóstico del este.** Tú y dos compañeros(as) trabajan para la estación de radio de su universidad. Son meteorólogos(as). Cada uno(a) de ustedes va a informar al público sobre una de estas regiones de los EE.UU. Preparen su parte del pronóstico. Luego preséntenselo a la clase. No olviden incluir las presentaciones y saludos típicos de los meteorólogos.

La costa del este   El noreste   El sudeste

Un paso atrás, dos adelante: Capítulo 8

Repasemos. En el Capítulo 8 aprendiste a pedir una mesa en un restaurante y a ordenar algo para comer. También aprendiste a hablar de tus comidas favoritas. Repasa lo que sabes, completando el siguiente texto con las palabras necesarias. Puedes inventar la información.

Una cita, un banquete

TU AMIGO(A):   ¿_____ _____ [gustar] la sopa de mariscos?

TÚ: Me _____ [encantar]. ¿Y a ti?

TU AMIGO(A):   A mí también _____ _____ [gustar] muchísimo. ¿_____ [pron. objeto indirecto] pasas la sal, por favor?

TÚ: _____ [pron. objeto directo] tienes ahí, al lado del vaso.

TU AMIGO(A):   Ah sí, gracias. Oye, estos camarones al ajillo _____ [ser / estar] fríos, ¿no?

TÚ: Sí, un poco, pero están sabrosísimos.

TU AMIGO(A):   ¡Mozo! Por favor, ¿_____ [poder] usted _____ [traer + pron. objeto indirecto] un poco de pan?

MOZO: Enseguida. ¿Puedo _____ [traer + pron. objeto indirecto] algo más?

TÚ: Sí, si ya tiene lista la langosta puede _____ [traer + pron. objeto indirecto + directo].

MOZO: Creo que ya _____ [ser / estar] lista. Creo que _____ [pron. objeto indirecto] va a _____ [gustar] mucho. ¡Se ve deliciosa!

¿Comprendes lo que se dice?

Estrategias para escuchar: escuchar «de arriba hacia abajo»

If you are thoroughly familiar with the subject of a conversation and can anticipate what will be said, you are able to listen casually to the general flow, picking out the occasional specific words that convey the gist of what is being said and letting your knowledge of the topic fill in the blanks on everything else. This approach is known as listening "from the top down."

To familiarize yourself with San Francisco summer weather, read the following paragraph about a typical summer day in San Francisco, then listen "from the top down" to understand the forecast for July 15.

Si has viajado a San Francisco en verano, seguro que notaste que un día típico empieza con neblina, especialmente en los barrios cerca del mar. Más tarde, a mediodía, la neblina se disipa y la temperatura puede ser muy agradable bajo cielos despejados. No obstante, alrededor de las cuatro de la tarde, la neblina reaparece, y ya por la noche puede hacer bastante frío y viento. En efecto, puede hacer tanto frío que Mark Twain dijo que el invierno más frío de su vida fue un verano en San Francisco.

Pronóstico para San Francisco. Escucha el pronóstico del tiempo en San Francisco para el 15 de julio. Luego, con un(a) compañero(a), decidan cómo la información de la columna B se combina con la información de la columna A según el pronóstico que escucharon.

A
1. por la mañana
2. a mediodía
3. alrededor de las cuatro de la tarde
4. por la noche

B
a. viento
b. más neblina
c. neblina
d. sol

Los hispanos en los Estados Unidos

Antes de empezar, dime...

Contesta estas preguntas para ver cuánto sabes de los hispanos en los EE.UU.

1. ¿De qué países viene la mayoría de los hispanos que hay en los EE.UU.?
2. ¿Qué porcentaje de la población de los EE.UU. representan los hispanos en este país?
3. ¿Qué influencia han tenido los hispanos en la cultura estadounidense? Da ejemplos.

Los hispanos... ¿quiénes son?

Cuando se habla de los «hispanos» en los EE.UU. no se habla de un solo grupo ni de una sola cultura. Los hispanos en los EE.UU. representan un gran número de grupos y una gran variedad cultural. Los tres grupos más grandes son los mexicoamericanos (63%), los puertorriqueños (12%) y los cubanoestadounidenses (5%). También hay miles de nicaragüenses, salvadoreños, guatemaltecos, hondureños, dominicanos... Cada uno de estos grupos tiene sus propias costumbres y su propia cultura: comida, manera de hablar, influencias indígenas o africanas, música, literatura.

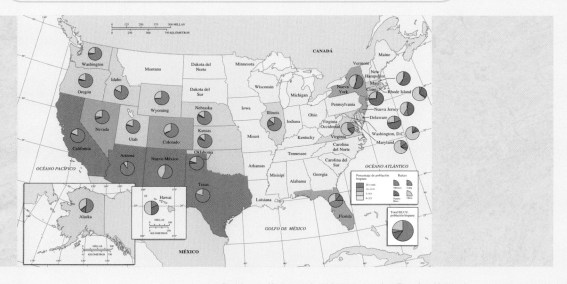

La influencia de la población hispana en los los EE.UU. se hace notar en todos los aspectos de la vida de este país: en la arquitectura, la pintura, la literatura, la música, la cocina, la moda y el cine, entre otros. Los hispanos estadounidenses participan activamente en el arte, la política y áreas fundamentales de la administración del país.

El impacto de novelistas como Rudy Anaya, Ricardo Aguilar Melantzón, Julia Álvarez, Rolando Hinojosa Smith, Óscar Hijuelos y Sandra Cisneros, de poetas como Alurista, Lorna Dee Cervantes, Jorge Argueta y Francisco Alarcón, y de dramaturgos como Luis Valdez y Gregorio Nava, se ha sentido tanto en los EE.UU. como en las Américas y Europa.

La música creada por hispanos es incomparable y ha alcanzado enorme popularidad. Todo el mundo conoce la música de Cristina Aguilera, Carlos Santana, Gloria Estefan, Ricky Martin, Rubén Blades, Shakira y Marc Anthony por nombrar sólo a unos cuantos cantantes hispanos. Los actores de origen hispano también están conquistando al público de los EE.UU. en el cine y en la televisión. Junto a grandes estrellas consagradas como Anthony Quinn, César Romero, Raúl Julia, Rita Moreno, Andy García y Edward James Olmos, estamos viendo a nuevos actores hispanos como a Salma Hayek, Cameron Díaz, Emilio Estévez, Jennifer López, Jimmy Smits, Penélope Cruz y muchos más.

En el mundo del deporte destacan Fernando Valenzuela, Nancy López, Chi Chi Rodríguez, Sammy Sosa, Roberto Clemente, los Alomar, Lee Treviño, Tony López, Óscar de la Hoya, Mary Jo Fernández...

Podemos seguir nombrando a hispanos sobresalientes en las artes visuales, la arquitectura, la moda, la cocina, los deportes y otros campos.

Los hispanos de los EE.UU., para concluir, son un grupo multicolor, con cada vez más relevancia y confianza en un futuro mejor y en su capacidad de poder unir como en un arco iris (rainbow) cultural, lo mejor de los EE.UU. y el mundo de habla hispana.

Viajemos por el ciberespacio a... LOS ESTADOS UNIDOS

@

If you are a cyberspace surfer, try entering one of the following key words to get to many fascinating sites in **los Estados Unidos:**

Hispanos famosos

Or, better yet, simply go to the *¡Dímelo tú!* website using the following address: http://dimelotu.heinle.com

There, with a simple click, you can

- visit **el Museo del Barrio** in New York, the only Latino museum in the United States entirely devoted to Puerto Rican, Caribbean, and Latin American art.
- learn about famous Latino figures in U.S. history and elsewhere in the world.
- enjoy a stroll through beautiful **barrios** in many U.S. cities.

Y ahora, dime...

Con un(a) compañero(a) de clase indica cuál es la actividad o profesión que tienen estos famosos hispanos.

1. Anthony Quinn
2. Gloria Estefan
3. Francisco Alarcón
4. Sandra Cisneros
5. María Echaveste
6. Salma Hayek
7. Sammy Sosa
8. Rolando Hinojosa Smith
9. César Chávez
10. Edward James Olmos
11. Rubén Blades
12. Cristina Aguilera

a. cantante/músico
b. líder sindical
c. poeta
d. actor/actriz de televisión
e. actor/actriz de cine
f. novelista
g. deportista

¿Eres buen observador?

PHILISHAVE

El rastrillo es cosa del pasado.

Si tú te afeitas con rastrillo... es que todavía no conoces la nueva línea de rasuradoras eléctricas Philishave de Philips; diseñadas para ti que además de ser práctico, quieres la mejor rasurada.

El sistema de 2 y 3 cabezas, rotatorio y de microcorte exclusivo de Philishave, te da una rasurada suave y continua. Con nuevos microsurcos que permiten obtener un afeitado más al ras. Hay un modelo para cada quien. Philishave de Philips, para ti que prefieres, la mejor rasurada.

Juntos hacemos tu vida mejor.

PHILIPS

TAREA

Antes de empezar este Paso, estudia la lista de vocabulario en la página 339 y practícalo al escuchar el surco 35 de tu Text Audio CD #2. Luego estudia *En preparación.*

9.3 Reflexive verbs, páginas 342–344

Haz por escrito los ejercicios de *¡A practicar!*

Escucha la sección *¿Qué se dice... ?* del Capítulo 9, Paso 2, en el surco 32 del Text Audio CD y haz la actividad correspondiente en la página 324.

A propósito...

Como ya sabes, hay muchas palabras del español incorporadas al inglés (plaza, rodeo, corral...). También hay palabras del inglés incorporadas al español (champú, jeans, béisbol...) y otras como **escuela alta** *(high school)*, **biles** *(bills)*, **bas** *(bus)*,... Las palabras en esta última categoría sólo son aceptables en ciertas regiones donde el inglés está en continuo contacto con el español.

Ahora, ¡a analizar!

1. ¿A quién crees que va dirigido este anuncio? Explica tu respuesta.
   ☐ a los hombres   ☐ a las mujeres   ☐ a los niños
2. ¿Qué crees que es un rastrillo? ¿Para qué se usa un rastrillo?
3. ¿Estás de acuerdo con que el rastrillo es una cosa del pasado? ¿Por qué sí o por qué no?
4. ¿Qué crees que rasura mejor, el rastrillo o la rasuradora (afeitadora) eléctrica? ¿Por qué?
5. ¿Qué crees que significa la expresión «un afeitado más al ras»?
   ☐ que corta mucho más pelo   ☐ corta poco pelo   ☐ no corta pelo
6. Conecta estos artículos de higiene personal con su uso.
   1. la rasuradora   a. para lavarme el pelo
   2. la ropa   b. para peinarme
   3. el cepillo de dientes   c. para ducharme
   4. el peine   d. para afeitarme
   5. la regadera   e. para cepillarme los dientes
   6. el champú   f. para vestirme

¿Qué se dice... ?

Al describir la rutina diaria

Enumera lo que hace Mario del 1 al 8.

___ Se afeita.	___ Se levanta.	___ Se peina.	___ Lee el periódico.
___ Se despierta.	___ Se ducha.	___ Se viste.	___ Oye el despertador.

Generalmente su mamá le prepara el desayuno. Pero hoy no desayuna porque tiene prisa. Su primera clase es a las siete.

Después de las clases, Mario llega a casa muy cansado. Primero se quita el suéter y los pantalones y se pone unos jeans para estar más cómodo. Después de cenar se sienta a ver la televisión un rato. Se acuesta a eso de las once y se duerme enseguida.

¿Sabías que...?

La llegada y las condiciones de vida de los distintos grupos latinos en los EE.UU. varían mucho de acuerdo al origen de cada grupo. Algunos inmigran a los EE.UU. por razones económicas, como es el caso de la mayoría de los puertorriqueños. Otros lo hacen por razones políticas, como fue el caso de la primera ola de cubanos, por lo general, de clase media o alta en su país, y con una buena preparación académica. En contraste con los nicaragüenses, salvadoreños, guatemaltecos y dominicanos, que también inmigraron a los EE.UU. por razones políticas, los cubanos recibieron mucha ayuda del gobierno federal. Un caso especial es el de los chicanos, habitantes de las tierras que Estados Unidos arrebató militarmente a México, y que pasaron de ser ciudadanos mexicanos en su propia tierra a inmigrantes en los EE.UU., con todas las dificultades políticas y socio-económicas que eso implica.

En tu opinión: ¿Por qué crees que el gobierno estadounidense favorece a los inmigrantes cubanos por ser inmigrantes políticos, y no a los centroamericanos, muchos de ellos también inmigrantes políticos? ¿Cuáles son algunas de las dificultades políticas, lingüísticas y socio-económicas de los mexicanos/chicanos en este país?

Ahora, ¡a hablar!

A. **Dos rutinas.** Compara tu rutina diaria con la rutina de Mario en el *¿Qué se dice...?* ¿Hacen las mismas cosas o hay algunas que él hace que tú no haces y viceversa? ¿Hacen todo en el mismo orden o se organizan de distintas maneras?

B. **Un sábado típico.** La rutina de Toñi y Gregory durante el fin de semana depende del clima. ¿Qué hacen los sábados por la mañana, dependiendo del tiempo, según Toñi?

EP 9.3

MODELO   hacer buen tiempo / levantarse a las 7 A.M.
          Si hace buen tiempo nos levantamos a las 7 de la mañana.

1. llover / quedarse en la cama hasta las 11 A.M.
2. no llover / levantarse a las 7:00 A.M.
3. hacer buen tiempo / desayunar en la terraza
4. hacer mal tiempo / quedarse en la casa
5. hacer calor / bañarse en la playa
6. hacer frío / irse al cine a ver una película

EP 9.3

C. **Planes.** Ángela tiene planes para este fin de semana en San Francisco. ¿Qué va a hacer?

MODELO levantarse tarde
Va a levantarse tarde. o **Se va a levantar tarde.**

1. despertarse tarde
2. vestirse informalmente
3. desayunar en Just Desserts en la calle Church
4. bañarse en la playa si no hace mucho frío
5. irse de compras a la calle Castro
6. salir con sus amigos
7. divertirse mucho en una discoteca en la Misión
8. acostarse tarde

A propósito...

«Levantarse temprano» significa normalmente levantarse, a las 5, las 6 o las 7 de la mañana. «Levantarse tarde» significa levantarse a una hora más tarde de lo habitual. ¿Te levantas normalmente temprano, o tarde?

EP 9.3

D. **Con frecuencia.** ¿Con qué frecuencia haces lo siguiente durante la semana?

MODELO despertarse temprano
Me despierto temprano todos los días.

Vocabulario útil

todos los días	tres veces por semana	dos veces por semana	una vez por semana	nunca
a todas horas	tres veces al día	dos veces al día	una vez al día	nunca

1. bañarse en la regadera
2. peinarse
3. afeitarse
4. acostarse muy tarde
5. dormirse mirando la televisión
6. sentarse a hacer la tarea
7. levantarse muy temprano

EP 9.3

E. **¿Mi rutina?** Tu compañero(a) quiere saber algo sobre tu rutina cuando estás de vacaciones. ¿Qué te pregunta y qué le contestas? Usa el vocabulario útil del ejercicio anterior.

MODELO despertarse temprano todos los días
COMPAÑERO(A): **¿Te despiertas temprano todos los días?**
TÚ: **No, no me despierto temprano nunca.** o **Me despierto tarde todos los días.**

1. levantarse tarde
2. leerse toda la prensa
3. irse de fiesta todas las noches
4. acostarse temprano
5. juntarse con los amigos
6. divertirse los fines de semana con su pareja

EP 9.3

F. **Ir y venir.** Tu nueva vida en la universidad es bastante dura. Explícale a tu compañero(a) lo que haces normalmente (puedes exagerar).

MODELO dormir / mucho
COMPAÑERO(A): **¿Duermes mucho?**
TÚ: **Duermo sólo cuatro horas todos los días.**

1. cuándo / irse / a la universidad / por las mañanas
2. qué / ropa / ponerse / cuando hace frío
3. dormirse / en las clases
4. adónde / ir / para estudiar
5. cuándo / irse / a casa por las noches

G. **¿Qué haces tú?** Hazle preguntas a un(a) compañero(a) de clase para saber cómo pasa el fin de semana.

   Pregúntale...

   1. a qué hora se acuesta los viernes por la noche. ¿Y los sábados? ¿Y los domingos?
   2. a qué hora se levanta los domingos por la mañana. ¿Qué hace después de levantarse? ¿Y de ducharse?
   3. si desayuna los sábados y domingos, ¿qué come? ¿Quién le prepara el desayuno?
   4. si generalmente se queda en casa los sábados y domingos o si sale con sus amigos. ¿Qué hace durante el día?
   5. qué hace de noche.

H. **Consejos.** Eres muy desorganizado(a) y un poco perezoso(a). Quieres cambiar pero no puedes. Ahora hablas con un(a) consejero(a). Dile tus problemas para que te dé consejos.

   MODELO   TÚ: **Me levanto muy tarde todos los días.**
            COMPAÑERO(A):   **Debes levantarte más temprano. ¿A qué hora te acuestas?** etc.

I. **Un buen fin de semana.** Contesta las preguntas en la primera columna de este formulario y luego entrevista a dos compañeros(as) de clase para saber cuáles son sus actividades favoritas. Anota sus respuestas en las columnas apropiadas.

	Yo	**Estudiante 1**	**Estudiante 2**
¿Qué haces un sábado por la mañana cuando hace un tiempo maravilloso?	1. 2. 3.	1. 2. 3.	1. 2. 3.
¿Qué haces un sábado si llueve y hace mucho frío durante el día?	1. 2. 3.	1. 2. 3.	1. 2. 3.
¿Y por la noche?	1. 2. 3.	1. 2. 3.	1. 2. 3.
¿Cuáles son tus actividades favoritas de un día de verano en una ciudad de playa?	1. 2. 3.	1. 2. 3.	1. 2. 3.
¿Qué haces durante un fin de semana si el lunes tienes tres exámenes difíciles?	1. 2. 3.	1. 2. 3.	1. 2. 3.
(Haz una pregunta original.)	1. 2. 3.	1. 2. 3.	1. 2. 3.

¡Luces! ¡Cámara! ¡Acción!

J. **¡De vacaciones!** Tú y dos amigos están de vacaciones en la Florida durante las vacaciones de primavera. Hace cuatro días que están allí y decides llamar a tus padres por teléfono. Ellos te hacen muchas preguntas acerca de tu rutina diaria y la de tus amigos. Con un(a) compañero(a) que hace el papel de tu padre o madre, escribe la conversación que tienen. Luego, léanle el diálogo a la clase.

K. **¡Dificilísimo!** Tú estás tratando de convencer a un(a) amigo(a) de que la vida en tu universidad es más difícil que la vida en su universidad. Dramatiza esta situación con un(a) compañero(a). Comparen su rutina diaria al hacerlo.

¿Comprendes lo que se dice?

Estrategias para ver y escuchar: ver y escuchar «de arriba hacia abajo»

In the previous **Paso** you learned that, if you are thoroughly familiar with the subject, you can listen casually to the general flow of a conversation, picking out the occasional specific words that convey the gist of what is being said and letting your knowledge of the topic fill in the blanks on everything else. This approach, known as "listening from the top down," works the same way when viewing a video on a very familiar topic.

Even if you've never been to San Diego, you probably know quite a bit about it. Use that knowledge you already have to determine the meaning of the underlined words, by selecting the word that could replace it.

1. San Diego, California, está situada en el extremo sur de la costa pacífica a sólo unas dieciocho millas de la <u>frontera</u> con México.
   a. casa
   b. línea
   c. federación

2. <u>Los habitantes</u> de San Diego están muy orgullosos de su interesante ambiente artístico.
   a. La gente
   b. Los políticos
   c. La policía

3. <u>La influencia</u> española-mexicana se puede experimentar en *Old Town,* un barrio animado y pintoresco.
   a. La herencia
   b. El destino
   c. La política

4. Casa de Bandini es el muy premiado restaurante donde pueden <u>probar</u> una auténtica comida mexicana.
   a. comer
   b. visitar
   c. ver

San Diego, ¡Interesantemente artístico y cultural!

Marca la palabra o frase de cada grupo que **no** se escucha en el video.

1. **ciudad**
   a. habitantes
   b. barrio
   c. edificio
   d. calle

2. **actividades**
   a. comprar recuerdos
   b. encontrar muestras de artesanía mexicana
   c. visitar el museo Guggenheim
   d. visitar el café Coyote

3. **lugares**
   a. La Joya
   b. San Diego Zoo
   c. Mission Bay Park
   d. Golden Gate Bridge

Texas, ¡el segundo estado más grande!

Anota tres cosas que aprendiste que no sabías antes, y tres que ya sabías.

SAN DIEGO

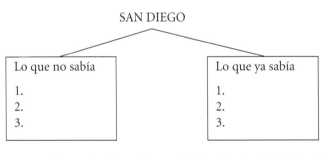

Lo que no sabía	Lo que ya sabía
1.	1.
2.	2.
3.	3.

Después de ver el video. Ahora mira la selección del video sobre Texas y anota tres cosas que aprendiste que no sabías antes, y tres que ya sabías.

TEXAS

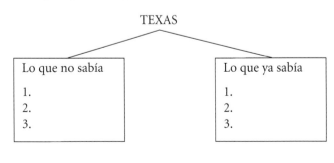

Lo que no sabía	Lo que ya sabía
1.	1.
2.	2.
3.	3.

GENTE... Gloria y Emilio Estefan, Sandra Cisneros y Ricky Martin

Antes de empezar, dime...

Contesta estas preguntas sobre hispanos famosos de los EE.UU.

1. ¿Has leído *(Have you read)* un libro o cuento de un autor hispano de los EE.UU.? ¿Cuál? ¿Te gustó? ¿Por qué?
2. ¿Tienes algún cantante hispano favorito? ¿Quién es? ¿Cuál es tu disco favorito de este cantante?
3. ¿Quiénes son tus actores hispanos favoritos? ¿En qué películas actuaron?

Cuatro hispanos sobresalientes en los EE.UU.

Gloria y Emilio Estefan

Ésta es, sin duda, la pareja hispana del nuevo milenio. Juntos, han creado uno de los imperios musicales más impresionantes del mundo entero: él con su banda Miami Sound Machine, ella con sus dos Grammys y los dos con la venta de más de 60 millones de discos. Han establecido una fundación que ayuda a los más necesitados y han servido de mentores a grandes estrellas latinas como Shakira, Jennifer López, Jon Secada y Ricky Martin.

Sandra Cisneros

Esta poeta y cuentista chicana escribe en inglés, pero incorpora mucho español en sus cuentos y en su poesía. Su libro *The House on Mango Street* recibió el premio «American Book Award» en 1985. Como la mayoría de sus cuentos y su poesía, este libro está lleno de humor y trata de la realidad de una joven chicana. Sandra vive en San Antonio, Texas.

Ricky Martin

Este cantante puertorriqueño fue uno de los grandes ídolos de los jóvenes latinoamericanos durante los años 80, cuando era uno de los cantantes del grupo popular puertorriqueño Menudo. Más tarde se hizo actor y actuó en la telenovela estadounidense *General Hospital*, y en Broadway, en la obra *Les Misérables*. Publicó su primer álbum musical en 1991 y dos años más tarde el segundo. En 1995 apareció su tercer álbum, con una mezcla de estilos como flamenco y salsa. En 1999 sacó su primer álbum en inglés. Con títulos como «María, María», «La copa de la vida» y «La vida loca», Ricky Martin definitivamente ha dado el salto a la fama internacional.

Viajemos por el ciberespacio a... LOS ESTADOS UNIDOS

If you are a cyberspace surfer, try entering one of the following key words to get to many fascinating sites in **los Estados Unidos**:

Sandra Cisneros

Emilio Estefan

Gloria Estefan

Ricky Martin

Or, better yet, simply go to the *¡Dímelo tú!* website using the following address: http://dimelotu.heinle.com

There, with a simple click, you can

- get up-to-date information about famous Latino entertainers, such as **Gloria Estefan, Chita Rivera, Andy García,** and **Edward James Olmos.**
- enjoy **Sandra Cisneros'** poems and listen to **Gloria Estefan's** and **Ricky Martin's** latest hits.

Y ahora, dime...

Usa un diagrama Venn como éste para comparar a uno de estos latinos sobresalientes con tus escritores, cantantes o músicos favoritos.

Gloria Estefan, Sandra Cisneros o Ricky Martin
1.
2.
3.
4.
5.

Lo que tienen en común
1.
2.
3.
4.
5.

Mi escritor(a), cantante o músico favorito(a)
1.
2.
3.
4.
5.

¡Escríbelo!

Estrategias para escribir: organización de una biografía

Vocabulary:
Dreams & aspirations; professions; time: calendar

Grammar: Verbs: **llegar** a **ser, hacerse;** preterite & imperfect

Phrases: Talking about habitual actions; talking about past events

A. **La biografía.** Una biografía es la historia de la vida de una persona. Puede estar organizada en forma cronológica desde el nacimiento hasta los últimos años, o puede estar organizada destacando algunas actividades importantes de la vida de la persona que se describe. Es fácil ver la organización de una biografía al ver las preguntas que la biografía contesta. Por ejemplo, la biografía de Ricky Martin (en la página 331) contesta las siguientes preguntas.

1. ¿Quién es Ricky Martin?
2. ¿Dónde nació?
3. ¿Por qué es famoso?
3. ¿Cómo empezó su carrera musical?
4. ¿Canta en inglés o en español?
5. ¿Cuáles son sus álbumes más conocidos?

Trabajando con un(a) compañero(a), vuelvan a las breves biografías de Gloria y Emilio Estefan y Sandra Cisneros y preparen una lista de las preguntas que esas biografías contestan.

B. **Preguntas clave.** Ahora, con tu compañero(a), preparen una lista de las preguntas que debe contestar una persona que piensa en escribir una biografía.

Ahora, ¡a escribir!

A. **En preparación.** Piensa en alguien sobre quien te gustaría escribir una biografía. Puede ser una persona de tu familia, un(a) cantante, escritor(a) o actor (actriz) con una historia interesante, la cual quieres contar a los demás estudiantes. Para empezar, basándote en las preguntas anteriores, escribe una lista de la información que vas a necesitar para escribir una biografía que destaca la cronología y las actividades más importantes de la persona.

B. **El primer borrador.** Ahora usa toda esa información para formar la base de la historia. Tu biografía debe seguir el orden de las preguntas que hiciste: (Nombre) nació el..., en... Vivió sus primeros años en... Estudió en... y en... Hizo sus estudios superiores en... Cuando terminó sus estudios se dedicó a... Después...

C. **Ahora, a compartir.** Intercambia tu biografía con la de dos o tres compañeros(as). Haz comentarios sobre el contenido y el estilo de las biografías de tus compañeros(as) y escucha los comentarios de ellos sobre tu biografía. Si hay errores de ortografía o de gramática, menciónalos.

D. **Ahora, a revisar.** Agrega a tu biografía la información que consideres necesaria, basada en los comentarios de tus compañeros(as). Revisa los errores de gramática, de puntuación y de ortografía.

E. **La versión final.** Escribe ahora la última versión de tu historia y entrégasela a tu profesor(a).

F. **Publicación.** En grupos de cuatro o cinco, lean las biografías que les devuelva su profesor(a) y decidan cuál es la más interesante. Descríbansela a la clase, mencionando las actividades más importantes de la persona que aparece en ella.

De visita en Santa Fe, Nuevo México

¿Eres buen observador?

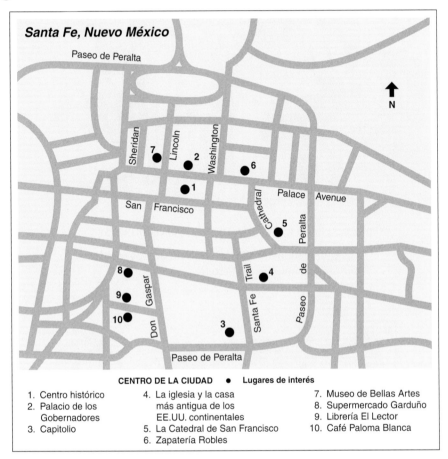

Santa Fe, Nuevo México

Paseo de Peralta

N

Sheridan
Lincoln
Washington
7
2
6
1
San   Francisco
Cathedral
Palace   Avenue
Peralta
5
Gaspar
8
Santa Fe Trail
4
de
9
Don
Paseo
10
3
Paseo de Peralta

CENTRO DE LA CIUDAD ● **Lugares de interés**

1. Centro histórico
2. Palacio de los Gobernadores
3. Capitolio
4. La iglesia y la casa más antigua de los EE.UU. continentales
5. La Catedral de San Francisco
6. Zapatería Robles
7. Museo de Bellas Artes
8. Supermercado Garduño
9. Librería El Lector
10. Café Paloma Blanca

TAREA

Antes de empezar este Paso, estudia la lista de vocabulario en la página 339, y practícalo al escuchar el surco 36 de tu Text Audio CD #2. Luego estudia *En preparación.*

9.4 Affirmative **tú** commands, páginas 344–345

Haz por escrito los ejercicios de *¡A practicar!*

Escucha la sección *¿Qué se dice...?* del Capítulo 9, Paso 3, en el surco 33 del Text Audio CD y haz la actividad correspondiente en la página 334.

Ahora, ¡a analizar!

1. Si en una zapatería se venden zapatos, ¿qué se vende en una frutería? ¿Una librería? ¿Una carnicería? ¿Una papelería? ¿Una perfumería? ¿Una tabaquería? ¿Una tortillería? ¿Una panadería?
2. Si el Museo de Bellas Artes está a la izquierda del Palacio de los Gobernadores, ¿qué está a la derecha del Palacio de los Gobernadores?
3. ¿Dónde está el Centro Histórico, enfrente o detrás del Palacio de los Gobernadores?
4. ¿Dónde está el Supermercado Garduño, enfrente o detrás de la Librería El Lector? ¿Y el Café Paloma Blanca?
5. ¿Está lejos o cerca del Capitolio la iglesia más antigua de los EE.UU.? ¿Y la casa más antigua? ¿La Catedral de San Francisco?
6. ¿Qué calle va alrededor de casi toda la ciudad?

CD2-33

Si deseas saber cómo llegar a...

Memo, para llegar a la Catedral de San Francisco, debe...

    a. seguir caminando hasta el Palacio de Gobernadores.
    b. tomar el autobús número tres.
    c. llamar un taxi.

A propósito...

¡Ojo! En este capítulo estás aprendiendo a usar mandatos (*commands*) afirmativos informales. Más adelante, en el Capítulo 12, vas a aprender a usar los mandatos negativos informales y en el Capítulo 13, los mandatos formales afirmativos y negativos.

MEMO: ¿Y cómo sé en qué parada bajarme?

PEPE: Bájate en la parada que está al lado del Palacio. Es un edificio muy grande, blanco.

MARTA: No, no. El autobús no te deja al lado del Palacio; te deja detrás del Palacio, en la calle Marcy.

PEPE: Tiene razón. Sigue mejor por la calle Marcy hasta la calle San Francisco. Dobla a la derecha y la catedral está allí, a una cuadra.

Santa Fe, la capital de Nuevo México, fue colonizada por los españoles en 1595 y nombrada capital de la provincia en 1610. Hoy en día, como capital del estado, Santa Fe es un centro, no solamente político, sino también cultural. En esta ciudad de unos setenta y tres mil habitantes, se aprecia una interesantísima fusión de la cultura indígena, española, mexicana y anglosajona. Basta con señalar que hasta la arquitectura, protegida por la ley desde 1958, sólo permite tres estilos o cualquier combinación de estos estilos: el español colonial, el español pueblo o el indígena pueblo. El Palacio de los Gobernadores, que todavía está en uso, fue construido en 1610.

En tu opinión: ¿Protegió el gobierno de los EE.UU. todos los derechos de todos los «americanos» del estado número 47? Explica tu respuesta. ¿Por qué crees que todavía continúa la fusión de la cultura indígena, la española y la anglosajona en Santa Fe? ¿Qué crees que aporta a la ciudad esta fusión?

Ahora, ¡a hablar!

A. **¿Dónde estás ahora?** Mira el mapa en el ¿Eres buen observador? y di dónde estás después de seguir estas direcciones.

MODELO   Empieza en el número 1, el centro histórico. Sigue a la derecha una cuadra y media en la avenida Palace. En la Catedral dobla a la derecha y camina por dos cuadras y media. ¿Dónde estás ahora?
Estoy en el número cinco, en la Catedral de San Francisco.

1. Acabas de llegar a Santa Fe y decides caminar por el Paseo de Peralta hasta llegar a la calle Don Gaspar, cerca del capitolio. Camina por Don Gaspar hacia el centro de la ciudad hasta llegar a la calle San Francisco. En San Francisco dobla a la derecha y sigue media cuadra. ¿Dónde estás ahora?
2. Acabas de tomarte un cafecito en el número 10, el Café Paloma Blanca. Camina media cuadra y dobla a la derecha en Don Gaspar. Camina una cuadra y dobla a la izquierda en Paseo de Peralta. Camina un poco más de una cuadra. ¿Dónde estás ahora?
3. Acabas de salir del número 5, la Catedral de San Francisco, y caminas a la derecha hasta llegar a la calle San Francisco. Dobla a la izquierda y camina dos cuadras hasta la calle Lincoln. Allí dobla a la derecha y camina hasta la esquina de Lincoln con la avenida Palace. ¿Dónde estás ahora?

B. **¿Cómo llego?** Ricardo, un estudiante de la Universidad Estatal de Nuevo México en Las Cruces, va a ir a la casa de Patricia, pero no sabe dónde vive. ¿Qué instrucciones le da Patricia?

EP 9.4 ⊕⊕

MODELO   llamar antes de venir
Llama antes de venir.

1. tomar el autobús #5
2. bajarse en la parada de la calle Espina
3. doblar a la izquierda
4. caminar unas tres cuadras

5. entrar en el edificio 34
6. subir al tercer piso
7. tocar a la puerta B

C. **Consejos de un buen amigo.** Tu amigo José estudia contigo en la Universidad de Nuevo México y es muy tímido. Ahora está triste porque no conoce a ninguna chica con quien salir. ¿Qué consejos le das?

MODELO   comprarse ropa a la moda
          Cómprate ropa a la moda.

1. cortarse / el pelo
2. vestirse / más informalmente
3. preocuparse / por tu imagen
4. interesarse / por los otros
5. divertirse / mucho

D. **Y tú...** Están organizando una fiesta para celebrar el comienzo del curso académico en la universidad y tú y tu compañero(a) están organizándolo todo. ¿Qué les piden a sus amigos? Tomen turnos dando instrucciones.

MODELO   Marcelo / ir / comprar las sodas
          Marcelo, ve a comprar las sodas, por favor.

1. Adela / comprar / la comida en el supermercado
2. Pamela / traer / los discos de tu casa
3. Bárbara / ir / buscar el pan de la panadería
4. Anselmo / limpiar / las sillas de la terraza
5. Cristina / salir / recibir a los invitados
6. ¿...?

Y ahora, ¡a conversar!

E. **Cuídalo, por favor.** Tú y tu compañero(a) se van de viaje el fin de semana, y antes de salir le dan instrucciones a su compañero(a) de apartamento sobre lo que tiene que cuidar en la casa. ¿Qué le dicen?

MODELO   cambiarle el agua / al pez
          Cámbiale el agua al pez.

1. bañar / al perro
2. ponerle agua / las plantas
3. abrir / las ventanas de día
4. cerrar / las ventanas de noche
5. ponerle comida / al canario
6. contestar / el teléfono
7. darle de comer / al gato

A propósito...

En español hay varias expresiones idiomáticas con el verbo **dar**. Algunas de las más frecuentes son **dar de comer** (to feed), **dar un paseo** (to take a walk) y **dar una mano** (to help).

F. **Lugar misterioso.** El instructor va a dibujar o va a traer un plano de una comunidad. Luego te va a dar instrucciones para llegar a un lugar misterioso. Sigue sus instrucciones y marca con una X el lugar misterioso.

G. **Problemas anónimos.** Comparte con la clase un problema que tienes (o uno imaginario). El resto de la clase va a darte consejos para solucionar el problema. Escribe tu problema en una hoja de papel, pero no la firmes. Todos los problemas van a ser anónimos.

H. **¿Podría decirme...?** Tú vas caminando por tu ciudad cuando un(a) nuevo(a) estudiante te pide información para llegar a algún lugar. Con un(a) compañero(a), escriban el diálogo que tienen. Luego, dramatícenlo delante de la clase.

I. **Ven a casa.** Tú y un(a) amigo(a) necesitan preparar un proyecto para la clase de español este fin de semana. Tú invitas a tu amigo(a) a estudiar en tu casa pero él (ella) no sabe dónde vives. Tienes que explicarle cómo llegar a tu casa. Dramatiza la situación con un(a) compañero(a).

El rincón de los lectores

Estrategias para leer: mantener la lógica de la puntuación en la poesía moderna

En la poesía tradicional siempre encontramos una puntuación que sigue las reglas tradicionales de la sintaxis. La poesía moderna, sin embargo, no siempre tiene puntuación. Algunos poetas como Francisco X. Alarcón, el poeta chicano que escribió el poema que sigue, nunca usa puntuación. Sin embargo, todos sus poemas tienen oraciones completas —sólo les falta la puntuación. Si la falta de puntuación te hace más difícil entender el poema, ponle la puntuación mentalmente mientras lo lees.

Falta de puntuación. En parejas, lean el poema y decidan dónde falta la puntuación. Pongan las letras mayúsculas que faltan, los puntos finales, las comas y las comillas. Si es necesario, escriban el poema de nuevo.

Lectura

El poeta **Francisco Xavier Alarcón** nació en Wilmington, California, pero se crió en los EE.UU. y en México. Totalmente bilingüe, se educó en escuelas primarias y secundarias en el Este de Los Ángeles y en Guadalajara, México. Empezó sus estudios universitarios en la Universidad Comunitaria del Este de Los Ángeles y terminó su licenciatura en la Universidad Estatal de California en Long Beach. Hizo sus estudios graduados en la Universidad de Stanford. Poeta, crítico y editor chicano, ha publicado diez colecciones de poemas: *Tattoos* (1985); *Ya vas, Carnal* (1985); *Quake Poems* (1989); *Body in Flames / Cuerpo en llamas* (1990); *Loma Prieta* (1990); *Snake Poems* (1992); *Poemas zurdos* (1992); *No Golden Gate for Us* (1993); *From the Other Side of Night / Del otro lado de la noche* (2002). También ha publicado una serie de libros de poemas bilingües para niños: *Laughing Tomatoes and Other Spring Poems / Jitomates risueños y otros poemas de primavera* (1997); *From the Bellybutton of the Moon and Other Summer Poems / Del ombligo de la luna y otros poemas de verano* (1998); *Angels Ride Bikes and Other Fall Poems / Los Ángeles andan en bicicleta y otros poemas del otoño* (1999); *Iguanas in the Snow and Other Winter Poems / Iguanas en la nieve y otros poemas de invierno* (2001). Actualmente es catedrático de la Universidad de California en Davis.

Una pequeña gran victoria

platos

decir

no le gustaron

tener que servir

thunder
movió

momento incómodo

delantal *(apron)*

sink

esa noche de verano
mi hermana dijo
no
ya nunca más
se iba a poner ella
a lavar los trastes°
mi madre sólo
se le quedó viendo
quizás deseando
haberle dicho°
lo mismo
a su propia madre
ella también había odiado°
sus tareas de «mujer»
de cocinar limpiar siempre
    estar al tanto°
de sus seis hermanos
y su padre
un pequeño trueno°
sacudió° la cocina
cuando silenciosos
nosotros recorrimos
con los ojos la mesa
de cinco hermanos
el repentino aprieto°
se deshizo cuando
mi padre se puso
un mandil° y abrió
la llave del agua
caliente en el fregadero°

A ver si comprendiste

Contesten estas preguntas en parejas.

1. ¿Dónde se encuentra el poeta esa «noche de verano»? ¿Quiénes lo acompañan? ¿Cuántos miembros tiene la familia en total?
2. ¿Quién dijo no? ¿A qué y a quiénes dijo no? ¿Por qué crees que lo dijo?
3. ¿Cómo reaccionó la madre? ¿Por qué cree el poeta que su madre reaccionó de esa manera? ¿Estás de acuerdo *(in agreement)* con el poeta? ¿Por qué?
4. Explica por qué el poeta menciona a seis hermanos y luego a cinco hermanos. ¿Es un error?
5. ¿Cómo se solucionó el problema? ¿Quién lavó los platos al final? ¿Qué opinas de eso? ¿Puede ocurrir esta situación en tu familia? ¿Por qué?
6. Explica el título del poema.

Vocabulario

PASO 1

Clima

clima	weather
estar despejado	to have clear skies
grado	degree
hacer calor	to be hot
hacer frío	to be cold
hacer sol	to be sunny
hacer viento	to be windy
llover (ue)	to rain
llovizna	drizzle
lloviznar	to drizzle, rain lightly
lluvia	rain
meteorólogo(a)	meteorologist
neblina	fog
nevar (ie)	to snow
nieve (f.)	snow
nube (f.)	cloud
nublado(a)	cloudy
pronóstico	forecast
temperatura	temperature
tiempo	weather
tormenta	storm

Profesiones

actor (m.)	actor
actriz (f.)	actress
cantante (m./f.)	singer
deportista (m./f.)	athlete
músico (m./f.)	musician
novelista (m./f.)	novelist
poeta (m./f.)	poet
político(a)	politician

Ropa

abrigo	coat
bufanda	scarf
gorro	cap
guante (m.)	glove

Palabras útiles

alrededor de	around
bajo	under
chimenea	fireplace
desierto	desert
lugar (m.)	place
mediodía (m.)	midday, noon
papalote (m.)	kite
paraguas (m. s.)	umbrella
poco	little

Verbos

acercarse	to approach
montar en bicicleta	to ride a bicycle
parecer	to seem
pasear	to go for a walk, to stroll
sentirse (ie)	to feel

PASO 2

Rutina diaria

acostarse (ue)	to go to bed
afeitarse	to shave
bañarse	to bathe
cepillarse	to brush
despertarse (ie)	to wake up
divertirse (ie)	to have a good time, enjoy oneself
dormirse (ue)	to fall asleep
ducharse / bañarse en la regadera	to shower, take a shower
levantarse	to get up
peinarse	to comb one's hair
quitarse	to take off
vestirse (i, i)	to dress oneself, get dressed

Otros verbos

cortarse	to cut oneself
juntarse	to join, get together
leer la prensa	to read newspapers
quedarse	to stay; to fit (clothing)
oír	to hear

Adverbios

diario	daily
generalmente	generally
lentamente	slowly
nunca	never
temprano	early

Palabras útiles

despertador (m.)	alarm clock
diente (m.)	tooth
pelo	hair
prensa	press
rato	while
regadera	shower
rutina	routine

PASO 3

Lugares

capitolio	capitol building
carnicería	butcher shop
catedral (f.)	cathedral
esquina	corner
frutería	fruit store
iglesia	church
panadería	bakery
papelería	stationery store
parada de autobús	bus stop
perfumería	perfume store
piso	floor
supermercado	supermarket
tabaquería	tobacco store
terraza	terrace
tortillería	tortilla shop
zapatería	shoe store

Verbos

acabar de	to have just
aportar	to contribute
bajarse	to get off
cuidar	to take care of
dar de comer	to feed
doblar	to turn
preocuparse	to worry
proteger	to protect
regar(ie)	to water
subir	to get on
tocar	to knock (at a door); to ring (a doorbell)

Palabras y expresiones útiles

antiguo(a)	antiquated, old, old-fashioned
comienzo	beginning
hoy en día	nowadays
imagen (f.)	image
medio(a)	half
soda	carbonated beverage

En preparación 9

Paso 1

9.1 Weather expressions

Talking about the weather

A. In Spanish, **hacer, estar,** and the verb form **hay** are commonly used to describe weather conditions.

¿Qué tiempo **hace** hoy?	*What's the weather like today?*
Hace mucho frío.	*It's very cold.*
Sí, pero no **hace** viento.	*Yes, but it's not windy.*
Está despejado.	*It's clear.*
En el norte **está** nublado.	*In the north it's cloudy.*
¿Hay neblina hoy?	*Is it foggy today?*
No, pero **hay** mucha contaminación.	*No, but there is a lot of pollution (smog).*

B. The verb **tener** is used to describe how a person feels as a result of the weather conditions.

¿No **tienes** frío?	*Aren't you cold?*
No, en realidad, **tengo** mucho calor.	*No, actually, I'm very hot.*

C. The verb **estar** can also be used to describe a person's condition as a result of the weather.

Estoy congelado.	*I'm frozen.*
Están sudando.	*They are perspiring/sweating.*
Estamos empapados.	*We are soaking wet.*

¡A practicar!

A. **¿Qué tiempo hace?** Unos amigos quieren saber qué tiempo hace en diferentes partes de los EE.UU. ¿Qué les dices tú?

1. verano en Phoenix, Arizona
2. invierno en Buffalo, Nueva York
3. primavera en Des Moines, Iowa
4. otoño en Boston, Massachusetts
5. todo el año en Chicago, Illinois
6. todo el año en Seattle, Washington

B. **¿Es igual?** Y veamos ahora qué tiempo hace en diferentes lugares del mundo, en las siguientes fechas.

1. la Navidad en San Francisco
2. la Navidad en Buenos Aires
3. el 4 de julio en California
4. el 4 de julio en Alaska
5. el Año Nuevo en París
6. el Año Nuevo en Santiago de Chile

9.2 *Mucho* and *poco*

Expressing indefinite quantity

A. **Mucho** and **poco** may modify a noun or a verb. When the former is the case, **mucho** and **poco** act as adjectives and must agree in number and gender with what is being modified.

Hay **pocos** carros pero **mucha** contaminación.   *There are few cars but a lot of pollution.*
Hay **mucha** nieve pero hace **poco** frío.   *There is a lot of snow, but it's not very cold.*

B. When **mucho** and **poco** modify a verb, they are adverbs and do not vary in form.

Nieva **mucho** en el invierno.   *It snows a lot in the winter.*
Llueve **poco** aquí en el verano.   *It rains very little here in the summer.*

C. **Muy** is never used to modify **mucho.** Use the word **muchísimo** instead.

Hay **muy poca** nieve pero **muchísima** lluvia.   *There is very little snow but a lot of rain.*

¡A practicar!

A. **Así es mi vida.** Completa el párrafo con **mucho** o **poco** según tu propio *(your own)* estilo de vida.

Yo tengo _____ amigas y _____ amigos y por eso salgo _____ .
Este semestre estudio _____ porque tengo _____ clases. Trabajo
_____ y gano *(earn)* _____ dinero. Tengo _____ tiempo libre.
En mi tiempo libre practico _____ deportes y miro _____ la televisión.
En mi ciudad hay _____ cosas que hacer.

B. **Problemas de un estudiante.** ¿Cómo se prepara Rafael, un estudiante de la Universidad de Nuevo México en Albuquerque, para empezar las clases, después de las vacaciones de verano? Para saberlo, completa el párrafo con **mucho** o **poco.**

El semestre empezó esta semana y yo tuve que comprar _____ libros. ¡Ay, qué caros son! Por eso, ahora yo tengo muy _____ dinero. ¡Estoy pobre! Además, tengo _____ clases, pero _____ energía. Debo organizar mi vida. Necesito trabajar _____ horas y pasar _____ tiempo en la biblioteca. Este semestre voy a tener _____ tarea y _____ tiempo. ¡Qué horror!

9.3 Reflexive verbs

Talking about what people do for themselves

lavarse			
to wash			
I wash (myself)	**me** lavo	**nos** lavamos	we wash (ourselves)
you wash (yourself) informal	**te** lavas	**os** laváis	you wash (yourselves)
you wash (yourself) formal	**se** lava	**se** lavan	you wash (yourselves)
he/she/it washes (himself/ herself/itself)	**se** lava	**se** lavan	they wash (themselves)

A. A verb is called *reflexive* when the subject does the action to or for himself, herself, themselves, and so on; that is, when the subject receives the action of the verb. A reflexive pronoun always accompanies such a verb; it agrees in person and number with the subject of the verb. Reflexive pronouns precede a conjugated verb.

Los niños **se bañan** de noche. The children bathe (themselves) at night.
Yo siempre **me acuesto** a las once. I always go to bed at eleven.

B. Reflexive verbs appear in vocabulary lists with the reflexive pronoun **-se** attached to the infinitive ending. The following is a list of frequently used reflexive verbs. Some of these verbs have been used in previous chapters nonreflexively.

acostarse (ue)	to go to bed
afeitarse	to shave
bañarse	to take a bath, bathe
despertarse (ie)	to wake up
divertirse (ie, i)	to have a good time, enjoy oneself
dormirse (ue, u)	to fall asleep
ducharse	to shower, take a shower
lavarse	to wash oneself
levantarse	to get up; to stand up
llamarse	to be named, be called
peinarse	to comb one's hair
ponerse	to put on (clothing)
quitarse	to take off (clothing)
sentarse (ie)	to sit down
sentirse (ie, i)	to feel
vestirse (i, i)	to get dressed

The reflexive pronoun is necessary only when the subject does something to or for itself.

Mamá **se despierta** primero y luego **despierta** a los niños. Mom wakes up first and then wakes up the children.
Primero **me baño** y luego **baño** a los niños. First I bathe, and then I bathe the children.

C. Reflexive pronouns, like direct- and indirect-object pronouns, are always placed directly in front of conjugated verbs. They are attached to the end of infinitives, present participles, and affirmative commands. As with object pronouns, a written accent is often necessary to keep the original stress of present participles and affirmative commands when reflexive pronouns are attached.

Siempre **me** afeito antes de duchar**me.**	*I always shave before taking a shower.*
No vamos a levantar**nos** hasta el mediodía.	*We're not going to get up until noon.*
Los jóvenes están divirtiéndo**se** muchísimo.	*The young people are enjoying themselves very much.*
Quíta**te** la ropa y acuésta**te** enseguida.	*Take your clothes off and go to bed right away.*

D. Making a verb reflexive can change its meaning. These are some common examples. Some of these words may have other meanings not included here.

Verbo normal		Verbo reflexivo	
acordar	*to agree, to decide*	acordarse de	*to remember*
bajar	*to go down*	bajarse	*to get off*
callar	*to be quiet*	callarse	*to become quiet*
dormir	*to sleep*	dormirse	*to fall asleep*
ir	*to go*	irse	*to go away*
llevar	*to carry*	llevarse	*to take away*
marchar	*to march*	marcharse	*to leave*
poner	*to put*	ponerse	*to put on, to wear*
salir	*to leave*	salirse	*to leave unexpectedly*

¡A practicar!

A. Todos los días... ¿Cuál es la rutina en casa de los Chávez según Marta, la hija mayor?

1. Yo (levantarse) a las 6:30.
2. Yo (ducharse) rápidamente pero no (lavarse) el pelo todos los días.
3. Papá (afeitarse) después de (ducharse).
4. Mamá (peinarse) y luego (peinar) a mi hermanita.
5. Mi hermana y yo (vestirse) rápidamente.

B. ¡Un pájaro raro! La rutina del profesor Gamboa es muy interesante. Para saber por qué, completa el párrafo con la forma apropiada de los verbos que están entre paréntesis.

Por lo general, el profesor Gamboa (acostarse) muy temprano, a eso de las 9:30 o las 10:00 de la noche. ¿Por qué tan temprano? Porque (levantarse) cuando todo el mundo está durmiendo, a las 4:00 de la mañana. ¿Qué hace a esa hora? Pues, primero (prepararse) una taza de café. Luego (sentarse) a trabajar frente a la computadora. No (bañarse) ni (afeitarse) hasta las 11:30 porque no tiene que ir a la universidad hasta el mediodía. Ah, ¡y nunca (peinarse)! Es un pájaro raro *(rare bird).*

C. ¿Y tú? Responde a las siguientes preguntas sobre tu propia rutina diaria.

1. ¿A qué hora te despiertas diariamente?
2. ¿Prefieres ducharte o bañarte?
3. ¿Cuántas veces al día te peinas?
4. ¿A qué hora te levantas los fines de semana?
5. ¿A qué hora te acuestas todos los días?

D. Una nueva rutina extraordinaria. Manuel habla con sus padres de su rutina y su vida en su nueva universidad, la Universidad Estatal en Sacramento. Para saber qué les dice, decide cuál de los verbos completa correctamente estas frases.

1. Marta y yo acordamos / nos acordamos de reunirnos todos los sábados para estudiar.
2. En esta ciudad, como hace mucho frío, ponemos / nos ponemos una chaqueta de cuero en verano.
3. Yo me duermo / duermo todos los días a las 10 de la noche.
4. Quiero participar en la banda de la universidad para marcharme / marchar en el estadio.
5. Los dos presidentes acordaron / se acordaron de reunirse otra vez.
6. Cuando venimos de la universidad, Marta y yo bajamos / nos bajamos en la parada enfrente del Capitolio.

Paso 3

9.4 Affirmative *tú* commands

Giving orders and directions

Commands are used to order someone to do or not to do something. **Tú** commands are used with people with whom you are familiar or whom you address as **tú.** There are different forms for affirmative and negative **tú** commands. In this chapter, you will learn only affirmative **tú** commands.

A. In general, the affirmative **tú** command is identical to the third-person singular of the present indicative.

Infinitive	Command
tomar	**Toma** café.
leer	**Lée**lo.
dormirse	**Duérme**te.

Habla con el profesor y **explíca**le tu problema.
Trae el mapa.

Talk to the professor and explain your problem to him.
Bring the map.

B. There are eight irregular affirmative **tú** command forms. Note that most are derived from irregular first-person singular forms ending with **-go.**

Infinitive	*yo* present tense	*tú* command
decir	digo	**di**
poner	pongo	**pon**
salir	salgo	**sal**
tener	tengo	**ten**
venir	vengo	**ven**
hacer	hago	**haz**
ir	voy	**ve**
ser	soy	**sé**

C. Object and reflexive pronouns always follow and are attached to affirmative commands. The placement of pronouns follows this order: (reflexive), indirect, direct.

Tráe**melas.**	*Bring them to me.*
Acuésta**te.**	*Go to bed.*
Lléva**selo.**	*Take it to him.*

Notice that whenever pronouns are added to a verb, accents are often necessary in order to maintain the original stress.

¡A practicar!

A. **¡Organízate!** El hermano menor de Olga es muy desorganizado. ¿Qué consejos le da Olga a su hermano?

> MODELO   acostarse / más temprano
> **Acuéstate más temprano.**

1. levantarse / más temprano
2. vestirse / rápidamente
3. poner / la ropa en tu cuarto
4. salir / antes de las 7:30
5. ir / directamente a clase
6. hacer / tu tarea todas las noches

B. **¡Por favor!** Tú decides establecer un poco de orden en el uso del baño en tu casa o apartamento. Dile a tu hermano(a) o a tu compañero(a) de cuarto lo que tiene que hacer para evitar que todos quieran usar el cuarto de baño a la vez. Usa mandatos en la segunda persona (**tú**).

1. levantarse temprano
2. ducharse rápidamente
3. vestirse en su cuarto
4. lavarse el pelo por la noche
5. peinarse rápidamente
6. ¿...?

C. **¡Dímelo tú!** El título de este libro de texto tiene dos significados según el contexto dentro del cual se usa: *You tell me (it)!* o *You don't say!* Explica la estructura del título en base a las reglas que acabas de aprender —la forma del verbo, el acento, los pronombres, etc.

Lago y volcán en Nicaragua

Managua: resultado del terromoto de 1972

CAPÍTULO 10

Nicaragua... tierra de lagos, volcanes, terremotos y poetas

Militares nicaragüenses

¡Las fotos hablan!

A. A que ya sabes. Mirando las fotos, trata de completar estas afirmaciones.

1. El volcán en la primera foto es uno de _____ que rodean Managua, la capital de Nicaragua.
   a. tres   b. cinco   c. veinticinco

2. La destrucción del edificio de gobierno en la segunda foto probablemente fue causada por...
   a. un temblor.   b. un golpe   c. un huracán.
                         militar.

3. En la tercera foto, los militares forman parte de:
   a. el ejército   b. un grupo   c. la guardia nacional
      de Nicaragua.   guerrillero.   nicaragüense.

B. Indica si viajando a Nicaragua puedes hacer lo siguiente:

Sí   No   1. Recorrer la misma ruta que muchos americanos recorrieron en busca del oro de California, desde el este de los Estados Unidos hasta San Francisco.

Sí   No   2. Recorrer las primeras millas de un canal transoceánico, anterior al de Panamá.

Sí   No   3. Disfrutar de un día de sol en la playa de un lago, en el cráter de un volcán.

Sí   No   4. Visitar las ruinas de la ciudad de Managua, destruida y nunca reconstruida después del terremoto de 1972.

Sí   No   5. Escalar un volcán joven, con algo más de 150 años de edad.

In this chapter, you will learn how to . . .

- talk about safety issues and accident prevention.
- ask for help in case of a car emergency.
- describe a car accident.
- report a missing or lost object.

¡Viajando seguros en... Nicaragua!

¿Eres buen observador?

TAREA

Antes de empezar este Paso, estudia la lista de vocabulario en la página 371 y practícalo al escuchar el surco 6 de tu Text Audio CD #3. Luego estudia *En preparación.*

10.1 Adverbs derived from adjectives, páginas 372–373

Haz por escrito los ejercicios de *¡A practicar!*

Escucha la sección *¿Qué se dice... ?* del Capítulo 10, Paso 1, en el surco 2 del Text Audio CD 3 y haz la actividad correspondiente en la página 349.

Frutas Nicaragüenses, S.A.

**Qué hacer en caso de una emergencia...
Si tiene que proporcionar primeros auxilios:**

- Manténgase tranquilo y sereno.
- Coloque al paciente en posición cómoda.
- No levante a la persona sin que le hayan aplicado los primeros auxilios.
- No le ponga alcohol en ninguna parte del cuerpo.
- No le dé líquidos.
- Siempre debe darles prioridad a las lesiones que pongan en peligro la vida, en base al siguiente orden:
  1. Fuertes hemorragias
  2. Paro cardio-respiratorio
  3. Estado de shock
  4. Intoxicaciones y quemaduras
  5. Las demás lesiones

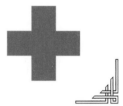

Ahora, ¡a analizar!

1. ¿Para quién específicamente es esta información?
2. ¿Cómo se dice «primeros auxilios» en inglés?
3. ¿Estás de acuerdo con los pasos que recomiendan para dar primeros auxilios? Si no, ¿por qué no?
4. ¿Qué es una lesión? ¿Qué lesiones consideras tú las más serias? ¿Cuáles de éstas sabes tratar?

Indica los adverbios que sí escuchaste en este diálogo:

☐ inmediatamente   ☐ desgraciadamente
☐ posiblemente   ☐ sencillamente
☐ sinceramente   ☐ rápidamente
☐ exactamente   ☐ urgentemente

A propósito...

Los pronombres perso-
nales **yo** y **tú** cambian a
mí y **ti** después de una
preposición (para mí, de
ti...).

La grúa llegó en aproximadamente veinticinco minutos y los llevó a Managua,
donde recibieron un nuevo vehículo. Elías, afortunadamente, siempre lleva su teléfono
celular. El teléfono celular es especialmente importante cuando estamos de viaje,
porque puede ponernos en contacto con los servicios de emergencia instantáneamente.

¿Sabías que...?

Después de terminar con la dictadura de los Somoza en 1979, los revolucionarios se dedicaron a erradicar otra lacra de Nicaragua: el analfabetismo. En menos de un año, lograron reducir el índice nacional de analfabetismo del 53% al 13%. Para conseguirlo, se necesitó la movilización de unos 90.000 voluntarios nicaragüenses, de los cuales el 60% fueron mujeres. Por esta fantástica labor, la UNESCO otorgó a Nicaragua el premio «Nadezhda Kruspkaya», que es la máxima distinción que puede recibir un país por su lucha en favor de la alfabetización.

En tu opinión: ¿Conoces otros países latinoamericanos que hicieron una labor importante para erradicar el analfabetismo? ¿Piensas que el índice de analfabetismo de los Estados Unidos es comparable con el de Nicaragua u otros países de América Latina? ¿Cómo crees que el gobierno revolucionario pudo bajar el índice de analfabetismo del 53% al 13% en menos de un año? ¿Crees que es verdad o sólo propaganda del antiguo gobierno?

Ahora, ¡a hablar!

A. **¿Qué debes hacer?** Según el *¿Eres buen observador?*, ¿cuáles de estas cosas debes hacer si tienes que proporcionar primeros auxilios?

☐ 1. No cambiar la posición del paciente

☐ 2. Darle agua al paciente, si es posible

☐ 3. Estar siempre tranquilo

☐ 4. No usar alcohol para nada

☐ 5. Mover al paciente a un sitio cómodo

☐ 6. Prestar atención inmediatamente a fuertes hemorragias

☐ 7. No preocuparse por intoxicaciones ni quemaduras

☐ 8. Esperar a los médicos en caso de paro cardio-respiratorio o *shock*

EP 10.1

B. **Problemas y soluciones.** Según el *¿Qué se dice... ?*

1. La grúa llegó...
   a. relativamente pronto.
   b. tardísimo.
   c. no llegó.

2. Elías contactó a la compañía de alquiler de carros y ésta...
   a. no respondió.
   b. respondió inmediatamente.
   c. respondió después de insistir mucho.

3. El teléfono celular...
   a. es aconsejable de noche.
   b. no es aconsejable.
   c. es especialmente aconsejable para viajes.

C. **Supervivencia.** ¿Sabes algo sobre casos de emergencia? Decide si lo siguiente es cierto o falso. Si es falso, corrígelo, usando el vocabulario de emergencias. EP 10.1

1. Una persona que no respira por más de seis minutos puede morirse.
2. Los ataques cardíacos son la causa principal de la muerte de los adultos mayores de 38 años.
3. Es importante darle mucha leche a una persona que sufre de envenenamiento *(poisoning)*.
4. Si una persona sufre un ataque cardíaco, lo primero es darle respiración artificial.
5. En caso de dosis excesiva de alguna medicina, debes llamar inmediatamente al servicio de emergencia.
6. Si una persona bebe demasiado alcohol, puede entrar en coma.

D. **¿Qué debo hacer?** Pregúntale a tu compañero(a), que es un(a) experto(a) en protección civil, lo que debes hacer en estos casos de emergencia. EP 10.1

MODELO   Una persona está inconsciente: despertarla / inmediato
TÚ: **¿Qué hago si una persona está inconsciente?**
COMPAÑERO(A):   **Despiértala inmediatamente.**

1. Una persona es víctima de un choque *(shock)* eléctrico: verificar si la víctima respira / normal
2. Una persona sufre de ataque cardíaco: llamar al servicio de emergencia / urgente
3. Una persona se está ahogando *(drowning)*: sacarla del agua y empezar a administrarle respiración artificial / rápido
4. Una persona sufre de lesiones en la cabeza: observar si hay hemorragia / cuidado
5. Una persona es víctima de envenenamiento y está inconsciente: llamar al Centro de Información de Emergencias Químicas y hablar / lento y claro

E. **¿Cómo?** ¿Cómo haces tú las siguientes cosas? EP 10.1

MODELO   manejar (rápido o lento)
Manejo rápidamente.

1. hablar español (rápido o lento)
2. levantarte por la mañana (rápido o lento)
3. estudiar (frecuente o raro)
4. ducharte (diario o semanal)
5. pagar los impuestos (trimestral o anual)
6. comunicarte con los padres (frecuente o raro)
7. cortarte el pelo (semanal o mensual)
8. resolver problemas financieros (rápido o lento)

A propósito...

The ordinal numbers—**primero, segundo, tercero, cuarto, quinto, sexto, séptimo, octavo, noveno, décimo**—are adjectives and must agree in number and gender with the nouns they modify, as in **primeros auxilios.** When preceding a singular masculine noun, **primero** and **tercero** become **primer** and **tercer.** When used with **lo**, they are translated as "the first, second, third . . . thing."

Continues on p. 352

EP 10.1

A propósito...

How do you translate this into English?: **Lo primero que debes hacer es descansar bien. Lo segundo, visitar a tus padres.**

F. Incendio. Di en qué orden y cómo debe hacerse lo siguiente si hay un incendio.

MODELO llamar a los bomberos / inmediato
Primero, se debe llamar a los bomberos inmediatamente.

1. ver si la puerta está caliente / inmediato
2. poner una toalla *(towel)* húmeda debajo de la puerta / rápido
3. caminar por el pasillo *(hall)* / lento
4. buscar la salida más cercana / tranquilo
5. bajar por la escalera *(stairs)* / cuidado
6. ayudar a otras personas / cortés

Y ahora, ¡a conversar!

G. Precauciones. Entrevista a tu compañero(a) para saber si alguna vez ha usado un servicio de emergencia y si está preparado para futuras emergencias.

Pregúntale si...

1. ha usado alguna vez un servicio de emergencia. ¿Cuál?
2. te puede explicar en detalle cuál fue el caso de emergencia.
3. necesitó esperar mucho. ¿Cuánto? ¿Por qué?
4. está preparado(a) para ayudar a la víctima de un accidente. ¿Qué tipo de accidente? ¿Cómo?
5. está preparado(a) en caso de incendio en su casa o en un edificio.
6. tiene un extintor que funciona. ¿Dónde está?
7. sabe por dónde puede salir de su casa en caso de incendio.
8. su casa está asegurada. ¿Con qué compañía? ¿Por cuánto?

H. Accidentes. Dile a un(a) compañero(a) lo que debe hacer en estas situaciones de emergencia.

MODELO chocar el carro con una bicicleta
Si chocas con una bicicleta debes parar el carro inmediatamente y ayudar a la víctima.

1. comer algo contaminado
2. ver a una persona ahogándose
3. caerte de una escalera *(fall from a ladder)*
4. romperte *(break)* una pierna o un brazo
5. recibir un choque *(shock)* eléctrico
6. quemarte

¡Luces! ¡Cámara! ¡Acción!

I. ¡Incendio! Tú y otros(as) dos compañeros(as) van a vivir juntos(as) en Nicaragua por un semestre, y, como hacen siempre en todos los lugares, quieren prepararse para posibles emergencias. Cada uno(a) inventa una posible emergencia (terremoto, huracán, fuego...) y los demás dan consejos sobre cómo reaccionar. Dramaticen la situación delante de la clase.

J. ¡Auxilio! Tú y un(a) amigo(a) asisten a una clase de primeros auxilios y mañana tienen un examen. En preparación para el examen, tu compañero(a) inventa varias situaciones de emergencia para ver si sabes qué hacer. Dramatiza la situación con un(a) compañero(a).

Repasemos. En el Capítulo 9 aprendiste a hablar del tiempo y de cómo el clima te afecta. Aprendiste también a hablar de tus costumbres y de tu rutina diaria, así como a pedir y dar instrucciones sobre cómo llegar a los lugares. Finalmente, aprendiste a describir un fin de semana típico. Repasa lo que sabes, completando el siguiente texto con las palabras necesarias. Puedes inventar la información.

Una cita, un banquete

Tu AMIGO(A):   ¡Qué _____ (20°F) hace hoy!

Tú: Sí, yo _____ [ser / estar] congelado(a).

Tu AMIGO(A):   Este clima no es normal _____ [por / para] mayo, ¿no?

Tú: Sí, es que con el cambio climático, el clima _____ [ser / estar] un poco loco.

Tu AMIGO(A):   Si quieres podemos _____ [sentarse] ahí, al sol.

Tú: Sí, es una gran idea. _____ tú [traer *command*] los libros y podemos estudiar _____ (por / para) el examen de español.

Tu AMIGO(A):   _____ [pensar *command*] que la semana próxima vamos a estar en Argentina, con ese clima tan bueno.

Tú: Pues no _____ [saber / conocer], porque allí ahora es _____ *[season southern hemisphere]*.

Tu AMIGO(A):   _____ [ser *command*] positivo(a) y _____ [considerar *command*] lo bien que lo vamos a pasar.

¿Comprendes lo que se dice?

CD3-3

Estrategias para escuchar: escuchar «de abajo hacia arriba»

In **Capítulo 9** you learned that listening is easier when you know something about the subject. However, this is often not the case. When you know nothing about what you are listening to, it is helpful and sometimes necessary to listen for grammatical and linguistic structures that you already know. For example, listening to verb endings can tell you not only who is carrying out the action, but when it is occurring. Listening for adverbs derived from adjectives can tell you how the action is carried out. This method is known as listening "from the bottom up."

¿Qué pasó? Escucha este noticiero especial de Radio Managua. Luego con un(a) compañero(a) hagan una lista de por lo menos cuatro cosas que ocurrieron y expliquen, con un adverbio o en breves palabras, cómo ocurrió cada cosa.

Noticiero cultural

Nicaragua

Capital: Managua
Área: 129,494 km^2
Población: 5,128,517 (julio de 2003)
Unidad monetaria: córdoba oro
Clima: tropical, cálido y húmedo en las zonas bajas; fresco en las zonas más elevadas

Antes de empezar, dime...

1. Nombra tres bellezas naturales de los EE.UU.
2. ¿Qué tipo de desastres naturales ocurren en los EE.UU.?
3. Haz una lista de los lugares que más sufren desastres naturales en los EE.UU. y al lado de ellos, el tipo de desastre.
4. ¿Por qué sigue viviendo la gente en esos sitios?

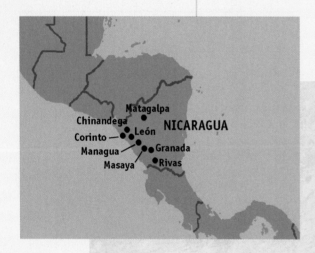

Un paraíso recién hecho

Nicaragua recibió su nombre del cacique Nicarao, jefe indígena de la tribu que en época precolombina pobló las orillas del Cocibolca, el actual Lago de Nicaragua (3000 kms²). Es el país más grande de América Central, y, con Belice, el menos poblado, con algo más de 5.000.000 de habitantes.

Desde el punto de vista del clima, Nicaragua está la mayor parte del año bajo la influencia de los vientos alisios, que provienen de las Azores y las Bermudas. Estos vientos arrastran masas de aire cálido y húmedo del mar Caribe hacia Nicaragua, penetrando por la costa atlántica hacia el interior del territorio.

La gran mayoría de la población nicaragüense es mestiza, con un sector en la costa del Atlántico de herencia africana. La población indígena predominante es la de los indígenas misquitos. El 60% de la población de Nicaragua tiene menos de 17 años.

Nicaragua ocupa una de las zonas más geológicamente inestables y jóvenes de la tierra: el istmo centroamericano, una gran depresión de casi 600 kms. que separa América del Norte y América del Sur. Nicaragua está también llena de volcanes, de tal modo que en un día despejado es posible ver entre veinte y veinticinco volcanes desde el centro de la capital, Managua, de los cuales el más joven es el Cerro Negro (de 350 metros) que surgió en 1850. A sólo dieciséis kilómetros de Managua se halla el cráter del volcán Xiloá, con un hermoso lago donde se puede nadar, pescar y pasear en bote.

Los terremotos son muy frecuentes, y en algunos casos terribles, como los de 1931 y 1972, destruyeron prácticamente Managua. Nicaragua es también muy susceptible a los huracanes, y, de hecho, fue castigada terriblemente por el huracán Mitch en 1998.

Viajemos por el ciberespacio a... NICARAGUA

If you are a cyberspace surfer, try entering one of the following key words to get to many fascinating sites in **Nicaragua:**

Lago de Nicaragua

Terremotos de Nicaragua

Geografía de Nicaragua

Or, better yet, simply go to the *¡Dímelo tú!* website using the following address: http://dimelotu.heinle.com

There, with a simple click, you can

- visit the magnificent **Lago de Nicaragua.**
- learn about the many earthquakes that regularly shake this small yet beautiful country.
- enjoy the magical volcanic **Archipelago of Solentiname.**

Y ahora, dime...

Con un(a) compañero(a), preparen dos listas: una con los atractivos de Nicaragua que descubrieron en este capítulo (pueden repasar también los Pasos 2 y 3) y otra con los inconvenientes naturales que tiene Nicaragua, según esta lectura.

¡Cuando el accidente ocurre... en Managua!

TAREA

Antes de empezar este Paso, estudia la lista de vocabulario en la página 371 y practícalo al escuchar el surco 7 de tu Text Audio CD #3. Luego estudia *En preparación.*

10.2 Irregular verbs in the preterite, páginas 373–374

10.3 Negative and indefinite expressions, páginas 374–375

Haz por escrito los ejercicios de *¡A practicar!*

Escucha la sección *¿Qué se dice... ?* del Capítulo 10, Paso 2, en el surco 4 del Text Audio CD y haz la actividad correspondiente en la página 357.

¿Eres buen observador?

 ALTO
 CEDA EL PASO
 ADUANA
 100 (Km/h) MAXIMA
 CIRCULACION

 NO REBASE
 CONSERVE SU DERECHA
 PROHIBIDO EL RETORNO
 CONTINUA
 PROHIBIDO VUELTA A LA IZQUIERDA

 PROHIBIDA LA CIRCULACION A VEHICULOS PESADOS
 PROHIBIDO SEGUIR DE FRENTE
 UNA HORA
 TERMINA
 PROHIBIDO ESTACIONARSE

 DOBLE CIRCULACION
 GLORIETA
 ESTRECHAMIENTO A UN LADO
 ESTRECHAMIENTO
 PUENTE ANGOSTO

 ALTURA LIBRE
 CAMINO DERRAPANTE
 BAJADA PRONUNCIADA
 VADO
 CRUCE DE F. C.

 HOMBRES TRABAJANDO
 ZONA ESCOLAR
 ZONA DE DERRUMBES
SEMÁFORO
GANADO

Ahora, ¡a analizar!

1. ¿Cuáles de estas señales de tráfico reconoces? Explícale el significado de diez señales a tu compañero(a) y escucha mientras tu compañero(a) te explica otras diez. ¡Háganlo en español, por supuesto!
2. ¿Qué creen ustedes que significan las siguientes señales: Glorieta, Puente angosto, Vado, Alto, Ceda el paso?
3. Pídele a tu compañero(a) que te explique las que no entiendes. Si no puede, pregúntale a la clase.

¿Qué se dice... ?

CD3-4

Cuando ocurre un accidente automovilístico

¿Quién hizo lo siguiente, Elías (**E**) o la señorita joven (**SJ**)?

___ 1. Chocó contra otro carro por detrás.

___ 2. Trató de frenar.

___ 3. No tuvo la culpa, lo chocaron por detrás.

___ 4. Se le reventó una llanta.

___ 5. Admitió su culpabilidad.

Afortunadamente no se trató de nada grave. La señorita admitió que se distrajo, se dieron los datos del seguro, y se desearon suerte. En caso de accidente, es importante asegurarse de que no haya ningún herido y de que los carros accidentados no pongan en peligro a los otros. Aunque en nuestra historia no ocurrió así, las compañías de seguro recomiendan no aceptar nunca culpabilidad en caso de accidente, y tampoco discutir sobre el accidente ni perder la calma.

A propósito...

Además de usar **se** con verbos reflexivos, **se** también se puede usar para indicar que una acción es recíproca: En inglés, generalmente, se traduce como *each other*. ¿Cómo traduces «se dieron los datos y se desearon suerte»?

El lago Nicaragua, en el sudoeste del país, es el lago más grande de Centroamérica y el décimo del mundo en tamaño. Éste es el único lago de agua dulce *(fresh water)* que posee vida animal oceánica, incluyendo tiburones *(sharks)* y peces espada *(swordfish)*. En varias ocasiones, este lago se ha considerado el mejor lugar para construir un segundo canal para conectar el océano Pacífico con el océano Atlántico.

🔍 **En tu opinión:** ¿Cómo es posible tener tiburones y peces espada en agua dulce? ¿Crees que es buena idea construir un segundo canal? ¿Por qué sí o por qué no?

Ahora, ¡a hablar!

A. **Incidencias.** Indica lo que sí se dice en el *¿Qué se dice... ?*

☐ 1. Elías y la señorita joven tuvieron un accidente muy grave.
☐ 2. Los daños fueron pequeños.
☐ 3. Ni Elías ni la señorita aceptaron su culpabilidad.
☐ 4. Los carros terminaron completamente destruidos.
☐ 5. Las compañías de seguro recomiendan no discutir después del accidente.

EP 10.2 ▄▄

B. **¡Un accidente!** Hubo un accidente en la Avenida Bolívar, una de las calles principales de Managua. ¿Qué dijeron los choferes cuando llegó la policía a investigar? Cambia los verbos entre paréntesis al pretérito.

Chofer #1: Yo no tuve la culpa porque...

1. no (poder) ver el otro carro.
2. no (tener) tiempo para frenar.
3. (hacer) todo lo posible por evitar el accidente.

Chofer #2: El otro chofer tuvo la culpa porque...

4. (perder) el control del carro.
5. (chocarme) por detrás.
6. (decir) que no me (ver).

> ### A propósito...
>
> **Chofer** is spelled here without an accent. In many Spanish-speaking countries, it is also acceptable to stress the first syllable, making an accent mark necessary. For a complete reference to Spanish accentuation, see Appendix B.

EP 10.2 ▄▄

C. **¿Qué pasó aquí?** Hubo un accidente de tres carros en la Avenida Central de León, la hermosa ciudad colonial fundada en 1524. ¿Qué dicen los choferes y los testigos?

MODELO   yo / querer parar / pero / no poder
Yo quise parar pero no pude.

Choferes

1. yo / hacer todo lo posible / pero / no poder frenar
2. ella / parar el carro de repente / y / yo / chocarla
3. yo / perder el control del carro / y / pegarle por detrás

Testigos

4. el chofer del carro rojo / tener la culpa / porque / no frenar a tiempo
5. el impacto / no ser muy fuerte / no haber heridos
6. yo / ver el accidente / y / venir a ayudar inmediatamente

D. **La última vez.** ¿Mantiene tu compañero(a) su carro en buen estado para evitar EP 10.2 accidentes? Pregúntale cuándo fue la última vez que hizo lo siguiente.

MODELO   llevar el carro al mecánico
          TÚ: **¿Cuándo fue la última vez que llevaste el carro al mecánico?**
   COMPAÑERO(A):   **Lo llevé en octubre.**

1. cambiar el aceite
2. revisar *(check)* el motor
3. poner agua en el radiador
4. inflar las llantas *(tires)*

5. revisar la batería
6. llenar *(fill)* el tanque de gasolina
7. rotar las llantas
8. ¿...?

EP 10.3

E. **¿Yo? ¡Nunca!** ¿Es tu compañero(a) un(a) conductor(a) modelo? Pregúntale si alguna vez hizo lo siguiente.

MODELO   dejar la licencia en casa
   COMPAÑERO(A):   **¿Dejaste la licencia en casa alguna vez?**
          TÚ: **Yo nunca la dejo en casa. [o]**
                   Yo la dejo en casa de vez en cuando.

1. manejar borracho(a)
2. recibir alguna multa *(ticket)* por exceso de velocidad
3. estacionar en zonas prohibidas
4. decir alguna mentira a la policía de tránsito
5. tener algún accidente
6. ser testigo(a) de algún accidente leve
7. ser testigo(a) de algún accidente grave
8. ¿...?

Y ahora, ¡a conversar!

F. **Mi primer carro.** ¿Recuerdas tu primer carro? Entrevista a un(a) compañero(a). Pregúntale sobre su primer carro y háblale del tuyo.

1. ¿En qué año obtuviste tu licencia de manejar? ¿Dónde la obtuviste?
2. ¿Cuál fue tu primer carro? ¿Cuánto costó?
3. ¿En qué año compraste tu primer carro? ¿Quién lo pagó, tú o tus padres?
4. ¿Por cuánto tiempo lo tuviste?
5. ¿Tuviste algún accidente con ese carro? ¿Qué pasó?
6. ¿Todavía tienes ese carro?

G. **Nueva póliza de seguros.** Daniel(a), un(a) estudiante de la Universidad Autónoma de Nicaragua en León, necesita un seguro para su carro. Ahora está con un(a) agente de seguros que necesita esta información de Daniel(a). Tú eres el (la) agente. Entrevista a un(a) compañero(a), que va a hacer el papel de Daniel(a). Pueden inventar todos los datos.

1. edad
2. dirección
3. empleo
4. tipo de carro

5. multas previas: ¿cuántas y por qué?
6. accidentes: ¿cuántos? ¿culpable o no?
7. ¿...?

¡Luces! ¡Cámara! ¡Acción!

H. ¡Yo no tuve la culpa! Hubo un accidente de dos carros (o dos bicicletas). Los choferes tienen opiniones muy distintas de cómo ocurrió y quién es el (la) culpable. Tú viste todo y puedes resolver la discusión. Con dos compañeros(as) que hacen el papel de los choferes, escriban el diálogo que tienen los tres y luego dramaticen la situación delante de la clase.

I. ¡Idiota! Hubo un accidente entre un carro y una moto. No hubo heridos, pero la moto está destrozada. El (La) motociclista está furioso(a). La policía llega y los dos choferes cuentan su versión de lo que pasó. Dramatiza la situación con dos compañeros(as).

¿Comprendes lo que se dice?

Estrategias para ver y escuchar: ver y escuchar «desde abajo hacia arriba»

In **Paso 1** of this chapter, you learned that listening "from the bottom up," or listening for grammatical and linguistic structures that you already know, can greatly help comprehension when you know nothing about the material you are listening to.

Desde abajo hacia arriba. Marca en estas listas una de las palabras de cada grupo que no se relacionan con las otras tres.

A	B	C
1. enorme	1. comida	1. hermosa
2. grande	2. menú	2. bonita
3. gigantesco	3. carretera	3. pobre
4. rápido	4. plato	4. magnífica

Al ver el video: ¿Comprendes lo que se dice?

Nicaragua, ¡en la búsqueda de un futuro mejor!

Practice listening from the bottom up as you match the adjectives in the first column with the people, places, or concepts they describe in the second column.

1. enorme   a. Rubén Darío
2. colonial   b. centro
3. nicaragüense   c. pasado
4. intelectual   d. catedral
5. grande   e. país

Después de ver el video.

Explica ahora la relación que hay entre lo siguiente.

1. caballos / carros
2. León / Rubén Darío, la catedral metropolitana de León / Latinoamérica
3. el mercado de León / la iguana
4. Managua / tráfico, estatuas / guerra civil nicaragüense
5. el anochecer / la diversión en Managua

Nicaragua

Antes de empezar, dime...

1. ¿Qué tipo de relación han tenido los EE.UU. con Nicaragua a lo largo de la historia? ¿Puedes nombrar algún evento concreto?
2. ¿Por qué crees que los españoles, los ingleses y los estadounidenses invadieron Nicaragua en distintos momentos de su historia? En tu opinión, ¿qué provocó estas invasiones?
3. ¿Es la historia de los Estados Unidos una historia turbulenta en tu opinión? ¿Por qué crees que sí o que no?

La turbulenta historia de Nicaragua

La historia de Nicaragua está marcada por luchas internas y las invasiones extranjeras, en las que participaron tanto europeos (españoles e ingleses) como estadounidenses, estos últimos en tres distintas ocasiones.

La colonización española se enmarcó en el proceso general colonizador de todas las Américas. La invasión inglesa de la costa este nicaragüense estuvo motivada por el interés en construir un canal interoceánico, similar al que se construyó más tarde en Panamá.

Para el gobierno estadounidense, el tránsito de aventureros con destino a California, movidos por la fiebre del oro, mostró la importancia estratégica de Nicaragua. La ruta más popular fue de Nueva York a San Juan del Norte (Greytown) en Nicaragua, de ahí por el río San Juan, hasta el Lago de Nicaragua, y desde San Jorge navegar hasta San Francisco, en California.

La última invasión estadounidense unió a los eternos enemigos, liberales y conservadores nicaragüenses, contra el invasor estadounidense en una alianza de resistencia armada. Sin pertenecer a esta alianza, Augusto C. Sandino también hizo la guerra contra los estadounidenses, que acabaron por salir de Nicaragua.

En 1934, el militar Anastasio Somoza García ordenó asesinar a Sandino y en 1937 se proclamó presidente tras unas elecciones llenas de irregularidades. Con Anastasio se inició la dinastía de los Somoza, que consideraron Nicaragua como una finca de su propiedad. Los Somoza aterrorizaron a la población nicaragüense por casi 50 años y a lo largo de este tiempo tuvieron el apoyo de los Estados Unidos.

En 1972 se fundó el grupo guerrillero Frente Sandinista de Liberación Nacional (FLSN), que consiguió derrocar a Anastasio Somoza Debayle en julio de 1979. Con el triunfo de la revolución comenzó un nuevo período de ilusión pero también de dificultades: miembros del antiguo ejército de Somoza atacaron Nicaragua desde Honduras y Costa Rica (la famosa Contra) apoyados de nuevo por los Estados Unidos.

Durante las elecciones de 1990, fue elegida presidenta doña Violeta Barrios de Chamorro y la victoria de su partido trajo con el tiempo la pacificación del país.

En 1996 unas nuevas elecciones dieron la victoria a Arnaldo Alemán (del derechista Partido Liberal) quien gobernó hasta 2002. En 2002 le sucedió en el cargo Enrique Bolaños. La nueva y democrática Nicaragua no parece dispuesta a permitir los abusos del pasado, y en 2004 se condenó al ex-presidente Arnaldo Alemán (1997–2002) a 20 años de cárcel por lavado de dinero y robo del tesoro público.

Viajemos por el ciberespacio a... NICARAGUA

If you are a cyberspace surfer, try entering one of the following key words to get to many fascinating sites in **Nicaragua:**

Historia de Nicaragua

Contra nicaragüense

Ruta a California por Nicaragua

Or, better yet, simply go to the *¡Dímelo tú!* website using the following address: http://dimelotu.heinle.com

There, with a simple click, you can

- get to know better Nicaragua's recent history.
- find out how Nicaragua is challenging the odds and venturing into a future of peace and justice.
- read the up-to-the-minute news of Nicaragua and the rest of Latin America by accessing Nicaraguan newspapers online.

Y ahora dime...

Usa este diagrama de Venn para escribir con tu compañero(a) los acontecimientos positivos y negativos de la historia de Nicaragua. En el centro, escribe aquellos acontecimientos, que sin ser positivos ni negativos (o siendo positivos y a la misma véz negativos), también influyeron en la historia de Nicaragua. Puedes usar información de esta lectura o de otras en este capítulo sobre Nicaragua.

Eventos positivos	Eventos positivos y negativos	Eventos negativos
1.	1.	1.
2.	2.	2.
3.	3.	3.
4.	4.	4.
5.	5.	5.
...	...	...

Estrategias para escribir: conseguir información

A. **En preparación.** Una composición es un trabajo escrito que requiere dos cosas:

1. conseguir información sobre el tema y
2. comunicar esa información por escrito de una manera clara y organizada.

Para conseguir la información necesaria puedes usar varias fuentes de información: entrevistas, libros de referencia como una enciclopedia, revistas, periódicos, etc. Para comunicar la información de una manera clara y organizada debes seguir el proceso de redacción *(writing)* que has usado en los trabajos escritos desde el principio.

Una buena composición siempre contesta preguntas específicas sobre el tema. En este capítulo has leído dos composiciones en las secciones de *Noticiero cultural*, una sobre Nicaragua, su gente, su clima y su geografía y otra sobre la turbulenta historia de Nicaragua. Mira cómo la composición sobre Nicaragua, su gente, su clima y su geografía contesta ciertas preguntas específicas.

1. ¿Dónde está Nicaragua?
2. ¿Cómo es?
3. ¿Qué impacto tienen el clima, la geografía y su historia reciente en el presente de Nicaragua?

B. **Preguntas clave.** Ahora, con un(a) compañero(a), preparen una lista de las preguntas que la composición contesta sobre la turbulenta historia de Nicaragua.

Vocabulary: Countries; nationality; geography

Grammar: Adverbs ending in **-mente**; verbs: preterite (irregular)

Phrases: Describing places; describing weather; describing the past

Ahora, ¡a escribir!

A. **La idea principal.** Piensa ahora en un tema relacionado con Latinoamérica que te gustaría investigar para escribir una composición. Puede ser sobre un país, una ciudad o región, una persona o un evento histórico. Prepara preguntas apropiadas a tu tema que crees que debes contestar en tu composición. Si necesitas ayuda, mira como guía las preguntas que contesta la composición sobre Nicaragua y las que preparaste sobre la historia de Nicaragua. Usa varias fuentes para encontrar la información necesaria para contestar tus preguntas sobre el tema.

B. **El primer borrador.** Usa la información que preparaste en **A** para escribir un primer borrador. Pon toda la información relacionada con la misma pregunta en un párrafo.

C. **Ahora, a compartir.** Comparte tu primer borrador con dos o tres compañeros(as). Comenta sobre el título, el contenido y el estilo de las composiciones de tus compañeros(as) y escucha los comentarios de ellos sobre tu composición. Si hay errores de ortografía o de gramática, menciónalos.

D. **Ahora, a revisar.** Si necesitas cambiar algo a partir de los comentarios de tus compañeros(as), hazlo ahora.

E. **La versión final.** Prepara una versión final de tu composición y entrégala.

F. **Publicación.** En grupos de cuatro o cinco, lean las composiciones que les dará su profesor(a) y decidan cuál es la más interesante. Descríbansela a la clase, mencionando la información más importante que aparece en ella.

PASO 3

Lo encontré en... Managua

TAREA

Antes de empezar este Paso, estudia la lista de vocabulario en la página 371 y practícalo al escuchar el surco 8 de tu Text Audio CD #3. Luego estudia *En preparación.*

10.4 Preterite of stem-changing **-ir** verbs, páginas 375–376

10.5 *Hacer* in time expressions, páginas 376–377

Haz por escrito los ejercicios de *¡A practicar!*

Escucha la sección *¿Qué se dice... ?* del Capítulo 10, Paso 3, en el surco 5 del Text Audio CD y haz la actividad correspondiente en la página 365.

¿Eres buen observador?

POLICIA
DE LA SEMANA

Roberto Esquivel

Edad:
57 años.

Tiempo en la corporación:
23 años.

Grado:
Suboficial.

Adscripción:
Dirección General de Investigaciones.

Hecho destacado:
Captura seis narcotraficantes.

TELEFONOS DE EMERGENCIA

Grupo Amigos	265 28 18
Centro de Integración Juvenil	244 34 34
Neuróticos Anónimos	249 25 84
Bomberos	279 37 00
Locatel	269 11 11
Cruz Roja	266 57 57
Centro Antirrábico	269 42 94
Radiopatrullas	18
Robos, asaltos, riñas	19
Alcohólicos Anónimos	249 15 93

Ahora, ¡a analizar!

1. ¿Por qué fue nombrado Roberto Esquivel «Policía de la semana»? ¿Qué hizo?

2. ¿Es joven o mayor de edad? ¿Cuántos años tiene? ¿Cuánto tiempo ha servido como policía?

3. ¿Qué número de emergencia llamarías en caso de incendio *(fire)*? ¿En caso de abuso de drogas? ¿De problemas con un joven delincuente? ¿Si necesitaras una ambulancia? ¿En caso de violencia doméstica?

4. ¿Bajo qué situación o circunstancias llamarías al Centro Antirrábico? ¿Al Grupo Amigos? ¿A los Bomberos? ¿A Alcohólicos Anónimos?

Al reportar objetos perdidos

CD3-5

Indica el orden en que ocurrieron los hechos.

_____ a. fueron a la comisaría de policía

_____ b. estuvieron desayunando en el restaurante

_____ c. fueron al restaurante para preguntar por la billetera

_____ d. tomaron el autobús

_____ e. pagaron el desayuno

ELÍAS: ¿Por qué no repites lo que hiciste hoy, para ver si recuerdas dónde la pusiste?

ANTONIO: Sí, a ver. Después del restaurante fuimos al mercado Huembes, donde compramos el cuadro primitivista de Solentiname. Ahí pagué yo.

ELÍAS: Sí, luego nos fuimos al hotel. Vos hiciste ejercicio y yo salí a comprar el periódico. Recuerdo que saqué cincuenta córdobas de la billetera, pero no la llevé.

ANTONIO: Luego dormimos la siesta.

ELÍAS: No, no, no. Antes de dormir la siesta almorzamos. Y ya sé dónde está: la dejé en el restaurante del hotel. Recuerdo que la puse encima de la mesa, y, probablemente, cuando nos despedimos del cocinero, la olvidé.

ANTONIO: ¡Sí! Llamá, llamá, que seguro que la tienen allí.

> ### A propósito...
>
> Como aprendiste en el Capítulo 5, en Nicaragua se usa mucho el voseo, sobre todo entre personas que tienen mucha familiaridad. ¿Cuántos usos del voseo hay en este diálogo? ¿Cuáles son?

Ahora, ¡a hablar!

A. **Lo que hicimos.** Pon en el orden apropiado los siguientes hechos narrados en el **¿Qué se dice?**

☐ a. durmieron la siesta
☐ b. fueron a desayunar al restaurante
☐ c. uno hizo ejercicio y el otro salió a comprar el periódico
☐ d. almorzaron en el hotel
☐ e. fueron al mercado Huembes

EP 10.4

B. **¿Qué pasó aquí?** Antonio está contando que perdió su billetera, y todos sus compañeros de clase tuvieron alguno que otro incidente en sus viajes. ¿Qué dicen?

MODELO   Rafael / perder / el pasaporte / en la discoteca
          Rafael perdió el pasaporte en discoteca.

1. Isabel y Francisco / perder / el billete de avión para regresar de Nicaragua
2. Ana / dormirse / en el tren / y / seguir / hasta Chichigalpa
3. Enrique / sentir / un terremoto de 5 puntos en su visita a Managua
4. Susana y Javier / dormir / en la calle / porque / perder / la llave del apartamento
5. Teresa / sentirse / mal / en su escalada al volcán Momotombo

EP 10.4 and 10.5

C. **Hace siglos.** Pregúntale a tu compañero(a) cuánto tiempo hace que **no hace** estas actividades. Tomen turnos para preguntar y responder.

un siglo   un año   un mes   una semana   un día   una hora   (nunca)

MODELO   encontrar dinero en la calle
                    TÚ: **¿Cuánto tiempo hace que no encuentras dinero en la calle?**
    TU COMPAÑERO(A): **Hace dos meses que encontré veinte dólares.**
                      Nunca encontré dinero en la calle.

1. bañarte en un río   4. perderte en la ciudad
2. dormir al aire libre   5. dormir 15 horas
3. bañarte de noche en la playa   6. despertarse a las 4 de la tarde

A propósito...

«Hace un siglo que (no)...» no significa necesariamente que hace cien años. Es una expresión que se usa para indicar que hace muchísimo tiempo que hacemos o no hacemos una cosa. También se usa «hace una eternidad...» o «hace siglos».

D. **Mi amigo(a).** Hazle estas preguntas a un(a) compañero(a) para saber algo más de él (ella). Luego tu compañero(a) te va a hacer las mismas preguntas a ti.

1. ¿Dónde vives? ¿Cuánto tiempo hace que vives allí?
2. ¿Tienes carro? ¿Cuánto tiempo hace que lo tienes?
3. ¿Tienes novio(a)? ¿Cuánto tiempo hace que lo (la) conoces?
4. ¿Trabajas? ¿Dónde? ¿Cuánto tiempo hace que trabajas allí?
5. ¿Practicas algún deporte? ¿Cuál? ¿Hace cuánto tiempo que lo practicas?
6. ¿Cuánto tiempo hace que estudias en esta universidad? ¿Qué estudias?

Y ahora, ¡a conversar!

E. **¿Alguna vez?** Ser completamente honesto no es siempre fácil. Entrevista a un(a) compañero(a) y decide si es completamente honesto(a) o si sólo lo es de vez en cuando.

nunca   **una vez**   **varias veces**

MODELO   mentir en una declaración de impuestos *(tax return)*
          TÚ: **¿Mentiste en la declaración de impuestos el año pasado?**
COMPAÑERO(A): **No. Yo nunca mentí.** [o]
          Sí, mentí una vez. [o]
          Sí, mentí varias veces.

1. mentir en una solicitud *(application)* de trabajo alguna vez
2. pedirle dinero a un(a) amigo(a) y luego no pagarle alguna vez
3. hacer trampa *(cheat)* en un examen alguna vez
4. faltar al trabajo alguna vez
5. inventar pretextos para no salir con una persona alguna vez
6. inventar rumores sobre una persona alguna vez
7. hablar mal de un(a) amigo(a) alguna vez
8. repetir un secreto importante alguna vez

F. **Extraño.** ¿De vez en cuando haces algo totalmente fuera de lo normal? Comparte estos momentos con tus compañeros(as), en grupos de tres o cuatro.

MODELO   dormir... horas
          Generalmente duermo ocho horas, pero un día dormí quince horas porque...

1. no mentir
2. no pedir dinero
3. reírse en clase
4. seguir a una persona
5. tener mucho miedo
6. vestirse de manera extravagante
7. ¿...?

¡Luces! ¡Cámara! ¡Acción!

G. **Denuncia.** Tú y tu amigo(a) acaban de descubrir que no tienen la billetera con su dinero y sus tarjetas de crédito. Ahora ustedes le están explicando a un policía cómo la perdieron. Con dos compañeros(as), escriban el diálogo que ocurre entre los tres y luego dramaticen la situación delante de la clase.

H. **¡Qué bochorno!** Tú y tu amigo(a) están en un restaurante muy lujoso y cuando tienen que pagar, descubren que no tienen la billetera. ¿Qué hacen? Dramaticen la situación.

Estrategias para leer poesía: versos y estrofas

A. **Versos y estrofas.** Un verso es una línea de un poema. Una estrofa es una agrupación de versos dentro de un poema.

1. ¿Cuántos versos tiene el poema de Gioconda Belli ¿*Qué sos Nicaragua?*
2. ¿Cuántas estrofas tiene el poema?
3. ¿Cuántos versos hay en cada estrofa?

B. **Prepárate para leer.** Un verso puede ser una oración completa, así como una estrofa lo puede ser también. En algunos poemas una oración puede ocupar varios versos y hasta varias estrofas.

1. ¿Hay versos en ¿*Qué sos Nicaragua?* que forman una oración completa? Explica.
2. ¿Hay estrofas que formen una oración completa? Explica.
3. ¿Cuántas oraciones completas hay en el poema? ¿Cuáles son?

C. **Vocabulario en contexto.** Para ayudarte con el vocabulario del siguiente poema, ¿en cuál de las siguientes frases se puede sustituir lo subrayado *(underlined)* por la palabra en negrita *(bold)* según la definición?

1. **liso(a):** *que no tiene aristas ni gránulos.*
   a. La carretera tiene muchas curvas.
   b. El tacto de la bola de cristal es suave.

2. **puntudos:** *que tienen punta.*
   a. El pirata mantiene sus cuchillos con una punta muy fina.
   b. La señora tiene sentido del humor.

3. **amenazantes:** *que amenazan o hacen sentir miedo.*
   a. El volcán hace ruidos que provocan terror.
   b. Estos volcanes no tienen actividad, están muy pacíficos últimamente.

4. **enmarañado(a):** *todo mezclado y sin orden.*
   a. En su oficina está todo bastante desordenado.
   b. Sara es muy organizada.

5. **puño crispado:** *La mano cerrada.*
   a. Con el brazo alzado, ella amenazó a su ex novio.
   c. Ella se relaja cuando va a la playa.

6. **gritos... de parto:** *voces de dolor de la mujer que está teniendo un bebé.*
   a. Josefa tuvo a su hija casi sin dolor.
   b. En la sala de maternidad del hospital se oyeron los lamentos de las mujeres al tener a sus hijos.

Lectura

Gioconda Belli (Managua, 1948), poeta, ensayista y narradora, participó activamente en la lucha contra la dictadura de Somoza. Tuvo que exiliarse en 1975 en Costa Rica y regresó a Nicaragua después del triunfo revolucionario en 1979. Participó en el gobierno del Frente Sandinista de Liberación Nacional (FSLN), hasta que en 1986 decidió dedicar todo su tiempo a su trabajo como escritora. Posteriormente, en 1994, descontenta con el FSLN como partido, lo abandonó. Actualmente vive en Santa Mónica, California.

Su obra literaria incluye «Sobre la grama» (1974), «Línea de fuego» (1978), «Truenos y arcoiris» (1982), «De la costilla de Eva» (1986) y «Apogeo» (1997), y las novelas *La mujer habitada,* publicada en los Estados Unidos como *The Inhabited Woman* (1988), *Sofía de los presagios* (1990) y sus memorias, *El país bajo mi piel* (2003).

¿Qué sos° Nicaragua?

eres

¿Qué sos
sino un triangulito de tierra
perdido en la mitad del mundo?

¿Qué sos
sino un vuelo de pájaros
guardabarrancos°   el ave nacional de Nicaragua
cenzontles°   *mockingbirds*
colibríes°?   *hummingbirds*

¿Qué sos
sino un ruido de ríos
llevándose las piedras pulidas° y brillantes   *polished*
dejando pisadas° de agua por los montes?   *footsteps*

¿Qué sos
sino pechos° de mujer hechos de tierra,   *breasts*
lisos, puntudos y amenazantes?

¿Qué sos
sino cantar de hojas en árboles gigantes
verdes, enmarañados y llenos de palomas?

¿Qué sos
sino dolor y polvo° y gritos en la tarde,   *dust*
«gritos de mujeres, como de parto»?

¿Qué sos
sino puño crispado y bala en boca°?   *bullet ready to be used*

¿Qué sos, Nicaragua
para dolerme tanto?

Gioconda Belli lee su poesía.

A ver si comprendiste

1. ¿Cómo define el poema a Nicaragua?

2. ¿Con qué palabras identificas estas imágenes o metáforas?

   A. pisadas de agua por los montes
   B. pechos de mujer hechos de tierra
   C. dolor y polvo y gritos en la tarde
   D. puño crispado y bala en boca
   E. cantar de hojas en árboles gigantes

   a. volcanes
   b. lagos
   c. guerra
   d. revolución
   e. viento

3. ¿Por qué crees que las opiniones de la poeta son tan fuertes?

4. Explica el título de este poema.

PASO 1

Emergencias

accidente *(m.)*	accident
ahogarse	to drown
ataque cardíaco *(m.)*	heart attack
caerse	to fall down
choque eléctrico *(m.)*	electric shock
descarga eléctrica *(f.)*	electric shock
emergencia	emergency
envenenamiento	poisoning
fuego	fire
hemorragia	hemorrhage
huracán *(m.)*	hurricane
incendiar	to burn
incendio	fire
inconsciente	unconscious
intoxicación *(f.)*	intoxication; poisoning
lesión *(f.)*	injury
morirse(ue)	to die
muerte *(f.)*	death
paro cardíaco	heart failure
quemadura	burn
quemarse	to burn (up)
romperse	to break, shatter
sufrir	to suffer
terremoto	earthquake
urgente	urgent
venenoso(a)	poisonous

Auxilios

auxilio	help
bombero(a)	firefighter
evitar	to avoid
extintor *(m.)*	fire extinguisher
médico(a)	physician
paciente *(m./f.)*	patient
prestar atención	to pay attention
primeros auxilios *(m. pl.)*	first aid
proporcionar	to provide
respirar	to breathe
verificar	to verify

Automóvil

asegurado(a)	insured
auto	car
automóvil *(m.)*	automobile
carretera	highway
carro	car

chocar	to crash; to collide
funcionar	to function, work; to run (a motor)
grúa	tow truck

Partes del cuerpo

brazo	arm
cabeza	head
cuerpo	body
pierna	leg

Palabras útiles

aconsejable	advisable
cambiar	to change
caso	case
escalera	stairs, staircase
húmedo(a)	wet, humid
insistir	to insist
lento(a)	slow
pasillo	hall, hallway
rápido(a)	fast
responder	to answer; to respond
sitio	site
toalla	towel

PASO 2

Accidente automovilístico

culpa	fault
culpabilidad *(f.)*	guilt
daño	damage
destruir	to destroy
herido(a)	wounded, injured
multa	fine (ticket)
pegar	to hit
peligro	danger
policía *(f.)*	police force; police woman; *(m.)*
policía *(m.)*	policeman
reventarse (ie)	to blow out
seguro	insurance

Manejar un automóvil

asegurarse	to make sure
conductor(a)	driver
distraerse	to be distracted
estacionar	to park
frenar	to brake
señal *(f.)*	sign; traffic signal

Mantenimiento del auto

aceite *(m.)*	oil
batería	battery
gasolina	gas
inflar	to inflate
llanta	tire
mecánico(a)	mechanic
radiador *(f.)*	radiator
revisar	to check
rotar	to rotate
tanque *(m.)*	tank

Palabras y expresiones útiles

a menudo	often
admitir	to admit
de repente	suddenly
discutir	to discuss
grave	grave, serious
leve	light; slight

PASO 3

Al viajar

billete de avión *(m.)*	airline ticket
tren *(m.)*	train

Palabras y expresiones policíacas

abuso de drogas	drug abuse
ambulancia	ambulance
comisaría de policía	police station
violencia doméstica	domestic violence
hacer trampa	to cheat
joven delincuente	juvenile delinquent
mentir	to lie

Objetos personales

billetera	billfold
llave *(f.)*	key

Palabras útiles

descubrir	to discover
escalar	to climb
faltar al trabajo	to miss work
impuesto	tax
reírse	to laugh
seguir (i)	to follow
siesta	nap
solicitud *(f.)*	application

10.1 Adverbs derived from adjectives
Expressing how an event happened

In **Capítulo 5** you learned that adverbs are words that qualify or modify an adjective, a verb, or another adverb. In this chapter you will learn how to form adverbs from adjectives.

A. Adverbs are commonly formed from adjectives by adding **-mente** to the feminine singular form of the adjective. This is equivalent to adding *-ly* in English. Written accents on adverbs formed this way are required only if they appear on the adjective form.

tranquilo(a)	**tranquilamente**	*calmly*
lento(a)	**lentamente**	*slowly*
rápido(a)	**rápidamente**	*fast*

B. Adjectives that do not have a separate feminine form add **-mente** to the singular form.

total	**totalmente**	*totally*
cortés	**cortésmente**	*courteously*
fuerte	**fuertemente**	*strongly, loudly*

C. With certain adjectives that have noun counterparts, like **cuidadoso** and **calmado,** it is possible to use the preposition **con** + *(noun)* instead of the adverb with a **-mente** ending: **con cuidado, con calma.**

D. When two or more adverbs occur in a series, only the last one takes the **-mente** ending; the others use the feminine (or the singular) form of the adjective.

Yo caminaba **silenciosa y lentamente** cuando lo vi.

I was walking silently and slowly when I saw him.

E. Remember that adverbs are normally placed *before* adjectives or *after* the verb they modify.

El tren es **bastante** rápido.　　　*The train is quite fast.*
Llamamos **insistentemente.**　　　*We called insistently.*

¡A practicar!

A. ¡Es buenísimo! ¿Por qué dicen todos que Ernesto Trujillo es el mejor policía de Managua? Al contestar, cambia los adjetivos entre paréntesis por adverbios.

1. Ernesto trabaja _____ (serio).
2. Cuando hay una emergencia él llega _____ (inmediato).
3. Se dedica _____ (total) a su trabajo.
4. Ernesto siempre sabe _____ (exacto) qué hacer en una emergencia.
5. Hace _____ (rápido) todo lo que sus jefes le piden.
6. Siempre habla con el público muy _____ (cortés).
7. Él siempre piensa _____ (cuidadoso y lógico) antes de actuar.
8. En una emergencia, Ernesto actúa _____ (inteligente y eficaz).

B. ¡Qué susto! Completa las oraciones con el adverbio apropiado para leer lo que dice un periodista sobre un accidente en una céntrica calle de Managua.

Un vehículo frenó _____ (rápido) y los otros intentaron parar _____ (inmediato). No fue posible, y muchos chocaron _____ (violento). Algunos testigos llamaron a la ambulancia, que llegó _____ (urgente). No hubo heridos graves, _____ (afortunado), aunque muchos de los conductores salieron de los vehículos _____ (nervioso) y se sentaron a esperar a la policía _____ (paciente).

Paso 2

10.2 Irregular verbs in the preterite
Describing what already occurred

In **Capítulo 4,** you learned the preterite of **ir, ser, poder,** and **tener,** and in **Capítulo 6** you learned the preterite of **estar, decir,** and **hacer.** The following is a more complete list of irregular verbs in the preterite. Note that all have irregular stems, as well as unstressed first- and third-person singular verb endings.

i-stem verbs		
hacer:	**hic-***	
querer:	**quis-**	**-e, -iste, -o, -imos, -isteis, -ieron**
venir:	**vin-**	

venir	
vine	**vin**imos
viniste	**vin**isteis
vino	**vin**ieron
vino	**vin**ieron

u-stem verbs		
andar:	**anduv-**	
estar:	**estuv-**	
haber:	**hub-°**	
poder:	**pud-**	**-e, -iste, -o, -imos, -isteis, -ieron**
poner:	**pus-**	
saber:	**sup-**	
tener:	**tuv-**	

saber	
supe	**sup**imos
supiste	**sup**isteis
supo	**sup**ieron
supo	**sup**ieron

j-stem verbs		
conducir:	**conduj-**	
decir:	**dij-**	
producir:	**produj-**	**-e, -iste, -o, -imos, -isteis, -eron**
traducir:	**traduj-**	
traer:	**traj-**	

traer	
traje	**traj**imos
trajiste	**traj**isteis
trajo	**traj**eron
trajo	**traj**eron

A. Note that any verb whose stem ends in **j** drops the **i** in the third-person plural ending of the preterite: **dijeron, produjeron,** and so on.

B. The preterite of **hay** is **hubo** (*there was, there were*). As in the present indicative, it has only one form for both singular and plural.

Hubo un accidente en la carretera esta mañana.	*There was an accident on the highway this morning.*
¿**Hubo** muchos heridos?	*Were there many injured?*
Afortunadamente, no **hubo** heridos.	*Fortunately, no one was injured.*

---

*Remember that the **c** changes to **z** in the third-person singular to maintain the proper sound.
°Normally, only the third-person singular form (**hubo**) of the verb **haber** is used.

¡A practicar!

A. **¡Hubo un accidente!** ¿Cómo ocurrió? Para saber lo que ocurrió en el pueblo de San Juan del Sur, completa estas oraciones con el pretérito de los verbos entre paréntesis.

Elena y Esteban _____ (tener) un accidente ayer. Esteban _____ (perder) el control del carro y no _____ (poder) parar a tiempo. Ellos _____ (chocar) con otro carro. Cuando la policía _____ (llegar), _____ (decir) que el otro chofer no había tenido la culpa *(had not been at fault)*. Por suerte no _____ (haber) heridos. Ellos _____ (tener) que dejar el carro allí y _____ (andar) a casa.

B. **¡Fue terrible!** Ahora Esteban está explicándole a su agente de seguros cómo ocurrió el accidente. Cambia los verbos entre paréntesis al pretérito para saber qué le dice Esteban.

¡ _____ (Ser) terrible! El chofer que iba delante de mí _____ (parar) de repente. Yo _____ (hacer) todo lo posible para evitarlo pero no _____ (poder) parar a tiempo. _____ (Yo / perder) totalmente el control del carro. La policía _____ (decir) que fue por mi culpa. Mi señora _____ (estar) muy nerviosa por varios días después. Ah, _____ (yo / traer) la descripción del accidente que nos pidió escribir.

10.3 Negative and indefinite expressions

Denying information and referring to nonspecific people and things

Negative and indefinite expressions			
nada	*nothing*	algo	*something, anything*
nadie	*no one, nobody*	alguien	*someone, anyone*
ninguno	*none, not any*	alguno	*some, any*
nunca	*never*	alguna vez	*sometime, ever*
jamás	*never*	siempre	*always*
tampoco	*neither*	también	*also*
ni... ni	*neither . . . nor*	o... o	*either . . . or*

A. **Alguno** and **ninguno** are adjectives and therefore must agree with the words they modify. As with all numbers ending in **-uno,** the **-uno** ending becomes **-ún** when it precedes a masculine singular noun: **algún, ningún.**

¿Tiene usted **algunos** amigos bomberos?   *Do you have any friends who are firefighters?*
No, no tengo **ningún** amigo bombero.   *No, I don't have any friends who are firefighters.*
¿Conoce usted **alguna** persona en   *Do you know anyone in this photo?*
    esta foto?

B. Unlike English, a double negative construction is used in Spanish quite often. Whenever a negative word follows the verb, another negative word (usually **no**) must precede the verb.

Ni oí **nada, ni** vi a **nadie.**   *I neither heard anything nor did I see anyone.*
No recuerdo **ningún** momento.   *I don't remember (even) one moment.*
Nadie está en la casa.   *No one is in the house.*
No hay **nadie** en la casa.   *There isn't anyone in the house.*

¡A practicar!

A. Primeras informaciones. Temprano en la mañana hubo un gran incendio en Granada, ciudad que está a orillas del lago de Nicaragua. Para saber cuáles fueron las primeras preguntas que hicieron los bomberos, completa estas preguntas con las expresiones indefinidas y negativas apropiadas.

1. ¿Hay _____ en el interior?
2. ¿Está seguro que no hay _____ persona en el interior?
3. ¿Hay aquí _____ testigo?
4. Señor, ¿usted vio a _____ sospechoso?
5. ¿Está seguro que no vio a _____ sospechoso?
6. Señora, ¿está segura que no vio a _____ ladrón?

B. ¡Contradicciones! El problema con los testigos es que con frecuencia se contradicen *(they contradict each other)*. ¿Cómo contradice Salvador a Lupe? ¿Qué dice?

LUPE:	Vi a alguien cerca de la casa.
SALVADOR:	Yo no vi a _____.
LUPE:	Noté algo extraño.
SALVADOR:	_____.
LUPE:	Vi a algunas personas en la calle.
SALVADOR:	_____.
LUPE:	Yo sé que hay algunos testigos.
SALVADOR:	_____.
LUPE:	Oí algo extraño a las diez y media.
SALVADOR:	_____.
LUPE:	Vi a un hombre o a un muchacho entrar en el edificio.
SALVADOR:	_____.

Paso 3

10.4 Preterite of stem-changing *-ir* verbs

Talking about past events

In **Capítulo 6,** you learned that **-ar** and **-er** stem-changing verbs in the present indicative tense are regular verbs in the preterite. However, all **-ir** verbs whose stems change in the present indicative also have a stem change in the *second-person* formal and the *third-person* singular and plural forms of the preterite. In these verbs, there is only a single-vowel change: **e → i** or **o → u.**

seguir *(e → i)*		dormir *(o → u)*	
seguí	seguimos	dormí	dormimos
seguiste	seguisteis	dormiste	dormisteis
siguió	**siguieron**	**durmió**	**durmieron**
siguió	**siguieron**	**durmió**	**durmieron**

Following are some frequently used stem-changing **-ir** verbs. Note that the present-tense stem change is given first, followed by the preterite stem change.

conseguir (i, i)	*to obtain*	preferir (ie, i)	*to prefer*
despedir (i, i)	*to fire, discharge*	reírse (i, i)*	*to laugh*
divertirse (ie, i)	*to have a good time*	repetir (i, i)	*to repeat*
dormir (ue, u)	*to sleep*	seguir (i, i)	*to follow, continue*
mentir (ie, i)	*to lie*	sentir (ie, i)	*to feel, to hear*
morir (ue, u)	*to die*	servir (i, i)	*to serve*
pedir (i, i)	*to ask (for)*	vestirse (i, i)	*to get dressed*
perseguir (i, i)	*to pursue*		

¡A practicar!

A. ¡Con el pie izquierdo! Jaime, un estudiante de la Universidad Politécnica de Nicaragua, dice que ayer se levantó con el pie izquierdo. Veamos qué dice él...

MODELO   anoche / acostarme / muy tarde
Anoche me acosté muy tarde.

1. no / dormir / muy bien
2. casi / no conseguir / descansar
3. por la mañana / no oír / despertador
4. vestirse / rápidamente
5. preferir / ir / universidad / autobús
6. llegar / tarde a la parada y / perder / autobús
7. cuando / llegar / finalmente / ver / que era sábado
8. cuando / regresar / casa / compañeros / reírse / de mí

B. ¡Un día fatal! A veces es mejor no levantarse por la mañana. Ayer fue uno de esos días para Francisco, otro estudiante de la Universidad Politécnica de Nicaragua. Completa el párrafo con la forma correcta del verbo entre paréntesis para saber por qué.

Anoche Francisco _____ (dormir) muy mal. Por la mañana _____ (perder) el autobús para ir al trabajo y no _____ (conseguir) un taxi hasta las nueve y media. Obviamente, _____ (llegar) tarde al trabajo. Después de un día dificilísimo, al regresar a casa un ladrón *(thief)* lo _____ (seguir) y le _____ (pedir) la billetera. Se la _____ (llevar) con todo su dinero y sus documentos de identidad. Francisco casi _____ (morirse) de miedo.

C. ¡Sí, hay justicia! Ahora la policía está interrogando al ladrón que le robó la billetera a Francisco. Completa el párrafo con la forma correcta del verbo entre paréntesis para saber qué dice el ladrón.

¡Fue facilísimo! Yo _____ (repetir) lo que siempre hago cuando se presenta la oportunidad. _____ (Yo / seguir) al señor por dos cuadras. Como no había *(there was)* nadie en la calle, le _____ (decir) que tenía una pistola y le _____ (pedir) la billetera. Cuando él _____ (sentir) mi pistola en su espalda, casi se muere de miedo. Yo _____ (reírse) de lo fácil que fue y _____ (despedirse) cortésmente. Desafortunadamente, ustedes me _____ (seguir) y aquí estoy.

10.5 *Hacer* in time expressions

Describing what has been happening

To describe an action that began sometime in the past and is still going on, Spanish uses the formula that follows.

---

*Note that **reír** drops an **e** in the third-person singular and plural: **rió, rieron**.

hace + *(length of time)* + **que** + *(present tense verb)*

Hace dos horas **que** esperamos.	*We have been waiting for two hours.*
Hace mucho tiempo **que** viven aquí.	*They have been living here for a long time.*

Note that the English equivalent is *to have been* + *(-ing* verb) + (length of time).

Expressing time relationships with *ago*

To describe the time that has elapsed since an event occurred, Spanish uses a different formula.

hace + *(time expression)* + **que** + *(past tense/preterite verb)*

Hace dos horas **que comí.**	*I ate two hours ago.*
Hace un mes **que** ellos **llegaron.**	*They arrived a month ago.*

Note that the English equivalent is the past tense + (length of time) + *ago.*

¡A practicar!

A. **¡Tenemos prisa!** Una mesera del restaurante Laguna de Xiloá, un lugar popularísimo en Managua, le explica al cocinero cuánto tiempo hace que unos clientes están esperando una mesa. ¿Qué le dice?

MODELO la señora Cárdenas: 35 minutos
    Hace treinta y cinco minutos que ella espera.

1. el señor Santiago Domínguez y su familia: una hora
2. Miguel y Teresita Alarcón: 25 minutos
3. el señor Téllez y sus dos hijos: media hora
4. los señores Apodaca: 45 minutos

B. **¿Cuánto tiempo hace?** ¿Cuánto tiempo hace que tú haces o no haces estas cosas?

MODELO no llamar a tu novio(a)
    Hace ocho horas que no llamo a mi novio(a).

1. estudiar español
2. hablar inglés
3. no recibir dinero de tus padres
4. no visitar a tus padres

C. **¡Hace poco!** Últimamente trabajas y estudias tanto que tus amigos empiezan a creer que no haces otra cosa. ¿Qué les dices cuando te hacen estas preguntas?

MODELO ¿Cuándo fue la última vez que fuiste al cine? (dos semanas)
    Hace dos semanas que fui al cine.

1. ¿Cuándo fue la última vez que saliste a comer con tus amigos? (dos meses)
2. ¿Cuándo fue la última vez que invitaste a tus amigos a beber una cerveza? (dos días)
3. ¿Cuándo fue la última vez que fuiste a cenar con tus amigos? (tres meses)
4. ¿Cuándo fue la última vez que viste la televisión? (una semana)

D. **¿Y cuánto tiempo hace que... ?** ¿Cuánto tiempo hace que hiciste lo siguiente?

MODELO llegar a esta ciudad
    Hace un año que llegué a esta ciudad.

1. graduarse de la escuela secundaria
2. comenzar a trabajar
3. aprender a conducir
4. empezar a estudiar en esta universidad

Jóvenes costarricenses aprenden a proteger los bosques.

Otro volcán entra en erupción

CAPÍTULO 11 | Costa Rica... naturalmente mágica

Una de 850 especies de pájaros en Costa Rica

¡Las fotos hablan!

A. A que ya sabes. Indica si los siguientes datos, referentes a Costa Rica, son ciertos (**C**) o falsos (**F**). Si no estás seguro(a), puedes adivinar.

C	F	1. Tiene más de 800 especies de pájaros.
C	F	2. Tiene más de 50 volcanes.
C	F	3. Dedica más del 50% de su superficie a reservas biológicas.
C	F	4. Tiene treinta parques nacionales.
C	F	5. Tiene más de mil especies de orquídeas.

B. Sólo en Costa Rica! Indica si, en tu opinión, es posible hacer esto en Costa Rica.

Sí	No	1. Subir al cráter de un volcán.
Sí	No	2. Pasear por debajo y por encima del dosel *(canopy)* en un bosque lluvioso.
Sí	No	3. Caminar millas y millas en bosques lluviosos y ver una flora y una fauna maravillosa.
Sí	No	4. Subir la pirámide más alta del mundo.
Sí	No	5. Ver bandadas de pájaros silvestres y exóticos en San José.

In this chapter, you will learn how to . . .

- describe what you and others used to do.

- discuss your youth.

- narrate past experiences.

- talk about what you have or have not done.

Jugaba mucho y estudiaba poco

TAREA

Antes de empezar este Paso, estudia la lista de vocabulario en la página 403 y practícalo al escuchar el surco 13 de tu Text Audio CD #3. Luego estudia *En preparación.*

11.1 Imperfect of regular verbs, página 404

11.2 Uses of the imperfect, página 405

11.3 Imperfect of **ser**, **ir**, and **ver**, páginas 405–406

Haz por escrito los ejercicios de *¡A practicar!*

Escucha la sección *¿Qué se dice... ?* del Capítulo 11, Paso 1, en el surco 9 del Text Audio CD y haz la actividad correspondiente en la página 381.

¿Eres buen observador?

¡Recupera la juventud!

Cuando soñar con lo que eras y lo que hacías ya no es suficiente,

Una sola pastilla al día de

FUENTE DE LA JUVENTUD®

te devuelve a la edad más hermosa

Ahora, ¡a analizar!

A. **Nostalgia.** Estos dos ancianos recuerdan lo que podían hacer en su juventud. Indica cuáles de estas actividades hacía **él** y cuáles hacía **ella.**

él ella 1. Montaba en bicicleta.
él ella 2. Jugaba al fútbol americano.
él ella 3. Trabajaba en una tienda.
él ella 4. Bailaba.
él ella 5. Tocaba el saxofón en una banda.

B. **¿Es posible?** ¿Crees que las pastillas *Fuente de la Juventud* van a ayudar a estas personas, de verdad, a recobrar su juventud? ¿Por qué sí o por qué no?

C. **Juventud eterna.** En tu opinión, ¿qué debe hacer una persona mayor para sentirse joven?

Al hablar del pasado

CD3-9

Era buen estudiante porque...
1.
2.
3.
4.

También era muy activo porque...
5.
6.

QUICO: Mis hermanos y yo teníamos una banda de música rock que se llamaba los Tico Ticos. Yo tocaba la batería (tambores y címbalos) y mi hermano mayor tocaba la trompeta. Mi hermana Graciela tocaba el clarinete y el saxofón y Érica, mi hermana menor, cantaba. A veces cuando practicábamos de noche, volvíamos locos a los vecinos con el ruido que hacíamos.

A propósito...

Recuerda que aunque el imperfecto no tiene un equivalente exacto en inglés, el inglés con frecuencia usa las expresiones *used to* o *would* para expresar lo que en español se expresa con el imperfecto.

QUICO: Casi nunca veía la tele por la noche porque cuando no tenía que jugar al fútbol, iba a trabajar en la tienda de mi padre.

¿Sabías que...?

En Costa Rica, país con un territorio equivalente a más o menos la mitad del estado de Ohio, se encuentra el 5 por ciento de todas las especies de plantas y animales del mundo, en total, entre 500.000 y un millón de especies de flora y fauna. Esto incluye 50.000 especies de insectos, 1.000 especies de orquídeas, más especies de helechos *(ferns)* que en todo México y Norteamérica, 208 especies de mamíferos, 850 especies de pájaros y 200 especies de reptiles. Además, tiene unos 55 volcanes, varios de ellos todavía activos.

En tu opinión: ¿Por qué crees que hay tanta variedad en la flora y fauna de Costa Rica? ¿Cuántas especies de helechos conoces? ¿Más o menos, cuántas especies de pájaros hay en tu estado? ¿de reptiles? ¿Cómo crees que sería tu estado si el 5% de todas las especies de flora y fauna del planeta creciera allí?

Ahora, ¡a hablar!

A. **Antes yo...** Indica si los siguientes comentarios son ciertos (**C**) o falsos (**F**) según el *¿Qué se dice... ?*

Cuando era estudiante de secundaria, Quico...

C F 1. tocaba la trompeta en una banda.
C F 2. estudiaba en el Colegio Claretiano.
C F 3. faltaba a clases con frecuencia.
C F 4. sacaba muy buenas notas.
C F 5. escribía para el periódico escolar.
C F 6. veía televisión todas las noches.

B. **¡Sigue mi ejemplo!** Uno de los directores de ASBANA, la Asociación de Bananeros Costarricenses, le está explicando a su hijo cómo llegó a ser director. ¿Qué dice que hacía cuando estaba en la escuela secundaria?

EP 11.1 ⊕⊕ , 11.2 ⊕⊕

> MODELO   estudiar / cuatro horas / todo / días
> **Yo estudiaba cuatro horas todos los días.**

1. pasar / mucho tiempo / con / familia
2. siempre / ayudar / mamá / por / noche
3. no / salir / con / amigos / fines / semana
4. no / tomar / bebidas / alcohólicas
5. leer / muchos / libros
6. jugar / muchos / deportes / y / tocar / banda / mi escuela
7. no / fumar / ni usar / drogas

C. **Recuerdos.** Durante los años de la escuela secundaria generalmente se vive una vida muy activa. ¿Con qué frecuencia hacían tú y tus amigos lo siguiente?

EP 11.1 ⊕⊕ , 11.2 ⊕⊕ , 11.3 ⊕⊕

> MODELO   hablar por teléfono
> **Nosotros hablábamos por teléfono todos los días.**

1. jugar videojuegos
2. ir a ver partidos al estadio o a la cancha
3. ver deportes en la televisión
4. hablar horas y horas por teléfono
5. hacer las compras para la semana
6. irse de vacaciones fuera de la ciudad

D. **En la primaria.** Cuando estabas en la escuela primaria, tu vida era diferente. Compara tu vida actual con la de tu infancia.

EP 11.1 ⊕⊕ , 11.2 ⊕⊕ , 11.3 ⊕⊕

> MODELO   Ahora trabajo mucho.
> **Antes no trabajaba nunca.**

1. Ahora sufro de estrés.
2. Ahora tengo muchas responsabilidades.
3. Ahora tengo que ganar dinero.
4. Ahora duermo [...] horas.
5. Ahora soy muy responsable.
6. Ahora veo poca televisión.

Y ahora, ¡a conversar!

E. **Años.** Pregúntale a tu compañero(a) qué hacía cuando era más joven...

1. si estudiaba mucho y si era buen estudiante.
2. si participaba en muchas actividades. ¿Cuáles?
3. si le gustaban los deportes y cuáles practicaba.
4. si le gustaba la música y si tocaba algún instrumento.
5. Si trabajaba para tener un poco de dinero.
6. Si hacía quehaceres domésticos, y cuáles eran.

F. **Y tú, ¿qué hacías?** La vida cambia constantemente. ¿Qué pasaba en tu vida hace unos tres o cuatro años? Escribe cinco cosas que hacías y compártelas con un(a) compañero(a).

MODELO **En 1999 yo asistía a la escuela secundaria. Vivía en Trenton y trabajaba en un supermercado los fines de semana...**

G. **Me recuerda...** Para la próxima clase, trae un objeto que te recuerda tus años de la escuela secundaria. Puede ser un objeto, un osito de peluche *(teddy bear),* una joya, un artículo de ropa, una foto, un libro, etc. Si es necesario, puedes describir el objeto en vez de traerlo a la clase.

En grupos de tres o cuatro...

- presenten su objeto.
- describanlo en detalle.
- expliquen cuántos años tenían cuando lo obtuvieron.
- expliquen qué importancia tenía para ustedes.

¡Luces! ¡Cámara! ¡Acción!

H. **¿Mis padres?** Tú y tu mejor amigo(a) están hablando de los buenos tiempos de la infancia. Hablan de las cosas divertidas que hacían y de cómo eran sus padres. Con un(a) compañero(a) escriban el diálogo que tienen y después preséntenselo al resto de la clase.

I. **¡Yo nunca hacía eso!** Ahora eres padre o madre y le quieres dar un buen ejemplo a tu hijo(a). Le dices lo que hacías cuando asistías a la universidad. Acuérdate que tienes que darle un buen ejemplo; exagera lo bueno si es necesario y no hables de lo malo. Dramatiza la situación con un(a) compañero(a) de clase.

Un paso atrás, dos adelante: Capítulo 10

Repasemos. En el Capítulo 10 aprendiste a hablar de la seguridad y la prevención de accidentes. Aprendiste a pedir ayuda en caso de emergencia, a describir un accidente de automóvil y a denunciar objetos perdidos. Repasa lo que sabes, completando el siguiente texto con las palabras necesarias. Puedes inventar la información.

Un buen susto

TU AMIGO(A): ¡Estoy todavía _____ [adverbio = completo] impresionado(a) con el accidente!

TÚ: ¿Y qué _____ [pretérito de pasar]?

TU AMIGO(A): Un carro delante de mí _____ [pretérito de cambiar] de línea _____ [adverbio = inesperado] y me _____ [pretérito de hacer] perder el control de mi carro.

TÚ: ¿Y tú _____ [pretérito de conseguir] recuperar el control?

TU AMIGO(A): No, _____ [pretérito de hacer] todo lo que _____ [pretérito de poder], pero terminé fuera de la carretera. Por suerte no _____ [pretérito de tener] problemas porque no encontré _____ *(negative expression)* vehículo a mi derecha.

TÚ: ¿Y cuánto tiempo _____ [hacer] que ocurrió todo esto?

TU AMIGO(A): _____ [hacer] media hora.

¿Comprendes lo que se dice?

CD3-10

Estrategias para escuchar: reconocer las terminaciones de verbos

In **Capítulo 10** you learned that when you come upon people who are already having a conversation, you may have to employ the "bottom up" method of listening until you discover the topic of their conversation and are able to join in. Take a moment to review the new verb endings you studied in **En preparación 11.1.** Then, as you listen to Quico talking with three friends, identify the conversations that talk about the past.

Tres conversaciones. Ahora, con un(a) compañero(a) escuchen estas tres conversaciones. Luego indiquen si las conversaciones hablan del pasado o no.

	Habla del pasado	No habla del pasado
Conversación 1	☐	☐
Conversación 2	☐	☐
Conversación 3	☐	☐

¿De qué hablan? Ahora, con un(a) compañero(a) escuchen otra vez las conversaciones. Luego escriban un resumen de cada conversación.

Conversación 1 _____

Conversación 2 _____

Conversación 3 _____

Costa Rica

Antes de empezar, dime...

1. ¿Por qué crees que el país se llama «Costa Rica»?
2. En tu opinión, el nombre de «Rica», ¿a qué tipo de riqueza podía originalmente referirse, al oro, a la riqueza natural o a la riqueza cultural?
3. Inventa nombres para tres o cuatro estados de los Estados Unidos, a los que se
   puede aplicar el adjetivo «rico(a)» por diferentes razones. Explica las razones.

Un paraíso natural

La República de Costa Rica se sitúa en la parte meridional de América Central, y tiene a Nicaragua al norte, el mar Caribe al este, Panamá al sudeste y el océano Pacífico al sur y al oeste.

Costa Rica tiene una superficie de 51.100 kms^2 y cuenta con más de cuatro millones de habitantes. La capital del país es San José. La presencia humana en Costa Rica se remonta a hace más de 8.000 años, pero los indígenas de Costa Rica no fueron muy numerosos, ni alcanzaron un gran desarrollo.

Cristóbal Colón bautizó Costa Rica con este nombre en 1502, cuando se detuvo por 17 días en la costa y contempló la riqueza de las joyas de algunos de los indígenas que, amistosamente, se acercaron a saludarlos.

Los españoles regresaron por el oro que había visto Colón, pero encontraron poco oro, y algunas poblaciones indígenas que ya no les resultaron tan amistosas.

La mayor riqueza de Costa Rica es la diversidad de su flora y fauna. A pesar de contar con sólo el 0,03% del territorio mundial, Costa Rica posee el 5% de todas las especies del planeta con más de 9.000 variedades de plantas, entre ellas más de 1.300 especies de orquídeas. En Costa Rica viven 850 especies de aves, más que en Estados Unidos y Canadá juntos. En Costa Rica viven también 209 especies de mamíferos, 383 especies de reptiles y anfibios, y unas 2.000 especies de mariposas.

El sistema de Parques Nacionales se extiende a casi todos los ecosistemas de Costa Rica, y ocupa el 24% del territorio del país.

Costa Rica se define a sí misma en su constitución de 1949 como una república democrática. A esta vocación democrática se une la voluntad pacifista al disolver al ejército en 1948.

Viajemos por el ciberespacio a... COSTA RICA

If you are a cyberspace surfer, try entering one of the following key words to get to many fascinating sites in **Costa Rica:**

Historia de Costa Rica

Parques Nacionales de Costa Rica

Avifauna de Costa Rica

Or, better yet, simply go to the *¡Dímelo tú!* website using the following address: http://dimelotu.heinle.com

There, with a simple click, you can

- visit the National Parks of Costa Rica, one indication of the strong national commitment toward the preservation of existing habitats for plant and animal life.
- stroll through a country that is home to thousands of varieties of plants, hundreds of species of mammals and birds, and 383 types of amphibians and reptiles.

Y ahora, dime...

Usa este diagrama Venn para comparar Costa Rica con los EE.UU. Indica las diferencias y lo que tienen en común.

Costa Rica
1.
2.
3.
4.
5.
6.

Costa Rica y los Estados Unidos
1.
2.
3.
4.
5.
6.

Los Estados Unidos
1.
2.
3.
4.
5.
6.

Estaba lloviendo ceniza cuando llegué... a San José

¿Eres buen observador?

TAREA

Antes de empezar este Paso, estudia la lista de vocabulario en la página 403 y practícalo al escuchar el surco 14 de tu Text Audio CD #3. Luego estudia *En preparación.*

11.4 Preterite and imperfect: Completed and continuous actions, páginas 407–408

11.5 Preterite and imperfect: Beginning/end and habitual/customary actions, páginas 408–409

Haz por escrito los ejercicios, de *¡A practicar!*

Escucha la sección *¿Qué se dice... ?* del Capítulo 11, Paso 2, en el surco 11 del Text Audio CD y haz la actividad correspondiente en la página 389.

¡Irazú entra en erupción! Estaba lloviendo ceniza cuando el Presidente de los EE.UU., John F. Kennedy, llegó a San José.

¡Monos aulladores! Caminábamos por la selva lluviosa cuando vimos a los monos aulladores.

Ahora, ¡a analizar!

1. ¿Qué volcán entró en erupción cuando el presidente Kennedy llegó a Costa Rica?
2. ¿Qué pasaba en las calles de San José?
3. ¿Qué animales vieron los turistas mientras caminaban en la selva lluviosa en Costa Rica?
4. Si aullar es hacer un ruido fuerte de animal, ¿por qué crees que esos monos se llaman así?
5. ¿Ocurrió algo interesante cuando estabas de vacaciones este verano? Si así es, ¿qué ocurrió?

Al hablar de lo que pasó

CD3-11

1. Quico pensaba estudiar con
   unos amigos, pero...
   a. no se despertó a tiempo.
   b. su carro no funcionó.

2. Mientras Quico se bañaba,...
   a. su mamá preparó el desayuno.
   b. sonó el teléfono.

QUICO: La semana pasada no pude comprar el manual de ciencias porque no tenía suficiente dinero. ¡Cuesta 31.871 colones! Llamé a la profesora inmediatamente para quejarme del precio, pero no estaba. Por eso no fui a la clase.

QUICO: El lunes de la semana pasada me llamó mi amiga Gabriela para invitarme a una fiesta el sábado. Pero le dije que no podía aceptar porque ya tenía planes de ir al cine con Abelardo. No era verdad y terminé pasando el sábado solo y aburrido en casa mirando la televisión.

Ahora, ¡a hablar!

A. **¡Excusas!** Indica qué excusa, en la segunda columna, dio Quico en el *¿Qué se dice... ?* para no hacer las actividades de la primera columna.

___ 1. No estudió con sus amigos porque...
___ 2. No fue a ninguna de sus clases porque...
___ 3. Faltó a la clase de ciencias porque...
___ 4. No fue a la fiesta con Gabriela porque...
___ 5. Pasó el sábado solo mirando la televisión porque...

a. no tenía dinero para comprar el manual.
b. no le dijo la verdad a Gabriela.
c. dijo que estaba enfermo, pero no lo estaba.
d. no se despertó a tiempo.
e. dijo que iba al cine con Abelardo.

EP 11.4 ☞

B. **¡No dormí en toda la noche!** Marcos, un estudiante de la Universidad de Costa Rica, faltó a todas sus clases esta mañana. Para saber por qué, selecciona el verbo correcto en cada oración.

1. Anoche yo (dormí / dormía) cuando un sonido muy fuerte me (despertó / despertaba).
2. El sonido que (oí / oía), (fue / era) la sirena de un coche de policía.
3. Como (tuve / tenía) que trabajar al día siguiente, (intenté / intentaba) dormirme cuando (sonó / sonaba) el teléfono.
4. Me (levanté / levantaba) para contestar el teléfono pero la llamada no (fue / era) para mí.
5. Como (tuve / tenía) mucho sueño, me (acosté / acostaba) otra vez.
6. Luego, el perro de mi vecino (empezó / empezaba) a hacer ruido y me (desperté / despertaba) otra vez.
7. Cuando (sonó / sonaba) el despertador, no lo (oí / oía) porque para entonces (dormí / dormía) profundamente.

A propósito...

Recuerda que cuando hablas del pasado y mencionas una acción que interrumpe otra, la acción que es interrumpida se expresa en el imperfecto y la que interrumpe se expresa en el pretérito. ¿Cómo traduces las siguientes frases? **Yo estaba saliendo de casa cuando sonó el teléfono; El ladrón entró mientras el dueño de la casa dormía profundamente.**

C. **Interrupciones.** Ernesto, el mejor amigo de Marcos en la Universidad de Costa Rica, tenía la intención de hacer muchas cosas ayer, pero las interrupciones no lo dejaron terminar nada. Según Ernesto, ¿qué pasó?

EP 11.4

MODELO   estudiar / historia / cuando / teléfono / sonar veinte veces
Yo estudiaba historia cuando el teléfono sonó veinte veces.

1. buscar / información / Internet / cuando / perder (yo) la conexión por el resto de la noche
2. ordenar / cuarto / cuando / amigo / llegar para irnos al centro
3. leer / libro muy interesante / cuando / novia / llamarme para hablar de muchas cosas
4. manejar / tienda / cuando / llanta *(tire)* / pincharse
5. preparar / cena / cuando / amigos / invitarme a comer
6. nosotros mirar / televisión / cuando / electricidad / cortarse

D. **¡No era perfecto!** Jaime era un adolescente por lo general responsable, pero, como todos los jóvenes, también cometía errores. ¿Qué hacía generalmente? ¿Qué errores cometió?

EP 11.5

MODELO   Generalmente (estudiar) mucho antes de un examen, pero una vez no (abrir) el libro hasta después del examen.
Generalmente estudiaba mucho antes de un examen, pero una vez no abrió el libro hasta después del examen.

1. Siempre (ser) buen estudiante, pero un día (sacar) una F.
2. Siempre (respetar) el límite de velocidad, pero un día (recibir) una multa por exceso de velocidad.
3. Normalmente no (faltar) a clase, pero una semana (decidir) faltar a clase sin razón alguna.
4. Siempre (decir) la verdad, pero una vez (mentir) para salir de un problema.
5. Nunca (tomar) bebidas alcohólicas, pero una noche (tomarse) dos cervezas.

E. **¡No fue culpa mía!** Juanito tiene mucho que mejorar, pero siempre tiene excusas. ¿Qué dijo que le pasó la semana pasada?

MODELO   lunes: llegar tarde / la llanta / reventarse
El lunes llegué tarde porque la llanta del coche se reventó.

1. lunes / llegar tarde / el despertador / no sonar
2. martes / no ir a trabajar / estar enfermo
3. miércoles / no pagar los recibos del mes / no encontrar los cheques
4. jueves / no sacar el perro a pasear / no tener tiempo
5. viernes / no limpiar la casa / no encontrar los útiles de limpieza

EP 11.5

F. **¿Qué hicieron ayer?** Marcos no fue a la clase de inglés ayer. Le pregunta a Estela, su amiga, qué hicieron en la clase. ¿Qué le dice su amiga?

EP 11.4, 11.5

Para empezar, el profesor _____ (perder) el autobús y _____ (llegar) con veinte minutos de retraso. ¡Él _____ (estar) furioso! Pero _____ (enojarse) más cuando _____ (ver) que _____ (faltar) muchos estudiantes de la clase. Entonces _____ (darnos) un examen muy difícil. Por suerte, mientras nosotros _____ (tomar) el examen, el profesor _____ (tranquilizarse) y _____ (decidir) excusarnos del examen a los estudiantes que _____ (estar) allí, y dárselo el próximo día a los estudiantes que _____ (faltar) ayer.

A propósito...

Hay algunas expresiones idiomáticas que, cuando se refieren al pasado, prefieren el uso del imperfecto: «para entonces» *(by then)*; «por aquel entonces» *(back then)*; «mientras» *(while)*. ¿Cómo traduces al inglés estas frases?: «Ella me llamó, pero para entonces yo ya no estaba en casa.» «Por aquel entonces yo tenía pocos amigos.» «Mientras preparaba la comida, sonó el teléfono.»

Y ahora, ¡a conversar!

G. **¿Mejores excusas?** ¿Qué excusas dan ustedes? Trabajando en grupos de tres, preparen una lista de posibles excusas para estas situaciones.

MODELO ¿Por qué no fuiste al laboratorio ayer?
Estaba demasiado cansado. Tuve que preparar un trabajo (*paper*) para la clase de inglés.

1. ¿Por qué faltaste al trabajo ayer?
2. ¿Por qué no asististe a clase anteayer?
3. ¿Por qué perdiste el avión el domingo?
4. ¿Por qué no fuiste a visitar a tu familia el sábado?
5. ¿Por qué faltaste al último examen?

H. **La Cenicienta.** Los siguientes dibujos narran parte del famoso cuento de hadas (*fairy tale*), *La Cenicienta*. Narra el cuento completo con la ayuda de tu compañero(a).

Vocabulario útil

la calabaza	*pumpkin*	la madrastra	*stepmother*
la carroza	*carriage*	el paje	*valet*
la chimenea	*fireplace*	el príncipe	*prince*
el cristal	*glass, crystal*	probar (ue)	*to try on*
la escalera	*stairway*	los ratoncitos	*mice*
el hada madrina	*fairy godmother*	de rodillas	*kneeling*
la hermanastra	*stepsister*	la zapatilla	*slipper*

1. Había una vez una muchacha que se llamaba Cenicienta...

3. La Cenicienta no...

5. El hada madrina dijo...

7. Cuando la Cenicienta...

I. **Ésta es mi vida.** Tu vida va a servir de base para un cuento moderno. Escribe tu versión personal de tu propia vida. Luego compártela con un(a) compañero(a).

MODELO **Había una vez un(a) muchacho(a) que se llamaba... Vivía en...**

A propósito...

En español, el día anterior a ayer se llama «anteayer» o «antes de ayer»; el día posterior a mañana se llama «pasado mañana». Traduce al inglés: «Anteayer te estuve buscando por toda la ciudad. Si quieres, nos vemos mañana o pasado.»

J. **¡No pude ir!** Ayer hubo una fiesta, pero decidiste no ir. Ahora te encuentras con un(a) amigo(a) que te pregunta por qué no estabas en la fiesta. Le das una buena excusa por la cual no fuiste y también le haces muchas preguntas sobre la fiesta: ¿Quiénes fueron? ¿Qué hicieron? ¿Si fue...? ¿Qué hizo esa persona? ¿Con quién bailó?... Con un(a) amigo(a) escriban el diálogo que tienen y preséntenselo a la clase.

K. **¡Pobre amigo(a) mío(a)!** Ayer fue el cumpleaños de una persona importante para ti y lo olvidaste completamente. ¡No lo (la) llamaste! ¡No le mandaste ni una tarjeta! Sabes que se sintió muy mal. Ahora hablas con ella (él) por teléfono para explicarle por qué no llamaste ayer. Dramatiza la situación con tu compañero(a).

¿Comprendes lo que se dice?

Estrategias para ver y escuchar: anticipar lo que vas a ver y a escuchar

In **Capítulo 2** you learned that anticipating what you are going to hear or see makes it much easier to understand. When listening to or viewing a video in Spanish, you should always try to predict what you will hear or see.

Anticipar. Before viewing **Costa Rica, ¡tierra de bosques y selvas, paz y armonía!** write down three things that you think you will hear or see on this video.

Lo que anticipo ver y escuchar:

1.
2.
3.

Al ver el video: Comprendes lo que se dice?

Costa Rica, ¡tierra de bosques y selvas, paz y armonía!

Watch the video now and write as many notes as you can of what you see and hear. Compare what you write here with what you anticipated in the pre-viewing exercise. Write on a different paper if necessary.

1.
2.
3.
4.
5.

Después de ver el video

Ahora mira la selección del video sobre Costa Rica y explica el significado o la importancia de lo siguiente.

1. áreas protegidas
2. Sarchí
3. carretas de madera
4. taller Eloy Alfaro e hijos
5. Finca de Mariposas

Costa Rica

Capital: San José
Área: 51.100 km^2
Población: 3.896.092 (Julio 2003)
Unidad monetaria: colón
Clima: tropical y subtropical con una estación seca (de diciembre a abril) y otra de lluvias (de mayo a noviembre)

Antes de empezar, dime...

1. ¿Qué opinas de la pena de muerte *(death penalty)*? ¿Crees que puede eliminarse en civilizaciones avanzadas o no? ¿Por qué?
2. ¿Hasta qué edad es gratuita *(free)* la educación en los EE.UU.? ¿Crees que debe aumentarse esa edad? ¿Por qué?
3. En tu opinión, ¿es posible la democracia sin un ejército para defenderla? ¿Hay países sin ejército donde se practica la democracia? ¿Cuáles?
4. ¿Hay algunas ventajas en no tener ejército? Explica tu respuesta.
5. ¿Qué es el Premio Nobel de la Paz? ¿Puedes nombrar a alguien que lo recibió recientemente?

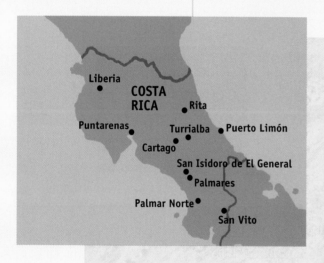

Un país que vive la democracia

El sistema de gobierno y la constitución de Costa Rica son algunos de los aspectos que hacen muy diferente este país de otros países hispanos y de los EE.UU. En un mundo de violencia, este pequeño país, situado entre Nicaragua y Panamá, le da lecciones de democracia a todo el mundo.

Costa Rica siempre ha sido un país progresista, un líder entre las naciones democráticas. En 1882 eliminó la pena de muerte. En 1948 eliminó el ejército, y en la constitución de 1949 estableció la educación obligatoria y gratuita *(free)* para todos los costarricenses y usó los fondos obtenidos de la abolición del ejército para financiarla. A pesar de la inestabilidad de los países vecinos, Nicaragua y El Salvador, Costa Rica sigue siendo la única democracia sin ejército en Norte, Centro y Sudamérica.

El mejor ejemplo del importante papel que tiene la democracia en este pequeño país es que en el año 1987, el Presidente de Costa Rica ganó el Premio Nobel de la Paz. El señor Óscar Arias Sánchez ganó la notable distinción por sus esfuerzos por lograr la paz en Centroamérica. El presidente Arias fue autor del llamado «Plan para la paz en Centroamérica», que fue firmado por las cinco repúblicas centroamericanas en 1987, considerado como uno de los mayores intentos para eliminar la violencia y el terrorismo en Centroamérica.

A fines del siglo pasado la tranquilidad del país fue desafiada debido a cierta inestabilidad económica. El gobierno respondió interviniendo en algunos negocios privados. Esto forzó, en 1994, la cancelación de un préstamo a Costa Rica de cien millones de dólares del Fondo Monetario Internacional. En 1998, ganó las elecciones presidenciales Miguel Ángel Rodríguez. Bajo su control, la economía del país se estabilizó.

En 2004 fue elegido presidente Abel Pacheco de la Espriella, quien en su primer discurso como presidente indicó que su compromiso era contra la corrupción, a favor de los marginados y de aquéllos que no tienen esperanza.

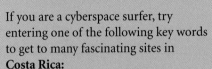

Viajemos por el ciberespacio a... COSTA RICA

If you are a cyberspace surfer, try entering one of the following key words to get to many fascinating sites in **Costa Rica:**

Historia de Costa Rica

Desmilitarización de Costa Rica

Óscar Arias Sánchez

Or, better yet, simply go to the *¡Dímelo tú!* website using the following address: http://dimelotu.heinle.com

There, with a simple click, you can

- learn how **Costa Rica** functions as a demilitarized country, and is committed to disarmament and peace.
- learn about Óscar Arias Sánchez and his peace foundation.
- access Costa Rican newspapers and read about what is making headlines there today.

Y ahora, dime...

Usa este diagrama Venn para comparar Costa Rica con los EE.UU. e indica las diferencias y lo que tienen en común.

Costa Rica	Costa Rica y los Estados Unidos	Los Estados Unidos
1.	1.	1.
2.	2.	2.
3.	3.	3.
4.	4.	4.
5.	5.	5.
6.	6.	6.

¡Escríbelo!

Vocabulary:
School: university; sports; people

Grammar: Next: siguiente, que viene, próximo; verbs: passive; preterite & imperfect

Phrases: Talking about past events; sequencing events; writing a news item

Estrategias para escribir: discernir los hechos específicos

Reportaje. En el capítulo anterior aprendiste que las composiciones siempre contestan ciertas preguntas claves. Lo mismo ocurre con el reportaje periodístico. Para escribir un reportaje periodístico es necesario partir de hechos específicos. Es importante que el reportaje conteste siempre las siete preguntas esenciales: ¿qué?, ¿cuándo?, ¿dónde?, ¿cómo?, ¿quiénes?, ¿cuánto tiempo? y ¿cuáles fueron los resultados?

Ahora, ¡a escribir!

A. **La idea principal.** Elige un incidente reciente apropiado para reportar en el periódico de tu universidad. Puede ser un accidente, un partido, una fiesta, un incidente en una clase, en la biblioteca, en la cafetería, en la residencia, etc.

B. **Al discernir.** Pensando en el incidente que vas a reportar, contesta las siete preguntas de reportaje mencionadas en las estrategias. Luego añádele otra información pertinente a cada respuesta.

C. **El primer borrador.** Usa la información que preparaste en **B** para escribir un primer borrador. Pon toda la información relacionada con la misma idea en un párrafo. No te olvides de poner un título que informe sobre lo que va a decir tu artículo.

D. **Ahora, a compartir.** Comparte tu primer borrador con dos o tres compañeros(as). Haz comentarios sobre el contenido y el estilo de los reportajes de tus compañeros(as) y escucha los comentarios de ellos (as) sobre tu noticia. Fíjate, en particular, en cada uso del pretérito y del imperfecto. Si hay errores, menciónalos.

E. **Ahora, a revisar.** Si necesitas hacer cambios, basados en los comentarios de tus compañeros(as), hazlos ahora.

F. **La versión final.** Prepara una versión final de tu composición y entrégala.

G. **Publicación.** Preparen un periódico con todos los artículos de sus compañeros(as) de clase y háganlo circular en la clase para que todo el mundo pueda leerlo.

Hemos hecho un poco de todo... en Costa Rica

¿Eres buen observador?

TAREA

Antes de empezar este Paso, estudia la lista de vocabulario en la página 403 y practícalo al escuchar el surco 15 de tu Text Audio CD #3. Luego estudia *En preparación*.

11.6 Present perfect, páginas 409–411

Haz por escrito los ejercicios de *¡A practicar!*

Escucha la sección *¿Qué se dice... ?* del Capítulo 11, Paso 3, en el surco 12 del Text Audio CD y haz la actividad correspondiente en la pagina 398.

Ahora, ¡a analizar!

Beto y Arturo son dos estadounidenses que están de vacaciones en Costa Rica. Acaban de hacer el programa especial de Pachira Lodge en Tortuguero. Indica si han hecho lo siguiente o no.

    sí   no   1. Han pasado dos noches y tres días en Tortuguero.

    sí   no   2. Han jugado al golf en el campo de golf de Pachira Lodge.

    sí   no   3. Han recibido tres comidas al día en el Lodge.

    sí   no   4. Han escuchado a guías bilingües en sus salidas diarias.

    sí   no   5. Han visitado el Parque Nacional de Tortuguero.

    sí   no   6. Han recibido transporte gratis de ida y regreso al aeropuerto de San José.

¿Qué se dice... ?

Al hablar de lo que (no) has hecho

¿Cómo han reaccionado las personas según lo que dice Quico?

1. Gabriela...
   a. se ha enamorado de él.   b. se ha enojado con él.
2. Abelardo...
   a. ha llamado varias veces hoy.   b. ha dejado de llamarlo.
3. Sus otros amigos...
   a. han dicho que Quico es muy aburrido.
   b. se han enamorado de Gabriela.

QUICO: Le confieso que he recibido una mala nota por primera vez en mi vida. Mi profesora de inglés me ha dado una D y los otros profesores me han amenazado con malas notas también si sigo faltando a mis clases. Dicen que no puedo continuar así.

A propósito...

En inglés, muchas veces para reafirmar o enfatizar una idea usamos una pregunta corta como *Right? True? Isn't it?* En español las preguntas cortas más comunes son **¿verdad? ¿no? ¿cierto?**

QUICO: ¡Caramba, doctor! No sé qué me pasa. Para alguien que ha estudiado tanto, ha trabajado como un animal, ha cumplido con todo lo que tenía que hacer y ha sido amable con todo el mundo, las cosas no me van demasiado bien, ¿verdad?

¿Sabías que...?

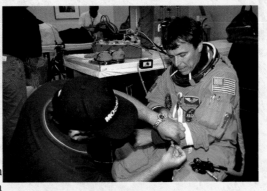

Franklin Chang-Díaz, un costarricense, fue el primer astronauta hispanoamericano en viajar en el transbordador espacial *Challenger*. Franklin nació en San José, Costa Rica, en una familia humilde: su padre era jefe de construcción, su madre ama de casa. En 1968, a los dieciocho años, Franklin viajó a los EE.UU. con solamente cincuenta dólares en el bolsillo y sin saber inglés, y en 1977 ya había terminado un doctorado en física del plasma en el Instituto de Tecnología de Massachusetts (MIT). Después de mucho esfuerzo personal, en 1981 logró ser astronauta. Fue el primer director latino del Laboratorio de Propulsión en el Centro Espacial Johnson, en Houston. Ha estado en órbita más de mil horas y ha igualado el récord mundial de salidas del planeta con su misión a bordo del *Endeavor*. Por ser un excelente ejemplo para todas las nuevas generaciones de ticos en el mundo, Costa Rica lo ha premiado con el título de «ciudadano de honor».

En tu opinión: ¿Por qué crees que Franklin Chang-Díaz decidió ir a los EE.UU.? ¿Cómo crees que logró ser astronauta? ¿Qué tuvo que hacer? En tu opinión, ¿qué responsabilidades tiene como primer astronauta hispano?

Ahora, ¡a hablar!

A. **Consecuencias.** ¿Qué han hecho estas personas para tener estos problemas?

> MODELO   Marcos está deshidratado porque no (beber) nada en mucho tiempo.
> **Marcos está deshidratado porque no ha bebido nada en mucho tiempo.**

1. Marcos está enfermo porque (comer) demasiado.
2. Patricio está molesto porque sus amigos no lo (invitar) a la fiesta.
3. Josefina no tiene electricidad en su apartamento porque no (pagar) la cuenta.
4. Alejandra está muy triste porque se le (morir) su mascota.
5. La policía no le cree al bandido porque éste (decir) muchas mentiras.
6. Mis compañeros de cuarto están enojados porque yo no (hacer) los quehaceres hoy.

EP 11.6

B. **¡Falta tiempo!** Es diciembre en San José y Ana María y Rafael están disfrutando de los últimos días de su visita a Costa Rica. ¿Qué dicen que les falta hacer antes de regresar a los Estados Unidos?

> MODELO   visitar el volcán Poás
> **Todavía no hemos visitado el volcán Poás.**

1. ver el Museo Nacional
2. ir al Museo del Jade
3. pasear por el Parque Nacional Braulio Carrillo
4. estar en la Plaza de la Cultura
5. hacer la ruta del río Pacuare en canoa
6. escribir postales a los amigos de los Estados Unidos

EP 11.6

C. **¿Qué has hecho hoy?** Pregúntale a un(a) compañero(a) si ha hecho lo siguiente.

> MODELO   desayunar
> TÚ: **¿Ya has desayunado?**
> COMPAÑERO(A):   **No, todavía no he desayunado.**

1. hacer ejercicio
2. almorzar
3. hacer la cama
4. oír las noticias
5. leer el periódico
6. hacer las compras

EP 11.6

D. **¡Inolvidable!** Hay experiencias que dejan una impresión más profunda que otras. ¿Qué has hecho este año que consideras inolvidable? Puedes elegir entre las actividades de esta lista, o añadir otras.

> MODELO   leer
> **He leído *El ingenioso hidalgo, Don Quijote de la Mancha.***

conocer	hacer	viajar
leer	aprender	terminar
ver	ir	olvidar

E. **Y tú, ¿qué has hecho?** Trata de recordar todo lo que has hecho esta semana. Prepara una lista y luego léesela a dos compañeros(as). Escriban en la pizarra todo lo que ustedes hayan hecho en común.

F. **Lo que hemos hecho.** Trabajando en grupos de tres o cuatro, hablen de lo que cada uno ha hecho hasta descubrir algo que uno(a) ha hecho y que nadie más en el grupo ha hecho.

G. **¡Eres famoso(a)!** Tú has llegado a ser una persona muy famosa. Ahora un(a) reportero(a) te va a entrevistar para saber los secretos de tu éxito. Cuéntale cómo has llegado a ser tan famoso(a). Con un(a) compañero(a), escriban la entrevista que tienen. Luego, dramatícenla delante de la clase.

H. **¡Tres medallas!** Tú has ganado tres medallas de oro en los últimos Juegos Olímpicos. Un(a) reportero(a) de una revista de deportes te entrevista sobre lo que has hecho para prepararte para esta competencia. Con un(a) compañero(a), preparen el diálogo que tienen y luego preséntenlo delante de la clase.

El rincón de los lectores

Estrategias para leer: encontrar la idea principal

Generalmente, cada párrafo comunica una idea principal. Con frecuencia esa idea se expresa en la primera oración del párrafo y se desarrolla con más detalle en las oraciones que siguen. «La leyenda de Iztarú» tiene cuatro párrafos. A continuación, expresamos en pocas palabras la idea principal del primer párrafo y del último. Lee las primeras oraciones del segundo y tercer párrafos y escribe brevemente la idea principal de esos dos párrafos. Luego lee la leyenda completa y verifica si identificaste las ideas principales correctamente.

Párrafo 1: Los líderes indígenas del norte y del sur de Costa Rica vivían en conflicto.

Párrafo 2: _____.

Párrafo 3: _____

Párrafo 4: Los habitantes de Guarco reciben una maldición *(curse)*.

Lectura

Esta hermosa leyenda, parte del rico folclore de Costa Rica, trata de explicar un fenómeno natural del país, el volcán Irazú.

La leyenda de Iztarú

Uno de los muchos volcanes de Costa Rica.

Hace muchos años, antes de la llegada de los españoles a Costa Rica...

La parte Norte era gobernada por un cacique llamado Coo, de gran poder y experto agricultor. La parte Sur la gobernaba Guarco, cacique déspota invasor.

Guarco y Coo sostenían una lucha por el dominio de todo el territorio (Valle Central del Guarco). La lucha fue grande; poco a poco, Guarco iba derrotando° la resistencia de Coo, hasta que éste murió y dejó el mando° a Aquitaba, un enérgico y fuerte guerrero. Cuando Aquitaba vio que iba a ser derrotado por Guarco, tomó a su hija Iztarú, la llevó al monte más alto de la parte Norte de la región y la sacrificó a los dioses, implorando la ayuda para la guerra.

Estando en una dura batalla con Guarco, Aquitaba imploró la ayuda de Iztarú sacrificada. Del monte más alto salió fuego, ceniza, piedra° y cayeron sobre los guerreros de Guarco que huyeron°. Del costado° del monte salió un riachuelo° que se convirtió en agua caliente destruyendo los palenques° de Guarco.

Una maldición cundió° y se decía que los habitantes de Guarco trabajarían la tierra, haciendo con ella su propio techo° (teja); el pueblo se llamó luego Tejar de Cartago, la región Norte Cot, y el monte alto volcán Irazú.

defeating

el control

stone
ran away / lado / río pequeño
defensive fences
se extendió sobre
tile

A ver si comprendiste

1. Compara a los tres personajes principales.

Coo	Guarco	Aquitaba
1.	1.	1.
2.	2.	2.
3.	3.	3.
4.	4.	4.
5.	5.	5.

2. ¿Quién era Iztarú? ¿En qué se transformó?
3. ¿Qué efecto tuvo esa transformación en los habitantes de Guarco?
4. La leyenda explica la existencia de ciertos lugares en la Costa Rica moderna. ¿Cuáles son esos lugares?

Vocabulario

CD3-13—3-15

PASO 1

La ecología

anfibio	*amphibian*
bosque (bosque lluvioso) *(m.)*	*forest (rain forest)*
especie *(f.)*	*species*
flora y fauna	*plant and animal life*
helecho	*fern*
insecto	*insect*
mamífero	*mammal*
orquídea	*orchid*
pájaro	*bird*
reptil *(m.)*	*reptile*
selva	*jungle*
tierra	*land*

La música

banda	*band*
batería	*drums, percussion*
címbalos	*cymbals*
clarinete *(m.)*	*clarinet*
instrumento	*instrument*
saxofón *(m.)*	*saxophone*
tambor *(m.)*	*drum*
trompeta	*trumpet*

El deporte

bicicleta	*bicycle*
cancha	*court*
estadio	*stadium*
montar	*to ride (on)*

Responsabilidades

nota	*grade*
quehacer doméstico *(m.)*	*chore, task*
responsabilidad *(f.)*	*responsibility*
sacar buenas notas	*to get good grades*

Otros verbos

faltar a clase	*to miss class*
recuperar	*to recuperate*
soñar (ue)	*to dream*
sufrir de estrés	*to be under stress*
volver(ue) loco(a)	*to drive crazy*

Palabras y expresiones útiles

ejército	*army*
inesperado(a)	*unexpected*
joya	*jewel*
por suerte	*fortunately*
reportero(a)	*reporter*
ruido	*noise*
vecino(a)	*neighbor*
videojuego	*video game*

PASO 2

La economía

cheque *(m.)*	*check*
gratis	*free*
precio	*price*
recibo	*bill; receipt*

Fechas

anteayer *(m.)*	*the day before yesterday*
pasado mañana *(m.)*	*the day after tomorrow*

Ruidos

sirena	*siren*
sonido	*sound*
sonar (ue)	*to ring*

Emociones

enojarse	*to get angry*
quejarse	*to complain*
tranquilizarse	*to calm down, relax*

La televisión

episodio	*episode*
telenovela	*TV soap opera*

Verbos

aceptar	*to accept*
asistir	*to attend*
excusar	*to excuse*
intentar	*to attempt, to try*
pasear el perro	*to walk the dog*
pinchar(se)	*to puncture; to get a flat tire*

Palabras y expresiones útiles

allí	*there*
conexión *(f.)*	*connection*
democracia	*democracy*
erupción *(f.)*	*eruption*
había una vez	*once upon a time*
mientras	*while*
osito de peluche *(m.)*	*teddy bear*
Premio Nobel	*Nobel Prize*
siguiente	*following, next*
útiles de limpieza *(m. pl.)*	*cleaning materials*

PASO 3

Animales

mascota	*pet, mascot*
tortuga	*turtle*

Verbos

confesar (ie)	*to confess*
cumplir	*to carry out, realize*
dejar de	*to stop (doing something)*
abandonar	*to abandon*
amenazar	*to threaten*

Palabras y expresiones útlies

bandido(a)	*bandit*
canoa	*canoe*
¡caramba!	*good heavens!*
ciudadano(a)	*citizen*
deshidratado(a)	*dehydrated*
electricidad *(f.)*	*electricity*
enojado(a)	*angry*
estar molesto(a)	*to be bothered, upset*
medalla	*medal, medallion*
postal *(f.)*	*postcard*

En preparación 11

Paso 1

11.1 Imperfect of regular verbs

Talking about past events

In **Capítulos 4, 6,** and **10,** you learned about the preterite. In this chapter, you will learn about another aspect of the past tense: the imperfect. You will also learn how to distinguish between the preterite and imperfect.

-*ar* verb endings	trabajar
-**aba**	yo trabaj**aba**
-**abas**	tú trabaj**abas**
-**aba**	usted trabaj**aba**
-**aba**	él, ella trabaj**aba**
-**ábamos**	nosotros(as) trabaj**ábamos**
-**abais**	vosotros(as) trabaj**abais**
-**aban**	ustedes trabaj**aban**
-**aban**	ellos, ellas trabaj**aban**

-*er, -ir* verb endings	saber	escribir
-**ía**	yo sab**ía**	escrib**ía**
-**ías**	tú sab**ías**	escrib**ías**
-**ía**	usted sab**ía**	escrib**ía**
-**ía**	él, ella sab**ía**	escrib**ía**
-**íamos**	nosotros(as) sab**íamos**	escrib**íamos**
-**íais**	vosotros(as) sab**íais**	escrib**íais**
-**ían**	ustedes sab**ían**	escrib**ían**
-**ían**	ellos, ellas sab**ían**	escrib**ían**

Note that the first and third person singular endings are identical. Also, *all* the imperfect -**er** and -**ir** endings require a written accent.

A. There are no stem-changing verbs in the imperfect.

B. The imperfect of **hay** is **había** *(there was/were, there used to be),* from the infinitive **haber.**

C. There are only three irregular verbs in the imperfect: **ser, ir,** and **ver.** They are presented in section 11.3.

11.2 Uses of the imperfect

Talking about what we used to do

A. The imperfect has several English equivalents.

Trabajaba todos los días.

> *I worked every day.*
> *I used to work every day.*
> *I was working every day.*
> *I would work every day.*

B. Like the preterite, the imperfect is used to talk about an act that has already occurred. However, the imperfect focuses on the continuation of an act or an act in progress rather than on the completed act. Continuation includes repeated habitual action, background action, actions in progress, and certain physical, mental, or emotional states.

Repeated habitual action

Viajaba mucho en el invierno.	*I would travel a lot in the winter.*
Nunca **dormía** más de ocho horas al día.	*I never slept more than eight hours a day.*

Actions in progress

El bebé **dormía** en el otro cuarto.	*The baby was sleeping in the other room.*
Escuchaba mi disco favorito mientras **limpiaba** la casa.	*I was listening to my favorite record while I cleaned the house.*

Background action

Hacía mucho calor, pero todos **estaban** trabajando.	*It was very hot, but everyone was working.*

Physical, mental, or emotional states

En esos días **estábamos** muy enamorados.	*In those days we were very much in love.*
Me **gustaban** mucho las exhibiciones de arte.	*I used to like art exhibits a lot.*

11.3 Imperfect of *ser, ir,* and *ver*

Describing how you used to be, where you used to go, what you used to see

There are three irregular verbs in the imperfect.

ser		ir		ver	
yo era	nosotros(as) éramos	iba	íbamos	veía	veíamos
tú eras	vosotros(as) erais	ibas	ibas	veías	veíais
usted era	ustedes eran	iba	iban	veía	veían
él, ella era	ellos, ellas eran	iba	iban	veía	veían

¡A. practicar!

A. Hace diez años. ¿Quiénes en el pasado hacían lo siguiente: tus padres, tú, tú y tus hermanos, etc.?

1. _____ vivía con mis padres.
2. _____ no estudiábamos en la universidad.
3. _____ mayor trabajaba en un supermercado.
4. _____ me daban dinero.
5. _____ no conducía el coche de mis padres.
6. ¿Y _____ ? ¿Qué hacías hace diez años?

B. Gente famosa. Las personas famosas no tienen vida privada. Todos sabemos lo que hacen y dicen a cada minuto. ¿Qué hacían estas personas hace unos años?

Modelo   1950 / Ronald Reagan / filmar películas
          En mil novecientos cincuenta Ronald Reagan filmaba películas.

1. 1960 / Martin Luther King, Jr. / protestar contra / discriminación racial
2. 1965 / los Beatles / cantar por todo el mundo
3. 1969 / Richard Nixon / dirigir el país
4. 1969 / Neil Armstrong / trabajar en la NASA
5. 1989 / alemanes / celebrar / la unidad de Alemania
6. 1990 / sudafricano Nelson Mandela / viajar / como hombre libre
7. 1991 / ejército de los Estados Unidos / estar / golfo Pérsico
8. 1996 / Bill Clinton / servir de / presidente de EE.UU.

C. ¡Cómo nos cambia la vida! Completa los espacios en blanco para saber cómo era la vida de Ana Rosa, una estudiante de la Universidad Latina en Costa Rica.

Antes, cuando _____ (yo / vivir) con mis padres en Puntarenas, todo _____ (ser) más fácil. Primero, _____ (yo / ser) una buena estudiante y nunca _____ (tener) problemas de dinero. Tampoco _____ (tener) que trabajar. Bueno, es verdad que ahora nada es fácil, pero también sé que ahora soy una persona muy responsable.

D. ¡Cuántos sacrificios! Marta y Ramiro Roque se conocieron en la Universidad de Costa Rica. Lee lo que ellos dicen y completa las oraciones con los verbos en imperfecto, para saber cómo era su vida estudiantil en la universidad.

Nosotros _____ (ser) estudiantes de medicina y _____ (trabajar) en la Clínica Santa Rita en San José. Marta _____ (ser) estudiante de ginecología, y yo _____ (estudiar) cirugía. Nosotros _____ (ir) a la clínica dos o tres veces por semana pero no nos _____ (ver) mucho porque _____ (trabajar) en diferentes secciones. A pesar de que _____ (ser) novios, no _____ (poder) salir mucho juntos porque _____ (tener) que estudiar día y noche.

Paso 2

11.4 Preterite and imperfect: Completed and continuous actions

Describing completed actions and actions in progress in the past

You have learned that both the preterite and the imperfect are used to talk about the past, but there is a difference in how the two tenses are used. Compare the following.

A. The preterite is used to describe completed past actions.

La conferencia **duró** dos horas.	*The lecture lasted two hours.*
Hablé con mis padres anoche.	*I spoke with my parents last night.*

B. The imperfect is used to focus on continuation or actions in progress and background actions. It is also used to tell time in the past.

Siempre **charlábamos** por horas.	*We always used to chat for hours.*
El teléfono **sonaba** continuamente.	*The phone would ring continuously.*
Eran las seis.	*It was 6:00.*

C. When the preterite and imperfect are used in the same sentence, the imperfect often describes a continuous background action that is interrupted by a completed action expressed in the preterite.

Miraba televisión cuando **llamaste.**	*I was watching television when you called.*
Nos lo **dio** mientras **comíamos.**	*He gave it to us while we were eating.*

D. The imperfect may be used to focus on a future event related to a situation planned in the past.

Debo irme. Tita dijo que la clase **empezaba** a las ocho.	*I must leave. Tita said the class would begin (was going to begin) at 8:00.*

E. The imperfect is used to talk about age in the past.

Cuando **tenía** cinco años...	*When I was five years old...*

¡A practicar!

A. **¡Qué día!** Marcela Freire, una estudiante del Instituto Centroamericano para Asuntos Internacionales, tuvo un día muy malo ayer. Según ella, ¿qué le pasó? Para saberlo, pon los verbos entre paréntesis en el pasado.

Ayer _____(ser) un día terrible. Para empezar, yo _____ (estar) furiosa porque mi novio no me _____ (llamar) la noche anterior. Luego, cuando yo _____ (salir) de casa, _____ (estar) lloviendo a cántaros. _____ (Buscar) mi paraguas pero no lo _____ (encontrar). Luego, _____ (perder) el autobús y _____ (tener) que esperar el siguiente. Cuando finalmente _____ (llegar) a clase, la secretaria _____ (anunciar) que la profesora _____ (estar) enferma. ¡Qué día!

B. ¡No más! Tomás decidió no ir a clase de práctica en la Sinfónica Nacional de Jóvenes. Para saber por qué, pon los verbos en el pasado.

1. ya / ser tarde / cuando / despertarme
2. preparar / desayuno / cuando / teléfono / sonar
3. mientras / bañarse / agua / cortarse
4. cuando / salir / casa / gato / escapar
5. estar manejando / de repente / llanta / pincharse
6. mientras / cambiar / llanta / empezar a / llover
7. finalmente / decidir / regresar / casa

C. ¿De veras? Martín, estudiante de la Universidad Latinoamericana, también tuvo muchos problemas. Completa con los verbos en pasado, para saber qué le pasó y qué le dice a su mejor amigo.

Anoche mi computadora _____ (dejar) de funcionar. _____ (Ser) las diez y yo _____ (estar) preparando la tarea cuando _____ (sonar) el teléfono. _____ (Ser) mi madre, y nosotros _____ (hablar) por una hora, más o menos. Cuando _____ (regresar) a la computadora, no _____ (haber) imagen en la pantalla. _____ (Oprimir) varias teclas (*keys*) pero sin ningún resultado. No _____ (descubrir) hasta esta mañana que mi compañero de cuarto la había desconectado.

11.5 Preterite and imperfect: Beginning/end and habitual/customary actions

Describing the beginning or end of actions and habitual past actions

In section 11.4 you learned that the preterite focuses on completed actions and the imperfect focuses on actions in progress.

A. Since the preterite focuses on completed actions, it often emphasizes the beginning or end of an act.

Cuando **vi** a Carlota, **corrí** a saludarla.	*When I saw Carlota, I ran to greet her.*
Salieron corriendo.	*They left running. (They took off running.)*
Me **sentí** muy mal después de la clase de informática.	*I felt very sick after computer science class. (But I got over it.)*

B. The imperfect is used to describe habitual or customary actions or events in progress.

Siempre **daba** la misma excusa.	*I always gave the same excuse.*
Yo nunca **iba** a la biblioteca de noche.	*I never used to go to the library at night.*

¡A practicar!

A. **¡Excusas!** José Carlos no trata bien a su novia, pero siempre tiene una excusa. ¿Qué le dice a su novia?

1. Esta mañana cuando tú (llamaste / llamabas) yo no (contesté / contestaba) porque (estuve / estaba) en el baño.
2. Yo no te (llamé / llamaba) la semana pasada porque me (desconectaron / desconectaban) el teléfono.
3. La llanta del coche (se pinchó / se pinchaba) y por eso (llegué / llegaba) tarde.
4. Anoche (trabajé / trabajaba) hasta tan tarde que (decidí / decidía) no llamarte para no despertarte.
5. El sábado pasado no (fui / iba) a tu casa porque el coche no (funcionó / funcionaba).
6. Ayer no te (invité / invitaba) a la fiesta porque tú no (conociste / conocías) a nadie.

B. **¿Qué le voy a decir?** Mauricio Parra, estudiante del Instituto Monteverde en San José, no fue ayer a su clase de química. ¿Por qué? Para saberlo, pon los verbos en el pasado.

¡Qué horror! No (acostarme) hasta muy tarde anoche. Esta mañana cuando (despertarme), ya (ser) las diez menos cinco. Mi clase de química (empezar) en cinco minutos. (Decidir) no ir a clase. Más tarde (hablar) con un compañero de clase y él (decirme) que el profesor (estar) furioso porque yo no había ido a clase. Ahora no sé qué le voy a decir al profesor.

C. **¡Aguafiestas!** Pon los verbos entre paréntesis en el pasado para saber lo que ocurrió el sábado pasado en la fiesta de Enrique, en Cartago.

El sábado pasado Enrique _____ (organizar) una fiesta en su casa. Sus padres no _____ (estar) y él _____ (invitar) a muchísima gente. Todos nuestros amigos _____ (ir) y también _____ (llegar) gente desconocida. _____ (Haber) mucha comida y mucha cerveza. Todos _____ (bailar) y _____ (cantar) cuando a eso de la una de la mañana unos vecinos _____ (llamar) a la policía. La policía nos _____ (obligar) a terminar la fiesta. Enrique no les _____ (decir) nada a sus padres.

Paso 3

11.6 Present perfect

Talking about what people have or haven't done

As in English, the present perfect tense in Spanish is a compound past tense. It is formed by combining the present indicative of the auxiliary verb **haber** *(to have)** with the past participle.

Present indicative	
haber *(to have)*	
yo he	nosotros(as) hemos
tú has	vosotros(as) habéis
usted ha	ustedes han
él, ella ha	ellos, ellas han

Present perfect tense	
sentir *(to feel)*	
he sentido	hemos sentido
has sentido	habéis sentido
ha sentido	han sentido
ha sentido	han sentido

*Do not confuse the auxiliary verb **haber** with the verb **tener,** which is used to express possession.

A. The past participle of most verbs in English is formed by adding -*ed* to the verb; for example, *to travel → traveled, to study → studied, to open → opened.* In Spanish, past participles are formed by adding **-ado** to the stem of **-ar** verbs, and **-ido** to the stem of **-er** and **-ir** verbs.

viajar	**querer**	**sentir**
viaj**ado** *traveled*	quer**ido** *wanted*	sent**ido** *felt*

B. As in English, some Spanish verbs have irregular past participles; the following are those most frequently used.

abrir	**abierto**	poner	**puesto**
cubrir	**cubierto**	resolver	**resuelto**
decir	**dicho**	romper	**roto**
escribir	**escrito**	ver	**visto**
hacer	**hecho**	volver	**vuelto**
morir	**muerto**		

Note that the past participles of verbs related to those listed are also irregular: **descubrir** *(to discover)* → **descubierto; reescribir** *(to rewrite)* → **reescrito; devolver** *(to return something)* → **devuelto;** and so on.

C. In general, the use of the present perfect tense in Spanish parallels its use in English.

No me **he sentido** bien.	*I haven't felt well.*
Han estado muy enfermos.	*They have been very sick.*
Todavía no **se ha levantado**.	*He hasn't gotten up yet.*
No **hemos devuelto** los libros a la biblioteca.	*We haven't returned the books to the library.*

Note that when used in the present perfect, the past participle is invariable; it does not agree in number or in gender with the noun. Reflexive and object pronouns are always placed before the conjugated form of the verb **haber.**

D. With few exceptions, **haber** functions only as an auxiliary verb. The verb **tener** is used to indicate possession or obligation.

No **me he sentido** nada bien.	*I haven't felt well at all.*
Tengo que llamar al médico.	*I have to call the doctor.*

¡A practicar!

A. ¡Qué organizado! Cuando una persona organizada viaja, siempre prepara listas de lo que le queda por hacer. ¿Qué dice esta persona de lo que todavía no ha hecho?

MODELO   escribirles a mis tíos en Puerto Limón
Todavía no les he escrito a mis tíos en Puerto Limón.

1. ver el Jardín Lankaster
2. ir al Parque Bolívar, el zoológico de San José
3. sacar fotos del Teatro Nacional
4. viajar a Cartago
5. hacer compras en el Mercado Nacional de Artesanía
6. visitar el Museo del Jade

B. ¡No he hecho nada! Inevitablemente cuando llega el domingo por la tarde, descubrimos que no hemos hecho algunas cosas que pensábamos hacer durante el fin de semana. Pon los verbos en el presente perfecto para ver unos ejemplos típicos.

1. Miguel no _____ (ir) de compras.
2. José no _____ (hacer) la tarea.
3. Yo no les _____ (escribir) a mis padres.
4. Miguel y José no _____ (lavar) la ropa.
5. Nosotros no _____ (poder) limpiar el garaje.
6. Yo no _____ (abrir) los libros para estudiar.
7. Tú no _____ (limpiar) tu cuarto.
8. Ustedes no _____ (llamar) a sus padres.

Decoración descubierta en las
Tumbas Reales de Sipán

Terrazas de Machu Picchu

CAPÍTULO 12

Por los caminos del Inca... en Perú

La fortaleza de Sacsahuamán en Cuzco

¡Las fotos hablan!

A. **A que ya sabes.** Estas fotos vienen de un folleto que la agencia de viajes le mandó a Enrique y Olga Montoya para familiarizarlos con algunos sitios que van a visitar en su viaje a Perú. Indica si Enrique y Olga harán lo siguiente.

Sí No 1. Visitarán las Tumbas Reales de Sipán.
Sí No 2. Caminarán por la fortaleza de Sacsahuamán.
Sí No 3. Asistirán a un partido de fútbol en Lima.
Sí No 4. Viajarán a Machu Picchu.
Sí No 5. Comprarán réplicas de los ornamentos de oro y turquesa de Sipán.

B. **Excelentes arquitectos, artesanos y agricultores.**
Indica si crees que los incas hacían estas cosas.

Sí No 1. Hacían ornamentos de oro y turquesa.
Sí No 2. Vivían en enormes edificios de más de 150 metros de altura.
Sí No 3. Usaban terrazas en lo alto de las montañas para tener competiciones deportivas.
Sí No 4. Construían fortalezas con rocas gigantescas.
Sí No 5. Cultivaban productos agrícolas en lo alto de las montañas.

In this chapter, you will learn how to . . .

- describe what you will do on vacation.
- describe what you will do in the future.
- talk about what you would do if . . .
- give advice and instructions.
- give orders.

¡Mañana empezaremos el camino inca!

¿Eres buen observador?

Palacio Arzobispal, Lima

Cuzco

El lago Titicaca

Ahora, ¡a analizar!

El imperio inca. Éstas son fotos de otros sitios que Enrique y Olga Montoya visitarán en su viaje a Perú. Indica si harán lo siguiente.

sí no 1. Tendrán una audencia con el Papa en Lima.

sí no 2. Irán a palacios coloniales.

sí no 3. Se pasearán en el lago Titicaca.

sí no 4. Conocerán la antigua capital de los incas.

sí no 5. Visitarán la moderna capital de Perú.

Al hablar de lo que harás en las vacaciones

CD3-16

¿Quién o quiénes hacen esto, Enrique (**E**), Olga (**O**) o ambos (**A**)?

____ 1. Piensa que el hotel es carísimo.
____ 2. Tomará una lancha en el lago Titicaca.
____ 3. Pasará todo el día sacando fotos.
____ 4. Tendrá que cargar miles de recuerdos.

ENRIQUE: Y después de Cuzco, ¿a Lima dijiste? ¿Será caro el hotel donde nos alojaremos? ¿Tendrá agua caliente?

OLGA: ¡Por supuesto, Enrique! ¿No te dije que vamos a estar en un hotel de cinco estrellas? Además, Lima es la capital y es una ciudad fabulosa y muy cosmopolita.

ENRIQUE: ¿Y qué comeremos? Ya no quiero comer más cuy. ¡No me importa si es el plato nacional!

OLGA: Enrique, en Lima hay montones de buenos restaurantes y muy baratos donde no tendrás que comer cuy.

A propósito...

La palabra «montón» significa «mucho(s)». ¿Cómo traduces al inglés esta frase? **Hace un montón de tiempo que no te veo.**

El **cuy** es un conejillo de Indias *(guinea pig)* que se come frito o asado a la parrilla.

¿Sabías que...?

Debido a que Cuzco está a 3.399 metros (11.155 pies) sobre el nivel del mar, muchos turistas sufren de soroche *(altitude sickness)* durante su visita a la ciudad. En el aeropuerto de Cuzco hay tanques de oxígeno puro para los viajeros que llegan, y los hay también en la mayoría de los grandes hoteles. Los hoteles también sirven té de coca *(coca leaf tea)* 24 horas al día, que es lo que los indígenas beben para evitar el soroche.

🔍 **En tu opinión:** ¿Por qué será necesario proveer té de coca en la mayoría de los grandes hoteles? ¿Hay ciudades importantes en los EE.UU. construidas a la altura de Cuzco? ¿Cuáles? ¿Qué efecto tendrá el té de coca en el cuerpo humano?

Ahora, ¡a hablar!

A. **Compañeros de viaje.** Según Enrique y Olga Montoya en el *¿Qué se dice...?*, ¿quién dice lo siguiente, **él** o **ella?**

él   ella   1. Mañana estaremos todo el día en Puno.
él   ella   2. Ya estoy harto de tanto caminar.
él   ella   3. Me imagino que pasarás el día entero sacando fotos.
él   ella   4. Viajaremos por tren a Cuzco y Machu Picchu.
él   ella   5. Podrás recuperarte en Lima.

EP 12.1

B. **¡Cuzco!** Enrique está muy preocupado y quiere saber todos los detalles de lo que harán en Cuzco. ¿Qué le dice Olga?

MODELO   domingo: levantarnos muy temprano
     El domingo nos levantaremos muy temprano.

1. lunes: llegar a las 17:30 / y / dormir dos o tres horas / porque / ser necesario para evitar el soroche
2. lunes: por la tarde / caminar por la ciudad
3. martes: visitar la catedral y conocer el Palacio de Manco Cápac
4. martes: por la tarde / viajar a la fortaleza de Sacsahuamán
5. miércoles: despertarse a las seis / y / viajar en tren a Lima otra vez

EP 12.1

C. **¡Machu Picchu!** Ahora Enrique y Olga están conversando sobre sus planes para Machu Picchu. ¿Qué dice Olga que harán ellos?

MODELO   llegar por la tarde / ir al hotel
     Llegaremos por la tarde e iremos al hotel.

1. quedarse dos días / Hotel Turistas
2. caminar por las ruinas / ver cómo los incas construían terrazas para cultivar la tierra
3. subir a Huayna Picchu / observar todas las ruinas desde arriba
4. el guía / explicarnos / historia de Machu Picchu
5. comer en el restaurante del hotel / escuchar música andina

D. **Mis próximas vacaciones.** Entrevista a un(a) compañero(a) de clase para saber cómo y dónde pasará las próximas vacaciones.

EP 12.1 ⚭, 12.2 ⚭

1. ¿Adónde irá? ¿Cómo viajará? ¿En avión? ¿En tren? ¿En auto?
2. ¿Viajará solo(a)?
3. ¿Dónde se quedará? ¿Cuánto pagará por el alojamiento *(housing)*?
4. ¿Cuánto tiempo estará de vacaciones? ¿Se quedará en el mismo lugar o viajará a otros sitios?
5. ¿Dónde comerá? ¿Comerá en restaurantes de comida típica?
6. ¿Qué hará durante el día? ¿Y de noche?
7. ¿Sacará fotos? ¿Comprará muchos recuerdos?
8. ¿Llevará la cámara de video?

E. **¡Qué futuro!** El futuro está siempre lleno de promesas, de proyectos y de sueños. ¿Cómo ves tu propio futuro? ¿Cuáles son tus proyectos? ¿Será tu vida mejor que ahora? Con un(a) compañero(a), compara tu vida de ahora con la que piensas tener dentro de diez años.

EP 12.1 ⚭, 12.2 ⚭

MODELO   trabajo
Ahora trabajo sólo de mesero; dentro de diez años seré el dueño del restaurante.

1. trabajo
2. estudios
3. familia
4. esposo(a) e hijos
5. vivienda (casa o apartamento)
6. bienes (coches, casas, propiedad, etc.)

Y ahora, ¡a conversar!

F. **Resoluciones.** En enero siempre empezamos el año con resoluciones y proyectos. ¿Cuáles serán tus resoluciones para el año próximo? Discútelas con un(a) compañero(a) y escucha mientras él (ella) te dice las suyas.

G. **Bola de cristal.** Tú y tus compañeros(as) trabajan para un periódico que se dedica a las noticias extravagantes e increíbles. Ésta es la edición de fin de año y, como hacen todos los años, tienen que predecir el futuro más improbable para personas en estos campos. En grupos de tres escriban sus predicciones. Compártanlas con otro grupo de tres.

1. en el mundo político
2. en el mundo del espectáculo
3. en el mundo de los deportes
4. en el mundo del arte

H. **¡El año 2015!** ¿Qué te traerá el futuro? En grupos de tres o cuatro, digan qué creen que estarán haciendo en el año 2015. Decidan quién tendrá el futuro más interesante y cuéntenselo a la clase.

¡Luces! ¡Cámara! ¡Acción!

I. **Quiromancia.** Tú sabes practicar el arte de la quiromancia *(palm reading)*. Tu amigo(a) quiere saber lo que le espera en el futuro: en el trabajo, el amor, la salud y la familia. Lee su palma y cuéntale el futuro. Con un(a) compañero(a), escriban el diálogo que tienen y luego dramaticen la situación delante de la clase.

J. **Compañeros(as) de cuarto.** Tú y tu compañero(a) han decidido compartir una casa. Ahora necesitan organizar su vida en común. Entre los (las) dos, planeen lo que cada uno(a) hará para contribuir a la armonía de la casa.

Un paso atrás, dos adelante: Capítulo 11

Repasemos. En el Capítulo 11 aprendiste a hablar de cuando eras más joven, a narrar cosas del pasado y a hablar de lo que has hecho o no has hecho recientemente. Repasa lo que sabes, completando el siguiente texto con las palabras necesarias. Puedes inventar la información.

Una semana loca

TU AMIGO(A): ¿Dónde _____ [imperfecto de estar] cuando te _____ [pretérito de llamar] la semana pasada?

TÚ: _____ [pretérito de ir] al Museo Nacional; _____ [imperfecto de haber] una exhibición de mariposas vivas del Valle Central.
Se _____ [imperfecto de llamar] «El Jardín Secreto» y me _____ [pretérito de gustar] muchísimo.

TU AMIGO(A): ¿Y por qué no me _____ [pretérito de invitar]?

TÚ: Te _____ [pretérito de buscar] por todo el barrio, pero todo el mundo me _____ [imperfecto de decir] lo mismo: «No _____ [presente perfecto de estar] aquí en toda la semana»; «no lo(la) _____ [presente perfecto de ver] desde hace días»... de verdad, no te _____ [pretérito de encontrar] por _____ [negative expression] parte.

TU AMIGO(A): Sí, _____ [presente perfecto de estar] muy ocupado(a).

¿Comprendes lo que se dice?

Estrategias para escuchar: interpretar las pistas no verbales del contexto

Interpreting what you hear often requires knowing more than just the meaning of individual words. For example, if you hear the words **Me siento horrible** without knowing the circumstances that prompted the speaker to say them, then you can't know whether the speaker feels horrible owing to illness or because something unfortunate happened. To understand fully the meaning of a conversation you must use numerous nonlanguage cues as well as individual word meaning. In the remaining chapters you will be asked to interpret what you hear based not only on the meaning of the words, but on your own experience and cultural knowledge as well.

Pronto estaremos en el hotel. Ahora escucha la primera parte del diálogo y trata de contestar estas preguntas. Luego escucha el resto del diálogo y anota cuatro cosas que van a hacer las personas que hablan.

Primera parte

¿Quiénes hablan? _____.
¿Dónde están? _____.
¿Qué están haciendo? _____.
¿Qué quiere hacer la mujer que habla? _____.
¿Por qué se queja el hombre? _____.

Segunda parte

1. _____
2. _____
3. _____
4. _____

Perú

Capital: Lima
Área: 1.285.220 km²
Población: 28.409.897 (julio 2003)
Unidad monetaria: nuevo sol
Clima: tropical en el este y desértico en el oeste. De templado a frío en los Andes

Antes de empezar, dime...

1. ¿Crees que en los Estados Unidos hubo civilizaciones indígenas tan desarrolladas como en México, Guatemala o Perú?
2. ¿Por qué crees que sí o no las hubo?
3. ¿Crees que con el antecedente de una civilización indígena importante, el presente de los Estados Unidos sería diferente? ¿En qué sería diferente? Nombra algunas cosas que serían diferentes y cómo serían: la lengua, el arte, la antigüedad y estructura de las ciudades, monumentos arqueológicos, ...

Perú, donde la altura y la profundidad se fusionan

Cuando los españoles llegaron a Perú en 1531, los quechuas (también llamados incas) controlaban la cordillera andina desde Ecuador hasta Argentina. Los quechuas llamaban a su rey o emperador «el inca». La sociedad quechua o incaica estaba dividida en cuatro clases: los gobernantes, los nobles, la gente común y los esclavos. Esta sociedad mantuvo grandes ejércitos muy organizados, construyó edificios impresionantes y estableció un sistema de carreteras que se extendía de un extremo al otro del imperio incaico. Actualmente, sus descendientes viven en el altiplano de Ecuador, de Bolivia y de Perú, donde la lengua quechua todavía se habla extensamente.

Perú tiene tres lenguas oficiales: el español, el quechua y el aymará. La mayoría de la gente que vive en la sierra habla quechua, la lengua de los incas. El aymará se habla a orillas del lago Titicaca. El español se habla en todas las ciudades grandes. Muchos de los indígenas que hablan quechua o aymará también hablan español. El quechua en particular, ha influido bastante el español de toda la región andina. Algunos ejemplos son el uso de «choclo» por maíz, «porotos» por frijoles, «palta» por aguacate y «guagua» por bebé.

Perú, además de ser un país riquísimo en historia, cultura y civilización, cuenta con preciosas joyas arqueológicas y naturales. La UNESCO ha declarado *Patrimonio de la Humanidad* a varios de estos sitios, entre otros:

- **Machu Picchu**, la enigmática ciudad escondida de los incas.
- **La Zona Arqueológica de Chan Chan**, una enorme ciudad de barro con una extensión de más de 20 kilómetros en la que habitaron más de 100.000 personas, es la mayor ciudad precolombina de Sudamérica.
- **El Parque Nacional y la Reserva de la Biosfera del Manú.** Un paraíso ecológico que va desde la cálida y húmeda selva amazónica hasta las frías y secas alturas andinas.
- **El Parque Nacional del Río Abiseo.** Un impresionante sitio con 132 especies de aves y 980 especies de flores, de las cuales 13 son nuevos registros para la ciencia.
- **El Parque Nacional de Huascarán.** Reserva de la biosfera que se halla en la Cordillera Blanca, en Ancash, en la Sierra Central del Perú. El Huascarán es la cima más alta del Perú, con 6.768 metros. El parque cuenta con montes que superan los 6.000 metros de altura y que se alzan entre ruinas precolombinas de la cultura Chavín.

Viajemos por el ciberespacio a... PERÚ

@

Si eres aficionado(a) a navegar por el ciber-espacio, usa una de las siguientes palabras clave para llegar a estos sitios fascinantes de **Perú:**

Zona Arqueológica de Chan Chan

Reserva de la Biosfera del Manú

El Parque Nacional del Río Abiseo

El Parque Nacional del Huascarán

O mejor aún, simplemente ve directamente al sitio de la Red *¡Dímelo tú!* Allí, usa la siguiente dirección: http://dimelotu.heinle.com

Haz un *clic* en las direcciones correspondientes para que puedas...

- conocer más sobre la gran civilización incaica.
- familiarizarte con los indígenas peruanos, su presente y su futuro.
- disfrutar de las bellezas naturales y arqueológicas de Perú.

Y ahora, dime...

Usa este diagrama Venn para comparar el Perú con los EE.UU. Indica las diferencias y lo que tienen en común.

los EE.UU.	Ambos	Perú
1.	1.	1.
2.	2.	2.
3.	3.	3.
4.	4.	4.
5.	5.	5.

Zona arqueológica de Chan Chan

PASO 2

¡Imagínate... nosotros en Lima!

TAREA

Antes de empezar este Paso, estudia la lista de vocabulario en la página 437 y practícalo al esuchar el surco 21 de tu Text Audio CD #3. Luego estudia *En preparación*.

12.3 Conditional of regular and irregular verbs, páginas 440–442

Haz por escrito los ejercicios de *¡A practicar!*

Escucha la sección *¿Qué se dice... ?* del Capítulo 12, Paso 2, en el surco 18 del Text Audio CD y haz la actividad correspondiente en la página 423.

¿Eres buen observador?

Plaza Mayor

Plaza de San Martín

Catedral de Lima

El barrio de Miraflores

Ahora, ¡a analizar!

De visita en Lima. A Enrique y Olga Montoya les falta hacer varias cosas en Lima. ¿Adónde (podrían / deberían / tendrían que) ir para hacer lo siguiente?

1. comprar un suéter de alpaca
2. sacar fotos de la estatua de San Martín
3. ver los hermosos balcones coloniales
4. comprar recuerdos de Lima
5. asistir a un servicio religioso
6. observar a los guardias militares frente a los edificios municipales

Al hablar de lo que harías

A. ¿Qué le gustaría comprar a Olga?

___ una pintura de la Plaza San Martín   ___ un suéter de alpaca
___ un collar de plata   ___ unos recuerdos de Lima
___ unos rollos para fotos   ___ unos zapatos de cuero
___ un vestido lindo   ___ unas tarjetas postales

B. En tu opinión, ¿qué le gustaría hacer a Enrique?

_____ _____
_____ _____
_____ _____

OLGA: ¿Qué me dijiste que harías con todo ese dinero que ahorraríamos?

ENRIQUE: Que me quedaría en casa, descansando y viajando a cientos de ciudades virtuales, y que ni sufriría soroche ni me dolerían los pies, ni agotaría mi tarjeta de crédito.

OLGA: Pues está bien. Cómprate la computadora y disfruta de tus ciudades virtuales. Yo prefiero gozarlas en persona.

La papa fue, tal vez, la contribución más importante y más valiosa de los incas al mundo entero. Los incas en Perú conocían unas 255 especies de papa que todavía usan en platos típicamente peruanos: chuño o papa seca *(a freeze-dried potato),* papa ocopa (papa con una salsa de maní), papa a la huancaína (papa con queso y ají)... Otros platos típicos peruanos son el **cuy,** un conejillo de Indias *(guinea pig)* que se come frito o asado a la parrilla, y los **anticuchos,** que se preparan con corazón de res, ají, achiote y vinagre.

🔍 **En tu opinión:** ¿Cómo es posible que la papa sea la contribución más importante y valiosa cuando los españoles sacaron tanto oro y plata de Perú? ¿Cuál dirías que ha sido la contribución culinaria más importante y valiosa de los EE.UU. al mundo? ¿Por qué crees eso? ¿Cuáles son otros platos típicos de los EE.UU.?

Ahora, ¡a hablar!

A. **¿Quién?** Indica quién haría esto en el *¿Qué se dice... ?,* Enrique (**E**) u Olga (**O**).

E   O   1. Visitaría cientos de ciudades virtuales.
E   O   2. Compraría máscaras, collares, etc.
E   O   3. Prefiere visitar las ciudades en persona.
E   O   4. Tomaría vacaciones sin salir de casa.
E   O   5. Querría comprar un suéter de alpaca.

EP 12.3

B. **¡Perú mágico!** Carla y César, los amigos de Enrique y Olga, sueñan con hacer su primer viaje a Perú. Según ellos, ¿qué harían si estuvieran en Perú?

MODELO   César: visitar los museos de arqueología
César visitaría los museos de arqueología.

1. Carla: navegar en el lago Titicaca
2. Carla: salir todas las noches a bailar
3. Carla y César: explorar las ruinas de Machu Picchu
4. César: comer chuño
5. César: hacer mucho andinismo / alpinismo *(mountain climbing)*
6. César y Carla: aprender a hablar quechua
7. Carla: ir a los mercados de artesanías
8. Carla y César: divertirse mucho

A propósito...

En las actividades **B** y **C** vas a ver verbos que terminan en **-ara** e **-iera.** Esta forma es el pasado del subjuntivo y se usa con frecuencia con el condicional. Se explica en el Apéndice **F.**

C. **¿Compañeros de viaje ideales?** ¿Son Enrique y Olga compañeros de viaje ideales? Decide después de completar este párrafo, poniendo los verbos entre paréntesis en el condicional.

EP 12.3

Enrique dice que la compañera de viaje ideal _____ (hacer) todas las reservaciones, _____ (sacar) todas las fotos y no _____ (comprar) nada. Olga dice que el compañero de viaje ideal _____ (poder) caminar todo el día sin problemas, no _____ (sufrir) de soroche y nunca _____ (quejarse) de nada. Enrique también dice: «Yo _____ (ser) el compañero de viaje ideal si no tuviera que viajar con Olga». Olga dice que ella _____ (viajar) muy bien con Enrique si él no se quejara tanto. Olga dice que los dos no _____ (tener) problemas si Enrique no fuera tan tacaño con su dinero.

D. **Mis vacaciones.** Carla y César dicen que si se ganaran la lotería *(lottery)*, se comprarían una casa en Perú. ¿Qué harías tú? ¿Cómo cambiaría tu vida?

EP 12.3

MODELO   dar   **Yo les daría dinero a todos los miembros de mi familia.**

1. ir
2. construir
3. no tener que
4. invertir / ahorrar
5. hacer
6. viajar
7. comprar
8. ayudar

E. **La verdadera amistad.** La verdadera amistad es difícil de encontrar. Pregúntale a tu compañero(a) si cree que los verdaderos amigos harían lo siguiente.

EP 12.3

MODELO   deber llamarse todos los días

TÚ: **¿Crees que los verdaderos amigos deberían llamarse todos los días?**

COMPAÑERO(A):   **Sí, creo que deberían llamarse todos los días.** o
No, creo que no sería necesario llamarse todos los días.

1. escucharse siempre con paciencia
2. visitarse cuando están enfermos
3. enviarse un mensaje de texto cada vez que tienen alguna pregunta o duda
4. escribirse correos electrónicos varias veces al día
5. decirse todos los secretos
6. ayudarse ante todas las dificultades

Y ahora, ¡a conversar!

F. **Enrique y Olga.** Enrique y Olga no son los compañeros de viaje ideales, pero podrían serlo. En tu opinión, ¿cómo tendrían que cambiar para poder viajar juntos sin problemas? Por escrito, prepara una lista de cuatro o cinco cambios que cada uno tendría que hacer. Luego compara tu lista con la de dos compañeros(as) de clase e infórmenle a la clase lo que tenían en común sus listas.

G. **Debate.** En la historia de las Américas ha habido pocas mujeres presidentas: Isabel Perón en Argentina, Lydia Gueiler Tejada en Bolivia y Violeta Barrios de Chamorro en Nicaragua. Los Estados Unidos nunca ha tenido a una mujer como presidenta. ¿Debería una mujer llegar a ser presidenta de este país? ¿Qué podría hacer una mujer presidenta? ¿Actuaría de forma diferente a un hombre presidente? Trabajando en grupos de cuatro, cada pareja debe tomar una posición opuesta y defenderla.

H. **¿Qué harías si... ?** Cuando viajamos, con frecuencia nos vemos en situaciones difíciles debido a las limitaciones de un presupuesto fijo *(fixed budget)*. Trabajando en grupos de tres o cuatro, decidan qué harían ustedes en las siguientes situaciones y por qué. Comparen sus respuestas con las de los otros grupos.

1. Tú y unos(as) amigos(as) están de vacaciones de primavera en Fort Lauderdale. Después de los primeros cuatro días ustedes ya han gastado *(you've spent)* todo su dinero y las vacaciones no terminan hasta la semana siguiente.
2. Viste una chaqueta que quieres comprarte, pero tu mejor amigo(a) tiene que comprarle un regalo especial a su madre porque, al regresar, es su cumpleaños. Tu amigo(a) ya no tiene dinero y te pide un préstamo *(loan)*. Si le prestas el dinero, no vas a poder comprarte la chaqueta.
3. Tú y un(a) amigo(a) están de vacaciones en Lima. Ahora están en un restaurante muy elegante celebrando el cumpleaños de tu amigo(a). Pensabas que tenías suficiente dinero pero él (ella) decidió pedir el plato más caro y no te va a alcanzar el dinero. Desafortunadamente, tu amigo(a) no trajo su billetera porque dijiste que tú pagarías.

¡Luces! ¡Cámara! ¡Acción!

I. **¡Ay, qué vacaciones!** Tú y tu compañero(a) están imaginándose lo que harían durante las vacaciones del verano si el dinero no fuera problema. Escriban la conversación que tienen y luego dramatícenla delante de la clase.

J. **¡Viaje por el tiempo!** Tú y tu compañero(a) están hablando de la idea de viajar en el tiempo. Si pudieran viajar en el tiempo, ¿a qué época del tiempo viajarían? ¿Viajarían al futuro o al pasado? ¿Cómo sería el mundo que encuentran? ¿Cómo sería la sociedad? Dramaticen la conversación que tienen delante de la clase.

¿Comprendes lo que se dice?

Estrategias para ver y escuchar: ver y escuchar «de arriba hacia abajo»

In **Capítulo 9, Paso 2,** you learned that your previous knowledge of a topic can help you fill in the blanks when the topic of the video you are viewing is very familiar. This approach is known as listening "from the top down." Take a moment to write down what you know about the Andes and share it with other students.

1. _____   4. _____
2. _____   5. _____
3. _____

Al ver el video: ¿Comprendes lo que se dice?

Los Andes, ¡donde lo nuevo y lo antiguo se entrelazan!

You might not know a great deal about the Andes Mountains, but you are certainly familiar with them. Use the knowledge you already have as you view **Los Andes, ¡donde lo nuevo y lo antiguo se entrelazan!** In your own words tell what the underlined words in the following sentences probably mean.

1. Los Andes corren desde el <u>occidente</u> de Venezuela hasta el sur de Chile.
2. Los Aymarás viven de la papa, un <u>alimento</u> nativo de los Andes.
3. Desde Quito se puede ver el <u>Pichincha</u> cubierto de nieve.
4. En los Andes, lo nuevo y lo antiguo se <u>entrelazan</u>.

Después de ver el video

Ahora vuelve a mirar la selección del video sobre los Andes y anota tres cosas que aprendiste que no sabías antes y tres que ya sabías.

LOS ANDES

Lo que no sabía	Lo que ya sabía
1.	1.
2.	2.
3.	3.

Cuzco

Antes de empezar, dime...

1. ¿Cuál fue el centro de la cultura indígena en los EE.UU. antes de la llegada de los europeos? ¿Hubo más de uno? ¿Existen ruinas de esa época? ¿Dónde? ¿Cómo son? Descríbelas.
2. ¿Cuál es la ciudad más antigua de los EE.UU.? ¿Cuál es el origen y el significado de su nombre?
3. En los EE.UU. hay muchos rascacielos *(skyscrapers)* impresionantes. ¿Cuánto tiempo crees que van a durar *(last)*? ¿Cuántas personas trabajan para construir uno de esos edificios?

Los incas fueron expertos en la talla de la piedra.

Cuzco, ¡el corazón del imperio inca!

La zona de Cuzco, la capital del imperio de los incas, está situada en las mesetas andinas, al sureste de Lima, en el «corazón» mismo del antiguo imperio. Debido a su importancia, esta antigua capital incaica está rodeada de una gran riqueza arqueológica. Cuzco es una palabra quechua que significa ombligo *(navel)* en español y hace referencia a su localidad en el centro del universo. La ciudad tiene sus principios a comienzos del siglo XII pero no es hasta el siglo XV que se establece como capital del imperio inca. Cuzco, a una altura de 3.399 metros (11.155 pies) sobre el nivel del mar, era una capital difícil de alcanzar y por la misma razón, un lugar muy incómodo para los españoles.

La ciudad y sus alrededores contienen innumerables ruinas preincaicas e incaicas que incluyen fortalezas como Sacsahuamán y el Templo del Sol. En la construcción de estas fortalezas se observa un ejemplo incomparable de cantería *(stone cutting):* los bloques de granito están colocados uno sobre el otro sin haber utilizado cemento. Los expertos en el tema han llegado a decir que no existe otro tipo de construcción similar que pueda compararse con ésta en cuanto a su calidad.

La ciudad concentra tanta belleza que, en 1978, la VII Convención de Alcaldes de Grandes Ciudades del Mundo acordó declararla *Patrimonio Cultural del Mundo*. En 1983, la UNESCO la declaró *Patrimonio Cultural de la Humanidad* y la constitución política del Perú de 1993 la declaró como su *Capital Histórica*.

Viajemos por el ciberespacio a... PERÚ

@

Si eres aficionado(a) a navegar por el ciberespacio, usa una de las siguientes palabras clave para llegar a estos sitios fascinantes de **Perú:**

Cuzco

Machu Picchu

Sacsahuamán

Templo del Sol

O mejor aún, simplemente ve directamente al sitio de la Red *¡Dímelo tú!* Allí, usa la siguiente dirección: http://dimelotu.heinle.com

Haz un *clic* en las direcciones correspondientes para que puedas...

- aprender más sobre Cuzco y su papel en la historia de Perú.
- disfrutar de un paseo virtual por las alturas del Machu Picchu, y sentir su magia y su esplendor.

Y ahora, dime...

1. ¿Qué quiere decir «Cuzco» en español? Explica su significado.
2. Usa este diagrama Venn para comparar Cuzco con la capital de los EE.UU. o la capital de tu propio estado. Indica las diferencias y lo que tienen en común.

La fortaleza de Sacsahuamán

Capital de los EE.UU.
1.
2.
3.
4.
5.
6.

Ambas capitales
1.
2.
3.
4.
5.
6.

Cuzco: capital del imperio incaico o de mi propio estado
1.
2.
3.
4.
5.
6.

¡Escríbelo!

Estrategias para escribir: punto de vista

A. **Punto de vista.** Cuando escribimos, es importante pensar cuidadosamente en el punto de vista que vamos a desarrollar. El punto de vista afecta muchísimo el resultado final de lo que escribimos. Por ejemplo, ¿crees que el chofer responsable del accidente va a describir el accidente de la misma manera que el chofer víctima, o que algún espectador? ¡Es dudoso! Lo más probable es que va a haber tres versiones distintas y los tribunales tendrán que decidir el caso.

Ahora vuelve al **Noticiero cultural** del **Paso 2** de este capítulo, «Cuzco, ¡el corazón del imperio inca!». ¿Desde qué punto de vista se escribió esta lectura? ¿Quién es el narrador?

B. **Cambiando el punto de vista.** Piensa cómo cambiaría esa lectura si el punto de vista fuera distinto. Por ejemplo, indica en una o dos oraciones cómo crees que las siguientes personas describirían la conquista de Cuzco. Luego compara tu trabajo con el de dos compañeros(as) de clase.

> **Vocabulary:** Geography; direction & distance; violence
>
> **Grammar:** Verbs: conditional; future; preterite & imperfect
>
> **Phrases:** Describing people; describing places; expressing an opinion

Un conquistador español	Un indígena quechua en Perú ahora	Atahualpa, el último emperador de los incas
1.	1.	1.
2.	2.	2.
3.	3.	3.
4.	4.	4.
...	...	...

Ahora, ¡a escribir!

A. **Ahora, a planear.** Prepara una lista con tres características de Cuzco. Luego descríbelas desde el punto de vista de un conquistador español, de un quechua en Perú ahora o de Atahualpa, el emperador inca.

Características	Punto de vista de un conquistador	Punto de vista de un quechua en en Perú ahora o de Atahualpa
1.	1.	1.
2.	2.	2.
3.	3.	3.

B. **El primer borrador.** Usa la información que preparaste en la actividad anterior para decidir si vas a escribir sobre Cuzco desde el punto de vista de un conquistador español, de Atahualpa, el último emperador de los incas, o de un indígena quechua de Perú ahora. Escribe el primer borrador de una breve composición titulada «Cuzco: El centro del universo inca». No olvides que todo lo que relates tiene que ser desde el punto de vista de tu personaje.

C. **Ahora, a compartir.** Comparte tu primer borrador con dos o tres compañeros(as). Haz comentarios sobre el contenido y el punto de vista de las composiciones de tus compañeros(as) y escucha sus comentarios sobre tu trabajo. ¿Es lógico y consistente el punto de vista?

D. **El segundo borrador.** Haz los cambios necesarios basándote en los comentarios de tus compañeros(as) de clase. Luego prepara un segundo borrador.

E. **A compartir, otra vez.** Comparte tu segundo borrador con dos o tres compañeros(as). Esta vez haz comentarios sobre los errores de estructura, ortografía o puntuación. Fíjate específicamente en el uso del pretérito, del imperfecto, del futuro y del condicional. Indica todos los errores de tus compañeros(as) y luego decide si necesitas hacer cambios en tu composición, teniendo en cuenta los errores que ellos te indiquen a ti.

F. **La versión final.** Prepara la versión final de tu composición y entrégasela a tu profesor(a). Escribe la versión final en la computadora, siguiendo las instrucciones recomendadas por tu instructor(a).

G. **Publicación.** En grupos de cuatro o cinco, junten sus lecturas en un volumen titulado «Cuzco: Varios puntos de vista». Su profesor(a) va a guardar estos libros en la sala de clase para que todos puedan leerlos cuando tengan tiempo libre.

Vista general del centro de Cuzco.

¡No te diviertas demasiado... en Cuzco!

¿Eres buen observador?

TAREA

Antes de empezar este Paso, estudia la lista de vocabulario en la página 437 y practícalo al escuchar el surco 22 de tu Text Audio CD #3. Luego estudia *En preparación.*

12.4 **Tú** commands: A second look, páginas 442–443

Haz por escrito los ejercicios de *¡A practicar!*

Escucha la sección *¿Qué se dice... ?* del Capítulo 12, Paso 3, en el surco 19 del Text Audio CD y haz la actividad correspondiente en la página 432.

ADUANAS EN INTERNET

La Superintendencia Nacional de Aduanas, lo invita a descubrir vía Internet el fascinante mundo de la ADUANA PERUANA.

Descubra los avances de su proceso de sistematización, enterándose de la información más actualizada del Comercio Exterior y todas sus Normas Legales.

Comunícate con nosotros vía correo electrónico.
Internet: www.aduanas.gob.pe

ADUANAS
SUPERINTENDENCIA NACIONAL DE ADUANAS

Ahora, ¡a analizar!

Indica si este anuncio te dice que hagas o no hagas lo siguiente.

sí	no	1. Visita la Superintendencia Nacional de Aduanas.
sí	no	2. Usa el correo electrónico para comunicarte con la Superintendencia Nacional de Aduanas.
sí	no	3. Recibe la información más reciente del Comercio Exterior por Internet.
sí	no	4. Solicita empleo en la Superintendencia Nacional de Aduanas.
sí	no	5. Descubre Aduana Peruana en Internet.
sí	no	6. Respeta las normas legales de Internet.

CD3-19

Al hablar de lo que otras personas deben hacer

¿Quién dice esto, Enrique (**E**) u Olga (**O**)?

____ 1. Escucha.

____ 2. No gastes mucho dinero.

____ 3. No seas tacaño.

____ 4. Termina tu limonada.

____ 5. Te acompaño.

____ 6. Cómprame unas tarjetas.

____ 7. Déjame en paz.

A propósito...

«¡Qué va!» se usa en español para expresar total desacuerdo con lo que dice la otra persona, o para responder de una forma absoluta y negativa a una pregunta. También se usa para expresar sorpresa. ¿Cómo traduces al inglés las siguientes preguntas y respuestas? — **¿Tienes mucho dinero?** — **¡Qué va!, tengo solamente un par de dólares. —¿Vienes conmigo?** — **¡Qué va!, no puedo. — ¿Sabes que Ana María ganó el premio Nobel?** — **¡Qué va! ¡No puedo creerlo!**

OLGA: Por lo menos no he aumentado de peso. ¡Con toda la buena comida que hemos comido!, ¿no es un milagro, Enrique?

ENRIQUE: ¡Qué va! Con la cantidad de kilómetros que hemos caminado... y yo siempre cargado con tus cosas.

OLGA: No te quejes más, Enrique. Seguramente tu corazón te lo está agradeciendo. Creo que con tanto caminar hasta hemos perdido un poco de peso. ¿Qué te parece, Enrique?

ENRIQUE: No te hagas ilusiones, Olga. Estamos igual.

¿Sabías que...?

El escritor peruano Mario Vargas Llosa nació en Arequipa, Perú, en el año 1936, pero no logró su fama hasta 1963 cuando escribió su gran novela *La ciudad y los perros* que fue traducida inmediatamente a más de veinte idiomas y recibió el Premio Biblioteca Breve y el Premio de la Crítica (1963). En el año 1966 publicó su segunda gran obra, *La casa verde*. Últimamente ha publicado *La fiesta del chivo* (2000) y *El paraíso en la otra esquina* (2003). Vargas Llosa, aparte de ser un escritor que ha alcanzado gran fama internacional, también ha tenido una participación activa en la vida política de Perú. Fue candidato a la presidencia en las elecciones de 1990, en las cuales triunfó el ingeniero Alberto Fujimori.

En tu opinión: Empezó a escribir en los años cincuenta. ¿Por qué crees que el célebre Vargas Llosa perdió las elecciones cuando compitió con el desconocido Alberto Fujimori?

Ahora, ¡a hablar!

A. **Dos jefes.** Organiza lo que dicen Enrique y Olga en el *¿Qué se dice...?*

___ 1. No te hagas   a. tacaño.

___ 2. Termina tu   b. mucho.

___ 3. Cómprame   c. limonada.

___ 4. No seas   d. ilusiones.

___ 5. No compres   e. dos tarjetas.

B. **¡Por fin a Perú!** Tú vas a estudiar en la Universidad de San Marcos en Lima, y la oficina de estudios en el extranjero de tu universidad te da algunas recomendaciones sobre seguridad. ¿Qué te recomienda?   EP 12.4 ⊖⊖

MODELO   llamar a los Estados Unidos una vez por semana
           Llama a los Estados Unidos una vez por semana.

1. salir siempre con otros amigos(as) y regresar con ellos(as)
2. mantener informada a tu familia de dónde y cómo estás
3. no tomar taxis de noche solo(a)
4. hacer la tarea todos los días y practicar tu español en todo momento
5. ser prudente y respetuoso(a)
6. divertirse y no comparar constantemente

C. **¡No gastes nada!** Tu familia también tiene consejos que darte (un poquito más radicales). ¿Qué te dice?   EP 12.4 ⊖⊖

MODELO   no beber el agua
           No bebas el agua.

1. no salir solo(a) de noche
2. no ir a las discotecas
3. no acostarse tarde
4. no caminar por las calles solo(a) de noche
5. no gastar dinero
6. Llamar, escribir y enviar correos electrónicos todos los días

D. **¡Qué vida!** Tu mejor amigo(a) también tiene consejos para ti.

MODELO   trabajar
Trabaja mucho. o
No trabajes demasiado. Diviértete.

1. ser responsable
2. comprar un teléfono celular
3. salir con un(a) chico(a) peruano(a)
4. divertirte
5. ir a clase todos los días
6. escribir(me) en español
7. no comparar Perú con Estados Unidos

Y ahora, ¡a conversar!

E. **¡Cuídate!** Un amigo que viaja contigo en Cuzco se enferma y quiere saber qué debe hacer para mejorarse. Aconséjalo.

MODELO   No comer nada sólido   **No comas nada sólido.**

Sugerencias

beber té caliente	no salir del cuarto
llamar al médico	pedir sopa de pollo
no beber agua sin purificar	tomar una aspirina

F. **Viaje a Machu Picchu.** Tú y un(a) compañero(a) están viajando por Sudamérica, visitando y explorando diferentes lugares. Ahora están en las famosas cataratas de Iguazú y quieren viajar por Uruguay, Argentina, Chile y Bolivia para llegar a Machu Picchu. Piensan hacer ocho escalas *(stopovers)* en su viaje. ¿Quién va a llegar primero? Para avanzar una escala, tienes que contestar la pregunta de tu compañero(a) correctamente. Tus preguntas están aquí, las de tu compañero(a) están en el Apéndice A.

1. ¿Cuál es la capital de Chile?
2. ¿Cuál es la capital de Ecuador?
3. Nombra tres países atravesados por la cordillera de los Andes.
4. Nombra dos países que tienen frontera con Colombia.
5. ¿De qué nacionalidad era Eva Perón?
6. ¿Quién escribió *¡Dímelo tú!*? Nombra uno de los autores.
7. ¿Cuántos países de habla hispana hay en Centroamérica?
8. ¿Cómo se llama la capital de Perú?
9. ¿Cuál es el país de habla hispana más pequeño de Sudamérica?
10. Nombra dos culturas indígenas de México.
11. Nombra el país en el que se intentó construir un canal similar al de Panamá.
12. Nombra cinco países de Sudamérica y sus capitales.

G. **¡Lima de noche!** Durante tu visita a Lima, conoces a un(a) persona de tu edad que ofrece enseñarte Lima de noche. Antes de salir, tu familia peruana te da varios consejos. ¿Qué te dicen?

H. Turista profesional. Tú acabas de regresar de tu viaje al Perú y ahora todos tus amigos te consideran un(a) experto(a) en esa área. Tu mejor amigo(a) piensa visitar el mismo lugar que visitaste y te pide consejos. Con un(a) compañero(a), escriban el diálogo. Luego dramatícenlo delante de la clase.

I. El menor. Un(a) amigo(a) ha dicidido regresar a la universidad después de trabajar unos años en una compañía privada. Felicítalo(a) por la decisión y dale consejos para evitar problemas, disfrutar de la experiencia y tener éxito. Dramatiza la situación con un(a) compañero(a).

El rincón de los lectores

Estrategias para leer: usar las pistas del contexto

En un capítulo previo aprendiste a usar pistas de contexto *(context clues)* cuando no sabes el significado de una palabra. Aprendiste que varias cosas te pueden ayudar a entender una palabra clave desconocida.

- el contenido de la oración
- no preocuparse por saber el significado específico; basta con tener una idea general del significado
- fijarse en la puntuación y la estructura
- identificar las palabras clave y no preocuparse por palabras desconocidas que no sean clave

Ahora lee las dos oraciones que siguen.

Una teoría dice que sirvió de refugio a los últimos incas que huían de la dominación española. Sea cual fuere su origen, la ciudad fue construida en las cumbres de la cordillera de los Andes.

1. Haz una lista de las palabras desconocidas en cada oración. ¿Cuáles son?
2. ¿Hay algunas palabras clave entre las palabras desconocidas? ¿Cuáles son? ¿Por qué crees que son clave?

¡A descifrar! Con la ayuda de un(a) compañero(a), trata de descifrar las palabras desconocidas de las dos listas. Si sabes el significado de las de su lista, no se lo digas. Simplemente ayúdale a adivinar siguiendo uno de los procesos mencionados.

Machu Picchu

Machu Picchu: La ciudad escondida de los incas

No se sabe con certeza cuándo fue construida Machu Picchu. Una teoría dice que la ciudad fue anterior a los incas y desconocida por ellos. Otra dice que fue construida por los incas, pero abandonada antes de la llegada de los españoles. Aun otra teoría dice que sirvió de refugio a los últimos incas que huían de la dominación española. Sea cual fuere su origen, la ciudad fue construida en las cumbres de la cordillera de los Andes a una altura de 1.400 pies sobre el río Urubamba.

No se sabe con seguridad si Machu Picchu fue encontrada por los conquistadores españoles. Si llegaron a conocerla, pronto la olvidaron porque permaneció escondida en las montañas por más de cuatro siglos. En 1911 Hiram Bingham, un profesor de historia de la Universidad de Yale, hizo una expedición al Perú en la que descubrió las ruinas de la ciudad. Desde ese momento aumentó el interés por conocer a fondo los elementos de la cultura incaica.

Algunos investigadores creen que Machu Picchu fue construida como una fortaleza para defenderse del ataque enemigo. Otros piensan que fue un santuario de gran importancia religiosa para los incas. También se cree que fue un convento donde las mujeres trabajaban fabricando la ropa que vestía el inca. Lo más probable es que fuera un centro religioso donde se practicaban sacrificios en honor a los dioses.

Machu Picchu es también un laboratorio de la cultura incaica. Allí puede observarse su método de cultivo por medio de terrazas, las cuales permitían una mejor explotación del terreno montañoso. Hay también un sistema de canales para la irrigación agrícola y el consumo humano de agua. Pero lo más impresionante de todo es el empleo de la piedra labrada en la construcción de las casas, templos y otros edificios. El resultado es una arquitectura en armonía con la naturaleza que la rodea. Todo en ella nos hace recordar el esplendor y el rigor de una gran civilización perdida.

A ver si comprendiste

1. ¿Cuáles son las varias teorías sobre el origen y el propósito de Machu Picchu? ¿Cuál es la más probable, en tu opinión? Explica tu respuesta.
2. ¿Por qué se dice que Machu Picchu es un laboratorio de la cultura incaica? Explica con detalle.
3. ¿Qué es lo más impresionante de Machu Picchu para ti? ¿Por qué?

Vocabulario

CD3-20–3-22

PASO 1

Lugares

capital *(f.)*	capital
palacio	palace
ruinas *(f. pl.)*	ruins

Viajar

agente de viajes *(m./f.)*	travel agent
alojamiento	lodging
alojarse	to be lodged, to stay overnight
cargar	to load; to carry
fortaleza	fortress
lancha	boat
puesta del sol	sunset
recuerdo	souvenir
turista *(m./f.)*	tourist
volar (ue)	to fly

Viajar en Perú

conejillo de Indias	guinea pig
cuy *(m.)*	guinea pig
plato nacional	national dish
soroche *(m.)*	altitude sickness
té de coca *(m.)*	coca leaf tea

Adjetivos

ambos(as)	both
andino(a)	Andean
cosmopolita	cosmopolitan
divino(a)	divine
mismo(a)	same
seguro(a)	safe
estar seguro(a)	to be sure, certain
Seguro que...	It's for sure that . . .
situado(a)	situated
típico(a)	typical

Verbos

cultivar	to cultivate
estar harto(a) de (algo)	to be fed up with (something)
explicar	to explain
observar	to observe
proveer	to provide

Palabras y expresiones útiles

a propósito	by the way
además	besides, furthermore
de arriba...	from top . . .
desde	since, from
detalle *(m.)*	detail
estrella	star
igual	equal
igual de	equally, the same
Es igual de interesante...	It's as interesting as . . .
montón de *(m.)*	a lot of . . .
nivel del mar *(m.)*	sea level
resto	rest

PASO 2

Ir de compras en Perú

artesanía	handicrafts
collar *(m.)*	necklace
estatua	statue
joyería	jewelry store
máscara	mask
pintura	painting
rollo	roll (of film)
suéter de alpaca *(m.)*	wool (alpaca) sweater
tarjeta postal	postcard
tienda de artesanía	arts and crafts store

Verbos

agotar	to exhaust
ahorrar	to save
doler (ue)	to hurt
invertir (ie)	to invest
navegar	to navigate
olvidar	to forget

Palabras útiles

alpinismo/ andinismo	mountain climbing
bancarrota	bankruptcy
duda	doubt
guardia *(m./f.)*	guard
tacaño(a)	stingy

PASO 3

Viajar

aduana	customs
discoteca	discotheque
kiosko	kiosk

Verbos

agradecer	to be grateful
enfermarse	to get sick
dejar en paz	to leave alone, in peace
ilusionarse	to build one's hopes up
purificar	to purify

Palabras y expresiones útiles

a pesar de	in spite of
ilusión *(f.)*	illusion
milagro	miracle

En preparación 12

Paso 1

12.1 Future tense of regular verbs

Talking about the future

A. In English, the future is usually expressed with the auxiliary verbs *will* or *shall: I will/shall see you later.* The future tense in Spanish is formed by adding the endings **-é, -ás, -á, -emos, -éis,** and **-án** to the infinitive of most **-ar, -er,** and **-ir** verbs.

estar	
estaré	estaremos
estarás	estaréis
estará	estarán
estará	estarán

ser	
seré	seremos
serás	seréis
será	serán
será	serán

ir	
iré	iremos
irás	iréis
irá	irán
irá	irán

Este verano no **viajaré.**	*This summer I will not travel.*
En el invierno **iremos** a hacer andinismo en Perú.	*In the winter we will go mountain climbing in Peru.*

B. There are other ways to talk about future time in Spanish. Remember that the present indicative and **ir a** + *infinitive* are also used to express future time.

Carlos **llega** mañana a las diez.	*Carlos will arrive tomorrow at ten.*
Te **veo** más tarde.	*I'll see you later.*
Vamos a verla esta noche.	*We are going to see her tonight.*
Ella **va a** traerlos.	*She is going to bring them.*

¡A practicar!

A. ¡Qué planes tengo! Andrés acaba de graduarse y antes que nada quiere pasar las vacaciones en Perú. ¿Qué planea hacer?

MODELO   yo / pasar / vacaciones / Perú
   Yo pasaré las vacaciones en Perú.

1. primero, yo / ir a descansar / playas / Santa María
2. estar / Lima / dos semanas
3. divertirme / todas las noches / discotecas
4. visitar Cuzco / donde poder ver / fortaleza de Sacsahuamán
5. caminar / toda la ciudad / y ver / mucho de la antigua capital
6. regresar / los EE.UU. / agosto

B. ¡Me escaparé! Unos amigos peruanos están hablando de lo que harán después de graduarse. Cambia los verbos al futuro para saber lo que dicen.

1. Yo _____ (ir) a visitar las ruinas de Chan Chan en el norte del país.
2. Alicia y yo _____ (descansar) y _____ (tomar) sol en las playas de Paracas.
3. Gloria y María _____ (viajar) a Machu Picchu.
4. José _____ (quedarse) aquí para descansar.
5. Cecilia y Roberto _____ (volver) a Arequipa durante el verano.
6. Fernando dice que _____ (visitar) a sus parientes en Ica. _____ (Estar) allá todo un mes.

12.2 Future tense of verbs with irregular stems

Talking about the future

The future tense of the following verbs is formed by adding the future tense endings to irregular stems.

Future tense: Irregular verbs		
decir:	**dir-**	
haber:	**habr-**	
hacer:	**har-**	
poder:	**podr-**	-é
poner:	**pondr-**	-ás
querer:	**querr-**	-á
saber:	**sabr-**	-emos
salir:	**saldr-**	-éis
tener:	**tendr-**	-án
valer:	**valdr-**	
venir:	**vendr-**	

poder	
podré	podremos
podrás	podréis
podrá	podrán
podrá	podrán

Note that a majority of the irregular stems are derived by eliminating the vowel of the infinitive ending or replacing it with a **d.**

Tendremos que visitar Chan Chan.	*We will have to visit Chan Chan.*
Los invitados **vendrán** de todas partes.	*The guests will come from all over.*
¿Quiénes **harán** el chuño?	*Who will make chuño?*

¡A practicar!

A. ¡Hay tanto que hacer! Eva y Adolfo piensan hacer su primer viaje a Perú dentro de un mes. Ahora, Eva está explicándole a su mejor amiga lo que todavía le queda por hacer. ¿Qué dice Eva? Para saberlo, pon los verbos en el futuro.

Yo _____ (tener) que comprar los boletos de vuelo muy pronto. Adolfo, nuestros padres y yo _____ (hacer) la lista de todos los lugares que vamos a visitar.
Mamá _____ (ponernos) en contacto con unos parientes en Lima.
Mis tías _____ (darme) una lista de regalos que quieren que les compre.
Adolfo _____ (poder) visitar a unos amigos suyos en Cuzco. Y mis abuelos dicen que _____ (venir) a despedirnos el día de nuestra salida.

B. ¡Los días pasan volando! La mejor amiga de Eva tiene algunas ideas de cómo ayudarla. Pon los verbos entre paréntesis en el futuro para saber qué le sugiere.

Yo _____ (poder) ir contigo a comprar los boletos. Podemos ir mañana por la tarde porque yo _____ (salir) del trabajo a las dos de la tarde. También nosotras _____ (tener) tiempo de ir a casa a cenar. Te _____ (hacer) una cena especial. Probablemente no _____ (haber) otra oportunidad de estar a solas antes de tu viaje.

Paso 2

12.3 Conditional of regular and irregular verbs

Stating what you would do

A. The conditional is used to state conditions under which an action may be completed. In English, the conditional is expressed with *would: I would go if . . .* In Spanish, the conditional is formed by adding the endings **-ía, -ías, -ía, -íamos, -íais,** and **-ían** to the infinitive of most -**ar,** -**er,** and -**ir** verbs.

estar		ser		ir	
estar**ía**	estar**íamos**	ser**ía**	ser**íamos**	ir**ía**	ir**íamos**
estar**ías**	estar**íais**	ser**ías**	ser**íais**	ir**ías**	ir**íais**
estar**ía**	estar**ían**	ser**ía**	ser**ían**	ir**ía**	ir**ían**
estar**ía**	estar**ían**	ser**ía**	ser**ían**	ir**ía**	ir**ían**

Yo **iría** a un concierto de la peruana Tania Libertad.   *I would go to one of the concerts of the Peruvian Tania Libertad.*
Allí **podría** escuchar la música de Ciro Hurtado también.   *There I would also be able to listen to Ciro Hurtado's music.*

B. The conditional of the following verbs is formed by adding the conditional endings to irregular stems. Note that the irregular stems of these verbs are identical to those of the irregular future tense verbs.

Conditional: Irregular verbs		
decir:	**dir-**	
haber:	**habr-**	
hacer:	**har-**	
poder:	**podr-**	-ía
poner:	**pondr-**	-ías
querer:	**querr-**	-ía
saber:	**sabr-**	-íamos
salir:	**saldr-**	-íais
tener:	**tendr-**	-ían
valer:	**valdr-**	
venir:	**vendr-**	

hacer	
haría	haríamos
harías	haríais
haría	harían
haría	harían

Haría todo lo posible por conseguir entradas al concierto.	*I would do everything possible to get tickets to the concert.*
Tú **podrías** ir conmigo.	*You could go with me.*

¡A practicar!

A. ¡Yo lo haría así! Tu mejor amigo(a) desea viajar este verano pero no tiene la mínima idea adónde. Quiere saber adónde irías tú y qué harías en el viaje. ¿Qué le dices?

MODELO   primero, buscar información por Internet*
Primero, buscaría información por Internet.

1. sin duda, decidir viajar a Perú
2. llamar a varias agencias de viaje
3. empezar a trabajar más horas
4. de esa manera, ahorrar más dinero
5. también tomar una clase de historia de Cuzco o de Perú
6. luego, comprar mis boletos
7. hacer mis maletas
8. irme a Perú por todo un mes

B. ¡Me encantaría ir contigo! Ahora que todos los planes están hechos, tu mejor amigo(a) insiste en que hagas el viaje a Perú con él (ella). ¿Qué tendrían que hacer para poder viajar juntos(as)?

MODELO   Los (Las) dos (tener) que trabajar más horas.
Los (Las) dos tendríamos que trabajar más horas.

1. Mi amigo(a) y yo (hablar) con nuestros amigos peruanos.
2. Los (Las) dos (tener) que organizar nuestro presupuesto *(budget)*.
3. Los (Las) dos (poder) tomar la clase de historia de Perú juntos(as).
4. Yo definitivamente (tomar) otra clase de español.
5. Mi amigo(a) y yo (practicar) español veinticuatro horas al día.
6. Yo (saber) exactamente qué lugares visitar.

*The word **Internet** is used in Spanish with either the masculine article **el** or the feminine article **la** or with no article at all, as is the case in *¡Dímelo tú!*

C. **¡Nunca!** Como es la primera vez que tu amigo(a) viaja tan lejos, sus padres están un poco preocupados. Tú los llamas para convencerlos. Completa los espacios con los verbos en condicional para saber qué les dices.

¡ _____ (Ser) una excelente oportunidad para hacernos bilingües! Nosotros(as) _____ (practicar) más que nunca. _____ (Hablar) continuamente con los miembros de la familia donde nos vamos a hospedar y también _____ (tener) amplia oportunidad de hablar con la gente en la calle, porque _____ (tener) que tomar el autobús a la universidad todos los días. Claro, que ya estando allí, _____ (viajar) a Bolivia y a Ecuador, y si nuestro presupuesto lo permitiera, _____ (ir) también al Cono Sur, a Chile, Argentina y Uruguay.

Paso 3

12.4 *Tú* commands: A second look

Requesting, advising, and giving orders to people

A. In **Capítulo 9,** you learned that regular affirmative **tú** commands are identical to the third-person singular of the present indicative.

Llama a la agencia de viajes.	*Call the travel agency.*
Pide información sobre Sipán.	*Ask for information about Sipán.*

You have also learned that there are eight irregular affirmative **tú** commands: **di, pon, sal, ten, ven, haz, ve,** and **sé.**

Haz las reservaciones.	*Make the reservations.*

B. To form a negative **tú** command, drop the final **-o** from the first-person singular of the present indicative and add **-es** to **-ar** verbs and **-as** to **-er** and **-ir** verbs.

Negative *tú* commands			
tomar:	tomo	No **tomes** cerveza.	*Don't drink beer.*
comer:	como	No **comas** nada.	*Don't eat anything.*
dormir:	duermo	No **duermas** aquí.	*Don't sleep here.*
salir:	salgo	No **salgas** hoy.	*Don't go out today.*

C. Reflexive and object pronouns must precede the verb in negative commands and follow and be attached to the verb in affirmative commands. When two pronouns are present in a sentence, the reflexive pronoun always comes first, and the indirect-object pronoun always precedes the direct-object pronoun.

Llámanos cuando lleguen y no **te olvides** de llamar a tus abuelos.	*Call us when you arrive and don't forget to call your grandparents.*
¡Ah, el pasaporte! **Tráemelo,** por favor.	*Oh, the passport! Bring it to me, please.*

¡A practicar!

A. **¡El soroche!** Es tu primer día en Cuzco y tu amigo(a) sufre de soroche. ¿Qué consejos le das?

1. quedarte / en casa
2. no comer / nada
3. tomar / té de coca
4. descansar / todo el día
5. no salir / y / no hacer nada en la casa
6. acostarte / y / no levantarte
7. dormir / todo el día
8. si suena el teléfono / no contestarlo

B. **¡Está enfermo(a)!** Ahora tu compañero(a) de cuarto está hablando por teléfono con su mamá. ¿Qué le dice ella?

1. no comer / nada
2. no mirar / televisión
3. no leer / mucho
4. no tomar / cerveza
5. no salir / al frío
6. no hacer / ejercicios pesados

C. **¡Instrucciones!** Los padres de tu compañero(a) tienen instrucciones muy específicas para ti. ¿Qué te dicen?

MODELO   servirle sopa de pollo dos veces al día
           Sírvele sopa de pollo dos veces al día. o
           Sírvesela dos veces al día.

1. tomarle la temperatura cada cuatro horas
2. no hablarle si se siente cansado(a)
3. darle una aspirina cada seis horas
4. no despertarlo(la) si suena el teléfono
5. prepararle té calientito todo el día
6. servirle un vaso de agua fresca cada media hora

El Canal de Panamá

Una indígena cuna

CAPÍTULO 13

¡Puente entre las Américas... Panamá!

La Ciudad de Panamá

In this chapter, you will learn how to . . .

- give advice.

- lead a group in aerobic exercise.

- tell someone what to do or not to do.

- express fear, joy, sadness, pity, surprise, or hope.

- refer to unknown entities.

¡Las fotos hablan!

A. **A que ya sabes.** Completa los siguientes comentarios sobre Panamá basando tus respuestas en estas fotos.

1. Panamá es una combinación de...
   a. lo moderno y lo industrial.
   b. lo industrial y lo indígena.
   c. lo moderno, industrial e indígena.

2. La Ciudad de Panamá es una ciudad muy...
   a. moderna.
   b. antigua.
   c. colonial.

3. Los indígenas cunas...
   a. construyeron el Canal de Panamá.
   b. se han asimilado totalmente a la sociedad panameña moderna.
   c. mantienen muchas de sus tradiciones.

4. El Canal de Panamá...
   a. sirve a la mayoría de necesidades de los indígenas.
   b. probablemente es la mayor industria de Panamá.
   c. ya perdió toda su importancia en la economía global.

B. **¿Por qué?** Indica si los comentarios que siguen explican el porqué de los cuatro comentarios correspondientes a la actividad A.

Sí   No   1. El Canal de Panamá trajo la industrialización y modernidad a Panamá sin alterar las culturas indígenas del país.

Sí   No   2. La Ciudad de Panamá es uno de los centros financieros más importantes de las Américas.

Sí   No   3. Los indígenas cunas mantienen vivas sus tradiciones culturales en medio de la sociedad moderna de Panamá.

Sí   No   4. El Canal de Panamá se inauguró en 1914, con el control de los Estados Unidos por cien años.

¡Panamá recomienda que hagamos más ejercicio!

TAREA

Antes de empezar este Paso, estudia la lista de vocabulario en la página 471 y practícalo al escuchar el surco 27 de tu Text Audio CD #3. Luego estudia *En preparación.*

13.1 Present subjunctive: Theory and forms, página 472

13.2 Subjunctive with expressions of persuasion, página 473

Haz por escrito los ejercicios de *¡A practicar!*

Escucha la sección *¿Qué se dice... ?* del Capítulo 13, Paso 1, en el surco 23 del Text Audio CD y haz la actividad correspondiente en la página 447.

¿Eres buen observador?

Te invitamos a hacerte socio de la Asociación Estudiantil Masculina ZTE

Ahora, ¡a analizar!

Consejos. Los socios de la Asociación Estudiantil Masculina ZTE hacen varias actividades, algunas muy buenas para la salud, otras no tan buenas. ¿Qué consejos les puedes dar para que sigan haciendo lo saludable y dejen de hacer lo que no es bueno para su salud?

Les recomiendo / sugiero / aconsejo / insisto en / digo que...

tomen más agua	descansen más	consuman muchas
no fumen	bajen de peso	verduras
no tomen bebidas alcohólicas	controlen su peso	coman más pescado
coman más verduras	practiquen más deportes	corran más

¿Qué se dice... ?

Al dar consejos

El médico recomienda que...

___ 1. tome mucha leche.

___ 2. no fume.

___ 3. coma muchas verduras.

___ 4. baje de peso.

___ 5. no tome bebidas con alcohol.

___ 6. no coma tanta carne ni grasa.

___ 7. no duerma tanto.

___ 8. camine o corra todos los días.

___ 9. tome mucha agua.

___ 10. coma pollo y pescado.

NARCISO: A ver, nada de alcohol, nada de fumar, litros de agua, mucha verdura, correr y caminar. Parece la dieta ideal... para caballos. ¿Pero, cuál te dijo que era el diagnóstico?

DAVID: Nada, dice que tengo un poquito de depresión.

NARCISO: ¿Depresión? Pues ya sabes lo que tienes que hacer. Tienes que hacerme caso, te lo he dicho muchas veces.

DAVID: Sí, ya lo sé.

NARCISO: Pues ánimo: fuera el tabaco, fuera las horas ante el televisor, fuera la pereza; y viva la salud, el ejercicio, el optimismo, la energía... y a disfrutar del maravilloso sol de Panamá.

> **A propósito...**
>
> **Hacer caso** significa prestar atención.

Algunos críticos dicen que Panamá solamente es famoso por tres razones: el canal, los sombreros de Panamá y el general Noriega. Y añaden que el canal perteneció a los Estados Unidos hasta hace muy poco tiempo; los sombreros de Panamá no se hacen en Panamá sino en Ecuador; y el ex presidente Noriega está en una prisión en los Estados Unidos. Pero, bromas aparte, Panamá es mucho más. Con una fascinante mezcla de indígenas, españoles, africanos, chinos, rusos, franceses y mestizos y mulatos, este país es un centro internacional de negocios y transporte. Además, cuenta con algunas de las playas más hermosas del mundo, y en las islas San Blas viven los cunas, unos indígenas que después de quinientos años, todavía mantienen su cultura y su autonomía.

🔍 **En tu opinión:** ¿Por qué creen que ha habido tanta influencia extranjera en Panamá? ¿Cuál ha sido el interés principal de los Estados Unidos en Panamá? ¿Por qué creen que hay una mezcla de tantas razas en Panamá? ¿Será porque Panamá, como los Estados Unidos, atrae a refugiados políticos de otros países? ¿Tienen los Estados Unidos grupos de indígenas que, como los cunas, mantienen su cultura y su autonomía?

Ahora, ¡a hablar!

A. **¡Estoy rendido!** Adrián es estudiante de la Tecnológica. Ahora está cansado de tanto estudiar y trabajar. ¿Qué recomiendas para que se relaje? Haz por lo menos ocho recomendaciones originales.

MODELO **Recomiendo que haga un viaje.**

	hacer un viaje
	olvidar el trabajo
aconsejar	descansar todo el domingo
insistir en	organizar una fiesta
sugerir	salir más
recomendar	relajarse más
	no preocuparse tanto
	evitar el estrés

B. **El primer semestre.** El primer semestre en la universidad puede ser una experiencia algo traumática para algunas personas. ¿Qué consejos tienes para un(a) nuevo(a) estudiante que acaba de entrar a la universidad?

MODELO estudiar un poco todos los días
Recomiendo que estudie todos los días un poco.

1. participar activamente en las clases
2 limitar su vida social
3. entregar los trabajos a tiempo
4. organizar grupos de estudio
5. administrar su tiempo
6. leer muchísimo
7. mantener una vida sana

A propósito...

El subjuntivo siempre se usa en oraciones con dos cláusulas, es decir, dos oraciones conectadas por una conjunción. Cada cláusula tiene su propio sujeto y verbo. Cuando se usa el subjuntivo los dos sujetos siempre se refieren a distintas personas. ¿Cuáles son los dos sujetos y verbos en las actividades A y B? ¿Cuál de los dos verbos requiere el subjuntivo?

EP 13.1 ⊖⊖, 13.2 ⊖⊖

C. **¡El primer coche!** Jaime, un joven panameño, acaba de recibir su licencia de EP 13.1 ⏤⏤, EP 13.2 ⏤⏤ manejar. Según él, ¿qué consejos recibe de su familia?

MODELO   mamá insistir en / siempre / manejar con precaución
Mi mamá insiste en que yo siempre maneje con precaución.

1. padres / recomendar / siempre usar / cinturón de seguridad
2. papá / insistir en / siempre observar / los límites de velocidad
3. hermano mayor / recomendar / siempre poner / coche / garaje
4. hermana / insistir en / nunca / beber alcohol / si tener que manejar
5. papá / recomendar / lavar / coche / con frecuencia
6. padres / insistir en / siempre tener / llanta de repuesto

Y ahora, ¡a conversar!

D. **Doctor Sabelotodo.** Tú y tu compañero(a) trabajan para el doctor Sabelotodo, un señor que da consejos en un periódico de su comunidad. ¿Qué consejos puede darles a estas personas? Sugieran varios consejos para cada situación.

Vocabulario útil

aconsejar	permitir	recomendar
insistir	preferir	sugerir

1. Una pareja de recién casados quiere saber cómo se puede tener un matrimonio feliz.
2. Una joven de dieciocho años necesita conseguir un buen trabajo inmediatamente.
3. Tres compañeros de cuarto quieren saber cómo obtener buenas notas. ¡Es urgente!
4. Dos amigos quieren vivir juntos; necesitan consejos para poder vivir sin problemas.
5. Un(a) joven acaba de divorciarse. Está muy deprimido(a).

E. **¿Nosotros? ¿Consejeros?** Todos tenemos problemas: de salud, de dinero, de trabajo o de lo que sea. En grupos de tres, preparen una descripción por escrito de dos o tres problemas típicos de estudiantes universitarios y dénsela a su profesor(a). Él (Ella) va a redistribuir las listas para que cada grupo haga varias recomendaciones para solucionar los problemas de su nueva lista.

F. **Sueños.** Todos tenemos sueños que queremos realizar algún día. Con un(a) compañero(a) comparte tus sueños. Tu compañero(a) va a darte algunos consejos que te ayudarán a lograr *(attain)* lo que quieras.

MODELO   TÚ: **Yo quiero vivir en una mansión grande y elegante.**
          COMPAÑERO(A): **Sugiero que trabajes mucho y ahorres *(save)* mucho dinero o que te cases con un(a) millonario(a).**

¡Luces! ¡Cámara! ¡Acción!

G. **¿Qué me recomiendas?** Es la última semana de exámenes y un(a) amigo(a) que está sufriendo de mucho estrés viene a hablar contigo y con tu mejor amigo(a). ¿Qué consejos le dan ustedes? Con dos compañeros(as), escriban su diálogo y dramatícenlo delante de la clase.

H. **Consejos.** Tú y tu compañero(a) de cuarto están hablando con un(a) amigo(a) que tiene problemas serios debido al exceso de alcohol (drogas o cigarrillos). ¿Qué consejos le dan? Dramatiza la situación con dos compañeros(as) de clase.

Un paso atrás, dos adelante: Capítulo 12

Repasemos. En el Capítulo 12 aprendiste a hablar de lo que harás en el futuro en general o durante unas vacaciones en particular; aprendiste también a hablar de lo que harías en diferentes situaciones, y a dar consejos y órdenes a los demás. Repasa lo que sabes, completando el siguiente texto con las palabras necesarias. Puedes inventar la información.

Un plan emocionante

TU AMIGO(A): Entonces, ¿cuándo _____ [futuro de tomar] las vacaciones este año? Yo las _____ [futuro de tomar] en agosto.

TÚ: Y yo también. Y creo que _____ [futuro de ir] a Perú. ¿Y tú?

TU AMIGO(A): Yo no lo _____ [presente perfecto de pensar] todavía, pero sí, creo que también me _____ [condicional de gustar] ir a Perú.

TÚ: Si quieres podemos ir juntos; _____ [*command* de pensar] en una fecha y podemos comprar el billete para ir juntos.

TU AMIGO(A): Muy bien. ¿Y qué _____ [condicional de querer] visitar en Perú? Yo no _____ [condicional de perderse] Machu Picchu por nada del mundo.

TÚ: Ni yo; además, mi profesor me _____ [presente perfecto de hablar] muy bien de la reserva de la biosfera del Manú.

TU AMIGO(A): Muy bien, pues la _____ [futuro de visitar] también.

TÚ: ¡Perfecto! _____ [*command* de llamar] cuando encuentres unos billetes a buen precio. _____ [*command* de recordar] que soy vegetariano(a) y que prefiero la ventana al hacer la reserva del avión.

TU AMIGO(A): De acuerdo, lo _____ [futuro de recordar].

¿Comprendes lo que se dice?

Estrategias para escuchar: interpretar las palabras clave

CD3-24

In **Capítulo 12** you learned that understanding what you hear can involve more than just the words you hear; nonverbal cues are as essential as specific words. Often, little of the necessary meaning of a speech event is encoded in the words and grammar alone. Rather, the linking together of certain key words (**palabras clave**) with your prior knowledge and experience becomes essential to the process of understanding. This is especially important when you don't recognize every word you hear.

The dialogue you will now hear portrays expectant parents returning from a prenatal parenting class in Panama City. This dialogue contains some vocabulary with which you will not be familiar. Use the various listening strategies you have learned: listen for cognates and let what you know about prenatal classes help you. Also, using these strategies, try to guess at the meaning of any words that you feel are important but do not understand.

¿Y después de traerlo a casa? Escucha este diálogo con un(a) compañero(a). Mientras escuchen, escriban en una hoja de papel todas las palabras clave que no entiendan y que consideren necesarias para poder interpretar el diálogo. Luego escuchen el diálogo otra vez y traten de identificar el significado de esas palabras basándose en cognados que reconocen y en lo que ya saben de clases para futuros padres. Finalmente, preparen un resumen de todo lo que los nuevos padres aprendieron en sus clases.

Panamá

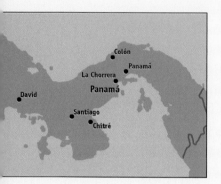

Capital: Panamá
Área: 1.285.220 km²
Población: 2.960.784 (julio de 2003)
Unidad monetaria: balboa y U.S. dólar
Clima: tropical, cálido y húmedo, con una larga temporada de lluvias
(de mayo a enero)

Antes de empezar, dime...

1. ¿Cómo puede influir la situación geográfica de un país en su destino o en su futuro? ¿Puedes dar ejemplos de esto?
2. ¿Qué influencia ha tenido en los Estados Unidos el hecho de que México sea el vecino inmediato en la frontera del sur y Canadá en la frontera del norte? ¿Qué influencia ha tenido esta situación geográfica en México y Canadá?
3. ¿Dónde hay fortificaciones antiguas en los Estados Unidos? ¿Cuándo fueron construidas? ¿A quiénes protegían estas fortificaciones?

Panamá, ¡puente del Atlántico al Pacífico!

Panamá es un istmo, o sea, una franja de tierra angosta que une dos continentes. Es un país pequeño; de este a oeste mide unas 480 millas y de sur a norte varía entre 28 y 120 millas. El futuro de Panamá se determinó en el año 1513 cuando Balboa vio por primera vez el Pacífico. Reconocido muy pronto como el cruce más importante del Atlántico al Pacífico, el destino de este país ha sido determinado en gran parte por su situación geográfica.

La población de Panamá es de aproximadamente 2.755.000 habitantes. Está compuesta por comunidades europeas, indígenas, negras y una minoría de origen asiático. La población de Panamá crece anualmente un 2,2 por ciento.

Su capital, la Ciudad de Panamá, es una impresionante metrópoli de rascacielos modernos (grandes edificios) que actualmente tiene una población de 1.200.000 habitantes. Fundada en 1519, fue de gran importancia para los españoles, siendo el puerto principal de donde salían las expediciones de la Conquista. En el año 1673, esta ciudad tuvo que ser reconstruida después de ser saqueada por el pirata inglés Henry Morgan. Al ser reconstruida, fue fortificada tan efectivamente por los españoles que nunca más pudo ser atacada con éxito por el enemigo. Esta fortificación se conserva hasta hoy en la sección de la ciudad llamada «Casco Viejo», uno de los hermosos ejemplos de la arquitectura antigua del mundo hispano. Debido a su situación geográfica estratégica, en la ciudad se encuentran sucursales de todos los principales bancos del mundo y cientos de compañías multinacionales.

Y ahora, dime...

Explica con un(a) compañero(a) cómo influyó la situación geográfica de la Ciudad de Panamá en su pasado y cómo sigue influyendo en su presente.

INFLUENCIA DE SITUACIÓN GEOGRÁFICA

Pasado	Presente
1.	1.
2.	2.
3.	3.
4.	4.

Viajemos por el ciberespacio a... PANAMÁ

@

Si eres aficionado(a) a navegar por el ciberespacio, usa las siguientes palabras clave para llegar a estos fascinantes sitios de **Panamá:**

Panamá

Ciudad de Panamá

Indígenas de Panamá

O mejor aún, simplemente ve hasta el sitio de la Red *¡Dímelo tú!* usando la siguiente dirección: http://dimelotu.heinle.com

Haz un *clic* en las direcciones correspondientes para que puedas...

- estudiar la historia contemporánea de Panamá, un país que, como dice su lema nacional: *Pro Mundi Beneficio,* ha transformado su economía en una que beneficia al mundo entero.
- conocer y disfrutar de la histórica Ciudad de Panamá.
- visitar el archipiélago de San Blas, lugar de origen de los indígenas cunas y de las fascinantes molas.

A tonificar el cuerpo... en la Ciudad de Panamá

TAREA

Antes de empezar este Paso, estudia la lista de vocabulario en la página 471 y practícalo al escuchar el surco 28 de tu Text Audio CD #3. Luego estudia *En preparación.*

13.3 **Usted** and **ustedes** commands, páginas 473–474

13.4 **Ojalá** and present subjunctive of irregular verbs, paginas 474–475

Haz por escrito los ejercicios de *¡A practicar!*

Escucha la sección *¿Qué se dice... ?* del Capítulo 13, Paso 2, en el surco 25 del Text Audio CD y haz la actividad correspondiente en la página 455.

¿Eres buen observador?

Ahora, ¡a analizar!

Indiquen cuáles de éstas son instrucciones que Nico Rada usaría en su clase de ejercicios aeróbicos.

☐ Levanten los brazos.

☐ Doblen las rodillas.

☐ Estiren las piernas.

☐ Respiren profundamente.

☐ Salten en un pie.

☐ Levanten y bajen la cabeza.

☐ Sigan el ritmo de la música.

☐ Caminen por 20 minutos.

☐ Corran alrededor del cuarto.

☐ Tomen un refresco.

☐ Den vuelta a las manos.

☐ Suban la pierna izquierda.

Al hablar de tonificar el cuerpo

CD3-25

¿Qué deben hacer estas personas?

Doblen	en un pie.
No respiren	vuelta a las manos.
Estiren	el ritmo.
Den	por la boca.
Salten	los brazos.
Sigan	las rodillas.

LETICIA: ¡Huy! Estoy muerta. Ojalá que sea más fácil mañana.

NARCISO: Estoy molido.

DAVID: Yo también. Estoy hecho polvo.

IRENE: ¡Ay, qué flojos están todos! Ya saben que tienen que sufrir un poco si quieren tonificar el cuerpo. Ojalá mañana pongan más esfuerzo.

TODOS: ¡Bu! ¡Ay, ay, ay! ¡Vaya! ¡A otro perro con ese hueso!

> **A propósito...**
>
> En español usamos expresiones como «estoy muerto(a)», «estoy molido(a)», «estoy hecho(a) polvo», «estoy rendido(a)», para indicar que estamos muy cansados.

¿Sabías que...?

La expresión **ojalá** viene de una expresión árabe que invocaba al Dios Alá. La influencia árabe en la lengua y cultura española abunda porque los musulmanes *(Moslems)* controlaron grandes partes de España por casi ochocientos años (711–1492). Cuando dos lenguas conviven por un extenso período de tiempo, la una acaba por influir en la otra y viceversa. Por ejemplo, un gran número de sustantivos que empiezan con **al-** en español viene directamente del árabe: **alfombra, almohada** *(pillow)*, **alhaja** *(jewel)*, **algodón** *(cotton)*, **alfalfa, alberca, álgebra, alquimia, alcalde** *(mayor)*, **alguacil** *(sheriff)*...

🔍 **En tu opinión:** Ojalá en árabe es *ua xa Alah.*¿Qué crees que significa? ¿Por qué crees que tantas palabras en español de origen árabe empiezan con **al**? Algunas de estas palabras pertenecen a categorías temáticas como artículos de lujo: alfombra, almohada, y alhaja. ¿Puedes identificar otras categorías temáticas en las palabras de origen árabe que aparecen aquí? ¿Por qué crees que esas palabras de origen árabe llegaron al español? ¿Cuáles son algunos ejemplos de palabras que han llegado al inglés del español?

Ahora, ¡a hablar!

Vocabulario activo

A. **Instructor(a) de aeróbicos.** Maité es instructora de ejercicios aeróbicos en el Club Deportivo Azuero. ¿Qué les dice a sus alumnos al empezar?

MODELO relajarse / respirar profundamente
Relájense; respiren profundamente.

1. con el ritmo de la música / levantar los brazos / luego bajarlos
2. todos juntos / doblar la cintura lentamente a la izquierda / y luego la derecha
3. lentamente / subir la pierna izquierda / y luego bajarla
4. con energía / levantar los brazos / luego dar vuelta a las manos
5. sin perder el ritmo de la música / subir los hombros / y luego bajarlos

B. **Anatomía.** En una escuela primaria en la Zona del Canal de Panamá, los niños están completando una lección de anatomía. ¿Cómo crees que contestan cuando la profesora les pide que, en parejas, digan para qué sirven las siguientes partes del cuerpo?

MODELO **La boca sirve para comer y para hablar.**

1. las manos
2. la nariz
3. los oídos
4. los dedos
5. los pies
6. los brazos
7. los ojos
8. la boca
9. las piernas
10. ¿...?

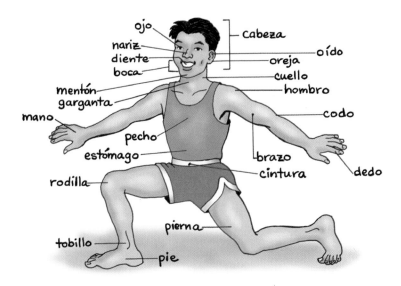

ojo
nariz
diente
boca
mentón
garganta
mano
pecho
estómago
rodilla
tobillo
pie
pierna
cintura
dedo
brazo
codo
hombro
cuello
oreja
oído
cabeza

EP 13.3

C. **¡Excesos!** Los excesos son malos para la salud. ¿Qué daño (*damage*) causan estos malos hábitos? ¿Qué les aconsejas a estas personas?

MODELO   El señor Vidal fuma dos paquetes de cigarrillos al día.
Fumar es malo para la garganta y los pulmones.
No fume tanto. [O, simplemente] **No fume.**

1. La señorita Ramírez toma mucho café.
2. El profesor Durán grita mucho.
3. La señorita Carrillo corre sin zapatos.
4. El doctor Ruiz levanta cosas pesadas.
5. La señora Rodríguez lee con poca luz.
6. El señor Humanes bebe mucho licor.
7. El señor Durán pasa muchas horas frente a la computadora.
8. La profesora Gertel escucha música a todo volumen.

EP 13.4

D. **¡Ya no aguanto!** Después de la clase de aeróbicos en el Club Deportivo Azuero, Martín está molido. ¿Qué está pensando?

MODELO   espalda (*back*): ojalá no ser nada grave
¡Ay la espalda! Ojalá no sea nada grave.

1. cuello: ojalá no tener que ir al médico
2. piernas: ojalá poder ir a bailar esta noche
3. cabeza: ojalá / instructora tener una aspirina
4. pies: ojalá no estar hinchados (*swollen*)
5. brazos: ojalá poder abrir la puerta del coche
6. mano: ojalá no me impedir que escribir mi trabajo esta tarde

Y ahora, ¡a conversar!

E. **«¿Teleadicto?»** Hay personas no muy activas que prefieren mirar televisión todo el día en vez de hacer ejercicio. ¿Pueden tú y dos compañeros(as) crear un programa de ejercicio diseñado especialmente para ese tipo de gente? Sean creativos al diseñar ejercicios «aeroteleadictos».

F. **La salud y el ambiente.** El ambiente en el que vives y trabajas afecta mucho la salud. Entrevista a un(a) compañero(a) sobre el ambiente en el que vive y trabaja. Usa este cuestionario y anota sus respuestas. Luego aconséjalo(la) acerca de lo que debe hacer o no hacer para mantenerse en forma.

1. ¿Cuáles son los problemas ambientales del lugar donde vives?
   - ☐ pesticidas
   - ☐ polen
   - ☐ asbestos
   - ☐ carcinógenos
   - ☐ gases
   - ☐ humo diesel

2. Lugar de residencia:
   - ☐ campo
   - ☐ suburbio
   - ☐ ciudad

3. Calidad del agua de tu área:
   - ☐ potable
   - ☐ contaminada
   - ☐ muy contaminada
   - ☐ no sé

4. Nivel de ruido (noise):
   - ☐ muy bajo
   - ☐ un poco bajo
   - ☐ muy alto

5. Tipo de ruido:
   - ☐ niños
   - ☐ perros
   - ☐ tráfico
   - ☐ música
   - ☐ trenes
   - ☐ aviones

6. ¿Trabajas? Si dices que sí, ¿qué tipo de trabajo haces?
   - ☐ oficina
   - ☐ intelectual
   - ☐ profesional
   - ☐ casa
   - ☐ manual
   - ☐ no trabajo

7. Nivel de crimen:
   - ☐ no existente
   - ☐ muy poco
   - ☐ mucho

8. Lugar de trabajo:
   - ☐ casa
   - ☐ fábrica
   - ☐ oficina
   - ☐ hospital
   - ☐ otro

9. Área donde trabajas:
   - ☐ fumadores
   - ☐ no fumadores

10. Nivel de estrés:
    - ☐ regular
    - ☐ alto
    - ☐ altísimo

11. Horas frente a la computadora:
    - ☐ 1–3 horas al día
    - ☐ 4–6 horas al día
    - ☐ 7 o más

G. **¡Ohm, ohm!** Tú crees en la medicina natural y en la meditación. Uno(a) de tus estudiantes tiene problemas, tanto mentales como físicos. Le explicas qué ejercicios debe hacer para tonificar el cuerpo y para encontrar la paz interior. Con un(a) compañero(a), escriban su diálogo y dramatícenlo delante de la clase. Tu profesor(a) va a insistir en que el (la) estudiante haga todos los ejercicios para confirmar que los entiende.

H. **¡Estoy hecho pedazos!** Tú y un(a) amigo(a) acaban de terminar su primera clase de ejercicios aeróbicos y los dos están hechos pedazos. Están tan cansados que ahora debaten si deben continuar o no con la clase. Dramatiza la situación con un(a) compañero(a). Hablen de cómo se sienten y de si deben continuar o no.

¿Comprendes lo que se dice?

Estrategias para ver y escuchar: interpretar las palabras clave

In the previous **Paso** you learned that linking together certain key words (**palabras clave**) with your prior knowledge and experience can be essential to the understanding process when listening to unfamiliar language. The same is true when listening to unfamiliar language as you view a video. Draw on knowledge you already have about Panama and share it with other students.

1. _____
2. _____
3. _____
4. _____
5. _____

Al ver el video: ¿Comprendes lo que se dice?

Panamá, ¡moderno país que no olvida sus tradiciones!

Mientras ves el video, explica el significado de las palabras en negrilla *(bold)*. Usa toda la información sobre Panamá que has aprendido en esta clase o en otros lugares al interpretar estas palabras.

1. La república de Panamá **une** Norteamérica con Sudamérica.
2. El Canal de Panamá es una de las **vías marítimas** más importantes del mundo.
3. Miles de **embarcaciones** pasan de un océano a otro por el Canal de Panamá.
4. En la Ciudad de Panamá hay mucha actividad económica de día y una **palpitante** actividad musical de noche.

Después de ver el video

Ahora vuelve a mirar la selección del video sobre Panamá y anota cuatro cosas que aprendiste que no sabías antes y cuatro que ya sabías.

PANAMÁ

Lo que no sabía		Lo que ya sabía	
1.	3.	1.	3.
2.	4.	2.	4.

Rubén Blades

Antes de empezar, dime...

Artistas multitalentosos. Piensa en los grandes artistas de cine, teatro, arte, música o baile que tú conoces al contestar estas preguntas.

1. ¿Te gustaría seguir la carrera de artista? ¿Por qué? Explica tu respuesta.
2. ¿Por qué será que muchas veces cuando los jóvenes deciden seguir la carrera de artista, ya sea como músico, actor o actriz, pintor o bailarín, sus padres se oponen a que sigan esa carrera?
3. ¿Cuántos artistas puedes nombrar que fueron no sólo artistas sino también grandes políticos? ¿Por qué crees que se interesan los artistas en seguir carreras políticas? ¿Resultan ser buenos políticos los artistas, en tu opinión? Explica tu respuesta.

Rubén Blades

Willie Colón

Rubén Blades: Salsero, político y panameño «de corazón»

Rubén Blades, abogado, músico, actor y político, nació en Panamá en 1948. Sus padres también se dedicaban a la música pero no deseaban ese futuro, a veces difícil, para su hijo. Así que lo animaron para que se licenciara en leyes en la Universidad de Panamá y después para que se especializara en derecho internacional en la universidad de Harvard en los Estados Unidos, pero sin dejar de lado su otra pasión, la música. Cuando Blades decidió salir de Panamá e irse a Nueva York en plan de desarrollar esa pasión musical, además de abogado ya era un «salsero» reconocido en su propio país.

En Nueva York, como les ocurre a tantos que vienen del extranjero a esta gran ciudad, la vida no le fue fácil al comienzo, pero con el tiempo fue haciendo buenos contactos hasta llegar a trabajar «mano a mano» con uno de los grandes: Willie Colón y su orquesta. Fue así, trabajando con Colón, que llegó a ser bien conocido no sólo en los Estados Unidos sino en la comunidad hispana del mundo entero.

Entre sus numerosos éxitos, se destaca uno en especial, «Pedro Navaja», apellido que alude al compositor y cantante mismo. Esta canción se encuentra en su disco de salsa *Siembra*, y presenta un tema de crítica social, un tema ampliamente conocido en los barrios latinoamericanos y que ha servido de inspiración a muchas canciones, películas y obras de teatro.

Esta preocupación por lo social, junto a su formación en derecho, lo llevaron a participar en la política de su país en 1993, cuando fue candidato a la presidencia. Aunque no ganó las elecciones, el fervor con el cual sigue sus metas nos da una visión de lo que es importante en la vida de este salsero, político y panameño «de corazón», como él dice.

Como si su fama de salsero y político no fuera suficiente, Blades también es conocido como excelente actor de cine. Entre sus muchas películas están *The Super* con Joe Pesci, *Fatal Beauty* con Whoopi Goldberg, *The Two Jakes* con Jack Nicholson, *The Milagro Beanfield War* con Freddie Fender, *Cradle Will Rock* con John Cusack, y la película que lanzó a Rubén al cine, *Crossover Dreams,* el drama de las experiencias de un salsero neoyorquino.

Viajemos por el ciberespacio a... PANAMÁ

Si eres aficionado(a) a navegar por el ciberespacio, usa las siguientes palabras clave para llegar a estos fascinantes sitios de **Panamá**:

Rubén Blades

Música panameña

O mejor aún, simplemente ve hasta el sitio de la Red *¡Dímelo tú!* usando la siguiente dirección:
http://dimelotu.heinle.com

Haz un *clic* en las direcciones correspondientes para que puedas...

- conocer más sobre Rubén Blades, su genio musical y sus aspiraciones políticas.
- escuchar la música de Rubén Blades y otros artistas panameños.
- escuchar la Radio de Panamá para mantenerte al día de toda la actualidad panameña a través del Internet.

Y ahora, dime...

Con un(a) compañero(a) de clase indica los hechos más importantes en la vida de Rubén Blades antes y después de mudarse a Nueva York.

RUBÉN BLADES

Antes de Nueva York	Después de Nueva York
1.	1.
2.	2.
3.	3.

¡Escríbelo!

Estrategias para escribir: persuadir

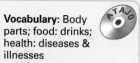

Vocabulary: Body parts; food: drinks; health: diseases & illnesses

Grammar: Verbs: imperative **usted(es)**; subjunctive with **que**

Phrases: Agreeing & disagreeing; expressing an opinion; writing an essay

A. **Persuadir.** Muchas veces necesitamos escribir un artículo o un pequeño ensayo para dar información sobre un tema, y al mismo tiempo para persuadir a los lectores sobre el aspecto positivo o negativo de nuestras ideas. Al escribir este tipo de ensayo necesitamos presentar ambos argumentos, el positivo y el negativo, y después indicar por qué uno tiene más valor *(validity)* que el otro. Normalmente los temas más controvertidos son los que inspiran este tipo de escritura.

Con dos compañeros(a), haz una lista de temas de actualidad que sean interesantes en el momento de escribir este tipo de composición. Algunas sugerencias son: los efectos de fumar, de beber bebidas alcohólicas, la controversia sobre la eutanasia, etc.

B. **Las dos caras de la moneda.** Ahora en los mismos grupos, hablen sobre algunas razones a favor y en contra de dos de los temas en la lista que acaban de hacer y escríbanlas.

Ahora, ¡a escribir!

A. **En preparación.** De los dos temas seleccionados en el ejercicio anterior decide cuál te interesa más defender o atacar. Basándote en las respuestas dadas a favor o en contra, organiza la explicación de cada argumento. Cuando termines tendrás cuatro listas: una que da razones a favor y una que explica el porqué, y otra que da razones en contra y una cuarta que también explica el porqué. Por ejemplo:

Fumar

A favor	¿Por qué?	En contra	¿Por qué?
1. Bueno para la imagen.	1. Es algo más adulto. Muestra independencia.	1. Malo para la salud.	1. Causa cáncer. Puedes morir.
2. Conformidad con el grupo.	2. Todos los amigos fuman.	2. Molesta a muchas personas.	2. No se permite en muchos lugares. Afecta dónde puedes sentarte.
3. ...	3. ...	3. ...	3. ...

B. **El primer borrador.** Basándote en la lista que tienes del ejercicio anterior decide cuál es tu opinión personal sobre el tema. Ahora organiza la información que tienes en párrafos, enfatizando la parte que tú crees que tiene más valor. Agrega una oración como conclusión al final de la composición para resumir lo que has escrito y convencer una vez más al lector de tu posición. Puedes usar frases como las siguientes:

- Para terminar yo creo que...
- Antes de terminar quiero repetir que...
- Personalmente no me cabe la menor duda de que...
- Tenemos que tener conciencia sobre...
- Lo más importante es aceptar que...

C. **Ahora, a compartir.** Intercambia tu composición con dos compañeros(as) para saber su reacción. Cuando leas las de tus compañeros(as) dales sugerencias sobre posibles cambios para mejorar sus argumentos. Si encuentras errores, menciónalos.

D. **Ahora, a revisar.** Agrega la información que consideres necesaria para tu composición. No te olvides de revisar los errores que mencionaron tus compañeros(as).

E. **La versión final.** Ahora que tienes todas las ideas revisadas y las correcciones hechas, saca una copia en limpio en la computadora y entrégasela a tu profesor(a).

F. **Mesa redonda.** Formen grupos de cinco o seis estudiantes y lean en voz alta las redacciones. Seleccionen la composición que, en su opinión, mejor logró la meta de persuadir.

TAREA

Antes de empezar este Paso, estudia la lista de vocabulario en la página 471 y practícalo al escuchar el surco 29 de tu Text Audio CD #3. Luego estudia *En preparación.*

13.5 Subjunctive with expressions of emotion, páginas 475–476

13.6 Subjunctive with impersonal expressions, páginas 476–477

Haz por escrito los ejercicios de *¡A practicar!*

Escucha la sección *¿Qué se dice... ?* del Capítulo 13, Paso 3, en el surco 26 del Text Audio CD y haz la actividad correspondiente en la página 465.

¿Eres buen observador?

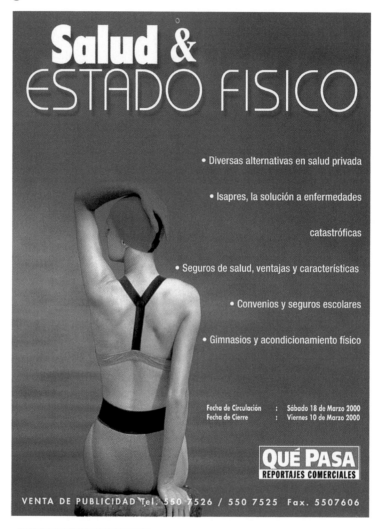

Salud & ESTADO FISICO

- Diversas alternativas en salud privada

- Isapres, la solución a enfermedades

  catastróficas

- Seguros de salud, ventajas y características

- Convenios y seguros escolares

- Gimnasios y acondicionamiento físico

Fecha de Circulación : Sábado 18 de Marzo 2000
Fecha de Cierre : Viernes 10 de Marzo 2000

QUÉ PASA
REPORTAJES COMERCIALES

VENTA DE PUBLICIDAD Tel. 550 7526 / 550 7525 Fax. 5507606

Ahora, ¡a analizar!

¿Cuál es tu reacción a esta revista?

	debo aprovecharme de los gimnasios
Es interesante que...	Isapres no va a solucionar todas las enfermedades
Me sorprende que...	catastróficas
Temo que...	ofrezcan diversas alternativas en salud privada
Es evidente que...	incluyan convenios y seguros escolares
	expliquen las ventajas y características de los seguros
	de salud

Al sugerir y recomendar

CD3-26

Leticia ve que _____.

Narciso necesita _____.

Narciso dice que o come algo o _____.

DAVID: El problema es que Narciso sólo come lechuga y tomate... Me sorprende que haya conseguido terminar la serie de ejercicios.

IRENE: Así es imposible que tenga ganas de hacer un ejercicio vigoroso.

LETICIA: Está bien, ya dejen de quejarse. Es obvio que necesita comer algo nutritivo. Vamos a Balboa, mi restaurante favorito.

NARCISO: Me alegro de que empiecen a hablar con sentido común. Adiós dieta. Bienvenidas las empanadas de carne.

> **A propósito...**
>
> La expresión **dejar de + infinitivo** significa «parar de hacer» o «ya no hacer» algo. En inglés se traduce por *to quit* o *to stop.* ¿Cómo traduces al español?: **Quiero dejar de fumar; Mi hermana no puede dejar de hablar.**

¿Sabías que...?

El distrito bancario de la Ciudad de Panamá es uno de los más modernos de toda Latinoamérica. Allí se encuentran unos 110 bancos internacionales que sirven de base para unas 100 mil compañías y un 10 por ciento de la flota mercante marítima del mundo entero. En esta zona de grandes rascacielos, se encuentran tiendas con las últimas modas europeas, cines con las más recientes películas de todo el mundo y restaurantes que ofrecen comida de todas partes del mundo.

En tu opinión: ¿Por qué crees que tantos bancos internacionales se han establecido en Panamá? ¿Dónde en los Estados Unidos hay una conglomeración parecida? ¿Qué atrae a la flota mercante marítima a Panamá? En tu opinión, ¿qué ciudades de los Estados Unidos son como la Ciudad de Panamá?

Ahora, ¡a hablar!

A. **Emociones.** Tus padres son muy emotivos. ¿Qué emoción sienten cuando saben esto de ti?

MODELO   haces ejercicios todos los días: mis padres alegrarse
Mis padres se alegran de que haga ejercicios todos los días.

1. sales a correr todos los días: mi padre estar feliz
2. vas al médico: mi madre sorprenderse
3. no comes carne: mi padre preocuparse
4. tomas vitaminas: mis padres estar contentos
5. no dejas de fumar: mi padre estar furioso
6. bajas de peso: mi madre temer

EP 13.5 ⊶

B. **¡Lo sentimos!** Alfonso acaba de empezar sus estudios en la Universidad de Panamá. Ahora que vive lejos de su familia y de sus amigos, todos reaccionan de manera diferente a su ausencia. Según Alfonso, ¿cuál es la preocupación y la reacción de cada uno?

MODELO   mi papá / tener miedo / no dedicarme bastante a los estudios
Mi papá tiene miedo de que no me dedique bastante a los estudios.

1. mis padres / temer / salir de noche demasiado
2. mi novia / esperar / escribirle todos los días
3. mi mamá / tener miedo / enfermarme
4. mi hermano / alegrarse / yo ya no estar en casa
5. mi hermanita / sentir / yo no poder jugar con ella
6. mi mejor amigo / temer / yo cambiar demasiado

C. **Recomendaciones.** Marcos Betancourt trabaja en el Centro Médico Paitilla, considerado como uno de los mejores de todo Centroamérica. ¿Qué les aconseja a sus pacientes cuando se presentan con estos problemas? Selecciona la recomendación más apropiada para cada problema indicado aquí.

EP 13.6

Problemas
1. estrés
2. cáncer
3. alta presión
4. ataque al corazón
5. necesitar bajar de peso
6. problemas respiratorios

Recomendaciones
a. No es bueno que coma mucha carne.
b. Es necesario que coma más verduras.
c. Es importante que tome ocho vasos de agua al día.
d. Es malo que trabaje demasiado.
e. Es bueno que corra o camine al menos una hora al día.
f. Es peligroso que fume.
g. Es urgente que deje de tomar bebidas alcohólicas.

D. **¡Necesitas un cambio!** ¿Qué le sugieres a un(a) amigo(a) que está deprimido(a) y que sufre mucho de estrés?

EP 13.6

MODELO   ser necesario: buscar un nuevo trabajo
          Es necesario que busques un nuevo trabajo.

1. ser bueno: no pensar tanto en las responsabilidades
2. ser obvio: deber pedir unas vacaciones
3. ser importante: empezar un programa de ejercicio
4. ser evidente: no dormir lo suficiente
5. ser urgente: hacer meditación
6. ser cierto: necesitar divertirse más
7. ser increíble: no salir más los fines de semana

E. **¡No puedo hacerlo!** No estamos siempre dispuestos a hacer sacrificios, ni siquiera cuando se trata de mejorar nuestra salud. Con un(a) compañero(a), decidan qué les pueden aconsejar a estas personas que dicen que no pueden cambiar.

EP 13.6

MODELO   No puedo tomar ocho vasos de agua cada día. ¡No me gusta el agua!
          Es necesario que tomes ocho vasos de agua al día. También sugerimos que le pongas un poco de limón al agua.

1. No me gusta hacer ejercicio. Prefiero ver la televisión.
2. No puedo comer verduras. ¡Las detesto!
3. No puedo seguir una dieta rígida. ¡Me encanta comer!
4. No puedo correr. Hace demasiado calor en el verano y demasiado frío en el invierno.
5. No puedo hacer ejercicio regularmente. Estoy muy ocupado. Simplemente no tengo tiempo.
6. No puedo dormir ocho horas al día. Tengo muchas obligaciones sociales.

¡Puente entre las Américas… Panamá! ◆ cuatrocientos sesenta y siete **467**

Y ahora, ¡a conversar!

F. Para mejorar. Ahora, en los mismos grupos de tres, denle consejos a cada persona en su grupo según los problemas indicados en la entrevista del ejercicio anterior. Hagan varias recomendaciones sobre lo que pueden hacer para mejorar su condición física.

G. Problemas sociales. Somos animales sociales y como tales a veces tenemos problemas con la gente que nos rodea *(surrounds us)*. ¿Qué problemas tienes con las siguientes personas? Comparte tus problemas con dos compañeros(as). Tus compañeros(as) van a analizar la situación y te van a dar consejos.

MODELO   jefe

        TÚ: **Mi jefe es una persona muy difícil. Es imposible satisfacerlo(a).**

  AMIGO(A): **Es obvio que tu jefe es un(a) dictador(a). Tememos que un día explotes en la oficina. Es mejor que cambies de trabajo o que pidas cambiar de oficina.**

1. compañeros de trabajo
2. padres
3. esposo(a) o novio(a)
4. profesores
5. ¿...?

¡Luces! ¡Cámara! ¡Acción!

H. ¡Ayúdenme! Estás aburrido(a) de todo: tus clases, tu trabajo, tus amistades, la vida familiar y universitaria... Les pides consejos a tus amigos. Con dos compañeros(as), escriban su diálogo y dramatícenlo delante de la clase.

I. Problemas matrimoniales. Dos amigos que sólo llevan tres meses de casados te confiesan que ya están cansados de la rutina del matrimonio. Escucha sus problemas y aconséjalos.

Estrategias para leer: esquemas

A. Generalmente cuando leemos información histórica, tratamos de recordar lo que leímos. Los esquemas nos ayudan a entender y recordar lo que leemos.

La forma más fácil de hacer un esquema de información histórica es sacar una lista de los acontecimientos más importantes y debajo de cada acontecimiento anotar los hechos más importantes relacionados con el acontecimiento. Por ejemplo, un esquema de la información en los dos primeros párrafos de esta lectura podría ser el siguiente.

I. Historia de Panamá

   A. Colonización española

      1. Vasco Núñez de Balboa (1510–1514)
      2. Pedro Arias Dávila (Pedrarias)
         a. fundó la Ciudad de Panamá
         b. transformó la región en zona de transporte de mercaderías
         c. mucha actividad de piratas británicos
      3. 1751 Panamá depende de Bogotá, Colombia

   B. Independencia de España

      1. 1821 como parte de la Nueva Granada (Ecuador, Colombia, Panamá y Venezuela)
      2. 1830 Panamá hace tres intentos sin éxito de independizarse de Colombia

B. **Esquema de la lectura.** Prepara ahora un esquema del resto de la lectura. Luego compara tu esquema con el de dos compañeros(as) y según lo que ellos(as) tienen en su esquema, haz cualquier cambio que te parezca necesario en el tuyo.

Panamá: Historia de un canal y una nación

La primera colonización española del istmo de Panamá tuvo éxito con Vasco Núñez de Balboa (1510–1514), siendo éste reemplazado por Pedro Arias Dávila (Pedrarias) en 1514. Pedrarias fundó la Ciudad de Panamá, transformando el istmo en una zona de transporte de mercaderías, tanto desde España como desde las colonias. Esto atrajo la atención de los piratas británicos, quienes devastaron la costa panameña hasta alrededor de 1688. En 1751, Panamá pasó a depender de Santa Fe de Bogotá, Colombia.

Panamá proclamó su independencia de España en 1821, cuando Simón Bolívar liberó la llamada Nueva Granada (en la actualidad Ecuador, Colombia, Panamá y Venezuela). En 1830 Panamá hizo tres intentos de separación de Colombia, sin mayor éxito.

La fiebre del oro de California, en 1849, trajo gran prosperidad a Panamá, ya que muchos preferían la ruta panameña en vez de la ardua ruta americana por ferrocarril. Así, el Sistema de Ferrocarriles de Panamá fue inaugurado en 1855, con financiamiento de los Estados Unidos, lo que llevó también a la creación de la ciudad de Colón. Al mismo tiempo, una compañía francesa, con Ferdinand de Lesseps a la cabeza, ganó en 1879 la concesión para la construcción de un canal a través del istmo, construcción que quedó paralizada más tarde, en 1889.

Los intereses estadounidenses aumentaron con el comienzo del nuevo siglo. Cuando el Senado de Colombia no respaldó la ratificación del tratado del canal, los Estados Unidos dieron su apoyo al Movimiento Separatista Panameño, reconociendo la insurrección panameña del 6 de noviembre de 1903. Pocos días más tarde se confirmó el tratado Hay-Bunau Varilla del canal, que le concedía a los Estados Unidos el control de la Zona del Canal a perpetuidad.

El Canal de Panamá fue inaugurado en 1914. En todas estas negociaciones, el presidente de los Estados Unidos, Theodore Roosevelt, tuvo una gran participación y así, citando un proverbio árabe al hablar de política internacional, dijo que había que: «...hablar suavemente llevando un grueso bastón».

La situación en los años que siguieron a la Segunda Guerra Mundial se tornó bastante difícil en Panamá. Las manifestaciones y revueltas anti-norteamericanas fueron en aumento. En 1968, la Guardia Nacional, bajo el mando del Coronel Omar Torrijos Herrera, llevó a cabo un exitoso golpe de estado. Torrijos renegoció en 1977 el Tratado del Canal de Panamá, bajo el cual Panamá asumía la jurisdicción de la antigua zona norteamericana del canal, pero con el cual la responsabilidad de las operaciones del canal mismo quedaban bajo el control de los Estados Unidos hasta el año 1999.

Este último acuerdo del Tratado del Canal de Panamá se llevó a efecto en diciembre de 1999, con la presencia y firmas de los mandatarios de ambos países.

A ver si comprendiste

Contesta las siguientes preguntas.

1. ¿Cuáles son los acontecimientos más importantes en la historia de Panamá? Tal vez quieras usar tu esquema al contestar.
2. ¿Qué papel tuvo el canal en la historia de Panamá?
3. ¿Cuál es el significado del lema «...hablar suavemente llevando un grueso bastón»? ¿Cómo se aplica a Panamá?
4. En tu opinión, ¿qué opinan los panameños de los Estados Unidos? Explica tu respuesta.

Vocabulario

PASO 1

Consejos

aconsejar	*to advise*

Salud

depresión *(f.)*	*depression*
deprimido(a)	*depressed*
diagnóstico	*diagnosis*
dieta	*diet*
estrés *(m.)*	*stress*
pereza	*laziness*
relajarse	*to relax*
rendido(a)	*exhausted, worn out*
salud *(f.)*	*health*
sano(a)	*healthy*

Verbos

consumir	*to consume*
mantener	*to maintain*
medir **(i, i)**	*to measure*

Palabras y expresiones útiles

caballo	*horse*
fuera...	*out with . . .*
grasa	*grease*
precaución *(f.)*	*precaution*
¡Pues, ánimo!	*Well, chin up!*
repuesto	*spare part*
verdura	*vegetable*

PASO 2

Salud

cáncer *(m.)*	*cancer*
estar hecho(a) polvo	*to be exhausted*
estar molido(a)	*to be exhausted*
estar muerto(a)	*to be dead*

Ejercicio

adentro	*in, inside*
afuera	*out, outside*
aguantar	*to endure, stand*
bajar	*to go down; to lower*
dar vuelta	*to turn*
doblar	*to bend*
esfuerzo	*effort*
estirar	*to stretch*
flojo(a)	*lazy*
levantar	*to raise; to lift*
saltar	*to jump*
subir	*to lift*
tonificar	*to tone; to strengthen*

El cuerpo

boca	*mouth*
cintura	*waist*
cuello	*neck*
dedo	*finger*
espalda	*back*
garganta	*throat*
hombro	*shoulder*
mano *(f.)*	*hand*
nariz *(f.)*	*nose*
oído	*inner ear*
pie *(m.)*	*foot*
pulmones *(m. pl.)*	*lungs*
rodilla	*knee*

Palabras y expresiones útiles

ojalá	*would that, I hope, I wish*
profundamente	*profoundly, deeply*
ritmo	*rhythm*
teleadicto(a)	*couch potato*

PASO 3

Salud

ataque al corazón *(m.)*	*heart attack*
enfermedad *(f.)*	*illness*
fiebre *(f.)*	*fever*
presión *(f.)*	*pressure*
vitamina	*vitamin*

Adjetivos

cierto(a)	*certain, true*
duro(a)	*hard*
evidente	*evident*
increíble	*incredible, unbelievable*
obvio(a)	*obvious*
vigoroso(a)	*vigorous*

Verbos

alegrarse	*to be happy*
aprovechar	*to take advantage of*
temer	*to fear*

Palabras útiles

broma	*joke*
desgracia	*misfortune*
empanada	*pie, pastry*

En preparación 13

Paso 1

13.1 Present subjunctive: Theory and forms

Giving advice and making recommendations

A. The tenses you have learned up to now—present, present progressive, present perfect, preterite, imperfect, future, and conditional—are all part of the indicative mood. The indicative mood is used in statements or questions that reflect factual knowledge or certainty.

B. A second system of tenses, the subjunctive mood, is used for statements or questions that reflect doubt, desire, emotion, or uncertainty. The subjunctive is so named because it is usually *subjoined* or *subservient* to another dominating idea. Because of their subservient nature, the subjunctive tenses normally occur in a secondary or dependent clause (a group of words with a subject and a verb) of a sentence, and are often introduced by **que.** The verb in the main clause is usually in the indicative.

> main clause (indicative) + **que** + dependent clause (subjunctive)

> Mamá quiere **que** ustedes **coman** con nosotros esta noche.

C. To form the present subjunctive, personal endings are added to the stem of the **yo** form of the present indicative. The present subjunctive of **-ar** verbs take endings with **-e,** while **-er** and **-ir** verbs take endings with **-a.**

ar	preparar
-e	prepare
-es	prepares
-e	prepare
-emos	preparemos
-éis	preparéis
-en	preparen

-er, -ir	correr	asistir
-a	corra	asista
-as	corras	asistas
-a	corra	asista
-amos	corramos	asistamos
-áis	corráis	asistáis
-an	corran	asistan

D. Since the personal endings of the present subjunctive are always added to the stem of the **yo** form of the present indicative, verbs that have an irregular stem in the first person (e.g., **conozco, digo, hago, oigo, pongo, salgo, tengo, traigo, vengo, veo**) maintain that irregularity in all forms of the subjunctive.

tener	venir	conocer	ver
tenga	venga	conozca	vea
tengas	vengas	conozcas	veas
tenga	venga	conozca	vea
tengamos	vengamos	conozcamos	veamos
tengáis	vengáis	conozcáis	veáis
tengan	vengan	conozcan	vean

13.2 Subjunctive with expressions of persuasion
Persuading

Whenever the verb in the main clause expresses a request, a suggestion, a command, or a judgment, the verb in the dependent clause is expressed in the subjunctive, provided there is a subject change. This is because the action in the dependent clause is nonfactual and yet to occur.

main clause (indicative) + **que** + dependent clause (subjunctive)

El médico recomienda	que yo **corra** todos los días.
The doctor recommends	*that I run every day.*
También aconseja	que **comamos** menos carne.
He also advises	*that we eat less meat.*
Insiste en	que yo **deje** de fumar.
He insists	*that I stop smoking.*

The following are some frequently used verbs of persuasion.

aconsejar	*to advise*	preferir	*to prefer*
insistir (en)	*to insist*	recomendar	*to recommend*
permitir	*to permit*	sugerir	*to suggest*

¡A practicar!

A. ¡Problemas en el paraíso! Paco y Lupita, una pareja de recién casados, acaban de mudarse a Ancón, Panamá. Desgraciadamente, ya tienen algunos problemas en su matrimonio. ¿Qué les sugiere el consejero matrimonial?

MODELO   recomendar / cambiar la rutina
> **Él recomienda que cambien la rutina.**

1. sugerir / salir más
2. recomendar / tener / más paciencia
3. recomendar / hacer / viaje juntos
4. aconsejar / no quedarse / casa / fines de semana
5. sugerir / no mirar / tanto / televisión
6. aconsejar / regresar / hablar con él una vez / semana

B. ¡El primer baile! Ángela va a asistir a su primer baile en la Universidad de Santa María la Antigua. ¿Qué le dicen sus padres?

1. tu madre y yo insistir / tú regresar / antes de la medianoche
2. yo insistir / tú no fumar
3. mamá y yo / insistir / ustedes / decir no a las drogas
4. tu madre preferir / tu amigo conducir / el coche al baile
5. yo recomendar / tú no beber / alcohol / fiesta
6. nosotros querer / ustedes llamarnos / en caso de emergencia

Paso 2

13.3 *Usted* and *ustedes* commands
Telling people what to do or not to do

The present subjunctive is used to form both affirmative and negative **usted** and **ustedes** commands.

Respiren profundamente.	*Breathe deeply.*
Eva, no **baje** los brazos.	*Eva, don't lower your arms.*
Levanten las piernas.	*Raise your legs.*
Levántenlas.	*Raise them.*
Eva, no las **doble.**	*Eva, don't bend them.*

Remember that object pronouns always precede negative commands but are attached to the end of affirmative commands.

¡A practicar!

A. ¡Con el médico! El médico de Matilde trabaja en el Laboratorio de Medicina Tropical y Preventiva Gorgas Memorial en Panamá. Es un experto en nutrición e insiste en que ella coma mejor. ¿Qué le aconseja?

MODELO dejar inmediatamente el café
Deje inmediatamente el café.

1. comer muchas verduras
2. tomar ocho vasos de agua todos los días
3. hacer algún deporte
4. no consumir ni sal ni azúcar
5. no ponerle aceite a las ensaladas
6. no comer nada frito
7. venir a verme en dos semanas

B. ¡Levanten los brazos! Los instructores de ballet del Instituto Nacional de Cultura en la Ciudad de Panamá hacen ejercicios que practican siempre. Cambia los verbos a mandatos para aprender una de estas rutinas.

MODELO levantar la pierna izquierda
Levanten la pierna izquierda.

1. levantar los brazos
2. respirar profundamente
3. doblar las rodillas
4. estirar las piernas
5. hacerlo otra vez
6. estirar los brazos al frente
7. abrir los brazos
8. escuchar el ritmo de la música
9. correr con el ritmo de la música
10. tomar un descanso

13.4 *Ojalá* and present subjunctive of irregular verbs

Expressing hope

A. The following six verbs have irregular subjunctive forms.

dar	estar	haber
dé	esté	haya
des	estés	hayas
dé	esté	haya
demos	estemos	hayamos
deis	estéis	hayáis
den	estén	hayan

ir	saber	ser
vaya	sepa	sea
vayas	sepas	seas
vaya	sepa	sea
vayamos	sepamos	seamos
vayáis	sepáis	seáis
vayan	sepan	sean

The accents on the first- and third-person singular forms of **dar** are necessary in order to distinguish them from the preposition **de**.

B. Ojalá *(I hope, May God grant)* is always followed by the subjunctive and expresses hope. **Tal vez** *(perhaps)* and **quizá(s)** *(maybe)* are followed by the subjunctive when the speaker wishes to express doubt about something.

Ojalá (que) me **llame** esta noche.   *I hope he calls me tonight.*
Quizá **vayamos** al centro mañana.   *Maybe we'll go downtown tomorrow.*

Note that **que** does not usually follow the expressions **tal vez** or **quizá(s)**; however, the use of **ojalá** versus **ojalá que** varies from one region to another and is a matter of personal choice.

¡A practicar!

A. **¡Gimnasia!** Hoy Martina asiste a su primera clase de gimnasia en la escuela de verano de la Universidad de Panamá. ¿Qué está pensando?

> MODELO   no ser muy difícil
> **Ojalá no sea muy difícil.**

1. no cansarme mucho
2. saber hacer todos los movimientos
3. haber buena música
4. no estar molida después de la clase
5. la instructora darnos instrucciones claras
6. no tener que correr

B. **¡Ya no aguanto!** ¿Qué dudas expresa Martina en la clase de ejercicio?

> MODELO   tal vez los ejercicios no ser / muy difíciles hoy
> **Tal vez los ejercicios no sean muy difíciles hoy.**

1. tal vez nosotros poder / usar el jacuzzi hoy
2. quizá Sergio y Elena no estar / aquí todavía
3. ojalá nosotros ser / más consistentes en el futuro
4. tal vez yo no saber / los movimientos
5. tal vez la profesora traer / agua fresca a la clase hoy
6. ojalá todos los estudiantes llegar / a tiempo hoy

Paso 3

13.5 Subjunctive with expressions of emotion

Expressing emotion

Whenever an emotion such as fear, joy, sadness, pity, or surprise is expressed in the main clause of a sentence, the subordinate clause will be expressed in the subjunctive mood.

Main Clause	Subjunctive Clause
Tememos	que Ricardo Javier no **venga** hoy.
Me alegro (de)	que **estemos** aquí.
Siento mucho	que ella **esté** enferma.
Les **sorprende**	que el instructor **sea** tan joven.

A. If the subject of both clauses is the same, an infinitive is used instead of a subjunctive clause.

¿Esperas **ganar** el premio?   *Do you hope to win the award?*
Me alegro de **poder** estar aquí.   *I am glad to be able to be here.*

B. Here are some frequently used expressions of emotion.

alegrarse (de)	*to be glad*
esperar	*to hope*
estar contento(a) (de)	*to be happy (about)*
estar furioso(a)	*to be furious*
sentir (ie, i)	*to regret, feel sorry*
sorprenderse (de)	*to be surprised (at, about)*
temer	*to fear*
tener miedo (de)	*to be afraid (of)*

¡A practicar!

A. **¡Deprimida!** La pobre Anita, una chica de Tocumen, Panamá, está últimamente muy deprimida. ¿Qué le dice su mejor amiga?

   1. Temo que tú no _____ (decirme) todo.
   2. Me sorprende que tu familia no _____ (escucharte).
   3. Estoy contenta de que nosotras _____ (ser) amigas.
   4. Me alegro de que tú _____ (ir) a consultar a una consejera.
   5. Espero que ella _____ (ayudarte) mucho también.

B. **¡Me siento muy cansado!** Fernando viaja mucho entre la Ciudad de Panamá y Balboa, debido a su trabajo. Ya casi no tiene energía para continuar. ¿Qué piensan sus amigos Martín y Marcela?

   1. Martín / sentir / Fernando / tener que viajar tanto
   2. Marcela / temer / Fernando / enfermarse más
   3. Ellos / tener miedo / Fernando / no ir al médico
   4. Marcela / esperar / Fernando / seguir los consejos del médico
   5. Ellos / alegrarse / Fernando / pensar buscar un nuevo trabajo

13.6 Subjunctive with impersonal expressions

Expressing opinions

Most impersonal expressions are formed with the third-person singular of the verb **ser** followed by an adjective; for example, **es importante, es triste,** and **es bueno.** Note that in impersonal expressions, the subject *it* is understood.

A. If an impersonal expression in the main clause expresses a certainty, such as **es cierto, es seguro, es verdad, es obvio,** then the indicative is used in the following clause.

Es obvio que **vas** a mejorarte.	*It's obvious that you are going to get better.*
Es verdad que el consejero **está** de vacaciones.	*It's true that the counselor is on vacation.*

The following are some frequently used impersonal expressions of certainty:

Es cierto...	Es obvio...
Es evidente...	Es seguro...
Es indudable...	Es verdad...

B. All other impersonal expressions are followed by the subjunctive when there is a change of subject in the subordinate clause. If no change of subject occurs, then the infinitive is used.

Es increíble que **tengan** tantas clases.	*It's incredible that they have so many classes.*
Es mejor que yo no **vaya** a clase hoy.	*It's better that I not go to class today.*
Es imposible llegar a tiempo.	*It's impossible to arrive on time.*

Note that in the first two examples, the focus of the dependent clause is on different subjects; in the third example, the focus is on an event or a statement.

Some frequently used impersonal expressions often followed by the subjunctive include the following:

Es importante...	Es natural...
Es imposible...	Es necesario...
Es increíble...	Es posible...
Es lógico...	Es probable...
Es mejor...	Es una pena...

¡A practicar!

A. **¿Y en un año?** El médico del Centro Paitilla nos dice que estamos en buena forma. ¿Pero qué nos dice en el siguiente examen anual?

1. Es imposible que Uds. _____ (tener) buena salud si continúan fumando.
2. Es obvio que tú _____ (estar) siguiendo mis consejos.
3. Es mejor que Uds. _____ (buscar) un lugar para correr.
4. Es evidente que Uds. _____ (necesitar) salir de la rutina diaria.
5. Es indudable que tú _____ (hacer) un buen ejercicio si caminas todos los días.
6. Es cierto que Uds. _____ (ir) a sentirse bien si toman bastante agua.

B. **¿Qué me dices?** Tu compañero(a) de la clase de arte del Instituto Nacional está muy aburrido(a) con su rutina diaria. ¿Qué le dices?

1. no ser bueno / tú quedarte en casa todos los días
2. ser increíble / tú ser también un(a) fanático(a) del cine
3. ser necesario / nosotros comprar los boletos ahora
4. ser ridículo / los boletos ser tan caros
5. ser obvio / ser una buena película
6. ser cierto / trabajar muy buenos actores

El equipo cubano en las Olimpidas de 1996

Los Van Van

CAPÍTULO 14

¡Lo mejor de Cuba: su gente, su música y... el béisbol!

Cultural Topics

¿SABÍAS QUE... ?
La perla de las Antillas y el dólar
El béisbol en el Caribe
La música cubana

NOTICIERO CULTURAL
Cuba, nuestro más lejano vecino
¡Lo mejor venido de Cuba!

LECTURA: *La tradición oral: Los refranes*

 VIDEO: *Miami, ¡donde la cultura cubana se ve, se oye y se siente!*

 VIAJEMOS POR EL CIBERESPACIO A... Cuba

Listening Strategies

Decoding simultaneous
conversations
Listening "from the top down"

Writing Strategies

Narrating chronologically

Reading Strategies

Interpreting **refranes**

Review

Un paso atrás, dos adelante:
Capítulo 13

En preparación

PASO 1
14.1 Subjunctive with expressions of doubt, denial, and uncertainty

PASO 2
14.2 Subjunctive in adjective clauses

PASO 3
14.3 Subjunctive in adverb clauses

 CD-ROM:
Capítulo 14 actividades

Pasatiempo favorito de los cubanos en La Habana

¡Las fotos hablan!

A. A que ya sabes... Indica si estás de acuerdo o no con los siguientes comentarios.

Sí   No   1. Los cubanos son muy aficionados a los deportes, en particular al béisbol.

Sí   No   2. La cultura afrocubana ha tenido mucha influencia en la música cubana.

Sí   No   3. En Cuba, como en los Estados Unidos, todavía hay mucha discriminación contra los afrocubanos.

Sí   No   4. La música cubana ha tenido mucha influencia en la música hispana en general.

Sí   No   5. En las Olimpiadas de 1996, el equipo cubano obtuvo la medalla de oro en béisbol, derrotando al equipo estadounidense.

B. En Cuba sí se puede. Indica si, en tu opinión, es posible hacer lo siguiente en Cuba.

En Cuba se puede...

Sí   No   1. bucear cerca de los arrecifes.

Sí   No   2. esquiar en el invierno con el equipo olímpico.

Sí   No   3. tener acceso a uno de los sistemas de salud más avanzados del mundo.

Sí   No   4. visitar el Museo de Alfabetización.

Sí   No   5. nadar en unas aguas clarísimas.

In this chapter, you will learn how to . . .

- express fears, hopes, and opinions.
- report what others say.
- describe people.
- refer to unknown entities.

Jugando así, ¡dudo que ganen!

¿Eres buen observador?

CUBADEPORTES s.a.

Experiencia de Campeones

CUBADEPORTES s.a.

Calle 20 N° 710 e/ 7ma y 9na,
Miramar, Playa, La Habana, Cuba
Teléfonos: (537) 24-0945 al 49
y 24-1133
Fax: (537) 24-1914

• *ASISTENCIA TECNICA*
• *CURSOS Y EVENTOS*
• *PATROCINIO*
• *ARTICULOS DEPORTIVOS*

Ahora, ¡a analizar!

1. Según este anuncio, en Cuba se practica...

   a. el tenis.
   b. la natación.
   c. el béisbol.
   d. el boxeo.
   e. el baloncesto.
   f. el esquí.
   g. el salto de altura.
   h. el levantamiento de pesas.
   i. el fútbol.
   j. la gimnasia.
   k. la lucha libre.
   l. el voleibol.

2. ¿Cuáles de estos deportes has practicado? ¿Cuáles te gustaría practicar?

¿Qué se dice... ?

Al expresar opiniones

CD3-30

Indica quién expresaría estas opiniones, Niurka (**N**) o Ricardo (**R**).

___ 1. No puedo creer que te guste el boxeo.
___ 2. No niego que el boxeo sea violento.
___ 3. No me gusta el boxeo para nada.
___ 4. Yo creo que el boxeo es un deporte como todos.
___ 5. No me gusta tu peinado.

ESTEBAN: Hola, Niurka. Hola, Ricardo. ¡Pero qué hermosa estás, mi amor!

NIURKA: ¿De verdad? A ver, ¿qué te parece mi peinado? Te gusta, ¿verdad?

ESTEBAN: Me encanta, mi amor. Estás preciosa. Oye, Ricardo. ¿Quién va ganando la pelea?

RICARDO: Bueno, por el momento Ruiz de Oriente. Pero dudo que termine ganando.

ESTEBAN: Yo tampoco creo que tenga muchas opciones; Martí es mejor boxeador.

RICARDO: ¿Y quién crees que va a ganar el juego de pelota el sábado? ¿Crees que ganarán los Agropecuarios contra tus compatriotas de Pinar del Río?

NIURKA: Basta ya de deportes. Vámonos, Esteban, ya es tarde. ¿Adónde vamos?

ESTEBAN: Vamos a tu paladar preferido en el Vedado. Hasta luego, chico; suerte con la pelea.

RICARDO: Que se diviertan.

¿Sabías que...?

Cuba, la más grande de las islas de las Antillas y frecuentemente llamada «la perla de las Antillas», está a menos de 100 millas de los Estados Unidos. A pesar de esta corta distancia, es el país más distanciado de los Estados Unidos de toda Latinoamérica. Desde 1958, cuando el movimiento revolucionario de Fidel Castro tomó el control, estableció el comunismo y nacionalizó propiedades e inversiones privadas en la isla, los Estados Unidos rompió relaciones diplomáticas con el gobierno cubano y estableció el bloqueo comercial que, hasta ahora, se mantiene. La escasez de dólares sigue causando serios problemas. Sin embargo, el número de dólares que llega a la isla es tal que el gobierno ha permitido el establecimiento de unos pequeños negocios privados que cobran en dólares y no en la moneda nacional. Por ejemplo, en el Vedado, una de las zonas más elegantes de la Habana, los restaurantes llamados paladares sólo aceptan dólares.

En tu opinión: ¿Por qué creen que a Cuba se la ha llamado «la perla de las Antillas»? ¿Qué efecto ha tenido el bloqueo comercial impuesto por los Estados Unidos a Cuba? ¿Por qué creen que, después de casi 50 años, los Estados Unidos todavía no ha terminado el bloqueo? ¿Cómo se explica el uso de dólares en Cuba, dado el bloqueo?

Ahora, ¡a hablar!

A. **¡Viva el deporte!** Escucha a tu compañero(a) leer los siguientes grupos de palabras. Usando el vocabulario del dibujo de la página 483, identifica la palabra que no pertenece al grupo y el deporte que se asocia con las otras tres palabras.

MODELO   COMPAÑERO(A): pelota, bate, salvavidas, lanzador
         TÚ: **El salvavidas no pertenece a este grupo; estas palabras están relacionadas con el béisbol.**

1. bate, pelota, lanzador, patear
2. nieve, esquí, boxeador, invierno
3. boxeo, cesto, jugador, pelota
4. cancha, bate, red, tenis
5. arquero, cesto, gol, arco
6. piscina, lanzador, zambullirse, salvavidas

El tenis

la red

El básquetbol / El baloncesto

el cesto

la jugadora

el vigilante/ el salvavidas

zambullirse

la natación

la piscina

el esquí

El boxeo

el boxeador

el lanzador

el bate

la pelota

El béisbol

el árbitro/ el referí

el arco/ la meta

el portero/ el arquero

patear

El fútbol

B. **Boxeo.** Ricardo y su amiga Lourdes, dos jóvenes cubanos, están viendo una pelea de boxeo en la televisión. A Lourdes no le gusta mucho el boxeo. ¿Qué le dice a su amigo Ricardo?

EP 14.1

Modelo ser increíble / gustarte / tanto el boxeo
Es increíble que te guste tanto el boxeo.

1. yo / creer / boxeo / ser inhumano
2. ser probable / los golpes / dañar irreversiblemente / el cerebro
3. yo / no pensar / ser / un deporte saludable
4. yo no dudar / las peleas / estar / arregladas
5. ser imposible / un boxeador / no terminar / medio loco
6. yo / estar seguro de / los organizadores / ganar / la parte mayor del dinero

C. **¿Y tú?** ¿Qué opinas del boxeo? Expresa tu opinión sobre lo siguiente.

MODELO   Las peleas están arregladas.
  Yo pienso que las peleas están arregladas. [o]
  Dudo que las peleas estén arregladas.

Vocabulario útil

estar seguro(a)	(no) dudar	ser cierto	ser posible
(no) creer	(no) pensar	ser imposible	ser probable

1. El boxeo es malo para la salud.
2. Los golpes dañan el cerebro *(brain)*.
3. Las peleas de boxeo siempre están arregladas.
4. Todos los deportistas están interesados en el dinero.
5. El boxeo es el deporte más cruel del mundo.
6. El boxeo es más cruel que las corridas de toros.

Y ahora, ¡a conversar!

D. **¡Debate!** ¿Es la competencia buena o mala para los niños? En grupos de tres, preparen una lista de argumentos a favor o en contra. Luego, en grupos de seis, lleven a cabo su debate. Informen a la clase quién convenció de un punto de vista o del otro y cuáles fueron los argumentos más válidos.

E. **¡Más debate!** Trabajen en grupos de cuatro. Dos de cada grupo deben defender las opiniones que aparecen a continuación y los otros dos deben oponerse. Al terminar, cada grupo debe decidir quién ganó el debate o si empataron.

1. El fútbol es el deporte más interesante de todos.
2. La corrida de toros combina atletismo y arte.
3. El fútbol americano es demasiado violento.
4. El tenis es un deporte sólo para los ricos.
5. El golf es aburrido y absurdo.

F. **Mis deportes favoritos.** Entrevista a un(a) compañero(a) acerca de sus gustos y sus opiniones sobre el mundo del deporte. Luego dale la misma información sobre lo que opinas tú. Infórmenle a la clase sobre los gustos y opiniones que tienen en común.

¡Luces! ¡Cámara! ¡Acción!

G. **Entrenador(a).** Tú eres el (la) entrenador(a) de un equipo de tu universidad. (Tú decides qué deporte.) Esta noche tu equipo va a participar en el primer partido del campeonato estatal. Ahora un(a) reportero(a) te entrevista y te pregunta acerca de las dudas, incertidumbres y esperanzas que tienes en cuanto a tu equipo. Con un(a) compañero(a), escriban el diálogo que tienen y preséntenselo a la clase.

H. **Decisiones, decisiones.** Eres un jugador de béisbol en Cuba y acabas de ser invitado a jugar con una liga de Venezuela. Hoy un(a) reportero(a) cubano(a) te entrevista para saber si vas a ir a Venezuela o no. Dramatiza la situación con un(a) compañero(a).

Repasemos. En el Capítulo 13 aprendiste a dar consejos, a dirigir los ejercicios aeróbicos de un grupo y a decirles a otros lo que tienen o no tienen que hacer. Aprendiste también a expresar temor, alegría, tristeza, pesar, sorpresa o esperanza. Repasa lo que sabes, completando el siguiente texto con las palabras necesarias. Puedes inventar la información.

En el gimnasio

TÚ:	Vamos, amigos, ánimo. _____ ¡[*command* de levantar] los brazos! _____ ¡[*command* de seguir] el ritmo de la música!
TU AMIGO(A):	Yo ya no _____ [verbo poder] más; estoy agotado(a).
TÚ:	Venga, ánimo, sólo _____ [verbo faltar] cinco minutos más, y nos vamos a tomar unos refrescos.
TU AMIGO(A):	Me temo que en cinco minutos _____ [futuro de estar] muerto(a).
TÚ:	No _____ [*command* de hablar]; _____ [*command* de concentrarse]. A ver, todos, _____ [*command* de respirar] profundamente... Necesito un voluntario que _____ [subjuntivo de repetir] este movimiento conmigo. Así, muy bien. Me alegro de que ustedes _____ [subjuntivo de tener] tanta energía.
TU AMIGO(A):	¿Energía?

¿Comprendes lo que se dice?

CD3-31

Estrategias para escuchar: descifrar conversaciones simultáneas

When listening to three or more people speak, there usually is more than one conversation taking place at the same time. The listener has to sort out the various comments based on what he or she knows about the people speaking and about the topics being addressed. In the conversation that you will now hear, Ricardo and Lourdes are playing dominoes with Esteban and Niurka. While Ricardo and Esteban concentrate on their game, Lourdes and Niurka converse about other things as they play along. Listen to them talk now, keeping all of this in mind, and try to piece the various conversations together.

¡Dominó! Escucha la conversación entre Ricardo y Lourdes y la que tienen Esteban y Niurka mientras juegan dominó. Luego escribe un breve resumen de las conversaciones que tienen Lourdes y Niurka y entre Ricardo y Esteban. Indica también quién, en tu opinión, va ganando el juego de dominó y explica cómo llegaste a esa conclusión.

1. Conversación de Lourdes y Niurka: _____.
2. Conversación de Ricardo y Esteban: _____.
3. Campeón de dominó: _____.

Noticiero cultural

Cuba

Capital: La Habana
Área: 114.524 km^2
Población: 11.264.000 (julio de 2003)
Unidad monetaria: Peso cubano
Clima: tropical

Antes de empezar, dime...

1. En superficie, ¿con qué estado podrías comparar Cuba: con Texas, con Ohio o con Maine?
2. ¿Qué países fueron los principales participantes en la guerra de 1898 y cuál fue el resultado de esta guerra?
3. ¿Qué tipo de gobierno tiene Cuba ahora: democrático, socialista o comunista? Explica por qué tiene Cuba esta forma de gobierno.

Cuba, nuestro más lejano vecino

La república de Cuba tiene una superficie total de 114.524 kilometros cuadrados y una población de 11.264.000 habitantes. Existe una gran diversidad étnica y cultural entre su gente, mayormente de origen español y africano pero que también incluye personas de origen chino, judío y europeo entre otros.

Cuba y Puerto Rico fueron las últimas colonias de España en América. Ambas fueron cedidas a los Estados Unidos como resultado de la guerra de 1898. La primera mitad del siglo XX significó un período de mucha inestabilidad política y social para Cuba. Durante la segunda mitad del siglo XX Cuba llegó a ser conocida como «la madre del extranjero y la madrastra del cubano» debido al favoritismo que el gobierno cubano, bajo el poder del dictador militar Fulgencio Batista, dio a los intereses extranjeros, en particular a los Estados Unidos. Fue en oposición a Batista que se estableció el movimiento guerrillero dirigido por el joven abogado Fidel Castro, quien tomó control del gobierno el 31 de diciembre de 1958. Algunos años más tarde, proclamó a Cuba como una república socialista.

Desde entonces, cerca de un 10% de la población ha dejado el país, concentrándose la mayoría en Miami, Florida. Entre los emigrantes que abandonaron el país había muchos profesionales: abogados, médicos, arquitectos, ingenieros, etc. Esto, junto con el embargo impuesto por los Estados Unidos y la caída de los gobiernos comunistas de la Unión Soviética, ha dejado el futuro del país con un rumbo incierto. Últimamente el gobierno de Castro parece contar sólo con el apoyo de los países latinoamericanos y el de algunos países europeos que favorecen la autonomía de los países en cuestiones gubernamentales.

Mientras tanto, es irónico que La Habana, la ciudad capital latinoamericana más cercana geográficamente a los Estados Unidos, sea la que al mismo tiempo se encuentra más alejada políticamente.

Viajemos por el ciberespacio a... CUBA

@

Si eres aficionado(a) a navegar por el ciberespacio, usa las siguientes palabras clave para llegar a estos fascinantes sitios de **Cuba:**

Fidel Castro

Historia de Cuba

Revolución Cubana

Exilio Cubano

O mejor aún, simplemente ve hasta el sitio de la Red *¡Dímelo tú!* usando la siguiente dirección: http://dimelotu.heinle.com

Haz un *clic* en las direcciones correspondientes para que puedas...

- conocer a Fidel Castro, a través de su biografía, de imágenes, de algunos momentos importantes de su vida y de sus discursos.
- aprender de la historia reciente de Cuba, de su constante fricción con los Estados Unidos y del futuro de sus relaciones.

Y ahora, dime...

Contesten estas preguntas en parejas.

1. ¿Por qué crees que hay tanta gente de origen africano en Cuba?
2. ¿Ha sido Cuba siempre un estado socialista? Explica tu respuesta.
3. ¿Por qué es significativo que casi un 10% de la población ha salido de Cuba?
4. ¿Por qué es irónico que Cuba y los Estados Unidos estén tan alejados políticamente?

¡Cuba! ¡Cuba! ¡Cuba!... ¡Jonrón!

¿Eres buen observador?

TAREA

Antes de empezar este Paso, estudia la lista de vocabulario en la página 503 y practícalo al escuchar el surco 35 de tu Text Audio CD #3. Luego estudia *En preparación.*

14.2 Subjunctive in adjective clauses, páginas 505–507

Haz por escrito los ejercicios de *¡A practicar!*

Escucha la sección *¿Qué se dice... ?* del Capítulo 14, Paso 2, en el surco 32 del Text Audio CD y haz la actividad correspondiente en la página 489.

En dos años:
- Distribuida en más de 50 países y 200 puntos de venta en Cuba.
- Primera revista latinoamericana del deporte.

No sólo un buen promedio, mejor aún ...

Un *Récord*
revista cubana del deporte

Suscripción Internacional: 30.00 U.S.D
Suscripción en Cuba: 50.00 (M.N)

Ahora, ¡a analizar!

1. El propósito de este anuncio es hacer propaganda para...
   a. una revista deportiva.
   b. récords de atletas cubanos.
   c. el partido comunista.
2. «Récord» se puede comprar...
   a. sólo en los EE.UU.
   b. sólo en Cuba.
   c. en varios países.
3. La última edición de «Récord» incluía un artículo sobre un deporte muy popular en Cuba, el balancesto. El artículo probablemente mencionó...
   a. un cesto y un árbitro.
   b. un bate y una pelota.
   c. peces tropicales.

Al referirse a alguien o algo desconocido

¿Por qué es tan especial Ramón Ángel?

Porque no hay nadie que _____ la pelota como Ramón Ángel y si siguen reclutanto jugadores que _____ como Ramón Ángel, nadie nos derrotará.

ESTEBAN:	¡Ciego!
LOURDES:	Lo que necesitamos es un árbitro que sepa lo que hace.
NIURKA:	¡Claro! ¡Y que además sea imparcial y que sepa algo de pelota!
ESTEBAN:	Ricardo, ¿crees que el año que viene encontrarán un entrenador que tenga tanta experiencia como Germán?
RICARDO:	La experiencia no es la única cosa necesaria. Buscan a alguien que sepa ser buen líder también.
ESTEBAN:	Yo no creo que tengan dificultad en encontrar a alguien. El puesto está muy bien pagado.

> **A propósito...**
>
> Recuerda que el verbo de una cláusula que modifica un antecedente indefinido como **alguien** o **algo**, o negativo como **nadie** o **nada**, siempre está en subjuntivo. ¿Cuántos antecedentes indefinidos o negativos puedes encontrar en el diálogo del *¿Qué se dice...?*

¿Sabías que...?

En algunos países de Hispanoamérica, el béisbol es un deporte muy popular, en particular por todo el Caribe: Cuba, la República Dominicana, Puerto Rico, México, Venezuela y toda la América Central. En efecto, todos los equipos de las grandes ligas estadounidenses mandan a sus ojeadores (*recruiters*) a estos países latinos en busca de nuevos jugadores. En Cuba el béisbol (llamado juego de pelota) es tan popular que, con frecuencia, hasta Fidel Castro deja la política a un lado para tomar el bate.

En tu opinión: ¿Por qué creen que el béisbol es tan popular por todo el Caribe? ¿Creen que es apropiado que Fidel Castro tome el bate en este deporte? ¿Porque?

Ahora, ¡a hablar!

A. **¿Qué opinan?** Esteban, Niurka, Ricardo y Lourdes expresan varias opiniones en el *¿Qué se dice... ?* Indica cuáles de las siguientes son opiniones que expresaron.

   Sí   No   1. No hay bateador como Ramón Ángel.
   Sí   No   2. Es imposible que encuentren un entrenador con mucha experiencia.
   Sí   No   3. El campeonato será para Pinar del Río por años.
   Sí   No   4. Necesitan un árbitro que sea imparcial y sepa algo de béisbol.
   Sí   No   5. Lo único que necesita un buen entrenador es mucha experiencia.
   Sí   No   6. El puesto para el nuevo entrenador está muy bien pagado.

EP 14.2

B. **¡Qué desastre!** Hoy el equipo cubano de Camagüey está jugando muy mal y está perdiendo. ¿Qué dice el público?

   MODELO   no hay nadie / estar en forma / **No hay nadie que esté en forma hoy.**

   1. no hay nadie / jugar bien
   2. necesitamos a un lanzador / saber / tirar *(pitch)* la pelota
   3. no hay ningún jugador / poder / correr rápido
   4. el equipo necesita un entrenador / ser cubano / y comprender a los cubanos
   5. no hay nadie / manejar / bien / el bate
   6. necesitan buscar un entrenador / tener / más experiencia

EP 14.2

C. **Se solicita...** El director del departamento de educación física de la Universidad de Oriente necesita nuevos empleados para el nuevo curso escolar. ¿Qué tipo de experiencia requiere cada puesto?

   MODELO   profesor(a) de golf: tener diez años de experiencia
   Buscan un(a) profesor(a) de golf que tenga diez años de experiencia.

Vocabulario útil

buscan   necesitan   se solicita   desean contratar   ofrecen un puesto

   1. entrenador(a) para el equipo de fútbol: haber jugado en ligas profesionales
   2. profesor(a) de tenis: tener experiencia en otras universidades
   3. profesor(a) de educación física: interesarse en entrenar a los discapacitados
   4. entrenador(a) para el equipo de béisbol: estar dispuesto(a) a viajar mucho
   5. médico(a): tener cinco o más años de experiencia con atletas
   6. dos secretarios(as): poder trabajar noches, sábados y domingos

D. **Atletas.** Tú quieres saber si tu compañero(a) conoce personalmente a atletas de talento. Hazle las siguientes preguntas.

MODELO   ser campeón mundial de tenis

            TÚ: **¿Conoces a alguien que sea campeón mundial de tenis?**

COMPAÑERO(A): **Sí, conozco a alguien que es campeón mundial de tenis. [o] No, no conozco a nadie que sea campeón mundial de tenis, pero conozco a un campeón de fútbol.**

1. practicar alpinismo
2. participar en maratones
3. ser entrenador(a) profesional
4. jugar al fútbol profesionalmente
5. haber ganado una medalla olímpica
6. ser boxeador profesional
7. practicar judo
8. ¿...?

Y ahora, ¡a conversar!

E. **Gimnasio.** Tú y unos(as) amigos(as) deciden abrir un nuevo gimnasio y necesitan emplear a mucha gente. En grupos de tres o cuatro, decidan qué tipo de empleados necesitan y qué experiencia debe tener cada uno.

MODELO   **Necesitamos algunos instructores de ejercicios aeróbicos que sepan animar a la gente.**

F. **¡Revolución!** Imagínate que tú y tus compañeros(as) planean crear un nuevo negocio o una nueva universidad. En grupos de tres o cuatro decidan qué tipo de personas van a formar parte de su nueva aventura.

1. Queremos un rector/jefe que...
2. Buscamos profesores/secretarios/trabajadores que...
3. Ofrecemos becas/pagos extras a estudiantes/trabajadores que...
4. Necesitamos atletas/personas que...
5. No queremos a nadie que...

G. **En el futuro.** Piensa en quién serás en unos quince años: ¿Dónde trabajarás? ¿Con quién vivirás? ¿Qué harás?... Luego hazle preguntas a tu compañero(a) para ver qué tipo de persona será y contesta las preguntas que él (ella) te haga a ti.

MODELO   TÚ: **¿Serás una persona que trabaje día y noche?**

           COMPAÑERO(A): **Es probable que trabaje día y noche.**

¡Luces! ¡Cámara! ¡Acción!

H. **Necesito más ayuda.** Eres el (la) director(a) de una escuela secundaria y te reúnes con los jefes de los departamentos de música, historia, matemáticas y lenguas extranjeras. Cada jefe explicará sus necesidades para el próximo año y tú decidirás cuántos nuevos puestos habrá. En grupos de cinco, escriban el guión y dramaticen esta situación delante de la clase.

I. **Hospital.** Eres el (la) administrador(a) de un hospital. Te reúnes con las personas encargadas de la cafetería, de la lavandería, de los conserjes y de la farmacia. Cada persona va a explicar sus necesidades de personal para el próximo año. Tendrás que decidir qué se puede hacer y qué no se puede hacer.

¿Comprendes lo que se dice?

Estrategias para ver y escuchar: ver y escuchar «de arriba hacia abajo»

In **Capítulo 9, Paso 2,** you learned that when listening "from the top down" to a video you are viewing, you can listen casually to the general flow, picking out the occasional specific words that convey the gist of what is being said and letting your knowledge of the topic fill in the blanks on everything else.

Even if you've never been to Miami, you probably know quite a bit about it. Take a moment to write down what you know about Miami and share it with other students.

1. _____
2. _____
3. _____
4. _____
5. _____

Al ver el video: ¿Comprendes lo que se dice?

Miami, ¡donde la cultura cubana se ve, se oye y se siente!

Use the knowledge you already have as you view the first part of the video, **Miami, ¡donde la cultura cubana se ve, se oye y se siente!** Then, in your own words tell what the underlined words in the following sentences probably mean.

1. Turistas de todas partes del mundo vienen a Miami para <u>gozar</u> de la belleza del trópico y del ambiente cosmopolita.
2. La ciudad de Miami está situada en el extremo <u>sureste</u> de la península de la Florida.
3. Por estar cerca del Golfo de México, goza de un clima <u>templado</u>.
4. Miami es un verdadero <u>puente</u> entre los dos continentes.

Después de ver el video

Anota dos cosas que aprendiste que no sabías antes sobre la Pequeña Habana, South Beach y Coconut Grove.

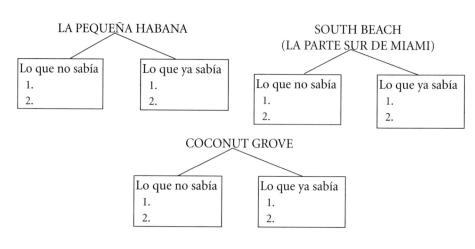

¡Lo mejor venido de Cuba!

Antes de empezar, dime...

1. ¿Qué influencia han tenido los afroamericanos en la música de los Estados Unidos? ¿Hay algún músico afroamericano que te guste? ¿Por qué te gusta su música?
2. ¿Qué influencia han tenido los afroamericanos en los ritmos bailables de los Estados Unidos? ¿Cuáles son algunos ritmos bailables que tú consideras exclusivamente afroamericanos?
3. ¿En qué se diferencia la música y los ritmos afroamericanos del resto de la música estadounidense?

BUENA VISTA SOCIAL CLUB. El inquieto guitarrista Ry Cooder y su hijo percusionista se reunieron en Cuba en 1996 con figuras soneras legendarias como Compay Segundo, Ibrahím Ferrer y Elíades Ochoa, para crear este magistral álbum acústico que nos devuelve magias de épocas pasadas.

IBRAHIM FERRER. El primer disco como solista de Ibrahím Ferrer ha sido producido en La Habana por Ry Cooder. Se trata de una colección de doce canciones, todas ellas cantadas por esta voz de oro de la música cubana que tiene en la actualidad setenta y dos años. Este trabajo, en el que participa la sección rítmica de Buena Vista Social Club, incluyendo el piano de Rubén González, transporta a quien lo escucha a un viaje muy diferente del que pueda brindamos cualquier otro disco cubano.

RUBÉN GONZÁLEZ. Introducing... Después de toda una vida tocando con los mejores músicos de Cuba y ya hasta sin piano en casa, en 1986 tuvo por fin la posibilidad de grabar este merecido álbum como solista. Impetuosas versiones instrumentales de temas soneros con toques jazzísticos.

ESTRELLAS DE AREÍTO. Los héroes. Una espontánea e histórica sesión de descarga en La Habana a finales de los años setenta. Legendarias y hasta ahora inencontrables grabaciones de Rubén González, Pío Leyva, Tito Gómez, Richard Eg, Niño Rivera, Paquito D'Rivera, y otras muchas figuras.

AFRO CUBAN ALL STAR. A toda Cuba le gusta. 4 generaciones de brillantes músicos cubanos reunidas en un estudio de La Habana para interpretar temas clásicos. Cantan algunos de los mejores soneros de los 50, con un sexteto de metales de la orquesta Tropicana y una soberbia sección rítmica.

LOS ZAFIROS. Bossa cubana. Temas de 1963-66 de un grupo que a la estridencia del pop guitarrero, el virtuosismo vocal del duduá y el rhytm and blues aportó una extraordinaria e imaginativa interpretación del bolero, el calipso, la bossa nova y la herencia rítmica cubana

JUAN DE MARCOS. AFRO CUBAN ALL STARS. Distinto, diferente. Este ambicioso nuevo álbum señala un cambio estilístico. Dando un paso adelante con respecto a *A toda Cuba le gusta*, que era, en esencia, un homenaje a los años 50. Juan de Marcos González se centra ahora en sonidos más actuales, incorporando muchos de los estilos más recientes de la música cubana.

RESISTENCIA
San Isidro Labrador, 19 • 28005 Madrid
Tel.: 91 366 67 23 • Fax: 91 364 21 10 • e-mail: resistencia@interbook.net

Y ahora, dime...

Contesten estas preguntas en parejas.

1. ¿Qué tipo de música se describe aquí? ¿Son ritmos que tú conoces? Explica.
2. ¿Quiénes son los artistas que tocan y cantan esta música? Nómbralos.
3. ¿Son todos cubanos? ¿De qué edad son? ¿Cómo lo sabes?
4. Fuera de ser de música cubana, ¿qué tienen en común estos discos? ¿Cómo están relacionados el uno con el otro?
5. ¿Cuál de estos álbumes te gustaría comprar? ¿Por qué?

Viajemos por el ciberespacio a... CUBA

Si eres aficionado(a) a navegar por el ciberespacio, usa las siguientes palabras clave para llegar a estos fascinantes sitios de **Cuba:**

Música cubana

Nueva Trova cubana

Sones cubanos

O mejor aún, simplemente ve hasta el sitio de la Red de *¡Dímelo tú!* usando la siguiente dirección: http://dimelotu.heinle.com

Haz un *clic* en las direcciones correspondientes para que puedas...

- disfrutar de un país lleno de música que lo baila y lo canta todo.
- conocer más y mejor a los miembros y la música del *Buena Vista Social Club.*
- disfrutar de la música cubana de ayer y de hoy.

¡Escríbelo!

Estrategias para escribir: orden cronológico

A. **La cronología.** Cuando escribimos ensayos históricos, como la breve historia de Cuba en el *Noticiero cultural* del Paso 1, usualmente seguimos un orden cronológico. Es decir, empezamos con el primer incidente que ocurrió, luego mencionamos el segundo, el tercero, etc., hasta el final. Después del final, expresamos alguna opinión personal y global sobre el tema.

¿Es éste el proceso que usó el autor del *Noticiero cultural* del Paso 1? Para decidir si lo es, contesten las preguntas que siguen en grupos de tres o cuatro.

1. ¿Empieza la lectura con el primer incidente que ocurrió? Si es así, ¿cuál es?
2. ¿Continúa con el segundo, el tercero, el cuarto, etc.? Prepara una lista de todos los incidentes en el mismo orden en que se mencionan. ¿Es un orden cronológico?
3. En tu opinión, ¿incluye todos los incidentes importantes en la historia de Cuba? ¿Por qué crees eso?
4. ¿Qué criterio crees que usó el autor para decidir qué partes de la cronología iba a incluir y qué partes tendría que excluir?

B. **Lista de ideas.** Ahora en los mismos grupos, preparen una lista de temas apropiados para ensayos históricos. Mencionen por lo menos diez temas. Luego cada persona debe seleccionar uno de los temas para desarrollar en las siguientes secciones.

> **Vocabulary:** Countries; nationality; geography
>
> **Grammar:** Adjective position; adverb types; verbs: preterite
>
> **Phrases:** Making transitions; sequencing events; talking about past events

Ahora, ¡a escribir!

A. **En preparación.** Decide cuál de los temas vas a desarrollar y prepara una lista de todos los incidentes importantes relacionados con tu tema. Pon la lista en orden cronológico.

B. **El primer borrador.** Basándote en la lista que tienes del ejercicio anterior, decide cuál es la información más importante y desarróllala en varios párrafos, dando detalles donde te parezca apropiado. Como conclusión de lo que has escrito agrega algunas oraciones para expresar tus opiniones.

C. **Ahora, a compartir.** Intercambia tu ensayo con el de otros dos compañeros(as) para saber su reacción. Cuando leas los de tus compañeros(as), dales sugerencias sobre posibles cambios para mejorar su desarrollo cronológico. Si encuentras errores, menciónalos.

D. **Ahora, a revisar.** Agrega la información que consideres necesaria para tu ensayo. No te olvides de revisar los errores que mencionaron tus compañeros(as).

E. **La versión final.** Ahora que tienes todas las ideas revisadas y las correcciones hechas, saca una copia en limpio en la computadora y entrégale la composición a tu profesor(a).

F. **Mesa redonda.** Sepárense en grupos de cinco o seis estudiantes y lean en voz alta las redacciones. Decidan cuál ensayo histórico les pareció más interesante y explíquenle a la clase por qué lo seleccionaron.

PASO 3

¡Tal vez consiga el puesto... en Cuba!

TAREA

Antes de empezar este Paso, estudia la lista de vocabulario en la página 503 y practícalo al escuchar el surco 36 de tu Text Audio CD #3. Luego estudia *En preparación*.

14.3 Subjunctive in adverb clauses, páginas 507–509

Haz por escrito los ejercicios de *¡A practicar!*

Escucha la sección *¿Qué se dice... ?* del Capítulo 14, Paso 3, en el surco 33 del Text Audio CD y haz la actividad correspondiente la página 497.

¿Eres buen observador?

Recién graduados: escuchen los consejos
de nuestra tradición oral...

Poderoso caballero es Don Dinero.

Aunque la mona se vista de seda, mona se queda.

Antes de que te cases, mira lo que haces.

Trabajos hacen al hombre sabio.

Antes de hablar, pensar.

Ahora, ¡a analizar!

¿A cuál de estos refranes se refiere lo siguiente?

a. El matrimonio es cosa seria; no debes considerarlo hasta que estés bien seguro(a) y preparado(a).

b. La gente sigue siendo igual, aunque se disfrace para aparentar lo que no es.

c. El dinero da autoridad, control e influencia. Cuando seas rico(a) lo notarás.

d. Es mejor no decir nada si no tienes nada que decir.

e. Por mucho que estudies, la experiencia de la vida te va a enseñar más.

Al hablar de hechos ciertos o inciertos

Lourdes aprenderá a bucear cuando... _____.

Lourdes conseguirá un buen puesto tan pronto como... _____.

Esteban tendrá que entrenar mucho antes de que... _____.

RICARDO: Bueno, hablando de buceo, ¿todavía da clases tu amigo Gerardo?

ESTEBAN: Por supuesto; pero, ¿no lo sabías? Lo transfirieron de playa Guanabo a Cayo Largo donde es guía ahora. Lleva a grupos de turistas a bucear cerca de los arrecifes. Dicen que es hermoso allá y que el agua es clarísima.

RICARDO: Qué mala noticia para ti, Lourdes. Has perdido la oportunidad de tomar clases con Gerardo. Pero con tal de que lo podamos visitar en Cayo Largo uno de estos días, me alegro por él.

NIURKA: ¿Tú, ahorrar dinero, Ricardo? ¡Qué va!

RICARDO: Qué bien me conoces, Niurka. Pero bueno,... ¿por qué no vamos a tomar un helado en Copelia?

LOURDES: ¡Ay, sí! Me encantan los batidos de mamey que hacen allí.

> **A propósito...**
>
> En español decimos «¡Qué va!» para decir «no» de una manera muy enfática. Usamos «por supuesto» en el sentido contrario, para decir «sí».

No cabe duda que la música cubana es una de las más apreciadas en el mundo entero. Muchos de los ritmos latinos bailables más populares tienen su origen en la fascinante mezcla de lo africano y de lo latino que es parte de toda música cubana. La rumba, el mambo, la conga, el bolero, la guaracha, la habanera, la danza, el danzón, el son, la nueva trova... todos son ritmos de origen cubano.

En tu opinión: ¿Por qué crees que es tan popular la música cubana? ¿Sabes si es popular en los Estados Unidos? ¿Por qué crees que la música africana ha tenido tanta influencia en la música cubana? ¿Qué influencia ha tenido en la música estadounidense? ¿Cuáles de los ritmos cubanos conoces? ¿Los sabes bailar?

Ahora, ¡a hablar!

A. **¿Quién?** Según el *¿Qué se dice...?*, ¿quién piensa hacer lo siguiente, Gerardo (**G**), Lourdes (**L**) o Estenban (**E**)?

G L E 1. Seguirá entrenando hasta que le den un puesto en el equipo olímpico.

G L E 2. Pedirá un batido de mamey con tal que la lleven a Copelia.

G L E 3. Continuará llevando a grupos de turistas a bucear cerca de los arrecifes mientras trabaje de guía en Cayo.

G L E 4. Aprenderá a bucear tan pronto como tenga el dinero.

G L E 5. Tendrá que entrenar veinticuatro horas al día antes de conseguir su sueño.

G L E 6. Se conseguirá un puesto que pague bien tan pronto como termine su carrera.

EP 14.3

B. **Decisiones.** Ricardo se va a graduar este verano y quiere viajar durante unos seis meses antes de empezar su vida profesional. Ahora está pensando en las ventajas y desventajas de viajar por un período tan largo. ¿Qué piensa?

MODELO viajar a menos que: ofrecerme un buen puesto
Viajaré a menos que me ofrezcan un buen puesto.

1. hacer el viaje antes de que: mi novia y yo casarnos
2. poder ir con tal de que: mi padre prestarme dinero
3. no ir solo a menos que: mi amigo Jorge no poder viajar
4. visitar a mis parientes para que: mis padres estar contentos conmigo
5. no hacer planes antes de que: todos mis papeles estar en orden
6. no confirmar mis reservaciones sin que: mi amigo y yo estar seguros de ir

EP 14.3

C. **¿Me aceptarán?** Esteban todavía no sabe si lo van a aceptar para el equipo cubano. A pesar de todo, como es tan optimista, ya está haciendo planes. ¿En qué está pensando?

MODELO Celebraré con mis amigos en cuanto _____ (recibir) la noticia.
Celebraré con mis amigos en cuanto reciba la noticia.

1. Empezaré a entrenar siete días por semana tan pronto como _____ (tener) la noticia.
2. Nosotros recibiremos nuevos uniformes en cuanto _____ (llegar) a las Olimpiadas.
3. El entrenador dijo que haremos un viaje por Europa cuando _____ (terminar) las Olimpiadas.
4. Yo me sentiré muy orgulloso *(proud)* aunque nuestro equipo no _____ (ganar).
5. Tendré que comprarles recuerdos a todos mis parientes tan pronto como _____ (llegar) a la ciudad olímpica.
6. Pero seguiré con mi rutina diaria hasta que _____ (saber) que me han aceptado.

D. **¡Felicitaciones!** Esteban, por fin, recibe la noticia. ¡Va a ir a las Olimpiadas con el equipo cubano! ¿Qué les dice a sus amigos?   EP 14.3 ▣▣

MODELO   aunque mis padres no poder ir / se sentirán muy orgullosos
Aunque mis padres no pueden ir, se sentirán muy orgullosos.

1. tan pronto como ustedes llegar / tienen que llamarme
2. cuando el equipo llegar / los aficionados cubanos siempre hacen una recepción
3. en cuanto el equipo pasar / unos días allá, todo será fácil
4. aunque el número de participantes latinos ser / grande, todo el mundo se conoce
5. aunque uno siempre estar / ocupado, el ambiente en las Olimpiadas siempre es agradable
6. cuando yo tener / problemas, alguien siempre me ayuda

E. **¿Para qué?** Los seres humanos tenemos la capacidad de complicarnos la vida por diferentes razones. Dile a tu compañero(a) para qué haces lo siguiente y escucha mientras te dice para qué lo hace él (ella).   EP 14.3 ▣▣

MODELO   trabajar
TÚ: **Yo trabajo para que mis hijos coman bien.**
COMPAÑERO(A):   **Pues yo trabajo para comprarme un coche nuevo.**

1. hacer ejercicio
2. trabajar
3. estudiar
4. peinarme
5. (no) estar a dieta
6. tener tarjetas de crédito
7. participar en deportes
8. ¿...?

F. **Cuestiones sociales.** Nuestro bienestar en el futuro depende de nuestra sociedad. En grupos de cuatro, debatan estas importantes cuestiones sociales que afectarán la calidad de nuestra vida futura. Dos de cada grupo deben defender las opiniones y los otros dos deben oponerse.

1. Se deben legalizar las drogas.
2. El gobierno debe controlar el precio de la gasolina.
3. La medicina debe ser socializada.
4. Se debe incluir la educación sexual en las escuelas secundarias.

G. **¡Por fin!** Tú y tus amigos(as) van a graduarse en menos de un mes. En grupos de tres o cuatro, discutan todo lo que piensan hacer.

MODELO **Tan pronto como me gradúe, viajaré a Sudamérica.**
Viajaré por tres meses a menos que...

H. **Pasos importantes.** La graduación no es el único paso importante en la vida. Hay otras decisiones que nos esperan a lo largo de la vida. ¿Qué piensan hacer tú y tu compañero(a) en las siguientes situaciones?

MODELO Cuando consigamos trabajo...
Cuando consigamos trabajo podremos comprarnos un carro nuevo.

1. Tan pronto como nos graduemos...
2. Cuando tengamos bastante dinero...
3. En cuanto consigamos un buen puesto de trabajo...
4. En cuanto nos casemos...
5. Cuando tengamos hijos...
6. Después de que nos jubilemos *(retire)*...

I. **Negociaciones.** Acabas de recibir una oferta de trabajo en una buena compañía pero hay algunos inconvenientes: está lejos de donde vives, el horario es pésimo, el sueldo no te convence y no ofrecen un buen plan de seguro médico. Ahora estás hablando con el (la) gerente de la compañía, y tratas de conseguir mejores condiciones. Con un(a) compañero(a) que hace el papel del (de la) gerente, escriban el diálogo que tienen y preséntenselo a la clase.

J. **¡Ay, los padres!** Tus padres quieren que tú consigas trabajo después de graduarte, pero tú quieres continuar con los estudios de posgrado. Ellos tienen sus razones y tú tienes las tuyas. Dramatiza esta situación con dos compañeros(as) de clase.

Estrategias para leer: interpretación de refranes

Los refranes dan excelentes consejos, pero los dan con muy pocas palabras y, con frecuencia, con humor. Por eso, al interpretar un refrán, es muy importante entender cada palabra y, a la vez, pensar más ampliamente en el significado del refrán. No basta sólo con saber el significado literal de las palabras. Siempre hay que pensar en cómo ese significado se aplica a una variedad de situaciones. En el *¿Qué se dice... ?* de este Paso, Niurka dice «Poderoso caballero es Don Dinero». Piensa simplemente en el significado literal de este refrán y luego en el significado que Niurka intenta comunicar al decirlo.

Lectura
La tradición oral: los refranes

Los refranes, o proverbios, forman una parte muy importante de la tradición oral hispana. Estos dichos, que representan la sabiduría colectiva de la comunidad hispana, en muy pocas palabras ofrecen consejos relacionados con todos los aspectos de la vida.

Dentro de la cultura hispana, las personas mayores, en particular los ancianos, parecen tener a mano un refrán apropiado para cualquier situación que se presente. Y de los ancianos, lo aprenden los jóvenes. Lo vimos y oímos en el diálogo de esta lección cuando Lourdes habla de todo lo que podrá hacer cuando tenga dinero y Niurka comenta con el refrán: «Poderoso caballero es Don Dinero».

Es así como se mantiene viva la rica tradición oral hispana. De boca en boca, pasan los refranes de una generación a otra. Y a lo largo del camino, se van añadiendo más y más, siempre en forma oral y anónima. Lo más bonito de los refranes es el saber cuándo usarlos, para que se ajusten a la situación de una manera muy natural.

A ver si comprendiste

A. **Refranes populares.** A continuación aparecen seis refranes muy populares. Trata de relacionar cada refrán de la columna de la izquierda con su significado en la columna de la derecha. Luego, piensa en una situación en que podrías usar cada refrán.

1. A buen hambre, no hay pan duro.
2. Por la boca muere el pez.
3. No hay mal que por bien no venga.
4. Dime con quién andas y te diré quién eres.
5. Lo barato es caro, y lo caro barato.
6. Quien mucho duerme, poco aprende.

a. Algo bueno siempre resulta de una situación mala.
b. Las personas perezosas no avanzan en la vida.
c. Las personas que hablan demasiado, cometen más errores.
d. Si pagas poco debes esperar menos calidad.
e. Toda comida es deliciosa para una persona que no ha comido en mucho tiempo.
f. Todos seleccionamos amigos que son como nosotros.

B. **Más refranes.** Ahora, con un(a) compañero(a), escriban el significado de cada uno de estos refranes. Luego piensen en situaciones donde podrían usarlos. ¿Pueden pensar en un refrán en inglés que tenga el mismo significado?

1. Saber es poder.

2. Quien más tiene, más quiere.

3. El tiempo es oro.

4. Más vale poco que nada.

5. Las noticias malas tienen alas.

6. No hay enemigo chico.

7. Cada uno es rey en su casa.

Vocabulario

PASO 1

Deportes

arco	goal
atleta *(m./f.)*	athlete
bate *(m.)*	bat
campeón (campeona)	champion
cesto	basket
competencia	competition
boxeo	boxing
esquí *(m.)*	skiing
gimnasia	gymnastics
gol *(m.)*	goal
golpe (de cabeza) *(m.)*	hitting, striking (the ball) (with one's head)
juego	game
levantamiento de pesas	weight lifting
liga	league
lucha libre	wrestling
natación *(f.)*	swimming
patear	to kick
pelea	fight
pelota	ball
red *(f.)*	net
salto de altura	high jumping
salvavidas *(m./f.)*	lifeguard, lifesaver

Jugadores y oficiales

arquero(a)	goalie, goalkeeper
entrenador(a)	coach, trainer
lanzador(a)	pitcher

Adjetivos

absurdo(a)	absurd
arreglado(a)	arranged, fixed
político(a)	political
saludable	healthy
violento(a)	violent

Verbos

bastar	to be enough
creer	to believe
concentrarse	to concentrate (on a task)
dañar	to damage, hurt
dejar	to allow, permit
dudar	to doubt
negar (ie)	to deny
temer	to fear
zambullirse	to dive, jump in (the water)

PASO 2

Jugadores y oficiales

árbitro(a)	umpire, referee
bateador(a)	batter (baseball)
boxeador(a)	boxer
corredor(a)	runner
jugador(a)	player
nadador(a)	swimmer

Deportes (misceláneo)

atletismo	athletics (track and field)
batear	to bat
campeonato	championship
derrotar	to defeat, beat
entrenar	to coach, train
estar en forma	to be in shape
jonrón *(m.)*	home run
maratón *(m.)*	marathon
reclutar	to recruit

Verbos

animar	to encourage, cheer
manejar	to manage

Palabras y expresiones útiles

apoyo	support
beca	scholarship
estar dispuesto(a)	to be inclined to
imparcial	impartial
propósito	purpose

PASO 3

Buceo

arrecife *(m.)*	reef
bucear	to scuba dive
buceo	scuba diving

Verbos

conseguir (i, i)	to get, obtain
estar contento(a)	to be happy
graduarse	to graduate
jubilarse	to retire
transferir (ie)	to transfer

Palabras y expresiones útiles

aunque	although
batido (de leche)	shake; milk shake
caballero	gentleman
contrario(a)	opposite, opposing
orgulloso(a)	proud
poderoso(a)	powerful
sabio(a)	wise

En preparación 14

Paso 1

14.1 Subjunctive with expressions of doubt, denial, and uncertainty

Expressing doubt, denial, and uncertainty

A. When the main clause of a sentence expresses doubt, denial, or uncertainty, the subjunctive must be used in the subordinate clause whenever there is a change of subject.

Main clause	Subjunctive clause
Dudo	que **podamos** ir con ustedes.
No creo	que ellos **tengan** las entradas.
Es probable	que yo no **vaya.**

In spoken Spanish it is becoming acceptable to use the subjunctive even when there is no change of subject.

Dudo que (yo) **pueda** hacerlo esta tarde.
I doubt that I can do it this afternoon.

B. Remember that expressions of certainty, including those denying doubt, are followed by the indicative mood.

Estoy seguro de que **llegan** hoy. *I'm sure they arrive today.*
No dudamos que **tienes** el dinero. *We don't doubt that you have the money.*

BUT:
Es probable que **vengan** solos. *It is probable that they will come alone.*

C. The verbs **creer** and **pensar** are usually followed by the subjunctive when they are negative or in a question. They are followed by the indicative when used in the affirmative form.

No creo que **estén** bien entrenados. *I don't believe they are well trained.*
    (They don't appear to be and probably aren't.)
¿Crees que lo **acepten** los aficionados? *Do you believe that the fans will accept him?*
    (They may not.)
Pienso que **están** en el partido. *I think (believe) they are at the game.*

¡A practicar!

A. Domingo deportivo. Celia está mirando su programa deportivo favorito en la televisión, *Domingo deportivo*, en su casa en Bahía Girón. Ella es fanática de los deportes. ¿Qué dice cuando mira los diferentes eventos?

> MODELO   no creer / su entrenador / ser tan bueno como el nuestro
> **No creo que su entrenador sea tan bueno como el nuestro.**

Béisbol	1. ser lógico / el equipo cubano / tener tanto éxito
	2. ser probable / nuestro equipo / ganarle a los EE.UU. en las Olimpiadas
Boxeo	3. ser cierto / Cuba tener / excelentes boxeadores
	4. yo no dudar / esta pelea / terminar en un empate *(tie)*
Voleibol	5. yo no creer / ese equipo / ganar hoy
	6. ser increíble / ellos / jugar tan mal
Fútbol	7. yo dudar / nuestro equipo / estar en forma para este partido
	8. ser increíble / los árbitros / ser tan injustos

B. ¡Cálmate! Tu amigo Raúl está muy nervioso por el partido de béisbol de esta noche, en La Habana. ¿Qué dice momentos antes del partido?

1. ser obvio / ese bateador / no saber nada
2. ser probable / nuestro lanzador favorito / no poder jugar esta noche
3. ser posible / nuestro equipo / ya estar cansado
4. ¿creer tú / ellos / tener mejores jugadores?
5. nosotros no dudar / ese jugador ser excelente

Paso 2

14.2 Subjunctive in adjective clauses

Referring to unfamiliar persons, places, and things

Sometimes a clause is used as an adjective to describe a person, place, or thing. For example, in the following sentence the adjective clause describes **mujer.**

Adjective clause

> Conozco a una **mujer**   que ganó cinco medallas de oro.

The verb of the adjective clause may be in the subjunctive or in the indicative.

A. If the antecedent—the person, place, or thing being described—is indefinite (either nonexistent or not definitely known to exist), the verb in the adjective clause must be in the subjunctive.

Busco un entrenador que **hable** ruso.	*I am looking for a coach who speaks Russian. (I'm not sure the person exists.)*
Necesitamos una secretaria que **sepa** taquigrafía.	*We need a secretary who knows shorthand.*
Voy a solicitar un puesto que **ofrezca** más dinero.	*I'm going to apply for a job that offers more money.*

B. If, on the other hand, the antecedent is known to exist, then the verb in the adjective clause must be in the indicative.

Busco al entrenador que **habla** ruso.	*I am looking for the coach who speaks Russian. (I know the person.)*
Contratamos a un secretario que **sabe** taquigrafía y contabilidad.	*We hired a secretary who knows shorthand and bookkeeping.*
Voy a solicitar el puesto que **ofrece** el mejor salario.	*I'm going to apply for the job that offers the highest salary.*

Note that the mood (indicative or subjunctive) used in adjective clauses indicates whether the speaker is talking about a fact or something hypothetical or abstract.

C. Negative antecedents always refer to the nonexistent. Therefore, the verb in an adjective clause modifying a negative antecedent must be in the subjunctive.

The personal **a** is not usually used before an indefinite direct object. **Nadie** and **alguien**, however, always take the personal **a** when used as direct objects.

No hay nadie que **esté** dispuesto a trabajar los fines de semana.	*There isn't anyone who is willing to work on weekends.*
No encuentro **a** nadie que **sepa** hablar japonés.	*I can't find anyone who knows how to speak Japanese.*

¡A practicar!

A. Nuevo personal. El Comité Cubano de las Olimpiadas está discutiendo lo que el equipo cubano va a necesitar para las siguientes Olimpiadas. ¿Qué dicen ellos?

1. necesitamos / entrenador / ser muy enérgico
2. necesitamos / entrenador / dirigir a los Atléticos
3. buscamos / lanzador / tener experiencia
4. buscamos / lanzador / jugar ahora con los Gigantes
5. necesitamos / bateadores / venir de las ligas juveniles
6. buscamos / bateadores / ya tener fama

B. Club deportivo. Esteban está hablando con su jefe porque él y algunos colegas han decidido crear el Club Deportivo Guantánamo. Según él, ¿qué tipo de personas necesitan para administrar el club?

1. necesitar un presidente que / poder trabajar bien con la directiva y los jugadores
2. tener que encontrar un vicepresidente que / ser responsable y / trabajar bien con el presidente
3. para tesorero *(treasurer)*, necesitar a alguien que / saber contabilidad *(bookkeeping)*
4. para secretario necesitar una persona que / saber bastante de informática
5. también querer nombrar a alguien que / representarnos ante el Comité Deportivo Nacional

C. Los jefes nos apoyan. Ahora Esteban le está contando a su amigo Ricardo lo que les dijo su jefe a él y a sus compañeros. ¿Qué les dijo?

Mi jefe nos dijo que los administradores del hotel estarán a favor de que _____ (nosotros / organizar) un club que _____ (preocuparse) por los intereses deportivos de los trabajadores. Cree que debemos nombrar una persona que _____ (hablar) con los administradores en seguida. Dijo que hay una persona en la administración que _____ (tener) mucha experiencia en esos asuntos *(matters)*. Y como yo soy una persona que _____ (interesarse) mucho en los deportes y en el bienestar de todos, yo puedo ser el representante. ¡Ah! También dijo que el representante debe ser una persona que _____ (ser) muy activa y que siempre le _____ (informar) a la mesa directiva sobre las actividades del grupo.

Paso 3

14.3 Subjunctive in adverb clauses

Stating conditions

A. In Spanish, certain conjunctions are *always* followed by the subjunctive. Note that they are used to relate events that may or may not happen. Thus, a doubt is implied, requiring the subjunctive.

Conjunctions that always require subjunctive			
a menos que	*unless*	en caso (de) que	*in case*
antes (de) que	*before*	para que	*so that*
con tal (de) que	*provided (that)*	sin que	*without, unless*

Nosotros ganaremos **a menos que se lastime** José Antonio.	*We'll win unless José Antonio gets injured.*
Yo iré con ustedes **con tal que** Niurka no **conduzca.**	*I'll go with you provided Niurka doesn't drive.*

B. Certain adverbial conjunctions may be followed by either the subjunctive or the indicative. The subjunctive follows these expressions when describing a future or hypothetical action or something that has not yet occurred. The indicative is used to describe habitual or known facts.

Conjunctions that may require subjunctive			
aunque	*although*	en cuanto	*as soon as*
cuando	*when*	hasta que	*until*
después (de) que	*after*	tan pronto como	*as soon as*

Habitual	Future action
Siempre lo hace cuando **llega.**	Lo hará **cuando llegue.**
He always does it when he arrives.	*He will do it when he arrives.*

Factual	Hypothetical
Lo aceptará aunque **tendrá** que jugar con otro equipo.	Lo aceptará aunque **tenga** que jugar con otro equipo.
He will accept it although he will have to play with another team.	*He will accept it although he may have to play with another team.*

C. When the focus is on an event rather than on a participant, a preposition and an infinitive are used rather than a conjunction and the subjunctive.

Llámame **antes de venir.** *Call me before coming.*
Lo haré **sin decirle.** *I'll do it without telling him.*

¡A practicar!

A. Dilema. A veces cambiar o no cambiar de trabajo se transforma en un verdadero dilema. Nina acaba de recibir una nueva oferta de trabajo y está tratando de decidir si debe permanecer *(remain)* en Bahía Girón o trasladarse a Santiago de Cuba. ¿Qué dice?

1. Tendré que decidir pronto para que mi jefe / buscar a una nueva persona

2. No me mudaré a Santiago a menos que / mi novio decidir mudarse también

3. Voy a empezar a regalar varios muebles en caso de que yo / decidir aceptar

4. No haré ninguna decisión sin que ellos / explicarme bien la escala de pagos

5. Se lo contaré a mis padres en cuanto yo / hacer una decisión

6. Pero no firmaré hasta que mi novio y mis padres / decirme que es una buena decisión

B. **El regreso.** Mario ha estado viviendo en La Habana, completando una práctica profesional de seis meses. Ha llegado ahora el momento de regresar a Bahía Girón y se le está transformando en un gran dilema. Veamos qué decide finalmente.

1. No decidiré hasta que _____ (hablar) con mi novia.
2. Será más fácil tan pronto como _____ (saber) si me van a dar trabajo en Bahía Girón.
3. Lo hablaré con mi familia después de que la decisión _____ (estar) hecha.
4. Tendré más posibilidades cuando _____ (graduarme) y ya tenga el título en mano.
5. Alquilaré el nuevo apartamento aunque todavía no _____ (haberme) decidido.
6. Creo que me quedaré en La Habana a menos que mi novia _____ (insistir) en que regrese.

C. **Vacaciones.** Ahora Antonio y Raúl están planeando salir de vacaciones a Guantánamo. Antonio, como siempre, es muy organizado. ¿Qué le dice a Raúl?

ANTONIO: Saldremos en cuanto _____ (regresar / tú) del banco.

RAÚL: Bien. Pero no regresaré hasta que _____ (poder) cerrar mi cuenta de ahorros.

ANTONIO: No importa, con tal que tú _____ (estar) aquí antes de las tres y media.

RAÚL: No te preocupes. La guagua no sale hasta las cuatro y media, a menos que _____ (haber) cambiado el horario.

ANTONIO: Tienes razón. Pero yo prefiero estar en la estación temprano para que nosotros _____ (poder) conseguir buenos asientos (seats).

Para empezar
Ahora, ¡a chablar!

C. **Crucigrama.** Para completar este crucigrama, tú tienes las pistas (*clues*) verticales, y tu compañero tiene las horizontales en la página 7. Completa primero (*first*) las palabras que responden a tus pistas, y luego (*then*) completa el resto usando las pistas que tu compañero(a) te da. No se permite mirar (*look at*) el crucigrama completo de la página 7 hasta terminar esta actividad.

MODELO   ESCRIBES: 1 Vertical: Saludo por la tarde

Verticales
1. Saludo por la tarde
2. Saludo de despedida por poco tiempo
4. Saludo de despedida por un día
5. Saludo por la mañana
6. Saludo informal

F. **¿Son los mismos?** Alicia, Carmen, José y Daniel son estudiantes de la clase de español de tu compañero(a) de cuarto. Tú también tienes unos amigos que se llaman Alicia, Carmen, José y Daniel. La descripción de tus amigos aparece (*appears*) aquí. La descripción de los amigos de tu compañero(a) aparece en la página 27. ¿Son la misma persona? (*To decide if they are the same, ask your partner questions. Do not look at each other's descriptions.*)

MODELO   **¿Es Alicia de El Salvador?**

ALICIA: Es una amiga de San Salvador. Es introvertida. No es perezosa, y es muy seria. También es muy paciente.

CARMEN: Es muy seria. También es tímida, inteligente y muy estudiosa. Es de San José. Es algo conservadora.

JOSÉ: Es de Tegucigalpa. Es muy activo pero muy serio. No es sociable. Es muy serio.

DANIEL: Es de Managua. Es muy atlético, pero es un poco tímido. Es activo y estudioso. También es algo serio.

Capítulo 1, Paso 3
Y ahora, ¡a conversar!

G. **¿Son diferentes?** Este dibujo y el dibujo en la página 45 son similares pero tienen seis diferencias. Descríbele este dibujo a tu compañero(a) y él/ella va a describirte el otro dibujo hasta encontrar las diferencias. No debes ver el dibujo de tu compañero(a) hasta terminar esta actividad.

Vocabulario útil
bailar
escribir una carta
escuchar música
estudiar
hablar con amigos(as)
hablar por teléfono
mirar la tele
tomar café
tomar un refresco

Capítulo 2, Paso 1
Noticiero cultural: Costumbres

E. **Crucigrama.** Este crucigrama ya tiene las respuestas horizontales. El crucigrama de la página 68 tiene las respuestas verticales. Con un(a) compañero(a), terminen los dos crucigramas dándose pistas (*clues*), ¡no las respuestas! No se permite mirar el crucigrama de tu compañero(a) hasta terminar esta actividad.

MODELO   TÚ: **¿Cuál es la pista para el número tres vertical?**
TU COMPAÑERO(A): **Es una persona que escribe artículos.**
TÚ ESCRIBES: PERIODISTAS

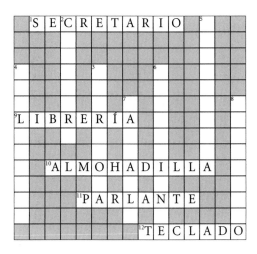

Capítulo 3, Paso 1
Noticiero cultural: Costumbres

E. **¿Dónde es?** Este mapa indica el nombre y la fecha de algunas de las fiestas más populares de España. El mapa de la página 108 indica el nombre de la ciudad donde se celebran estas fiestas. Hazle preguntas a tu compañero(a) sobre dónde están las ciudades y contesta las preguntas que tu compañero(a) te va a hacer.

Escribe el nombre de cada ciudad junto a las fiestas y las fechas en el mapa. Al final, compara con el mapa de tu compañero(a) para ver si todas las ciudades y fiestas se corresponden. No se permite comparar mapas hasta terminar esta actividad.

MODELO   TÚ: **¿Cuándo son las Fallas?**
TU COMPAÑERO(A): **Son el 19 de marzo.**

Dia del Apóstol Santiago
• 25 de julio

Sanfermines
7 de julio

Sant Jordi
23 de abril

Feria de San Isidro
8 al 15 de mayo

Las Fallas
19 de marzo

La Tomatina
Fines de agosto

Feria de abril
Abril

Feria del Caballo
• Primera semana de mayo

Capítulo 3, Paso 2
Y ahora, ¡a conversar!

H. **¿Qué están haciendo?** ¿Cuántas diferencias hay entre este dibujo y el de tu compañero(a) en la página 117? Háganse preguntas para determinar cuáles son las diferencias. Recuerda que no se permite mirar el dibujo de tu compañero(a) hasta terminar esta actividad.

MODELO   **¿Cuántas personas están cantando?**

Capítulo 3, Paso 3
Y ahora, ¡a conversar!

F. **¡Qué cambiados están!** Éstos son Daniel y Gloria después de estudiar un año en la Universidad de Salamanca. En la página 126, tu compañero(a) tiene un dibujo de Daniel y Gloria antes de ir a estudiar a España. Describan a las personas que aparecen en sus dibujos para saber cómo son los cambios. No se permite mirar el dibujo de tu compañero(a) hasta terminar esta actividad.

Capítulo 4, Paso 2
Y ahora, ¡a conversar!

F. **En el escaparate.** Tú estás de compras en la Ciudad de México y quieres comprar todas las prendas de esta lista. Desafortunadamente, muchas prendas no tienen etiqueta (*price tag*). Pregúntale a tu compañero(a) los precios que quieres saber y dale los precios que él o ella necesita basándote en el dibujo. El escaparate de tu compañero(a) está en la página 152. No debes mirar el escaparate de tu compañero(a) hasta terminar esta actividad.

Tú quieres comprar:

1. un pijama para tu hermana
2. un traje para ti
3. botas para tu papá
4. pantalones para tu hermano
5. un vestido para tu mamá

Capítulo 7, Paso 1
Y ahora, ¡a conversar!

I. **¿Cuáles son las diferencias?** Tú debes usar este dibujo y tu compañero(a) el dibujo en la página 246. Ambos son similares, pero no son idénticos. Describan sus dibujos para descubrir las diferencias. No mires el dibujo de tu compañero(a) hasta descubrir todas las diferencias.

Capítulo 12, Paso 3
Y ahora, ¡a conversar!

F. **Viaje a Machu Picchu.** Tú y un(a) compañero(a) están viajando por Sudamérica, visitando y explorando diferentes lugares. Ahora están en las famosas cataratas de Iguazú y quieren viajar por Uruguay, Argentina, Chile y Bolivia para llegar a Machu Picchu. Piensan hacer ocho escalas (*stopovers*) en su viaje. ¿Quién va a llegar primero? Para avanzar una escala, tienes que contestar la pregunta de tu compañero(a) correctamente. Tus preguntas están aquí, las de tu compañero(a) están en la página 434.

1. ¿Cuál es la capital de Uruguay?
2. ¿Cuál es la capital de Perú?
3. Nombra la isla que es estado libre asociado de los Estados Unidos.
4. Nombra dos países que tienen frontera con Perú.
5. ¿De qué país es Diego Rivera?
6. ¿Quién escribió *Cien años de soledad*?
7. ¿En qué países de Sudamérica se habla español?
8. ¿Cómo se llama la moneda de Paraguay?
9. ¿Cuál es el país más grande de Sudamérica?
10. ¿Cómo se llaman las dos capitales de Bolivia?
11. ¿En qué país se comen porotos y ají?
12. Nombra cinco países de Centroamérica y sus capitales.

Acentuación

In Spanish, as in English, all words of two or more syllables have one syllable that is stressed more forcibly than the others. In Spanish, written accents are frequently used to show what syllable in a word is the stressed one.

Words without written accents

Words without written accents are pronounced according to the following rules:

A. Words that end in a vowel (**a, e, i, o, u**) or the consonants **n** or **s** are stressed on the next to last syllable.

tardes   capi**ta**les   **gran**de   es**tu**dia   **no**ches   **co**men

B. Words that end in a consonant other than **n** or **s** are stressed on the last syllable.

bus**car**   ac**triz**   espa**ñol**   liber**tad**   ani**mal**   come**dor**

Words with written accents

C. Words that do not follow the two preceding rules require a written accent to indicate where the stress is placed.

ca**fé**   sim**pá**tico   fran**cés**   na**ción**   Jo**sé Pé**rez

Words with a strong vowel (a, o, u) next to a weak vowel (e, i)

D. Dipthongs, the combination of a weak vowel (i, u) and a strong vowel (e, o, a) next to each other, form a single syllable. A written accent is required to separate dipthongs into two syllables. Note that the written accent is placed on the weak vowel.

seis	estu**dia**	inter**ior**	**ai**re	**au**to	**cuo**ta
re**ír**	**dí**a	**rí**o	ma**íz**	ba**úl**	contin**úo**

Monosyllable words

E. Words with only one syllable never have a written accent unless there is a need to differentiate it from another word spelled exactly the same. The following are some of the most common words in this category.

Unaccented	Accented	Unaccented	Accented
como (*like, as*)	cómo (*how*)	que (*that*)	qué (*what*)
de (*of*)	dé (*give*)	si (*if*)	sí (*yes*)
el (*the*)	él (*he*)	te (*you D.O., to you*)	té (*tea*)
mas (*but*)	más (*more*)	tu (*your*)	tú (*you informal*)
mi (*my*)	mí (*me*)		

F. Keep in mind that in Spanish, the written accents are an extremely important part of spelling since they not only change the pronunciation of a word, but may change its meaning and/or its tense.

publico (*I publish*)   **público** (*public*)   **publicó** (*he/she/you published*)

Simple tenses

	Present Indicative	Imperfect	Preterite	Future	Conditional	Present Subjunctive	Past Subjunctive	Commands
hablar (to speak)	hablo	hablaba	hablé	hablaré	hablaría	hable	hablara	
	hablas	hablabas	hablaste	hablarás	hablarías	hables	hablaras	habla (no hables)
	habla	hablaba	habló	hablará	hablaría	hable	hablara	hable
	hablamos	hablábamos	hablamos	hablaremos	hablaríamos	hablemos	habláramos	hablemos
	habláis	hablabais	hablasteis	hablaréis	hablaríais	habléis	hablarais	hablad (no habléis)
	hablan	hablaban	hablaron	hablarán	hablarían	hablen	hablaran	hablen
aprender (to learn)	aprendo	aprendía	aprendí	aprenderé	aprendería	aprenda	aprendiera	
	aprendes	aprendías	aprendiste	aprenderás	aprenderías	aprendas	aprendieras	aprende (no aprendas)
	aprende	aprendía	aprendió	aprenderá	aprendería	aprenda	aprendiera	aprenda
	aprendemos	aprendíamos	aprendimos	aprenderemos	aprenderíamos	aprendamos	aprendiéramos	aprendamos
	aprendéis	aprendíais	aprendisteis	aprenderéis	aprenderíais	aprendáis	aprendierais	aprended (no aprendáis)
	aprenden	aprendían	aprendieron	aprenderán	aprenderían	aprendan	aprendieran	aprendan
vivir (to live)	vivo	vivía	viví	viviré	viviría	viva	viviera	
	vives	vivías	viviste	vivirás	vivirías	vivas	vivieras	vive (no vivas)
	vive	vivía	vivió	vivirá	viviría	viva	viviera	viva
	vivimos	vivíamos	vivimos	viviremos	viviríamos	vivamos	viviéramos	vivamos
	vivís	vivíais	vivisteis	viviréis	viviríais	viváis	vivierais	vivid (no viváis)
	viven	vivían	vivieron	vivirán	vivirían	vivan	vivieran	vivan

Compound tenses

Present progressive

estoy		
estás		
está	hablando	aprendiendo	viviendo
estamos		
estáis		
están		

Present perfect indicative

he		
has		
ha	hablado	aprendido	vivido
hemos		
habéis		
han		

Past perfect indicative

había		
habías		
había	hablado	aprendido	vivido
habíamos		
habíais		
habían		

Appendix D   Los verbos con cambios en la raíz

Infinitive / Present Participle / Past Participle	Present Indicative	Past Imperfect	Preterite	Future	Conditional	Present Subjunctive	Past Subjunctive	Commands
pensar *to think* **e → ie** pensando pensado	pienso piensas piensa pensamos pensáis piensan	pensaba pensabas pensaba pensábamos pensabais pensaban	pensé pensaste pensó pensamos pensasteis pensaron	pensaré pensarás pensará pensaremos pensaréis pensarán	pensaría pensarías pensaría pensaríamos pensaríais pensarían	piense pienses piense pensemos penséis piensen	pensara pensaras pensara pensáramos pensarais pensaran	piensa (no pienses) piense pensemos pensad (no penséis) piensen
acostarse *to go to bed* **o → ue** acostándose acostado	me acuesto te acuestas se acuesta nos acostamos os acostáis se acuestan	me acostaba te acostabas se acostaba nos acostábamos os acostabais se acostaban	me acosté te acostaste se acostó nos acostamos os acostasteis se acostaron	me acostaré te acostarás se acostará nos acostaremos os acostaréis se acostarán	me acostaría te acostarías se acostaría nos acostaríamos os acostaríais se acostarían	me acueste te acuestes se acueste nos acostemos os acostéis se acuesten	me acostara te acostaras se acostara nos acostáramos os acostarais se acostaran	acuéstate (no te acuestes) acuéstese acostémonos acostaos (no os acostéis) acuéstense
sentir *to feel* **e → ie, i** sintiendo sentido	siento sientes siente sentimos sentís sienten	sentía sentías sentía sentíamos sentíais sentían	sentí sentiste sintió sentimos sentisteis sintieron	sentiré sentirás sentirá sentiremos sentiréis sentirán	sentiría sentirías sentiría sentiríamos sentiríais sentirían	sienta sientas sienta sintamos sintáis sientan	sintiera sintieras sintiera sintiéramos sintierais sintieran	siente (no sientas) sienta sintamos (no sintáis) sentid sientan
pedir *to ask for* **e → i, i** pidiendo pedido	pido pides pide pedimos pedís piden	pedía pedías pedía pedíamos pedíais pedían	pedí pediste pidió pedimos pedisteis pidieron	pediré pedirás pedirá pediremos pediréis pedirán	pediría pedirías pediría pediríamos pediríais pedirían	pida pidas pida pidamos pidáis pidan	pidiera pidieras pidiera pidiéramos pidierais pidieran	pide (no pidas) pida pidamos pedid (no pidáis) pidan
dormir *to sleep* **o → ue, u** durmiendo dormido	duermo duermes duerme dormimos dormís duermen	dormía dormías dormía dormíamos dormíais dormían	dormí dormiste durmió dormimos dormisteis durmieron	dormiré dormirás dormirá dormiremos dormiréis dormirán	dormiría dormirías dormiría dormiríamos dormiríais dormirían	duerma duermas duerma durmamos durmáis duerman	durmiera durmieras durmiera durmiéramos durmierais durmieran	duerme (no duermas) duerma durmamos dormid (no durmáis) duerman

Infinitive / Present Participle / Past Participle	Present Indicative	Past Imperfect	Preterite	Future	Conditional	Present Subjunctive	Past Subjunctive	Commands
comenzar (e → ie) *to begin* z → c **before e** comenzando comenzado	comienzo	comenzaba	**comencé**	comenzaré	comenzaría	**comience**	comenzara	
	comienzas	comenzabas	comenzaste	comenzarás	comenzarías	**comiences**	comenzaras	comienza (**no comiences**)
	comienza	comenzaba	comenzó	comenzará	comenzaría	**comience**	comenzara	**comience**
	comenzamos	comenzábamos	comenzamos	comenzaremos	comenzaríamos	**comencemos**	comenzáramos	**comencemos**
	comenzáis	comenzabais	comenzasteis	comenzaréis	comenzaríais	**comencéis**	comenzarais	comenzad (**no comencéis**)
	comienzan	comenzaban	comenzaron	comenzarán	comenzarían	**comiencen**	comenzaran	**comiencen**
conocer *to know* c → zc **before a, o** conociendo conocido	**conozco**	conocía	conocí	conoceré	conocería	**conozca**	conociera	
	conoces	conocías	conociste	conocerás	conocerías	**conozcas**	conocieras	conoce (**no conozcas**)
	conoce	conocía	conoció	conocerá	conocería	**conozca**	conociera	**conozca**
	conocemos	conocíamos	conocimos	conoceremos	conoceríamos	**conozcamos**	conociéramos	**conozcamos**
	conocéis	conocíais	conocisteis	conoceréis	conoceríais	**conozcáis**	conocierais	conoced (**no conozcáis**)
	conocen	conocían	conocieron	conocerán	conocerían	**conozcan**	conocieran	**conozcan**
pagar *to pay* g → gu **before e** pagando pagado	pago	pagaba	**pagué**	pagaré	pagaría	**pague**	pagara	
	pagas	pagabas	pagaste	pagarás	pagarías	**pagues**	pagaras	paga (**no pagues**)
	paga	pagaba	pagó	pagará	pagaría	**pague**	pagara	**pague**
	pagamos	pagábamos	pagamos	pagaremos	pagaríamos	**paguemos**	pagáramos	**paguemos**
	pagáis	pagabais	pagasteis	pagaréis	pagaríais	**paguéis**	pagarais	pagad (**no paguéis**)
	pagan	pagaban	pagaron	pagarán	pagarían	**paguen**	pagaran	**paguen**
seguir (e → i, i) *to follow* gu → g **before a, o** siguiendo seguido	**sigo**	seguía	seguí	seguiré	seguiría	**siga**	siguiera	
	sigues	seguías	seguiste	seguirás	seguirías	**sigas**	siguieras	sigue (**no sigas**)
	sigue	seguía	siguió	seguirá	seguiría	**siga**	siguiera	**siga**
	seguimos	seguíamos	seguimos	seguiremos	seguiríamos	**sigamos**	siguiéramos	**sigamos**
	seguís	seguíais	seguisteis	seguiréis	seguiríais	**sigáis**	siguierais	seguid (**no sigáis**)
	siguen	seguían	siguieron	seguirán	seguirían	**sigan**	siguieran	**sigan**
tocar *to play, to touch* c → qu **before e** tocando tocado	toco	tocaba	**toqué**	tocaré	tocaría	**toque**	tocara	
	tocas	tocabas	tocaste	tocarás	tocarías	**toques**	tocaras	toca (**no toques**)
	toca	tocaba	tocó	tocará	tocaría	**toque**	tocara	**toque**
	tocamos	tocábamos	tocamos	tocaremos	tocaríamos	**toquemos**	tocáramos	**toquemos**
	tocáis	tocabais	tocasteis	tocaréis	tocaríais	**toquéis**	tocarais	tocad (**no toquéis**)
	tocan	tocaban	tocaron	tocarán	tocarían	**toquen**	tocaran	**toquen**

Infinitive / Present Participle / Past Participle	Present Indicative	Past Imperfect	Preterite	Future	Conditional	Present Subjunctive	Past Subjunctive	Commands
andar — to walk / andando / andado	ando	andaba	anduve	andaré	andaría	ande	anduviera	
	andas	andabas	anduviste	andarás	andarías	andes	anduvieras	anda (no andes)
	anda	andaba	anduvo	andará	andaría	ande	anduviera	ande
	andamos	andábamos	anduvimos	andaremos	andaríamos	andemos	anduviéramos	andemos
	andáis	andabais	anduvisteis	andaréis	andaríais	andéis	anduvierais	andad (no andéis)
	andan	andaban	anduvieron	andarán	andarían	anden	anduvieran	anden
*dar — to give / dando / dado	doy	daba	di	daré	daría	dé	diera	
	das	dabas	diste	darás	darías	des	dieras	da (no des)
	da	daba	dio	dará	daría	dé	diera	dé
	damos	dábamos	dimos	daremos	daríamos	demos	diéramos	demos
	dais	dabais	disteis	daréis	daríais	deis	dierais	dad (no deis)
	dan	daban	dieron	darán	darían	den	dieran	den
*decir — to say, tell / diciendo / dicho	digo	decía	dije	diré	diría	diga	dijera	
	dices	decías	dijiste	dirás	dirías	digas	dijeras	di (no digas)
	dice	decía	dijo	dirá	diría	diga	dijera	diga
	decimos	decíamos	dijimos	diremos	diríamos	digamos	dijéramos	digamos
	decís	decíais	dijisteis	diréis	diríais	digáis	dijerais	decid (no digáis)
	dicen	decían	dijeron	dirán	dirían	digan	dijeran	digan
*estar — to be / estando / estado	estoy	estaba	estuve	estaré	estaría	esté	estuviera	
	estás	estabas	estuviste	estarás	estarías	estés	estuvieras	está (no estés)
	está	estaba	estuvo	estará	estaría	esté	estuviera	esté
	estamos	estábamos	estuvimos	estaremos	estaríamos	estemos	estuviéramos	estemos
	estáis	estabais	estuvisteis	estaréis	estaríais	estéis	estuvierais	estad (no estéis)
	están	estaban	estuvieron	estarán	estarían	estén	estuvieran	estén
haber — to have / habiendo / habido	he	había	hube	habré	habría	haya	hubiera	
	has	habías	hubiste	habrás	habrías	hayas	hubieras	he (no hayas)
	ha [hay]	había	hubo	habrá	habría	haya	hubieran	haya
	hemos	habíamos	hubimos	habremos	habríamos	hayamos	hubiéramos	hayamos
	habéis	habíais	hubisteis	habréis	habríais	hayáis	hubierais	habed (no hayáis)
	han	habían	hubieron	habrán	habrían	hayan	hubieran	hayan
*hacer — to make, to do / haciendo / hecho	hago	hacía	hice	haré	haría	haga	hiciera	
	haces	hacías	hiciste	harás	harías	hagas	hicieras	haz (no hagas)
	hace	hacía	hizo	hará	haría	haga	hiciera	haga
	hacemos	hacíamos	hicimos	haremos	haríamos	hagamos	hiciéramos	hagamos
	hacéis	hacíais	hicisteis	haréis	haríais	hagáis	hicierais	haced (no hagáis)
	hacen	hacían	hicieron	harán	harían	hagan	hicieran	hagan

Infinitive Present Participle Past Participle	Present Indicative	Past Imperfect	Preterite	Future	Conditional	Present Subjunctive	Past Subjunctive	Commands
ir	voy	iba	fui	iré	iría	vaya	fuera	
to go	vas	ibas	fuiste	irás	irías	vayas	fueras	ve (no vayas)
yendo	va	iba	fue	irá	iría	vaya	fuera	vaya
ido	vamos	íbamos	fuimos	iremos	iríamos	vayamos	fuéramos	vamos (no vayamos)
	vais	ibais	fuisteis	iréis	iríais	vayáis	fuerais	id (no vayáis)
	van	iban	fueron	irán	irían	vayan	fueran	vayan
*oír	oigo	oía	oí	oiré	oiría	oiga	oyera	
to hear	oyes	oías	oíste	oirás	oirías	oigas	oyeras	oye (no oigas)
oyendo	oye	oía	oyó	oirá	oiría	oiga	oyera	oiga
oído	oímos	oíamos	oímos	oiremos	oiríamos	oigamos	oyéramos	oigamos
	oís	oíais	oísteis	oiréis	oiríais	oigáis	oyerais	oíd (no oigáis)
	oyen	oían	oyeron	oirán	oirían	oigan	oyeran	oigan
poder	puedo	podía	pude	podré	podría	pueda	pudiera	
(o → ue)	puedes	podías	pudiste	podrás	podrías	puedas	pudieras	puede (no puedas)
can, to be able	puede	podía	pudo	podrá	podría	pueda	pudiera	pueda
pudiendo	podemos	podíamos	pudimos	podremos	podríamos	podamos	pudiéramos	podamos
podido	podéis	podíais	pudisteis	podréis	podríais	podáis	pudierais	poded (no podáis)
	pueden	podían	pudieron	podrán	podrían	puedan	pudieran	puedan
*poner	pongo	ponía	puse	pondré	pondría	ponga	pusiera	
to place, to put	pones	ponías	pusiste	pondrás	pondrías	pongas	pusieras	pon (no pongas)
poniendo	pone	ponía	puso	pondrá	pondría	ponga	pusiera	ponga
puesto	ponemos	poníamos	pusimos	pondremos	pondríamos	pongamos	pusiéramos	pongamos
	ponéis	poníais	pusisteis	pondréis	pondríais	pongáis	pusierais	poned (no pongáis)
	ponen	ponían	pusieron	pondrán	pondrían	pongan	pusieran	pongan
querer	quiero	quería	quise	querré	querría	quiera	quisiera	
(e → ie)	quieres	querías	quisiste	querrás	querrías	quieras	quisieras	quiere (no quieras)
to like	quiere	quería	quiso	querrá	querría	quiera	quisiera	quiera
queriendo	queremos	queríamos	quisimos	querremos	querríamos	queramos	quisiéramos	queramos
querido	queréis	queríais	quisisteis	querréis	querríais	queráis	quisierais	quered (no queráis)
	quieren	querían	quisieron	querrán	querrían	quieran	quisieran	quieran
*saber	sé	sabía	supe	sabré	sabría	sepa	supiera	
to know	sabes	sabías	supiste	sabrás	sabrías	sepas	supieras	sabe (no sepas)
sabiendo	sabe	sabía	supo	sabrá	sabría	sepa	supiera	sepa
sabido	sabemos	sabíamos	supimos	sabremos	sabríamos	sepamos	supiéramos	sepamos
	sabéis	sabíais	supisteis	sabréis	sabríais	sepáis	supierais	sabed (no sepáis)
	saben	sabían	supieron	sabrán	sabrían	sepan	supieran	sepan

Infinitive Present Participle Past Participle	Present Indicative	Past Imperfect	Preterite	Future	Conditional	Present Subjunctive	Past Subjunctive	Commands
*salir *to go out* saliendo salido	**salgo** sales sale salimos salís salen	salía salías salía salíamos salíais salían	salí saliste salió salimos salisteis salieron	**saldré** **saldrás** **saldrá** **saldremos** **saldréis** **saldrán**	**saldría** **saldrías** **saldría** **saldríamos** **saldríais** **saldrían**	**salga** **salgas** **salga** **salgamos** **salgáis** **salgan**	saliera salieras saliera saliéramos salierais salieran	**sal (no salgas)** **salga** **salgamos** salid **(no salgáis)** **salgan**
ser *to be* siendo sido	**soy** **eres** **es** **somos** **sois** **son**	**era** **eras** **era** **éramos** **erais** **eran**	**fui** **fuiste** **fue** **fuimos** **fuisteis** **fueron**	seré serás será seremos seréis serán	sería serías sería seríamos seríais serían	**sea** **seas** **sea** **seamos** **seáis** **sean**	**fuera** **fueras** **fuera** **fuéramos** **fuerais** **fueran**	**sé (no seas)** **sea** **seamos** sed **(no seáis)** **sean**
*tener (e → ie) *to have* teniendo tenido	**tengo** **tienes** **tiene** tenemos tenéis **tienen**	tenía tenías tenía teníamos teníais tenían	**tuve** **tuviste** **tuvo** **tuvimos** **tuvisteis** **tuvieron**	**tendré** **tendrás** **tendrá** **tendremos** **tendréis** **tendrán**	**tendría** **tendrías** **tendría** **tendríamos** **tendríais** **tendrían**	**tenga** **tengas** **tenga** **tengamos** **tengáis** **tengan**	**tuviera** **tuvieras** **tuviera** **tuviéramos** **tuvierais** **tuvieran**	**ten (no tengas)** **tenga** **tengamos** tened **(no tengáis)** **tengan**
*traer *to bring* **trayendo** **traído**	**traigo** traes trae traemos traéis traen	traía traías traía traíamos traíais traían	**traje** **trajiste** **trajo** **trajimos** **trajisteis** **trajeron**	traeré traerás traerá traeremos traeréis traerán	traería traerías traería traeríamos traeríais traerían	**traiga** **traigas** **traiga** **traigamos** **traigáis** **traigan**	**trajera** **trajeras** **trajera** **trajéramos** **trajerais** **trajeran**	trae **(no traigas)** **traiga** **traigamos** traed **(no traigáis)** **traigan**
*venir (e → ie, i) *to come* **viniendo** venido	**vengo** **vienes** **viene** venimos venís **vienen**	venía venías venía veníamos veníais venían	**vine** **viniste** **vino** **vinimos** **vinisteis** **vinieron**	**vendré** **vendrás** **vendrá** **vendremos** **vendréis** **vendrán**	**vendría** **vendrías** **vendría** **vendríamos** **vendríais** **vendrían**	**venga** **vengas** **venga** **vengamos** **vengáis** **vengan**	**viniera** **vinieras** **viniera** **viniéramos** **vinierais** **vinieran**	**ven (no vengas)** **venga** **vengamos** venid **(no vengáis)** **vengan**
ver *to see* viendo **visto**	**veo** ves ve vemos veis ven	**veía** **veías** **veía** **veíamos** **veíais** **veían**	**vi** **viste** **vio** **vimos** **visteis** **vieron**	veré verás verá veremos veréis verán	vería verías vería veríamos veríais verían	**vea** **veas** **vea** **veamos** **veáis** **vean**	viera vieras viera viéramos vierais vieran	ve **(no veas)** **vea** **veamos** ved **(no veáis)** **vean**

*Verbs with irregular *yo* forms in the present indicative

Supplemental Structures

The following structures are not actively taught in *¡Dímelo tú!* They are presented here for reference.

1. Perfect tenses

In **Capítulo 11** you learned that the present perfect tense is formed by combining the present indicative of the verb **haber** with the past participle. Similarly, the past perfect, future perfect, and conditional perfect tenses are formed by combining the imperfect, future, and conditional of **haber** with the past participle.

Past perfect		Future perfect		Conditional perfect	
había		**habré**		**habría**	
habías		**habrás**		**habrías**	
había	+ past participle	**habrá**	+ past participle	**habría**	+ past participle
habíamos		**habremos**		**habríamos**	
habíais		**habréis**		**habríais**	
habían		**habrán**		**habrían**	

In general, the use of these perfect tenses parallels their use in English.

Dijo que **había vivido** allí seis años.	*He said he had lived there six years.*
Para el año 2009, **habremos terminado** nuestros estudios aquí.	*By the year 2009, we will have finished our studies here.*
Yo lo **habría hecho** por ti.	*I would have done it for you.*

The present perfect subjunctive and past perfect subjunctive are likewise formed by combining the present subjunctive and past subjunctive of **haber** with the past participle.

Present perfect subjunctive		Past perfect subjunctive	
haya		**hubiera**	
hayas		**hubieras**	
haya	+ past participle	**hubiera**	+ past participle
hayamos		**hubiéramos**	
hayáis		**hubierais**	
hayan		**hubieran**	

These tenses are used whenever the independent clause in a sentence requires the subjunctive and the verb in the dependent clause represents an action completed prior to the time indicated by the verb in the independent clause. If the time of the verb in the independent clause is present or future, the present perfect subjunctive is used; if the time is past or conditional, the past perfect subjunctive is used.

Dudo que lo **hayan leído.**

I doubt that they have read it.

Si **hubieras llamado,** no tendríamos este problema ahora.

If you had called, we would not have this problem now.

2. Past progressive tense

In **Capítulo 3** you learned that the present progressive tense is formed with the present indicative of **estar** and a present participle. The past progressive tense is formed with the imperfect of **estar** and a present participle.

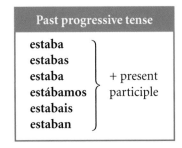

Past progressive tense	
estaba	
estabas	
estaba	+ present
estábamos	participle
estabais	
estaban	

The past progressive tense is used to express or describe an action that was in progress at a particular moment in the past.

Estábamos comiendo cuando llamaste.

We were eating when you called.

¿Quién **estaba hablando** por teléfono?

Who was talking on the phone?

Another past progressive tense can also be formed with the preterite of **estar** and the present participle. However, its use is of much lower frequency in Spanish.

3. Probability in the past and in the future

Spanish uses both the future and conditional tenses to express probability or conjecture about present or past events or states of being.

¿Qué hora es?

What time is it?

No sé; **serán** las ocho.

I don't know; it's probably 8:00.

¿Qué **estarían** haciendo?

I wonder what they were doing.

Estarían divirtiéndose.

They were probably having a good time.

Note that the words *probably* and *I wonder* are not expressed in Spanish, as the verb tenses convey this idea.

4. Stressed possessive adjectives and pronouns

In **Capítulo 2** you learned to express possession using **de** or the possessive adjectives **mi(s), tu(s), su(s), nuestro(a, os, as), vuestro(a, os, as).** Possession may also be expressed using the stressed possessive adjectives equivalent to the English *of mine, of yours, of ours, of theirs.*

Stressed possessive adjectives and pronouns					
mío **mía** **míos** **mías**		*my, (of) mine*	**nuestro** **nuestra** **nuestros** **nuestras**		*our, (of) ours*
tuyo **tuya** **tuyos** **tuyas**		*your, (of) yours*	**vuestro** **vuestra** **vuestros** **vuestras**		*your, (of) yours*
suyo **suya** **suyos** **suyas**		*its, his, (of) his hers, (of) hers your, (of) yours*	**suyo** **suya** **suyos** **suyas**		*their, (of) theirs your, (of) yours*

A. As adjectives, the stressed possessives must agree in number and gender with the thing possessed.

Una amiga **mía** viene a visitarme hoy.	*A friend of mine is coming to visit me today.*
¿Qué hay en las maletas **suyas,** señor?	*What do you have in your suitcases, sir?*
El coche **nuestro** nunca funciona.	*Our car never works.*

Note that stressed possessive adjectives *always* follow the noun they modify. Also note that the noun must be preceded by an article.

B. Stressed possessive adjectives can be used as possessive pronouns by eliminating the noun.

¿Dónde está **la suya,** señor?	*Where is yours, sir?*
El nuestro nunca funciona.	*Ours never works.*

Note that both the article and possessive adjective must agree in number and gender with the noun that has been eliminated.

C. A stressed possessive pronoun may be used without the article after the verb **ser.**

Esta maleta no es **mía,** señor.	*This suitcase is not mine, sir.*
¿Es **suya,** señora?	*Is it yours, ma'am?*

5. Prepositional pronouns

Pronouns used as objects of a preposition are identical to the subject pronouns with the exception of **mí** and **ti.**

Prepositional pronouns			
mí	*me*	**nosotros(as)**	*us*
ti	*you* (fam.)	**vosotros(as)**	*you* (fam.)
usted	*you*	**ustedes**	*you*
él	*him*	**ellos**	*them*
ella	*her*	**ellas**	*them*

Esta carta no es **para ella**, es **para ti**.	*This letter is not for her, it's for you.*
Habló **después de mí**.	*She spoke after me.*
¿Es posible que terminen **antes de nosotros?**	*Is it possible they will finish before us?*

Note that **mí** has a written accent to distinguish it from the possessive adjective **mi.**

A. The prepositional pronouns **mí** and **ti** combine with the preposition **con** to form **conmigo** *(with me)* and **contigo** *(with you).*

| Si tú estudias **conmigo** esta noche, yo iré **contigo** al médico. | *If you study with me tonight, I'll go with you to the doctor.* |

B. The subject pronouns **yo** and **tú** follow the prepositions **como, entre, excepto,** and **según** instead of **mí** and **ti.**

| **Según tú,** yo no sé nada. | *According to you, I don't know anything.* |
| **Entre tú** y **yo,** tienes razón. | *Between you and me, you are right.* |

6. Demonstrative pronouns

Demonstrative adjectives may be used as pronouns. In written Spanish, an accent mark distinguishes a demonstrative pronoun from its demonstrative adjective counterpart.

| Esta novela es excelente; **ésa** es aburridísima. | *This novel is excellent; that one is extremely boring.* |
| Ese señor es el jefe, y **aquéllos** son sus empleados. | *That gentleman is the boss, and those are his employees.* |

The neuter demonstratives **esto, eso,** and **aquello** are used to refer to a concept, an idea, a situation, a statement, or an unknown object. The neuters do not require written accents.

| ¡**Esto** es imposible! | *This is impossible!* |
| ¿Qué es **eso?** | *What is that?* |

7. Past participles used as adjectives

The past participle may be used as an adjective, and like all adjectives in Spanish, it must agree in number and gender with the noun it modifies.

| Los coches **hechos** en Hungría y en Corea son más baratos. | *Cars made in Hungary and Korea are cheaper.* |
| Sí, pero yo prefiero uno **hecho** y **comprado** en los EE.UU. | *Yes, but I prefer one made and bought in the United States.* |

Frequently the past participle is used as an adjective with the verb **estar.**

| Mira, tus lentes **están rotos**. | *Look, your glasses are broken.* |
| El despertador **estaba puesto**. | *The alarm was turned on.* |

8. Present subjunctive of stem-changing verbs

A. Stem-changing -**ar** and -**er** verbs follow the same stem changes in the present subjunctive as in the present indicative. Note that the stems of the **nosotros** and **vosotros** forms do not change.

contar (ue)	
cuente	contemos
cuentes	contéis
cuente	cuenten
cuente	cuenten

perder (ie)	
pierda	perdamos
pierdas	perdáis
pierda	pierdan
pierda	pierdan

B. Stem-changing -**ir** verbs follow the same pattern in the present subjunctive, except for the **nosotros** and **vosotros** forms. These change **e > i** or **o > u.**

morir (ue)	
muera	muramos
mueras	muráis
muera	mueran
muera	mueran

preferir (ie)	
prefiera	prefiramos
prefieras	prefiráis
prefiera	prefieran
prefiera	prefieran

pedir (i)	
pida	pidamos
pidas	pidáis
pida	pidan
pida	pidan

9. Present subjunctive of verbs with spelling changes

As in the preterite, verbs that end in -**car,** -**gar,** and -**zar** undergo a spelling change in the present subjunctive in order to maintain the consonant sound of the infinitive.

A. -**car:**   **c** changes to **qu** in front of **e**

     buscar: bus**que,** bus**ques,** bus**que...**

B. -**zar:**   **z** changes to **c** in front of **e**

     almorzar: almuer**ce,** almuer**ces,** almuer**ce...**

C. -**gar:**   **g** changes to **gu** in front of **e**

     jugar: jue**gue,** jue**gues,** jue**gue...**

10. Past subjunctive: Conditional sentences with *si* clauses

The past subjunctive of *all* verbs is formed by removing the -**ron** ending from the **ustedes** form of the preterite and adding the past subjunctive verb endings: -**ra, -ras, -ra,**

-ramos, -rais, -ran.* Thus, any irregularities in the **ustedes** form of the preterite will be reflected in all forms of the past subjunctive. Note that the **nosotros** form requires a written accent.

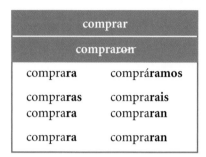

comprar	
compraron	
comprara	compráramos
compraras	comprarais
comprara	compraran
comprara	compraran

tener	
tuvieron	
tuviera	tuviéramos
tuvieras	tuvierais
tuviera	tuvieran
tuviera	tuvieran

ser	
fueron	
fuera	fuéramos
fueras	fuerais
fuera	fueran
fuera	fueran

A. The past subjunctive has the same uses as the present subjunctive, except that it generally applies to past events or actions.

Insistieron en que **fuéramos.**	*They insisted that we go.*
Era imposible que lo **terminaran** a tiempo.	*It was impossible for them to finish it on time.*

B. In Spanish, as in English, conditional sentences express hypothetical conditions usually with an *if*-clause: *I would go if I had the money.* Since the actions are hypothetical and one does not know if they will actually occur, the past subjunctive is used in the *if*-clause.

Iría a Perú si **tuviera** el dinero.	*I would go to Peru if I had the money.*
Si **fuera** necesario, pediría un préstamo.	*If it were necessary, I would ask for a loan.*

C. Conditional sentences in the present use either the present indicative or the future tense. The present subjunctive is never used in *if*-clauses.

Si me **invitas,** iré contigo.	*If you invite me, I'll go with you.*

---

* An alternate form of the past subjunctive uses the verb endings **-se, -ses, -se, -semos, -seis, -sen.** This form is used primarily in Spain and in literary writing. It is not practiced in this text.

Grammar Guide

For more detailed explanations of these grammar points, consult the Index on pages I-1–I-5 to find the places where these concepts are presented.

ACTIVE VOICE (La voz activa) A sentence written in the active voice identifies a subject that performs the action of the verb.

Juan	cantó	la canción.
Juan	*sang*	*the song.*
subject	**verb**	**direct object**

In the sentence above Juan is the performer of the verb **cantar.**

(*See also* **Passive Voice.**)

ADJECTIVES (Los adjetivos) are words that modify or describe **nouns** or **pronouns** and agree in **number** and generally in **gender** with the nouns they modify.

Las casas **azules** son **bonitas.**
*The **blue** houses are **pretty.***

Esas mujeres **mexicanas** son mis **nuevas** amigas.
*Those **Mexican** women are my **new** friends.*

- **Demonstrative adjectives (Los adjetivos demostrativos)** point out persons, places, or things relative to the position of the speaker. They always agree in **number** and **gender** with the **noun** they modify. The forms are: **este, esta, estos, estas / ese, esa, esos, esas / aquel, aquella, aquellos, aquellas.** There are also neuter forms that refer to generic ideas or things, and hence have no gender: **esto, eso, aquello.**

Este libro es fácil.	***This** book is easy.*
Esos libros son difíciles.	***Those** books are hard.*
Aquellos libros son pesados.	***Those** books (**over there**) are boring.*

Demonstratives may also function as **pronouns,** replacing the **noun** but still agreeing with it in **number** and **gender. Demonstrative pronouns** carry an accent mark over the syllable that would be naturally stressed anyway:

Me gustan esas blusas verdes.	*I like those green blouses.*
¿Cuáles, **éstas**?	*Which ones, **these**?*
No. Me gustan **ésas.**	*No. I like **those.***

- **Stressed possessive adjectives (Los adjetivos posesivos acentuados)** are used for emphasis and follow the noun that they modifiy. These adjectives may also function as pronouns and always agree in **number** and in **gender.** The forms are: **mío, tuyo, suyo, nuestro, vuestro, suyo.** Unless they are directly preceded by the verb **ser,** stressed possessives must be preceded by the **definite article.**

Ese perro pequeño es **mío.**	*That little dog is **mine.***
Dame el **tuyo;** el **nuestro** no funciona.	*Give me **yours; ours** doesn't work.*

- **Unstressed possessive adjectives (Los adjetivos posesivos no acentuados)** demonstrate ownership and always precede the **noun** that they modify.

La señora Elman es **mi** profesora.	*Mrs. Elman is **my** professor.*
Debemos llevar **nuestros** libros a clase.	*We should take **our** books to class.*

ADVERBS (Los adverbios) are words that modify **verbs, adjectives,** or other adverbs and, unlike **adjectives,** do not have **gender** or **number.** Here are examples of different classes of adverbs:

Practicamos **diariamente.**	*We practice **daily.*** (adverb of manner)
Ellos van a salir **pronto.**	*They will leave **soon.*** (adverb of time)
Jennifer está **afuera.**	*Jennifer is **outside.*** (adverb of place)
No quiero ir **tampoco.**	*I don't want to go **either.*** (adverb of negation)
Paco habla **demasiado.**	*Paco talks **too much.*** (adverb of quantity)

AGREEMENT (La concordancia) refers to the correspondence between parts of speech in terms of **number, gender,** and **person.** Subjects agree with their verbs; articles and adjectives agree with the nouns they modify, etc.

Todas las lenguas son interesantes.	*All languages are interesting.* (number)
Ella es bonita.	*She is pretty.* (gender)
Nosotros somos de España.	*We are from Spain.* (person)

ARTICLES (Los artículos) precede nouns and indicate whether they are definite or indefinite persons, places, or things.

- **Definite articles (Los artículos definidos)** refer to particular members of a group and are the equivalent of *the* in English. The definite articles are: **el, la, los, las.**

El hombre guapo es mi padre.	***The** handsome man is my father.*
Las mujeres de esta clase son inteligentes.	***The** women in this class are intelligent.*

- **Indefinite articles (Los artículos indefinidos)** refer to any unspecified member(s) of a group and are the equivalent of *a(n)* and *some.* The indefinite articles are: **un, una, unos, unas.**

Un hombre vino a nuestra casa anoche.	***A** man came to our house last night.*
Unas niñas jugaban en el parque.	***Some** girls were playing in the park.*

CLAUSES (Las cláusulas) are subject and verb combinations; for a sentence to be complete it must have at least one main clause.

- **Main clauses** (Independent clauses) **(Las cláusulas principales)** communicate a complete idea or thought.

Mi hermana va al hospital.	*My sister goes to the hospital.*

- **Subordinate clauses** (Dependent clauses) **(Las cláusulas subordinadas)** depend upon a main clause for their meaning to be complete.

Mi hermana va al hospital	cuando está enferma.
My sister goes to the hospital	*when she is ill.*
main clause	**subordinate clause**

In the sentence above, *when she is ill* is not a complete idea without the information supplied by the main clause.

COMMANDS (Los mandatos) (*See* **Imperatives.**)

COMPARISONS (Las formas comparativas) are statements that describe one person, place, or thing relative to another in terms of quantity, quality, or manner.

- **Comparisons of equality (Las formas comparativas de igualdad)** demonstrate an equal share of a quantity or degree of a particular characteristic. These statements use a form of **tan(to)(ta)(s)** and **como.**

Ella tiene **tanto** dinero **como** Elena.	*She has **as much** money **as** Elena.*
Fernando trabaja **tanto como** Felipe.	*Fernando works **as much as** Felipe.*
Jim baila **tan** bien **como** Anne.	*Jim dances **as** well **as** Anne.*

- **Comparisons of inequality (Las formas comparativas de desigualdad)** indicate a difference in quantity, quality, or manner between the compared subjects. These statements use **más/menos... que** or comparative **adjectives** such as **mejor/peor, mayor/menor.**

España tiene **más** playas **que** México.	*Spain has **more** beaches **than** Mexico.*
Tú hablas español **mejor que** yo.	*You speak Spanish **better than** I.*

(*See also* **Superlative statements.**)

CONJUGATIONS (Las conjugaciones) represent the inflected form of the verb as it is used with a particular **subject** or **person.**

Yo bailo los sábados.	*I dance on Saturdays.* (1st-person singular)
Tú bailas los sábados.	*You dance on Saturdays.* (2nd-person singular)
Ella baila los sábados.	*She dances on Saturdays.* (3rd-person singular)
Nosotros bailamos los sábados.	*We dance on Saturdays.* (1st-person plural)
Vosotros bailáis los sábados.	*You dance on Saturdays.* (2nd-person plural)
Ellos bailan los sábados.	*They dance on Saturdays.* (3rd-person plural)

CONJUNCTIONS (Las conjunciones) are linking words that join two independent **clauses** together.

Fuimos al centro **y** mis amigos compraron muchas cosas.
*We went downtown **and** my friends bought a lot of things.*

Yo quiero ir a la fiesta, **pero** tengo que estudiar.
*I want to go to the party, **but** I have to study.*

CONTRACTIONS (Las contracciones) in Spanish are limited to preposition/article combinations, such as **de + el = del** and **a + el = al,** or preposition/pronoun combinations such as **con + mí = conmigo** and **con + ti = contigo.**

DIRECT OBJECTS (Los objetos directos) in sentences are the direct recipients of the action of the verb. Direct objects answer the questions *What?* or *Whom?*

¿Qué hizo?	*What did she do?*
Ella hizo **la tarea.**	*She did her **homework.***
Y luego llamó **a su amiga.**	*And then called **her friend.***

(*See also* **Pronoun, Indirect Object, Personal *a*.**)

EXCLAMATORY WORDS (Las palabras exclamativas) communicate surprise or strong emotion. Like interrogative words, exclamatory also carry accents.

¡**Qué** sorpresa!	***What** a surprise!*
¡**Cómo** canta Miguel!	***How well** Miguel sings!*

(*See also* **Interrogatives.**)

GENDER (El género) is a grammatical feature of Romance languages that classifies words as either masculine or feminine. The gender of the word is sometimes used to distinguish meaning **(la papa** = *the potato,* but **el Papa** = *the Pope;* **la policía** = *the police force,* but **el policía** = *the policeman*). It is important to memorize the gender of nouns when you learn the nouns.

GERUNDS (Los gerundios) are the Spanish equivalent of the *-ing* verb form in English. Regular gerunds are created by replacing the **infinitive** endings **(-ar, -er/-ir)** with **-ando** or **-iendo.** Gerunds are often used with the verb **estar** to form the present progessive tense. The present progressive tense places emphasis on the continuing or progressive nature of an action.

Miguel está **cantando** en la ducha.	*Miguel is **singing** in the shower.*
Me gusta **bailar.**	*I like **dancing.***
Detesto **mirar** los anuncios de la televisión.	*I hate **watching** TV commercials!*

IDIOMATIC EXPRESSIONS (Las frases idiomáticas) are phrases in Spanish that do not have a literal English equivalent.

Hace mucho frío. *It is very cold. (Literally, It makes a lot of cold.)*

IMPERATIVES (Los imperativos) represent the mood used to express requests or commands. It is more direct than the **subjunctive** mood. Imperatives are commonly called commands and fall into two categories: affirmative and negative. Spanish speakers must also choose between using formal commands and informal commands based upon whether one is addressed as **usted** (formal) or **tú** (informal).

Habla conmigo.	**Talk** to me. (informal, affirmative)
No me hables.	**Don't talk to me.** (informal, negative)
Hable con la policía.	**Talk** to the police. (formal, singular, affirmative)
No hable con la policía.	**Don't talk** to the police. (formal, singular, negative)
Hablen con la policía.	**Talk** to the police. (formal, plural, affirmative)
No hablen con la policía	**Don't talk** to the police. (formal, plural, negative)

(*See also* **Mood.**)

IMPERFECT (El imperfecto) The imperfect tense is used to make statements about the past when the speaker wants to convey the idea of 1) habitual or repeated action, 2) two actions in progress simultaneously, or 3) an event that was in progress when another action interrupted. The imperfect tense is also used to emphasize the ongoing nature of the middle of the event, as opposed to its beginning or end. Age and clock time are always expressed using the imperfect.

Cuando María **era** joven, ella **cantaba** en el coro.
*When María **was** young, she **used to sing** in the choir.*

Aquel día **llovía** mucho y el cielo **estaba** oscuro.
*That day **it was raining** a lot and the sky **was** dark.*

Juan **dormía** cuando sonó el teléfono.
*Juan **was sleeping** when the phone rang.*

(*See also* **Preterite.**)

IMPERSONAL EXPRESSIONS (Las expresiones impersonales) are statements that contain the impersonal subjects of *it* or *one*.

Es necesario estudiar.	*It is necessary to study.*
Se necesita estudiar.	*One needs to study.*

(*See also* **Passive Voice.**)

INDEFINITE WORDS (Las palabras indefinidas) are **articles, adjectives, nouns** or **pronouns** that refer to unspecified members of a group.

Un hombre vino.	*A man came.* (indefinite article)
Alguien vino.	*Someone came.* (indefinite noun)
Algunas personas vinieron.	*Some people came.* (indefinite adjective)
Algunas vinieron.	*Some came.* (indefinite pronoun)

(*See also* **Articles.**)

INDICATIVE (El indicativo) The indicative is a mood, rather than a tense. The indicative is used to express ideas that are considered factual or certain and, therefore, not subject to speculation, doubt, or negation.

Josefina **es** española. *Josefina **is** Spanish.*
(present indicative)

(*See also* **Mood.**)

INDIRECT OBJECTS (Los objetos indirectos) are the indirect recipients of an action in a sentence and answer the questions *To whom?* or *For whom?* In Spanish it is common to include an indirect object **pronoun** along with the indirect object.

Yo **le** di el libro **a Sofía.**	*I gave the book **to Sofia.***
Sofía **les** guardó el libro **para sus padres.**	*Sofia kept the book **for her parents.***

(*See also* **Direct Objects** *and* **Pronouns.**)

INFINITIVES (Los infinitivos) are verb forms that are uninflected or not **conjugated** according to a specific **person.** In English, infinitives are preceded by *to: to talk, to eat, to live.* Infinitives in Spanish end in **-ar (hablar), -er (comer),** and **-ir (vivir).**

INTERROGATIVES (Las formas interrogativas) are used to pose questions and carry accent marks to distinguish them from other uses. Basic interrogative words include: **quién(es), qué, cómo, cuánto(a)(s), cuándo, por qué, dónde.**

¿**Qué** quieres?	***What** do you want?*
¿**Cuándo** llegó ella?	***When** did she arrive?*
¿De **dónde** eres?	***Where** are you from?*

(*See also* **Exclamatory Words.**)

MOOD (El modo) is like the word *mode,* meaning *manner* or *way.* It indicates the way in which the speaker views an action, or his/her attitude toward the action. Besides the **imperative** mood, which is simply giving commands, you learn two basic moods in Spanish: the **subjunctive** and the **indicative.** Basically, the subjunctive mood communicates an attitude of uncertainty or negation toward the action, while the indicative indicates that the action is certain or factual. Within each of these moods there are many **tenses.** Hence you have the present indicative and the present subjunctive, the present perfect indicative and the present perfect subjunctive, etc.

• **Indicative mood (El indicativo)** implies that what is stated or questioned is regarded as true.

Yo **quiero** ir a la fiesta.	***I want** to go to the party.*
¿**Quieres** ir conmigo?	***Do you want** to go with me?*

• **Subjunctive mood (El subjuntivo)** indicates a recommendation, a statement of doubt or negation, or a hypothetical situation.

Yo recomiendo que tú **vayas** a la fiesta.	*I recommend that **you go** to the party.*
Dudo que **vayas** a la fiesta.	*I doubt that **you'll go** to the party.*
No creo que **vayas** a la fiesta.	*I don't believe that **you'll go** to the party.*
Si **fueras** a la fiesta, te divertirías.	*If **you were to go** to the party, you would have a good time.*

• **Imperative mood (El imperativo)** is used to make a command or request.

¡**Ven** conmigo a la fiesta!	***Come** with me to the party!*

(*See also* **Indicative, Imperative,** *and* **Subjunctive.**)

NEGATION (La negación) takes place when a negative word, such as **no,** is placed before an affirmative sentence. In Spanish, double negatives are common.

Yolanda va a cantar esta noche.	*Yolanda will sing tonight.* (affirmative)
Yolanda **no** va a cantar esta noche.	*Yolanda will **not** sing tonight.* (negative)
Ramón quiere algo.	*Ramón wants something.* (affirmative)
Ramón **no** quiere **nada.**	*Ramón **doesn't** want **anything.*** (negative)

NOUNS (Los sustantivos) are persons, places, things, or ideas. Names of people, countries, and cities are proper nouns and are capitalized.

Alberto	*Albert* (person)
el pueblo	*town* (place)
el diccionario	*dictionary* (thing)

ORTHOGRAPHY (La ortografía) refers to the spelling of a word or anything related to spelling such as accentuation.

PASSIVE VOICE (La voz pasiva), as compared to **active voice (la voz activa),** places emphasis on the action itself rather than the agent of the action (the person or thing that is indirectly responsible for committing the action). The passive **se** is used when there is no apparent agent of the action.

Luis vende los coches.	*Luis sells the cars.* (active voice)
Los coches **son vendidos por** Luis.	*The cars **are sold by** Luis.* (passive voice)
Se venden los coches.	*The cars **are sold.*** (passive voice)

(*See also* **Active Voice.**)

PAST PARTICIPLES (Los participios pasados) are verb forms used in compound tenses such as the **present perfect.** Regular past participles are formed by dropping the **-ar** or **-er/-ir** from the **infinitive** and adding **-ado** or **-ido.** Past participles are the equivalent of verbs ending in *-ed* in English. They may also be used as **adjectives,** in which case they agree in **number** and **gender** with their nouns. Irregular past participles include: **escrito, roto, dicho, hecho, puesto, vuelto, muerto, cubierto.**

Marta ha **subido** la montaña.	*Marta has **climbed** the mountain.*
Hemos **hablado** mucho por teléfono.	*We have **talked** a lot on the phone.*
La novela **publicada** en 1995 es su mejor novela.	*The novel **published** in 1995 is her best novel.*

PERFECT TENSES (Los tiempos perfectos) communicate the idea that an action has taken place before now (present perfect) or before a moment in the past (past perfect). The perfect tenses are compound tenses consisting of the verb **haber** plus the **past participle** of a second verb.

Yo **he comido.**	*I have eaten.* (present perfect indicative)
Antes de la fiesta, yo ya **había comido.**	*Before the party I had already eaten.* (past perfect indicative)
Yo espero que **hayas comido.**	*I hope that **you have eaten.*** (present perfect subjunctive)
Yo esperaba que **hubieras comido.**	*I hoped that **you had eaten.*** (past perfect subjunctive)

PERSON (La persona) refers to changes in the subject pronouns that indicate if one is speaking (first person), if one is spoken to (second person), or if one is spoken about (third person).

Yo hablo.	*I speak.* (1st-person singular)
Tú hablas.	*You speak.* (2nd-person singular)
Ud./Él/Ella habla.	*You/He/She speak(s).* (3rd-person singular)
Nosotros(as) hablamos.	*We speak.* (1st-person plural)
Vosotros(as) habláis.	*You speak.* (2nd-person plural)
Uds./Ellos/Ellas hablan.	*They speak.* (3rd-person plural)

PREPOSITIONS (Las preposiciones) are linking words indicating spatial or temporal relations between two words.

Ella nadaba **en** la piscina.	*She was swimming **in** the pool.*
Yo llamé **antes de** las nueve.	*I called **before** nine o'clock.*
El libro es **para** ti.	*The book is **for** you.*
Voy **a** la oficina.	*I'm going **to** the office.*
Jorge es **de** Paraguay.	*Jorge is **from** Paraguay.*

PRESENT PARTICIPLE (*See* **Gerunds.**)

PRETERITE (El pretérito) The preterite tense, as compared to the **imperfect tense,** is used to talk about past events with specific emphasis on the beginning or the end of the action, or emphasis on the completed nature of the action as a whole.

Anoche yo **empecé** a estudiar a las once y **terminé** a la una.
*Last night I **began** to study at eleven o'clock and **finished** at one o'clock.*

Esta mañana **me desperté** a las siete, **desayuné, me duché** y **vine** al campus para las ocho.
*This morning **I woke up** at seven, **I ate** breakfast, **I showered,** and **I came** to campus by eight.*

PERSONAL A (La *a* personal) The personal **a** refers to the placement of the preposition **a** before the name of a person when that person is the **direct object** of the sentence.

Voy a llamar **a** María.   *I'm going to call María.*

PRONOUNS (Los pronombres) are words that substitute for **nouns** in a sentence.

Yo quiero **éste.**	*I want **this one.*** (demonstrative—points out a specific person, place, or thing)
¿**Quién** es tu amigo?	***Who** is your friend?* (interrogative—used to ask questions)
Yo voy a llamar**la.**	*I'm going to call **her.*** (direct object—replaces the direct object of the sentence)
Ella va a dar**le** el reloj.	*She is going to give **him** the watch.* (indirect object—replaces the indirect object of the sentence)
Juan **se** baña por la mañana.	*Juan bathes **himself** in the morning.* (reflexive—used with reflexive verbs to show that the agent of the action is also the recipient)
Es la mujer **que** conozco.	*She is the woman **that** I know.* (relative—used to introduce a clause that describes a noun)
Nosotros somos listos.	*We are clever.* (subject—replaces the noun that performs the action or state of a verb)

SUBJECTS (Los sujetos) are the persons, places, or things that perform the action or state of being of a verb. The **conjugated** verb always agrees with its subject.

Carlos siempre baila solo.	***Carlos** always dances alone.*
Colorado y **California** son mis estados preferidos.	***Colorado** and **California** are my favorite states.*
La cafetera produce el café.	*The **coffee pot** makes the coffee.*

(*See also* **Active Voice.**)

SUBJUNCTIVE (El subjuntivo) The subjunctive mood is used to express speculative, doubtful, or hypothetical situations. It also communicates a degree of subjectivity or influence of the main clause over the subordinate clause.

No creo que **tengas** razón.	*I don't think that **you're** right.*
Si yo **fuera** el jefe, pagaría más a mis empleados.	*If I **were** the boss, I would pay my employees more.*
Quiero que **estudies** más.	*I want **you to study** more.*

(*See also* **Mood, Indicative.**)

SUPERLATIVE STATEMENTS (Las frases superlativas) are formed by adjectives or adverbs to make comparisons among three or more members of a group. To form superlatives, add a definite article **(el, la, los, las)** before the comparative form.

Juan es **el más alto** de los tres.	*Juan is **the tallest** of the three.*
Este coche es **el más rápido** de todos.	*This car is **the fastest** of them all.*

(*See also* **Comparisons.**)

TENSES (Los tiempos) refer to the manner in which time is expressed through the **verb** of a sentence.

Yo estudio.	*I study.* (present tense)
Yo estoy estudiando.	*I am studying.* (present progressive)
Yo he estudiado.	*I have studied.* (present perfect)
Yo había estudiado.	*I had studied.* (past perfect)
Yo estudié.	*I studied.* (preterite tense)
Yo estudiaba.	*I was studying.* (imperfect tense)
Yo estudiaré.	*I will study.* (future tense)

VERBS (Los verbos) are the words in a sentence that communicate an action or state of being.

> Helen **es** mi amiga y ella **lee** muchas novelas.
> *Helen **is** my friend and she **reads** a lot of novels.*

- **Auxiliary verbs (Los verbos auxiliares)** or helping verbs are verbs such as **estar** and **haber** used to form the present progressive and the present perfect, respectively.

> **Estamos** estudiando mucho para el examen mañana.
> ***We are*** *studying a lot for the exam tomorrow.*

> Helen **ha** trabajado mucho en este proyecto.
> *Helen **has** worked a lot on this project.*

- **Reflexive verbs (Los verbos reflexivos)** use reflexive **pronouns** to indicate that the person initiating the action is also the recipient of the action.

> Yo **me afeito** por la mañana.   *I shave (myself) in the morning.*

- **Stem-changing verbs (Los verbos con cambios de raíz)** undergo a change in the main part of the verb when conjugated. To find the stem, drop the **-ar, -er,** or **-ir** from the **infinitive: dorm-, empez-, ped-.** There are three types of stem-changing verbs: **o** to **ue, e** to **ie** and **e** to **i.**

> dormir: Yo d**ue**rmo en el parque.   *I sleep in the park.* **(o** to **ue)**
> empezar: Ella siempre emp**ie**za su trabajo temprano.   *She always starts her work early.* **(e** to **ie)**
> pedir: ¿Por qué no p**i**des ayuda?   *Why don't you ask for help?* **(e** to **i)**

Spanish-English Vocabulary

This vocabulary includes all the words and expressions listed as active vocabulary in *¡Dímelo tú!* The number following the English definition refers to the chapter and **paso** in which the word or phrase was first used actively. For example, an entry followed by **13.2** is first used actively in **Capítulo 13, Paso 2**, and an entry followed by the letter **P** is first used actively in the preliminary chapter, **Para empezar.**

All words are alphabetized according to the 1994 changes made by the Real Academia: **ch** and **ll** are no longer considered separate letters of the alphabet.

Stem-changing verbs appear with the vowel change in parentheses after the infinitive: **(ie)**, **(ue)**, **(i)**, **(ie, i)**, **(e, i)**, **(ue, u)**, or **(i, i)**. Most cognates, conjugated verb forms, and proper nouns used as passive vocabulary in the text are not included in this glossary.

The following abbreviations are used:

adj. adjective *n.* noun
adv. adverb *pl.* plural
art. article *pp.* past participle
conj. conjunction *poss.* possessive
dem. demonstrative *prep.* preposition
dir. obj. direct object *pron.* pronoun

f. feminine *refl.* reflexive
fam. familiar *rel.* relative
form. formal *s.* singular
indir. obj. indirect object *subj.* subject
interj. interjection *v.* verb
m. masculine

A

a at, to; **a eso de...** at about 7.1; **a la cazuela** casserole style 8.2; **a la derecha (de)** to the right (of) 5.1; **a la izquierda (de)** to the left (of) 5.1; **a la parrilla** grilled 8.2; **a la plancha** grilled 8.2; **a menudo** often 10.2; **a pesar de** in spite of 12.3; **a propósito** by the way 12.1; **¿A qué hora?** At what time 2.3; **A sus ordenes.** At your service. 8.2; **a través de** throughout; via 7.2
abandonar to abandon 11.3
abogado(a) lawyer 6.3
abrazo *(m.)* embrace
abril *(m.)* April 2.3
abrir to open 2.1
absurdo(a) absurd 14.1
abuela *(f.)* grandmother 5.1
abuelo *(m.)* grandfather 5.1

abuelos *(m. pl.)* grandparents 5.1
aburrido(a) boring 1.2; bored 3.3
abuso de drogas *(m.)* drug abuse 10.3
acabar de to have just 9.3
accidentado(a) (terreno) rugged
accidente *(m.)* accident 10.1
aceite *(m.)* oil 10.2
aceptar to accept 11.2
acerca de about
acercarse to approach
aconsejable advisable 10.1
aconsejar to advise 13.1
acontecimiento *(m.)* event
acordar (ue) to agree; **acordarse (de)** to remember
acostarse (ue) to go to bed 9.2
activo(a) active 1.1
actor *(m.)* actor 9.1
actriz *(f.)* actress 9.1
acusar to accuse 6.3
adelante forward

además besides, furthermore 12.1
adentro in, inside 13.2
adiós good-bye P
adivinar to guess
administrador(a) administrator 2.1
admirar to admire 7.3
admitir to admit 10.2
¿Adónde? Where to? 2.2
adorar to adore 7.3
aduana *(f.)* customs 12.3
aeropuerto *(m.)* airport 2.3
afeitarse to shave 9.2
afuera out, *outside* 13.2
agente de viajes *(m. f.)* travel agent 12.1
agosto *(m.)* August 2.3
agotar to exhaust 12.2
agradecer to be grateful 12.3
agrícolo(a) agricultural
agricultor(a) farmer
agua mineral *(f.)* mineral water 4.3

agua sin gas *(f.)* uncarbonated water 4.3

aguantar to endure, stand 13.2

ahogarse to drown 10.1

ahora now

ahorrar to save 12.2

aislado(a) isolated

al ajillo sautéed in garlic 8.2; **al gusto** custom made 5.2; **al lado de** beside 5.1

ala *(f.)* wing

alcanzar to catch up with; to reach 6.2

alcoba *(f.)* bedroom 3.1

alegrarse to be happy 13.3

alegre happy 3.3

alegría happiness, joy 4.1

alejado(a) remote

alergia *(f.)* allergy 8.3

alérgico(a) allergic 8.3

alfabetización *(f.)* teaching of basic literacy

alfombra *(f.)* carpet 5.2

algo something 10.2

algodón *(m.)* cotton 4.2

alguien someone; anyone 7.2

algún (alguno(a)) some, any 10.2

alguna vez sometime 10.2

alimento *(m.)* food 8.1

allá over there 5.3

allí there 11.2

almohadilla *(f.)* mouse pad 2.1

almorzar (ue) to eat lunch 4.1

alojamiento *(m.)* lodging 12.1

alojarse to lodge oneself; to stay overnight 12.1

alpinismo *(m.)* mountain climbing 12.2

alpinista *(m. / f.)* mountain climber 6.2

alquilar *(m.)* to rent 2.2

alquiler *(m.)* rent 2.2

alrededor de around 9.1

alterar to alter

alternar to alternate

alto(a) tall 3.3

altura *(f.)* height

ama de casa *(f.)* homemaker

amable kind 8.1

amar to love 7.3

amarillo(a) yellow 4.1

ambos(as) both 12.1

ambulancia *(f.)* ambulance 10.3

amenazar to threaten 11.3

amigo(a) friend P

amistoso(a) friendly

amor *(m.)* love 2.3

amplio(a) spacious 5.2

amueblado(a) furnished 5.1

añadir to add

anaranjado(a) orange 4.1

anatomía *(f.)* anatomy

anchura *(f.)* width, breadth

anciano(a) old, elderly

andar to walk

andino(a) Andean 12.1

anfibio *(m.)* amphibian 11.1

animal doméstico *(m.)* pet 5.1

animar to encourage, cheer 14.2; **¡Pues, ánimo!** Well, chin up! 13.1

anoche last night 6.1

anteayer *(m.)* the day before yesterday 11.2

antes before 2.3

antiguo(a) antiquated, old, old-fashioned 9.3

antipático(a) unpleasant 1.2

anunciar to advertise 5.1

anuncio *(m.)* advertisement, classified ad 6.3

aparecer to appear

aparentar to seem, appear

apartamento *(m.)* apartment 2.2

apio *(m.)* celery 8.1

aportación *(f.)* contribution

aportar to contribute 9.3

apoyo *(m.)* support 14.2

apreciar to appreciate

apropiado(a) suitable

aprovechar to take advantage 13.3

aquí here 1.3

árbitro(a) umpire, referee 14.2

arco *(m.)* goal 14.1

armario *(m.)* closet 5.1

armonía *(f.)* harmony

arquero(a) goalie, goalkeeper 14.1

arrasar to destroy 6.1

arrastrar to drag

arrebatar to snatch

arrecife *(m.)* reef 14.3

arreglado(a) arranged, fixed 14.1

arrogante *(m. f.)* arrogant 3.3

arroz *(m.)* rice 8.3

arte *(m.)* art 1.2

artesanía *(f.)* handicrafts 12.2

artículo *(m.)* article 2.1

artista *(m. f.)* artist 4.1

asado(a) roasted 8.2

asegurado(a) insured 10.1

asegurarse to make sure 10.2

asimilar to assimilate; to be similar to

asistir to attend 11.2

aspecto *(m.)* appearance

aspirina *(f.)* aspirin 4.3

astronauta *(m. f.)* astronaut

ataque al corazón *(m.)* heart attack 13.3

ataque cardíaco *(m.)* heart attack 10.1

atender (ie) to take care of; to pay attention to

atleta *(m. f.)* athlete 14.1

atlético(a) athletic 1.1

atletismo *(m.)* athletics (track and field) 14.2

atractivo(a) attractive 1.1

atraer to attract 7.1

atrás back, behind

atrasado(a) late, slow

audiencia *(f.)* audience

aullar to howl

aumentar to increase

aunque although 14.3

ausencia *(f.)* absence

austral southern

auto *(m.)* car 10.1

autobús *(m.)* bus 2.1
automóvil *(m.)* automobile 10.1
autorretrato *(m.)* self portrait 4.1
auxilio *(m.)* help 10.1
avanzar to advance
ave *(f.)* bird; fowl
avenida *(f.)* avenue 5.1
aventura *(f.)* venture; adventure
avión *(m.)* airplane 6.1
¡Ay! Oh! 5.1
ayer yesterday 6.1
ayudar to help 2.2
azúcar *(m.)* sugar 8.2
azul blue 4.1

B

bailar to dance 1.2; **¿Vamos a bailar?** Should we dance? 3.3
baile *(m.)* dance
bajar to go down; to lower 13.2; **bajar de peso** to lose weight; **bajarse** to get off 9.3
bajo(a) short 3.3
baloncesto *(m.)* basketball 1.1
bañarse to bathe 9.2
bancarrota *(f.)* bankruptcy 12.2
banda *(f.)* band 11.1
bandera *(f.)* flag 4.1
bandido(a) bandit 11.3
bañarse en la regadera to take a shower 9.2
baño *(m.)* bathroom 2.2
barato(a) inexpensive 5.2
¡Bárbaro! great 5.1
barbero *(m.)* barber
barriga *(f.)* stomach, tummy
barrio *(m.)* neighborhood 5.1
basar to base
bastante enough 3.1; **Bastante bien.** Quite well. P
bastar to be enough 14.1
bate *(m.)* bat 14.1
bateador(a) batter (baseball) 14.2
batear to bat 14.2
batería *(f.)* battery 10.2;

batería drums, percussion 11.1
batido *(m.)* shake; **(de leche)** milk shake 14.3
beber to drink 2.3
bebida *(f.)* drink 4.3
beca *(f.)* scholarship 14.2
béisbol *(m.)* baseball 1.1
beso *(m.)* kiss
biblioteca *(f.)* library 1.3
bicicleta *(f.)* bicycle 11.1
bien well, ok, fine 2.2; **bienes** *(m. pl.)* goods; **Bien, gracias.** Fine, thank you. P; **bien hecho(a)** well done 8.2; **bien/mal cuidado(a)** well/poorly taken care of 5.2; **bien parecido(a)** good looking 5.3
bienvenido(a) welcome 5.3
bife *(m.)* steak
bilingüe bilingual 2.1
billete de avión *(m.)* airline ticket 10.3
billetera *(f.)* billfold 10.3
biología *(f.)* biology 1.2
bistec *(m.)* steak 8.2
blanco(a) white 4.1
bloqueo *(m.)* blockade
blusa *(f.)* blouse 4.1
boca *(f.)* mouth 13.2
boleto *(m.)* ticket 7.2
bolígrafo *(m.)* pen 1.1
bolso *(m.)* purse 5.2
bombero(a) firefighter 10.1
bonito(a) pretty 3.3
borracho(a) drunk 3.1
borrador *(m.)* draft
bosque *(m.)* forest; **bosque lluvioso** rain forest 11.1
botana *(f.)* hors d'oeuvre 4.3
botas *(f. pl.)* boots 4.1
botella *(f.)* bottle 8.2
botón *(m.)* button 4.2
boutique *(f.)* boutique 2.1
boxeador(a) boxer 14.1
boxeo *(m.)* boxing 14.1
brazo *(m.)* arm 10.1

broma *(f.)* joke 13.3
bucear to scuba dive 14.3
buceo *(m.)* scuba diving 14.3
bueno(a) good 1.2;; **Buenos días.** Good morning. P; **¡Buena idea!** Good idea! 4.3; **Buenas noches.** Good evening. Good night. P; **Buenas tardes.** Good afternoon. P
buscar to look for 1.3

C

caballero *(m.)* gentleman 14.3
caballete *(m.)* easel
caballo *(m.)* horse 13.1
cabeza *(f.)* head 10.1
cada every, each 2.2
caerse to fall down 10.1
café *(m.)* café 2.1
café con leche *(m.)* caffe latte
cafetería *(f.)* cafeteria 1.3
calamar *(m.)* squid 8.1
calidad *(f.)* quality 8.2
caliente hot 4.3
calle *(f.)* street 5.2
calma relax 3.1
calmar to calm 4.1
cama *(f.)* bed 5.1
camarero(a) waiter, waitress
camarón *(m.)* shrimp 7.2
cambiar to change 10.1
caminar to walk 2.2
camino *(m.)* road
camisa *(f.)* shirt 4.1
campeón (campeona) champion 14.1
campeonato *(m.)* championship 14.2
canal *(m.)* canal, channel
cáncer *(m.)* cancer 13.2
cancha *(f.)* court 11.1
cangrejo *(m.)* crab 8.3
canoa *(f.)* canoe 11.3
cansado(a) tired 3.1
cantante *(m. f.)* singer 9.1

cantar to sing 3.1
cantidad (*f.*) quantity 8.1
capital (*f.*) capital 12.1
capitolio (*m.*) capitol building 9.3
¡Caramba! Good heavens! 11.3
característica (*f.*) characteristic
cargado(a) loaded
cargar to load; to carry 12.1
carne (*f.*) meat 8.1; **carne de cerdo** pork 8.1; **carne de res** beef 8.1
carnicería (*f.*) butcher shop 9.3
caro(a) expensive 4.2
carrera (*f.*) career 6.3; race
carretera (*f.*) highway 10.1; road
carro (*m.*) car 10.1
carta (*f.*) letter
cartero(a) mail carrier 8.3
casa (*f.*) home, house 1.3; **casa de playa** beach house 2.1
casi almost 4.1
caso (*m.*) case 10.1
castaño(a) brown 5.3
castillo (*m.*) castle
catarata (*f.*) waterfall
catedral (*f.*) cathedral 4.1
cazuela (*f.*) casserole 8.1
cebiche → **ceviche** (*m.*) raw fish marinated in lemon juice 8.1
cebolla (*f.*) onion 8.2
celebrar to celebrate 3.1
celoso(a) jealous 7.3
cena (*f.*) dinner 1.3
cenar to dine; to eat dinner 8.1
ceniza (*f.*) ash
censo (*m.*) census
centro (*m.*) downtown 5.1; **centro comercial** shopping center 5.2
centroamericano(a) Central American 1.1
cepillarse to brush 9.2
cerca de near 5.1
cerebro (*m.*) brain
cero (*m.*) zero
cerveza (*f.*) beer 3.3
cesto (*m.*) basket 14.1

chaleco (*m.*) vest 4.2; **chaleco de mezclilla** (*m.*) denim vest 4.2
champiñón (*m.*) mushroom
cheque (*m.*) check 11.2
¡Chévere! Cool! 7.2
chico(a) boy / girl 3.1
chistoso(a) funny 1.1
chocar to crash; to collide 10.1
chófer (*m.*) chauffeur 8.3
choque eléctrico (*m.*) electric shock 10.1
ciclismo (*m.*) bike riding 1.1
cielo (*m.*) sky 4.1
ciencias políticas (*f. pl.*) political science 1.2
cierto(a) certain, true 13.3
címbalos (*m. pl.*) cymbals 11.1
cinco (*m.*) five
cintura (*f.*) waist 13.2
cita (*f.*) date 7.1
ciudad (*f.*) city 1.1
ciudadano(a) citizen 11.3
clarinete (*m.*) clarinet 11.1
claro(a) light 4.1
clase (*f.*) class P
clima (*m.*) climate 9.1
clínica (*f.*) clinic 2.1
cobre (*m.*) copper
coche (*m.*) car 6.2
cochera (*f.*) garage 5.1
cocina (*f.*) kitchen 2.2
cocinar to cook 2.2
cocinero(a) cook 2.1
cóctel (*m.*) cocktail 7.2
cognado (*m.*) cognate
col (*f.*) cabbage 8.1
collar (*m.*) necklace 12.2
comedor (*m.*) dining room
comenzar (ie) to begin 6.2
comer to eat 1.2; **comer fuera** to eat out 2.2
cometer to commit; **cometer errores** to make mistakes
comida (*f.*) food 2.1
comienzo (*m.*) beginning 9.3
comillas (*f. pl.*) quotation marks

comisaría de policía (*f.*) police station 10.3
como like, as 1.1
¿Cómo? How? What? 2.2; **¿Cómo está (usted)** (*form.*)**?** How are you? P; **¿Cómo estás (tú)** (*fam.*)**?** How are you? P; **¿Cómo se llama usted?** What's your name? (*form.*) P; **¿Cómo te llamas (tú)?** What's your name? (*fam.*) P
cómodo(a) comfortable 5.2
compañero(a) partner; **compañero(a) de cuarto** roommate 1.3
compañía (*f.*) firm 5.3
comparar to compare
compartir to share 2.2
competencia (*f.*) competition 14.1
competir (*i, i*) to compete
complejo(a) complex
completar to complete
complicar to complicate
componente (*m.*) component 2.1
comprar to buy 1.3
comprender to comprehend, to understand 5.2
computadora (*f.*) computer 1.3
común common
comunicación (*f.*) communication 1.2
con with 3.2; **con frecuencia** frequently 2.2; **¡Con razón!** No wonder! 4.2
concentrarse to concentrate (on a task) 14.1
concierto (*m.*) concert
condenar to condemn
condición (*f.*) condition 5.1
condominio (*m.*) condominium 2.2
conductor(a) driver 10.2
conejillo de Indias (*m.*) guinea pig 12.1
conexión (*f.*) connection 11.2
confesar (ie) to confess 11.3

conmigo with me 7.3

Cono Sur *(m.)* southern cone of South America

conocer to know; to be acquainted 7.1

conocimiento *(m.)* knowledge 2.1

conseguir (i, i) to get, obtain 14.3

consejero(a) advisor

consejo *(m.)* advice 8.3

conserje *(m. f.)* caretaker, custodian

conservador(a) conservative 1.1

constar de to consist of

construir to construct, build 5.1

consumir to consume 13.1

contador público *(m. f.)* public accountant 1.2

contar (ue) to count

contento(a) happy 3.1

contestar to answer

contigo with you 7.3

contrario(a) opposite, opposing 14.3

contrastar to contrast 4.1

contratar to contract

contrato *(m.)* contract 2.1

convencer to convince

convenio *(m.)* agreement

convenir to be advisable 7.2

conversación *(f.)* conversation P

conversar to converse, to chat 3.2

convivir to live together; coexist

copa *(f.)* glass 8.2; **copa de vino** *(f.)* glass of wine 4.3

copita *(f.)* small glass 7.2

corazón *(m.)* heart; darling 7.3

corbata *(f.)* necktie 4.1

cordero *(m.)* lamb

cordillera *(f.)* mountain range

corredor(a) runner 14.2

corregir (i, i) to correct

correo electrónico *(m.)* E-mail 1.1

correr to run 2.1

corrida de toros *(f.)* bullfight 7.1

cortarse to cut oneself 9.2

cortés courteous 7.1

corvina *(f.)* sea bass 8.2

cosa *(f.)* thing 5.1

cosmopolita cosmopolitan 12.1

costar (ue) to cost 4.2

crecer to grow

crecimiento *(m.)* growth

creer to believe 14.1

crema light brown, cream 4.1

cristal *(m.)* crystal 8.2

cruce *(m.)* crossing

crucigrama *(m.)* crossword puzzle

cuaderno *(m.)* notebook 1.1

cuadra *(f.)* city block 5.1

cuadro *(m.)* painting 4.1

¿Cuál(es)? Which one(s)? What? 2.1

¿Cuándo? When? 2.1

¿Cuánto(a)? How much? 2.1; **¿Cuántos(as)?** How many? 2.2

cuarto *(m.)* room 2.2; **cuarto de baño** bathroom 5.1

cuarto(a) fourth

cuatro *(m.)* four

cuchara *(f.)* spoon 8.2

cuchillo *(m.)* knife 8.2

cuello *(m.)* neck 13.2

cuenta *(f.)* bill 8.3

cuero *(m.)* leather 14.2

cuerpo *(m.)* body 10.1

cueva *(f.)* cave

cuy *(m.)* guinea pig 12.1

cuidar to take care of 9.3

culpa *(f.)* responsibility, fault, 10.2

culpabilidad *(f.)* guilt 10.2

cultivar to cultivate 12.1

cumplir to carry out, realize 11.3

cuñada *(f.)* sister-in-law 5.1

cuñado *(m.)* brother-in-law 5.1

D

dañar to damage, hurt 14.1

daño *(m.)* damage 10.2

dar to give 6.2

dar vuelta to turn 13.2

dato *(m.)* a piece of information

de from, about, of; **de arriba...** from top... 12.1; **de arriba hacia abajo** from top to bottom; **de día** during the day 2.2; **de noche** at night 2.2; **de repente** suddenly 10.2; **de vez en cuando** from time to time 8.1

debajo de under 5.1

deber to be obliged, must, should 6.3

débil weak 7.2

decidir to decide 2.3

décimo(a) tenth

decir to say; to tell 6.3

decorado(a) decorated 5.2

decorar to decorate 3.2

dedicar to dedicate 5.2

dedo *(m.)* finger 13.2

dejar to leave behind 6.2; to allow, permit 14.1; **dejar de** to stop (doing something) 11.3; **dejar en paz** to leave alone, in peace 12.3

delante de in front of 5.1

delatar to denounce 7.2

deletreo *(m.)* spelling

delgado(a) slim; thin 3.3

delicioso(a) delicious 1.3

demasiado(a) too much 5.2

democracia *(f.)* democracy 11.2

depender to depend

dependiente(a) store clerk, sales person 2.1

deporte *(m.)* sport 1.1

deportista *(m. f.)* athlete 9.1

deportivo(a) sports; sporting

depresión *(f.)* depression 13.1

deprimido(a) depressed 13.1

derecho *(m.)* law 1.2

derrocar to overthrow 6.2

derrotar to defeat, beat 14.2

ddesafiar to challenge

desaparecer to disappear 4.1

desarrollar to develop

desayunar to eat breakfast 8.1

desayuno *(m.)* breakfast 8.1
descansar to rest 2.1
descarga eléctrica *(f.)* electric shock 10.1
desconectar to disconnect
describir to describe 6.2
descubrir to discover 10.3
descuento *(m.)* discount 4.2
desde since, from 12.1
desear to desire 4.3
desfile *(m.)* parade
desgracia *(f.)* misfortune 13.3
deshidratado(a) dehydrated 11.3
desocupado(a) unoccupied 5.1
desorganizado(a) disorganized 1.2
despedida *(f.)* leave-taking, farewell
despedirse (i, i) to say good-bye
despertador *(m.)* alarm clock 9.2
despertarse (ie) to wake up 9.2
después de after 5.1
destacarse to stand out
destruir to destroy 10.2
desventaja *(f.)* disadvantage 5.2
detalle *(m.)* detail 12.1
detestar to hate, to detest 2.2
detrás de behind 5.1
devastar to devastate
devolver (ue) to return (something), give back
día *(m.)* day 2.2; **día de la semana** weekday 2.2; **Día de Acción de Gracias** *(m.)* Thanksgiving
diagnóstico *(m.)* diagnosis 13.1
diario daily 9.2
dibujar to draw
dibujo *(m.)* drawing
diciembre *(m.)* December 2.3
diente *(m.)* tooth 9.2
dieta *(f.)* diet 13.1
diez *(m.)* ten
difícil difficult 1.2
dinámico(a) dynamic 2.1
dinero *(m.)* money 2.3; **dinero de vuelta** change 7.2
dirección *(f.)* address 5.1

dirigir to direct
disco *(m.)* record 3.2
discoteca *(f.)* discotheque 12.3
discutir to discuss 10.2
diseñar to design
disfrazar to disguise
disfrutar (de) to enjoy 1.3
disipar to clear (clouds)
disolver (ue) to dissolve
disponible available 5.1
distinguir to distinguish
distinto(a) different
distraerse to be distracted 10.2
divertido(a) fun 1.2
divertirse (ie) to have a good time, enjoy oneself 9.2
dividir to divide 2.3
divino(a) divine 12.1
doblar to turn 9.3; to bend 13.2
doler (ue) to hurt 12.2
domingo *(m.)* Sunday 2.3
dormir (ue) to sleep 2.3; **dormirse (ue)** to fall asleep 9.2
dormitorio *(m.)* bedroom 5.1
dos *(m.)* two
dramatizar to role-play
dramaturgo *(m.)* dramatist, playwright
ducharse to shower, take a shower 9.2
duda *(f.)* doubt 12.2
dudar to doubt 14.1
dueño(a) proprietor; owner; landlord/lady 5.1
durante during 6.1
durar to last
durazno *(m.)* peach 8.1
duro(a) hard 13.3

E

economía *(f.)* economy, economics 1.2
edad *(f.)* age 5.3
edificio *(m.)* building 2.2
educación *(f.)* education 1.2; **edu-**

cación física *(f.)* physical education 1.2
ejercicio *(m.)* exercise 2.3
ejército *(m.)* army 11.1
el the 1.1; **El gusto es mío.** The pleasure is mine. P
él he
electricidad *(f.)* electricity 11.3
elegante elegant 1.1
elegir (i,i) to elect 6.2
eliminar eliminate
ella she
ellas *(f. pl.)* they
ellos *(m. pl.)* they
emergencia *(f.)* emergency 10.1
emoción *(f.)* emotion 4.1
emocionante touching, moving 3.1
empanada *(f.)* pie, pastry 13.3
empatar to tie (as in a game)
empezar (ie) to begin 4.1
empleado(a) employee 2.1
empleo *(m.)* employment 2.1
empresa *(f.)* enterprise, firm 2.1
en on, in 5.1; **en forma** in shape 14.2; **en oferta** on special 4.2; **en rebaja** at a reduced price 4.2
enamorado(a) de in love with 7.3
encantado(a) delighted P
encantar to really like 3.3; **¡Me encanta!** I love it! 3.3
encargado(a) in charge of
encender (ie) to light
encima de on top of 5.1
encontrar (ue) to find 4.1
enero *(m.)* January 2.3
enfatizar to emphasize
enfermarse to get sick 12.3
enfermedad *(f.)* illness 13.3
enfermería *(f.)* nursing 1.2
enfermo(a) sick 3.1
enfrente de facing, opposite 5.1
enojado(a) angry 11.3
enojarse to get angry 11.2
ensalada *(f.)* salad 8.2
ensayo *(m.)* essay
enseguida at once, immediately 8.1

entender (ie) to understand 4.1

entrada (*f.*) entrance; first course of a meal 5.1; **entrada para un concierto** concert ticket

entrar to enter 6.3

entre between 5.1

entregar to deliver; to hand over 6.2

entrelazar to interweave, intertwine

entremés (*m.*) appetizer 8.2

entrenador(a) coach, trainer 14.1

entrenar to coach, train 14.2

entrevista (*f.*) interview 6.1

entrevistador(a) interviewer

entrevistar to interview 2.1

entusiasmado(a) enthusiastic 3.1

envenenamiento (*m.*) poisoning 10.1

enviar to send 1.1

episodio (*m.*) episode 11.2

época (*f.*) time, period, epoch

equipo (*m.*) team 6.2; **equipo de sonido** stereo system 5.1

equivaler to be equivalent to

erupción (*f.*) eruption 11.2

Es igual de interesante... It's as interesting as... 12.1

escalar to climb 10.3

escalera (*f.*) stairs, staircase 10.1

escaparate (*m.*) display window 4.2

escasez (*f.*) shortage

esclavo(a) slave

escoger to choose

esconder to hide

escribir to write 1.3; **escribir cartas** to write letters 1.2

escritorio (*m.*) desk 1.1

escuchar to listen; **escuchar música** to listen to music 1.2

escuela primaria (*f.*) elementary school 6.2

escultor(a) sculptor 7.1

ese(a) that 4.3

esfuerzo (*m.*) effort 13.2

eso (neuter) that 4.3

esos(as) those 4.3

espagueti (*m.*) spaghetti 8.1

espalda (*f.*) back 13.2

español(a) Spanish 1.3

especialista (*m. f.*) specialist

especialización (*f.*) major 3.3

especie (*f.*) species 11.1

espectacular spectacular 6.3

espectáculo (*m.*) show 6.3

espejo (*m.*) mirror 5.1

esperanza (*f.*) hope

esperar to wait (for) 6.1

espesor (*m.*) thickness

esposo(a) husband (wife) 4.1

esquema (*f.*) sketch, diagram

esquí (*m.*) skiing 14.1

esquiar to ski 2.3

esquina (*f.*) corner 9.3

esta this; **Esta es...** This is... (*f.*) P; **esta mañana/tarde/noche** this morning/afternoon/evening 6.1

estacionar to park 10.2

estadio (*m.*) stadium 11.1

Estados Unidos United States 1.1

estar to be 3.2; **estar contento(a)** to be happy 14.3; **estar de acuerdo** to agree; **estar dispuesto(a)** to be inclined to; to be ready, prepared 14.2; **estar harto(a) de (algo)** to be fed up with (something) 12.1; **estar hecho a polvo** to be exhausted 13.2; **estar malo(a)** to be sick 3.2; **estar molesto(a)** to be bothered; upset 11.3; **estar molido(a)** to be exhausted 13.2; **estar muerto(a)** to be dead 13.2; **estar seguro(a)** to be sure 12.1; **estar satisfecho(a)** to be satisfied; full 8.3

estatua (*f.*) statue 12.2

estatura (*f.*) height 5.3

este (*m.*) east 3.1

este(a) this 4.3; **Éste es...** This is... (*m.*) P

estimular to stimulate 4.1

estirar to stretch 13.2

esto (neuter) this 4.3

estos(as) these 4.3

estrella (*f.*) star 12.1

estrés (*m.*) stress 13.1

estudiante (*m. f.*) student P

estudiar to study 1.1

estudioso(a) studious 1.1

estupendo(a) great, fantastic 1.1

evidente evident 13.3

evitar to avoid 10.1

exagerado(a) exaggerated 5.3

exagerar to exaggerate

examen (*m.*) exam 1.3

excelente excellent P

excluir to exclude

excusar to excuse 11.2

éxito (*m.*) success

experiencia (*f.*) experience 6.1

explicar to explain 12.1

explorador(a) explorer

exportar to export 8.1

exquisito(a) exquisite 8.3

extintor (*m.*) fire extinguisher 10.1

extrañarse to be surprised

extrovertido(a) extrovert 1.1

F

fabuloso(a) fabulous 3.3

fácil easy 1.2

facultad (*f.*) department 1.2

falda (*f.*) skirt 4.1

faltar to lack 8.2; **faltar a clase** to miss class 11.1; **faltar al trabajo** to miss work 10.3

fama (*f.*) fame

familia (*f.*) family

familiares (*m. pl.*) family members 7.1

famoso(a) famous 5.3

fantástico(a) fantastic 6.2

fascinante fascinating

favorito(a) favorite 1.1

febrero (*m.*) February 2.3

fecha (*f.*) date 2.3; **fecha de nacimiento** (*f.*) birthdate 5.3
felicitar to congratulate
feliz happy 2.3
fenomenal phenomenal; great 3.2
fenómeno (*m.*) phenomenon
feo(a) ugly 5.3
fibra (*f.*) fiber 8.1
fiebre (*f.*) fever 13.3
fiesta (*f.*) party 3.1
figura (*f.*) figure 4.1
filmar to film
fin de semana (*m.*) weekend 2.2
finca (*f.*) farm
fino(a) fine 8.2
física (*f.*) physics 1.2
flamenco Spanish dance 3.2
flan (*m.*) crème caramel, custard
flecha (*f.*) arrow
flojo(a) lazy 13.2
flor (*f.*) flower
flora y fauna (*f.*) plant and animal life 11.1
flota mercante (*f.*) merchant marine
fluir to flow
folleto (*m.*) leaflet, brochure
fortaleza (*f.*) fortress 12.1
foto (*f.*) photo 2.2
fotógrafo(a) photographer 2.2
franja (de tierra) (*f.*) strip (of land)
frase (*f.*) phrase, sentence
frenar to brake 10.2
fresa (*f.*) strawberry 8.1
fresco(a) fresh
frijol (*m.*) bean
frío(a) cold 4.3
frito(a) fried 8.2
frontera (*f.*) border
frustrado(a) frustrated 3.1
fruta (*f.*) fruit 8.1
frutería (*f.*) fruit store 9.3
fuego (*m.*) fire 10.1
fuera... out with... 13.1
fuerte strong 8.2

fumar to smoke 7.2
función (*f.*) function 7.1
funcionar to function, work; to run (a motor) 10.1
fundar to found; to establish 6.2
furioso(a) furious 3.1
fusionar to fuse
fútbol (*m.*) soccer 1.1; **fútbol americano** (*m.*) football 2.3

G

ganado (*m.*) cattle 5.2
ganar to win 6.2
garganta (*f.*) throat 13.2
gaseosa (*f.*) carbonated drink 7.2
gasolina (*f.*) gas 10.2
gastar to spend 4.2
gato (*m.*) cat 5.1
generalmente generally 9.2
generoso(a) generous 8.3
gente (*f.*) people 4.1
gimnasia (*f.*) gymnastics 14.1
gimnasio (*m.*) gymnasium, gym
gobierno (*m.*) government 6.1
gol (*m.*) goal 14.1
golpe (de cabeza) (*m.*) hitting, striking (the ball) (with one's head) 14.1
gordo(a) fat 5.3
gozar to enjoy 7.1
graduarse to graduate 14.3
grande big 1.3
grasa (*f.*) grease 13.1
gratis free 11.2
gratuito(a) free
grave grave, serious 10.2
gris gray 4.1
gritar to cry out; to shout 6.3
grúa (*f.*) tow truck 10.1
grueso(a) thick
grupo (*m.*) group
guapo(a) good-looking 3.2
guardia (*m. f.*) guard 12.2
guión (*m.*) script

guitarra (*f.*) guitar 3.2
gustar to like 3.3

H

había una vez once upon a time 11.2
habitación (*f.*) bedroom 2.2
hablar to speak, to talk 2.2; **hablar por teléfono** to talk on the phone 1.2
hacer to make; to do 2.3; **hacer deporte** to play sports 5.3; **hacer gracia** to be funny 14.1; **hacer trampa** to cheat 10.3
hacia toward
hallar to find
hamburguesa (*f.*) hamburger 4.3
harina (*f.*) flour
hasta until; **Hasta la vista.** Good-bye. See you. P; **Hasta luego.** See you later. P; **Hasta mañana.** See you tomorrow. P; **Hasta pronto.** See you soon. P
hay there is, there are 1.1
heladera (*f.*) refrigerator 5.1
helado (*m.*) ice cream 8.1
helecho (*m.*) fern 11.1
hemorragia (*f.*) hemorrhage 10.1
herido(a) wounded, injured 10.2
hermana (*f.*) sister 5.1
hermanastra (*f.*) stepsister 5.1
hermanastro (*m.*) stepbrother 5.1
hermano (*m.*) brother 5.1
hermanos (m. pl.) siblings 5.1
hermoso(a) beautiful 3.3
herramienta (*f.*) tool
hidrato de carbono (*m.*) carbohydrate 8.1
hielo (*m.*) ice; **cubito de hielo** (*m.*) ice cube
hijo(a) son / daughter 3.1
hijos (m. pl.) children 5.1
historia (*f.*) history 1.2
hola hello P
hombre (*m.*) man 6.3
hombro (*m.*) shoulder 13.2

horario *(m.)* schedule 2.2

hoy today; **hoy en día** nowadays 9.3

huevo *(m.)* egg 8.1; **huevos revueltos** *(m.pl.)* scrambled eggs 8.2

húmedo(a) wet, humid 10.1

humita *(f.)* sweet corn cake 8.3

humo *(m.)* smoke

huracán *(m.)* hurricane 10.1

I

identificar to identify

idioma *(m.)* language

iglesia *(f.)* church 9.3

ignorar to ignore 7.3

igual equal 12.1; **igual de...** equally..., the same... 12.1

igualmente likewise P

ilusión *(f.)* illusion 12.3

ilusionarse to build up one's hopes 12.3

imagen *(f.)* image 9.3

impaciente impatient 1.1

imparcial impartial 14.2

impermeable *(m.)* raincoat 4.2

imprecisión *(f.)* imprecision, vagueness; inaccuracy

impresionante impressive 4.1

impresionar to impress 7.1

impresora *(f.)* printer 2.1

impuesto *(m.)* tax 10.3

inaugurar to inaugurate

incapacitado(a) disabled, physically handicapped

incendiar to burn 10.1

incendio *(m.)* fire 10.1

incertidumbre *(f.)* uncertainty

incluir to include 5.1

inconsciente unconscious 10.1

increíble incredible, unbelievable 13.3

indicar to indicate

indígena *(m. f.)* indigenous, 4.1

inesperado(a) unexpected 11.1

inflar to inflate 10.2

informática *(f.)* computer science 1.2

ingeniería *(f.)* engineering 1.2; **ingeniería mecánica** mechanical engineering 3.3

inglés *(m.)* English 1.1

injusto(a) unjust

insecto *(m.)* insect 11.1

insistir (en) to insist (on) 10.1

instrumento *(m.)* instrument 11.1

inteligente intelligent 1.1

intentar to attempt; to try 11.2

interés *(m.)* interest 6.2

interesado(a) interested 3.1

interesar to interest 5.1

interrumpir to interrupt

intoxicación *(f.)* intoxication; poisoning 10.1

introvertido(a) introverted 1.1

inventar to invent; **inventar excusas** to make excuses 3.2

invertir(ie) to invest 12.2

invierno *(m.)* winter 2.3

invitado(a) guest 3.1

invitar to invite 3.3

invocar to invoke

ir to go 1.3; **ir de compras** to go shopping 4.1

isla *(f.)* island 8.1

islote *(m.)* small island, islet 8.1

J

jamás never

jamón *(m.)* ham, prosciutto 4.3

jeans *(m. pl.)* jeans 4.1

jefe *(m.)* boss

jonrón *(m.)* home run 14.2

joven young 5.3; **joven delincuente** *(m. f.)* juvenile delinquent 10.3

joya *(f.)* jewel 11.1

joyería *(f.)* jewelry store 12.2

jubilarse to retire 14.3

juego *(m.)* game 14.1

jueves *(m.)* Thursday 2.3

juez *(m.)* judge 6.3

jugador(a) player 14.2

jugar to play 6.2

jugo *(m.)* juice 8.3

juicio *(m.)* trial 6.3

julio *(m.)* July 2.3

junio *(m.)* June 2.3

juntarse to join, get together 9.2

junto a next to, by 5.1

juntos(as) together 3.1

juventud *(f.)* youth

K

kiosko *(m.)* kiosk 12.3

L

lacra *(f.)* mark; blight

lactosa *(f.)* lactose 8.1

lago *(m.)* lake 6.1

lamentar to regret

lámpara *(f.)* lamp 5.1

lana *(f.)* wool 4.2

lancha *(f.)* boat 12.1

langosta *(f.)* lobster 8.1

lanzador(a) pitcher 14.1

lápiz *(m.)* pencil 1.1

largo(a) long 2.3; **larga distancia** long distance 2.2

lavandería *(f.)* laundry

lavaplatos *(m.)* dishwasher 2.2

lavar to wash 2.2

Le presento a... I'd like you to meet . . . (form.) P

leche *(f.)* milk 4.3

lechuga *(f.)* lettuce 8.1

lector(a) reader; **lector de CD** CD player 1.1

lectura *(f.)* reading

leer to read 1.1; **leer la prensa** to read newspapers 9.2

lejano(a) far-off, distant

lejos de far from 5.1

lema *(m.)* motto

lengua *(f.)* language 1.1
lentamente slowly 9.2
lento(a) slow 10.1
lesión *(f.)* injury 10.1
levantamiento de pesas *(m.)* weight lifting 14.1
levantar to raise; to lift 13.2; **levantarse** to get up 9.2
leve light (accident); slight 10.2
leyenda *(f.)* legend
liberal liberal
librería *(f.)* bookstore 1.1
libro *(m.)* book 1.1
licencia de manejar *(f.)* driver's license 2.2
licenciatura *(f.)* B.A. degree 1.2
líder *(m. f.)* leader 5.2
liderar to lead, head
liga *(f.)* league 14.1
ligero(a) light 8.2
limón *(m.)* lemon 4.3
limonada *(f.)* lemonade 4.3
limpiar to clean 2.2
limpieza *(f.)* cleaning 8.3
limpio(a) clean 8.2
lindo(a) pretty 4.2
lino *(m.)* linen 8.2
lista *(f.)* list
listo(a) smart 4.2
literatura *(f.)* literature 1.2
living *(m.)* living room 5.1
llamada *(f.)* telephone call 2.1
llamar to call; **llamar a tus padres** to call your parents 1.2
llanta *(f.)* tire 10.2
llave *(f.)* key 10.3
llegar to arrive 2.1
llenar to fill 2.2
lleno(a) full
llevar to wear 4.1; **llevar a cabo** to carry out
Lo siento I'm sorry 3.2
local local 6.2
loco(a) crazy, mad, insane
lograr to get; to achieve 6.2
longevidad *(f.)* longevity

lucha libre *(f.)* wrestling 14.1
lugar *(m.)* place 9.3
lujoso(a) luxurious
lunes *(m.)* Monday 2.3
lunfardo *(m.)* Argentinean (Buenos Aires) slang 5.3

M

madrastra *(f.)* stepmother 5.1
madre *(f.)* mother 5.1
maestro(a) teacher 1.1
maldición *(f.)* curse 8.3
maletero *(m.)* porter
malo(a) bad 1.2, sick
mamá *(f.)* mom P
mamífero *(m.)* mammal 11.1
mañana *(f.)* morning
mañana *(m.)* tomorrow 2.2
mandar to send 6.3
mandato *(m.)* command
manejar to drive 6.1; to manage 14.2
manera *(f.)* way
manifestación *(f.)* demonstration
mano *(f.)* hand 13.2
manta *(f.)* blanket
mantener to maintain 13.1
mantequilla *(f.)* butter 8.1
manzana *(f.)* apple 4.3
mapa *(m.)* map
maquinaria *(f.)* machinery
maratón *(m.)* marathon 14.2
maravilloso(a) marvelous 6.1
marcar to score 6.2
margarina *(f.)* margarine 8.2
marido *(m.)* husband 5.1
mariposa *(f.)* butterfly
marisco *(m.)* shellfish 8.1
marítimo(a) maritime
martes *(m.)* Tuesday 2.3
marzo *(m.)* March 2.3
más more 2.2
máscara *(f.)* mask 12.2
mascota *(f.)* pet; mascot 11.3

matemáticas *(f. pl.)* mathematics 1.2
mayo *(m.)* May 2.3
mayonesa *(f.)* mayonnaise 8.2
mayoría *(f.)* majority 5.1
mayúsculo(a) capital, capital letter
Me llamo... My name is . . . P
mecánico(a) *(m. f.)* mechanic 10.2
medalla *(f.)* medal, medallion 11.3
medicina *(f.)* medicine, medical school 1.2
medición *(f.)* measuring
médico(a) *(m. f.)* physician 10.1
medio(a) half 9.3; **en medio de** in the middle of
medir (i, i) to measure 13.1
mejor better 5.2
mejorar to improve, make better
melón *(m.)* melon 8.1
mencionar to mention
mensaje *(m.)* text or email message 3.2
mente *(f.)* mind 4.1
mentir (ie) to lie 10.3
mentira *(f.)* lie 6.3
mercado *(m.)* market 4.1; **mercado al aire libre** *(m.)* open-air market 4.1
mesa *(f.)* table 5.1
mesero(a) waiter / waitress 2.1
mesita de noche *(f.)* bedside table 5.1
metálico(a) metallic
metro *(m.)* meter
mezclar to mix
mezclilla *(f.)* denim 4.2
mi my P; **Mi nombre es...** My name is . . . P
mientras while 11.2
miércoles *(m.)* Wednesday 2.3
milagro *(m.)* miracle 12.3
militar *(m. f.)* soldier; *(adj.)* military; **golpe militar** military coup

mirar la tele to watch TV 1.1
mirar to look at, watch 1.1
mismo(a) same 12.1
mitad *(f.)* half; **mitad de precio** half price 6.3
mixto(a) mixed 8.2
mochila *(f.)* backpack 1.1
moda *(f.)* fashion 5.2
modelo *(m. f.)* model
moderno(a) modern 5.2
modesto(a) modest 3.2
molestar to bother 7.2
mono(a) monkey; **mono(a) aullador(a)** howler monkey
montaña *(f.)* a lot of 1.1
montar to ride on, ride 11.1
montón *(m.)* a lot of 12.4
moreno(a) dark-complexioned 3.3
morirse (ue) to die 10.1
mostaza *(f.)* mustard 8.2
móvil *(m.)* cellular telephone
mucho(a) much, a lot 1.1; **Mucho gusto.** Pleased to meet you. P
mueble *(m.)* (piece of) furniture 5.1
muerte *(f.)* death 10.1
mujer *(f.)* woman 4.1
multa *(f.)* fine; ticket 10.2
mundo *(m.)* world
museo *(m.)* museum 4.1
música *(f.)* music 3.3
músico *(m. f.)* musician 9.1
muy very; **Muy bien, gracias.** Very well, thank you. P

N

nacer to be born 6.2
nacional national 6.2
nada *(f.)* nothing 5.3
nadador(a) swimmer 14.2
nadar to swim 1.2
nadie no one, nobody 1.2
naranja *(f.)* orange 4.3

nariz *(f.)* nose 13.2
narrar to narrate
natación *(f.)* swimming 14.1
navegar to navigate; to sail 12.2
Navidad *(f.)* Christmas
necesario(a) necessary 2.1
negar (ie) to deny 14.1
negocio *(m.)* business
negro(a) black 4.1
neoyorquino(a) New Yorker 5.2
nervioso(a) nervous 3.1
nevera *(f.)* refrigerator 2.2
ni ... ni neither ... nor 3.3
ninguno(a) none, not any 10.2
niño(a) boy, girl 2.1
nivel del mar *(m.)* sea level 12.1
no no; not P; **No muy bien.** Not very well. P; **no obstante** notwithstanding, nevertheless
noche *(f.)* night 2.2
nombrar to name
nombre *(m.)* name 1.1
noroeste *(m.)* northwest 3.1
norte *(m.)* north 3.1
nosotros(as) we
nota *(f.)* grade 11.1
noticias *(f. pl.)* news 6.2
noticiero *(m.)* news, newscaster
novelista *(m. f.)* novelist 9.1
noveno(a) ninth
noviembre *(m.)* November 2.3
novio(a) boyfriend / girlfriend 3.1
nuera *(f.)* daughter-in-law 5.1
nueve *(m.)* nine
nuevo(a) new 1.3
número de teléfono *(m.)* phone number 2.2
nunca never 9.2

O

o or; **o...o** either...or 10.2
obligar to oblige 7.2
observar to observe 12.1
obtener to obtain

obvio(a) obvious 13.3
ocho *(m.)* eight
octavo(a) eighth
octubre *(m.)* October 2.3
ocupado(a) busy 3.1
ocurrir to occur 6.2
odiar to hate 7.3
odio *(m.)* hate 7.3
oeste *(m.)* west 3.1
oficina *(f.)* office 2.1
ofrecer to offer 4.3
oído *(m.)* inner ear 13.2
oír to hear 9.2
ojalá would that, I hope, I wish 13.2
ojeador(a) recruiter
ojo *(m.)* eye 5.3
ola *(f.)* wave
olvidar to forget 12.2
opinar to express an opinion 3.3
oponer to oppose
opuesto(a) opposite
oración *(f.)* sentence
ordenador *(m.)* computer 2.1
organizado(a) organized 1.2
orgulloso(a) proud 14.3
ornamento *(m.)* ornament
oro *(m.)* gold 7.1
orquídea *(f.)* orchid 11.1
oscuro(a) dark 4.1
oso(a) bear; **osito de peluche** *(m.)* teddy bear 11.2
otoño *(m.)* fall 2.3
otorgar to award
otro(a) another, other 1.1; **otra cosa** something else 3.3
oxígeno *(m.)* oxygen

P

paciente *(adj.)* patient 1.1
paciente *(m. f.)* patient 10.1
padrastro *(m.)* stepfather 5.1
padre *(m.)* father 5.1
padres *(m. pl.)* parents 1.3

pagar *(to pay (for)* 1.3
página *(f.)* page
país *(m.)* country 1.1
pájaro bird 11.1
palabra *(f.)* word
palacio *(m.)* palace 12.1
pan *(m.)* bread 8.1
panadería *(f.)* bakery 9.3
panqueque *(m.)* pancake
pantalla *(f.)* screen 2.1
pantalones *(m. pl.)* pants, trousers 4.1
papa *(f.)* potato 8.1
papá *(m.)* dad P
papel *(m.)* paper 1.1; role, part; **hoja de papel** *(f.)* sheet of paper
papelería *(f.)* stationery store 9.3
para for, in order to 5.1; compared with, in relation to others, intended for, to be given to, in the direction of, toward, by a specified time, in one's opinion; **para chuparse los dedos** finger-licking good 8.3
parada de autobus *(f.)* bus stop 9.3
parada del colectivo *(f.)* bus stop 5.1
paraíso *(m.)* paradise
parar to stop 6.3
pareja *(f.)* pair
pariente *(m.)* relative 5.1
parlantes *(m. pl.)* speakers 2.1
paro cardíaco *(m.)* heart failure 10.1
parque *(m.)* park 5.1
párrafo *(m.)* paragraph
parrillada *(f.)* barbecue 5.2
participar to participate 1.3
partido *(m.)* game (competitive) 6.2
pasado mañana *(m.)* the day after tomorrow 11.2
pasar to pass, spend time 2.3; **pasarse la vida** to spend one's life 5.3
pasatiempo *(m.)* hobby 1.1

Pascua Florida *(f.)* Easter
pasear to go for a walk; **pasear el perro** to walk the dog 11.2
pasillo *(m.)* hall, hallway 10.1
pasodoble *(m.)* Spanish dance 3.3
pastel *(m.)* cake 8.1
pastilla *(f.)* pill
patear to kick 14.1
patio *(m.)* patio 3.1
pavo *(m.)* turkey 8.1
paz *(f.)* peace
pedir (i, i) to ask for; to order 4.3
pegar to hit 10.2
peinado *(m.)* hairstyle
peinarse to comb one's hair 9.2
pelea *(f.)* fight 14.1
película *(f.)* movie, film 5.3
peligro *(m.)* danger 10.2
pelo *(m.)* hair 5.3
pelota *(f.)* ball 14.1
peluquero(a) hairstylist 8.3
pena de muerte *(f.)* death penalty
pensar (ie) to think 4.1
pensión *(f.)* boarding house 5.1
pequeño(a) little, small 1.2
perder (ie) to lose 5.3; **perder peso** to lose weight 5.3
pereza *(f.)* laziness 13.1
perezoso(a) lazy 1.1
perfil *(m.)* profile
perfumería *(f.)* perfume store 9.3
periféricos *(m. pl.)* peripherals (computer components) 2.1
periódico *(m.)* newspaper 2.1
periodista *(m. f.)* journalist, newspaper reporter 2.1
perla *(f.)* pearl
permitir to permit 5.1
pero but 1.3
perro(a) *(m.)* dog 1.1
persona *(f.)* person
personalidad *(f.)* personality 1.1
pertenecer to pertain
pesar *(m.)* sorrow
pesar to weigh 5.3
pescado *(m.)* fish 8.1
pésimo(a) very bad 8.3

peso *(m.)* weight 5.3
pez *(m.)* fish
pibe *(m.)* boy in Lunfardo 5.3
picante spicy, hot, piquant 8.2
pie *(m.)* foot 13.2
pierna *(f.)* leg 10.1
pijama *(m.)* pajamas 4.1
pileta *(f.) (S.Am.)* swimming pool 5.1
pimienta *(f.)* pepper 8.2
piña *(f.)* pineapple 8.1
pincharse to get a flat tire; to puncture 11.2
pintura *(f.)* painting 12.2
pirámide *(f.)* piramide 4.1
piscina *(f.)* swimming pool 5.1
pisco sour *(m.)* alcoholic drink made from muscatel grapes, lime juice, sugar and egg 8.1
piso *(m.)* floor 9.3
pista *(f.)* clue
pizarra *(f.)* blackboard
plástico *(m.)* plastic 5.2
plata *(f.)* silver 8.2
plátano *(m.)* banana 8.1
plato *(m.)* plate 8.1; **plato de fondo** *(m.)* main course of a meal; **plato nacional** *(m.)* national dish 12.1; **platos** *(m. pl.)* dishes 2.2
playa *(f.)* beach 2.3
pobre poor 6.3
poco(a) few (quantity); little 9.1; **poco tiempo** short while
poder *(m.)* power
poder (ue) to be able, can 4.1
poderoso(a) powerful 14.3
poeta *(m. f.)* poet 9.1
policía *(f.)* police force; policewoman; *(m.)* policeman 10.2
política *(f.)* politics
político(a) (adj.) political 14.1
politico(a) (n.) politician 9.1
pollo *(m.)* chicken 4.3
polvo *(m.)* dust 2.2
poner to put 5.2
popular popular 1.1

por for, by, through 5.1; by means of, along, because of, during, in, in place of, in exchange for, for a period of time 5.3; **por ciento** percent; **¡Por Dios!** Goodness! 5.2; **por favor** please 8.1; **¡Por supuesto!** Of course! 3.3; **por suerte** fortunately 11.1

¿Por qué? Why? 2.2

porque because 2.1

postal *(f.)* postcard 11.3

postre *(m.)* dessert 8.1

practicar to practice

precaución *(f.)* precaution 13.1

precio *(m.)* price 11.2

precioso(a) precious 7.1

predecir to predict, foretell

preferido(a) preferred 4.3

preferir (ie) to prefer 4.1

pregunta *(f.)* question 2.1

preguntar to ask 2.1

Premio Nóbel *(m.)* Nobel Prize 11.2

prensa *(f.)* press 9.2

preocupado(a) preoccupied, worried 3.1

preocuparse to worry 9.3

preparación *(f.)* preparation

preparar la cena to prepare dinner 1.3

presentación *(f.)* introduction; presentation

presentar to introduce someone or something. P

presión *(f.)* pressure 13.3

préstamo *(m.)* loan

prestar to loan; **prestar atención** to pay attention 10.1

presupuesto *(m.)* budget

primavera *(f.)* spring 2.3

primera plana *(f.)* front page 6.2

primero(a) first 3.1; **primer día de clases** *(m.)* first day of class 2.3; **primeros auxilios** *(m. pl.)* first aid 10.1

primo(a) cousin 5.1

principio *(m.)* beginning

probablemente probably 1.2

producción *(f.)* production 5.2

profesor(a) professor P

profundamente profoundly, deeply 13.2

profundidad *(f.)* depth

programa *(m.)* program 1.3

progresista *(m. f.)* progressive

prometer to promise 7.1

propiedad *(f.)* property

propina *(f.)* tip 8.3

propio(a) own, one's own 6.1

proporcionar to provide 10.1

propósito *(m.)* purpose 14.2

proteger to protect 9.3

proteína *(f.)* protein 8.1

protestar to protest 7.2

proveer to provide 12.1

proyecto *(m.)* project

público *(m.)* public 1.2

puente *(m.)* bridge

puerta *(f.)* door 3.1

puesta del sol *(f.)* sunset 12.1

puesto *(m.)* job, position 2.1;

pulmones *(m. pl.)* lungs 13.2

pulpo *(m.)* octopus 8.1

punto *(m.)* point

puntual punctual 7.1

purificar to purify 12.3

puro *(m.)* cigar

puro(a) pure

Q

¿Qué? What? Which? 2.2; **¡Qué desastre!** What a mess! 5.2; **¿Qué desean?** What would you like? 4.3; **¿Qué estás haciendo?** What are you doing? 3.2; **¡Qué horror!** It's horrible! 5.3; **¿Qué se le ofrece?** How may I help you? 4.2; **¡Qué pena!** What a pity! 6.3; **¿Qué tal?** How are you? P; **¿Que te parece?** What do you think? 4.3

quedarse to stay; to fit 9.2

quehacer doméstico *(m.)* chore,

task 11.1

quejarse to complain 11.2

quemadura *(f.)* burn 10.1

quemar to burn 8.1; **quemarse** to burn (up) 10.1

querer (ie) to want 4.1

queso *(m.)* cheese 4.3

¿Quién(es)? Who? 2.2

química *(f.)* chemistry 1.2

quinto(a) fifth

quitarse to take off 9.2

R

rábano *(m.)* radish 8.1

radiador *(f.)* radiator 10.2

radio *(f. m.)* radio 1.1; **radio** *(f.)* radio station 2.2; **radio** *(m.)* radio receiver 2.2

rápido(a) rapid, fast 10.1

rascacielos *(m., s. pl.)* skyscraper

rato *(m.)* while 9.2

ratón *(m.)* mouse

rayón *(m.)* rayon 4.2

raza *(f.)* race

reaccionar to react 6.2

reafirmar to reaffirm

real real, royal

rebozo *(m.)* Mexican shawl 4.1

recámara *(f.)* bedroom

rechazar to reject 8.3

recibir to receive 6.1

recibo *(m.)* bill; receipt 11.2

reciente recent

reclutar to recruit 14.2

recobrar to recover

recoger to pick up 7.1

recomendar (ie) to recommend 4.3

reconocer to recognize

recordar (ue) to remember 5.1

rector(a) president (of a university) P

recuerdo *(m.)* souvenir 12.1

recuperar to recuperate 11.1

recurso *(m.)* resource

red *(f.)* net 14.1

redacción *(f.)* writing, drafting

reemplazar to replace
referirse (ie, i) to refer
reflexión *(f.)* reflection 4.1
refrán *(m.)* saying, proverb
refresco *(m.)* soft drink 1.3
regadera *(f.)* shower 9.2
regalo *(m.)* gift 6.1
regar (ie) to water 9.3
regla *(f.)* rule
regresar to return 2.3
reina *(f.)* queen
reírse (i, i) to laugh 10.3
relajarse to relax 13.1
relleno(a) stuffed 8.1
remedio *(m.)* remedy
rendido(a) exhausted, worn out 13.1
renta *(f.)* rent 2.2
renunciar to resign
reparar to repair, to fix 2.1
repasar to review
repetir (i, i) to repeat 7.2
réplica *(f.)* reply; replica
reportero(a) reporter 11.1
representar to represent 4.1
reptil *(m.)* reptile 11.1
repuesto *(m.)* spare part 13.1
reseña *(f.)* review 7.2
reservación *(f.)* reservation 8.1
residencia *(f.)* residence, dorm
resolución *(f.)* solution, resolution
resolver (ue) to resolve 7.3
respaldar to support, back
respetar to respect 7.3
respirar to breathe 10.1
responder to answer; to respond 10.1
responsabilidad *(f.)* responsibility 11.1
responsable responsable 3.2
respuesta *(f.)* answer P
restaurante *(m.)* restaurant 2.1
resto *(m.)* rest 12.1
retrato *(m.)* portrait 4.1

reunirse to meet; to get together
revelar to reveal 7.2
reventarse (ie) to blow out 10.2
revisar to check 10.2
revista *(f.)* magazine 6.2
rey *(m.)* king
rico(a) rich; delicious 3.2
rincón *(m.)* corner 8.1
riqueza *(f.)* wealth 5.2
ritmo *(m.)* rhythm 13.2
roca *(f.)* rock
rodeado(a) surrounded
rodear to surround
rodilla *(f.)* knee 13.2
rojo(a) red 4.1
rollo *(m.)* roll (of film) 12.2
romántico(a) romantic 1.1
romperse to break, shatter 10.1
ron *(m.)* rum
ropa *(f.)* clothing 2.1
ropero *(m.)* closet 5.1
rosado(a) pink 4.1
rotar to rotate 10.2
rubio(a) blonde 3.3
ruido *(m.)* noise 11.1
ruinas *(f. pl.)* ruins 12.1
rumbo *(m.)* direction, course
ruta *(f.)* route 6.1
rutina *(f.)* routine 9.2

S

sábado *(m.)* Saturday 2.3
saber to know (facts) 7.3
sabiduría *(f.)* wisdom
sabio(a) wise 14.3
sabor *(m.)* flavor 8.2
saborear to savor 7.1
sabroso(a) tasty; delicious 3.3
sacacorchos *(m. s. pl.)* corkscrew 2.2
sacar to take out; **sacar buenas notas** to get good grades 11.1; **sacar fotos** to take pictures 2.2

sacudir el polvo to dust
sal *(f.)* salt 8.2
sala *(f.)* living room 2.2
salchicha *(f.)* sausage 8.1
salir to leave; to go out 2.2
salmón *(m.)* salmon 8.1
salsa *(f.)* sauce 8.2; type of Puerto Rican dance and music
saltar to jump 13.2
salto de altura *(m.)* high jumping 14.1
salud *(f.)* health 13.1
saludable healthy 14.1
saludar to greet
saludo *(m.)* greeting
salvavidas *(m. f.)* lifeguard, lifesaver 14.1
sangría *(f.)* a Spanish drink made with red wine, orange and lemon soda, sugar, and fresh fruit 3.1
sano(a) healthy 13.1
sapo *(m.)* toad 5.3
saquear to sack, plunder
satisfacer to satisfy
saxofón *(m.)* saxophone 11.1
secretario(a) secretary 2.1
seda *(f.)* silk 4.2
seguir (i) to follow 10.3
según according to
segundo(a) second
seguro *(m.)* insurance 10.2; **seguro(a)** safe 12.1; **Seguro que...** It's for sure that...12.1
seis *(m.)* six
seleccionar to select 1.3
sello *(m.)* stamp
selva *(f.)* jungle 11.1
semana *(f.)* week
semestre *(m.)* semester 3.3
señal *(f.)* sign; traffic signal 10.2
señalar to indicate, point out
señor *(m.)* Mr. P
señora *(f.)* Mrs. P
señorita *(f.)* Miss

sentarse (ie) to sit down 8.1

sentimientos (*m. pl.*) feelings, sentiments 7.3

sentirse (ie, i) to feel 9.1

septiembre (*m.*) September 2.3

séptimo(a) seventh

ser to be 1.1

serio(a) serious 1.1

servilleta (*f.*) napkin 8.2

servir (i, i) to serve 7.2

sexto(a) sixth

si if

sí yes P

siempre always 1.3

siesta (*f.*) nap 10.3

siete (*m.*) seven

siglo (*m.*) century 6.1

siguiente following, next 11.2

silla (*f.*) chair 5.1

sillón (*m.*) armchair 5.1

simpático(a) pleasant, likable 1.1

sin without 5.1

sincero(a) sincere 1.1

sirena (*f.*) siren 11.2

sitio (*m.*) site 10.1

situado(a) situated 12.1

sobre about; on top of; over, 5.1

sociable outgoing, friendly 1.1

socio(a) member

soda (*f.*) carbonated beverage 9.3

sofá (*m.*) sofa 5.1

sofocar to suffocate; **sofocar un fuego** to put out a fire

sol (*m.*) sun 4.1

sólamente only 5.2

solicitar to apply (for a job) 6.3; to be hiring

solicitud (*f.*) application 10.3

sólo only 5.2

solucionar to solve; to settle, resolve

sombrero (*m.*) hat 4.1

soñar (ue) to dream 11.1; **soñar con...** to dream about. . .

sonar (ue) to ring 11.2

sonido (*m.*) sound 11.2

sopa (*f.*) soup 8.2

soportar to support; to tolerate 7.2

soroche (*m.*) altitude sickness 12.1

sorpresa (*f.*) surprise

soy I am P

subir to climb, go up 4.1; to get on 9.3; to lift 13.2

subte (*m.*) underground, metro 5.2

sucio(a) dirty 5.2

sueño (*m.*) dream

suerte (*f.*) luck, fortune

suéter (*m.*) sweater 4.1; **suéter de alpaca** (*m.*) wool (alpaca) sweater 12.2

sufrir to suffer 10.1; **sufrir de estrés** to be under stress 11.1

sugerencia (*f.*) suggestion

sugerir (ie, i) to suggest 4.1

supermercado (*m.*) supermarket 9.3

sur (*m.*) south 3.1

surco (*m.*) track

sureste (*m.*) southeast 3.1

suroeste (*m.*) southwest 3.1

sustantivo (*m.*) noun

T

tabaquería (*f.*) tobacco store 9.3

tacaño(a) stingy 12.2

tal vez maybe, perhaps

tamarindo (*m.*) tamarind 4.3

también also 10.2; **¡Ah, yo también!** Oh, me too! 2.3

tambor (*m.*) drum 11.1

tampoco neither

tan... como as . . . as 4.3

tanque (*m.*) tank 10.2

tanto como as much as 4.3

tantos como as many as 4.3

tapa (*f.*) hors d'oeuvre, appetizer 3.1

tarde (*f.*) late; (*n. f.*) afternoon 2.2

tarjeta (*f.*) card; **...de identidad** identification card 2.2; **...de crédito** credit card 10.3

tarjeta postal (*f.*) postcard 12.2

taxista (*m. f.*) taxi driver

té (*m.*) tea 4.3; **té de coca** (*m.*) coca leaf tea 12.1

Te presento a... I'd like you to meet . . . (fam.) P

teatro (*m.*) theater 1.2

teclado (*m.*) keyboard 2.1

técnico(a) technician 2.1

teléfono (*m.*) telephone 1.1; **teléfono celular** (*m.*) cell phone 2.2

telenovela (*f.*) TV soap opera 11.2

televisor (*m.*) TV set 5.1

tema (*m.*) theme

temer to fear 13.3

temor (*m.*) fear

temprano early 9.2

tenedor (*m.*) fork 8.2

tener to have 2.2; **tener... años** to be . . . years old 4.3; **tener calor** to be hot 4.3; **tener éxito** to succeed 4.3; **tener frío** to be cold 4.3; **tener ganas de** to feel like 4.3; **tener hambre** to be hungry 4.3; **tener miedo de** to be afraid of 4.3; **tener prisa** to be in a hurry 4.3; **tener que** to have to 4.3; **tener razón** to be right 4.3; **tener sed** to be thirsty 4.3; **tener sueño** to be sleepy 4.3; **tener suerte** to be lucky 4.3

tenis (*m.*) tennis 1.1

tercero(a) third

terminar to finish, to end

terraza (*f.*) terrace 9.3

terremoto (*m.*) earthquake 10.1

terrible terrible P

testigo (*m. f.*) witness 6.3

testimonio *(m.)* testimony 6.3

tibio(a) warm 8.2

tienda de artesanía *(f.)* arts and crafts store 12.2

tienda*(f.)* store 2.1

tierra *(f.)* land 11.1

tímido(a) timid, shy 1.1

tío(a) uncle/aunt 5.1

típico(a) typical 12.1

tirar to throw; to pitch (a baseball)

toalla *(f.)* towel 10.1

tocar to play (an instrument) 3.1; to knock (at a door), to ring (a door bell) 9.3

todavía still 3.1

todo(a) all; **todo el día** all day 2.2; **todo el mundo** everyone, everybody 3.1; **todos los días** every day 2.2

tomar to drink; to take 1.3

tomate *(m.)* tomato 8.1

tonelada *(f.)* ton

tonificar to tone; to strengthen 13.2

tonto(a) foolish, dumb 1.1

torta *(f.)* sandwich 4.3

tortilla *(f.)*Spanish potato omelette 3.2

tortillería *(f.)* tortilla shop 9.3

tortuga *(f.)* turtle 11.3

trabajador(a) hard-working 1.1

trabajar to work 1.3

trabajo *(m.)* work 2.1

trabalenguas (m. s./pl.) tongue twister 3.3

tradición *(f.)* tradition 4.1

tradicional traditional 5.2

traer to bring 7.1

traje *(m.)* suit 4.1; **traje de noche** *(m.)* nightdress, evening gown 4.2

tranquilizarse to calm down, relax 11.2

tranquilo(a) tranquil, peaceful 3.3

transbordador espacial *(m.)* space shuttle

transferir (ie, i) to transfer 14.3

transformar to transform

tras after, behind, following

tratar de to try to 7.2

tratar to treat; **tratar de** to try; **tratarse de** to be about

tren *(m.)* train 10.3

tres *(m.)* three

triángulo *(m.)* triangle

tribuna *(f.)* platform

tripulación *(f.)* crew

triste sad 3.1

tristeza *(f.)* sadness

triunfar to triumph

trompeta *(f.)* trumpet 11.1

trucha *(f.)* trout

tú you *(fam./s.)* P; **¿Y tú?** And you? P

tumba *(f.)* grave, tomb

turista *(m. f.)* tourist 12.1

turno *(m.)* turn 7.1

turquesa *(f.)* turquoise

U

último(a) last, ultimate, latest 5.2; **último día de clases** *(m.)* last day of class 2.3

un(a) a, an; **un montón de...** A lot of... 12.1; **un par** *(m.)* two, one pair 4.2; **un poco** a little

único(a) only, sole, unique, extraordinary

universidad *(f.)* university P

uno *(m.)* one

urgente urgent 10.1

usado(a) used 4.1

usar to use 1.1

usted you (form.); **¿Y usted?** And you? P

útil useful

útiles de limpieza *(m. pl.)* cleaning materials 11.2

uva *(f.)* grape

V

vacaciones *(f. pl.)* vacation 2.1

vacilar to hesitate

¡Vale! Ok! 3.3

¿Vamos a bailar? Should we dance? 3.3

vanidad *(f.)* vanity 8.1

variar to vary

vaso *(m.)* glass 8.1

vecino(a) neighbor 11.1

vela *(f.)* candle 7.1

vendedor(a) salesperson, salesclerk 2.1

vender to sell 2.1

venenoso(a) poisonous 10.1

venir to come 2.2

ventaja *(f.)* advantage 5.2

ventana *(f.)* window 2.2

ver to see 4.1

verano *(m.)* summer 2.3

verdad *(f.)* truth 7.1

verdadero(a) true

verde green 4.1

verdura *(f.)* vegetable 13.1

veredicto *(m.)* verdict 6.3

verificar to verify 10.1

vestido *(m.)* dress 4.1

vestir (i, i) to dress 7.2; **vestirse (i, i)** to dress oneself, to get dressed 9.2

vez *(f.)* time, instance 4.1
viajar to travel 2.3
viaje *(m.)* trip 2.3
víctima *(f.)* victim 6.3
vida *(f.)* life 6.1
videojuego *(m.)* video game 11.1
viejo(a) old 5.2
viernes *(m.)* Friday 2.3
vigoroso(a) vigorous 13.3
vinagre *(m.)* vinegar
vino *(m.)* wine 3.3; **vino blanco** *(m.)* white wine 8.1; **vino tinto** *(m.)* red wine 8.1
violento(a) violent 14.1
visitar to visit 4.1
vitamina *(f.)* vitamin 13.3
vivienda *(f.)* housing
vivir to live 2.1
volar (ue) to fly 12.1
volcán *(m.)* volcano 6.1
volver (ue) to return 4.1; **volver loco** to drive crazy 11.1

vosotros(as) you *(fam. pl.)*
vuelo *(m.)* flight 2.3

Y

y and; **¿Y tú?** And you? P; **¿Y usted?** And you? P
ya already 3.1; **ya no** not anymore
yerno *(m.)* son-in-law 5.1
yo I; **Yo soy ...** P;

Z

zambullirse to dive, jump in (the water) 14.1
zanahoria *(f.)* carrot 8.1
zapatería *(f.)* shoe store 9.3
zapatos *(m. pl.)* shoes 4.1
zona *(f.)* area 5.1

English-Spanish Vocabulary

This vocabulary includes all the words listed as active vocabulary in *¡Dímelo tú!*

Stem-changing verbs appear with the change in parentheses after the infinitive: **(ie)**, **(ue)**, **(i)**, **(e, i)**, **(ie, i)**, **(ue, u)**, or **(i, i)**. Most cognates, conjugated verb forms, and proper nouns used as passive vocabulary in the text are not included in this glossary.

The following abbreviations are used:

adj. adjective	*n.* noun	*fam.* familiar	*refl.* reflexive
adv. adverb	*pl.* plural	*form.* formal	*rel.* relative
conj. conjunction	*pp.* past participle	*indir. obj.* indirect object	*s.* singular
dem. demonstrative	*poss.* possessive	*interj.* interjection	*subj.* subject
dir. obj. direct object	*prep.* preposition	*m.* masculine	*v.* verb
f. feminine	*pron.* pronoun		

A

a un(a); **a little** un poco; **a lot** mucho(a); **a lot of...** un montón de...
abandon abandonar
about acerca de; de; sobre
absence ausencia *(f.)*
absurd absurdo(a)
accept aceptar
accident accidente *(m.)*
according to según
accuse acusar
achieve lograr
active activo(a)
actor actor *(m.)*
actress actriz *(f.)*
add añadir
address dirección *(f.)*
administrator administrador(a)
admire admirar
admit admitir
adore adorar
advance avanzar
advantage ventaja *(f.)*
adventure aventura *(f.)*

advertise anunciar
advertisement anuncio *(m.)*
advice consejo *(m.)*
advisable aconsejable
advise aconsejar
advisor consejero(a)
after después de; tras
afternoon tarde *(f.)*
age edad *(f.)*
agree acordar (ue); estar de acuerdo
agreement convenio *(m.)*
agricultural agrícolo(a)
airline ticket billete de avión *(m.)*
airplane avión *(m.)*
airport aeropuerto *(m.)*
alarm clock despertador *(m.)*
all todo(a); **all day** todo el día
allergic alérgico(a)
allergy alergia *(f.)*
allow dejar
almost casi
along por
already ya
also también
alter alterar

alternate alternar
although aunque
altitude sickness soroche *(m.)*
always siempre
ambulance ambulancia *(f.)*
amphibian anfibio *(m.)*
an un(a)
anatomy anatomía *(f.)*
and y; **And you?** ¿Y tú? (fam.); ¿Y usted? (form.)
Andean andino(a)
angry enojado(a)
another otro(a)
answer *v.* contestar, responder; *n.* respuesta *(f.)*
antiquated antiguo(a)
any algún/alguno(a)
anyone alguien
apartment apartamento *(m.)*
appear aparecer; aparentar
appearance aspecto *(m.)*
appetizer entremés *(m.)*; tapa *(f.)*
apple manzana *(f.)*
application solicitud *(f.)*
apply (for a job) solicitar
appreciate agradecer, valorar

approach acercarse
April abril *(m.)*
area zona *(f.)*
arm brazo *(m.)*
army ejército *(m.)*
around alrededor de
arranged arreglado(a), concertado(a)
arrive llegar
arrogant arrogante *(m. f.)*
arrow flecha *(f.)*
art arte *(m.)*
article artículo *(m.)*
artist artista *(m. f.)*
ash ceniza *(f.)*
ask preguntar; **ask for** pedir (i, i)
aspirine aspirina *(f.)*
assimilate asimilar
astronaut astronauta *(m. f.)*
at a; **at a reduced price** en rebaja; **at about** a eso de...; **at night** de noche; **at once** enseguida; **At what time?** ¿A qué hora?; **At your service** A sus ordenes.
athlete atleta *(m. f.)*; deportista *(m. f.)*
athletic atlético(a)
athletics (track and field) atletismo *(m.)*
atrasado(a) late, slow (clock)
attempt intentar
attend asistir
attract atraer
attractive atractivo(a)
audience audiencia *(f.)*
August agosto *(m.)*
aunt tía
automobile automóvil *(m.)*
available disponible, libre
avenue avenida *(f.)*
avoid evitar
award otorgar

B

B.A degree licenciatura *(f.)*
back *v.* respaldar; *adv.* atrás; *n.* espalda *(f.)*
backpack mochila *(f.)*
bad malo(a)
bakery panadería *(f.)*
ball pelota *(f.)*
banana plátano *(m.)*
band banda *(f.)*
bandit bandido(a)
bankruptcy bancarrota *(f.)*
barbecue parrillada *(f.)*
barber barbero *(m.)*
base *v.* basar(se), *n.* base
baseball béisbol *(m.)*
basket cesto, canasta
basketball baloncesto *(m.)*
bat *v.* batear; *n.* bate *(m.)*
bathe bañarse
bathroom baño *(m.)*; cuarto de baño *(m.)*
batter (baseball) bateador(a)
battery batería *(f.)*
be estar; ser; **be able** poder (ue); **be about** tratarse de; **be acquainted** conocer; **be advisable** convenir; **be afraid of** tener miedo de; **be born** nacer; **be bothered** estar molesto(a); **be cold** tener frío; **be dead** estar muerto(a); **be distracted** distraerse; **be enough** bastar; **be equivalent to** equivaler; **be exhausted** estar molido(a); estar hecho polvo; **be fed up with (something)** estar harto(a) de (algo); **be full** estar satisfecho(a); **be funny** hacer gracia; **be grateful** agradecer; **be happy** alegrarse; estar contento(a); **be hiring** solicitar; **be hot** tener calor; **be hungry** tener hambre; **be in a hurry**
tener prisa; **be in shape** estar en forma; **be inclined to** estar dispuesto(a); **be lucky** tener suerte; **be obliged** deber; **be ready** estar dispuesto(a); **be right** tener razón; **be satisfied** estar satisfecho(a); **be sick** estar malo(a); **be similar to** asimilar; **be sleepy** tener sueño; **be sure** estar seguro(a); **be surprised** extrañarse; **be thirsty** tener sed; **be. . . years old** tener... años
beach playa *(f.)*
bean frijol *(m.)*
bear oso(a); **teddy bear** osito de peluche *(m.)*
beat derrotar
beautiful hermoso(a)
because porque
bed cama *(f.)*
bedroom alcoba *(f.)*; dormitorio *(m.)*; habitación *(f.)*; recámara *(f.)*
beef carne de res *(f.)*
beer cerveza *(f.)*
before antes
begin comenzar (ie); empezar (ie)
beginning comienzo *(m.)*; principio *(m.)*
behind atrás; detrás de; tras
believe creer
bend doblar
beside al lado de
besides además
better mejor
between entre
bicycle bicicleta *(f.)*
big grande
bike racing ciclismo *(m.)*
bilingual bilingüe
bill cuenta *(f.)*; recibo *(m.)*
billfold billetera *(f.)*
biology biología *(f.)*
bird ave *(f.)*; pájaro *(m.)*
birthdate fecha de nacimiento *(f.)*

black negro(a)

blackboard pizarra *(f.)*

blanket manta *(f.)*

blight lacra *(f.)*

block (city) cuadra *(f.)*

blockade bloqueo *(m.)*

blond rubio(a)

blouse blusa *(f.)*

blow out reventar(se) (ie)

boarding house pensión *(f.)*

boat lancha *(f.)*; barco *(m.)*

body cuerpo *(m.)*

book libro *(m.)*

bookstore librería *(f.)*

boots botas *(f. pl.)*

border frontera *(f.)*

bored aburrido(a)

boring aburrido(a)

boss jefe *(m.)*

both ambos(as)

bother molestar

bottle botella *(f.)*

boutique boutique *(f.)*

boxer boxeador(a)

boxing boxeo *(m.)*

boy chico; niño(a); pibe *(m.)* (Lunfardo)

boyfriend novio

brain cerebro *(m.)*

brake *v.* frenar *n.* freno

bread pan *(m.)*

breadth anchura *(f.)*

break *v.* romperse, *n.* receso *(m.)*, descanso *(m.)*

breakfast desayuno *(m.)*

breathe respirar

bridge puente *(m.)*

bring traer

brochure folleto *(m.)*

brother hermano *(m.)*

brother-in-law cuñado *(m.)*

brown castaño(a); **light brown** crema

brush cepillar(se)

budget presupuesto *(m.)*

build construir; **build one's hopes up** ilusionarse

building edificio *(m.)*

bull fight corrida de toros *(f.)*

burn *v.* quemar; **burn (up)** quemarse; *n.* quemadura *(f.)*

bus autobús *(m.)*; **bus stop** parada de autobus *(f.)*; (in Argentina) parada del colectivo *(f.)*

business negocio *(m.)*

busy ocupado(a)

but pero

butcher shop carnicería *(f.)*

butter mantequilla *(f.)*

butterfly mariposa *(f.)*

button botón *(m.)*

buy comprar

by junto a

by por; **by means of** por; **by the way** a propósito

C

cabbage col *(f.)*

café café *(m.)*

cafeteria cafetería *(f.)*

caffe latte café con leche *(m.)*

cake pastel *(m.)*

call llamar; **call your parents** llama a tus padres

calm calmar

calm down tranquilizarse

can *(v.)* poder (ue)

can *n.* lata *(f.)*, bote *(m.)*

canal canal *(m.)*

cancer cáncer *(m.)*

candle vela *(f.)*

canoe canoa *(f.)*

capital capital *(f.)*; **capital letter** mayúsculo(a)

capitol building capitolio *(m.)*

car auto *(m.)*; carro *(m.)*; coche *(m.)*

carbohydrate hidrato de carbono *(m.)*

carbonated beverage soda *(f.)*; gaseosa *(f.)*

card tarjeta *(f.)*; **identification card** tarjeta de identidad; **credit card** tarjeta de crédito; **postcard** tarjeta postal *(f.)*

career carrera *(f.)*

caretaker conserje *(m. f.)*

carpet alfombra *(f.)*

carrot zanahoria *(f.)*

carry cargar; **carry out** cumplir; llevar a cabo

case caso *(m.)*

casserole cazuela *(f.)*; **casserole style** a la cazuela

castle castillo *(m.)*

cat gato *(m.)*

catch a cold resfriarse

catch up with alcanzar

cathedral catedral *(f.)*

cattle ganado *(m.)*

cave cueva *(f.)*

CD player lector de CD *(m.)*

celebrate celebrar

celery apio *(m.)*

cell phone teléfono celular *(m.)*; móvil *(m.)*

census censo *(m.)*

Central American centroamericano(a)

century siglo *(m.)*

certain cierto(a)

chair silla *(f.)*

challenge desafiar

champion campeón (campeona)

championship campeonato *(m.)*

change *v.* cambiar; *n.* **(money)** cambio, feria **(northern Mexico)**, dinero de vuelta

channel canal *(m.)*

characteristic característica *(f.)*

chat conversar

chauffeur chófer *(m.)*
cheat hacer trampa
check *v.* revisar; *n.* cheque *(m.)*
cheer up animar
cheese queso *(m.)*
chemistry química *(f.)*
chicken pollo *(m.)*
children hijos *(m. pl.)*
choose escoger
chore quehacer doméstico *(m.)*
Christmas Navidad *(f.)*
church iglesia *(f.)*
cigar puro *(m.)*
citizen ciudadano(a)
city ciudad *(f.)*
clarinet clarinete *(m.)*
class clase *(f.)*
classified ad anuncio *(m.)*
clean *v.* limpiar; *adj.* limpio(a)
cleaning limpieza *(f.)*
cleaning materials útiles de limpieza *(m. pl.)*
clear (clouds) *v.* disipar, eliminar; *adj.* claro(a)
climate clima *(m.)*
climb escalar; subir
clinic clínica *(f.)*
closet armario *(m.)*; ropero *(m.)*
clothing ropa *(f.)*
clue pista *(f.)*
coach *v.* entrenar; *n.* entrenador(a)
cocktail cóctel *(m.)*
coexist convivir
cognate cognado *(m.)*
cold frío(a)
collide chocar
comb one's hair peinarse
come venir
comfortable cómodo(a)
command mandato *(m.)*
commit cometer, **commit oneself** comprometer(se)
common común
communication comunicación *(f.)*

compare comparar
compete competir (i, i)
competition competencia *(f.)*
complain quejarse
complete completar
complex complejo(a)
complicate complicar
component componente *(m.)*
comprehend comprender
computer computadora *(f.)*; ordenador (en España) *(m.)*; **computer components** periféricos *(m. pl.)*; **computer science** informática *(f.)*
concentrate (on a task) concentrarse
concert concierto *(m.)*; **concert ticket** boleto para un concierto *(m.)*
condemn condenar
condition condición *(f.)*, estado *(m.)*
condominium condominio *(m.)*
confess confesar (ie)
congratulate felicitar
connection conexión *(f.)*
conservative conservador(a)
consist of consistir en; constar de
construct construir
consume consumir
contract *v.* contratar; *n.* contrato *(m.)*
contrast contrastar
contribute aportar
contribution aportación *(f.)*
conversation conversación *(f.)*
converse conversar
convince convencer
cook *v.* cocinar; *n.* cocinero(a)
Cool! ¡Chévere!
copper cobre *(m.)*
corkscrew sacacorchos *(m. s. pl.)*
corner esquina *(f.)*; rincón *(m.)*
correct *v.* corregir (i, i); *adj.* correcto(a)
cosmopolitan cosmopolita

cost costar (ue)
cotton algodón *(m.)*
couch potato aeroteleadicto(a)
count contar (ue)
country país *(m.)*
course rumbo *(m.)*
court cancha *(f.)*
courteous cortés
cousin primo(a)
crab cangrejo *(m.)*
crash chocar
crazy loco(a)
cream crema *(f.)*
crème caramel flan *(m.)*
crew tripulación *(f.)*
crossing cruce *(m.)*
crossword puzzle crucigrama *(m.)*
cry out gritar
crystal cristal *(m.)*
cultivate cultivar
curse maldición *(f.)*
custard flan *(m.)*
custodian conserje *(m. f.)*
custom made al gusto
customs aduana *(f.)*
cut oneself cortarse
cymbals címbalos *(m. pl.)*

D

dad papá *(m.)*
daily diario(a)
damage *v.* dañar; *n.* daño *(m.)*
dance *v.* bailar; *n.* baile *(m.)*
danger peligro *(m.)*
dark oscuro(a); **dark-complexioned** moreno(a)
darling corazón *(m.)*
date (appointment) cita *(f.)*; **(calendar) date** fecha *(f.)*
daughter hija *(f.)*; **daughter-in-law** nuera *(f.)*
day día *(m.)*; **day after tomorrow** pasado mañana *(m.)*; **day before yesterday** anteayer *(m.)*

death muerte *(f.)*; **death penalty** pena de muerte *(f.)*

December diciembre *(m.)*

decide decidir

decorate decorar

decorated decorado(a)

dedicate dedicar

deeply profundamente

defeat derrotar, vencer

dehydrated deshidratado(a)

delicious delicioso(a); rico(a); sabroso(a)

delighted encantado(a)

deliver entregar

democracy democracia *(f.)*

demonstration manifestación *(f.)*

denim mezclilla *(f.)*

denounce delatar

deny negar (ie)

department facultad *(f.)*

depend depender

depressed deprimido(a)

depression depresión *(f.)*

depth profundidad *(f.)*

describe describir

design diseñar

desire desear

desk escritorio *(m.)*

dessert postre *(m.)*

destroy arrasar; destruir

detail detalle *(m.)*

detest detestar

devastate devastar

develop desarrollar

diagnosis diagnóstico *(m.)*

diagram esquema *(f.)*

die morir(se)

diet dieta *(f.)*

different distinto(a)

difficult difícil

dine cenar

dining room comedor *(m.)*

dinner cena *(f.)*

direct dirigir

direction rumbo *(m.)*

dirty sucio(a)

disabled incapacitado(a)

disadvantage desventaja *(f.)*

disappear desaparecer

disconnect desconectar

discotheque discoteca *(f.)*

discount descuento *(m.)*

discover descubrir

discuss discutir

disguise disfrazar

dishes platos *(m. pl.)*

dishwasher lavaplatos *(f.)*

disorganized desorganizado(a)

display window escaparate *(m.)*

dissolve disolver (ue)

distant lejano(a)

distinguish distinguir

dive (in the water) zambullirse

divide dividir

divine divino(a)

do hacer

dog perro *(m.)*

domestic violence violencia doméstica; violencia de género *(f.)*

door puerta *(f.)*

dorm residencia *(f.)*

doubt *v.* dudar; *n.* duda *(f.)*

downtown centro *(m.)*

draft borrador *(m.)*

drafting redacción *(f.)*

drag arrastrar

dramatist dramaturgo(a)

draw dibujar

drawing dibujo *(m.)*

dream *v.* soñar (ue); **dream about ...** sonar con...; *n.* sueño *(m.)*

dress *v.* vestir (i, i); *n.* vestido *(m.)*; **dress oneself, get dressed** vestirse (i, i)

drink *v.* tomar; beber; *n.* bebida *(f.)*

drive manejar; **drive crazy** volver loco

driver conductor(a); **driver's license** licencia de manejar *(f.)*; licencia de conducir *(f.)*

drown ahogarse

drug droga *(f.)*; **drug abuse** abuso de drogas *(m.)*

drum tambor *(m.)*; batería *(f.)*

drunk borracho(a)

dumb tonto(a)

during durante; **during the day** de día

dust *v.* sacudir el polvo; *n.* polvo *(m.)*

dynamic dinámico(a)

E

each cada

ear oreja *(f.)*; **inner ear** oído *(m.)*

early temprano

earthquake terremoto *(m.)*

easel caballete *(m.)*

east este *(m.)*

Easter Pascua Florida *(f.)*

easy fácil

eat comer; **eat breakfast** desayunar; **eat out** comer fuera; **eat dinner** cenar; **eat lunch** almorzar (ue)

economics economía *(f.)*

economy economía *(f.)*

education educación *(f.)*

effort esfuerzo *(m.)*

egg huevo *(m.)*; **scrambled eggs** huevos revueltos *(m.pl.)*

eight ocho

eighth octavo(a)

either. . . or o...o

elderly anciano(a)

elect elegir (i,i)

electric shock choque eléctrico *(m.)*; descarga eléctrica *(f.)*

electricity electricidad *(f.)*

elegant elegante

elementary school escuela primaria *(f.)*

eliminate eliminar

E-mail correo electrónico *(m.)*

embrace abrazo *(m.)*

emergency emergencia (f.)
emotion emoción (f.)
emotional emocionante
emphasize enfatizar
employee empleado(a)
employment empleo (m.)
encourage animar
end terminar
endure aguantar
engineering ingeniería (f.)
English inglés (m.)
enjoy disfrutar; gozar; **enjoy one-self** divertirse (ie, i)
enough bastante
enter entrar
enterprise empresa (f.)
entrance entrada (f.)
enthused entusiasmado(a)
entusiastic entusiasta (m. f.)
episode episodio (m.)
epoch época (f.)
equal igual
equally. . . igual de...
eruption erupción (f.)
essay ensayo (m.)
establish fundar
evening gown traje de noche (m.)
event acontecimiento (m.)
every cada; **every day** todos los días
everybody todo el mundo
everyone todo el mundo
evident evidente
exaggerate exagerar
exaggerated exagerado(a)
exam examen (m.)
excellent excelente
exclude excluir
excuse excusar
exercise ejercicio (m.)
exhaust agotar
exhausted rendido(a)
expensive caro(a)
experience experiencia (f.)
explain explicar
explorer explorador(a)

export exportar
express an opinion opinar
exquisite exquisito(a)
extraordinary único(a)
extrovert extrovertido(a)
eye ojo (m.)

F

fabulous fabuloso(a)
facing enfrente de
fall otoño (m.)
fall asleep dormirse (ue); **fall down** caerse
fame fama (f.)
family familia (f.); **family members** familiares (m. pl.)
famous famoso(a)
fantastic estupendo(a); fantástico(a)
far from lejos de
farewell despedida (f.)
farm finca (f.); granja (f.)
farmer agricultor(a); granjero(a)
far-off lejano(a)
fascinating fascinante
fashion moda (f.)
fast rápido(a)
fat gordo(a)
father padre (m.)
fault culpa (f.)
favorite favorito(a)
fear v. temer; n. temor (m.)
February febrero (m.)
feel sentirse (ie, i); **feel like** tener ganas de
feelings sentimientos (m. pl.)
fern helecho (m.)
fever fiebre (f.)
few (quantity) pocos(as)
fiber fibra (f.)
fifth quinto(a)
fight pelea (f.)
figure figura (f.)
fill llenar
film v. filmar; n. película (f.)

find encontrar (ue); hallar
fine adj. fino(a); adv. bien; **Fine, thank you.** Bien, gracias.; n. multa (f.)
finger dedo (m.); **finger-licking good** para chuparse los dedos
finish terminar
fire fuego (m.); incendio (m.); **fire extinguisher** extintor (m.)
firefighter bombero(a)
firm compañía (f.); empresa (f.)
first primero(a); **first aid** primeros auxilios (m. pl.); **first course of a meal** entrada (f.); **first day of class** primer día de clases (m.)
fish pescado (m.); pez (m.)
fit quedarse
five cinco
fix reparar
fixed arreglado(a)
flag bandera (f.)
flavor sabor (m.)
flight vuelo (m.)
floor piso (m.)
flour harina (f.)
flow fluir
flower flor (f.)
fly volar (ue)
follow seguir (i)
following siguiente; tras
food alimento (m.); comida (f.)
foolish tonto(a)
foot pie (m.)
football fútbol americano (m.)
for para, por
forest bosque (m.); **rain forest** bosque lluvioso
foretell predecir
forget olvidar
fork tenedor (m.)
fortress fortaleza (f.)
fortunately por suerte
fortune suerte (f.)
forward adelante
found fundar

four cuatro

fourth cuarto(a)

fowl ave *(f.)*

free gratis; gratuito(a); libre

frequently con frecuencia

fresh fresco(a)

Friday viernes *(m.)*

fried frito(a)

friend amigo(a)

friendly amistoso(a); **friendly** sociable

from de; desde; **from time to time** de vez en cuando; **from top to bottom** de arriba hacia abajo

front page primera plana *(f.)*

fruit fruta *(f.)*; **fruit store** frutería *(f.)*

frustrated frustrado(a)

full lleno(a)

fun divertido(a)

function *v.* funcionar; *n.* función *(f.)*

funny chistoso(a)**;** gracioso(a)

furious furioso(a); enojado(a)

furnished amueblado(a)

furniture (piece of) mueble *(m.)*

furthermore además

fuse *v.* fusionar; *n.* fusible

G

game juego *(m.)*; **(competitive)** partido *(m.)*

garage cochera *(m.)***;** garaje *(m.)*

gas gasolina *(f.)*

generally generalmente

generous generoso(a)

gentleman caballero *(m.)*

get conseguir (i, i); lograr; **get a flat tire** pincharse; **get angry** enojarse; **get off** bajarse **get good grades** sacar buenas notas; **get on** subir; **get sick** enfermarse; **get together** juntarse; reunirse; **get up** levantarse

gift regalo *(m.)*; talento *(m.)*; don *(m.)*

girl chica; niña; **girlfriend** novia

give dar; **give back** devolver (ue)

glass copa *(f.)*, vaso *(m.)*; **glass of wine** copa de vino; **small glass** copita *(f.)*

go ir; **go down** bajar; **go for a walk** pasear; **go out** salir; **go shopping** ir de compras; **go to bed** acostarse (ue); **go up** subir

goal gol *(m.)*; arco *(m.)*

goalie arquero(a); portero(a)

goalkeeper arquero(a); portero(a)

gold oro(a)

golden dorado *(m.)*

good bueno(a); **Good afternoon.** Buenas tardes. **Good evening. (Good night.)** Buenas noches; **Good heavens!** ¡Caramba!; **Good idea!** ¡Buena idea!; **good-looking** bien parecido(a), guapo(a); **Good morning.** Buenos días.

Good-bye. Adiós. **See you.** Hasta la vista. **See you later;** Hasta luego. **See you soon.** Hasta pronto. **See you tomorrow.** Hasta mañana.

Goodness! ¡Por Dios!

goods bienes *(m. pl.)*

government gobierno *(m.)*

grade nota *(f.)*; calificación *(f.)*

graduate graduarse

grandfather abuelo *(m.)*

grandmother abuela *(f.)*

grandparents abuelos *(m. pl.)*

grape uva *(f.)*

grave tumba *(f.)*

gray gris

grease grasa *(f.)*

great estupendo(a); fenomenal; **Great!** ¡Bárbaro!

green verde

greet saludar

greeting saludo *(m.)*

griddle fried a la plancha

grilled a la parrilla

group grupo *(m.)*

grow crecer

growth crecimiento *(m.)*

guard guardia *(m. f.)*

guess adivinar

guest invitado(a)

guilt culpabilidad *(f.)*

guinea pig conejillo de indias *(m.)*; cuy *(m.)*

guitar guitarra

gymnasium, gym gimnasio *(m.)*

gymnastics gimnasia *(f.)*

H

hair pelo *(m.)*

hairstyle peinado *(m.)*

hairstylist peluquero(a)

half *adj.* medio(a); *n.* mitad *(f.)*; **half price** mitad de precio

hall, hallway pasillo *(m.)*

ham jamón *(m.)*

hamburger hamburguesa *(f.)*

hand mano *(f.)*

hand over entregar

handicapped incapacitado(a); discapacitado(a)

handicrafts artesanía *(f.)*

happiness alegría *(f.)*

happy alegre; contento(a); feliz

hard duro(a)

harmony armonía *(f.)*

hasta until

hat sombrero *(m.)*

hate *v.* detestar, odiar; *n.* odio *(m.)*

have tener; **have a good time** divertirse (ie); **have just** acabar de; **have to** tener que

head cabeza *(f.)*

head liderar

health salud *(f.)*

healthy saludable; sano(a)

hear oír

heart corazón *(m.)*; **heart attack** ataque al corazón *(m.)*; ataque cardíaco *(m.)*; **heart failure** paro cardíaco *(m.)*

height altura *(f.)*; estatura *(f.)*

hello hola

help *v.* ayudar; *n.* auxilio *(m.)*

hemorrhage hemorragia *(f.)*

here aquí

hesitate vacilar

hide esconder

high jumping salto de altura *(m.)*

highway carretera *(f.)*

history historia *(f.)*

hit pegar

hitting (the ball) (with one's head) golpe (de cabeza) *(m.)*

hobby pasatiempo *(m.)*

home casa *(f.)*

home run jonrón *(m.)*

homemaker ama de casa *(f.)*

hope esperanza *(f.)*

hors d'oeuvre botana *(f.)*; tapa *(f.)*

horse caballo *(m.)*

hot caliente; picante

house casa *(f.)*; **beach house** casa de playa

housing vivienda *(f.)*

How? ¿Cómo?; **How are you?** ¿Cómo está (usted)? (form.); ¿Cómo estás (tú)? (fam.); ¿Qué tal?; **How many?** ¿Cuántos(as)?; **How may I help you?** ¿Qué se le ofrece?; **How much?** ¿Cuánto(a)?

howl aullar

humid húmedo(a)

hurricane huracán *(m.)*

hurt dañar; doler (ue)

husband esposo; marido *(m.)*

I

I yo; **I am** soy; **I hope** ojalá; **I love it!** ¡Me encanta!; **I wish** ojalá;

I'd like you to meet . . . (fam.) Te presento a...; **I'd like you to meet . . .** (form.) Le presento a...; **I'm sorry** Lo siento

ice hielo *(m.)*; **ice cream** helado *(m.)*; **ice cube** cubito de hielo *(m.)*

identify identificar

if si

ignore ignorar

illness enfermedad *(f.)*

illusion ilusión *(f.)*

image imagen *(f.)*

immediately enseguida

impartial imparcial

impatient impaciente

imprecision imprecisión *(f.)*

impress impresionar

impressive impresionante

improve mejorar

in en, adentro; **in charge of** encargado(a); **in front of** delante de; **in love with** namorado(a) de; **in peace** dejar en paz; **in spite of** a pesar de; **in the middle of** en medio de

inaccuracy imprecisión *(f.)*

inaugurate inaugurar; estrenar

include incluir

increase aumentar

incredible increíble

indicate indicar; señalar

indigenous indígena *(m. f.)*

inexpensive barato(a)

inflate inflar

injured herido(a)

injury lesión *(f.)*

insane loco(a)

insect insecto *(m.)*

inside adentro

insist (on) insistir (en)

instance vez *(f.)*

instrument instrumento *(m.)*

insurance seguro *(m.)*

insured asegurado(a)

intelligent inteligente

interest *v.* interesar; *n.* interés *(m.)*; **It's as interesting as. . .** Es igual de interesante...

interested interesado(a)

interrupt interrumpir

intertwine entrelazar

interview *v.* entrevistar; *n.* entrevista *(f.)*

interviewer entrevistador(a)

interweave entrelazar

intoxication intoxicación *(f.)*

introduce someone or something presentar

introduction presentación *(f.)*

introverted introvertido(a)

invent inventar

invest invertir

invite invitar

invoke invocar

island isla *(f.)*

islet islote *(m.)*

isolated aislado(a)

J

January enero *(m.)*

jealous celoso(a)

jeans jeans *(m. pl.)*

jewel joya *(f.)*; **jewelry store** joyería *(f.)*

job puesto *(m.)*

join juntar(se); inscribir(se)

joke broma *(f.)*

journalist periodista *(m. f.)*

joy alegría

judge juez *(m.)*

juice jugo *(m.)*

July julio *(m.)*

jump saltar; **jump in (the water)** zambullirse

June junio *(m.)*

jungle selva *(f.)*

juvenile delinquent joven delincuente *(m. f.)*

K

key llave *(f.)*
keyboard teclado *(m.)*
kick patear
kind amable
king rey *(m.)*
kiosk kiosko *(m.)*
kiss beso *(m.)*
kitchen cocina *(f.)*
knee rodilla *(f.)*
knife cuchillo *(m.)*
knock (at a door) tocar; llamar
know conocer; **know (facts)** saber
knowledge conocimiento *(m.)*

L

lack faltar; carecer
lactose lactosa *(f.)*
lake lago *(m.)*
lamb cordero *(m.)*
lamp lámpara *(f.)*
land tierra *(f.)*
landlord/lady dueño(a)
language idioma *(m.)*; lengua *(f.)*
last *v.* durar; *adj.* último(a); **last day of class** último día de clases *(m.)*; **last night** anoche
late tarde
latest último(a)
laugh reírse (i, i)
laundry lavandería *(f.)*
law derecho *(m.)*
lawyer abogado(a)
laziness pereza *(f.)*
lazy flojo(a); perezoso(a)
lead liderar
leader líder *(m. f.)*
leaflet folleto *(m.)*
league liga *(f.)*
leather cuero *(m.)*
leave salir; **leave alone** dejar en paz; **leave behind** dejar; **leave-taking** despedida *(f.)*
leg pierna *(f.)*

legend leyenda *(f.)*
lemon limón *(m.)*
lemonade limonada *(f.)*
letter carta *(f.)*
lettuce lechuga *(f.)*
liberal liberal
library biblioteca *(f.)*
lie *v.* mentir; *n.* mentira *(f.)*
life vida *(f.)*
lifeguard salvavidas *(m. f.)*
lifesaver salvavidas *(m. f.)*
lift levantar, subir
light *v.* encender (ie); *adj.* ligero(a); **(minor)** leve
likable simpático(a)
like *v.* gustar; **to really like** encantar
likewise igualmente
linen lino *(m.)*
list lista *(f.)*
listen escuchar; **listen to music** escuchar música
literature literatura *(f.)*
little poco(a); **little (small)** pequeño(a)
live vivir; **live together** convivir
living room living *(m.)*; sala *(f.)*
load cargar
loaded cargado(a)
loan *v.* prestar; *n.* préstamo *(m.)*
lobster langosta *(f.)*
local local
lodge oneself alojarse
lodging alojamiento *(m.)*
long largo(a); **long distance** larga distancia
longevity longevidad *(f.)*
look at mirar; **look for** buscar
lose perder (ie); **to lose weight** bajar de peso; perder peso
love *v.* amar; *n.* amor *(m.)*
lower bajar
luck suerte *(f.)*
lungs pulmones *(m. pl.)*
luxurious lujoso(a)

M

machinery maquinaria *(f.)*
mad loco(a)
magazine revista *(f.)*
mail correo *(m.)*; **mail carrier** cartero(a)
main course of a meal plato de fondo
maintain mantener
major especialización *(f.)*
majority mayoría *(f.)*
make hacer; **make better** mejorar; **make excuses** inventar excusas; **make mistakes** cometer errores; **make sure** asegurarse
mammal mamífero *(m.)*
man hombre *(m.)*
manage manejar
map mapa *(m.)*
marathon maratón *(m.)*
March marzo *(m.)*
margarine margarina *(f.)*
maritime marítimo(a)
mark lacra *(f.)*
market mercado *(m.)*; **open-air market** mercado al aire libre *(m.)*
marvelous maravilloso(a)
mascot mascota *(f.)*
mask máscara *(f.)*
mathematics matemáticas *(f. pl.)*
May mayo *(m.)*
maybe tal vez
mayonnaise mayonesa *(f.)*
measure medir (i, i)
measuring medición *(f.)*
meat carne *(f.)*
mechanic mecánico(a)
mechanical engineering ingeniería mecánica
medal medalla *(f.)*
medallion medalla *(f.)*
medical school medicina *(f.)*
medicine medicina *(f.)*
meet reunirse

melon melón *(m.)*
member socio(a)
mention mencionar
merchant marine flota mercante *(f.)*
message mensaje *(m.)*
metallic metálico(a)
meter metro *(m.)*
metro subte *(m.)* (Argentina)
Mexican shawl rebozo *(m.)*
military militar *(m. f.)*; **military coup** golpe militar
milk leche *(f.)*; **milk shake** batido de leche *(m.)*
mind mente *(f.)*
mineral water agua mineral *(f.)*
miracle milagro *(m.)*
mirror espejo *(m.)*
misfortune desgracia *(f.)*
miss class faltar a clase; **miss work** faltar al trabajo
Miss señorita *(f.)*
mix mezclar
mixed mixto(a)
model modelo *(m. f.)*
modern moderno(a)
modest modesto(a)
mom mamá *(f.)*
Monday lunes *(m.)*
money dinero *(m.)*
monkey mono(a); **howler monkey** mono(a) aullador(a)
more más
morning mañana *(f.)*; **Good morning.** Buenos días.
mother madre *(f.)*
motto lema *(m.)*
mountain montaña *(f.)*, montón *(m.)*; **mountain climber** alpinista *(m. f.)*; **mountain climbing** alpinismo; andinismo *(m.)*; **mountain range** cordillera *(f.)*
mouse ratón *(m.)*; **mouse pad** almohadilla *(f.)*
mouth boca *(f.)*
movie película *(f.)*

Mr. señor *(m.)*
Mrs. señora *(f.)*
much mucho(a)
museum museo *(m.)*
mushroom champiñón *(m.)*
music música *(f.)*
musician músico *(m. f.)*
must deber
mustard mostaza *(f.)*
my mi

N

name *v.* nombrar; *n.* nombre *(m.)*; **My name is . . .** Me llamo...; Mi nombre es...; Yo soy ...
nap siesta *(f.)*
napkin servilleta *(f.)*
narrate narrar
national nacional; **national dish** plato nacional *(m.)*
native indígena *(m. f.)*
navigate navegar
near cerca de
necessary necesario(a)
neck cuello *(m.)*
necklace collar *(m.)*
necktie corbata *(f.)*
neighbor vecino(a)
neighborhood barrio *(m.)*
neither tampoco; **neither . . . nor** ni ... ni
nervous nervioso(a)
net red *(f.)*
never jamás, nunca; **nevertheless** no obstante
new nuevo(a)
New Yorker neoyorquino(a)
news noticias *(f. pl.)*; noticiero *(m.)*
newscaster noticiero *(m.)*
newspaper periódico *(m.)*; **newspaper reporter** periodista *(m. f.)*
next próximo(a), siguiente; **next to** junto a

night noche *(f.)*
nightdress traje de noche *(m.)*
nine nueve
ninth noveno(a)
no no; **no one** nadie; **No wonder!** ¡Con razón!
Nobel Prize Premio Nóbel *(m.)*
nobody nadie
noise ruido *(m.)*
none ninguno(a)
north norte *(m.)*
northwest noroeste *(m.)*
nose nariz *(f.)*
not no; **not any** ninguno(a); **not withstanding** no obstante; **Not very well.** No muy bien.
notebook cuaderno *(m.)*
nothing nada *(f.)*
noun sustantivo *(m.)*
novelist novelista *(m. f.)*
November noviembre *(m.)*
now ahora
nowadays hoy en día
nursing enfermería *(f.)*

O

oblige obligar
observe observar
obtain conseguir (i, i); **obtain** obtener
obvious obvio(a)
occur ocurrir
October octubre *(m.)*
octopus pulpo *(m.)*
of de; **Of course!** ¡Por supuesto!
offer ofrecer
office oficina *(f.)*
often a menudo
Oh! ¡Ay!; **Oh, me too!** ¡Ah, yo también!
oil aceite *(m.)*
ok bien; **Ok!** ¡Vale!
old anciano(a); antiguo(a); viejo(a)

on en, sobre, encima de; **on special** en oferta; **on top of** encima de; sobre

once upon a time había una vez

one uno(a)

one's own propio(a)

onion cebolla *(f.)*

only *adj.* único(a); *adv.* sólamente, sólo

open abrir

oppose oponer

opposing contrario(a)

opposite contrario(a); enfrente de; opuesto(a)

or o

orange *adj.* anaranjado(a); *n.* naranja *(f.)*

orchid orquídea *(f.)*

order pedir (i, i)

organized organizado(a)

ornament ornamento *(m.)*

other otro(a)

out afuera; **out with. . .** fuera. . .

outgoing sociable

outside afuera

over sobre; **over there** allá

overthrow derrocar

own propio(a)

owner dueño(a)

oxygen oxígeno *(m.)*

P

page página *(f.)*

painting cuadro *(m.)*; pintura *(f.)*; retrato *(m.)*

pair par *(m.)*; pareja *(f.)*

pajamas pijama *(m.)*

palace palacio *(m.)*

pancake panqueque *(m.)*

pants pantalones *(m. pl.)*

paper papel *(m.)*

parade desfile *(m.)*

paradise paraíso *(m.)*

paragraph párrafo *(m.)*

parents padres *(m. pl.)*

park *v.* estacionar; *n.* parque *(m.)*

part papel *(m.)*

participate participar

partner compañero(a)

party fiesta *(f.)*

pass pasar

pastry empanada *(f.)*

patient *adj.* paciente; *n.* paciente *(m. f.)*

patio patio *(m.)*

pay attention prestar atención; **pay attention to** atender (ie)

pay pagar

peace paz *(f.)*

peaceful tranquilo(a)

peach durazno *(m.)*

pearl perla *(f.)*

pen bolígrafo *(m.)*; pluma *(f.)*

pencil lápiz *(m.)*

people gente *(f.)*

pepper pimienta *(f.)*

percent por ciento

percussion batería *(f.)*

perfume store perfumería *(f.)*

perhaps tal vez

period época *(f.)*

permit dejar; permitir

person persona *(f.)*

personality personalidad *(f.)*

pertain pertenecer

pet animal doméstico *(m.)*; mascota *(f.)*

phenomenal fenomenal

phenomenon fenómeno *(m.)*

photo foto *(f.)*

photographer fotógrafo *(m.)*

phrase frase *(f.)*

physical education educación física *(f.)*

physically handicapped incapacitado(a)

physician médico(a) *(m. f.)*

physics física *(f.)*

pick up recoger

pie empanada *(f.)*

piece pedazo *(m.)*; **piece of infor-**

mation dato *(m.)*

pill pastilla *(f.)*

pineapple piña *(f.)*

pink rosado(a)

piquant picante

piramide pirámide *(f.)*

pitch (a baseball) tirar

pitcher lanzador(a)

place lugar *(m.)*

plant and animal life flora y fauna *(f.)*

plastic plástico *(m.)*

plate plato *(m.)*

platform tribuna *(f.)*

play jugar; **play (an instrument)** tocar; **play sports** hacer deporte

player jugador(a)

playwright dramaturgo *(m.)*

pleasant simpático(a)

please por favor; **Pleased to meet you.** Mucho gusto.

plunder saquear

poet poeta *(m. f.)*

point out señalar

point punto *(m.)*

poisoning envenenamiento *(m.)*; intoxicación *(f.)*

poisonous venenoso(a)

police force policía *(f.)*; **policeman** policía *(m.)*; **police station** comisaría de policía *(f.)*; **policewoman** policía *(f.)*

political político(a); **political science** ciencias políticas *(f. pl.)*

politician político(a)

politics política *(f.)*

poor pobre

popular popular

pork carne de puerco *(f.)*; carne de cerdo *(f.)*

porter maletero *(m.)*

position puesto *(m.)*

postcard postal *(f.)*

potato papa *(f.)*; patata *(f.)*

power poder *(m.)*

powerful poderoso(a)
practice practicar
precaution precaución *(f.)*
precious precioso(a)
predict predecir
prefer preferir (ie)
preferred preferido(a)
preoccupied preocupado(a)
preparation preparación *(f.)*
prepare dinner preparar la cena
prepared estar dispuesto(a)
presentation presentación *(f.)*
president presidente(a);
   president (of a university)
   rector(a)
press prensa *(f.)*
pressure presión *(f.)*
pretty bonito(a); lindo(a)
price precio *(m.)*
printer impresora *(f.)*
probably probablemente
production producción *(f.)*
professor profesor(a)
profile perfil *(m.)*
profoundly profundamente
program programa *(m.)*
progressive progresista
   (m. f.)
project proyecto *(m.)*
promise prometer
property propiedad *(f.)*
proprietor dueño(a)
prosciutto jamón *(m.)*
protect proteger
protein proteína *(f.)*
protest protestar
proud orgulloso(a)
proverb refrán *(m.)*; proverbio
provide proporcionar; proveer
public público *(m.)*; **public accountant** contador público
   (m. f.)
punctual puntual
puncture pinchar(se)
pure puro(a)

purify purificar
purpose propósito *(m.)*
purse bolso *(m.)*
put poner; **put out a fire** sofocar
   un fuego; apagar un fuego;
    put up with soportar, aguantar

Q

quality calidad *(f.)*
quantity cantidad *(f.)*
queen reina *(f.)*
question pregunta *(f.)*
Quite well. Bastante bien.
quotation marks comillas *(f. pl.)*

R

race carrera *(f.)*; **race** raza *(f.)*
radiator radiador *(f.)*
radio radio *(f. m.)*; **radio receiver**
   radio *(m.)*; **radio station** radio
   (f.)
radish rábano *(m.)*
rain lluvia *(f.)*; **raincoat** impermeable *(m.)*
raise levantar
rapid rápido(a)
**raw fish marinated in lemon
   juice** cebiche → ceviche *(m.)*
rayon rayón *(m.)*
reach alcanzar
react reaccionar
read leer; **read newspapers** leer
   prensa
reader lector(a)
reading lectura *(f.)*
reaffirm reafirmar
real real
realize realizar; darse cuenta
receipt recibo *(m.)*
receive recibir
recent reciente
recognize reconocer

recommend recomendar; sugerir
record disco *(m.)*
recover recobrar; recuperar
recruit reclutar
recruiter ojeador(a)
recuperate recuperar
red rojo(a)
reef arrecife *(m.)*
refer referirse (ie, i)
referee árbitro(a)
reflection reflexión *(f.)*
refrigerator nevera *(f.)*; heladera
   (f.)
regret lamentar
reject rechazar
relative pariente *(m.)*
relax relajarse; tranquilizarse
remedy remedio *(m.)*
remember acordarse; recordar
   (ue)
remote alejado(a)
rent *n.* alquiler *(m.)*, renta *(f.)*; *v.*
   alquilar *(m.)*
repair reparar
repeat repetir (i, i)
replace reemplazar
replica réplica *(f.)*
reply réplica *(f.)*
reporter reportero(a)
represent representar
reptile reptil *(m.)*
reservation reservación *(f.)*
residence residencia *(f.)*
resign renunciar
resolution resolución *(f.)*
resolve resolver(ue); solucionar
resource recurso *(m.)*
respect respetar
respond responder
responsable responsable
responsibility culpa *(f.)*; responsabilidad *(f.)*
rest (v.) descansar
rest (n.) resto *(m.)*
restaurant restaurante *(m.)*

retire jubilarse

return regresar, volver (ue); return (something) devolver (ue)

reveal revelar

review v. repasar; n. reseña (f.)

rhythm ritmo (m.)

rice arroz (m.)

rich rico(a)

ride (on) montar

ring sonar (ue); ring (a door bell) tocar

road camino (m.)

roasted asado(a)

rock roca (f.)

role papel (m.)

role-play dramatizar

roll (of film) rollo (m.)

romantic romántico(a)

room cuarto (m.)

roommate compañero(a) de cuarto

rotate rotar

route ruta (f.)

routine rutina (f.)

royal real

rugged (terrain) accidentado(a)

ruins ruinas (f. pl.)

rule regla (f.)

rum ron (m.)

run correr; run (a motor) funcionar

runner corredor(a)

S

sack saquear

sad triste

sadness tristeza (f.)

safe seguro(a)

sail navegar

salad ensalada (f.)

sale venta (f.)

salesclerk vendedor(a)

salesperson dependiente(a); vendedor(a)

salmon salmón (m.)

salt sal (f.)

same mismo(a)

sandwich torta (f.)

satisfy satisfacer

Saturday sábado (m.)

sauce salsa (f.)

sausage salchicha (f.)

sautéed in garlic al ajillo

save ahorrar

savor saborear

saxophone saxofón (m.)

say decir; say good-bye despedirse (i, i)

saying refrán (m.)

schedule horario (m.)

scholarship beca (f.)

score marcar

screen pantalla (f.)

script guión (m.)

scuba dive bucear

scuba diving buceo (m.)

sculptor escultor(a)

sea mar (m. f.); sea bass corvina (f.); sea level nivel del mar (m.)

second segundo(a)

secretary secretario(a)

see ver

select seleccionar

self portrait autorretrato (m.)

sell vender

semester semestre (m.)

send enviar; mandar

sentence frase (f.); oración (f.)

sentiments sentimientos (m. pl.)

September septiembre (m.)

serious grave; serio(a)

serve servir (i, i)

settle solucionar

seven siete

seventh séptimo(a)

shake batido (m.)

share compartir

shatter romperse

shave afeitarse

sheet of paper hoja de papel (f.)

shellfish marisco (m.)

shirt camisa (f.)

shoe zapato (m.); shoe store zapatería (f.)

shopping center centro comercial (m.)

short bajo(a); corto short while poco tiempo

shortage escasez (f.)

should deber; Should we dance? ¿Vamos a bailar?

shoulder hombro (m.)

shout gritar

show espectáculo (m.)

shower, take a shower v. ducharse, bañarse en la regadera; n. regadera (f.)

shrimp camarón (m.)

shy tímido(a)

siblings hermanos (m. pl.)

sick enfermo(a)

sign señal (f.)

silk seda (f.)

silver plata (f.)

sing cantar

since desde

sincere sincero(a)

singer cantante (m. f.)

siren sirena (f.)

sister hermana (f.); sister-in-law cuñada (f.)

sit down sentarse (ie)

site sitio (m.)

situated situado(a)

six seis

sixth sexto(a)

sketch esquema (f.)

ski esquiar

skiing esquí (m.)

skirt falda (f.)

sky cielo (m.)

skyscraper rascacielos (m., s. pl.)
slang (Argentina/Buenos Aires) lunfardo (m.)
slave esclavo(a)
sleep dormir
slight leve
slim delgado(a)
slow lento(a)
slowly lentamente
small island islote (m.)
small (little) pequeño(a)
smart listo(a)
smoke v. fumar; n. humo (m.)
snatch arrebatar
so así; so much tan(to)
soccer fútbol (m.)
sofa sofá (m.)
soft drink refresco (m.)
soldier militar (m. f.)
sole único(a)
solution resolución (f.)
solve solucionar
some algún/alguno(a)
someone alguien
something algo; something else otra cosa
sometime alguna vez
son hijo (m.); son-in-law yerno (m.)
sorrow pesar (m.)
sound sonido (m.)
soup sopa (f.)
south sur (m.)
southeast sureste (m.)
southern austral; southern cone of South America Cono Sur (m.)
southwest suroeste (m.)
souvenir recuerdo (m.)
space shuttle transbordador espacial (m.)
spacious amplio(a)
spaghetti espagueti (m.)
Spanish español(a); Spanish dance pasodoble (m.); Spanish

gypsy dance flamenco; Spanish potato omelette tortilla (f.)
spare part repuesto (m.)
speak hablar
speakers parlantes (m. pl.)
specialist especialista (m. f.)
species especie (f.)
spectacular espectacular
spelling deletreo (m.)
spend gastar; spend time pasar; spend one's life pasarse la vida
spicy picante
spoon cuchara (f.)
sport adj. deportivo(a); n. deporte (m.)
sporting deportivo(a)
spring primavera (f.)
squid calamar (m.)
stadium estadio (m.)
staircase escalera (f.)
stairs escalera (f.)
stamp sello (m.)
stand aguantar; stand out destacar(se)
star estrella (f.)
stationery store papelería (f.)
statue estatua (f.)
stay quedarse; stay overnight alojarse
steak bife (m.); bistec (m.)
stepbrother hermanastro (m.)
stepfather padrastro (m.)
stepmother madrastra (f.)
stepsister hermanastra (f.)
stereo system equipo de sonido
still todavía; inmóvil
stimulate estimular
stingy tacaño(a)
stomach barriga (f.)
stop parar; stop (doing something) dejar de
store tienda (m.); arts and crafts store tienda de artesanía (f.); bookstore librería (f.); fruit store frutería (f.); jewelry

store joyería (f.); perfume store perfumería (f.); shoe store zapatería (f.); stationery store papelería (f.); store clerk dependiente(a); tobacco store tabaquería (f.)
strawberry fresa (f.)
street calle (f.)
strengthen tonificar
stress (be under) v. sufrir de estrés; n. estrés (m.)
stretch estirar
striking (the ball) (with one's head) golpe (de cabeza) (m.)
strip (of land) franja (de tierra) (f.)
strong fuerte
student estudiante (m. f.)
studious estudioso(a)
study estudiar
stuffed relleno(a)
succeed tener éxito
success éxito (m.)
suddenly de repente
suffer sufrir
suffocate sofocar
sugar azúcar (m. f.)
suggest sugerir (ie, i)
suggestion sugerencia (f.)
suit traje (m.)
suitable apropiado(a)
summer verano (m.)
sun sol (m.)
Sunday domingo (m.)
sunset puesta del sol (f.)
supermarket supermercado (m.)
support v. respaldar, soportar; n. apoyo (m.)
surprise sorpresa (f.)
surround rodear
surrounded rodeado(a)
sweater suéter (m.); wool (alpaca) sweater suéter de alpaca (m.)
sweet corn cake humita (f.)
swim nadar

swimmer nadador(a)

swimming natación *(f.)*; **swimming pool** piscina *(f.)*; pileta *(f.)* (S.Am.)

T

table mesa *(f.)*; **bedside table** mesita de noche

take llevar; tomar; **take advantage** aprovechar; **take care of** atender (ie); cuidar; **take off** quitarse; **take out** sacar; **take pictures** sacar fotos

talk hablar; **talk on the phone** hablar por teléfono

tall alto(a)

tamarind tamarindo *(m.)*

tank tanque *(m.)*

task quehacer doméstico *(m.)*

tasty sabroso(a)

tax impuesto *(m.)*

taxi driver taxista *(m. f.)*

tea té *(m.)*; **coca leaf tea** té de coca *(m.)*

teacher maestro(a)

teaching of basic literacy alfabetización *(f.)*

team equipo *(m.)*

technician técnico(a)

telephone teléfono *(m.)*; **telephone call** llamada *(f.)*; **telephone number** número de teléfono *(m.)*

tell decir

ten diez

tennis tenis *(m.)*

tenth décimo(a)

terrace terraza *(f.)*

terrible terrible

testimony testimonio *(m.)*

Thanksgiving Día de Acción de Gracias *(m.)*

that ese(a); eso (neuter)

the el *(m.)*; la *(f.)*; los *(m. pl)*; las *(f. pl)*; **The pleasure is mine.** El gusto es mío.; **the same...** igual de...

theater teatro *(m.)*

Theme tema *(m.)*

there allí

there is/are hay

these estos(as)

thick grueso(a)

thickness espesor *(m.)*

thin delgado(a)

thing cosa *(f.)*

think pensar (ie)

third tercero(a)

this este(a); esto (neuter); **This is...** Éste(a) es...

those esos(as)

threaten amenazar

three tres

throat garganta *(f.)*

through por

throughout a través de

throw tirar

Thursday jueves *(m.)*

ticket boleto *(m.)*; **ticket (fine)** multa *(f.)*

tie (as in a game) empatar

time época *(f.)*; vez *(f.)*

timid tímido(a)

tip propina *(f.)*

tire llanta *(f.)*

tired cansado(a)

to a; **to the left** a la izquierda; **to the right** a la derecha

toad sapo *(m.)*

tobacco store tabaquería *(f.)*

today hoy

together juntos(as)

tolerate soportar

tomato tomate *(m.)*

tomb tumba *(f.)*

tomorrow mañana *(m.)*

ton tonelada *(f.)*

tone tonificar

tongue twister trabalenguas *(m., s. pl.)*

too much demasiado(a)

tool herramienta *(f.)*

tooth diente *(m.)*

tortilla shop tortillería *(f.)*

tourist turista *(m./f.)*

tow truck grúa *(f.)*

toward hacia

towel toalla *(f.)*

track surco *(m.)*

tradition tradición *(f.)*

traditional tradicional

traffic signal señal *(f.)*

train v. entrenar; n. tren *(m.)*

trainer entrenador(a)

tranquil tranquilo(a)

transfer transferir (ie, i)

transform transformar

travel agent agente de viajes *(m. f.)*

travel viajar

treat tratar

trial juicio *(m.)*

triangle triángulo *(m.)*

trip viaje *(m.)*

triumph triunfar

trousers pantalones *(m. pl.)*

trout trucha *(f.)*

true cierto(a); verdadero(a)

trumpet trompeta *(f.)*

truth verdad *(f.)*

try intentar; **try to** tratar de

Tuesday martes *(m.)*

tummy barriga *(f.)*

turkey pavo *(m.)*

turn v. dar vuelta; doblar; n. turno *(m.)*

turquoise turquesa *(f.)*

turtle tortuga *(f.)*

TV set televisor *(m.)*

TV soap opera telenovela *(f.)*

two dos

typical típico(a)

U

ugly feo(a)
ultimate último(a)
umpire árbitro(a)
unbelievable increíble
uncarbonated water agua sin gas (f.)
uncertainty incertidumbre (f.)
uncle tío (m.)
unconscious inconsciente
under debajo de
underground (train) subte (m.) (Argentina); metro
understand comprender; entender (ie)
unexpected inesperado(a)
unique único(a)
United States Estados Unidos
university universidad (f.)
unjust injusto(a)
unoccupied desocupado(a)
unpleasant antipático(a); desagradable
upset estar molesto(a)
urgent urgente
use usar
used usado(a)
useful útil

V

vacation vacaciones (f. pl.)
vagueness imprecisión (f.)
vanity vanidad (f.)
vary variar
vegetable verdura (f.)
venture aventura (f.)
verdict veredicto (m.)
verify verificar
very muy; **very bad** pésimo(a);

Very well, thank you. Muy bien, gracias.
vest chaleco (m.); **denim vest** chaleco de mezclilla
via a través de
victim víctima (f.)
video game videojuego (m.)
vigorous vigoroso(a)
vinegar vinagre (m.)
violent violento(a)
visit visitar
vitamin vitamina (f.)
volcano volcán (m.)

W

waist cintura (f.)
wait esperar
waiter camarero; mesero
waitress camarera; mesera
wake up despertarse (ie)
walk andar; caminar; **walk the dog** pasear el perro
want querer (ie)
warm tibio(a)
wash lavar
watch mirar; ver; **watch TV** mirar la tele; ver la tele
water regar
waterfall catarata (f.)
wave ola (f.)
way manera (f.)
weak débil
wealth riqueza (f.)
wear llevar
Wednesday miércoles (m.)
week semana (f.)
weekday día de la semana
weekend fin de semana (m.)
weigh pesar
weight peso (m.); **weight lifting** levantamiento de pesas (m.)

welcome bienvenido(a)
well bien; **Well, chin up!** ¡Pues, ánimo!; **well-done** bien hecho(a); **well/poorly taken care of** bien/mal cuidado(a)
west oeste (m.)
wet húmedo(a)
What? ¿Cómo?; ¿Cuál(es)?; ¿Qué?; **What a mess!** ¡Qué desastre!; **What a pity!** ¡Qué pena!; **What are you doing?** ¿Qué estás haciendo?; **What do you think?** ¿Que te parece?; **What would you like?** ¿Qué desean?; ¿Cómo se llama usted? (form.); **What's your name?** ¿Cómo te llamas (tú)? (fam.)
When? ¿Cuándo?
Where? ¿Dónde?; **Where to?** ¿Adónde?
Which? ¿Qué?; **Which one(s)?** ¿Cuál(es)?
while adv. mientras; n. rato (m.)
white blanco(a)
Who? ¿Quién(es)?
Why? ¿Por qué?
width anchura (f.)
wife esposa (f.)
win ganar
window ventana (f.)
wine vino (m.); **red wine** vino tinto (m.); **white wine** vino blanco (m.)
wing ala (f.)
winter invierno(m.)
wisdom sabiduría (f.)
wise sabio(a)
with con; **with me** conmigo; **with you** contigo (fam.); con usted (form.)
without sin
witness testigo (m. f.)
woman mujer (f.)

wool lana *(f.)*

word palabra *(f.)*

work *v.* funcionar; trabajar; *n.* trabajo *(m.)*

worker *n.* trabajador(a); **hard-working** *adj.* trabajador(a)

world mundo *(m.)*

worn-out rendido(a)

worried preocupado(a)

worry preocuparse

would that ojalá

wounded herido(a)

wrestling lucha libre *(f.)*

write escribir; **write letters** escribir cartas

writing redacción *(f.)*

Y

yellow amarillo(a)

yes sí

yesterday ayer

you tú (fam.); usted (form.)

young joven

youth juventud *(f.)*

Z

zero cero *(m.)*

zip code código postal *(m.)*

zipper cremallera *(f.)*

zone zona *(f.)*

Index of Culture and Functions

describing favorite shows, 229
terms of endearment, 243, 252, 261
things
  denying information/referring to nonspecific, 374
  indicating specific and nonspecific, 52
  pointing out specific, 166
  referring to unknown, 489
Tikal (Guatemala), 214
time
  of events, 97
  expressing, 97–98, 206
tips, discussing restaurant, 286, 296
titles of address, 20–21
traffic signs, 356

U

Un día de estos, 266
"Una pequeña gran victoria," 338
United States
  Cuban culture in Miami, 492
  groups of hispanics in, 316
  hispanics in, 321–322
  Internet travel to, 322, 331
  reasons hispanics immigrated to, 325
  video, 329
Universidad de Salamanca, 26
Universidad Mayor de San Marcos, 26
Universidad de Santo Domingo, 26
Universidad Nacional Autónoma de México (UNAM), 26
Universidad Tecnológica de México (UNITEC), 41
universities. *See also specific universities*

celebrations, 43
dormitory life, 188
everyday activities, 434, 74
faculty of, 31
first in New World, 26
living accommodations, 43

V

vacation, 83, 85, 414–415
Vargas Llosa, Mario, 433
video
  Andalucia, Spain, 118
  Argentina, 191
  Chile, 290
  Colombia, 256
  Costa Rica, 393
  Guatemala, 224
  Iglesias, Enrique, 118
  Latin America, 36
  Mexico, 153
  Nicaragua, 360
  Panama, 459
  Peru, 426
  Puerto Rico, 78
Viejo San Juan (Puerto Rico), 74
volcanoes
  in Costa Rica, 378, 388, 402
  in Chile, 283
  in Nicaragua, 346, 355
voseo, 180, 365

W

weather
  clothing and, 318
  discussing, 314–315
weather map, 314
women, in Argentina, 193–194
writers

Alarcón, Francisco Xavier, 337–338
Allende, Isabel, 290, 291–292
Asturias, Miguel Ángel, 219
Belli, Gioconda, 369–370
Chilean, 297
Cisneros, Sandra, 330–331
Darío, Rubén, 366
Esquivel, Laura, 163
García Márquez, Gabriel, 265
Mistral, Gabriela, 297
Neruda, Pablo, 297, 300–301
Storni, Alfonsina, 193–194, 201
Vargas Llosa, Mario, 433
writing strategies
  being precise, 195
  brainstorming, 81
  chronological order, 495
  describing events, 293
  establishing chronological order, 227
  gathering information, 363
  giving written advice, 259
  grouping ideas, 122
  key words and phrases, 156
  organizing biographies, 332
  persuasion, 462
  point of view, 429
  preparing lists, 40
  stating facts, 396

Y

Yunque, El (Puerto Rico), 74

Z

Zócalo (Mexico City), 147

31: Universidad Austral, Buenos Aires, Argentina

41: Universidad Tecnológica de México, México, D.F.

163: *Como agua para chocolate* by Laura Esquivel. Used by permission of Doubleday, a division of Random Inc.

201: In Alfonsina Storni: *Poesías Completas*. Published by Sociedad Editoria Latino Americana (SELA), Buenos Aires, Argentina, 1996, p. 573

220: Prensa Libre, Ciudad de Guatemala, Guatemala

233: Siglo XXI Editores, S.A. de C.V., México, D.F., for the selection from *Me llamo Rigoberta Menchú y así, me nació la conciencia* by Elizabeth Burgos

251: Editorial Televisa, Miami, FL, for *"¿Te conviene el @mor por internet?"* by Pilar Obón

260: Courtesy of Televisa, Chili

266: From *Los funerales de la mamá grande*. Included in *Todos los cuentos por Gabriel García Márquez, (1947-1972)*, Plaza y Janés, S.A. Barcelona, Spain

301: Agencia Literaria Carmen Balcells, S.A., Barcelona, Spain

323: Philips Mexicana, S.A. de C.V.

338: *Body in Flames/Cuerpo en llamas* by Francisco Alarcon 1990. Published by Chronicle Books

369: Gioconda Belli, *¿Qué sos Nicaragua?* in *From Eve's Rib*. Published by Curbstone Press

397: Pachira Lodge, San José, Costa Rica

402: *Hispanic Business Magazine*, Santa Barbara, CA

464: Salud & Estado Fisico

480 and **488:** *Cubadeportes*, Ciudad de Habana, Cuba

493: Resistencia, Madrid, Spain

All photographs credited to Heinle are owned by The Thomson Corporation/Heinle Image Resource Bank.

2 top left: ©John Warden/Index Stock Imagery
2 top center: ©Mark Antman/The Image Works
2–3 top center: ©Dave Bartruff/Index Stock Imagery
3 top center: ©Carol & Mike Werner/Index Stock Imagery
3 top right: ©Michele Burgess/Index Stock Imagery
4 top right: ©Heinle
4 center left: ©Peter Menzel/Stock Boston
4 bottom right: ©Tony Freeman/PhotoEdit
9 left, right, **12** top left: ©Heinle
12 top right: ©Photodisc/Getty Images
12 bottom left and right: ©Heinle
22 top left: ©Robert Frerck/Odyssey/Chicago
22–23 top center: ©World Images News Service
23 top right; **24** top left: ©Robert Frerck/Odyssey/Chicago
24 center left: ©David Young-Wolff/Photo Edit
24 bottom right: ©Robert Frerck/Odyssey/Chicago
35, 39: ©Heinle
38 left: ©Clay McLaughlan/IPN/AURORA
38 right: ©Andrew Hay/Reuters/CORBIS
46 left: ©Royalty-Free/CORBIS
46 center: ©Tom McHugh/Photo Researchers Inc.
46 right; **47** top left: ©Royalty-Free/CORBIS
47 top right: ©Shirley Vanderbilt/Index Stock Imagery
47 bottom left: ©Robert Frerck/Odyssey/Chicago
47 bottom center left: ©DigitalVision/Getty Images
47 bottom center right: ©Richard Bickel/CORBIS
47 bottom right: ©Chip and Rosa Maria de la Cueva Peterson
62 top left: ©Pablo Corral Vega/CORBIS
62–63 top center: © Robert Frerck/Odyssey/Chicago
63 top right: ©Wendell Metzen/Index Stock Imagery
71 left: ©SuperStock
71 right: ©David Bergman/CORBIS
73: ©Blasius Erlinger/Getty Images
79: ©Tom Bean/CORBIS
86: ©Kevin Schafer/CORBIS
87 top right: ©Mark Bacon/Alamy
87 center left: ©Ira Block/IPN/AURORA
87 bottom: ©Gonzalez/laif/AURORA
102 top left: ©Beryl Goldberg
102–103 top center: ©Robert Frerck/Odyssey/Chicago
103 top right: ©Marco Cristofori/CORBIS
112: ©Heinle
118: ©Andrea Comas/Reuters/Landov
120 left: ©Garry Adams/Index Stock Imagery
120 right: ©Gerster/laif/AURORA
138 top left: ©Royalty-Free/CORBIS
138–139 top center: ©Ulrike Welsch
139 top right: ©Cosmo Condina/Stone/Getty Images
140: ©Gianni Dagli Orti/CORBIS

141 top: "Frieda and Diego Rivera", 1931 by Frida Kahlo. Oil on canvas 39 3/8"x 31". San Francisco Museum of Modern Art. Albert M. Bender Collection, Gift of Albert M. Bender. ©2004 Banco de México Diego Rivera & Frida Kahlo Museums Trust
141 center left: "The Two Fridas," 1939 by Frida Kahlo. Oil on canvas 68", x 68". Museo Nacional de Arte Moderno, Mexico City, D.F., Mexico. ©2004 Banco de México Diego Rivera & Frida Kahlo Museums Trust. Photo: ©Schalkwijk/Art Resource, NY
141 bottom left: "Two Women and a Child," 1926 by Diego Rivera. Oil on canvas. Fine Arts Museums of San Francisco. Albert M. Bender Collection, Gift of Albert M. Bender. ©2004 Banco de México Diego Rivera & Frida Kahlo Museums Trust
144: ©Heinle
146 left; **146** right: ©Robert Frerck/Odyssey/Chicago
154: "The Disembarkation in Veracruz," 1951 fresco by Diego Rivera. National Palace Mexico City. ©2004 Banco de México Diego Rivera & Frida Kahlo Museums Trust. Photo: ©Robert Frerck/Odyssey/Chicago
176 top left: ©Robert Frerck/Odyssey/Chicago
176–177 top center: ©Beryl Goldberg
177 top right: ©Robert Frerck/Odyssey/Chicago
178: ©Diana Baczynskyj
185: ©Peter Menzel/Stock Boston
187 top: ©Andrés Salinero/AURORA
187 bottom: ©Diana Baczynskyj/Heinle
193 left: ©Kerim Okten/EPA/Landov
193 right: ©Andrés Salinero/AURORA
196 left: ©Jose Albadalejo/EPA/Landov
196 right: ©Reents/Siemoneit/CORBIS SYGMA
201: Courtesy of Argentina Ministry of Culture
210 top left: ©Charles & Josette Lenars/CORBIS
210–211 top center: ©Peter McBride/AURORA
211 top right: ©Jamie Marshall/Alamy
218 left: ©Robert Frerck/Odyssey/Chicago
218 right: ©Robert Houser/Index Stock Imagery
225: ©Paul S. Howell
228 left: ©Henryk T. Kaiser/Index Stock Imagery
228 right: ©Heinle
233: ©Craig Lovell/CORBIS
234: ©Tibor Bognár/CORBIS
240 top left: "Mona Lisa," 1977 by Fernando Botero. ©Fernando Botero, courtesy, Marlborough Gallery, New York
240 top right: ©Daniel Aguilar/Reuters/Landov
241: ©Kevin Schafer/CORBIS
249: ©Carlos Adolfo Sastoque N./SuperStock
257 left: ©AP Photo/Zoe Selsky
257 right: "Ritratto ufficiale della giunta militare", 1971. Oil on canvas. ©Fernando Botero, courtesy, Marlborough Gallery, New York
265: ©Bernardo de Niz/Reuters/Landov
274 top left: ©Cephas Picture Library/Alamy
274–275 top center: ©Dave G. Houser-Houserstock

275 top right: ©Jaime Villaseca/Getty Images
283: ©Walter Bibikow/Getty Images
291: ©Jason Szenes/CORBIS SYGMA
294: ©Heinle
300: ©Alain Dejean/CORBIS SYGMA
312 top left and **312-313** top center: ©James Prigoff
313 top right: ©Tony Arruza/CORBIS
330 left: ©Gary I. Rothstein/Reuters/Landov
330 center: ©Gene Blevins/CORBIS
330 right: ©Marimer Codina/EPA/Landov
337: Courtesy of Francisco Xavier Alarcón
346 top left: ©Pascal Maitre/Cosmos/AURORA
346–347 top center: ©Dr. A. C. Twomey/Photo Researchers Inc.
347 top right: ©Bill Gentile/CORBIS
354: ©Nik Wheeler/CORBIS
355: ©Ted Wilcox/Index Stock Imagery
370: AP Photo/Stuart Ramson
378 top left: ©AP Photo/Kent Gilbert
378 top right: ©Frank Siteman/Index Stock Imagery
379: ©Arthur Morris/Visuals Unlimited
386: ©Hauser/laif/AURORA
388 top: ©Bettmann/CORBIS
388 bottom: ©Theo Allofs/Visuals Unlimited
394: ©Reuters/CORBIS
399: Courtesy of NASA
402: ©Buddy Mays/CORBIS
412 top left: Courtesy of Susan Einstein
412–413 top center: ©Robert Frerck/Odyssey/Chicago
413 top right: ©Wolfgang Kaehler/CORBIS
414 top left: ©Robert Frerck/Odyssey/Chicago
414 top right: ©Peter McBride/AURORA
414 bottom: ©Hubert Stadler/CORBIS
420: ©Mireill Vautier-Woofin Camp/IPN/AURORA
421: ©Dave G. Houser/CORBIS
422 top left: ©Jeremy Woodhouse/Masterfile
422 top right: ©Pascal Maitre/Cosmos/AURORA
422 bottom left: ©Inga Spence/Index Stock Imagery
422 bottom right: ©Robert Frerck/Odyssey/Chicago
427: ©Pablo Corral Vega/CORBIS
430: ©Roman Soumar/CORBIS
436: ©Shirley Vanderbilt/Index Stock Imagery
444 top left: ©Danny Lehman/CORBIS
444–445 top center: ©Peter Guttman/CORBIS
445 top right: ©Sergio Pitamitz/CORBIS
452: ©Will and Deni McIntyre/Photo Researchers Inc.
453: ©Paul Souders/IPN/AURORA
460 left: ©Alessia Paradisi/EPA/Landov
460 right: ©Miguel Rajmil/EPA/Landov
468: ©Heinle
469: ©Alberto Lowe/Reuters/Landov
478 top left: ©AP Photo/Al Behrman
478-479 top center: ©AP Photo/Bill Cooke
479 top right: ©Tibor Bognár/CORBIS
486: ©Ulrike Welsch